U0000804

法學的知識・民主的基石

圖表說明

國際法概論

pacta sunt servanda
契約必須遵守
維持國際和平及安全，促進國際合作，
增進人權與基本自由，尊重人民平等權利及自決原則
—聯合國的目的

深海底是人類共同的遺產
—Arvid Pardo

By Dr. Zui-Chi Hsieh

謝瑞智 著

維也納大學法政學博士

臺灣商務印書館

序

　　國際法原是國際社會所適用之國際習慣，由荷蘭之法學家格老秀斯（Hugo Grotius, 1583-1645）於十七世紀基於自然法之觀念，將國際習慣予以體系化整理而成，他首先在 1609 年匿名出版《海洋自由論》，而主張公海自由之原則。他的成名著作是 1625 年出版的《戰爭與和平法》，從此奠定了國際法在法學上之地位，也逐漸為國際社會所適用，故世上尊稱他為「**國際法之父**」。

　　個人最初接觸到國際法是在 1956 年，當時只了解到一點概念性的資料，就覺得很新鮮。1962 年在日本明治大學接受國際法教授經塚作太郎的教誨，逐漸對國際法有較深入的認識。1966 年筆者轉赴維也納大學修習法學，也兼修國際法，並參加國際法研討會專班，首先見識到國際法對弱小國家的重要性，從此乃奠定筆者研究國際法之興趣。

　　1970 年回國後，雖未對國際法作深入之研究，但對法律哲學與一般法學作廣泛研究時，也常涉及國際法問題，因此對國際法之發展並不陌生。二十年前筆者開始撰寫《法律百科全書》，乃廣泛蒐集國際法有關資料，重新整理。迨 2009 年 5 月間接受臺灣商務印書館之邀，編纂一系列法律叢書，乃將《國際法概論》列為編纂計劃的其中一冊。

　　原來國際法的內容涵蓋有平時法、戰爭法與中立法三大部分，但是二次大戰以後，聯合國發揮關鍵性作用，在聯合國憲章的規範下，原則上禁止國家間的「武力威嚇與行使」，傳統之戰爭尤其北韓之發動韓戰，受到國際集體制裁，各國才體會到應該發展自國之經濟，改善自國人民之生活，才是首要，尤在能源短

缺之下，各國競相出入海洋尋求新的能源，海洋法乃逐漸取代原來戰爭法在國際法之地位。各國既要提升經濟發展，促進國家間的貿易，代之而起的貿易戰爭遂在暗中較勁，於是有「關稅暨貿易總協定」與「世界貿易組織」之創設，國際經濟法乃佔據國際法之重要地位。又這數十年來氣候變遷激烈，地球暖化，各國也逐漸重視國際環境法。

在各國或種族間政治、經濟、文化、宗教之不同意識形態下，縱使聯合國主張爭端之解決應採和平之方法，但事實上國際社會之局部戰爭仍然陸續的發生，而有關戰爭之法規仍有效存在，因此，本書仍將其重點列入，以免掛一漏萬，只要有戰爭當然就有國家的中立，所以也將中立法編入書中。

本書之編纂不僅可供大學院校授課之使用，在充分研究歷年國家考試命題之內容與方向後，並將相關內容編入書中，因此應可提供參與國家考試或大學院校學生及從事外交、僑務、海洋及國際經濟等工作人員之參考。

國際法的內容相當複雜而繁瑣，但為方便教師上課及同學自修之用，盡量朝通用之重點邏輯性的編纂，用簡易的文體配合圖表，使讀者易於掌握重點促進記憶，便於考生準備參加各種考試之參考。

謝 瑞 智 謹識

2010 年 11 月

凡 例

入移 17Ⅱ .... 入出國及移民法第 17 條第 2 項

大 5 .... 大陸礁層公約第 5 條

巴 1 .... 巴塞爾條約第 1 條

引 1 .... 中華民國引渡法第 1 條

友好 1Ⅷ .... 友好關係原則宣言第 1 條第 8 項

公海 8 .... 公海公約第 8 條

公民權利 B13 ...... 公民權利及政治權利國際公約第 13 條

世人 3 .... 世界人權宣言第 3 條

世貿 3 .... 世界貿易組織協定第 3 條

外約 25 .... 維也納外交關係公約第 25 條

民施 14 .... 中華民國民法總則施行法第 14 條

民訴 402 .... 中華民國民事訴訟法第 402 條

刑 333 .... 中華民國刑法第 333 條

投爭 1 .... 投資爭端解決公約第 1 條

兒 6 .... 兒童權利公約第 6 條

法約 38 .... 國際法院規約第 38 條

爭解 12VIII .... 爭端解決機制第 12 條第 8 項

南極 1 .... 南極條約第 1 條

俘 12 .... 俘虜條約第 12 條

美台 2B .... 台灣關係法第 2 條 B 項

涉外 25 .... 涉外民事法律適用法第 25 條

海丟 4 .... 海洋丟棄規範條約第 4 條

海污 26 .... 海洋污染防治法第 26 條

院規 73 .... 國際法院規則第 73 條

草案 4 .... 國家責任條文草案 4

條 51 .... 維也納條約法公約第 51 條

陸章 23 .... 陸戰法規及慣例章程第 23 條

陸戰 3 .... 陸戰法規及慣例條約第 3 條

國籍 3 .... 中華民國國籍法第 3 條

國民航 19 .... 國際民用航空公約第 19 條

船舶 4 .... 船舶法第 4 條

無國籍減 4 .... 無國籍減少條約第 4 條

滅種 1..................... 防止及懲辦滅種罪公約第 1 條

瑞憲 98 .... 瑞士憲法第 98 條

漁 3......................... 漁業及養護公海生物資源公約第 3 條

領約 4..................... 維也納領事關係公約第 4 條

領鄰 2..................... 領海及鄰接區公約第 2 條

種 1......................... 種族歧視廢止國際條約第 1 條

歐人 23 .... 歐洲人權保護公約第 23 條

憲 38..................... 中華民國憲法第 38 條

憲修 3II................. 中華民國憲法增修條文第 3 條第 2 項

聯海 29 .... 聯合國海洋法公約第 29 條

聯盟 22 V .... 國際聯盟盟約第 22 條第 5 項

聯憲 1..................... 聯合國憲章第 1 條

戰海 3..................... 戰時海軍轟擊公約第 3 條

礁 5I .... 大陸礁層公約第 5 條第 1 項

關 1......................... 關稅暨貿易總協定第 1 條

國際法概論

謝瑞智博士著

目錄大綱

序
第一章　國際法的概念...1
第二章　國際法的歷史..13
第三章　國際法的淵源..32
第四章　國際法之主體與客體..71
第五章　國家機關之國際關係...104
第六章　國家之基本權利義務...133
第七章　國家責任..148
第八章　國家領土..161
第九章　國際化區域與宇宙空間...176
第十章　個人之地位..201
第十一章　人權...234
第十二章　國際組織..250
第十三章　海洋法..290
第十四章　國際犯罪..371
第十五章　國際環境法..404
第十六章　國際經濟法..419
第十七章　國際爭端之和平解決...444
第十八章　國際爭端之強制解決...462
第十九章　二次大戰後之區域戰爭...522
第二十章　裁軍與軍備管理..533
索引
　　一：人名..549
　　二：名詞..551
　　三：國際條約、公約、協定...560
　　四：外文簡稱表..569

國際法概論　　目　錄　　謝瑞智博士著

序
第一章　國際法的概念 ……………………………………………………1
　第一節　國際法的意義 …………………………………………………1
　　一、國際法之實質意義 ………………………………………………1
　　二、國際法之強權詮釋意義 …………………………………………1
　　三、國際社會存在之認識 ……………………………………………1
　第二節　國際私法 ………………………………………………………2
　　一、國際公法與國際私法概說 ………………………………………2
　　二、國際私法之意義 …………………………………………………2
　　三、國際私法之內容 …………………………………………………3
　　四、國際私法之公序 …………………………………………………3
　　五、國際公法與國際私法之區分 ……………………………………4
　第三節　國際法的性質、對象與目的 …………………………………4
　　一、國際法之法律性質 ………………………………………………4
　　二、國際法之對象 ……………………………………………………6
　　三、國際法之目的 ……………………………………………………6
　第四節　國際法與國內法 ………………………………………………7
　　一、國際法與國內法概說 ……………………………………………7
　　二、國內法與國際法之關係 …………………………………………8
　　三、國際法與國內管轄事項 …………………………………………11
第二章　國際法的歷史 ……………………………………………………13
　第一節　古代的國際法 …………………………………………………13
　　一、古代國際法之萌芽 ………………………………………………13
　　二、希臘時代 …………………………………………………………13
　　三、羅馬時代 …………………………………………………………14
　　四、中古時代 …………………………………………………………15
　第二節　近代國際社會與國際法學的確立 ……………………………18
　　一、近代國家之成立 …………………………………………………18
　　二、近代國際社會之成立 ……………………………………………18
　　三、國際法學之方法論 ………………………………………………20
　第三節　近代國際法之特色 ……………………………………………23
　　一、歐洲列強之勢力均衡 ……………………………………………23
　　二、實證法學之興起 …………………………………………………24
　第四節　現代國際法之發展 ……………………………………………25
　　一、二十世紀國際法學之變遷 ………………………………………25
　　二、國際法的發展 ……………………………………………………27
第三章　國際法的淵源 ……………………………………………………32

第一節　國際法的淵源概說 32
　一、國際法淵源的意義 32
　二、法源的種類 32
第二節　條約 34
　一、條約的概念 34
　二、條約的名稱與分類 35
　三、協定與協議 38
　四、條約之締結程序 39
　五、行政機關與外國簽定協定之程序 41
　六、條約之保留 42
　七、條約之生效與無效 46
　八、強制規範問題 50
　九、條約之加入 51
　十、條約之解釋 52
　十一、條約之終止、暫停或條約之退出 53
　十二、條約之和平的變更 56
　十三、條約的修正與修改 56
第三節　國際習慣法 57
　一、國際習慣 57
　二、國際習慣法 58
　三、國際禮讓 59
第四節　一般法律原則 60
　一、一般法律原則之意義 60
　二、一般法律原則之具體適例 60
第五節　判例 62
第六節　學說 63
　一、國際法學說之成為輔助性法源之理由 63
　二、引用學說之適例 63
第七節　國際會議的決議及宣言 63
　一、聯合國大會之決議及宣言與國際習慣法之關係 64
　二、國際會議決議與宣言之效力 64
第八節　公允與善良 65
第九節　國際法之效力關係 66
　一、一般效力關係與適用原則 66
　二、作為上位規範的強行規範 68
第十節　國際法法典化之編纂及發展 68
　一、國際法法典化之意義與沿革 68
　二、國際法法典化之作業 69
　三、國際法委員會之成果 69
第四章　國際法之主體與客體 71
第一節　國際法之主體與客體 71
　一、法律主體之意義 71

二、國際法主體 71
三、國際法之客體 72
第二節　國家之概念 73
一、國家之意義 73
二、國家名稱之來源 73
三、國家之要素 73
第三節　國家形態 75
一、單一國家 75
二、國家聯合 75
三、特殊形態 77
四、準國家主體 78
第四節　國家承認 82
一、國家承認之意義 82
二、國家承認之實例 82
三、國家承認之方式 83
四、國家承認的適時問題 84
五、國家承認的法律性質或法律效果 84
六、國家之不承認主義 85
第五節　政府之承認 85
一、新政府成立之情形 86
二、新政府承認之方式 87
三、政府承認之效果 87
四、國家承認與政府承認之區別 88
五、中國之承認問題 88
六、中國代表權問題 88
七、各國對中國之承認 90
八、臺灣之國際法地位 91
九、臺灣關係法 94
第六節　國家之分裂、衰敗與消滅 95
一、國家之分裂 95
二、衰敗國家 96
三、國家之消滅 97
第七節　民族解放鬥爭 98
一、納米比亞之民族自決 98
二、西撒哈拉之自決與公民投票監察團 99
三、民族解放戰爭 100
第八節　國家與政府之繼承 101
一、國家繼承之意義 101
二、政府之繼承 102
三、光華寮事件 102
第五章　國家機關之國際關係 104
第一節　國際法上之機關 104

一、國家機關 104
二、國際機關 104
第二節　國家之外交關係 105
一、外交 105
二、外交政策 105
三、國際合作 106
四、我國之外交 106
五、外交實施之特殊方式 107
第三節　國家對外關係之外交工作者 108
一、外交使節與領事 108
二、外交使節團之概念 109
三、外交使節團之派遣與接受 110
四、外交使節之職務 111
五、外交使節團之特權與豁免 112
第四節　領事 118
一、領事之概念 118
二、領事館之設立 119
三、領事之派遣與接受 119
四、領事之種類與構成員 120
五、領事之職務 121
六、領事職務之執行 122
七、領事之特權與豁免 122
第五節　其他國家機關 128
一、國家元首 128
二、行政首長、外交部長 129
三、軍隊、軍艦、軍用航空機 130
第六節　對外交代表之保護 131
一、防止侵害外交代表罪行公約 131
二、美國大使館人員在德黑蘭之人質事件 131

第六章　國家之基本權利義務 133
第一節　國家之基本權利義務 133
一、蒙特維多國家權利義務公約 133
二、1946年12月6日聯合國大會通過之《國家權利義務宣言》規定 ...134
三、1970年10月24日聯合國大會通過《友好關係原則宣言》內規
　　定國家之權利義務 136
第二節　主權 136
一、主權之性質 137
二、主權平等 137
三、主權之相互尊重 138
四、主權權利 138
第三節　主權豁免 139
一、裁判權之豁免 139

二、強制執行之豁免 141
第四節　主權之限制與轉讓 142
第五節　內政不干涉 143
一、干涉 143
二、人道的干涉 145
三、國際組織與內政干涉 146

第七章　國家責任 148
第一節　國家責任之概念 148
一、國家責任之意義 148
二、國家責任法之歷史 149
三、國家責任之發生 150
第二節　國家之國際法上行為 153
一、國家之國際法律行為 153
二、國家之國際違法行為 154
三、國家之作為或不作為 155
四、國家義務之性質而分類 155
五、共同責任 156
第三節　國家之違法性阻卻事由 156
一、基於對方國家行為之違法阻卻 156
二、基於外力狀況之違法阻卻事由 157
第四節　國家責任之解除 159
一、回復原狀 159
二、金錢賠償 159
三、外形行為之救濟 160
四、違法行為之停止 160

第八章　國家領土 161
第一節　領土之概念 161
一、領土之意義 161
二、領土保全 161
三、領域主權 162
第二節　領土權源 163
一、領土權源之意義 163
二、領土權源取得之方式 163
第三節　領土之規定 167
一、列舉式 167
二、概括式 167
三、憲法是採概括式 167
第四節　領土之範圍 167
一、領陸 167
二、領海 168
三、領空 171
四、活動領土 171

第五節 領土之變更..172
　一、領土不擴大之原則..172
　二、臺灣與澎湖之領土變更問題................................172
　三、臺灣領土之歸屬..174
　四、南海群島問題..174
　五、限制領土變更的方式......................................175

第九章　國際化區域與宇宙空間................................176
第一節 國際化區域..176
　一、國際運河..176
　二、國際河川..177
　三、委任統治與非自治區域....................................179
　四、極地之歸屬..182
第二節 空域之國際法..186
　一、領空..186
　二、航空法之起源..187
　三、航空法之制定..187
　四、領空主權之確立..188
　五、空中自由..193
　六、侵犯領空..193
第三節 宇宙空間..195
　一、宇宙條約之簽定..195
　二、宇宙條約衍生之條約或協定................................196
　三、月球協定..198
　四、宇宙通訊衛星..199
　五、宇宙環境之保護..200

第十章　個人之地位..201
第一節 個人..201
　一、個人之國際法主體..201
　二、個人之國際法主體之認定基準..............................202
　三、國際法上權利主體之個人..................................202
　四、國際法上義務主體之個人..................................203
第二節 國籍..204
　一、國籍之概念..204
　二、國籍之取得..205
　三、國籍之喪失..207
　四、國籍之回復..207
　五、國籍之牴觸..208
　六、國籍與華僑..209
　七、雙重國籍..212
　八、無國籍..213
第三節 外國人..214
　一、外國人之權利能力與行為能力..............................214

二、外國人之入出境 215
三、外國法人 218
四、外國人待遇之標準 220
五、外交保護 221
六、犯罪人之引渡 223
七、政治犯不引渡之原則 224
八、國際犯罪 225
第四節　庇護權 226
一、庇護權之概念 226
二、領域外庇護 228
三、安全通行證 229
第五節　難民問題 230
一、難民 230
二、難民公約 231
三、國際難民組織 232

第十一章　人權 234
第一節　天賦人權思想 234
第二節　國際人權保障之發展 234
一、兩次大戰後人權發展情形 234
二、聯合國之人權保障 235
三、世界人權宣言 237
四、國際人權公約 238
第三節　重要之人權保障 240
一、性別歧視之廢止 240
二、種族歧視及隔離條約 241
三、兒童權利 242
四、民族自決權 243
五、新發展之人權 244
第四節　聯合國人權保障 245
一、聯合國人權教育十年 245
二、聯合國人權委員會 245
三、聯合國人權高級專員公署 245
第五節　區域性人權保障 246
一、歐洲 246
二、美洲 247
三、非洲 248
第六節　對人權保障之干預 249
一、人道之介入 249
二、人權法院 249

第十二章　國際組織 250
第一節　國際組織之概念 250
一、國際組織之意義 250

二、世界性法制與組織之構想 250
三、國際組織之要件 252
四、國際組織之法律性質 252
五、國際組織之分類 253
六、超國家組織 254
七、非政府組織 254
八、國際會議 257
第二節　國際組織之設立與解散 257
一、國際組織之設立 257
二、國際組織設立條約之修正 258
三、國際組織之解散 258
四、國際組織之構成員 259
第三節　聯合國 260
一、聯合國成立經過 260
二、聯合國憲章 260
三、聯合國的宗旨與原則 262
四、聯合國的會員國 263
五、臺灣進入聯合國問題 264
六、聯合國會員的停權與除名 265
七、聯合國觀察員 265
八、聯合國大會 266
九、聯合國安全理事會 269
十、聯合國經濟暨社會理事會 270
十一、聯合國託管理事會 271
十二、聯合國秘書處 271
十三、聯合國之財政 272
第四節　聯合國其他專門機構 273
一、國際勞工組織（ILO） 273
二、聯合國糧食及農業組織（FAO） 273
三、國際農業發展基金（IFAD） 274
四、聯合國教育、科學及文化組織（UNESCO） 274
五、世界衛生組織（WHO） 274
六、世界銀行集團 275
七、國際復興開發銀行（IBRD） 275
八、國際開發協會（IDA） 276
九、國際金融公司（IFC） 276
十、多邊投資擔保機構（MIGA） 276
十一、國際投資爭端解決中心（ICSID） 277
十二、國際貨幣基金組織（IMF） 277
十三、國際民用航空組織（ICAO） 278
十四、國際海事組織（IMO） 278
十五、國際電信聯盟（ITU） 278
十六、萬國郵政聯盟（UPU） 279

十七、世界氣象組織（WMO）..279
十八、世界知識財產權組織（WIPO）.............................279
十九、聯合國工業發展組織（UNIDO）..........................280
二十、世界旅遊組織（UNWTO）....................................280
二一、世界海關組織（WCO）...281
二二、國際原子能總署（IAEA）....................................281
二三、亞洲開發銀行（ADB）...281
第五節　聯合國備用武力..282
一、聯合國備用軍（UNSF）...282
二、聯合國緊急軍（UNEF）...282
第六節　區域性國際組織..282
一、歐洲聯盟（EU）...282
二、阿拉伯國家聯盟（LAS）...285
三、海灣合作委員會（GCC）...286
四、非洲聯盟（AU）...287
五、東南亞國家協會（ASEAN）....................................287
六、日本與印度經濟合作協議...289
七、石油輸出國組織（OPEC）.......................................289

第十三章　海洋法...290
第一節　海洋法之概念..290
一、海洋法之意義與發展...290
二、第二次世界大戰後之發展...291
第二節　海洋之法律上區分..292
一、內水...292
二、群島水域...292
三、領海...292
四、鄰接水域...292
五、專屬經濟海域...293
六、大陸礁層...293
七、公海...293
八、深海底...293
第三節　內陸國及地理上不利國..294
一、內陸國及地理上不利國之意義.................................294
二、內陸國之權利...294
第四節　領海與基線、內水、群島、島嶼及海洋建造物........295
一、領海...295
二、基線...296
三、內水...297
四、群島國...301
五、島嶼...304
第五節　領海之無害通航與鄰接區..304
一、無害通航權...304

　二、鄰接區 308
第六節　國際海峽 309
　一、國際海峽之概念 309
　二、國際海峽之通航制度 310
　三、船舶和飛機在過境時義務 311
　四、國際海峽內之海道和分道通航制 312
　五、海峽沿岸國得制定法律和規章 312
　六、海峽沿岸的義務 313
　七、特別條約之海峽制度 313
　八、臺灣海峽之中線 313
第七節　專屬經濟海域 314
　一、專屬經濟海域概說 314
　二、沿海國內在專屬經濟海域之權利、管轄權和義務 314
　三、人工島嶼、設施和結構的建造與利用 315
　四、沿海國法律和規章的執行 316
　五、專屬經濟海域上空之飛行 317
　六、專屬經濟區內之生物資源 317
　七、魚種別資源之國際合作 318
　八、日、中、韓三國對專屬經濟區之爭議 320
　九、日本與我國對釣魚台之爭議 320
第八節　大陸礁層 325
　一、大陸礁層之概念 325
　二、大陸礁層的歷史演進 326
　三、大陸礁層的法律地位 327
　四、沿海國對大陸礁層的權利 328
　五、大陸礁層公約 328
　六、大陸礁層在海岸相向或鄰接兩國間之劃定 329
　七、大陸礁層之劃界問題 330
第九節　公海 332
　一、公海之概念 332
　二、公海公約 333
　三、公海自由之原則 334
　四、公海之管轄權 334
　五、船舶之地位與國籍 335
　六、船旗國的義務 336
　七、軍艦與政府船舶之地位 338
　八、航行安全 339
　九、海上不法行為之取締 339
　十、海底電纜與管線 342
　十一、公海上空之飛行 343
第十節　深海底 343
　一、深海底之意義 343
　二、深海底規律原則宣言 344

三、國際海底區域...344
四、國際海底管理局...344
五、深海底開發...345
六、深海底開發制度...346
七、深海底之平行開發.....................................347
第十一節　公海漁業...347
一、漁業海域...348
二、公海生物資源的養護和管理.......................348
三、公海漁業規範公約.....................................350
第十二節　海洋環境保護.....................................350
一、海洋污染之意義...350
二、海洋環境保護和保全規定...........................351
三、海洋污染形成原因.....................................353
四、海洋污染條約...354
五、海洋污染的監測和環境評價.......................355
六、海洋污染、防止、減少和控制措施...........355
七、船舶污染的規範...356
八、保障辦法...359
九、冰封區域...360
十、國家責任與主權豁免.................................360
第十三節　海洋科學研究.....................................361
一、海洋科學研究...361
二、海洋科學研究之一般規定...........................361
三、海洋科學研究的國際合作...........................362
四、領海內的海洋科學研究...............................363
五、專屬經濟區內和大陸礁層上的海洋科學研究...363
六、海洋科學研究者之義務...............................364
七、海洋科學研究者之責任...............................365
第十四節　海洋技術的發展和轉讓.....................365
一、一般規定...365
二、海洋技術轉讓的國際合作...........................367
三、海洋科學和技術中心.................................368
第十五節　海洋爭端之解決.................................369
一、非強制程序...369
二、強制程序...369

第十四章　國際犯罪...371
第一節　國際犯罪...371
一、國際犯罪之概念...371
第二節　國際法與國家管轄權...........................371
一、民刑事管轄權與蓮花號案...........................371
二、國家管轄權之行使.....................................372
三、國際刑警組織...377

　　四、外國判決 377
　　五、國際法上犯罪 378
　　六、犯罪人引渡 398
　第三節　政治犯罪 400
　　一、政治犯罪之概念 401
　　二、政治犯罪之目標 401
　　三、政治流亡者 402
　　四、政治庇護 402
　　五、政治犯不引渡之原則 402

第十五章　國際環境法 404
　第一節　國際環境法之概念 404
　　一、國際環境法之意義 404
　　二、環境之意義 404
　第二節　國際環境法之歷史 405
　　一、國際環境法之形成 405
　第三節　國際環境之保護與有關公約 406
　　一、聯合國環境之保護 406
　　二、地球公共財 407
　　三、地球暖化 408
　　四、有害廢棄物越境移動及巴塞爾條約 410
　第四節　原子能事故 410
　　一、車諾比原子能事故 410
　　二、原子能損害賠償問題 411
　第五節　天然資源 412
　　一、天然資源恒久主義 412
　　二、世界文化遺產及自然遺產之保護 413
　　三、水下文化遺產保護公約 413
　　四、水鳥棲息地之國際重要濕地公約 414
　　五、瀕臨絕種野生動植物國際貿易公約（CITES）......414
　　六、生物多樣性公約 415
　第六節　環境破壞與環境難民 415
　　一、環境破壞 415
　　二、環境難民 415
　第七節　國際法對環境損害之基準 417
　　一、以保護環境為基準之分類 417
　　二、基於損害發生情形之分類 417
　　三、基於實害與危險之分類 417

第十六章　國際經濟法 419
　第一節　國際經濟法之概念 419
　第二節　國際經濟之法制 420
　　一、國家經濟之權利義務憲章 420
　　二、經濟統合 421

　　三、國際貿易法 ·· 421
　　四、通商航海條約 ·· 422
　　五、布雷頓森林協定 ·· 422
　　六、國際貿易組織 ·· 426
　　七、傾銷及原產地規定 ·· 429
　　八、特定產品輸入之緊急措施 ·· 430
　第三節　關稅問題 ·· 431
　　一、關稅之概念 ·· 431
　　二、關稅同盟 ·· 431
　　三、關稅估價 ·· 432
　　四、非關稅障礙之撤除 ·· 432
　第四節　自由貿易組織 ·· 433
　　一、自由貿易協定概說 ·· 433
　　二、美洲自由貿易協定 ·· 434
　　三、歐洲自由貿易協會（EFTA）······································ 437
　　四、東歐經濟互助委員會（CMEA）·································· 437
　　五、黑海經濟合作組織 ·· 438
　　六、東南亞國家協會自由貿易區（AFTA）························ 438
　　七、西非國家經濟共同體（ECOWAS）····························· 439
　第五節　國際經濟之爭端 ·· 439
　　一、投資爭端解決公約 ·· 440
　　二、國際商務調解 ·· 440
　　三、國際商務仲裁 ·· 440

第十七章　國際爭端之和平解決 ··· 444
　第一節　國際爭端之概念 ·· 444
　　一、國際爭端之意義 ·· 444
　　二、國際爭端之種類 ·· 444
　第二節　國際爭端之和平解決方法 ····································· 446
　　一、非審判程序 ·· 447
　　二、審判程序 ·· 452
　　三、國際法院之裁判 ·· 458

第十八章　國際爭端之強制解決 ··· 462
　第一節　外交關係的手段 ·· 462
　　一、外交關係的斷絕 ·· 462
　　二、報復 ·· 463
　　三、報仇 ·· 464
　　四、經濟關係斷絕 ·· 465
　　五、封鎖 ·· 465
　　六、干涉 ·· 467
　第二節　戰爭 ·· 468
　　一、正戰論 ··· 469
　　二、非戰公約對戰爭之違法化 ·· 470

　　三、聯合國憲章之禁止行使武力 470
第三節　武力行使之規範 471
　　一、戰爭法規概說 471
　　二、交戰法規 471
　　三、戰爭犧牲者之保護公約－日內瓦公約 474
第四節　傳統武器之規範 480
　　一、禁止使用之武器 481
　　二、歐洲地區之武器限制 481
第五節　其他禁止之宣言或條約 482
　　一、禁止宣言 482
　　二、條約或議定書 484
第六節　戰爭之過程 486
　　一、開始之程序 486
　　二、開戰之效果 488
　　三、戰爭之終止 489
第七節　戰爭犯罪 491
　　一、狹義與廣義 491
　　二、未來之發展 492
　　三、戰爭犯罪無時效限制 492
第八節　國家之安全保障 492
　　一、個別的安全保障 493
　　二、集體的安全保障 496
　　三、區域性集體安全保障 505
第九節　聯合國和平維持活動 509
　　一、聯合國和平維持活動（PKO） 509
　　二、傳統之和平維持活動 510
　　三、冷戰後之形態 510
　　四、聯合國蒲隆地活動（ONUB） 512
　　五、聯合國和平維持軍 512
第十節　中立制度 512
　　一、中立制度之歷史 512
　　二、中立與中立化國家 513
　　三、中立國之權利與義務 518
　　四、中立水域 519
　　五、中立地域 519
　　六、中立制度之發展 521
第十九章　二次大戰後之區域戰爭 522
第一節　亞洲局部戰爭 522
　　一、朝鮮戰爭 522
　　二、越南戰爭 524
　　三、印度與巴基斯坦戰爭 526
　　四、臺灣海峽戰爭 527

第二節　中東戰爭 528
　一、以色列戰爭 528
　二、波斯灣戰爭 529
第三節　南美洲戰爭 532
第四節　中亞戰爭 533
　一、蘇聯入侵阿富汗 533
　二、美國入侵阿富汗 534
第五節　新的戰爭 535
　一、恐怖主義 535
　二、美國之反恐戰爭 535
　三、恐怖活動是民族間的戰爭 536
　四、恐怖行為鎮壓之歐洲公約 536

第二十章　裁軍與軍備管理 537
第一節　裁軍 537
　一、裁軍之意義 537
　二、軍備管理 537
　三、聯合國憲章與裁軍會議 538
第二節　核子武器之裁軍與軍備管理 538
　一、核子武器之使用 538
　二、核子武器試驗 539
　三、核子物質防護公約 540
　四、核子武器裁減 540
　五、核子武器不擴散條約 541
　六、核子武器嚇阻 541
　七、非核地帶（NWFZ） 542
　八、戰略武器之限制 543
　九、生物化學武器之裁軍 545
　十、非軍事化區域 547
　十一、條約履行之確保 547

索引
　一：人名 549
　二：名詞 551
　三：國際條約、公約、協定 560
　四：外文簡稱表 569

第一章　國際法的概念

第一節　國際法的意義

一、國際法之實質意義

所謂國際法（英：international law；德：Völkerrecht；法：droit international, droit des gens）最簡單的說法是「國際社會所適用之法」。「聯合國憲章」就是最具代表性的國際法。不過一般的說法認為國際法是「國際上享有權利與負擔義務之法人，在其相互關係上必須遵守之規則。」

二、國際法之強權詮釋意義

因為國際社會是講求實力的社會，所以一向有不少強權的國家，認為國際社會並不存在什麼規範國際社會之法律，有堅強之軍事力就有詮釋法律之權，此在二次大戰期間德國之納粹分子，或日本之好戰軍閥就是持這種主張，現在還有部分「現實主義者」，仍抱持這種看法。但是一國如保有強大之軍事力，對國際法的詮釋力自然水漲船高，如果國力弱小，最賢明的辦法就只有求助於國際社會所通用之國際法。不論是外交交涉、在聯合國或是世界的傳播媒體，國際法都可提供國家行為之正當性的判斷基準。如國家行為有違反聯合國憲章等國際法之情形時，該國家行為必受國際輿論之批判，或受國際社會的抵制，因此研究國際法是何等重要。

習題：試說明國際法之意義。

三、國際社會存在之認識

國際社會（英：international society），即世界規模之多種國家存在的社會，稱為國際社會，規範國際社會的法律，稱為國際法。社會原來具有溝通（communication）、文化（culture）、合作（cooperation）、組織（organization）四個層面，不過如萊特（Q. W. Wright）所指出，在今日之世界無論是從那

一層面觀察，都很明顯的不具有完全社會之特質。在當今之國際社會主要是條約與習慣以形成國家相互間之法律關係。條約具有與國內私人間簽定之契約相同之功能。不過在國內之契約除了對契約提供適用與解釋外，並具有規範契約內容，或對違反公序良俗之契約內容，擁有宣布無效之強行法規（jus cogens）的性質，但在國際社會即欠缺此類強行法規。

　　國際習慣法因係拘束一般國與國之間的一般關係，所以屬於任意法規，國家間得因合意而改變一般習慣之權利義務，此即「特別法（條約）優於一般法（習慣法）」的原理。因此在國際社會並不存在有固有目的、公共價值或國際公共秩序之要素，常以私法類推（private law analogy）方式來解釋條約上之權利義務。主權所同意而簽定之條約，只有相互遵守才合於正義與主權之實現。

習題：試說明國際法在國際社會中扮演之角色。

第二節　國際私法

一、國際公法與國際私法概說

　　過去認為國際法是基於國家間之合意，以規範國家間關係之法律，但在今日，除了國家間之關係以外，包括規範國家以外之主體（國際組織或個人）間之相互關係，或與國家之相互關係之法律，綜合稱為國際社會之法。此與國際私法對照，稱為國際公法（public international law），但因國際私法是國內法，而國際法雖是公法，但並非如國內法上有公法與私法之對立關係。

二、國際私法之意義

　　國際私法（英：private international law；德：internationales Privatrecht；法：droit international privé），雖冠有「國際」二字，但並非國際公法。惟當某件牽涉到個人之事項，同時隸屬於兩個或兩個以上的管轄權時，兩種或兩種以上的國內法，往往有不同或相反的規定，而成為「法律之衝突」，這時就運用國際私法的規則，以避免、減少或解決這種衝突。

　　蓋法律關係有內國法律關係、外國法律關係、及涉外法律關係之分。在內國由國內人間所發生之法律，如我國國民之間所發生的債權債務糾紛，當由我國法院適用我國法律來解決。又如在外國有該國人民發生民事糾紛，也應由該國法院適用其本國法律來解決，此均不會發生任何疑問。但如糾紛問題之當事人為外國人，或無國籍人、或雙方雖然均為中國人，但其爭訟的財物在外國、或其行為地在外國、或其事實發生在外國，此等法律關係，稱為涉外法律關係。此種糾紛案件應由內國法院管轄，或由外國法院管轄，又管轄法院究竟應適用我國法律來裁判或適用當事人的本國法律來裁判？國際私法就是專為解決這類問題而設的。目前在我國係依「涉外民事法律適用法」來解決。

習題：國際公法與國際私法之涵義為何？試說明之。

三、國際私法之內容

　　我國涉外民事法律適用法，係於 1953 年 6 月 6 日公布施行，全文共 31 條，內容包括人之行為能力、法律行為之方式、債權讓與、侵權行為、婚姻、離婚、父母子女、監護、扶養、繼承、遺囑等項。我國有關涉外民事法律適用法則，雖以本法為依據，但如有漏未規定應如何處理？依本法第 30 條規定：「涉外民事，本法未規定者，適用其他法律之規定，其他法律無規定者，依法理。」目前有關規定散見於民法及其他民事法規中者，為數不少，如關於外國人之權利能力，規定於民法總則施行法第 2 條及第 12 條等，關於外國法院判決之效力，規定於民事訴訟法第 402 條等，其他如無法律可資依據，當可配合民法第 1 條之規定，依法理以為解決。

四、國際私法之公序（德：öffentliche Ordnung am internationalen Privatrecht；法：ordre public du droit international privé）

　　依涉外民事法律適用法適用外國法時，如其規定有背於中華民國公共秩序或善良風俗者，不適用之（涉外 25）。這種規定方式係對於有違反公序良俗之外國法不予適用，故又稱為「**排除條款**」（德：Ausschließungsklausel；

法：clause d'exclusion）。亦即在國際私法上將適用外國法以公序良俗劃定界限，因此如發動公序良俗，則國際私法的功能將被迫退後。易言之，此與民法第72條相同，不過實質上仍有區分。例如民法上強行規定係屬於公序良俗，這種國內法上之強行規定，並不當然適用於國際私法上，這是涉外法律規定在國內法律之強行規定事項（如行為能力），原則上適用外國法就可明瞭（涉外1）。

五、國際公法與國際私法之區分

	國 際 公 法	國 際 私 法
意義不同	即拘束不同國籍或國境之行為主體之法律規範，稱為國際法。亦即國際上享有權利與負擔義務之法人，在其相互關係上，必須遵守之規則。	即私人間行為之中，當事人之國籍、住所、法人之主事務所、物之所在地、契約之締結、履行地、加害行為地、損害發生地等，其中有一項具有外國關係之國際性質時，則以規範涉外生活關係為對象之最基本的法律，稱為國際私法。
法源不同	各國直接適用之國際法規範有條約、國際習慣法與一般法律原則，另外使國際發生效力之解釋、國際法院之判決、學說、國際機構之決議及國際會議或宣言等而言。	即適合規範對象之性質的國際上合意如條約，此以西歐、北歐及中南美各國為多；以及一國自己制定之國家法，如我國之「涉外民事法律適用法」則為適例。
國內法或國際法之不同	是規範不同國家之行為主體的法律規範，而適用於國際間，故為國際法。	國際私法為避免兩國間私法之衝突而設，故亦稱「衝突法」或「法律衝突法」，但如將個人涉外事件與他國以條約制定就成為國際法。

習題：試說明國際公法與國際私法之不同。

第三節　國際法的性質、對象與目的

一、國際法之法律性質：有兩種看法：

　㈠國際法之強制力：

　　1.國際法無強制力：原來法律是必須有強制力爲必要。國際法因缺乏如國內法具有政府組織之國家權力，也欠缺組織的立法機關與具有強制執行之司法管轄權，故可否嚴格稱爲法，抱持疑問，此如霍布斯（Hobbes, Thomas, 1588-1679）、奧斯汀（John Austin, 1790-1858）等都是此一理論的先驅者，奧斯汀說法律是主權者的命令，須經最高權力機關制頒，由執法機關強制執行，並對違反者制裁，因此國際法既無強制，當然不能被認爲是法律，而國際法只是「**實證道德**」（positive morality）而已。

霍布斯

　　2.國際法仍有強制力：贊同者認爲國際法主要是由習慣及條約等所構成，而習慣在國內法也列爲法律之一部分，在國際法上更是國際社會所一致遵循的法則，雖似自然法之性質，但如國家違背國際習慣而有所作爲，

奧斯汀

亦將受國際社會所排斥。又如條約如果不遵守，也會受到制裁，尤其近年來由立法條約及國際公約中所成立的「國際立法」已大爲增加，且聯合國主持之國際制裁也有強化之勢，因此國際法也有制裁之功能。

㈡國際法之拘束力與執行力：

　　1.國際法無拘束力及執行力：國際條約對參與締結的國家雖有拘束力，但對於非締約國就無拘束力，故如強權國家不守國際規範，國際社會將無拘束力，如聯合國安理會在決策過程中，五常任理事國對非程序事項享有否決權，所以對這五常任理事國幾無制裁效果，使聯合國維持國際和平及安全的功能大爲降低。

　　2.國際法仍有拘束力及執行力：國際法的特色雖是依合意之基礎而成立之法，則自己的國家不同意之法律並不受拘束爲原則，不過近年來因聯合國組織之強化，一般公認之國際法，不僅可作爲國際社會之行爲規範，對於被害國家亦承認具有自力自衛權，因此戰爭或經濟制裁及其他手段，均屬國際制裁方式。此外聯合國及其他國際組織，均已承認具有集體制裁方式。如依聯合國憲章第 39 條：「安全理事會應斷定任何和平之威脅、和平之破壞或侵略行爲之是否存在，並應作成建議或抉擇依

第四十一條及第四十二條規定之辦法，以維持或恢復國際和平及安全。」
所以國際法仍具有相當之拘束力。

習題：試說明國際法之法律性質。

二、國際法之對象

　　國際法的對象係規範國家與國家間之關係。國際法主要原是爲國家
與國家間關係的原則與習慣發展而成。當然目前也是扮演著國家間關係
之規範；但自十九世紀後期，在歐洲成立了各種非政治性之國際團體，
而二十世紀就有國際聯盟組織，及聯合國等政治性的國際組織成立，並
在國際上扮演仲裁、協調及軍事制裁等角色。到第二次大戰結束後，又
有制裁戰爭犯罪，對於個人遭受人權迫害等，也由聯合國介入處理。所
以說國際法是規範國際社會之構成員共同認定，必須受其規範並須遵守
之國際法規之謂，其關係如下表：

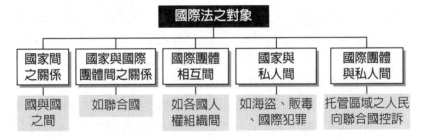

三、國際法之目的

　　國際法在傳統觀念上，認爲國際法應以維持有秩序之國際關係爲目
的；這一有秩序的關係是否具有正義的國際關係並不重要。但近年來隨
著國際關係的發展，國家間的關係已逐漸趨向合乎正義關係的原則，並
替國家謀求正義的待遇。譬如侵略戰爭的禁止、爭端的和平解決等；此
外國際法也爲個人謀求正義。譬如國家如對個人造成危害，也應負賠償
責任，並主張個人人權之維護。因此國際法之發展也與國內法具有相同
之維護正義之目的。

　　爲此聯合國憲章前言謂：「我聯合國人民同茲決心……。重伸基本人

權、人格尊嚴與價值，以及男女與大小各國平等權利之信念，創造適當環境，俾克維持正義……促成大自由中之社會進步及較善之民生……運用國際機構，以促成全球人民經濟及社會之進展」。

習題：試說明國際法的對象與目的。

第四節　國際法與國內法

一、國際法與國內法概說

㈠**意義**：**所謂國際法與國內法**（英：municipal law and international law；德：staatliches Recht und Völkerrecht）即依法律所制定之主體與法律實行之範圍爲區別標準，法律可分爲國內法與國際法。

1. **國內法**	係規律特定國家內部關係之法律，在該國主權所及之領域內（領土、領海、領空）有其法規之效力之謂。
2. **國際法**	係規律在國際社會裏國家間之關係的法律，即有規範國家相互間之關係之效力之謂。 國際法與國內法的關係上其基本問題是： ⑴國際法在國內法上之地位爲何？ ⑵國內法在國際法上之地位爲何？ ⑶國際法與國內法之理論關係爲何？

自二次大戰後，國際社會之相互依賴關係日益密切，致國際法之規範領域與國內法之規範領域有很大部份發生重疊現象，譬如人權、環境、恐怖攻擊等是。不過國內法與國際法在本質上仍有區分。

㈡**國內法與國際法之區別**：

區別基準	國　　內　　法	國　　際　　法
1. **當事人不同**	國內法關係之當事人係一國內之政府與人民。	國際法關係之當事人係國家。
2. **有無整理成法典之不同**	國內法規之大部分都已整理成具體之法典，使政府及人民有所遵循。	除了條約之外，大部分只有原理原則，尚未整理成具體之法典。
3. **有無立法機**	有立法機關依一定程序制定	國際法之大部分爲習慣法，這些習慣法都是在各國合意之基礎上成

關的不同	法律。	立者。
4. 制裁方式的 不同	運用國家權力，對違法者藉 行政及司法之強制力執行懲 罰。	在國際社會並無任何強制管轄 權，以維護國際法之執行，只能由 被侵權國家或國際組織採取交 涉、調停、報復乃至戰爭等行爲。
5. 效力範圍的 不同	國內法一旦公布，除了特別 法外，國內有廣泛之拘束力。	只對依明示或默示而合意之國家 有拘束力，對於未參與制定條約之 第三國無國際法上之效力。

習題：試論國內法與國際法之區別。

㈢**國際法在國內法上之地位**：國際法對各國都賦予一定之義務，其要者爲：

1. 方法之義務：國際法對各國要求其有採特定手段與方法之義務。
2. 結果之義務：國際法對各國要求其確保一定結果之義務。
3. 防止之義務：國際法對各國要求其有防止特定狀態之發生義務。

因此國際法在國內實施時，各國裁量權之彈性相當大，通常是由議會與政府負責決定。國際法能否作爲國內法之法源，由國際法在國內實施之觀點由各國自由決定。

二、國內法與國際法之關係

國內法與國際法之關係，依國際法學家有兩種主張：

㈠**二元論**（英：Dualistic Doctrine）：

1. 二元論之論點：認爲國際法與國內法是兩種不同的法律秩序，從淵源、主體與性質上言，兩者完全不同。因此國內法固不能創立或變更國際法，國際法如未獲得國內法的接受，不能爲國內法院所採用，也不能拘束其國內法之主體。如國際法與國內法衝突，則國內法將優越適用。其代表人物爲 1899 年德國學者都立伯爾（Heinrich Triepel, 1868-1946）及安其洛蒂（Dionisio Anzilotti, 1869-1950），其理由：

　　⑴國際法的淵源是在國際社會裏成長的慣例與國家締結的立法條約；而國內法的淵源是在國內成長的慣例與立法程序制定的法律。

⑵國際法是規範國與國間的權利義務關係；而國內法是規範個人與個人間、或個人與國家間的權利義務關係。

⑶國際法是一種同等關係的法律；國內法是一種隸屬關係的法律。

⑷國際法是屬於契約性質或同意性質的法律，存在於國家之間；而國內法是有一個最高的權力在自然人之上，加以強制執行。

2.變質理論（英：transformation theory）：國際法與國內法關係的理論有二元論（dualism）與一元論（monism）之論爭。二元論者認爲國際法與國內法是完全分離的法律制度，由於是分離的法律制度，因此國際法不能成爲國內法之一部分，當然國際法規則不能直接或依其本身的效力被國內法院依法適用，故須依據國際法變質爲國內法，即國際法規則須經過國內法特別採納或將其編入。譬如英國欲使條約在國內法上發生效力，必須經過議會轉變爲國內法始可；但在大部分國家依憲法規定或憲法習慣，國際法已自動轉換成國內法，國際法並不需特別變型而有國內法上效力。

㈡**一元論**（英：Monistic Doctrine）：認爲國際法與國內法只是一個單純的法律秩序，屬於同一的法律領域，只是一個法律觀念的兩種表現。兩者的位階必然性是兩者同位，或那一方面是優位的關係上。所以一元論又可分爲國內法優位論與國際法優位論兩種：

1.國內法優位論：即國際法的根據或拘束力的基礎係放在國內法，兩法完全是基於一國意思之法；如佐恩（A. Zorn）、文策爾（Wenzel）等。即國家在絕對主權之基礎下，主張國家之絕對自由，國家之所以服從國際去，係基於國家意思限制自己的能力，或者因其自由意思而負擔義務之自己拘束說（耶利納克的主張）的影響，因此，國際法是基於國內法之規定而形成之規範，國際法不過是國內法構成之部分內容，而爲規律國內法對外關係的部分而已。這種說法因涉及國際法之否定論，因此今日已無支持者。

2.國際法優位論：一方面批評二元論，而於第一次大戰後興起之理論，以凱爾遜（H. Kelsen）、斐洛斯（A. Verdross）、昆茲（J. Kunz）等維也納學派爲代表。即認爲國際法與國內法之間有發生矛盾或衝突之可

能，從調和兩者衝突之情形言，兩者必須在同一的法律體系才有可能，因此國家在國際社會，就如同地方自治團體在國家內之地位相同，而認為國內法是基於國際法之委任的部分法律秩序（委任理論）。並認為國際法與國內法都屬於統一法律秩序時，兩者之關係有三種形態：1.兩者是處於同位之關係，2.國際法優先之關係，3.國內法優先之關係。但在國際法與國內法之上如無第三個法律秩序在的話，兩者當然無法處於同位之關係。凱爾遜最後認為國際法應處於優先之地位。即國內法基於國際法在其國家之領域內發生效力；亦即國內法之法效，是由國際法而來，而國際法之法效就是具有委任之優先地位。國際法與國內法因屬於統一法律秩序下，國際法又具有優先地位，國際法當然在國內具有效力，如國內法與國際法牴觸，就不發生效力。

習題：

一、解釋名詞：一元論。（98公升）

二、國際法和國內法的關係有「一元論」和「二元論」之主張，試說明其大要。

三、何謂國內法與國際法關係之變質理論？

　　㈢**各國之法例**：依各國之法例，以偏重於一元論之主張為多：

　　　　1.歐陸國家在第一次世界大戰以前，關於國際條約之效力，未於憲法明文規定，故以偏重二元論之傳統觀念為多。

　　　　2.目前就各國的實例觀察以偏重於一元論者為多：

　　　　　⑴在憲法中規定國際法之效力較優：如美國憲法第 6 條規定，美國所締結之條約，均為全國之最高法律。

　　　　　⑵其效力與普通法律相等：如德國威瑪憲法第 4 條規定，國際法一般承認之通則，為德意志聯邦法律有拘束力之構成部分而有效。

　　㈣**我憲法之規定**：依我憲法係採與普通法律相等，即所簽訂之條約，須經過立法程序，才能批准成立，其效力應與法律同等。此外，依憲法第 141 條亦明定，中華民國之外交，應本獨立自主之精神，平等互惠之原則，敦睦邦交，尊重條約及聯合國憲章，似亦承認國際法在國內法上

之效力。

習題：

一、一般而言，國際法根本不具備國內法的要件，但公法學者又一致認為國際法具有法律之效力。請就立法與執法的觀點說明國內法與國際法之不同？並說明國際法如何發揮它的效力。（95 公三）

二、試說明「國際法優先」（Supremacy of International Law）原則的意義。（98 國安三）

三、試說明國際法與國內法牴觸對應之原則。（92 公特）

三、國際法與國內管轄事項

國內管轄事項原則上是指未為國際法所規範事項之謂。從歷史上言，國家早已存在，而國際法是於十六、七世紀在歐洲社會所形成，因此未移轉為國際法之剩餘部分，則屬國內管轄事項。

㈠**國際聯盟與國內管轄事項**：1919 年成立之國際聯盟第 15 條第 8 項規定：「如爭執各方任何一方對於爭議自行聲明並為理事會所承認，按諸國際法純屬該方國內管轄之事件，則理事會應據情報告，而不作解決該爭議之建議。」但何為具體之國內事項，並未規定。1923 年 2 月 7 日突尼斯和摩洛哥國籍法令問題常設國際法院發表之諮詢意見，對國內管轄事件認為：「某一事件是否純屬國內管轄為問題，本質上是一種相對的問題，它是因國際關係的發展而定」。

㈡**聯合國與國內管轄事項**：1945 年聯合國憲章第 2 條第 7 項：「在本質上屬於任何國家國內管轄之事件，且並不要求會員國將該項事件依本憲章提供解決」。本項與國際聯盟盟約規定之區分在於國際聯盟盟約規定：「純屬國內管轄問題」，而聯合國則規定「本質上」之區分，因此兩者在實質上並無不同。

㈢**法院之強制管轄事項**：依國際法院規約第 36 條第 2 項規定：「對於接受同樣義務之任何其他國家，承認法院之管轄為當然具有強制性，不須另計特別協定：㈠條約之解釋。㈡國際法之任何問題。㈢任何事實之存在，如經確定即屬違反國際義務者。㈣因違反國際義務而應予賠償之性質及其範圍。」不過美國於 1946 年在承諾聲明時，聲明保留國內管轄

事件之內容及其決定。

　　㈣**國內管轄事項與國際法**：是否為國內管轄事項之決定應依國際法之適用來決定。如對國內管轄事項有爭議應由國際法院裁決之。不過國內管轄事項之減少是代表國際法進步之象徵。因此國際法功能之增進，不僅是國內管轄事項之減少，也是國際上尊重法律達成和諧之目的。

第二章　國際法的歷史

　　法諺云：「有社會就有法律」（Ubi societas, ibi jus.），因此，在古代自成立國際社會，就應該有國際法之存在，因此牛津大學國際法教授布來利（Brierly, James Leslie, 1881-1955）謂：「所謂國際法之規則，可在古代及中世紀之世界史中獲知，蓋人類將其共同生活開始組織政治性社會以來，其規範彼等社會關係之某種規則體系，不論是如何粗造仍感有其必要，但是要成為今日吾人所知之法學體系中的國際法，當可溯及十六、十七世紀之時代。」但是中國據歷史的記載，至少可溯及至公元前 770 年起之春秋戰國時代。

第一節　古代的國際法

一、古代國際法之萌芽

　　在古代，類似國家之國際社會組織存在的時代，各族群相互間為保護自己之宗教神祇或語言、風俗習慣等文化，經常相互鬥爭的弱肉強食時代，並無維護國與國間或部落與部落間和平秩序之法。但是有關戰鬥的規則、各種習慣，或戰爭之預防及回復等規則，應該是有存在。據歷史學家的研究，在紀元前三千一百年美索不達米亞（Mesopotamia）的兩個都市國家，Lagash 與 Umma 締結了境界劃定條約。

　　在中國，據歷史記載在公元前十一世紀周與商之間，就已發展出兩國間時戰時和的關係。周在滅商之前已經完成了國家的轉化，滅商以後，疆域擴大，周公制禮，人與人間、國與國間之禮制更加完備，所謂「兩國相爭不斬來使」之習慣，也已盛行，此時雖無今日國際法之形態，但已具有國際法之實質。

二、希臘時代

　　在馬其頓人征服以前的希臘半島，約公元前六百年間，希臘有很多城邦國家（Polis）存在，斯巴達、雅典、亞各斯、波斯等，在都市國家相互間，因擁有同一種族與語言，相同文明，乃實施相互間交換使節並維護其安全及對他國人民的保護等措施。當時已有戰爭及簽訂條約等規則，如公元前 448 年雅典與波斯帝國簽訂「卡利艾斯和約」，在伯羅奔尼撒戰役（公元前 431-前 404 年），締結媾和條約或攻守同盟及停戰條約。

　　到馬其頓統治以後，希臘人因蔑視其他國家與種族，因此並未發展成平等之國際關係。不過當時因地中海之商業以羅得島（Rhodia）為中心，歐亞之間的貿易都以羅得島為中繼站，於是漸次發展出商業習慣法，稱為羅得島法（Lex Rhodia），此稱為世界最古老之海商法。

三、羅馬時代

　　㈠**市民法與萬民法**：羅馬於公元前第八世紀在羅馬組成城市國家，首先在這狹小之國家內，創造規範人民所適用之法律，稱為市民法（jus civile）。其後，羅馬漸次擴展領土，於公元前 264-241 年，為了維護其屬地希臘殖民都市在海上的權益，而與迦太基人發生第一次普尼克戰爭（Punic War），此次為海上戰役，羅馬獲得勝利。第二次普尼克戰爭最後一段在札馬（Zama）發生，最後羅馬獲得勝利，羅馬遂發展成世界性大帝國，在其領域內因包含有各種不同的民族，於是在市民法之外，乃發展萬民法（jus gentium），以規範羅馬人與其他民族之關係。萬民法既是專為適用不同民族而制定，因此以單純而易於了解為主，雖與今日以平等之主權國家為對象的國際法不同，但仍為後世國際法之範本。

　　㈡**使節之法**（jus legatorum）：由羅馬派往不同邦國，或不同邦國派往羅馬之使節，規定「使節不得侵犯」（Ne impediatur legatio）。

　　㈢**外事法**（jus fetiale）：

　　　1.外事法的內容：初期是任命 20 名教士為「外事官」（Fetiale），組成「外事團」（Collegium fetialium），以處理羅馬與其他邦國之關係，包括戰爭及停戰、和平、訂約、結盟及賠償等諮詢，此稱為「外事法」，遂成後日戰時法之起源。當時羅馬與其他邦國所訂立的條約主要有三

種：⑴爲友好條約（Treaty of Friendship）；⑵優遇條約（Treaty of Hospitality）；
⑶同盟條約（Treaty of Alliance）。

　　2.學者主張之義戰論（拉：bellum justum；英：just war）：當時羅馬的
學者從天主教神學的立場展開義戰的理論。其代表人有三位：

　　⑴西塞羅（Marcus Cicero, B.C. 106-43）：即基於復
　　　仇或爲擊退的理由所實施之戰爭，且事先應有
　　　戰爭之通告或宣示，或爲物品返還之請求，認
　　　爲是義戰。如無正當之理由，由情感而引發之
　　　戰爭，乃是不正之戰爭。

　　⑵奧古斯丁（Augustinus, Aurelius, 354-430）：奧氏繼
　　　承西氏之義戰論，認爲戰爭在原則上雖是正當，
　　　但是如果違反上帝命令之戰爭是不正的戰爭。

西塞羅

　　⑶伊西多爾（Isidore of Seville, 560-636）：認爲所謂
　　　義戰是指：①公開宣戰之戰爭；②防衛性戰爭；
　　　③爲取回不當喪失之財產或爲排除不正之侵害
　　　的戰爭。

　　3.羅馬之義戰論：

奧古斯丁

　　⑴戰爭之開始：即在矛上綁上染血之布（a bloody spear）拋入敵國
　　　之境內，就是宣戰的表示，此即正當之戰爭，簽訂媾和條約，
　　　投降（deditio）或征服（occupatio）就是戰爭終止。

　　⑵戰爭之正當原因：①對條約有重大的破壞；②違反同盟盟約；
　　　③利敵之行爲；④對使節之殺害；⑤對羅馬領域之入侵；⑥對聖
　　　城之破壞；⑦對軍隊有妨害行爲等所引發之戰爭。

四、中古時代

　　西羅馬帝國於公元 476 年滅亡。歐洲的歷史進入「中世紀」。野蠻民
族橫行於意大利及其他歐洲各地。公元 800 年，查理曼（Charlemagne）大
帝建立了佛蘭克帝國（Frankish Empire），由教皇里奧三世（Leo III）加冕
爲神聖羅馬皇帝，從此歐洲又恢復統一，但是此時皇帝掌管世俗，爲政

治上之領袖，教皇掌管精神方面，爲宗教領袖。在這種天下共治之情形下，國際法並無法發展。迄公元 843 年維爾頓（Verdum）條約簽訂後，將查理曼帝國分裂爲三部分，約爲今日德、法、意三國的前身。日爾曼皇帝腓特烈三世（Frederick III, 1440-1493），是經教皇加冕的最後一位皇帝，在此期間，下列幾個因素是有助於國際法的發展：

㈠**封建制度的建立**：野蠻民族入侵以來，人人爲維護其生命財產，乃形成封建制度，封建制度之大封主所建立之朝代，乃成後來民族國家（Nation-state）的前身。此民族國家之興起，即爲國際法發展之要件。因封建制度是以封地爲根據，使主權觀念，從屬人而轉爲屬地的主權（Territorial Sovereignty）。

㈡**羅馬法（Roman Law）與寺院法（Canon Law）之研究**：在十二世紀初伊尼里斯（Irnerius）在波倫亞（Bologna）講授羅馬法時，引起一般法學家對羅馬的研究，另一方面教會中的教士，乃對寺院法進行研究，兩者均不約而同進行國際法有關的探討，有助國際法之發展。

㈢**海事法的編纂**：歐洲的海外貿易被野蠻民族破壞以後，到十二世紀漸漸恢復，促成海商方面習慣法的形成。乃有私人和官方海事法典的編纂出版。其主要者爲：

　　1.羅地法（Rhodian Law）：七世紀至九世紀通行於地中海沿岸。

　　2.亞馬非法典（Tabula Amultitana）：十世紀意大利的海事法典。

　　3.奧朗法典（Rolls of Oléron）：十二世紀流行於法國的法典。

　　4.巴塞隆納法典（Consolato del Mare）：十四世紀在西班牙出版之法典。

　　5.威士比法典（Leges Wisbuenses）：十四世紀在瑞典出版之海事法典。

㈣**十字軍東征促成民族國家的成立**：十字軍東征促使封建制度崩潰，民族國家成立，乃增進商業上文化和國際關係。因十字軍具有武俠精神，促使封建內各階層公平相待而平等，減少了戰爭的殘酷，這對未來的戰爭法有相當的影響。

㈤**常設使館制度的建立**：最初教皇曾派遣使節常駐法蘭克（Frank）王的宮廷裏。其後意大利的威尼斯（Venice）和佛羅倫斯（Florence）兩共和

國也互派使節。到了十五世紀，常設使節制度，已相當普遍了。

㈥**商業城市的聯盟**：在中古時期，各城市爲維護其商業與商人，乃結爲聯盟，如十三世紀之漢撒聯盟（Hanseatic League），在聯盟內同意以仲裁方式解決商業紛爭。聯盟常對於外國要求商業特權，甚至共同對外國作戰。

㈦**設常備兵制度**：從十五世紀起，各大國開始採常備兵制度。平時嚴格訓練，統一規定戰時國際法的規則與實例，使戰爭法規國際化。

㈧**文藝復興與宗教改革的影響**：文藝復興增進了教會人士對學術研究的領域，並刺激了對國際法與國際關係的研究。宗教改革是由馬丁‧路德（Martin Luther, 1483-1546）所發起，是爲反抗教會的權威所發起之運動，當時教會擁有信仰與世俗政治之雙重支配權，國家也在教會之支配下，宗教改革的結果推翻了教皇對精神文明的最高地位，近代民族國家也脫離了教皇的束縛，使近代主權國家得以誕生，也加強各國平等的國際社會意識。

馬丁‧路德

㈨**新大陸的發現**：美洲大陸被發現後，發現國乃主張對發現地的管轄權和所有權，使法學家對美洲的土地和人民之法律地位，展開熱烈的研究與討論。

㈩**永久和平計畫的草擬**：十四世紀初期，一些思想家乃發表了永久和平（eternal peace）的計劃，其代表性者：

1.杜布瓦（Pierre Dubois）：杜氏於 1305 年主張各基督教國結成同盟，設立仲裁法庭，以解決同盟國間的爭端。其有不遵守仲裁或侵略的國家，由同盟國集體制裁。

2.馬力尼（Antoine Marini）：馬氏是波希米亞王國的首相，於 1461 年主張基督教國家應結成邦聯，各分子國應派代表至巴士爾（Basle），組成代表會議，爲邦聯之最高機構以處理共同問題。

3.蘇利（Maximilian de Béthune Sully）：蘇氏是法蘭西王亨利四世的大臣，他主張重劃各國疆域，分爲十五個國家，並組成聯邦，在聯邦內設總會（General Council）和區域會議（Regional Council）。總會由大國派代

表 4 人，小國派代表 3 人組成，任期 3 年。總會可以指揮國際陸海軍。區域會議六個，由利害一致之鄰國的代表組成，不服區域會議決定者，得上訴到總會。

　　4.克魯塞（Emeric Crucé）：克氏於 1623 年提議由基督教和非基督教國家派代表組成全體會議，在威尼斯集會，爲未來國家聯合的最高機構。此種和平計劃的主張，在當時雖無法實現，但卻是刺激未來組成國際社會組織的意識。

第二節　近代國際社會與國際法學的確立

一、近代國家之成立

　　到了十五、十六世紀，近代國際社會因近代國家之成立而形成。近代國家是因：

　　㈠**中央集權制度的建立**：封建制度的崩潰，中央集權制度的確立。

　　㈡**信教自由之確立**：因宗教改革，而確立信仰宗教的自由。

　　㈢**國家財政基礎的確立**：因貿易與商人階級的提升，使君主的財政基礎獲得穩定。

馬基維利

　　在此種情況下，近代國家的主權理論首先出現在意大利人**馬基維利**（Niccolò Machiavelli, 1469-1527）的《君主論》（*IL Principe*, 1513）及法人**布丹**（Jean Bodin, 1530- 1596）的著作《共和國論》（*Les six livres de la République*, 1576）強調國家主權之觀念，促使近代主權國家得以誕生。

布　丹

二、近代國際社會之成立

　　㈠**威斯特伐利亞條約的影響**：宗教戰爭的 30 年（1618-48），帶來威斯特伐利亞條約（Treaty of Westpharia），當時大部分的近代國家都有參加。在此會議中承認荷蘭與瑞士聯邦爲獨立國，德國 350 邦之整理，並確認

宗教信仰之自由。此外，爲防止一國勢力之增加而破壞國際社會之穩定，乃設立**國家權力均衡**（Balance of Power）**的原則**。這時歐洲公法之國際法乃開始發生作用，國際社會因而成立。

㈡**國際法學之確立與格老秀斯**：在宗教戰爭進行中，1625 年荷蘭法學家**格老秀斯**（Hugo Grotius, 1583-1645），發表《**戰爭與和平法**》（*De Jure Belli ac Pacis*, 1625），故被譽爲**國際法之父**。彼認爲人類具有營社會生活的本性，自然法是適合於所有人類社會，並以宗教戰爭之國際關係而建立國際法之理論。格氏認爲戰爭雖是違反自然法，只有爲了防衛之正當理由才允許戰爭，而主張「義戰論」。該書對

格老秀斯

於「義戰」（Bellum Justum）提出條件，凡是不合這些條件的都是「不義之戰」（Bellum Injustum）。因此在第一冊認爲戰爭應由國家最高權力者主持。此公的戰爭，則爲合法戰爭。第二冊認爲戰爭的理由只有保護人民的財產與懲罰侵略者，才是合法。在第三冊中提出戰爭中所承認之行爲（jus in bello），即什麼是允許，什麼是不允許的行爲，以達到戰爭行爲的「節制」（temperamenta）。格氏並著有《**自由海論**》（*Mare Liberum*, 1609），而主張「公海自由之原則」，彼主張自然法是國際法的主要淵源，並謂：「就是上帝不存在，自然法也要存在。」

㈢**格老秀斯的先驅者**：在格老秀斯以前也有不少學者對國際法已有獨到之專題發表，格氏亦在其著作中提到受這些人的影響極大。其重要者：

　　1.維多利亞（Vitoria, Francisco de, 1480？-1546）：西班牙之天主教神學家，先於國際法之父的格老秀斯，論及近代國際法思想的最著名學者之一。青年時代在法國巴黎大學學習阿奎納斯之神學理論。1526 年任薩拉曼迦（Salamanca）大學天主教神學教授，先於格老秀斯對於國際法思想之形成最有影響之學者，彼在生前雖未出版，但於死後出版之講義錄《**神學的特別講義**》中，論及「印度人」（De indis）與「關於戰爭之法」（De jure belli），認爲有國際法之價值。在不承認殖民地人民之法律權利的時代，從萬民法之存在，認爲不論基督徒或異教徒同樣都是人類，因此基於普遍人類社會之思想，原住民之立場應從人道上予以肯定。

　　2.蘇亞勒茲（Suárez, Francisco, 1548-1617）：係西班牙十六、十七世紀之神學家，屬於耶穌會，爲葡萄牙哥因勃拉（Coimbra）大學教授。與維多利亞同爲代表西班牙之學者。其著作甚多，最著名者爲《神學上三種德育信仰、希望與愛有關著作》（*Opus de triplici vertute theological*, 1621），其中對戰爭方面（De bello）曾對國際法問題有所論述。彼將拘束國家之法的法源擴展到抽象之自然法以外，並認定國家所創造及依時代變化之人定法的存在。因此蘇氏在國際法學說上認爲係格老秀斯之先驅者，也是國際法創始者之一。

　　3.阿亞拉（Balthazar de Ayala, 1548-84）：在國際法上作爲格老秀斯之先驅者，對於今日國際法之成長與確立有相當貢獻之一人。爲西班牙貴族出身。當荷蘭對抗西班牙從事獨立戰爭之際，在西班牙軍中擔任最高法律顧問，阿氏爲對戰爭有所貢獻，於軍中完成《戰爭之法律義務及軍隊紀律》（*De jure et officiis bellicis et disciplina militari*, 1582），共有三卷。其中對國際法有關係者爲第一卷論戰爭之法。阿氏所論述者，則神學家所主張之正戰論（bellum justum）之思想。基於正戰論之思想，彼在戰爭之法上與神學家完全不同之論述方向，彼從歷史之事例，基於羅馬法之知識，純粹從法律理論之觀點論述。這種歷史實證的說明與法律理論乃爲阿氏學說之特色，因此獲得後日格老秀斯及其他學者之極高評價。

　　4.金特里斯 Gentili（s）, Alberico（Albericus）, 1552-1608：義大利的法學家，被新教徒迫害於 1580 年逃至英國，1587 年任英國牛津大學之羅馬法教授。關於國際法有關之著作爲《外交使節論》（*De legatioribus*, 1585）與《戰爭法論》（*De jure belli*, 1598）、《西班牙辯護論》（*Hispanicae abvocationis*, 1613）。其中《戰爭法論》認爲在戰爭時也應受法律之支配，基於神學理論所談論之「義戰」（bellum justum）理論從法律的觀點，從實證上加以論述，格老秀斯亦認爲其論著《戰爭與和平法》也是參考金特里斯之論點編纂而成。因此在義大利反而認爲金氏才是國際法之父。

三、國際法學之方法論

　　格老秀斯以後十七至十八世紀之昌，不少國際法學者，對國際法之

發展有卓越的貢獻。國際法學因各學者立場之不同,因此很難區分類別,不過仍可就方法論之不同而區分為三類:

㈠**自然法學派**(naturalist school):即否定基於各國之習慣或條約所構成之國際法,將國際法視為自然法之一部分的立場。

1.普芬道夫(Pufendorf, Samuel Freiherr von, 1632-94):德國法學家,在德國各地修習哲學、歷史與法學後,在海德堡大學擔任自然法之教授。彼隨著格老秀斯認為人類原就具有社會性(socialitas)而建立其自然法論,另一方面受到霍布斯之影響,認為人有利己心不宜放任成自然狀態,因此須有社會契約與國家契約等兩種契約以創立國家(雙重契約說)。在國際法方面,彼認為法是從唯一的神與理

普芬道夫

性所產生,故否定習慣與條約的法源。以人類尊嚴之觀念為基礎之自然法,透過 John Weise 對美國獨立宣言有重要之影響。主要著作為《自然法與萬民法》(*De Jure Naturae et Gentium*, 1672)。

2.托馬秀士(Christian Thomasius, 1655-1728):托氏係繼承普芬道夫之德國哲學家,著有《法學綱要》(*Institutiones Jurisprudentiae*, 1688)及《自然法與國際法之基礎》(*Fundamenta Jruis Naturae et Gentium*, 1705),彼從馬丁‧路德的新教立場,將個人良心之內面世界的道德與維持社會秩序的法律加以區分,並認為強制之有無為區分法律與道德之基準。

㈡**實證法學派**(positivist school):即認為各國之習慣與條約係構成國際法之規則者,因此不重視自然法(理性)之法源。

1.蘇契(Zouche, Richard, 1590-1660):蘇契與格老秀斯幾乎同時,為英國國際法學者。蘇氏是英國牛津大學羅馬法教授,其後兼任英國高等海事法庭的法官。彼著有《外事法的解釋及其有關問題》(Juris et Judicii Fecialis, sive Juris Inter Gentes et Quaestionum de Eodem Explicatio, Explanation of the Jus Fecialis and of the Questions Concerning It)從此贏得「國際法之第二鼻祖」之美名。此外並將平時法與戰時法並列討論,蘇契雖不否定自然法,但與格老秀斯之自然法的傾向不同,他認為習慣規則是國際法最重要之部分,因而成為實證法學派之始祖。

2.拜因克福（Bynkershoek, Cornelius van, 1673-1743）：十八世紀前半期在學界活躍之荷蘭學者及法官。主張重視「國家習慣」之合理性與實證性之國際法論，成為近代實證主義之國家法學的始祖，其著作《海洋主權論》（*De dominio maris dissertatio*, 1702），將領海之範圍主張「著彈距離說」而著名，其他發表《外交官論》（*De foro legatorum*, 1721）以論述外交使節有關問題，及討論戰爭法及國際法上有關問題的《公法之各種問題》（*Quaestionum juris publici, libri duo*, 1737）等。

3.摩塞（Moser, Johann Jacob, 1701-85）：德國的國際法學者，也是實務家，杜賓根大學教授，歷任法蘭克福大學法學院院長。彼否定自然法學之國際法學的論點，認為條約或國家之慣行的事實為國際法基礎，是一位極端之實證主義者，著有《最新歐洲國際法試論》（*Versuch des neuesten europäischen Völkerrechts*, 1777-80），彼在其著作中引用不少事實，較缺乏理論體系，不過對後來之實證主義國際法學有一定之影響力。

㈢**格老秀斯或折衷學派**（Grotian or eclectic school）：即一方面重視習慣與條約，另一方面將重點放在自然法，而認為國際法不僅有自然法之形態，亦有實證法之形態的立場：

1.渥爾夫（Wolff, Christian, 1679-1754）：德國啓蒙期具有代表性之哲學家。為十八世紀前半之德國國際法學家及數學家。彼基於科學的方法論展開具有特色之國際法的論述。彼將法分為實定法（意思法）與自然法，以實定國際法之存在形態，有意思國際法、協定國際法、習慣國際法三種。彼之學說，從歷史沿革言，雖接受格老秀斯一部分之學說，並繼受瓦特爾（Vattel）的部分學說，但因其創設獨自之論述，故對後日之國際法學並無多大之影響。其重要著作為《從科學方法考察之國際法》（*Jus gentium methodo scientifica pertractatum*, 1749）。

2.瓦特爾（Emmerich de Vattel, 1714-67）：瑞士人，服務於德國薩克遜之外交界，且為國際法學者。著有《國際法》（*Le droit des gens*, 1758），受到渥爾夫（Wolff）之影響，但偏於實用性，其著作受到普遍的喜愛，在歐洲外交界及獨立後的美國政府有相當之影響。學界評其為

瓦特爾

自然法論之國際法，以主權平等之國際法事實上的創始人而受到推崇。

習題：
一、格老秀斯何以被譽為「國際法之父」。其具體之貢獻為何？
二、試說明國際法學的三大學派。

第三節　近代國際法之特色

　　國際法係規範國際社會相互關係的法，因此國際法須國際社會相互間的合意而成立。如未獲得相互間的合意是無法成立的。一個主權國家只以本國的意思以外，不受任何拘束，而此在一般民主國家即為人民之意思，在集權國家，則為領導人之意思，因此在近代國家都由領導人之意思在左右國家意思之形成，其特徵可歸納如次：

一、歐洲列強之勢力均衡

　　㈠十八世紀之國際法學：十七世紀與十八世紀之國際法是以歐洲為重心，當時的國際政治是以英國、法國、西班牙、奧地利等列強之勢力均衡為主。如 1700 年因西班牙菲力普五世為王位繼承而引發戰爭，終於 1713 年在烏特勒支（Utrecht）簽訂和約。到 1740 年發生奧地利王位繼承戰爭，於 1748 年簽訂和約而終結。其後到 1776 年 7 月 4 日美國宣布獨立，國際法乃由歐洲擴大到美洲之適用。但以基督教文化為基本之國際社會間的國際法並未改變其本質。不過當時的學者所主張之國際法理論，只是停留在法律思想或法律理論之層面，並不具有普遍性或統一性之價值體系，只不過為安定個別的國際法主體間關係而存在，重點在消極的迴避國際主體間紛爭之發生而設立之機制。如領海之設置，除了海盜以外，也為方便關稅之管理，避免領海之擴大，致侵害公海通行之方便。

　　㈡十九世紀之國際法學：從 1800 年至 1814 年之拿破崙戰爭，於 1815 年止，由奧地利外交部長梅特涅（Metternich, 1773-1859）召開維也納會議為止，使各國維持勢力之均衡政策，其中確立多種國際法之原則，如瑞士之中立、歐洲國際河川自由航行規則、黑人奴隸買賣之禁止、外交官

席次規則等。又 1820 年以後中南美各國之獨立，對國際法之擴大適用有積極的影響。

　　此外，在此期間國際社會之條約或協定之簽署，都由各國當事國自主性的在各方同意下簽定，因國際間並無超然的如國內法上之立法機構訂立條約，而須由各當事國經外交交涉在雙方合意之情形下簽定，因此國際法是具有各當事國自主決定之特色。

二、實證法學之興起

　　十九世紀後半，1853 年至 1856 年俄國與英、法、土、撒丁王國之間的克里米亞戰爭（Crimean War），在 1856 年之巴黎會議上，由非基督教國家之土耳其參加，在國際法上乃具有重大之意義。從這時期起其他亞洲之日本與中國也擴大參與國際活動，國際法也擴大適用到亞洲地區。

　　在國際法之發展上，原以自然法學派爲主流，但至十九世紀國際法之方法論逐漸重視國家之慣行或慣例，又因帝國主義之興起，而頻頻發生戰爭，於是戰爭法規與中立法規乃顯著的發展，隨即實證主義法學（legal positivism）乃占據主流之地位，先前的自然法或「義戰」理論已不再提起，純粹適用實證法學的國際法於焉建立。當時的主要國際法學者有：

　　㈠惠頓（Wheaton, Henry, 1785-1848）：爲十九世紀美國國際法之代表人物。1802 年大學畢業後，於 1805-06 年到歐洲遊學，回國後從事律師工作，1815-18 年任紐約海事法院，1816-27 年任美國聯邦最高法院發言人，並編纂最高法院之判例集，1836 年出版《國際法原理》（*Elements of International Law*），該書在他死後，在英、美兩國至 1944 年爲止持續出版約一世紀之久。並被譯成義大利及西班牙文。其後於 1864 年由清末被聘爲同文館總教習的美國傳教士丁韙良（William Alexander P. Martin）譯成中文版，名爲《萬國公法》。翌（1865）年該書遂傳入日本由德川幕府譯成日文。惠氏相當重視國際法之歷史發展，雖以自然法思想爲基本結構，但大部分偏向於實證法之論述。

　　㈡赫夫特（Heffter, August Wilhelm, 1796-1880）：赫氏於 1713 年在來比錫大學，嗣（1715 年）在柏林大學追隨薩維尼研究法學，其後任科隆（Köln）

上訴法院的後補法官，於 1821 年出版《雅典之裁判制度》(*Die athenaische Gerichtsverfassung*)，該書受到各國的重視，並被波昂大學頒授名譽博士學位，32 年被聘爲柏林大學教授。惠氏於 1844 年出版《現代歐洲國際法》(*Das europäische Völkerrecht der Gegenwart*)。彼立足於實證主義之國際法觀點，將歐洲文明國家的國際習慣加以整理，係理論性的統一體係化的名著，國際上受到相當之推崇。因此被譯成法文（1856 年版），希臘語（60年），波蘭語（64 年），俄語（80 年），日文版也於 1877 年出版。

㈢**霍爾**（Hall, William Edward, 1835-1894）：爲十九世紀英國之國際法學者，畢業於牛津大學，1861 年取得律師資格，因不適於法律實務，其後曾在海軍學校講授國際法，1882 年成爲國際法學會會員，彼雖在 1874年發表《中立的權利與義務》(*The Rights and Duties of Neutrals*)，但眞正影響世界之著作爲 1880 年之《國際法》(*A Treatise on International Law*)，成爲十九世紀後半英國最高之國際法概論書。彼在第 4 版問世時逝世，其後共出版 8 版。他的基本論調是屬於法律實證主義。

習題：試述近代國際法的特色。

第四節　現代國際法之發展

一、二十世紀國際法學之變遷

㈠**海牙和平會議**（Hague Peace Conference）：1899 年與 1907 年在荷蘭海牙舉行之兩次國際會議，此並非特定戰爭後的媾和會議，名稱雖是和平會議，主要是爲討論限制軍事裝備、戰爭法規之法典化、國際爭端之和平處理而召開之會議。第一次會議是俄皇尼古拉二世的呼籲而舉行，其背景是由於十九世紀後半，各國之軍費急增，致使國家財政難以負擔，會議於 1899 年 5 月 18 日至 7 月 29 日舉行，歐洲各國之外，包括土耳其、中國清廷、日本、墨西哥、波斯、暹羅、美國等 26 國參加，通過「國際爭端之和平處理公約」、「陸戰法規及慣例公約」等三國宣言。

第二次會議，是爲修改第一次會議通過之條約。與討論其他未解的

問題而召開，於 1907 年 6 月 15 日至 10 月 18 日舉行，有拉丁美洲各國共 44 國參加，共通過 13 個條約與一個宣言。兩次會議雖在裁軍上達成多種協議，因列強在帝國主義之思想下，為防止其擴張勢力而舉行。

㈡**第一次世界大戰**（The First World War）：戰場雖限於歐洲，但因擴及殖民地，因此範圍包括全世界，從 1914 年 7 月迄 18 年 11 月為止，共 4 年展開全球性總力戰，全部參戰動員 6,503 萬人，戰死 854 萬人，共耗費 1,863 億美元，最後於 1919 年 6 月 23 日在巴黎之凡爾賽簽訂條約（The Treaty of Versailles）。當時美國總統**威爾遜**（Wilson, Thomas Woodrow, 1856-1924）於 1918 年 1 月發表之「和平的十四條款」，包括廢止秘密外交，海洋之自由，經濟障礙之排除，裁減軍備，歐洲國民之民族自決，殖民問題之公正的解決，國際和平機構之設立等。根據該原則，為建立世界永久的和平，於 1920 年 1 月 10 日由 45 國發起，成立國際聯盟組織（League of Nations－LN）。該聯盟因幾個大國，如

威爾遜

美、蘇等國未參加，而影響成效，但仍處理若干小規模之國際紛爭，安全保障，作成裁軍案，舉行經濟會議，委任統治，社會人道援助，保護少數民族等完成若干重要的成果，其業務也擴展至歐洲以外之地區。

㈢**第二次世界大戰**（World War II）：一般是指 1939 年 9 月 1 日德軍侵犯波蘭到 1945 年 9 月 2 日日本投降為止，歐洲、北非、亞洲、太平洋地區的德、日、意軸心國與中、美、英、蘇聯合國的全面性對抗的戰爭。歐洲開始時，德國迅速的席捲整個歐洲，最後進攻蘇俄才嘗到敗北，日本則因大軍消耗在整個中國大陸，又發動太平洋戰爭對美作戰，才節節敗退，最後被美投下兩顆原子彈才結束戰爭。

㈣**成立聯合國**（United Nation－UN）：第二次世界大戰的爆發，導致國際聯盟解體，在戰爭中於 1942 年由美國羅斯福總統所命名，當時由 26 國代表為共同反抗德、日、意之軸心國而發表之宣言中首先使用該名。迨 1943 年 10 月中、美、英、蘇四國在莫斯科宣言，合意組成聯合國組織。1945 年 6 月在舊金山由 50 國代表集會舉行之聯合國會議，並同意聯合國憲章之簽定。設置聯合國的目的是為：1.維持國際和平及安全；2.發

展國際間以尊重人民平等權利及自決原則為根據之友好關係；3.促進國際合作，以解決國際間屬於經濟、社會、文化及人類福利性質之國際問題；4.為達成上述目的，構成一協調各國行動之中心等（聯憲1）。為了達成上述之宗旨，聯合國及其會員國應遵行之原則為（聯憲2）：

1.各會員國主權之平等。

2.各會員國應一秉善良履行其依憲章所擔負之義務。

3.各會員國應以和平方法解決國際爭端。

4.武力之威脅或行使武力之禁止。

5.各會員國對於聯合國依憲章規定而採取之行動，應盡力予以協助。

6.不干涉有關國內管轄之事項。

聯合國於 1947 年設立其輔助機關之國際法委員會，積極進行「國際法的法典化」，遂於 1958 年通過「海洋法公約」，1961 年通過「維也納外交關係公約」，1963 年通過「維也納領事關係公約」，1966 年通過「國際人權公約」，1969 年簽訂「維也納條約法公約」。

聯合國成立後，因美、蘇兩個集團之對立，世界分成共產集團與民主資本主義集團，遂於 1950 年爆發朝鮮戰爭（1948 年至 53 年）。1958 年以後，冷戰緩和，美、蘇集團呈和平共存之勢，1970 年以後世界外交局勢呈美、蘇、中三強鼎立之狀態。不過國際局勢演變的結果，國際法學上有關國際爭端已積極朝聯合國憲章規定，即禁止以武力方式，而應以和平方法解決，並趨向於集體安全保障等。

二、國際法的發展

國際法之發展主要是起自十九世紀末至二十世紀初期，這時法律實證主義盛行，國家主權說普及，故當時承認國家有戰爭權，但自第一次大戰後，此一見解已為學界所否認。目前侵略戰爭已被定為非法，如伊拉克侵略科威特就是

國際法發展之基本原則
(一)不行使武力之原則
(二)國家平等與主權尊重之原則
(三)民族自決原則
(四)人權保障之國際化原則
(五)加重個人國際責任之原則
(六)科學技術與國際法之發展
(七)國際社會之普世理念

一例,現就二十世紀以來國際法發展其所適用之原則分述如下:

㈠**不行使武力之原則**:第一次大戰後,爲維持國際和平而創設國際聯盟,採用新的集體安全保障(collective security)制度。即不承認戰爭與安全保障方式之勢力均衡手段(balance of power),並認爲戰爭是違法,如有任何國家引發戰爭,其他各國得採集團方式予以防止或予制裁。蓋聯盟雖認定戰爭是一種違法,但因聯盟盟約第 12 條第 1 項及第 15 條第 7 項對戰爭未能全面禁止,爲彌補其缺陷,乃於 1928 年有「非戰公約」(Treat for the Renunciation)之制定。

二次戰後組織聯合國,其憲章不僅強化集體安全保障,並禁止及武力之行使,1970 年聯合國大會通過之「友好關係原則宣言」,並鄭重宣布「各國在其國際關係上應避免爲侵害任何國家領土完整或政治獨立之目的,或以聯合國宗旨不符之任何其他方式威脅或武力之原則」。禁止武力行使之原則,對於原有國際法之原則產生鉅大之影響,諸如否認征服之法理,有行使武力之復仇的禁止,具有武力強制之條約的無效,國際紛爭之和平解決等均爲今後之發展。

㈡**國家平等與主權尊重之原則**:在今日之國際社會,共有 192 國參與聯合國之組織,國家在其國家領域內,對其人民擁有排他性之最高的命令處罰之權力,因此其人民必須遵守其國內公布之法律,此稱爲**領土主權**,各國對他國之領土主權有相互尊重之義務,這種尊重他國之最高領土主權之體制,稱爲**主權國家體制**。國際社會就是這種主權國家體制所構成之社會。因此在國際社會裏,國際法是建立在國家平等之前提下,一國對他國主權之相互尊重,也不干涉他國之內政爲原則,因此在他國之領域內,縱對本國人民除非有引渡條約,亦不得行使犯罪嫌疑之逮捕,或對違法船舶之拿捕等強制執行措施,這是爲遵守國家平等與主權尊重之原則而設之規定。

㈢**民族自決原則**:第二次大戰以後,有鑒於亞非地區有不少處於列強殖民之統治,因此,聯合國憲章第 1 條第 2 款乃規定:「尊重人民之平等權及自決原則」,其第 73 條規定:「承認以領土居民之方面福利爲至上之原則」,但戰後因民族意識之提升,聯合國乃於 1960 年通過「賦予殖民地

國家和人民獨立宣言」，為尊重各國處置其財富與天然資源之自主權利，1966 年聯合國通過「經濟、社會、文化權利國際公約」及「公民權利及政治權利國際公約」，其第 1 條第 1 項均規定：「所有人民都有自決權。」「他們憑這種權利自由決定他們的政治地位，並自由謀求他們的經濟、社會和文化的發展。」「所有人民得為他們自己的目的自由處置他們的天然財富和資源。」（第 2 項）。因此此自決權不僅是人民之政治上獨立，追求經濟上的自立發展亦包括在內。1970 年聯合國發布之「友好關係原則宣言」及其他一連串公布之新國際經濟秩序有關之決議所確認，而成為國際習慣法。自決權之權利主體雖屬人民，但在國家為國際法主體之下，自決權如何實現，乃成疑問。1974 年並通過「建立國際經濟秩序宣言」，其第 1 條規定：「最近幾十年，最大和最重要的成就是很大一批民族和國家擺脫殖民和外來的統治而獨立，從而使它們得以成為自由民族大家庭中的成員。」其他如「國際人權公約」（包括經濟、社會、文化權利國際公約與公民權利及政治權利國際公約），其第 1 條均強調人民之自決權，並確認人民擁有處理天然資源之權利。

　　㈣**人權保障之國際化原則**：過去認為人權保障是國內事務，應由憲法及國內法加以規範，此即國內管轄事項。其後第一次大戰結束，國際勞工組織（ILO）雖公布有勞工條約及少數民族保護條約，但有關人權方面，至二次大戰後才受到重視。尤其大戰期間德國納粹對猶太民族之屠殺，乃重新為國際社會所重視，因此聯合國憲章乃不斷的重複基本人權之尊重，1948 年「世界人權宣言」，1966 年「國際人權公約」係依據聯合國憲章所宣布的原則（公約前言）。此外 1948 年通過「防止及懲辦滅種罪公約」，1965 年公布之「人種差別撤廢條約」，1973 年「種族分離政策」，1979 年「婦女差別撤廢條約」，都是人權之國際化的表現。此外，人權在全球之區域發展上也相當可觀，如 1950 年「歐洲人權保護公約」，1969 年「美洲人權公約」，1981 年非洲各國之憲章等均是。

　　㈤**加重個人國際責任之原則**：原來之國際責任原則上是以國家集團為中心，但是國家集團之政策決定權是由集團所掌握，而其決策中心是為個人或為集團組織，乃屬刑法上之共犯結構，因此在第二次世界大戰以

東條英機

後，即對政治決策之個人展開責任之追究，如對日本好戰軍閥之東條內閣以違反人道之犯罪，進行刑事追訴，對納粹之蓋世太保重要成員也予追訴處刑。2003 年 3 月對伊拉克總統哈珊及其 12 名重臣，也以違反人道之犯罪，判處絞刑。最近的 2006 年，前南斯拉夫總統米洛舍維奇（Milošević Slobodan），被海牙國際法庭列為戰犯，被控在克羅埃西亞、波士尼亞及科索夫三場戰爭中犯下66 項罪狀，但米氏於 3 月 31 日於獄中突然死亡。

米洛舍維奇

　　㈥**科學技術與國際法發展**：隨著人類活動範圍的擴大，國際法的規範範圍亦漸次擴大，在國家之領域上已由空間擴展到宇宙，在海洋上亦由海面及於大陸棚與深海底制度，近年來電腦網路已伸入國際各角落。這些都是科學技術之發展，人類之活動領域已從地球之平面擴大至海底、宇宙等區域，而成為國際法之新領域，對於國際法之主體，除了國家之外，國際組織或個人亦漸次成為國際性之主體，規範對象之重點亦從戰時國際法移到平時國際法之勢。對於經濟、人權、犯罪與環境之保護等，均成為國際法之範圍，其發展也成多樣化之勢。

　　㈦**國際社會之普世理念**：從二十世紀到二十一世紀初期，國際社會流行著人權觀念、民主政治、環境重視與市場經濟之運用等。但這些理念基本上是冷戰終結以後，西方國家所倡導發起之理念，但佔據世界多數人口之開發中國家，是否有這種餘力去配合推行，就有疑問。關於人權方面，在開發中國家的人權，僅是食衣住行的滿足就已遭遇困難，其他如生活上安全，工作權之取得，司法行政之保護等都是遙不可得的奢求。其次關於推行民主政治，在亞洲之菲律賓、韓國與臺灣等都因領導階層及相關官員涉及貪污等案，而遭遇挫折，臺灣更對司法之公正性產生質疑，這些都須努力改進。

　　在環境方面，自 1972 年在斯德哥爾摩發布「人類環境宣言」以來，人類對環境保護意識突然提升，92 年聯合國又發布「氣候變化綱要公約」，同年通過「關於環境及開發的里約宣言」，97 年又通過具有法律拘

束力之「京都議定書」（Kyoto Protocol）等一連串環境之國際條約乃陸續出現，成為國際法之重要文獻。又關於自由貿易市場經濟方面，近年來世界各大洲紛紛簽定自由貿易協定，如「北美自由貿易協定」（NAFTA）或「歐洲聯盟」（EU）或「東南亞國家協會自由貿易區」（AFTA）等區域性統合與兩國間之協定之情形。國與國間締結協定以後，區域間或國與國間之關稅障礙就廢止，以實現自由貿易之目的。目前世界最大規模之貿易機構為「世界貿易組織」（WTO），其次是以經濟統合為目的之「美洲自由貿易區域」（FTAA）之規模。目前對臺灣與中國大陸簽署「兩岸經濟合作架構協議」（Economic Cooperation Framework Agreement－ECFA），其內容涵蓋關稅、非關稅、投資保障、雙重課稅避免、智慧財產權保護及爭端解決機制等。但在野之民進黨及臺灣團結聯盟，雖先後提出由人民以公民投票決定是否簽署，但均遭受公投審議委員會否決，究竟該協議對臺灣的影響如何？將有待觀察。

習題：
一、試簡單說明二十世紀國際法的發展。
二、試述現代國際法之基本原則。

第三章　國際法的淵源

第一節　國際法的淵源概說

一、國際法淵源的意義

　　所謂**國際法的淵源**（英：sources of international law），法源是指法律規範之存在形式而言，而國際法之淵源是指國際法之存在形式，則各國直接適用之法律規範，有條約、國際習慣法與一般法律原則。此為國際法之形式的法源（formal sources）。另外使國際法發生效力之解釋，或決定特定問題之適用不適用，此際國際法院之判決，學說，國際機構之決議，有關之國際會議或宣言等各種關係要素均須列入考慮，這些都是為使國際法規之內容更明確之適用，稱為實質之法源（material sources）。

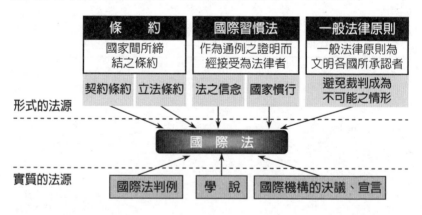

習題：試說明國際法淵源的意義？

二、法源的種類

（一）形式	1. 條約（treaty）	即國家間所締結，而以國際法為準之國際書面協議（條2Ⅰ）。此即創設締約國間所適用之規範。條約可補充國際習慣法，並予修正。條約有二種：

的法源		⑴契約條約（contract treaty）：主要在調整特定國家間之利害，即為二國間具有閉鎖條約之性質，譬如領土割讓條約。 ⑵立法條約（Law-making treaty）：即對建立國際社會之一般規範，在法源上是相當重要的。如防止及懲辦滅種罪公約、宇宙條約等是。
	2. 國際習慣法	（customary international law）：在國際法之法源上占有重要之地位。這些習慣廣泛為國際社會所適用，且關係國際法之基本構造之重要規則，也都以習慣法之形態而規定。所謂國際習慣，依「國際法院規約」第 38 條第 1 項 b 規定：「作為通例之證明而經接受為法律者」。國際法院對於國際習慣法之形成要件認為有「國家慣行」（state practice）與「法之信念」（opinio juris）二個要素。此稱為客觀要件與主觀要件。
	3. 一般法律原則	（general principles of law）：即各國國內法共通之一般法律原則，而適用在國家間關係之原則之意。此在「國際法院規約」第 38 條第 1 項 c 規定：「一般法律原則為文明各國所承認者」。其所以採一般法律原則為法源，蓋為避免發生裁判不能（non liquet），亦即適用法規之不存在或不明瞭，為避免裁判成為不可能之情形。在歐洲各國對私法及程序法原有共通性，而十九世紀以來國際仲裁法院也有適用國內法原則之先例，因此「國際法院規約」才採為國際法之法源。
㈡ 實質的法源	作為國際法形式法源之補助資料的範圍與內容可謂多采多姿。其種類為：	
	1. 國際法判例	是指法院之判決，包括國際法院與各國國內法院之判決。這些判例都可為國際法之發展提供資訊。在判例方面，國際法院規約「確定為法律原則之補助資料」（法約 38Id）。
	2. 國際法學說	指各國權威最高之公法學家學說，作為「確定法律原則之補助資料者」（法約 38Id）。這些學說雖不能直接創造國際法規，但可隨時代之變遷提供國際法新的發展方向。
	3. 國際機構的決議宣言	尤其是聯合國大會的決議與宣言，特別具有影響力。
㈢ 公允與善良	即上項形式與實質法源之規定，在不妨礙法院經當事國同意本「公允與善良」原則裁判案件之權。	

習題：一般咸認國際法的法源有實質的法源與形式的法源，試就其種類列
　　　舉說明之。

第二節　條　約

一、條約的概念

㈠**條約的意義**：條約（英：treaty；德：Vertrag；法：traité）即國家間或國家與國際機構、或國際機構相互間所實施，而具有法律效力之國際約定。依釋字第 329 號解釋：條約係指國家之間或國際組織所締約之國際書面協定，「包括用條約或公約之名稱，或用協定等名稱而其內容直接涉及國家重要事項或人民之權利義務且具有法律上效力者而言。其中名稱為條約或公約或用協定等名稱而附有批准條款者，當然應送立法院審議，其餘國際書面協定，除經法律授權或事先經立法院同意簽訂，或其內容與國內法律相同者外，亦應送立法院審議。」依「維也納條約法公約」第 3 條第 1 項 1 之規定，指國家間所締結而以國際法為準之國際書面協議，不論其載於一項單獨文書或兩項以上相互有關之文書內，亦不論其名稱為何。締結條約通常須經一定程序，以文書簽署，但也有以口頭之方式約定之情形（條約法公約 3），此稱為口頭之合意（oral agreement）。

㈡**條約法與條約法公約**：條約有關之國際法規則，稱為條約法。所謂條約法公約，即 1969 年 5 月 23 日由聯合國條約法會議通過，在維也維簽署，1980 年 1 月 27 日生效之「維也納條約法公約」。此公約是將過去形成習慣法之條約法的規則，予以成文化，並將未來可能發展之各種規則，經會議公開討論，並予納入公約，可以說是將條約有關之一般國際法全部收錄，予以條文化者。

㈢**條約的構成要素**：

　　1.當事國能力：締結條約時當事國雙方應有當事人能力，條約法

> 條約的構成要素
> 1. 當事國能力
> 2. 當事人資格
> 3. 相互同意之存在
> 4. 目的之合法性
> 5. 條約形式之實效性

公約第 6 條規定：「每一國家皆有締結條約能力」。此能力是限於獨立國家，雖有肯定與否定兩說，兩條約法公約，指每一國家，則採不限定於獨立國家，因此締結條約之能力，交戰團體或國際團體應該也擁有。

　　2.當事人資格：條約之當事人資格，具體上是由何人決定，由誰來

擔任條約之締結，通常都規定在憲法之中，有由元首（君主或總統）來擔任者，如英國。大部分國家都規定由立法機關與行政機關之共同行為來擔任。另外如瑞士有由公民投票來決定。問題是如有違反其國家之憲法而締結條約時其效力將產生問題，在國際法上不論其理由是何，如有一方不履行條約時，將構成國家責任之原因，條約法公約第 46 條第 1 項規定：違反之情事顯明且涉及其具有基本重要性之國內法之一項規定者為限，得主張無效。

3.相互同意之存在：締結條約時，以當事國之合意為基礎，問題是如此同意非由自國之意思，因對方之欺罔或強迫等手段，是否有效，不無疑問，依條約法公約之規定為：

　(1)錯誤：依條約法公約第 48 條可構成無效原因。

　(2)詐欺：因談判國之詐欺而締結條約，可依第 49 條撤銷其同意。

　(3)強迫：

　　①對一國代表之強迫（條51）。

　　②以威脅或武力對一國施行強迫（條52）。

　　③對一國代表之賄賂（條50）。

4.目的之合法性：條約所締結之內容，其目的須具合法性、確定性與可能性，所謂合法性，指法律上合法性，並不要求道德上之正當性，如條約法公約第 53 條規定：條約在締結時與一般國際法強制規律牴觸者無效。

5.條約形式之實效性：條約在形式上發生效力，必須有代表人之簽署，生效日期等完成條約之必備形式。

習題：
一、何謂國際條約？其構成要素為何？試說明之。
二、外國人權益，往往涉及各類「條約」（treaties）適用問題，因此必須十分審慎，亦需明瞭條約在我國之法律地位。請根據國際法與司法院大法官釋字第 329 號解釋，討論「條約」之意義及其在我國所需踐行之內國憲法程序。（99特三）

二、條約的名稱與分類

㈠**條約的名稱**：較常見之條約名稱為：

1. 條約（Treaty）	廣義的條約係條約法公約所指之條約所採包括較廣義之協定。狹義的條約，是指兩個國際法主體所簽定之雙邊之條約，如 1954 年「中美共同防衛條約」。
2. 公約（Convention）	通常為國際間多邊條約，有譯為專約，如譯為公約時，是指許多國家共同的特殊問題。如 1958 年「大陸礁層公約」及「公海公約」，1969 年「條約法公約」是。譯為專約時，是指兩國為專門性事項而簽署的協定。如「領事專約」、「引渡專約」等。
3. 協定（Agreement）	有些是雙邊或多邊條約。其涉及內容無條約或公約之莊嚴而重要。如 1944 年「國際貨幣基金協定」及「國際民用航空暫行協定」。
4. 辦法或補充協定（Arrangement）	其名稱雖屬條約之一，通常與協定之用法相似，只要締約者之簽署就生效為多，則使用在比較簡化之手續上。
5. 協議（consultation）	即為事前防止國際爭端之發生，尤其是有侵害或造成他國之權利或利益之損害，而難以回復之虞的領域，如宇宙活動（原子能事故通報公約第 6 條），安全保障（實施日美安保條約第 6 條有關之換文），尤以「環境與開發的里約宣言」第 19 條原則規定是。
6. 憲章（Charter）	憲章常用以締結國際組織的基本法，故其簽訂較為複雜，是多邊的協定為多。如「聯合國憲章」。
7. 盟約（Convenant）	即多數國家訂明共同遵守之約定，藉以建立國際合作組織。如 1919 年的國際聯盟盟約。
8. 規約（Statute）	即常表示國際司法機關的基本法。如 1920 年「常設國際法院規約」，1945 年「國際法院規約」。
9. 宣言（Declaration）	由多數國家共同發表，以便共同遵守之行為規則。如 1856 年「巴黎宣言」、1948 年「世界人權宣言」。
10. 議定書（Protocol）	原指修正、解釋或補充正約的條約而言。其後用來指一個條約的補充文件。如 1930 年與國籍公約同時簽定的無國籍議定書。
11. 組織法(Constitution)	即國際機構的根本法。如 1919 年「國際勞工組織法」。
12. 契約或約定（Pact）	指禁止或廢止某事而簽定之協約。如 1928 年「巴黎廢戰禁約」（Pact of Paris）。
13. 最後議定書（Final Act）	通常也指一項國際會議的結果。如 1815 年「維也納會議最後議定書」。

14.仲裁協定（Compromis）	即兩國將爭端提交仲裁以前所締結之協定。
15.行政協定（Executive agreement）	美國所締結之條約，不須提交上議院批准同意書。如美國總統簽訂的行政協定。
16.總議定書（General Act）	總議定書是正式的條約。如 1890 年「北京禁止販奴會議總議定書」。
17.條款（Provisions）	如 1927 年「海牙航空郵函條款」與「航空郵包條款」。
18.換文（Exchange Notes）	即兩國間往來的照會，規定雙方同意的事項。其效力與條約相同。

(二)條約的分類：

區分基準	種　類	內　　容
1.締結權者而分	(1)元首間協定	如 1815 年之「神聖同盟」或 1938 年之「慕尼黑協定」是以國家元首之名義而締結。
	(2)國家間或政府間協定	今日以國家間或政府間締結爲多。
2.以當事國數而分	(1)二國間條約	二國間簽定的條約。
	(2)多邊條約	多數國家間簽定的條約。
3.法典化內容而分	(1)一般條約（general treaty）	世界大多數國家合意參與簽署之條約。
	(2)特殊條約（particular treaty）（特定條約）	二國或特定少數國間簽定之條約。
4.以效力之擴大性而分	(1)閉鎖條約（closed treaty）	條約當事國限定在特定國家，不允許他國參加簽定之條約。
	(2)開放條約（open treaty）	即欲條約普遍化，也開放給第三個參加簽署之情形。
5.以效力或法律性格為基準而分	(1)契約條約（contract treaty）	即針對相互對立有利害關係之二當事國，雙方權利義務之合意而簽定之條約。
	(2)立法條約（law-making treaty）	爲達成各國共通利益，對將來之行爲規範所規定之條約。
6.依條約規範之內容而分	(1)政治條約	政治性條約包括媾和、同盟、友好、保障、保護、中立、租借、割讓、劃界、仲裁、歸化、引渡等條約。
	(2)技術性條約	(1)經濟條約：如通商、航海、關稅、專利等

	（非政治條約）	條約。
		(2)社會性條約：勞工、衛生、禁酒、禁煙、禁奴等條約。
7. 依期間之永久與否而分	(1)附期限條約	有 5 年以下附期限之條約。
	(2)無期限條約	如聯合國憲章，並無期限之規定。

習題：試說明國際條約的種類。

三、協定與協議

　　㈠**協定**（Agreement）：可以雙邊或多邊之情形，其不如「條約」或「公約」之正式，通常不用國家元首的形式，一般用於行政或技術方面之問題，其多數屬於行政職權，並不必經過批准①。在美國係總統與外國所締訂而未經參議院通過的協定，稱為「行政協定」（Executive Agreement）。在日本行政協定是依據憲法第73條第2款規定之內閣的外交關係處理權限而締結。

　　㈡**協議**：英文大部分稱為（consultation），即為事前防止國際紛爭之發生，尤其是有侵害或造成他國之權利或利益之損害，而難以回復之虞的領域，如宇宙活動（原子能事故通報公約第6條），安全保障（實施日美安保條約第6條有關之換文），尤以「環境與開發的里約宣言」第19原則規定等是。但中國大陸的一般習慣是先簽同意書，同意書如事後反悔可以不同意，但簽定協議就定案。

　　㈢**協定或協議應送立法院審議**：依釋字第329號解釋：「憲法所稱之條約係指中華民國與其他國家或國際組織所締結之國際書面協定，包括用條約或公約之名稱，或用協定等名稱而其內容直接涉及國家重要事項或人民之權利義務且具有法律上效力者而言。其中名稱**為條約或公約或用協定等名稱而附有批准條款者，當然應送立法院審議**，其餘國際書面協定，除經法律授權或事先經立法院同意簽訂，或其內容與國內法律相同者外，亦應送立法院審議。」

習題：試論協定與協議之意義，協定或協議簽署後應否送立法院審議？

---

① 丘宏達著：「現代國際法」，2004 年 2 月，第 160 頁。

四、條約之締結程序

(一)**基本結構**：傳統的條約簽定程序為：

　　1.授與全權委任狀（full powers）以便交涉：須由各國條約締結權者（大部分是元首或行政首長）將全權委任狀授與代表人（全權代表 plenipotentiary）交涉締結條約事宜。

　　2.署名：條約內容底定後，由各代表人簽署（signatrue），以確定條約文。

　　3.批准：由條約締結權者審查條約文，必要時電報回國請示，如為全權委任狀之範圍內，則予批准（ratification）。

　　4.交換批准書：條約拘束事項確定國家同意，將批准書互相交換，使條約發生效力，乃為一般之程序。

(二)**一般議會政治之國家的程序**：

　　1.國會通過：締結條約為使國會得控制其內容，則條約在署名後批准前，國會將予干預。我國行政院應將條約案提出立法院，由立法院通過（憲修3Ⅱ）。

　　2.條約締結手續之簡化：近年來因國際社會相互依存關係提升，很多條約有迅速締結之必要，因此除了重要的條約須經國會程序而依傳統之簽訂程序外，其他一般性之條約，都由各國代表人簽署，或經換文則可發效力為多。

　　3.加入國際組織：傳統之締結程序是以二國間之簽訂為主，但十九世紀以來，如有多數國家締結條約，一般國家就申請加入（accession）。故除了政治性重要之條約，須依傳統程序之外，「維也納條約法公約」並未規定簽定條約之一定形式，其第11條只規定：「一國承受條約拘束之同意得以簽署、交換構成條約之文書、批准、接受、贊同或加入，或

任何其他同意之方式表示之。」

4.條約之暫時適用（provisional application）：近年來不待條約之正式發生效力，在條約內容確定之同時，在可能範圍內，暫時適用該條約（條25）。則除了重要條約須經國會通過外，其他較不重要者，為使其早日發生效力，而採暫時適用之方式。

三條約法公約規定的程序：

1.約文之議定：國際會議議定條約之約文，應以出席及參加表決國家三分之二多數之表決為之，但此等國家以同樣多數決定適用另一規則者不在此限（條9②）。

2.約文之認證：條約約文依下列方法確定為作準定本（條10）：

　　⑴依約文所載或經參加草擬約文國家協議之程序；或

　　⑵如無此項程序，由此等國家代表在條約約文上，或載有約文之最終議定書，簽署或作待核准之簽署或草簽。

3.同意條約之拘束：一國承受條約拘束之同意，得以簽署、交換構成條約之文書、批准、接受（acceptance）、贊同或加入，或任何其他同意之方式表示之（條11-15）。

4.寄託（deposit）：除條約另有規定外，批准書、接受書、贊同書或加入書依締約國互相交換，將文書交存保管機關或如經協議、通知締約國或保管機關，以確定一國承受條約拘束之同意（條16）。

5.生效（entry into force）：條約生效之方式及日期，依條約之規定或依談判國之協議。如無此項規定或協議，條約一俟確定所有談判國同意承受條約之拘束，即行生效（條24）。一國負有義務不得採取任何足以妨礙條約目的及宗旨之行動（條18）。

四條約之登記：

條約應於生效後送請聯合國秘書處登記或存案及紀錄，並公布之（條80）。登記之制度是為防止或減少秘密條約之簽定，並制裁不登記條約的締約國，也是為方便各方對國際條約的研究為目的。登記制度原在「國際聯盟盟約」第18條已有規定。但該盟約規定如不登記則不生效力，以致在未登記條約之中，尤其是加盟國與非加盟國之間，加盟國則不生效力，而非加盟國反而發生效力之不合理現象。因此聯合

國憲章乃加以規定，當事國對於未經登記之條約或國際協定，聯合國任何機關均不得援引之（聯憲 102）。聯合國非會員國之登記稱爲記錄。登錄的條約則公布在聯合國條約集（United Nations Treaty Series）。

習題：
一、傳統條約簽訂的程序爲何，試說明之。
二、一般議會政治，其國際條約之締結程序爲何？試述之。

五、行政機關與外國簽定協定之程序

有關簽定牛肉進口買賣議定事宜，因涉及條約簽定程序，依「維也納條約法公約」第 2 條：「即國家間所締結而以國際法爲準之國際書面協議，不論其形式或名稱均屬之。」如非以「條約」或「公約」之名稱簽定。因其議定名稱不如「條約」或「公約」之正式，通常不用國家元首的形式簽定，而係由國與國間擁有條約締結權之行政機關，在其固有權限之範圍內，依既有之條約或國內法授權之事項內，與外國所締結之國際上協定，**一般用於行政或技術方面之問題**，其多數屬於行政職權，並不必經過立法機關批准①。在總統制國家，如美國係總統與外國所締訂而未經參議院通過的協定，稱爲「行政協定」。在緊密化之國際關係下，各國常有廣泛且多樣條約迅速締結之必要，但在現實上常因議會之冗長愼重之討論，以致擔誤簽約之時間。如美國之總統得利用其固有外交權限，在不經參議院之諮詢與認可下，可締結「行政協定」（Administrative Agreement），乃成憲政慣例。在內閣制國家，如日本行政協定是依據憲法第 73 條第 2 款規定之內閣的外交關係處理權限而締結。

因我國的中央政制既非美國之總統制，亦非日本之內閣制，又因我國邦交國愈來愈少，目前只有 23 國，很多在形式上雖**非以條約名稱簽定，但具有條約之實質**，而外交部則以既非憲法（憲 38、58II、63 及 141）所稱之條約，因此大部分不送立法院審議，自民國 75 年至 81 年共 248 項協定，範圍遍及 59 國，約 72% 係以協定簽署。立法院雖決議請行政院送審，但行政院仍未遵守，立法院乃聲請大法官會議解釋。司法院即

---

① 丘宏達著：「現代國際法」，2004 年 2 月，第 160 頁。

於 82 年以釋字第 329 號解釋：「憲法所稱之條約係指中華民國與其他國家或國際組織所締結之國際書面協定，……其中名稱爲條約或公約或用協定等名稱而附有批准條款者，當然應送立法院審議，**其餘國際書面協定，除經法律授權或事先經立法院同意簽訂，或其內容與國內法律相同者外，亦應送立法院審議。**」

又中央法規標準法第 5 條第 2 款明定：關於人民之權利、義務之事項，應以法律定之。此一規定主要是賦予立法院對於有關人民權利義務事項以審議權，避免行政部門擅斷致影響民眾權益。

因此關於中美簽定美國牛肉進口事宜，萬一不久的未來，有任何一位發生狂牛病，或類似病症，當前的執政團隊將前功盡棄，永遠背負歷史罪名。因此應依司法院解釋，由行政機關主動將該協議或議定事項送立法院審議，立法院亦可制定相關配套措施，以減輕執政團隊之責任。

六、條約之保留（英：reservation）

即一國於簽署、批准、接受、贊同或加入條約時所作之片面聲明，不論措辭或名稱爲何，其目的在摒除或更改條約中若干規定，對該國適用時不受其拘束之法律效果（條 2 I d）。保留原來是多邊條約規定，但雙邊條約也可能有保留。如 1977 年巴拿馬運河之中立條約中，美國附上運河通航受阻時得使用武力以維持通航之保留，即爲適例。

多數國間的條約，通常都期待其條約內容能適用於所有國家（條約一體性之要求），另一方面，最好有很多國家都能參加（條約之普遍性要求），從後者而言，如對條約之一部分雖不同意，而對條約整體之宗旨與目的贊同時，仍希望其參加才能達到普遍性之要求，保留制度就是爲了普遍性之要求，就是有損害一體性，也要同意。

㈠**保留之允許範圍**：保留是一國之單方面的聲明，而這聲明須其他締約國的承認爲條件。

1.最嚴格之方式：在國際聯盟盟約時代是採最嚴格之方式，只要有一國反對其保留條款，該保留國則不能擔任條約締結國，如「國際聯盟盟約」第 1 條規定：「國際聯盟之創始會員國應以本盟約附件內所列之

各簽署國及附件內所列願意無保留加入本盟約之各國爲限。」此稱爲全當事國同意之原則（unanimity rule）。

　　2.較通融之方式：即只要有一個當事國同意其保留，保留國就在保留若干條款之下仍可成爲締約國。

　　　　⑴在泛美聯合之區域習慣，則採較通融之方式，只要一國同意，除了保留之規定外，仍成立條約關係。

　　　　⑵國際法院之裁判：即在 1948 年聯合國通過「防止及懲辦滅種罪公約」，但是蘇俄、保加利亞、匈牙利、波蘭和羅馬尼亞的批准書中，對責任和管轄方面附有保留，但國際法院於 1951 年在諮詢意見中謂：由全當事國同意之原則，乃無可爭論之價值，但基於殘害人群條約之具有普遍性格，爲確保廣泛之參與，除非保留之內與條約之宗旨與目的不能兩立以外，應予允許，此即**兩立性原則**（compatibility Principle），才是保留與否之判斷基準（ICJ Reports 1951, p.21-24）。當時起草條約法公約之國際法委員會起先雖以全體當事國同意爲原則，但因國際法院採用兩立性原則，也改採此原則。

　　㈡**條約法公約之保留制度**：一國得於簽署、批准、接受、贊同或加入條約時，提具保留，但有下列情形之一者，不在此限（條 19）：

　　　1.不得保留之規定：

　　　　⑴該項保留爲條約所禁止者。

　　　　⑵條約僅准許特定之保留而有關之保留不在其內者。

　　　　⑶凡不屬⑴及⑵兩款所稱之情形，該項保留與條約目的及宗旨不合者。此條款係採兩立原則。

　　　2.接受及反對保留：

　　　　⑴除了條約明示准許之保留以外，須其他締約國之接受。

　　　　⑵對表示保留事項，究是接受或表示異議，委由各締約國自己判斷，除了第 20 條第 2 項及第 3 項之情形以外，原則上有一國接受保留其保留就發生效力，保留國則可參加締結條約（條 20Ⅳc）。

　　　　⑶保留經另一締約國反對，則條約在反對國與保留國間並不因此而

不生效力，但反對國確切表示相反之意思者不在此限（條20IVb）。

(4)如一國在接獲保留之通知後未於 12 個月內表示反對，則視為業
經該國接受（條20V）。

㈢保留國與接受國之關係：

1.接受保留和反對保留之法律效果為（條21）：

(1)依照第 19 條（提具保留）、第 20 條（接受及反對保留）及第
23 條（關於保留之程序）對另一當事國成立之保留：

①對保留國而言，其與該另一當事國之關係上照保留之範圍修
改保留所關涉之條約規定；及

②對該另一當事國而言，其與保留之關係上照同一範圍修改此
等規定。

(2)此項保留在條約之其他當事國相互間，不修改條約之規定。

(3)如反對保留之國家未反對條約在其本國與保留國間生效，此項
保留所關涉之規定，在保留之範圍內於該兩國不適用之。

2.保留和反對保留之撤回：

(1)保留之撤回：除條約另有規定外，保留得隨時撤回，無須經業
已接受保留之國家同意。此撤回，在對另一締約國之關係上，
自該國收到撤回保留之通知之時起始發生效力（條22Ⅰ,Ⅲ①）。

(2)反對保留之撤回：除條約另有規定外，對保留提出之反對得隨
時撤回，對此撤回，自提出保留之國家收到撤回反對之通知時
起始發生效力（條22Ⅱ,Ⅲ②）。

3.保留之程序：

(1)書面提出：保留、明示接受保留及反對保留，均必須以書面提
出，並致送締約國及有權成為條約當事國之其他國家（條23Ⅰ）。

(2)保留係在簽署須經批准、接受或贊同之條約時提者，必須由
保留國在表示同意承受條約拘束時正式確認。遇此情形，此項
保留應視為在其確認之日提出（條23Ⅱ）。

(3)明示接受保留或反對保留係在確認保留前提出者，其本身無須
經過確認（條23Ⅲ）。

⑷撤回保留或撤回對保留提出之反對，必須以書面爲之（條23IV）。

㈣**人權條約之保留問題**：依條約公約所規定之保留制度，條約是否保留，由各締約國加以判斷，但對國際人權條約所爲之保留，因其特殊，故有不適用之主張。人權條約因係保障個人之權，爲普世價值，是對條約當事國所課之義務，欠缺條約法公約所設定之締約國間之相互義務，就是締約國中有當事國宣示保留，並不必然對其他締約國直接發生影響，當無法期待他國提出反對保留，因此有條約之實施機關存在時，應由實施機關擁有是否保留之判斷之權限。依「歐洲保護人權與基本自由公約」第64條規定：「任何國家在簽定本公約或交存批准書時，如因該國領土內現行有效之任何法律與本公約任何規定不合，得對該規定作出保留，一般性質的保留不應根據本條予以准許。」

㈤**條約之保留與解釋性聲明**：以排除或變更條約規定之法律效果爲目的之條約的保留，與多邊條約之簽署、批准、加入之際，國家所爲之單方面宣言的解釋性聲明（interpretative declaration）兩者是否相同？蓋解釋性聲明，是在適用特定條約之際，有多種解釋之可能時，國家選擇其中一項解釋而聲明之謂。固此與保留不同。在解釋性聲明，並不排除或變更條約規定之適用，因此該解釋性聲明是原來所容許之行爲。形式上雖爲保留，但實質上也與解釋性聲明同樣處理之情形。如在1928年巴黎之「非戰公約」在批准之際，日本對於第1條規定：「締約各國用各該人民之名義」，因與天皇主權之憲法規定牴觸，故「只限於日本不適用而了解」。此在形式上雖是保留，但實質上並非排除或變更非戰公約上之義務，似爲解釋性聲明，而不以保留處理①。

習題：
一、何謂條約之保留。並就保留之允許範圍說明之。
二、何謂保留（reservation）？保留在保留國與反對保留當事國之法律效果。
　　（98高二）

---

① 杉原高嶺等著，現代國際法講義，平成15年版，有斐閣，第284頁。

七、條約之生效與無效

㈠條約之效力：

1.條約之遵守：條約法公約在前言謂：「自由同意與善意之原則以及**條約必須遵守**（pacta sunt servanda）乃為舉世所確認。」誠實信用遵守條約，乃是締約國神聖的國際義務，以避免發生國際責任，如損害賠償、恢復原狀和賠禮道歉等。因此有效之條約對其各當事國有拘束力，必須由各國善意履行（條26）。一當事國不得援引其國內法規為理由而不履行條約（條27）。所以締約國不得以所簽定的條約與國內法間具有衝突，企圖免除條約之履行。

2.條約之適用：

⑴時間的限制：除條約表示不同意思，或另經確定外，關於條約對一當事國生效以前所發生之任何行為或事實或已不存在之任何情勢，條約之規定不對該當事國發生拘束力，此即不溯及既往效力原則（條28）。

⑵適用範圍：除條約表示不同意思，或另經確定外，條約對每一當事國之拘束力及於其全部領土（條29）。

⑶關於同一事項先後所訂條約之適用（條30）：

①以不違反聯合國憲章及第 103 條為限，就同一事項先後所訂條約當事國之權利與義務應依下列各項確定之。

②遇條約訂明須不違反先訂或後訂條約或不得視為與先訂或後訂條約不合時，該先訂或後訂條約之規定應居優先。

③遇先訂條約全體當事國亦為後訂條約當事國但不依第 59 條終止或停止施行先訂條約時，先訂條約僅於其規定與後訂條約規定相合之範圍內適用之。

④遇後訂條約之當事國不包括先訂條約之全體當事國時：

A 在同為兩條約之當事國間，適用第三項之同一規則；

B 在為兩條約之當事國與僅為其中一條約之當事國間彼此之權利與義務依兩國均為當事國之條約定之。

⑤第四項不妨礙第 41 條，或依第 60 條終止或停止施行條約之

任何問題，或一國因締結或適用一條約而其規定與該國依另一條約對另一國之義務不合所生之任何責任問題。

(4)條約之國內施行：條約在國內實施，均依各國憲法之規定而施行。依其規定可分二種：

①自動執行（self-executing）：條約批准後，並不須另行經過立法程序，就能自動在國內實施，直接拘束締約國人民，這些國家，在締約當時都有立法機關之國會參與為多。如美國、法國、日本等國均採此制。我國亦屬此類。在我國依憲法規定，條約案須先經行政院會議之議決，通過後提出於立法院審議（憲修 3 II）。立法院則依照一般法律案之程序審議。

②非自動執行（non self-executing）型：即條約批准後，尚須經國會立法頒布執行，才能生效。採此制者為英國。在英國，因締結條約之權在國王，因此在締結條約時未有國會之參與，條約批准後當須由國會另行頒布法律執行之，否則，條約與現行法律有矛盾牴觸時，法院只能適用國內法。

3.違憲條約之效力：

(1)一國援引其同意承受條約拘束之表示為違反該國國內法，此違反之情事顯明且涉及其具有基本重要性之國內法之一項規則者，無效（條 46）。

(2)一當事國不得援引其國內法規定為理由而不履行條約。此項原則不妨礙上述之第 46 條。

(二)條約對第三國之效力：

1.原則：

(1)條約非經第三國同意，不得為該第三國創設義務或權利（條 34）。

(2)合意是拘束當事國，但對第三者既無害，亦無益（pacta tertiis nec nocent nec prosunt）之原則。

2.第三國規定義務之條約：如條約當事國有意使第三國負擔義務，須經第三國以書面明示接受，則該第三國因此規定而負有義務（條 35）。

3.為第三國規定權利之條約：如條約當事國有意給予第三國一項權

利，而第三國對此表示同意，則第三國因此享有該項權利。如該第三國無相反之意思表示，應推定其表示同意，但條約另有規定者不在此限（條36）。

　　(三)**條約之無效**（英：Invalidity of treaty）：

　　　1.無效之意義：指形式上已成立之條約，因條約之同意有瑕疵或同意內容有違反強行法規等原因，致條約喪失其法律效力之謂。民法上無效與撤銷之區別，在於無效之意思表示的效果係溯及開始時失去效力，而撤銷則在未撤銷以前仍然有效，如被撤銷則與無效之效果相同。但在國際法上條約並不採此區分。為了確保條約之安定性，有規定嚴格之要件與解決一定爭端之程序之必要，依「維也納條約法公約」，條約之效力或一國承受條約拘束之同意之效力，僅經由本公約之適用始得加以否認（條42 I）。

　　　2.無效的原因：採限制列舉主義，在形式上成立之條約，有下列情形時，則為無效。

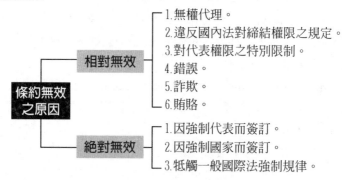

　　(1)相對無效：

　　　　①無權代理：締結條約之行為係依第 7 條不能視為經授權為此事代表一國之人員所實施者，非經該國事後確認，不發生法律效果（條8）。

　　　　②違反國內法對締結權限之規定：國家締結之條約，有違反該國內法關於締結條約權限之規定，其違反之情事顯明且涉及其具有基本重要性之國內法之一項規定者（條46 I）。

　　　　③對代表權限之特別限制：對締結條約之代表者附有特別限制

時，該限制除非在事先已通對方談判國，該國不得援引該代表未遵守限制之事實，以撤銷其所表示之同意（條47）。

④因錯誤（error）、詐欺（fraud）、賄賂（corruption）致同意有瑕疵時：

A 錯誤：一國得援引條約內之錯誤以撤銷其承受條約拘束之同意，但此項錯誤以關係該國於締結條約時假定為存在且構成其同意承受條約拘束之必要根據之事實或情勢者為限（條148）。如僅條文用字發生錯誤，則基於合意予以更正之（條48III、79）。

B 詐欺：如一國因另一談判國之詐欺行為而締結條約，該國得援引詐欺為理由撤銷其承受條約拘束之同意（條49）。

C 賄賂：如一國同意簽署條約係經另一談判國賄賂其代表而取得，該國得援引賄賂為理由撤銷其同意（條50）。

(2)絕對無效：

①因強制代表而簽訂者：一國簽訂之條約，係以行為或威脅對其代表所施之強迫而取得者，應無法律效果（條51）。

②因強制國家而簽訂者：條約係違反聯合國憲章（聯憲2IV），所含國際法原則以威脅或使用武力而獲締結者無效（條52）。

③牴觸一般國際法強制規律：條約在締結時與一般國際法強制規律牴觸者無效。就適用本公約而言，一般國際法強制規律指國家之國際社會全體接受並公認為不許損抑且僅有以後具有同等性質之一般國際法規始得更改之規律（條53），如聯合國憲章禁止行使武力、種族滅絕、海盜行為、買賣奴隸等是。

習題：

一、試解釋何謂「條約必須遵守（或稱條約神聖）」原則？如果一個符合統一私法公約而得行使管轄權的締約國，在自認為不違反國際公法與

條約限制下，以內國訴訟程序中的法庭地不便原則為由，拒絕行使管轄時，是否仍符合「條約必須遵守」原則？（98高三）

二、試說明條約之生效要件。

三、試論條約對第三國的效力？

四、依1969年維也納條約法公約（The Vienna Convention on the Law of Treaties）之規定，條約絕對無效的事由有那些？（98外三）

八、強制規範問題

所謂強制規範（拉：jus cogens；英：peremtory norm, imperative law；德：zwingendes Recht；法：droit impératif）又稱爲**絕對法**。指國家之國際社會全體接受並公認爲不許損抑，且僅有以後制定之同等性質之一般國際法規，始得更改之規律（條53）。是**任意規範**（jus dispositivum）之對照語。通常可能造成國際犯罪之國際義務，雖是由強制規範而來，但並非所有違反強制規範者都成爲國際犯罪行爲。對於強制規範之修改或廢止，只有透過強制規範本身始可修改或廢止，其他所締結之條約如有違反或牴觸國際法強制規範者，應屬無效（條53）。如遇有新的強制規範產生時，任何現有條約之與該項強制規範牴觸者，即成爲無效而終止（條64）。在傳統上一般國際法大部分都是屬於任意規範，但二次大戰後，對於戰爭之違法化與國際人道觀念之發達，一般國際法也非全屬任意規範，如「維也納條約法公約」，則正式加以認定。這個認定就是表示國際法對國際社會法律支配之進步。依「聯合國憲章」第33條規定：遇有國際紛爭時，應以談判、調停等和平方法解決；如在12個月內未能獲得解決，則任何一當事國得以請求書將爭端提請國際法院裁決之（條66）。這除可確保條約之安定性外，將強制規範之確認交由國際法院裁決。目前之強制規範一般是指侵略、奴隸、人口買賣、海盜行爲、販毒行爲、種族滅絕（Genocide）之禁止等，其他之強制規範大部分都未確定。

習題：

一、何謂國際法之強制規範（絕對法）問題？

二、依1969年條約法公約說明 A Peremptory Norm of General International Law（Jus Cogens）。（98高二）

九、條約之加入（英：Accession；Adhesion；Adherence）

所謂條約之加入在多邊條約簽字批准生效前或生效後，一個不曾參與談判或簽字的非締約國可以加入成為締結國的國際行為。以前都是加入時的條約業已獲得締約國的批准，並已發生效力。但第二次大戰後有些多邊條約，也有在條約生效以前，就邀請其他非締約國加入者，如1948年「防止及懲辦滅種罪公約」第11條規定：「聯合國會員國及曾經大會邀請參加簽訂之任何非會員國得於1949年12月31日前簽署本公約。」「1950年1月1日後，聯合國任何會員國及曾接上述邀請之任何非會員國得加入本公約。」又第13條第2項規定：「本公約應自第二十份批准書或加入書交存之日起九十日後發生效力。」如此則加入之國家亦可幫助該公約提早發生效力。

㈠**加入表示接受條約之拘束**：依「條約法公約」第15條規定：遇有下列情形之一，一國承受條約拘束之同意，以加入表示之：

　　1.條約規定該國得以加入方式表示此種同意。

　　2.另經確定談判國協議，該國得以加入方式表示此種同意。

　　3.全體當事國嗣後協議該國得以加入方式表示此種同意。

㈡**加入須獲得原來締約國的同意**：未經原來締約國的同意，無從加入。但是不少多邊條約，都有利於締約國的增加，往往在條約中規定有加入條款（Accession Clause），或另立議定書，開放給非締約國加入。

　　1.希望全體加入：有些條約希望全體非簽字國加入，如1971年「制止危害航空安全之非法行為公約」第15條規定：「依本條第三項公約生效之前簽署之任何國家得隨時加入。」又1928年「非戰公約」第3條規定，本約生效後，應有長時間之公開以使其他世界各國之加入。

　　2.只准許特定國加入：如1919年「管制空中航行公約」，只准不參加第一次世界大戰的國家加入。

　　3.加入須經全體締結國同意：如1949年「北大西洋公約組織」第10條：「歐洲任何國家，凡能發揚本公約原則，並對北大西洋區域安全有所貢獻者，經締約國之一致同意，得邀請其加入本公約。」

　　4.須經推薦由大會決議：依「聯合國憲章」第4條第2項規定：經

聯合國認為確能並願意履行聯合國憲章之義務者，將由大會經安全理事會之推薦以決議行之。

㈢**加入條約的程序**：加入條約的程序以前相當慎重，現在已較簡單。以前加入國應出具加入書，派遣全權代表，送交原來締約國。原締約國再出具接受書，最後兩國尚須交換此兩種文件之批准書，才完成加入手續。現在加入國只須將加入書送達條約中規定的國家或國際組織收受保存，就算完成加入程序。依「條約法公約」第 83 條：「加入書應送聯合國秘書長存放。」又依「制止非法劫持航空器公約」第 13 條第 2 項規定：「批准書與加入書應存放於經指定為存放政府之蘇聯、英國及美國政府」。加入書可由國家元首、外交部、外交部長或使節簽署。

習題：一國能否加入多邊條約為會員？如何加入？其程序為何？

十、條約之解釋（英：interpretation of treaties）

所謂條約之解釋即將一般抽象記述之條約的條款，將其具體明確化以確定其範圍之作業。條約之解釋權原則上屬於當事國，但如當事國間無法有一致之解釋時，在相互同意下，尋求國際法院仲裁法庭進行解釋。有關條約解釋的一般原則雖未確定，通常有下列方式，以為解決。

㈠**條約解釋之一般原則**：條約應依其用語按其上下文並參照條約之目的及宗旨所具有之通常意義，善意解釋之（條 31 I）：

　　1.原文通常意義之解釋：即條約解釋時，就當事國在條約中所使用之語句，求其正確意義之方法，並以善意解釋之。

　　2.重視當事人意見：條約當事國所意圖之內容，文章或其準備作業及締結當時之各種情事並加斟酌之方法。

　　3.條約目的之發現：尋求合於條約目的之解釋方法。

㈡**條約解釋之參考範圍**：就解釋條約而言，上下文除指連同弁言及附件在內之約文外，並應包括（條 31 II）：

　　1.全體當事國間因締結條約所訂與條約有關之任何協議。

　　2.一個以上當事國因締結條約所訂並經其他當事國接受為條約有關文書之任何文書。

㈢**系統解釋方式**：應與上下文一併考慮者尚有（條31Ⅲ）：

　　1.當事國嗣後所訂關於條約之解釋或其規定之適用之任何協議。

　　2.嗣後在條約適用方面確定各當事國對條約解釋之協議之任何慣例。

　　3.適用於當事國間關係之任何有關國際法規則。

㈣**重視當事國原意**：倘經確定當事國有此原意，條約用語應使其具有特殊意義（條31Ⅳ）。

㈤**解釋之補充資料**：為證實由適用第 31 條所得之意義起見，或遇依第 31 條作解釋而（條32）：

　　1.意義仍屬不明或難解；或

　　2.所獲結果顯屬荒謬或不合理時，為確定其意義起見，得使用解釋之補充資料，包括條約之準備工作及締結之情況在內。

㈥**以兩種以上文字認證之條約之解釋**（條33）：

　　1.條約約文經以兩種以上文字認證作準者，除依條約之規定或當事國之協議遇意義分歧時應以某種約文為根據外，每種文字之約文應同樣作準。

　　2.以認證作準文字以外之他種文字作成之條約譯本，僅於條約有此規定或當事國有此協議時，始得視為作準約文。

　　3.條約用語推定在各作準約文內意義相同。

　　4.除依第 1 項應以某種約文為根據之情形外，倘比較作準約文後發現意義有差別而非適用第 31 條及第 32 條所能消除時，應採用顧及條約目的及宗旨之最能調和各約文之意義。

習題：試說明條約解釋的方式。

十一、條約之終止、暫停或條約之退出（英：termination and suspension of the operation of treaties, withdrawal from a treaty）

　　1.條約之終止：是指有效成立之條約喪失國際法上之效力，該條約當事國則免除條約履行之義務之謂。

　　2.條約之暫停：是指因某種原因，締約國暫停實施，條約卻仍然繼

續有效，惟在暫停期間當事國當可免除條約履行之義務，但只要上述原因消失，無需另定新約，條約便自動恢復實施。

　　3.條約之退出：指締約國放棄其締約國的地位，不繼續受條約的拘束之謂。

(一) 因合意而終止或停止施行	1.條約終止或退出：有下列情形時，得終止條約或一當事國得退出條約（條54）： 　(1)依照條約之規定。 　(2)無論何時經全體當事國於諮商其他各締約國後表示同意。 2.條約之停止施行條約：下列情形下，條約得對全體當事國或某當事國停止施行（條57）： 　(1)依照條約之規定。 　(2)無論何時經全體當事國於諮商其他各締約國後表示同意。 3.締約國退出：致當事國數目減到條約規定最低數以下者（條55）；除法律另有規定外，多邊條約如締約國退出，使締約國數減到條約規定最低數以下時，條約亦必終止。如「防止及懲辦滅種罪公約」第15條規定：「如因退約結果，致本公約之締約國數目不滿十六國時，本公約應於最後之退約通知生效之日起失效。」 4.多邊條約之停止施行：多邊條約兩國以當事國得暫時並僅於彼此間締結協議停止施行條約之規定（條58）： 　(1)條約內規定有此種停止之可能。 　(2)有關之停止非為條約所禁止，且 　　①不影響其他當事國享有條約上之權利或履行其義務。 　　②非與條約之目的及宗旨不合。 5.締結新約而終止或停止施行（條59）：全體締約國就同一事項締結新約，且從新約或當事國之意思是以新約為準，或新約與原約不符之程度使兩約不能同時適用，則原約應視為終止或停止施行。
(二) 非因合意而終止或停止施行	1.雙邊條約有一個締約消滅，條約被迫終止：雙邊條約有一締約國消滅將涉及國家繼承問題。否則條約則被迫終止或停止施行。 2.條約因違約而終止或停止施行（條60）： 　(1)雙邊條約：當事國一方有重大違約情事時，他方有權援引違約為理由終止該約，或全部或局部停止其施行。 　(2)多邊條約：當事國之一有重大違約情事時，其他當事國有權以一致協議在各該國與違約國之關係上或在全體當事國之間，將條約全部或局部停止施行或終止該約。所謂重大違約，

係指本公約所不准許之廢棄條約，或違反條約所規定之目標或宗旨。但此重大違約規定不適用於各人道性質之條約內所載關於保護人身之各項規定。

3. 發生意外不可能履行：如實施條約所不可少之標的物永久消失或毀壞以致不可能履行條約時，締約國得援引不可能履行為由，終止或退出條約。如條約不可能履行係一當事國違反條約義務或違反對其他當事國所負任何其他國際義務之結果，則該當事國不得終止、退出或停止施行條約（條61）。

4. 情況之根本變化（fundamental change of circumstances）：（條62）
   (1)條約締結時存在之情況發生基本改變而非當事國所預料者，不得援引為終止或退出條約之理由，除非：
      ①此等情況之存在構成當事國同意承受條約拘束之必要根據；及
      ②該項改變之影響將根本變動依條約尚待履行之義務之範圍。
   (2)情況之基本改變不得援引為終止或退出條約之理由：
      ①倘該條約確定一邊界；或
      ②倘情況之基本改變系援引此項理由之當事國違反條約義務或違反對條約任何其他當事國所負任何其他國際義務之結果。
   (3)倘根據以上各項，一當事國得援引情況之基本改變為終止或退出條約之理由，該國亦得援引該項改變為停止施行條約之理由。

5. 斷絕外交或領事關係：條約當事國間斷絕外交或領事關係不影響彼此間由條約確定之法律關係，但外交或領事關係之存在為適用條約所必不可少者，不在此限（條63）。

6. 強行規律之成立：遇有新一般國際法強行規律產生時，任何現有條約如與該項強行規律牴觸者，則成為無效而終止（條64）。即條約在締結時與一般國際法強制規律牴觸者，無效（條53）。條約締結後，新的強行規律成立，而條約與此有牴觸之部分，則歸無效，但不影響當事國在條約終止前經由實施條約而產生之任何權利、義務或法律情勢；但嗣後此等權利、義務或情勢之保持僅以與一般國際法新強制規律不相牴觸者為限（條71 II）。

習題：
一、何謂條約之終止、暫停與條約之退出？
二、何謂情況變更的原則？試說明之。

十二、條約之和平的變更（英：peaceful change）

依法律上情事變更之原則，締結條約時為當事國所未預見之實際情況發生變更時，既存之法律秩序因情況之變化，變成不適當時，以國際機構之判斷為背景，將此不當之情況以和平之手段加以調整解決之謂。即將條約以適合於現狀而和平的加以變更之意。蓋國際社會並無統一之立法機關，因此很難和平的變更條約的內容，而各個國家又不能行使武力以解決現狀之困境，乃有必要不依賴武力，而以和平的方式來改變現狀。如國際聯盟盟約第 19 條規定：「大會可隨時請聯盟會員國重新考慮已經不適用之條約以及長此以往將危及世界和平之國際情勢」。條約締結後已不符現狀之條約，在大會之建議下，以和平的方法加以改變為聯盟規定之精神。這種和平變更之想法，在聯合國憲章亦予繼承，其第 14 條規定：「大會對於其所認為足以妨害國際間公共福利或友好關係之任何情勢，不論其起源如何，包括由違反本憲章所載聯合國之宗旨及原則而起之情勢，得建議和平調整辦法，但以不違背第十二條之規定為限。」依此則大會實施此項建議權有兩個限制，一即「以不違本憲章所授予該會之職務時，大會非經安全理事會請求，對於該項爭端或情勢，不得提出任何建議。」另一限制即憲章第 2 條第 7 項規定，不容許聯合國「干涉在本質上屬於任何國家國內管轄之事件。」

十三、條約的修正與修改（英：amendment and modification of treaties）

所謂條約的修正是指變更條約的內容，而條約的修改是指在多數國間之條約，得以當事國間之協議同意修改之。

| (一) 條約的修正 | 條約得以當事國之協議修正之，除條約另有規定外，原則上與締結條約使用同一程序（條 39）。多數國間條約的修正為多邊條約時，必須通知全體締結國，各該締約國均應有權參加（條 40II）。條約修正案之成立不必全體締約國一致之同意，只有一定數目國家之同意即可（譬如「國際人權公約」A 公約第 29 條、B 公約第 51 條均規定締約三分之二通過。其他如「宇宙條約」15 條等）。此際如不同意之國家，則不受其拘束（條 40IV）。但聯合國憲章之修正一旦通過，依憲法程序批准，則對聯合國所有會員國發生效力（聯憲 108）。凡於修正條約之協議生效後成為條約當事國之國家，倘無不同意思表示，應視為修正後條約之當 |

	事國（條40V）。
（二） **條約的** **修改**	多邊條約兩國以上當事國得於下列情形下，協議修改條約（條41）： 1.條約內規定有修改之可能者。 2.有關之修改非爲所禁止者。 條約的修改不影響其他當事國享有條約上之權利或履行其義務者，且不干涉任何如予損抑，即與有效實行條約之目的及宗旨不相容之規定者。修改時，有關當事國應將其締約協議修改之意思通知其他當事國。

習題：試說明條約之修正與修改。

第三節　國際習慣法

一、國際習慣（英：international practice）

即國家行爲的反覆行使，亦即在特定情形下，慣於採用某一特定行爲之意。這是構成國際習慣法之要素之一。又稱爲國際習尙（usage），或國際慣行。其形成一般認爲有三個步驟循序進行：

㈠國家與國家間，在頻繁之交往過程中，自然形成一些行爲規則。

㈡這些行爲規則，反覆的實施，而形成一個行爲準據，以後遇有同樣情形時，就須採同樣的行爲，於是這些行爲就成爲國際慣行。

㈢這個國際慣行，如被普遍採用，經過一段時期之後，各國認定該行爲是國際上大家所公認之標準行爲模式，如不遵守該行爲模式，就會受到國際上之譴責，或受到有形、無形的抵制，於是這個習尙或慣行便成爲慣例（custom）。

這個慣行，有時在國際社會之大多數主要國家內施行，或在特定區域內，由主要國家及大多數國所採行，當這個國際習慣或慣行，如附有法律之信念，就成爲國際習慣法（ICJ規約38①b）。區域或特別慣行也有可能只停留在習慣而不發展成習慣法之情形，如國際禮讓。國際間國與國間實施的行爲，所以能成爲習慣，須由政府或外交部之行動，如締結條約、對外之聲明，有時以立法或法院之判例等加以承認。

二、國際習慣法（英：international customary law；德：Völkergewohnheitsrecht, internationales Gewohnheitsreht；法：droit international coutumier）

㈠國際習慣法之形成：國際習慣法是國際法最古老最原始的淵源。也與條約並行之國際法法源之一。國際習慣法並不經國內的立法程序，而是累積通例，而逐漸具有法律之效力者。「國際法院規約」規定，所謂國際習慣法，是國際習慣作爲通例之證明而經接受爲法律者（ICJ 規約 38 ① b），由於行爲之反覆而形成習慣，如附有法律之信念，就成國際習慣法。此又稱爲國際慣例。到十九世紀末，一般國際法之規則，其大部分都是由國際習慣法所構成。在英國國際習慣法是構成普通法之一部分，德國基本法第 25 條規定，國際法之一般規則爲聯邦法之一部分。此等一般規則優先於聯邦法律。其他如義大利憲法第 10 條，奧國憲法第 9 條，西班牙憲法第 7 條等均有類似規定。

國際習慣法之形成，通常是經相當時間之醞釀，但近年以來，因科學技術之發展或國際社會之緊密化，致在短期間內就快速的累積了法律的確信，形成習慣法之情形。如空域主權說或大陸礁層之制度等，此稱爲「即成的習慣法論」（doctrine of instant customary law）。國際習慣法之慣例的形成，並非所有國家都非參與不可，但至少必須是世界大多數主要國家有參與形成始可。過去領海 3 浬之主張，雖是由主要國所採行，但並非大多數國家所贊同，而南極之扇形原則（sector principle），因大國之反對，欠缺主要國家之要素，以致無法成爲國際習慣法。

㈡斯哥西亞船案（英：The Scotia Case）：1867 年 4 月 8 日美國帆船柏克什爾（Berkshire）號爲英國之汽船斯哥西亞（Scotia）號撞沉。柏克什爾號船主乃向美國國內法院提訴，請求斯哥西亞號賠償損害。按 1863 年英國樞密院令（British Order-in-Council）及 1864 年美國國會公布的法律，均規定船隻應裝設紅綠燈，不得用白色燈光。美國帆船柏克什爾號未遵照規定。於是美國法院第一審及第二審都駁斥原告（美船柏克什爾號）之聲請，至最高法院亦駁斥美船之聲請，認爲本案是依海上法，而此海上法是國際慣例，此慣例是構成商業世界之各國的共同認可，且基於人類之共同同意，這些規則已被認可爲共同之義務。因此最高法院認爲柏克什

爾號違反燈火裝設之規定，而駁回原告之訴（美聯邦最高法院 1872.3.25 判決，14 Wallace 170 U.S. 1872）。本案判決認爲一般所承認之國際習慣法的成立，對國際法之法源有重要意義。

習題：試論何謂國際習慣？何謂國際習慣法？

三、國際禮讓（拉：comitas gentium；英：comity of nations, international comity；德：Völkercourtoisie；法：courtoisie internationale）

國際禮讓即以禮儀、便宜措施或好意等，在國家間一般所施行之慣例。譬如對國家代表之尊稱，會議時之席次的順序，外國元首訪問時與軍艦之禮砲，對無條約國家之國民也與有條約國家之國民接受同樣待遇等均是。雖不構成法律上義務，如有違習慣上的作爲，也不認爲是國際違法行爲，但有可能被認爲非友好行爲（unfriendly act）。可能會招致道德上之譴責或政治上的不利益。國際禮讓也有發展成國際習慣法之可能。如外交特權與豁免等是。

國際法、國際禮讓及國際道德之區分：

	國　際　法	國際禮讓	國際道德
意義不同	即在國際上享有權利與負擔義務之法人，在其相互關係上必須遵守之規則。	即以禮儀、便宜措施或好意等在國家間一般所施行之慣例。	國際法主體間相互交往時，應信守承諾，誠實交往，在國際社會上，遵守國際道德係遵守國際法之基礎。
內容不同	如國家間簽訂之條約、國際習慣法及一般法律原則都是形式上的國際法，其他如判例學說及國際組織之決議等，都是國際法之適例。	如對國家代表的尊稱，會議時之席次的順序，外國元首訪問時與軍艦之禮砲，對無條約國家之國民也要接受同等待遇等是。	在「陸戰法規及慣例公約」的前言稱：「在完全戰律法典之編訂之前，凡締約各國公同採定之條規中未載之事項，人民及戰鬥員仍處於國際法保護之下；此國際公約原則係出於文明國家之慣例，人道之準繩與人類良心之監察。」

違反的懲罰	如有違反可能會受到戰爭或經濟制裁及其他手段之國際制裁。	如有違反會認為是非友好行為,可能遭致道德上譴責或政治上不利益。	國際道德是根據良心適用,且國際法院曾表示,除非道德已以法律形式表示,否則無法考慮①。

習題:試說明國際法、國際禮讓及國際道德三者之區別。

第四節　一般法律原則

一、一般法律原則之意義

實證法學派認為國際條約與國際慣例是國際法的兩個主要淵源,因為這兩項都是經各國同意而成立的。因此最初常設國際法院規約在條約與國際習慣之外將「一般法律原則」(general principles of law)列入國際法之法源時,曾引起一番爭辯。當時由國際聯盟理事會所任命之一個法學家委員會(Committee of Jurists)討論,主席是比利時代表德剛(Baron Descamps),會中德剛與美國代表魯特(Elihu Root)意見相左,最後為避免法院因援引法律困難而不能審判案件,乃妥協規定為「法律之一般原則為文明各國所承認者」(the general principles of law recognized by civilized nations)。其後「國際法院規約」乃繼承該規定也在第 38 條第 1 項 C 作同樣規定。此即各國國內法所共通適用之一般法律原則,而適用於國家間關係之謂。此一規定是為防止國際司法審判及仲裁裁判在判決時,因法律之欠缺有發生難以審理時,乃藉國內私法之一般原則,以彌補其缺陷而為審理之準據。此即「法官之創造法律」(judge made law)在國際法上之運用。

習題:試說明國際法法源有「一般法律原則」其涵義為何?

二、一般法律原則之具體適例

不過此項規定有傾向自然法之趨勢,當為實證法學派所反對。蓋有

---

① 參照丘宏達著:國際法,第 64 頁。

關一般法律原則之具體內容為何，將來實施之後能否取得具體一致之見解，不無疑義。在常設國際法院及國際法院在判決上所適用之依據為對違法行為發生責任之原則，英美法上之禁止反言（estoppel 禁止翻供）原則，誠實信用原則，證據原則，舉證責任原則及既判力之原則等，以法律格言為多。例如 1927 年常設國際法院對赫爾曹工廠案（Case concerning the Factory at Chorzbw）之管轄權判決中，對國際違法行為之責任，原則上運用「任何人不能以自己之違反行為而獲取利益」之原則，而謂：「一方當事人，如以自己之違法行為而妨害他當事人履行該項義務時，或妨害其向法院提起訴訟，致他方當事人未履行該項義務，或不能利用任何救濟措施時，此為國際仲裁法院及國內法院所普遍承認之原則①。」

　　此外，在國際關係中所適用之「道德」及「正義」的原則，當應包括在「一般法律原則」之內。因此傅里德曼（Wolfgang Friedmann）將一般法律原則分為三大類：

　　㈠關於各種法律關係之研究方法及解釋之原則。

　　㈡公平程序的最低標準。

　　㈢經世界各主要法系充分普遍及堅確承認為國際法原則之具體法律原則。

　　傅氏認為第㈢所說之原則是最不明確之一個領域，可是此乃比較法律科學在這方面對國際法提供最有價值之貢獻。並謂，國內法的「契約上損害賠償」及「不當得利」二項原則，已在國際司法中漸被援用及重視②。

　　關於「一般法律原則」運用在國際法判例上如帕里維亞寺廟事件（Case concerning the Temple of Preah Vihear），即坐落於泰國與高棉國境地帶之帕里維亞寺廟及其周邊地域之歸屬問題的爭端。原來 1904 年依泰國割讓領土於法國之條約，法國領域新國境是以丹格里格山的分水嶺為準。1907 年法國於調查國境領域之後將繪製之地圖送給泰國，依該地圖，則帕里維亞寺廟應屬於柬埔寨（為今日高棉）。當時泰國的皇太子（Prince

---

① 小森光夫著：刊載國際法學會編：國際關係法辭典，2005 年，三省堂，第 2 版，798 頁。
② 見杜蘅之著：國際法大綱（上冊），民 60，商務，33 頁。

Damrong）對於法國贈送之地圖表示感謝，並要求多送十五份地圖。1930年該皇太子又接受法國總督之招待訪問懸掛法國國旗之帕里維亞寺廟。但到 1934~35 年泰國又另行調查發現國境線與分水嶺不一致之情形，而認爲該寺廟應在泰國境內才正確。第二次大戰後，泰國乃派遣警備隊駐紮該寺廟，結果該爭端乃表面化。兩國間雖經外交交涉，但無結果，於是高棉乃提出國際司法法院解決。

　　國際法院於 1961 年作管轄權判決（ICJ 1961.5.26 判決）後，於 62 年作成判決，認爲泰國業已接受此項地圖，且其後如 1925 年與 1937 年之法暹條約談判，都未表示異議，因此採高棉之主張，而判定「該寺是在柬埔寨境內」。於是命令泰國應自該寺撤退，並將從寺廟內搬走之古董美術品歸還高棉（ICJ 1962.6.15 判決，1962 Report 6），這個判決是承認國家言行與權利義務，並引用「禁止反言」之法理，一般法律原則相當重要之判決。但對此判決也有批評之聲音，即 1907 年時代，泰國仍然是落後國家，連其本國都無地理學者，只有依法國之地圖，而當時泰國所以未對法國提出抗議，乃因對法國之軍事強勢感到無奈之關係①。

習題：試就國際法法源之一的「一般法律原則」說明之。

第五節　判　例

　　在判例方面，「國際法院規約」將判例列爲「確定法律原則之補助資料」（法約 38Id）。也就是說要適用何種法規或原則時，就應參照判例之解釋。因此國際法院所爲之實際判例，乃格外重要。但因「國際法院規約」並不採用「判例拘束之原理」（stare decisis）（法約 59），因此不能列爲形式的法源。如 1992 年有關領土、島或海洋境界爭端事件中，對於芳沙加灣（Gulf of Fonseca）之法律地位，國際法院認爲 1917 年中美洲法院在薩爾瓦多控訴尼加拉瓜一案中，既已判定該灣是此二國及宏都拉斯共有的歷

---

① 見栗林忠男著：現代國際法，2007 年，慶應大學出版，72 頁。山本良著：刊載國際法學會編：前揭書，763 頁。

史性海灣（historical bay），此判決乃是「法規之輔助手段」，而認為「該判決對本裁判有益」，因此在事實上是承襲 1917 年之判決（ICJ Reports 1992, P.601），因此法院的判例是國際法輔助手段的間接淵源。

習題：國際法院的司法判例是否為國際法的法源？

第六節　學　說

關於學說方面，「國際法院規約」與判例相同地，將各國權威最高之公法學家學說，作為確定法律原則之輔助資料（法約 38Id）。

一、國際法學說之成為輔助性法源之理由①

㈠在國際法庭上，當事國往往引用著名法學家之理論，作為辯護根據。
㈡國際法的規則較為含混，需要解釋之處甚多。

二、引用學說之適例

不過在法院之實際處理上，一般是不直接引用特定的學說為慣例。只是各法官在檢討過程中，會詳細引用學說之主張，如諾特朋案（Nottebohn Case）中法院認為，經檢討雙重國籍人之保護的判例之後，「同樣傾向在國際法者之學說與國家慣行也具有支配性②」（ICJ Reports 1955, P.22）。

習題：國際法學家的學說能否為國際法的法源？

第七節　國際會議的決議及宣言

國家的交涉或各國之政府與國際組織，或非政府國際組織（NGO）等之爭議，討論、決議等，雖不在「國際法院規約」第 38 條第 1 項之內，而列為裁判之基準，成為國際法形式法源之一，但聯合國大會與安全理事會決議之效力，往往較前述條約或習慣法為重要。尤其國際性條約，

---

① 見杜蘅之著：國際法大綱（上冊），1991，商務，40 頁。
② 見杉原高嶺等著：現代國際法講義，平成 15 年，有斐閣，21 頁。

都由聯合國大會的決議之形式通過，例如「世界人權宣言」，常作爲聯合國憲章解釋之依據，也提供各國國內立法之重要根據。

一、聯合國大會之決議及宣言與國際習慣法之關係

　　一般認爲大會之決議及宣言有宣言的效果（如 1970 年之「友好關係原則宣言」）、結晶化效果（如 1962 年「宇宙法原則宣言」）與發生的效果（如 1960 年之「殖民地賦予獨立宣言」）。因此在國際習慣法之成長過程中，引用大會決議及宣言之案例，已有增加之趨勢。尤以內容涉及一般國際法規則，而獲得與會人員一致或多數贊成而通過者，常成爲國際習慣法形成之基礎，國際司法法院也將納米比亞事件（1950 年）、西撒哈拉爭端（1974 年）、尼加拉瓜事件（1986 年），將大會決議作爲習慣法而引用①。

二、國際會議決議與宣言之效力

　　從法之拘束力的觀點言，聯合國各機關之決議，對各會員國之拘束力而言，有強烈之效力與軟性效力分：

(一) 有強烈之 拘束力	1. 安理會之決議：依「聯合國憲章」第 25 條之規定，僅安全理事會之決議最具執行力，所以安全理事會爲和平解決國際爭端所爲之調查（聯憲 34）、斷定任何對和平的威脅、和平的破壞、或侵略行爲是否存在(聯憲 39)、安理會所認定之臨時辦法(聯憲 40)，及非軍事制裁（聯憲 41）等，對會員國當然有拘束力。 2. 國際組織內部事務之決議：如選舉理事、任命工作人員、編列預算等，當然有拘束力。 3. 國際組織之章程或組織法之規定：國際組織對章程有解釋之權，這種解釋當然有拘束力，而爲該組織法之法源之一。 4. 對於程序規則的採用或會員國之承認等事項：如對於各種程序規則之採用決定或會員國之承認等限定事項，對聯合國內部或會員國之相關機關當然有拘束之效力。
(二) 宣言或決 議具有軟	不過聯合國大會之決議，在國際社會裏，仍爲最具權威之國際機關的意思表示，雖具有國際法上效力與功能，但一般認爲具有軟性法律之性質。

① 參照栗林忠男著：現代國際法，第 76 頁。

| 性法律性質 | 1. 軟性法律（英：soft law）：非如條約或國際習慣法已列入國際法法源，而存在於合法與非法中間之法律規範的總稱。又稱為**非拘束性的合意，非法律性的合意、綱要法、事實上之合意**等。
2. 軟性法律之具體內容：軟性法律之具體內容可列舉為：
　(1)形式上雖具有條約規範之形式，但其拘束力或履行義務較低之情形。
　(2)形式上雖無法律拘束力，但具有法律實質意義者：其適例如聯合國各機關所通過文書（如友好關係原則宣言、國家經濟之權利義務憲章、多國籍企業之行為指針或行動綱領、國際會議所通過之最終議定書、宣言（如聯合國人權宣言、原住民族權利宣言或人類環境宣言）等是。對此德維雷（De Visscher）認為只具有道德上的力量而已①。在當前「軟性法律」並非國際法上確立之概念，而是學說上所引用之概念。 |

因此 2007 年 9 月 13 日聯合國第 61 期第 107 次大會以決議形式通過「原住民族權利宣言」，其第 2 條規定：「原住民族和個人享有自由，與其他所有民族和個人完全平等，有權在行使其權利時，不受任何形式的歧視，特別是不受基於其原住民出身或身份的歧視。」其第 3 條規定：「原住民族享有自決權。根據此項權利，他們可自由決定自己的政治地位，自由謀求自身的經濟、社會和文化發展。」足見此「原住民族權利宣言」基本上也與前述「世界人權宣言」相同，當可為憲章解釋之依據，也可提供各國國內立法之參考，不能成為國際法之直接法源。

習題：聯合國大會所通過之決議，是否直接成為國際法之法源？請以 2007 年 9 月 13 日聯合國第 61 期第 107 次大會以決議形式通過的「原住民權利宣言」中的自決權條款為例申論之。（98 公三）

第八節　公允與善良

公允與善良（拉：ex aequo et bono）即在國際裁判，尤其是國際仲裁法官或裁判法官，常被引用為國際法以外之裁判基準；通常在仲裁裁判要較司法裁判之裁判基準為柔軟而富彈性，因此「公允與善良」乃被認

---

① 參照丘宏達：現代國際法，第 92 頁。栗林忠男：現代國際法，第 77 頁。

為能友好的處理爭端事務，也可以超越法律將利益之調整或實際的有效性列入考慮。因此 1950 年生效之「和平解決國際爭端總議定書」第 28 條對仲裁裁判之規則規定：「如果特別協定內無規定或當事國未訂有特別協定，法院得適用國際法院規約第三十八條所載關於爭端實質的規則。如無可適用於這項爭端的規則，法庭應依『公允與善良』之原則判決。」

在國際法院裁判通常係依據條約、國際習慣法等國際法而實施，如爭端當事國之同意，則法院有依本於「公允與善良」之原則裁判案件之權（法院 38 II）。公允與善良之意義並不是很明確；前者是指具體的正義，即適合於具體事件之特殊性的正義，而後者也有認為單純係為方便考慮並解決問題而設。以此為裁判基準，以防止法官以法律之欠缺為由，而發生拒絕裁判之情事。並對於國境爭端等問題，可超越法律做比較彈性之處理。

習題：何謂「公允與善良」原則？

第九節　國際法之效力關係

一、一般效力關係與適用原則

國際法上主要法源之條約與習慣法，在法律效力上並無優劣等差，此與國內法上法律位階理論之體系構造並不相同，因條約與習慣法都以表示國家意思為基礎，都具有同等效力。因此這兩者，在法律位階之體系上是屬於同一順位；故如條約與習慣法上之規定或與其他法源有相互牴觸時，其適用關係，將依下列三原則處理：

㈠**依裁判之基準**：依「國際法院規約」第 38 條第 1 項：「法院對於陳訴各項爭端，應依國際法裁判之，裁判時適用之順序為：

1.不論普通或特別國際協約，應立訴訟當事國明白承認之規條者。

2.國際習慣，作為通例之證明而經接受為法律者。

3.一般法律原則為文明各國所承認者。

4.在第五十九條（判例之拘束力）規定之下，司法判例及各國權威

最高之公法學家學說，作為確定法律原則之補助資料者。」

　　㈡**條約與習慣法之間**：即適用「特別法優於普通法」（lex specialis derogat lege generali）之原則；條約對於普遍適用之國際習慣法而言，等於特別法之關係，如條約締結之內容，有變更習慣法之情形時，締約國間則優先適用條約之規定。這一原則，對一般習慣法與特定地域之習慣法也適用。如「**印度領土上通行權事件**」（英：Case concerning Right of Passage over Indian Territory），在印度領域內有複數被印度領土包圍的葡萄牙擁有的地區（enclaves），葡萄牙認為它對通到這些地區應擁有通行權（包括軍事人員），但這種通行權，在 1954 年為印度所否定。於是葡萄牙乃提訴國際法院。國際法院於 1960 年 4 月 12 日認為葡萄牙對印度領土包圍的達德拉（Dadra）與那格－亞瓦理（Nagur-Avali）二地，過去幾百年間，私人、文官、一般物資基於長期、繼續的習慣葡萄牙擁有通行權，但軍隊、警察、武器、彈藥並不包括在內。

　　㈢**條約相互間**：適用「後法優於前法」（lex posterior derogat priori）之原則，即從「後法廢止前法」（lex posterior derogat(legi) priori.）之法諺而來。即有同一效力之法律相互間，其後來所制定之法律優先於以前所制定之法律而適用之原則。依「維也納條約法公約」第 30 條第 3 項規定：「遇先訂條約全體當事國亦為後訂條約當事國，但不依第五十九條條約終止或停止施行先訂條約時，先訂條約僅於其規定與後訂條約規定相合之範圍內適用之。」在國際法之條約相互間，或國際習慣法相互間有同等效力時，可依此原則決定適用之準據，但如條約有特別規定時，如「聯合國憲章」第 103 條規定：「聯合國會員國在本憲章下之義務與其依任何其他國際協定所負之義務有衝突時，其在本憲章下之義務應居優先。」通常在國際法上，如具有強行規範之性質，本原則當不能適用。如「洛克比航空機墜機事件」（英：Lockerbie Affair），英國與美國均認為，此件爆炸案之二名主犯與利比亞政府機關有關，於是透過聯合國安全理事會第 731 號決議向利比亞政府請求引渡嫌疑犯。但是利比亞以英國及美國方面違反「防止危害航空安全之侵權行為條約」，因而向國際法院提訴，並申請假保全措施，但法院基於安全理事會第 748 號決議，並強調憲章第 25 條：

「會員國有履行安理會決議之義務」,且依「聯合國憲章」第 103 條規定,駁回利比亞之申請（ICJ Reports 1992, pp.15,126）。

習題：試就條約與習慣法之間其適用之優先順序為何？

二、作爲上位規範的強行規範

在國際法上是否有強行規範（jus cogens）之存在,即是否有否定條約簽訂之規範的存在,一向仍有爭議。在傳統上並不承認國際法有強行規範之存在。但「維也納條約法公約」第 53 條規定:「條約在締結時與一般國際法強行規律牴觸者無效。」又第 64 條規定:「遇有新一般國際法強制規律產生時,任何現有條約之與該項規律牴觸者,即成爲無效而終止。」因此條約法公約是認定有強行規範之存在；此如侵略行爲、種族殺害、毒品販賣、海盜行爲、販賣人口等所簽訂之條約,應爲無效。

第十節　國際法法典化之編纂及發展

一、國際法法典化之意義與沿革

所謂國際法之法典化（英：codification of international law）,係將國際法有關之各類規則予歸納而體系化成爲法典之工作,在國際法之學術領域已有各種嘗試一直在進行,並陸續推出各類草案與法典,譬如國際法學會（Institut de Droit International）與國際法協會（International Law Association）等所完成之草案,在國際間有 1899 年 5 月至 7 月舉行之第一屆海牙和平會議在蘇俄皇帝尼古拉二世的呼籲下,通過了「國際爭端之和平處理公約」,「陸戰法規及慣例公約」（及附屬規則）,「日內瓦紅十字條約之原則應用在海戰之條約」,「輕氣球之投射物、爆裂物之禁止投擲宣言」,「毒瓦斯投射物之禁止使用宣言」及「達姆彈禁止宣言」。而 1907 年 6 月至 10 月第二屆海牙和平會議,在蘇俄皇帝再度呼籲下舉行,除了對第一屆通過之條約作若干修改外,並通過「限制武力索債公約」,此公約又稱爲「德拉哥・波特公約」、「開戰有關公約」、「海戰有關中立國權利義務公約」。原訂 1914 年召開第三屆海牙和平會議,因第一次世界大戰而胎死腹

中。其後 1930 年在國際聯盟之召開下，在海牙舉行國際法典編纂會議，雖針對國籍、領海及國家責任等進行討論，但只對國籍有若干建樹①。

二、國際法法典化之作業

㈠**國際立法**（英：international legislation；德：internationale Gesetzgebung；法：législation internationale）：此係國際行政與國際司法之對照用語。其使用並未一定。廣義言之，是指國際法上新的規則之形成或制定；狹義是指除了國際習慣法以外，國際法規之制定；而最狹義則指由於條約而形成國際法規則之情形。這時的條約是指多數國間之開放條約而言。近年來聯合國鼓勵「國際法之法典化」不遺餘力（聯憲 13 I），為了推動法典化，並設置聯合國國際法委員會。在廣義上是將國際法以條約之形式予以法典化，狹義上是將國際習慣法上已確立之規則，以條約之形式予以成文化，並將國際習慣法上尚未確立之規則，以新的條約來立法，使國際法得逐漸發展。此外聯合國大會之決議，亦期待有立法之效果，如 1974 年對侵略之定義所做的決議是。

㈡**第二次世界大戰後之法典化**：聯合國成立，依憲章第 13 條第 1 項規定，聯合國大會之任務之一為「提倡國際法之逐漸發展與編纂」，在廣義上是將國際法以條約之形式予以法典化，狹義上是將國際習慣法上已確立之規則，以條約之形式予以成文化，並將國際習慣法上尚未確立之規則，以新的條約來立法，使國際法得逐漸發展（progressive development of international law），至於為法典化而作成之條約，稱為「法典化條約」（codification convention），為使國際法得以法典化，聯合國設有國際法委員會以司其事。

三、國際法委員會之成果

1947 年 11 月 27 日聯合國大會第 174（II）號決議設立國際法委員會（International Law Commission），依該委員會規約第 2 條規定，聯合國大會選出 15 位具有「公認的國際法上的合格人士」擔任委員，且不能有二個人具有同一國籍，委員共 34 人，任期 5 年。委員會於每年從春季到夏

---

① 參照栗林忠男著：現代國際法，慶應大學出版，頁 80 以下。

季在日內瓦會合，審議的結果每年提出聯合國大會審查。截至 2001 年國際法委員會草擬之國際條約並經聯合國大會通過，情形如下：

㈠**海洋法四公約**：於 1958 年 4 月 29 日通過。

㈡**無國籍減少公約**：於 1961 年 8 月 30 日通過。

㈢**維也納外交關係公約**：於 1961 年 4 月 18 日通過。

㈣**維也納領事關係公約**：於 1963 年 4 月 24 日通過。

㈤**維也納條約法公約**：於 1969 年 5 月 23 日通過。

㈥**特別使節團公約**：於 1969 年 12 月 8 日通過。

㈦**防止侵害外交代表罪行公約**：於 1973 年 12 月 14 日通過。

㈧**國家機關關係之國家代表條約**：於1975年3月14日通過，但未生效。

㈨**條約繼承公約**：於 1978 年 8 月 22 日在維也納通過，未生效。

㈩**關於國家財產、檔案、債務之國家繼承公約**：於 1983 年 4 月 8 日通過，未生效。

㈢**國家與國際組織之維也納條約法公約**：於 1986 年 3 月 21 日通過，未生效。

㈢**國際河川非航行利用之法有關公約**（英：Convention on the Law of Non-navigational Uses of International Watercourses）：於 1997 年 5 月 21 日通過，未生效。

㈢**國家責任公約之草案**：於 2001 年作成，同年聯合國大會只於列入紀錄，雖尚未通過，但已為國際法院及學說所引用。

習題：試說明國際法法典化之編纂及發展。

第四章 國際法之主體與客體

第一節 國際法之主體與客體

一、法律主體之意義

所謂法律主體（Legal subjects），即以自己之意思基於法律規範，得負擔及實現法律關係之權利義務之意。其範圍有三：

(一) **主動的主體**	凡是在國內社會，能依據自己的意志，制定社會法律的能力（立法），稱爲主動的主體。在國內社會得賦予能力者，是自然人與法人，此稱爲國內法上之主動的主體。在國際社會能締結條約與創造習慣法能力者，就是國家，但是否必須是獨立國家，雖有爭議，但通說認爲應限於獨立國家始有這種能力。
(二) **被動的主體**	即有負擔該法律關係之權利義務者。在國內法上自然人與法人都是國內法規範的對象，此稱爲被動的主體。在國際法上條約與習慣法所規範之對象的主體有國家、交戰團體、國際團體，至於私人亦得直接受國際法之規範。
(三) **訴訟主體**	用自己之名義實現該權利義務之能力。即爲使依據法律能完全行使權利義務之目的，萬一無法實現時，得以自己的名義在法庭上爭取自己權益之能力，稱爲訴訟主體。在國內法上，自然人只限於有行爲能力人，而法人亦有訴訟能力。在國際法上，只有國家才能成爲訴訟主體（國際法院規約34 I），交戰團體也有訴訟能力。國際團體亦擁有法人格，而有訴訟能力（1949年聯合國職員在職務執行中蒙受損害之賠償事件），私人在國際法上是否有訴訟當事人能力，尚有疑義。

二、國際法主體

國際法主體，又稱爲**國際法人格**（英：international legal personality）即具有國際法上權利義務，且對國際上請求具有主張其權利之能力的法律屬性之謂。在國際法上，其主體有三：

(一)**主權國家**：當一個政治組織團體擁有人民、領土、主權，具有與外國交往之能力等實質要件，得到國際社會的承認，可享受國際法上權利，

負擔國際法上義務之能力，就具有國際法上主體之資格（也有認爲如交戰團體等類似國家之團體）也是主要之法律主體。

　　㈡**國際組織**：即在國家間，以條約爲基礎而形成之團體，具有國際法上人格。如聯合國或其他具有公的國際機構或歐洲聯盟（EU）之類的區域性國際組織，即爲國際法主體，原來國際組織並不明確，但逐漸的在國家之內的個人企業也被認定具有法律之主體性。因此國際法院對於聯合國職員在職務中所蒙受損害之賠償事件（1949），因係以條約爲基礎之政府間國際組織，所以得享有國際法人格，乃成爲通說。

　　㈢**個人或政府間國際組織以外之團體**：如非政府之國際組織或多國籍企業，一般均認爲不具有國際法上之權利義務。但依「國際人權公約」及「歐洲人權保護公約」之特定條約中，個人擁有國際法上之權利義務，且得主張準司法手續之權利，故在此範圍內應擁有國際法人格乃爲一般之通說。

習題：何謂國際法主體？

三、國際法之客體

　　國際法是以不屬於任何國家之領域，及不受國家之保護，也非國家保護對象的人民，爲直接規範之對象。亦即不擁有國際法之主體性，亦非國際法主體之構成部分，而完全是屬於國際法上權利義務對象之區域及人民，稱爲國際法上客體。國際法上客體一般是開放給所有的國家與國民爲原則，例如公海、公空、宇宙空間、國際水路、南極、或聯合國管轄之區域；有非自治領土（聯憲11章）、國際託管區域（聯憲12章），其性格就是國際公共之區域。

國際法之客體

- 聯合國管轄區域
  - 國際託管區域
  - 非自治區域
- 南極
  - 1959年南極條約
- 國際水路
  - 國際海峽
  - 國際運河
  - 國際河川
- 公空及宇宙空間
  - 公海公約2
- 公海
  - 1958年公海公約

習題：何謂國際法之客體？

第二節 國家之概念

一、國家之意義

國家（英：state, nation；德：Staat；法：État）係在一定之統治權力的支配下，由一定地域（領土）定住之多數人所形成，具有統治組織的團體。因此，現代政治學上對國家的解釋是指人民、領土、主權與政府組織等要素所構成之組織的政治狀態。

國家之起源有神意說、家族說、財產說、契約說、實力說及自然發生說等不同主張，至於其功能或目的可舉自己保存，維持治安或增進文化等。國家之種類，因標準之不同，有君主國與共和國，民主國與專制國，獨立國與非獨立國，單一國、複合國與永久中立國等類型。其以國家為研究對象之學問，則廣泛稱為國家學或國家論。

二、國家名稱之來源

國家的名稱因時代與環境之不同，而有不同稱呼。在我國周代稱天子統治之地域為天下，諸侯所統治者為「國」，卿大夫所治為「家」。秦漢以降，「天下」與「國家」意義逐漸混為一起，祇有稱之為國者。在歐美諸邦如古代希臘、羅馬之國家領域以城市及近郊為範圍，故均稱之為「市府國家」（City State），故希臘人稱國家為（Polis），羅馬人則稱（Civitas），具屬以城市為範圍之意。迄至中世紀封建時代，政權與土地發生密切關係，於是 Land；Terre 等名，常用為國家的名稱。中世紀末期以後，逐漸以拉丁文（Status）以表示國家的意義，嗣後傳播歐洲各國，變為英語 State 法語 Etat 德語 Staat 意語 Stato 等字。而成為現代各國通稱之「國家」的名稱。

習題：試說明國家的意義，國家名稱的來源為何？

三、國家之要素

㈠**現代政治學上解釋**：國家之構成要素係指一定之地域（即領域），人類之團體（即國民或人民）、統治權力（即主權）及政治組織而言。茲分述之：

1. 人民	人民範圍最廣，包括國民及人民。在我國現行法，對本國人常稱爲「中華民國國民」，有時亦稱爲「中華民國人民」；凡與公權行使有關者，則稱爲「國民」，純享受一般權利負擔義務，則稱爲「人民」，依憲法第 3 條規定：「具有中華民國國籍者，爲中華民國國民」，如未取得國籍，只能稱爲「人民」，足見人民是兼指外國人而言。
2. 領土	凡國家統治權範圍內所支配的土地，稱爲領土。若無領土，人民不但生活無所依據，具亦失立足之所。國家在其領土之內，一方面可以行使權力，他方面可以排除他國權力之侵入，此所謂領土高權。
3. 主權	國家的主權就是國家的統治權力；蓋社會爲統一其內部的分裂，並使其構成有秩序的統一體而形成國家，是故此種分裂與統一之綜合產物，稱爲國家之統治權力。此國家統治權力屬於一人時，爲君主主權，屬於國民全體時，爲國民主權。
4. 政府 組織	既是一個國家，定有其政府組織，並以憲法規範該政府組織之形態及其職權之行使方式。這政府組織在中央的權力運作，是採中央單一集權制或權力分立制，與君主制或共和制有相當關聯。而在中央與地方的權限分配上，也有中央集權與地方分權之不同，凡此應視該國之歷史背景與政治文化的發展而不同。我國是採五權分立之共和制，而中央與地方之權限是採均權制。

(二)蒙特維多國家權利義務公約之解釋：國家是國際法上最主要之國際法主體。依「蒙特維多國家權利義務公約」第 1 條，國家作爲國際法上法人應具備下列要件：

1. 固定的居民	不論人種、語言、文化是否相同，是構成一個社會的個人的集合體。固定的居民通常以國籍與國家結合。不過遊牧民族並不構成國家，而特定的民族或種族也不構成國家。因此也有例外。
2. 一定界限的領土	居民所定住之空間，領土之境界沒有必要詳細明確的劃定。如以色列國家，在建國初期領土並不確定，其後領土也有若干變化。國與國間之領土常有糾紛產生，如日本之釣魚台等是。
3. 政府	必須對一國之領土及居民實際有效的支配始可。但一國因內亂或被外國佔領，國家之統治組織一時喪失時，政府組織移到國外，變成流亡政府，並不表示國家已經消滅。
4. 與他國交往之能力	此指主權之宣示，即對外主權必須獨立。對外主權是以締結條約、外交使節派遣、自衛戰爭等形式爲對外之表示。

習題：國家之構成要素有幾？試就一般政治學者之說法及蒙特維多國家權
　　　利義務公約之說法，分別說明之。

第三節　國家形態

一、單一國家

即國家之中央政府不論對內對外，都代表國家單獨的行使，稱爲單
一國家。主權國家以單一國家爲多。我國（中華民國）、日本、泰國等是。

二、國家聯合（英：union of states；德：Staaten-union；法：union d'Etats）

複數之國家共同合意結合爲一個單位之狀態而言。此際參加結合之
國家的主權有被限制之情形，其種類爲：

㈠並列的國家聯合：

1.身合國：複數之國家因王位繼承法之關係，偶然聯合在同一君主
之下，不過仍各自完全保有其獨立性之情形，亦有稱爲人合國（Personal
Union），如 1815-90 年荷蘭與盧森堡之聯合。

2.政合國（Real Union）：複數之國家在同一君主之下實質上結合，其
統治功能之一部分，由聯合政府處理之情形，它是兩個主權國家聯合的
複合國際法人（composite international person）。如 1814-1905 年瑞典與挪威
的聯合。

3.邦聯：有國家聯合是基於條約之簽訂，爲達成共同之目的而聯合
形成統一體，但中央政府組織尚未具有國家性格，構成國除了委讓部分
中央組織及權限外，其他對內與對外原則上均保有獨立性，如 1778-87
年之美國，1815-66 年之德國，1815-48 年之瑞士等，歷史上通常都以結
成聯邦國家之先前階段爲多。

4.聯邦國家（英：federal state；德：Bundesstaat；法：Etat federal），多
數之國家依法律結合一起，並在一個共同主權之下，受其統治，設立共
同的統一政府，執行某種共同關係之事務者，稱爲聯邦，又有稱爲「聯
合國家」。爲單一國家之相對概念。聯邦國之組成係以憲法爲根據，而
非條約，故各邦相互間及其對於中央間，完全屬於國內公法的關係。而

組成國家的各邦，對內雖有自主組織之權，對外則無國際法人的資格，因此，關於對外關係，完全由中央政府主持。聯邦國家如美國、加拿大、澳洲、瑞士、德國、奧地利等。

㈡**從屬的國家聯合**：兩個國家因條約而聯合，其中一方在行使對外關係之一部分時，委由一個國家處理，此處理之國家稱為**保護國**（protecting state），而委託之國家，稱為**被保護國**（protected state）。被保護國之法律地位，並不一定相同，其因保護條約而有各種不同之外交能力。被保護國如完全失去外交能力時，被保護國乃被併吞，而國家隨之消滅。過去從屬之國家失去國際法上之主體性時，稱為**附庸關係**（suzerainty），而保護之國家則稱為宗主國（suzerain state），被保護之國家稱為從屬國或附庸國（vassal state）。保護關係之國家，如法國與摩洛哥，附庸關係如英國與印度。

㈢**特殊的國家聯合**：特殊的國家聯合以國協（commonwealth）為適例。國協（英：Commonwealth（of Nations））：以不列顛國協為代表。原來在國協內的自治領地（self-governing dominions），如加拿大、澳大利亞、紐西蘭、南非等，並無任何國際地位，從國際法上言，只是母國之殖民地性質。惟自 1931 年以來英國通過「西敏寺法」（Westminster Act），上述的自治領完全取得了一切主權國對外的法律權利、外交、內政完全自立，不受英國任何約束，亦無從屬關係，由此乃有國協之名稱，並不定期召開帝國會議（Imperial Conference），以謀調整其間之共同政策，且擁護英王為共同象徵。1945 年以後，各自治領相繼獨立，並由各國自由選擇是否加入國協，以前不定期的帝國會議，已改為國協定期的總理會議。目前加入之國家為加拿大、澳洲、紐西蘭、印度、新加坡、奈及利亞、肯亞、巴貝多，即跨越亞、非及加勒比海等至 1986 年共有 49 個國家，到 2004 年有 53 個會員國。其人口合計為世界人口之四分之一。2002 年大英國協會員國在澳洲昆士蘭的古魯胡舉行政府領袖會議，通過打擊恐怖份子的行動計劃，如有庇護或資助恐怖份子，則予開除會員國資格。

習題：

一、試說明國家的類別。

二、在國際社會中，有些國家只享部分的主權，試說明之。

  答：從屬的國家聯合。

三、特殊形態

在國家形態上有對外關係具有特殊形態之情形：

㈠**永久中立國**（英：permanent（or perpetual）neutrality；德：immerwährende Neutralität；法：neutralité permanente（ou perpétuelle）），即一國與他國訂立永久局外中立條約，對於他國之戰爭，負永久嚴守中立之義務，他國亦永久保障其獨立與領土之完整。此種國家除防禦戰爭外，攻擊的權利，已被條約所禁止，惟能固守國防並有自主的外國活動，故其仍保有完整的主權。

永久中立不僅保障該國之安全與獨立，亦作為緩衝國（Buffer State）以維護國際和平為目的。在維持國際政治上的均勢為國際關係之基礎的時代，中立國確實對國際社會的和平有相當之貢獻，但國際聯盟或聯合國等集體安全保障制度建立後，中立國之角色已有褪色，實例如瑞典自1700-21年之北方戰爭後，十九世紀起採中立和平政策，其他如瑞士（1815年維也納會議）、比利時（1831年倫敦條約）、盧森堡（1867年倫敦條約）、宏都拉斯（1907年中美和平修好條約）等在第一次世界大戰前成為中立國，二次大戰後，只有瑞典、瑞士、奧地利、芬蘭、列支敦斯登侯國與土庫曼斯坦為中立國家。

㈡**梵蒂岡城邦國家**（英：Holy See, State of the City of Vatican），以羅馬教皇為元首之國際法主體。遠在1870年以前，教皇（Pope）除了為天主教領袖之外，並兼教皇國的元首。自1870年義大利兼併教皇國並定羅馬為首都之後，教皇就失去了領地，為此乃在1871年制定保障教皇之法律。1929年義大利更與教皇之間簽定「拉特朗條約」（Lateran Treaty）；其要點為：

1.承認梵蒂岡的主權：義大利承認梵蒂岡的主權，梵蒂岡城為中立不可侵犯的區域。

2.教廷有自主之權：義大利承認教廷對國際事務有自由之權，有交換使節訂立條約之權。但是教廷不得參與世俗的爭端及不參加國際會議。

3.義大利王國之承認：教廷承認義大利王國，並承認其可以定都羅馬。

4.城邦國之特點：城邦國雖亦有領土（108.8英畝的土地）與國家機

關，但其公民權只限於在教廷工作之人員，沒有一般國民，只以宗教為目的之國家，故與一般國家不同。在習慣上也給教皇代表有優先尊崇之地位（外約16III）。

四、準國家主體

即在國際社會因具有限度的法律主體，而被認定為擁有準國家之一定的權利能力。但其根據與認定之基準，則依各該團體所存在之國際法上評價而不同。準國家主體之具體實例，如佔據國家領土之一部份並擁有支配權之革命或內亂之交戰團體、被外國侵略或佔領的結果流亡國外之流亡政府、民族解放團體或馬爾他修道會等是。

㈠**交戰團體**（英：belligerent community；德：Kriegspartei；法：partie belligérante）：一個有組織的團體，以武力對抗本國的合法政府時，如其他國家或合法政治本身承認其有交戰國的權利，便可取得國際法上承認之交戰團體。

1.承認為交戰團體之要件：被承認為交戰團體，須有下列條件：

⑴這種團體是為政治目的而作戰：為推翻合法政府，或想脫離母國而獨立。

⑵有負責的領袖，指揮作戰。

⑶作戰時能遵守戰時國際法，並不像盜匪黑幫等團體，目無法紀。

⑷此團體已佔領一大片土地，並能處理佔領區內之行政事務。

⑸其他國家或合法政府本身有承認其交戰團體之必要。

2.承認之效果：有時因第三國為保護自國國民及其財產，有與叛亂團體交涉之情形。如武力爭端更行激烈，叛亂團體的力量已漸增強，第三國有承認此叛亂團體為交戰國之可能，承認後有下列效果：

⑴合法政府之免責：原在叛亂團體控制之區域，事實上應由政府負保護外國利益之責，因此如有違反義務之情形，即直接對外國負國際責任，但承認後合法政府則可免除責任。

⑵外國應負中立義務：外國如予承認，承認國將此內戰視為準國際法上戰爭，並對兩當事者負有中立義務。

⑶合法政府不必承認；只要合法政府自己不承認係內戰，就無準用國際法上戰爭之義務。

⑷合法政府承認之後果：合法政府承認時，內戰就成為國際法上之戰爭，內戰之兩當事人間適用國際法上交戰法規。

1949 年在日內瓦簽定 4 條公約規定，一國之內如有「未具國際性之武力爭端」，應遵守最低限度之人道的條款。承認為交戰團體之效果，就是該第三國應對正當政府與交戰團體雙方之間保持中立地位。如 1861 年美國發生南北戰爭時，英國於 1861 年 5 月 13 日，法國於 6 月 9 日，用一個正式的中立宣言，作承認南方各邦為交戰團體。自進入二十世紀，就不再有交戰團體之承認。

3.義勇軍團（英：volunteer corps；法：corps de volontaires）：當發生武力爭端之際，人民自己志願組織之戰鬥團體，雖屬非正規軍之一，但也有編入正規軍之可能。1907 年在海牙簽署之「陸戰法規及慣例公約」對於交戰者之資格，其第 1 條規定，如具備正規軍之下列四個條件，則可以作為交戰者而從事敵對行為：

⑴有一人為首領擔負其部下之責任者。

⑵有確定明顯之記號由遠方可以辨識者。

⑶明執軍械者。

⑷其動作合於戰鬥法規及慣例者。

義勇軍團之戰鬥員如全軍或一部分參入軍隊，則該義勇軍團即包括在軍隊之內。在戰鬥中如經敵人捕獲則得享有俘虜待遇之權利（陸戰 3）。依 1949 年之日內瓦各條約，其適用對象亦與此相同。其次 1977 年之日內瓦各條約的追加議定書，雖無義勇軍團之規定，但其戰鬥員則被吸收在內而得享有俘虜之權利。

4.群民總動員（英：levy in masse；法：levée en masse）：未被敵軍佔領區域之住民，在敵軍接近之階段，因來不及組成「民兵隊」或「義勇兵團」，而自發性的攜帶武器對敵軍抵抗之謂。住民之抵抗的集團又稱為**群民兵**。為非正規軍之一。依「陸戰法規及慣例章程」第 2 條規定：「未被佔領地方之人民於敵人逼近時自舉軍械以抗拒侵襲之兵隊而未暇遵第一條之規

定編制成伍者，如果明執軍械並恪遵戰鬥法規及慣例，亦視為交戰者」。第 3 條規定：「如經敵人捕獲，則得享有俘虜待遇之權利」。此外，在 1949 年之「日內瓦公約」在各條約之適用對象上亦採同樣之看法，惟如已入侵而佔領該地時，則不允許。自「海牙和平條約」採用以來，包括第二次大戰，其實際之案例並不多。惟在 1977 年「日內瓦公約之追加議定書」內，對正規軍之原則，已有彈性規定，當須確認群民總動員之意義，故已無明文規定。

　　5.叛亂團體（英：insurgency；德：Aufständige；法：insurgés）：一國之內，為顛覆政府，或由本國分離為目的，而與政府爭鬥之人民團體。在一定之情形下，有被承認為交戰團體之可能。在尚未被承認為交戰團體之前，只不過是國內法上之內戰而已。叛亂團體往往是一種剛發動的運動或革命，因尚未佔領到大片土地，或尚未有負責的領袖。但因第三國為了保護自國民之利益，不得不承認戰鬥事實之存在，因而承認其在佔領區內事實上之權力。此即叛亂團體的承認。叛徒之行為如果對外國人有所損害，與私人違法行為並無不同。

　　㈡**流亡政府**（英；government in exile）：戰爭、軍事佔領或內戰等原因，國土被敵國佔領，有統治權之政府乃遷移至本國領域外，而仍維持及行使一定之統治功能，繼續進行抗敵活動，並代表本國之正當政府，而受外國之承認者。第二次大戰時，被德國佔領之歐洲國家將政府遷移至倫敦就是適例。流亡政府之所以受到承認，必須是流亡之後仍維持政府之一定功能，在本國內也受到一定人民之支持，對現佔領之政府繼續有抵抗之存在，至少應受到流亡地國家承認為要件。

　　㈢**民族解放團體**（英：national liberation movements）：一般是處在共同之民族的、種族的、宗教的、政治的或地理的基礎上結合在一起，以便從壓迫而追求解放，並展開鬥爭之團體。其中透過國際社會之實行，以實現人民之自決權之限度內，被視為國際法主體的團體，並取得準國家之地位。

　　首先是作為武力爭端之當事人地位，傳統的觀點認為由殖民地之獨立鬥爭，被視為內戰，認為是國內問題而非國際法問題，不過自決權之觀念發展以後，對外國之殖民統治、佔領以及種族的差別待遇，人民之自決權的

實施及爲獨立而展開鬥爭，乃被歸類爲「國際性武力爭端」（聯合國大會決議3103/XXVIII），而認定可以適用武力爭端法，對締結和平與獨立協定當事人能力。所以擁有準國家之代表權，民族解放團體與鬥爭對象之國家間的停戰、公民投票與獨立有關之締結協定之權，如 1962 年阿爾及利亞民族解放戰線（FLN）與法國，1974 年莫桑比克解放戰線（FREIMO）與葡萄牙，及 1977 年巴勒斯坦解放組織（PLO），獲准加入聯合國機構之一的西亞經濟社會委員會（ESCWA），並獲准以觀察員之身分參加聯合國之主要機關及各種國際會議。所以民族解放團體已成爲準國家組織①。

㈣**馬爾他修道會**（英：Maltese Order, Sovereign Order of Malta）：在中世紀十字軍東征時期以宗教團體創設之修道會，原是一個軍事與醫療組織，曾擁有馬爾他之領土，因此 1648 年在威斯特伐利亞會議（Westphalia Conference）上也獨自派代表參加等，自古以來歐洲各國都賦予特別之國際法主體之地位。十九世紀初期馬爾他島歸屬英國之後，該修道會遂失去領土，但馬爾他修道會仍擁有行政、立法、司法之權力，並與許多國家締結條約交換使節。並爲「世界衛生組織」（WHO）及「聯合國教科文組織」（UNESCO）之觀察員，正如梵蒂岡城邦國家類似擁有國際法上之地位。義大利羅馬法院於 1954 年 11 月 3 日認爲馬爾他修道會爲國際法主體②。

㈤**撒哈拉阿拉伯民主共和國**：西撒哈拉位在北非大西洋岸，於 1886 年由西班牙建立殖民地。1956 年從法國獨立之摩洛哥，揭舉「大摩洛哥主義」，對西撒哈拉以「歷史上具有領土主權」爲主張，而茅利塔尼亞也相繼主張對西撒哈拉之領土權。1966 年聯合國大會乃決議，應由西撒哈拉人民舉行民族自決。1975 年西班牙乃與摩、茅兩國簽定「馬德里秘密協定」，並在 1976 年 2 月撤出西撒哈拉，而由摩、茅兩國分割占領。但是要求獨立建國之

---

① 櫻井利江著：民族解放團體，載於《國際關係法辭典》，第 835 頁。
② 見丘宏達著：現代國際法，第 294 頁。

波利薩里奧陣線（Frente Popular para la Liberacion de Sakiet el Hamra y Rio de Oro－POLISARIO）即在阿爾及利亞領域內成立之難民營為據點，宣布成立撒哈拉阿拉伯民主共和國（The Sahara Arab Democratic Republic），並展開游擊戰鬥，因西撒哈人民的反抗，茅國乃於 1979 年 8 月 5 日撤出軍隊，但摩洛哥遂順勢主張應擁有該地而予合併，摩洛哥之所以合併係因西撒哈拉蘊藏天然資源與水產資源豐富，尤其海底油田等之經濟上理由，加上美、法等國之軍事與外交之支援使摩洛哥亦加壯膽。1991 年聯合國安全理事會命雙方停戰，並通過第 690 號決議，成立聯合國西撒哈拉公民投票監察團（United Nations Mission for the Referendum in Western Sahara－MINURSO），預定在聯合國監視下舉行公民投票；但因摩洛哥的反對而延期。2004 年 9 月南非，而05 年 6 月肯亞乃首次承認西撒哈拉民主共和國，並建立外交關係。

習題：
一、試說明交戰團體與叛亂團體之承認問題。
二、試說明流亡政府與民族解放團體之承認問題。

第四節　國家承認

一、國家承認之意義

　　所謂國家承認（英：Recognition of States），一國因分裂為複數之數個國家，或一國之部分因分離而獨立並成立另一國之情形，或一國之中央政府因革命或政變被推翻而成立新政府之情形，在尚未取得國際上之承認以前，甫誕生之政治社會如具備國家性（statehood），即㈠人民；㈡領土；㈢有實效之政府；與㈣外交能力等四種前提，而由其他國家予以承認，稱為國家承認。

二、國家承認之實例

　　國家承認之適例為：

　　㈠**因獨立而承認**：1776 年美國宣布獨立宣言後，法國於 1778 年與美國締結條約，而承認美國，英國雖提出抗議，但法國以「美國已充分行使統治權」為理由，而予拒絕。

㈡**遵守國際法之能力**：1917 年蘇俄革命，美國迄 1933 年始予承認，理由是遵守國際法之意思不明之故。

㈢**遵守國家行為之規則**：1930 年海牙國際法典編纂會議時，舉出承認之要件為，國家須具備一定標準之組織，有遵守國家行為之規則的意思與能力。

從上述之三種實例，可知國家之承認須具備國家之實體與遵守國際法為要件，如非具備上述要件，則為違反國際法。

習題：試論國家承認之意義，並舉實例說明之。

三、國家承認之方式

㈠是否明示	1. 明示的承認	即以文書、電信或派遣特使等，以口頭或文書表示承認之意思之謂。明示的承認不必一定要傳達至相對國，在國內表明亦可。
	2. 默示的承認	即如外交使節之交換，條約之交涉，領事之認可，國旗之承認等均被視為默示之承認。不過如果明示保留承認之意思，則上述行為並不成立默示之承認。 相反的，如出席未承認國之國際會議，不賦予認可之領事之派遣或接受，設置未賦予外交特權之商務代表機構，也不成立默示之承認。又如簽署「部分的核子實驗禁止條約」（Partial Nuclear Test-Ban Treaty－PTBT）或 1968 年之「核子武器不擴散條約」（Treaty on the Non-Proliferation of Nuclear Weapons）等多數國間之條約，其參與簽署之國家，也不產生承認之效果。
㈡有無撤回可能	1. 法律的承認	（de jure recognition），乃是未提起事實承認之所有承認，均為法律之承認。一旦給予法律的承認，則不得撤回。因此法律的承認又稱為正式外交承認（diplomatic recognition）。被承認的國家就具有國際法上之條件，得參加國際社會之活動。
	2. 事實的承認	（de facto recognition），乃是因新興國家，就能維持多久，有無履行國際上義務，仍有存疑，於是給於事實的承認。則非公式的暫時承認，並有撤回之可能。例如蘇俄於 1917 年革命成功以後，英國於 1921 年給予事實的承認，至 1924 年才予法律承認。

四、國家承認的適時問題

　　此即國家之過早承認（英：premature recognition），因分離或獨立而成立之國家，在尚未完成國家性之要素以前予以承認，稱為**過早承認**。過早之承認因違反國內問題不干涉之原則，理論上是違法行為，因此承認國有撤回承認之義務。不過一個國家是否已經具備條件，承認國應有判斷之權利，就是外國有異議，承認國與新國家之間都以合法性承認而處理。過早承認之適例為 1776 年美國發布獨立宣言，1778 年法國與美國締結條約並承認美國之情形，本國之英國以戰鬥尚未終結為由，以為過早之承認而向法國抗議。又 1932 年日本扶植成立之傀儡政權滿州國成立時，日本基於「日滿議定書」而承認滿州國，但國際聯盟於 1933 年 2 月 24 日之大會中確認滿州國屬於中國之主權，並勸告日本撤回日本軍之佔領。此時因滿州國之獨立性尚有問題，故日本之承認等於是過早承認。又奈及利亞（Nigeria）於 1967 年 5 月 30 日因東區脫離，宣布為 the Republic of Biafra 引起全國內亂，1968 年有坦尚尼亞等五國加以承認，最後因獨立戰爭失敗，Biafra 於 1970 年 1 月 20 日戰敗投降，全國復告統一。

習題：試說明國家承認之時機。

五、國家承認的法律性質或法律效果

　　承認之法律效果乃承認國與被承認國間所發生相對性之看法，對國家承認的法律效果有兩種學說：

（一） **創設性** **效果**	即國家之承認具有創設法律主體之效果，稱為創設性效果說（constitutive theory）。亦即新國家接受承認之後，在法律上才成為國家而存在。奧本海（L. F. Oppenheim）謂：「國家唯有經過承認而且必須經過承認後，才有國際人格成為國際法主體；承認構成國家的資格、政府的能力、和交戰狀態的權利義務；承認並確定被承認者的國際權利和義務的開始①。」 凱爾遜 主張此說之學者有安士樂提（Anzilotti）及凱爾遜（Kelsen）等人。

---

① 陳治世著，國際法，1999，商務，第 130 頁。

| (二)
宣示性
效果 | 即新國家具備國家要件之後，即成爲國際法主體，承認只是予以確認這事實狀態或有宣示之效果而已，此稱爲宣示性效果（declaratory theory）。主張此說之學者有布來利（James L. Brierly）及謝魯（G. Scelle）等人。有些國家雖未經承認，也適用一般國際法上之原則，或參與締結技術性或暫定性之國際協定，而取得若干國際法上地位之情形，由此可見創設性效果之論點仍有不足之處。國家承認之具體效果是，對新國家予以承認之後，承認之國家，在其國內之法院對被承認國家之財產及立法與行政執行行爲必須加以尊重，因此法院當須承認其訴訟權及裁判權免除等權限。但國家間之外交關係，並非一經承認就當然建立，仍須以協議爲之（外約2）。 |

習題：試說明國家承認之法律效果。

六、國家之不承認主義

　　所謂國家之不承認主義（英：doctrine of non-recognition），一個國家就是已具備國家性（statehood）之要件，但如係由於「侵略」等有重大之違反國際法之結果而成立之國家時，各國應有不得承認之義務的主張。如1932年在日本扶植成立傀儡政權之滿州國，當時之美國國務卿史汀生（Henry Lewis Stimson, 1867-1950）發出通告謂：「違反非戰公約之約定與義務之方法所引起之一切事態、條約、協定等均不予承認」，則違反國際法之方法所成立之國家，不予承認，此稱爲**史汀生主義**。國際聯盟也在同年3月11日以總會決議認爲「違反國際聯盟盟約或非戰條約者不予承認」。聯合國認爲如違反人權尊重，民族自決之方法而成立之國家不予承認，如英屬南羅德西亞（Southern Rhodesia）（現在之辛巴威）之白人政府於1965年11月11日宣布獨立，因係人種差別政策而獨立之國家，故引起英國及大多數國家反對。1966年11月17日聯合國大會決議各會員國勿承認南羅德西亞，1970年11月17日安理會亦做同樣決議（安理會決議216）。

習題：何謂國家之不承認主義（史汀生主義）？

<h2 style="text-align:center">第五節　政府之承認</h2>

　　所謂政府之承認（英：recognition of government），在國際法上，新元

首的就職或新政府的成立，必須取得他國之承認。這種承認是表示該新元首或新政府，具有代表該國享受國際權利與負擔國際義務之能力，而承認國之政府表示願意與其交往。

一、新政府成立之情形

㈠**合法的成立**：即依該國國內法的程序而國家元首有更迭或政府組織變更，都是合法的成立。譬如共和國的元首依法改選，或君主國的元首依法繼承。一旦新政府成立，則通知友邦，而友邦以國書答賀，或派特使慶賀或參與就職大典，都表示對新政府之承認。

㈡**政府承認的原則**：政府之承認有兩種立場：

1. 托巴主義 （正統主義）	（英：Tobar Doctrine）以革命的手段成立之政府，在舉行選舉並獲得人民支持之前，各國不應承認。此為 1907 年厄瓜多外長托巴所倡導，同年 12 月 20 日中美洲五國簽定「和平友好一般條約」時所採用，迄 1923 年條約效力終止之前，該主義一直為美國政府所支持。與以自動承認為重點之艾士屈拉達主義（Estrada Doctrine）相對立。1963 年美洲外長會議時，有兩國提案採用托巴主義，但並未被接受，迄今該主義已失去各國的支持。
2. 艾士屈拉達主義（事實主義）	（英：Estrada Doctrine）即以革命或政變之非法手段建立的外國政府，不論新政府的統治體制（即不問是獨裁的或立憲的，對人權有無保障等），只要其有效統治，則繼續與該政府維持關係之主義。即在不承認外國政府之情形下判斷外交關係，就是因革命而成立，仍然繼續維持外交關係為主要目的。此為 1930 年 9 月 27 日墨西哥外長艾士屈拉達所發表，故以其名作為本主義之命名。此與托巴主義（Tobar Doctrine）相對立。托巴主義認為經由革命手段建立的政府，在未經自由選出的國會獲得符合憲法之前，不予承認。艾氏之主義是基於革命或政變頻繁之中南美洲的政情而表示之政策，不過近年來很多國家不以政府之承認作設定外交關係之條件，因此艾氏主義有一般化之勢。

㈢**革命成立的政府**：新政府因革命或政變等，以非法手段成立時，其承認有兩種學說：

1. 事實 承認	（de facto recognition）：如新政府已控制政府的全部機構，實際上已統治全國時，他國當不應追問其權力的來源，而應照例予以承認。美國在威爾遜（Woodrow Wilson, 1856-1924）總統以前，採用此說。
2. 法律 承認	（de jure recognition）：即新政府雖已統治全國，仍須有全民之擁戴，才具備承認之條件，而證明人民擁戴之法，則須舉行全國大選，以獲得多數人民的贊同。厄瓜多爾外交部部長托巴（Tobar）認為：「凡以革命手段成立之政府，即一切違憲成立的新政府，他國不應予以承認。」

習題：試論對非法取得政權的新政府如何承認？

二、新政府承認之方式

有明示與默示方式，當前大部分都採默示方式。

㈠**明示**	就是外國正式以文書等方式對新政府表示之情形。
㈡**默示**	就是在外交關係的會議中，對新政府當作正式的政府對待之情形。

但英國之有影響力之國家，一向對政府承認採否定之態度。政府的承認，從歷史上言，承認行為大多成為有力之干涉內政的手段，在政策上與學說上尚有爭論。

三、政府承認之效果

因政府之承認，新政府之代表該國乃予確定，對承認國可主張一般國際法上之權利義務。而舊政府與外國所締結條約之權利義務，原則上均予回復。如蘇俄革命時，蘇聯政府成立後，1924 年 2 月英國送給蘇聯政府之通牒中表示，蘇聯革命以前，英、蘇兩國所締結條約之效力，除非條約已廢棄或無效，否則應自動回復效力。政府承認之另一個效果，就是舊政府在外國之財產，由新政府繼承。如我國在聯合國代表權為中共取代後，在外國之財產為中共所繼承。政府承認之效果，原則上溯自新政府事實上成立之時發生效力。

外交關係之繼絕，並不使政府之承認失去效力。外交關係斷絕後，國家間之關係仍可透過其他國家代表國家，維持國家利益並保護僑民權益。政府承認之撤銷，是因承認該國內之其他政府而發生撤銷情形。

習題：試說明新政府承認之方式及效果。

四、國家承認與政府承認之區別

	國 家 承 認	政 府 承 認
意義不同	國際社會有新國家成立,而具備國家之構成要素,並具有國際法人資格。	新元首或新政府具有代表該國享受國際權利與負擔國際義務之能力,而承認國之政府表示願與其交往。
承認時機不同	國家之承認是在新國家成立之時或之後。	政府之承認是國家未變,只是新政府不管是合法,取得政權之時。
效力不同	承認國家當然包括政府在內。	承認政府必須先對該國已經承認為前提。如拒絕承認新政府對國家之承認並不影響。
承認標準不同	承認國家應視該國有無具備國家要件。	承認政府應視該政府能否代表該國統治社會,從事國際法人之行為,處理對外能力。

習題:試簡述國家承認與政府承認之區別。（97 外三）

五、中國之承認問題

㈠**中國分裂**:1911 年底　孫中山先生領導辛亥革命成功以後,翌（1912）年正式成立中華民國,嗣中國國民黨與中國共產黨曾有二次政治合作,第一次是 1924 年 1 月至 1927 年 7 月之國民革命時代,第二次是 1937 年 9 月至 1945 年 8 月之抗日時代,其後兩黨征戰,國民黨領導之國民政府放棄大陸,中央政府遂遷據臺灣,1949 年 10 月中國共產黨成立中華人民共和國。

㈡**對日和約**:1951 年日本與美國等 48 個國家簽署「對日和平條約」（Treaty of Peace with Japan）。日本同意「放棄其對於臺灣及澎湖群島之一切權利,權利名義與要求」（第 2 條㈡）。依 1951 年吉田書簡表示,對日媾和對象選擇中華民國,於是在 1952 年 4 月 28 日在臺北簽署「日華和平條約」。

六、中國代表權問題（英：Chinese representative problem）

㈠**第 2758 號決議案**:即在聯合國互相爭取中國代表權之問題。1945 年成立之「聯合國憲章」第 23 條第 1 項規定:「安全理事會以聯合國十一會員國組織之。中華民國……應為安全理事會常任理事國。」迨 1949

年在廣大之中國大陸成立中華人民共和國，而中華民國只佔領臺灣地區。於是在聯合國就發生爭取中國代表權之問題。聯合國首先乃從安全理事會著手處理，但因中華民國擁有否決權，該案討論乃移至聯合國大會進行。大會迄 1970 年仍然繼續承認中華民國具有中國代表權，但翌（71）年 12 月 25 日聯合國第二十六屆大會討論阿爾巴尼亞等 18 國提出「中國代表權議案」，最後以 76 票贊成，35 票反對，而通過該案，此即聯合國第 2758 號決議案，中共乃取代中華民國取得聯合國中國代表權席位，安全理事會及其他聯合國之機關均比照本案處理。

　　㈡**聯合國處理中國代表權是偏重於政府之承認**：聯合國在國家定位之前提上，是將中華民國及中華人民共和國看爲是一個國家互相爭奪國家代表權之問題，既然雙方也都承認一個中國，則「明示其一者排除其他」，因此承認一方，自然就排斥他方，當時也有人主張雙方都同時進入聯合國，常任理事國就改由中華人民共和國代表擔任，只是當時的中華民國政府認爲，中華民國憲法難得於 1947 年公布，有此憲法之存在，才有合法性及正當性。如果承認中華人民共和國也是一個國家，則憲法必須修改，而中央政府之組織結構也都須改變，當然這些中央民代也都須改選①，於是中央政府就在「漢賊不兩立」的口號下，毅然退出聯合國。長

國台辦：江平事件　溝通不夠

見 2010 年 10 月 28 日，聯合報，A2 版。

國台辦改軟調　封殺台灣沒變

見 2010 年 10 月 28 日，自由時報，A2 版。

---

① 當時永無任期制的老代表，被反對勢力引用《論語・憲問四三》「老而不死是爲賊」，而譏爲「老賊」。

年下來中華人民共和國為削弱中華民國的國際活動空間，就利用政府也承認的「一個中國」口號，到處宣傳，任何國家要與中華人民共和國建交，中共就提出「世界只有一個中國，臺灣是中國的一部分」，於是政府為貫徹憲法一中的法統，乃想出「一個中國，各自表述」簡稱為「一中各表」，其後於 2000 年 4 月總統大選後，在政權交接前由陸委會以「九二共識」代替，即以此來概述九二會談成果。在這種文字的漩渦下，9 月間「2010年亞洲區大學男子籃球錦標賽」在桃園縣開南大學舉行，有學生手舉國旗在看台上加油，遂遭大會人員制止，2010 年 10 月 23 日在東京國際影展，中國代表團團長江平，還要求臺灣代表要以「中國臺灣」名義出席，導致雙方都不歡而退席。縱使馬政府與中共簽署 ECFA，一中的情勢並不至改變，對此事件 27 日中國大陸國台辦發言人楊毅說，這場風波是「雙方溝通不夠」造成。這就是中華民國之國名與國旗很難在國際上出現之道理所在。

習題：聯合國處理中國席次問題是偏重在何種承認？最後結果是？試申論之。（97 外三）

七、各國對中國之承認

（一）**蘇聯等東歐國家之承認**：對於中華人民共和國政府、舊蘇聯於 1949 年加以承認，東歐各國亦相繼跟進，英國亦於 1950 年承認。

（二）**日本之承認**：1972 年 9 月 29 日日本田中角榮宣布與中共「關係正常化」後，日本與中華人民共和國發表聯合聲明，「日本國政府承認中華人民共和國政府是中國唯一合法政府」，而中華人民共和國政府重申：「臺灣是中華人民共和國領土不可分割的一部分，日本國政府充分理解和尊重中國政府的這一立場，並堅持遵循「波茨坦公告」第 8 條的立場（第 8 條：開羅宣言之條款，必將實施；而日本之主權，必將限於本州、北海道、九州、四國及吾人所決定其他小島之內）」。29 日當日晚上中華民國外交部宣布與日本政府斷絕外交關係。不過日本重申「對中華人民共和國之立場十分了解，並予尊重。」並認為「臺灣的地位仍然未定。」

（三）**英國之承認**：英國在法律上承認中華人民共和國之政府，並認為臺

灣之地位未定，對中國政府則派遣代理大使。

（四）**美國之承認**：

　　1.美中上海公報：1972 年 2 月美國總統尼克訪問中國大陸後於 28 日發表美中「上海公報」，並表示「兩國關係走上正常化是符合所有國家的利益」，「中華人民共和國政府是中國唯一的合法政府；臺灣是中國的一個省，早已歸還中國」。「美國方面也認識到，在臺灣海峽兩邊的所有中國人都認為只有一個中國，臺灣是中國的一部分。美國政府對這一立場不提異議。」

　　2.美中建交公報：1979 年 1 月 1 日美國與中共建立正式之外交關係，並發布「美中建交公報」，在公報中美國承認中華人民共和國政府是中國唯一合法政府。在此範圍內，美國人民將同臺灣人民保持文化、商務和其他非官方關係」。1979 年 9 月 10 日美國國會乃通過「臺灣關係法」。

　　3.美中「八一七公報」：1982 年 8 月 17 日美國又與中共發表「八一七公報」，並在公報中再度確認「美國承認中華人民共和國政府是中國唯一合法政府，並承認中國的立場，即只有一個中國，臺灣是中國的一部分，在此範圍內雙方同意，美國人民同臺灣人民繼續保持文化、商務和其他非官方關係」。

八、臺灣之國際法地位

（一）**中國的統一論**：

　　1.中共的統一論：中共對一個中國的詮釋一向謂：「世界上只有一個中國，臺灣是中國的一部分，中華人民共和國是中國唯一合法政府。」其目的在說明中共是代表正統，並否認中華民國的合法性。2002 年 11 月 8 日中共在舉行第十六次黨代表大會，江澤民說：「對任何旨在製造『臺灣獨立』、『兩個中國』、『一中一臺』的言行，中共都堅決反對。」「中共將繼續堅持『和平統一、一國兩制』的基本方針。不過，『中共絕不承諾放棄使用武力』」①。

---

① 見 2002 年 11 月 9 日新華網報導及臺灣各大報頭版。

　　2.一國兩區之終極統一：面對中共「一國兩制」論點；有學者認爲依憲法應爲「一國兩區」，以兩區對外之稱號則有「中華民國」與「中華人民共和國」之不同，至於兩區人民之來往，依憲法增修條文第 11 條規定，則另公布《臺灣地區與大陸地區人民關係條例》以爲規範。馬英九總統於 2008 年 9 月初接受墨西哥媒體專訪表示①，臺灣與大陸是「一種特別的關係，但不是國與國關係」。總統府發言人王郁琦說：「兩個地區是對等地區，每個統治地區上都有統治當局②。」政大教授蘇永欽認爲依憲法增修條文「在統一前」，中華民國分隔爲「自由地區與大陸地區」③。蓋憲法增修條文是界定兩區制之憲法，既以「統一前」爲前提，當然終極仍爲統一。

　　(二)臺灣獨立論：

　　1.臺灣地位未定論：此種論述溯及 1945 年日本戰敗後，聯合國最高司令官總司令部（General Headquarters：GHQ）所發布之一般命令第一號，委託同是聯合國軍之國民政府軍暫時佔領臺灣。這種佔領與戰後美軍暫時佔領日本本土與琉球等情形是相同的④。到 1950 年中共與蘇俄簽定「友好同盟相互援助條約」，而同年 6 月北韓入侵南韓，翌日美國總統杜魯門乃宣示「臺灣未來地位必須等待太平洋的安全回復，即對日本和約成立之後，或經過聯合國有所決定之後，才能確定。」遂即宣布臺灣之中立化並派遣第七艦隊協防臺灣。於是英、美兩國在美國主導下，於 1951 年 9 月 8 日由同盟國代表，與日本簽訂「舊金山和約」，其中第 2 條第 2 項規定：「日本放棄臺灣及澎湖列島的一切權利，權利名義與要求。」條約本身並未規定這些島嶼將來的前途，或放棄之後由那個國家接管，如依國際法之原則，有關領土主權的變更，應依條約之規定才有可能，而開羅宣言簽署國之英、美兩國從未宣布中華民國或中華人民共和國擁有臺灣及澎湖群島，英國首相邱吉爾在國會表明：開羅宣言只是表明一

---

① 接受墨西哥「太陽報」系集團董事長瓦斯蓋茲（Mario Vózqutz Raña）專訪。
② 見 2008 年 9 月 4 日聯合報，頁 46。
③ 蘇永欽著，《執政時不敢動，綠現在盧什麼？》，2008 年 9 月 15 日，聯合報，頁 A11。
④ 小林進著，《臺灣的前途》，1989 年サイマル出版會，頁 136。

般目標，而蔣介石之國民黨軍只是暫時支配臺灣而已。1955年擔任英國外交部長之艾登（Robert Anthony Eden, 1897-1977），發表政府之公式見解謂：「依政府的見解，臺灣及澎湖群島之法律主權是不確定或未定①。」日本首相池田勇人乃依和約之規定，於1964年2月29日在眾議院預算委員會發言稱：「臺灣之歸屬尚屬未定②。」

　　2.臺灣可否經民族自決建國：事實上舉世皆知，日本佔領臺灣五十年之統治是殖民統治，到了統治末期，因日本作戰失利，**需要兵源**，才虛情假意要使臺灣人民皇民化，**實際上仍奴役臺灣人民**，戰後國民黨佔領臺灣，又執行比日本更嚴勵之戒嚴的恐怖統治，因此臺灣人民已達到民族自決之條件。民族自決權之理念雖源自法國大革命時期之社會契約說與民族主義，但於第一次大戰時，由威爾遜與列寧所主張，則各民族基於自己的意思，擁有決定自己命運之權利。亦稱「人民之自決權」或簡稱爲「自決權」。這個理念在第一次世界大戰後，乃作爲處理領土問題之原則。二次戰後「聯合國憲章」第1條第2項將自決原則亦列爲憲章宗旨之一，聯合國大會於1960年發布「賦予殖民地國家和人民獨立宣言」，1966年聯合國通過「經濟、社會、文化權利國際公約」及「公民權利及政治權利國際公約」，這兩公約並於2009年4月22日由我國立法院通過，總統公布，具有國內法律之效力（施行法第2條）。既然臺灣已有百年長期受殖民統治，是否可行使民族自決權，這雖是符合世界潮流，不過可透過公民投票方式，由人民同意是否行使自決權，或較爲妥適。

　　㈢**臺灣中立化論**：中華人民共和國歷任領導人皆明言，「不放棄使用武力統一臺灣」，除了早年之金門古寧頭與八二三砲戰外，1995、96年中國在臺灣近海試射飛彈，曾引起美國派遣航空母艦戰鬥群到臺灣週邊關切。據聞目前中國也佈置近千枚飛彈對準臺灣。但在美國臺灣關係法第2條A項㈠規定，制定該法係爲「協助維持西太平洋和平、安全與穩定」，B項㈢「美國決定與中華人民共和國建立外交關係，完全是基於臺灣的未來將

---

① 小林進著，前揭書。
② 前揭書，頁17。

以和平方式解決這個期望上」；㈣「任何企圖以和平方式以外的方式，決定臺灣未來的努力，包括抵制、禁運等方式，都將被視爲對西太平洋地區和平與安全的一項威脅，也是美國嚴重關切之事」；㈤「以防衛性武器供應臺灣」；及㈥「保持美國對抗以任何訴諸武力或其他強制形式而危害到臺灣人民的安全、或社會與經濟制度的能力」。因此如果中國意圖使用武力併吞臺灣，勢將引發美國及其同盟國之干預。如果不幸誤判情勢而發生戰爭，一定是以臺灣與大陸中部以東之沿海爲戰場，這些地區的人民與各種建設將遭遇不測之空前破壞，就是任何一方得勝，均將得不償失。再過一百年很難恢復原貌，對炎黃子孫均爲一大浩劫。鄧小平及其繼任之領導人常謂：「**大陸可以等五十年，甚至一百年，不急於當前之統一**」，中國如果使用武力奪取臺灣，不僅其本身要受到相當之破壞，能否得到一個廢墟的臺灣又未一定，而且中國又有「疆獨」與「藏獨」乘機而起的隱憂，一旦兩岸以武力相向，臺灣與大陸人民之仇恨將永難消除，將來如何往來或統治？大陸之現代化也將成爲泡影；何況中國併吞臺灣的合法合理性仍有存疑，尚且以戰爭手段解決兩岸問題也違背聯合國憲章之規定。中國既然可以等五十年，甚至一百年，何不暫時使臺灣中立化①，此舉不僅與馬總統所主張不統、不獨、不武之理念不謀而合，又符合國際上「維持現狀」之基本政策，並可向世界證實中國是有誠意迴避戰爭，是眞正的愛好和平者。故爲中國人後代子孫及世界和平著想，先定「臺灣中立化」，俟兩岸人民往來密切，從經濟、文化等合作交流，將前人遺留的恩怨淡化後，視情況之發展，在世界地球化的趨勢下，逐漸形成政治上之統合，讓「**分久必合，合久必分**」之歷史軌跡運作，將較自然而且名正言順。

習題：試論臺灣未來國際法地位之主張，並加以評論。

九、臺灣關係法（英：Taiwan Relations Act）

1978 年 12 月 15 日美國總統卡特宣布與中共建交，並與我國斷絕外交關係，對我國造成極大之影響，美國國會爲保障臺灣之安全，而於 1979 年 4 月 10 日制定「臺灣關係法」，以持續中、美兩國之友好關係，故此

---

① 李鴻禧教授主張西方瑞士東方台灣。王可富律師主張臺灣成爲東方的瑞士。

法為美國之國內法。在該法中不僅使中、美的交往關係具有法律基礎，美國政府也據此提供我國防禦性武器及軍事技術，以增強我國之自衛能力。其重要內容為：

㈠**美國的政策是**（美台 2B）：

1.維護並促進美國人民與臺灣人民，以及中國大陸人民和西太平洋地區所有其他人民間的廣泛、密切與友好的商務、文化與其他關係；

2.宣布該地區的和平與穩定，與美國政治、安全與經濟的利益息息相關，也是國際關切之事；

3.明白表示，美國決定與「中華人民共和國」建立「外交關係」，完全是基於臺灣的未來將以和平方式解決；

4.任何企圖以和平方式以外的方式決定臺灣未來的努力，包括抵制、禁運等方式，都將被視為對西太平洋地區和平與安定的一項威脅，也是美國嚴重關切之事；

㈡**提高臺灣人民人權**：本法中的任何規定，在人權方面都不能與美國的利益相牴觸，特別是有關大約一千八百萬臺灣居民的人權方面。本法特重伸維護與提高臺灣所有人民的人權，為美國的目標（美台 2C）。

㈢**政策之執行**：

1.為促進本法第 2 條所訂定的政策，美國將以臺灣足以維持其自衛能力所需數量的防衛武器與防衛性服務，供應臺灣（美台 3A）；

2.任何對臺灣人民的安全或社會或經濟制度的威脅，以及因此而引起對美國利益所造成的任何危險，總統應通知國會。任何此類危險，總統與國會應按照憲法程序，決定美國所應採取的適當行動（美台 3C）。

「臺灣關係法」的另一功能是使中美間所簽定之各種條約與協定得以延續效力，加上 20 年來新簽定各項協定，總共有效條約及協定有 117 項，涵蓋貿易、航空、科技、環保及漁業等。

第六節　國家之分裂、衰敗與消滅

一、國家之分裂

　　即分裂國家（英：divided state；法：Etat divisé），指原來是一個民族國家，因其領土之分裂，遂各在其地域內成立政權，而相互對立，因內外之現實的環境，無法統一之情形之謂。這種國家從過去歷史與現在，如東西德、南北韓及越南與北越，而當今臺灣與大陸亦有類似情形。

（一）德國	德國於第二次世界大戰後，由美、英、法、蘇四國分割佔領，為處理德國問題，西方三國與蘇俄對立的結果，美、英、法三個佔領區乃統合成一區，於 1949 年 9 月 7 日成立德國聯邦共和國，而蘇聯佔領地區即於同年 10 月 7 日成立德國民主共和國。直至 1990 年 10 月 3 日兩德乃統一成立「德意志聯邦共和國」。
（二）韓國	第二次世界大戰後，美、蘇以北緯 38 度線為境界，分別佔領南北韓，以致韓國分裂兩個區域，南韓於 1948 年 8 月 15 日成立大韓民國，北韓於同年 9 月 9 日成立朝鮮民主主義人民共和國。
（三）越南	越南之分裂起於 1954 年之「日內瓦協定」。這個協定是第二次世界大戰後，為終結獨立之越南人民共和國與法國（及法國輔導成立之越南共和國）之間 8 年作戰而為。停戰協定雖以北緯 17 度線為南北兵力之分界線，當時是以此為暫時的界線，俟 2 年後總選舉時才實現越南之統一，但後來因無法統一，乃以 17 度為界，在北方成立越南民主共和國，而在南方成立越南共和國。直至 1976 年 7 月南北統一成立越南社會主義共和國。
（四）中國	於第二次世界大戰後，國共分裂，造成武裝鬥爭，結果國民黨政府因軍事失利，中央政府乃於 1949 年秋遷至臺灣，中共乃於同年 10 月在北京成立「中華人民共和國」，統治整個中國大陸，而國民黨在臺灣繼續其「中華民國」政府，統治臺灣、澎湖、金門、馬祖及南沙群島等，而成為分裂國家。

習題：二次大戰後分裂國家之情形如何？試說明之。

二、衰敗國家（英：failed state）

　　指政府喪失統治能力，國家已很難保持一體性之謂。通常是在一國之中發生內戰或種族的殘殺、飢餓、疾病等，以致有大批之難民逃難之現象。衰敗的國家以第二次大戰後獨立之國家因尚未開發，而原宗主國所劃定之境界線參雜種族問題，或新成立之政權延襲殖民地體制，在欠缺忠誠之多民族社會與行政效率低落之情形下產生為多。譬如非洲大陸

之國境線之 44％是直線，以致當地很多民族集團與宗教集團有被分割之情形。此以索馬利亞、盧安達等集中在撒哈拉沙漠以南為多。這些國家因無法統合全國國民，而由特定民族（種族）集團繼續強權式的支配。冷戰時期，美、蘇因角逐世界領導權而競相支援，尚可維持國家之體制，冷戰結束後，無法趕上經濟之全球化，而致崩潰為多。在冷戰時期流入之大量武器正好武裝這些種族集團，造成內亂之延續。在衰敗的國家，因內戰與難民之流竄，對鄰近國家雖造成威脅，因沒有可能發展成世界性的紛爭，因此不會引起國際社會之關心。此外，因當地複雜之勢力關係，也使外部難以關心，並對問題之解決增加困難。

三、國家之消滅

在國際社會除了國家誕生之外，國家也有消滅之情形。具體而言其情形有四：

(一) 分裂	國家因分裂而產生複數之新國家的情形。第一次大戰後奧匈帝國分裂為奧國與匈牙利兩國。又冷戰結束後南斯拉夫分裂為複數國家，就是如此。
(二) 併吞	一國為另一國所併吞。即一國併入另一國家，此如東德併入西德，成為一個國家之情形。
(三) 合併	兩個以上國家合併產生新的國家，因合併而舊國家消滅。如 1990 年北葉門與南葉門合併而成立之新國家。
(四) 分割	一國被數國瓜分而消滅之情形。十八世紀波蘭為蘇俄、普魯士、奧地利所瓜分而消滅。國家一旦消滅，舊國家之權利義務與私人財產或國籍等，當由新成立的國家來繼承。此時舊國家所締結之條約、權利義務等由新之國家繼承。

除國家之消滅外，政府之消滅，乃是民主政治政黨政治之常態。因此原政府消滅，新政府成立，在國際法上之權利義務主體之國家仍然存在，因此不影響國家之國際法上權利義務。第一次世界大戰時，1917 年蘇俄帝國因革命而更換政權為聯邦國家，當時仍認為蘇俄從帝政改為聯邦乃是政府之交替，並非國家之更換，因此不生國家繼承問題。冷戰過後，蘇聯解體而產生很多國家，蘇聯在聯合國安理會席次，乃依同一性原則，咸認係政府之交替，故自動由俄羅斯聯邦接受，不涉及國家繼承問題。

習題：國家消滅之情形為何？試說明之。

第七節　民族解放鬥爭

一、納米比亞之民族自決

　　納米比亞（Namibia）自 1884 年起成為德國保護區，1915 年德國戰敗投降，德屬西南非交由南非聯邦所佔領。1920年國際聯盟交南非聯邦委任統治。第二次大戰後，聯合國依憲章第 77 條之規定，凡屬「委任統治下之領土」均應置於託管制度之下，但南非聯邦拒絕將西南非洲改為託管領土。1949 年聯合國大會請國際司法法院就西南非洲之問題提出諮詢意見。法院認為如不得聯合國之同意，南非聯邦不得變更西南非洲之法律地位而聯合國大會應繼承前國際聯盟而行使監督此一領土行政之權（ICJ 1950.7.11 意見，1950 Report 128）。南非聯邦並不承認國際法院之意見，並引進種族隔離政策而態度轉趨強化。1960 年伊索比亞與賴比瑞亞以南非共和國違反委任統治義務向國際司法法院控訴。法院於 1962 年先作管轄權判決後，於 1966 年對本案判決認為原告不存在有法律權利而駁回請求（ICJ 1966.7.18 判決，1966 Report 6）。同年聯合國乃宣布委任統治已結束（大會決議 2145 XXI），翌（67）年乃設置「西南非理事會」（1968 年改為納米比亞理事會），以為統治納米比亞之機構。國際司法法院於 1971 年在諮詢意見上確認南非共和國統治之違法性（ICJ 1971.6.21 意見，1971 Report 16），其後南非共和國雖有抵抗，但 1987年聯合國安理會通過第 435 號決議，要求納米比亞經由自由公平選舉而獨立。1988 年 12 月南非、安哥拉、古巴之間成立協定，同意納米比亞之獨立，而古巴軍應從安哥拉撤退。聯合國安理會於 1989 年 1 月 16 日之決議 625 號乃定納米比亞獨立之時程，1989 年 11 月在聯合監督下舉行獨立大選，1990 年 2 月 29 日制憲國民大會通過納米比亞憲法，同年 3

月21日獨立，4月加入聯合國，納米比亞問題終於解決。

二、西撒哈拉之自決與公民投票監察團

㈠**西撒哈拉之自決**（英：Western Sahara Case）：西撒哈拉為北非大西洋岸之舊西班牙殖民地。由摩洛哥、茅利塔尼亞與要求民族自決之POLISARIO之間的紛爭，1974年聯合國大會對西撒哈拉在西班牙殖民統治下的法律地位向國際法院諮詢。法院認為殖民化當時西撒哈拉並非無主地；該地與摩洛哥與茅利塔尼亞間存在著種族的、語言的、文化的、經濟的法律上關係，但並無領域之主權關係，此一解釋對民族自決權之適用不致發生影響（ICJ 1975.10.16意見，1975 Report 12）。法院以先占及領域主權之傳統學理再加上新的民族自決觀點而作解釋受到國際矚目。西撒哈拉於1975年11月依據「馬德里秘密協定」，76年2月西班牙開始撤離，4月摩洛哥與茅利塔尼亞乃將其予以分割後合併。而主張西撒哈拉民族自決之解放勢力之POLISARIO戰線於西班牙撤離同時宣布成立撒哈拉阿拉伯民主共和國（SADR），並得到阿爾及利亞及利比亞之援助而開始武裝鬥爭。79年8月茅利塔尼西放棄西撒哈拉南部之占領，摩洛哥於是擴大合併占領。非洲團結組織（OAU）乃提案「以公民投票決定西撒哈拉將來之命運」，聯合國亦於84年11月決議「西撒哈拉之停戰與公民投票之必要條件與摩洛哥及POLISARIO戰線直接交涉」。最初摩洛哥拒絕，但到88年8月同意與POLISARIO戰線討論聯合國秘書長對停戰與公民投票之提案。91年5月聯合國安全理事會對聯合國秘書長之提案，即「西撒哈拉是要歸屬摩洛哥或舉行獨立之公民投票」予以決議通過。91年9月6日雙方達成停戰協定，聯合國西撒哈拉公民投票監察團（MINURSO）乃展開運作。決定西撒哈拉歸屬之公民投票原定於92年1月實施，但因對選民資格之認定問題，始終不能確定，以致至今仍無法實施。

㈡**聯合國西撒哈拉公民投票監察團**（英：United Nations Mission for the Referendum in Western Sahara－MINURSO）：為聯合國維持和平活動之一。西班牙以殖民地統治西撒哈拉至1976年2月以來，摩洛哥與要求民族自決之POLISARIO戰線發生紛爭，於是是否歸屬摩洛哥或獨立，決定舉行公

民投票。爲此聯合國乃於 1991 年 4 月 29 日安全理事會之決議決定派遣監察團（MINURSO）到當地實施監督。聯合國秘書長裴瑞茲乃進行雙方之調停，91 年 7 月合意成立，9 月 6 日雙方停戰，聯合國監察團遂即開始執行任務。公民投票預定於 92 年 1 月在聯合國之監督下實施，惟因選舉人資格問題而被迫延期，蓋里秘書長雖於 94 年 8 月宣示開始對有投票權人之登記，因有投票權人是以 1974 年西班牙之人口調查爲依據，與實際有相當之出入，以致作業遭遇困難。而聯合國所派遣之監察團（MINURSO）人員雖有 2,700 人（其中負責軍事觀察者約 1,700 人），但成效不彰。迄 98 年聯合國核定有投票權人爲 9 萬 4,194 年，至 98 年 11 月逃難者也歸國完畢，開始公民投票宣導運動後，預定於 12 月 17 日投票，在 72 小時內發表結果。不過仍未照預定實施，而再度延期。2000 年 5 月由聯合國主持舉行摩洛哥與 POLISARIO 戰線在倫敦直接會談，但並無進展。預定延期至 2002 年之公民投票又再度展延。2003 年 8 月又有新提案，認爲西撒哈拉獨立、摩洛哥下之自治或歸屬由摩洛哥完全統治等三案由人民選擇預定於 4、5 年內舉行公民投票。7 月 POLISARIO 同意，8 月聯合國安理會亦贊同，但爲摩洛哥所否決。因此迄今仍爲懸案。

習題：何謂民族自決權？其相關之國際法規定爲何？

三、民族解放戰爭（英：war of（national）liberation）

　　殖民地人民爲了抵抗殖民地勢力或外國之支配，以實現民族自決權之爭。又稱爲**解放戰爭**或**解放鬥爭**。聯合國大會之決議也使用此一用語，但並無明確之定義，主要是對外國殖民統治之抵抗，不過在戰爭過程中受敵人佔領地之統治的抵抗亦包括在內。即對於侵略之自衛或對於殖民之民族自決權可使抵抗行爲合理而合法化。1949 年之日內瓦各條約亦能適用於解放戰爭，其追加議定書，亦採解放戰爭之習慣而起草，因此殖民地人民就可以對等的交戰者，而適用國際人道法，游擊戰亦復如此。

　　其中最受國際矚目的就是**巴勒斯坦解放組織**（英：Palestine Liberation Organization－PLO）1964 年 1 月由阿拉聯盟決議成立，是由 8 個巴勒斯坦人民團體共同組成的民族解放團體。1969 年由阿拉法特（Yasser Arafat,

1929-2004）擔任巴解主席。
1974 年 10 月第七屆阿拉伯
首腦會議時認定「巴勒斯坦
解放組織是巴勒斯坦人民之
唯一合法代表」，11 月獲得聯
合國各種會議之觀察員的地
位。1990 年巴解已得到一百
個國家承認其為巴勒斯坦人
民的代表；它在各國設立代
表機關，至少 60 國給予外交
代表地位；它並被邀參加許
多聯合國主持的國際會議
①。1993 年 9 月 9 日，巴解
和以色列簽署互相承認文
件，同年 9 月 13 日在美國白
宮舉行簽署和平協定儀式。

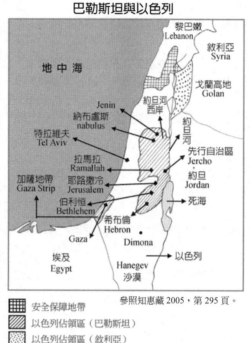

巴勒斯坦與以色列

參照知惠藏 2005，第 295 頁。

1996 年 1 月 20 日，巴解在東耶路撒冷，約旦河西岸加薩走廊和耶利戈市
舉行選舉，阿拉法特以 88.1%的得票率獲選為自治政府主席，在議會選舉
中，其支持者獲 88 個席位中的多數席，1996 年 2 月 12 日阿氏乃宣誓就職。

第八節　國家與政府之繼承

一、國家繼承之意義

　　在國際關係上，因新國家之獨立或國家之合併、分裂、分離獨立等，
在一定區域內其領土主權發生變更時，其領域之國際關係的責任，當由
新接受的國家來繼承，此稱為國家繼承。

　　國家繼承之相關問題有四種：

---

① 丘宏達：現代國際法，頁 289。

(一) 人民之歸屬	原則上隨著領土的變更，人民之國籍也隨著移轉。但是人民對外所擁有之債權債務仍然繼續。但自二十世紀以後，從尊重人權之立場言，當事國間得以條約保障人民有選擇國籍之自由。
(二) 舊國家之財產	私有財產，如為資本主義國家，個人財產當可受到保障，但如由共產國家繼承，則私人財產並不一定會受到保障。舊國家之公有財產當由新國家繼承，如為分裂被分割之國家，舊國家之財產，當由分裂之數國家分配，其比率當由關係國家之合意決定之。
(三) 舊國家之法令及債權債務	舊國家之法令及對外債權、債務，原則上消滅。但私法關係之法令，為防止對人民之損害，也可以規定暫時維持一段時間，如在臺灣國民政府來台時規定有關繼承仍適用臺灣民間的習慣法。
(四) 條約關係	舊國家與外國締約之政治條約，如同盟條約，互助條約，安全保障條約等當然消滅。不過有關河川、鐵路、道路等具有濃厚之行政性格的條約也可以繼承。其他如有關確定國境之條約，或與他國之關係已確定之條約或有顯著影響之條約，當應予以繼承。

習題：何謂國家繼承？其相關之問題為何？試說明之。

二、政府之繼承（英：succession of governments；法：succession de gouvernements）

因革命或內戰等原因，在國內發生政治體制之變動時，舊政府在國際上之權利義務關係是否由新政府之繼承問題，稱為政府之繼承，就是政府變更，與國家繼承不同，因國家之同一性並不發生變更，舊政府與外國所締結之條約或舊政府所擁有之對外資產、債權、債務，原則上是由新政府繼承，此即國家繼續之原則（principle of the continuity of the state），不過以特定政體之繼續為前提之條約，就該政體根本發生變更時，並不當然全部被繼承。又兩種以上的政府同時存在時，有被認定為「不完全繼承」之可能，此即光華寮事件。

習題：何謂「國家繼續之原則」？

三、光華寮事件

即中共與中華民國間有關位於京都之土地及建築物所有權之爭端。

原來是京都大學爲中國留學生之宿舍向民間所有人租賃者，但在昭和 27（1952）年，由中華民國政府所購置，而於昭和 36（1961）年完成所有權移轉登記。昭和 42（1967）年中華民國政府乃對支持中華人民共和國之住舍學生提起返還宿舍之訴訟。其後有京都地方法院第一審（昭和 52.9.16 判決，判時 890-107），大阪高等法院第二審判決（昭和 57.4.14 判決，高民 35-1-70），經駁回後京都法院第一審（昭和 61.2.4 判決，判時 1199-131），駁回後大阪高院第二審（昭和 62.2.26 判決，判時 1232-119）等有四個判決產生。判決之論點爲：㈠基於 1972 年之日中共同聲明，依日本承認中國政府後，中華民國在日本之法院是否仍承認其具有訴訟當事人能力，及㈡政府承認之結果，光華寮之所有權是否就移轉給中華人民共和國政府之兩點。

　　關於㈠方面，四個判決均認中華民國仍擁有當事人能力。關於㈡方面，除了昭和 52 年之京都法院第一審認爲應移轉所有權外，其他三個判決均否定移轉，而認爲有關政府之不完全繼承，雖然舊政府以代表國家之資格所有之財產，因國家承認而由新政府繼承，但在第三國所有之舊政府的財產，原則上不由新政府繼承，因此光華寮並不屬於國家繼承之範圍。

　　中國大陸留日學生方面二審敗訴後上訴至日本最高法院，最高法院於 2007 年 3 月 27 日推翻二審的判決，並發回一審更審。讀賣新聞說，臺灣的訴訟資格未獲承認，這項歷經 40 年的官司形同宣告臺灣敗訴①。

---

① 見 2007 年 3 月 28 日，臺灣各報。

第五章　國家機關之國際關係

第一節　國際法上之機關

　　即國際法主體之國家以及國際團體，沒有感情意欲或身體四肢之行為，因此國家或國際團體乃是一種抽象之實體，此與國內法上法人之情形相同，將特定私人之意思及行為當作該法律主體之行為而處理，此與法人機關相同，稱為國際法上機關。蓋為處理國際關係，國際法上之機關可大別為：國家所設立之國家機關與國際團體所設立之國際機關等二類：

一、國家機關

　　指國際法上之國家機關，此並非國內法所設立之國家機關，即某國內法上之國家機關，有時同時是國際法上之國家機關之情形，但兩者並非一致。一般

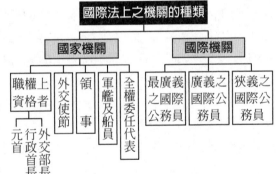

是將國內法上負責有關國際事務之職權之機關，列為國際法上之國家機關，如國家元首、行政首長及外交部長三者，列為具有職權上資格之國家機關。其次依 1961 年簽定之「維也納外交關係公約」規定之外交使節及 1963 年簽定之「維也納領事關係公約」之領事也屬於國際法上之國家機關。又軍艦及其船員也列為國際法上之國家機關，以遂行國家任務。其他如出席國際會議之全權委任代表，在國際會議活動之範圍內，也屬於國際法上之國家機關。

二、國際機關

　　如聯合國及其專門機構之代表則屬之。形成國際團體之意思或行為

之機關有兼任國際團體會員國之代表時，一般認為應屬最廣義之國際公務員，如聯合國大會之代表。其次是國際團體之機關，並非會員國之代表，而是個人代表時，稱為廣義之公務員；如專門機構之人員。最後乃不直接參與國際團體之意思形成，而是以個人身分在國際機構處理國際事務之正式職員，稱為狹義之國際公務員；如聯合國或專門機構之職員是。

第二節　國家之外交關係

一、外交（英：diplomacy；德：Diplomatie；法：diplomatie）

外交者，為國與國間之交際或交涉，亦即處理國與國相互關係之手段與方法。外交政策規定於憲法之理由有二：(1)對內方面：表示對外政策之一致，使施政有所遵循。(2)對外方面：使國際上瞭解中華民國外交之基本精神與態度。依憲法第 107 條外交事項，由中央立法並執行之，其理由：(1)依均權主義之原則，外交事項有全國一致之性質。(2)外交為對外主權之行使，應由總統對外代表國家，故由中央立法並執行之。(3)宣戰案、媾和案及條約案均為外交事項，須經行政院會議議決，並經立法院通過，故須由中央立法並執行之。

二、外交政策

外交之基本國策，依我國憲法第 141 條規定：「中華民國之外交，應本獨立自主之精神，平等互惠之原則，敦睦邦交，尊重條約及聯合國憲章，以保護僑民權益，促進國際合作，提倡國際正義，確保世界和平。」其涵意為：

㈠**外交應本獨立與自主之精神**：即不受任何國家之支配，而應居於主動外交之地位。

㈡**外交應本於平等互惠之原則，始不損及國家之權益**：即我國與他國或雙方外交代表，應互居於平等地位。如與他國簽訂條約，應雙方互受利益，無所偏倚，除尊重自己之主權外，並尊重他國之主權。

㈢**外交方針在敦睦邦交、尊重條約及聯合國憲章**：惟此應在不違背獨

立自主精神與平等互惠之原則下,始有可能。

　㈣外交應以保護僑民權益,促進國際合作,提倡國際正義,確保世界和平為目標:即對居留國外之我國僑民及居留我國之外國僑民之權益,依條約及國際慣例,予以保護。又國際合作為世界和平之前提,因之對於國際間有關國際性之事業及國際間之公約、條約、使命、交涉、待遇等均應基於共同利益之目標,表現合作精神。在國際間之相處,及國際糾紛之解決,必須根據正義,始能濟弱扶傾,維持和平,而我國亦能在自由平等之下,達促進世界大同之目的。

習題:何謂外交,並論我國的外交政策。

三、國際合作（英:international cooperation；法:coopération internationale）

　　廣義是指一切國際事項,依賴各國通力合作之謂。維護國際和平與安全之國際合作亦包括在內。狹義上主要在為文化的、人道的、技術的事項依賴各國通力合作之意。譬如交通之自由、通商貿易上各國能受公平之待遇,勞工之勞動條件的改善,買賣婦女兒童之取締、麻藥之取締、海盜之緝捕、恐怖攻擊之防犯,疾病之防止等,均需國際合作。國際聯盟或聯合國均以維護國際和平及安全與促進國際合作之二大項目列為主要目標。此種國際合作自十九世紀後半就已進行,再經第一次大戰後組成國際聯盟,第二次大戰後組成聯合國,已達成全面性之國際合作,在聯合國的主要機關之一的經濟社會理事會,已與各專門機關聯繫,以建立國際合作之體制。

四、我國之外交

　　我國與各國之外交至 2010(民國99)年 1 月止,邦交發展情形共 23 國:

㈠亞東太平洋地區	(共6國):帛琉共和國（Republic of Palau）、吐瓦魯（Tuvalu）、馬紹爾群島（Republic of The Marshall Islands）、索羅門群島（Solomon Islands）、吉里巴斯共和國（Republic of Kiribati）、諾魯（Republic of Nauru）。
㈡非洲地區	(共4國):布吉納法索（Burkina Faso）、聖多美普林西比民主共和國（Democratic Republic of Sao Tome and Principe）、史瓦濟蘭王國（Kingdom of Swaziland）、甘比亞共和國（Republic of The Gambia）。

(三) 歐洲地區	（共1國）：教廷（The Holy See）。
(四) 中南美地區	（共12國）：瓜地馬拉共和國（Republic of Guatemala）、巴拉圭共和國（Republic of Paraguay）、聖文森及格瑞那丁（Saint Vincent and the Grenadines）、貝里斯（Belize）、薩爾瓦多共和國（Republic of El Salvador）海地共和國（Republic of Haiti）、尼加拉瓜共和國（Republic of Nicaragua）、多明尼加共和國（Dominican Republic）、宏都拉斯共和國（Republic of Honduras）、巴拿馬共和國（Republic of Panama）、聖克里斯多福及尼維斯（Saint Christopher and Nevis）、聖露西亞（Saint Lucia）。

習題：我國與各國之外交情形如何？試說明之。

五、外交實施之特殊方式

(一) 預防外交	即將緊張局勢在變成衝突之前，以協商解決彼此之紛爭，並予緩和，稱為預防外交。在冷戰結束後，一旦有紛爭即以協商解決，蔚為世界新秩序之主流。1960 年聯合國第二任秘書長哈馬紹（Daghammars Kjold）首先提出。聯合國第六任秘書長埃及副總理蓋里（Boutros Ghali）在 1992 年 6 月提出「和平綱領」，其中明示「預防外交之重要性」，並認為「最理想、最有效之外交運用方式，是在緊張局勢變成衝突之前予以緩解。」 我國已於 1987 年開放臺灣民眾赴大陸探親，並推動文教、經貿等各種領域之交流；另於 1991 年 3 月通過「國家統一綱領」，確定統一之三項進程，即交流互惠、互信合作、協商統一，以為兩岸統一之指導原則。 我國自 1991 年 5 月宣布中止「動員戡亂時期」後，同年並設立民間性質之財團法人海峽交流基金會，以與中共對等單位進行協商。其主旨即在透過交流，緩和兩岸之緊張局勢，達成預防外交之目的。
(二) 務實外交	為達成憲法上之外交目標，政府必須考量國家主權之條件與處境所面臨之客觀國際環境，以更積極、更務實的態度，突破外交困局。平時除繼續加強與友邦之關係外，並盡一切努力，與所有無敵意國家，建立和增進經貿、文化與科技等各項實質關係，並積極參與國際組織及活動，克盡國際責任，分擔國際義務，以拓展國際發展的空間。 此務實外交就是 1988 年 7 月中國國民黨召開第十三次全國代表大

	會，由前總統李登輝先生以黨主席身分，在開幕致詞時提出；我國應以靈活務實、積極主動之作法，以突破中共之封鎖，拓展國際生存之空間，因此務實外交之精義，就是要告訴國際社會，中華民國在臺灣存在的事實。相信國際社會認識到中華民國存在的同時，也明白我國是國際社會具有建設性的一員。
闫 **國會外交**	即由國會議員與各國建立管道，從事外交工作之意。即 1971 年我國退出聯合國後，外交處境日益困難，政府乃採務實外交之政策，除與各國發展經貿、文教等實質關係外，並促使國會議員與各國建立管道溝通聯繫。即經由民意代表之相互交往以促進相互了解及雙邊關係。外交部遂於 1989 年成立國會小組，1993 年更擴編爲國會聯絡組，除專司外交部與國會議員間之溝通、聯繫協調外，並協助國會議員從事國會外交工作。此國會議員即採廣義之解釋，包括立法委員及監察委員在內。

習題：我國與很多國家雖無正式之外交關係，但仍有實際交往，是用何種政策在推動？

第三節　國家對外關係之外交工作者

一、外交使節與領事

(一)**外交使節與領事之意義**：外交使節與領事是一國對外交涉或派駐外國領域以執行外交職務之機關。外交使節與領事之基本的區分是有無代表權之問題，外交使節通常都是代表派遣國與駐在國間從事外交關係；而領事是沒有國家代表之資格，也不代表國家以對外交涉爲職務之機關。領事通常都以保護派遣國之自國國民的通商、產業、交通、海運、安全及其他有關事務爲職務之機關。因此領事照理並不擁有外交官之特權。通常其所享有的特權都以條約規定爲多。其次領事與外交使節不同，領事因一向欠缺任命程序之國際法規，因此聯合國國際法委員會乃一再檢討，於 1963 年 4 月 24 日在維也納簽署「維也納領事關係公約」（Vienna Convention on Consular Relations）1967 年 3 月 19 日生效。其第 10 條規定領館館長由派遣國委派，並由接受國承認准予執行職務，除本公約另有規定外，委派及承認領館館長之手續各依派遣國及接受國之法律規章與慣例辦理。

⑵**外交使節與領事之沿革**：臨時外交使節之派遣或接受自有國家以來就已實施，我國戰國時代就有「兩國相爭不斬來使」之慣例。在歐洲派遣常駐外交使節是自十三世紀義大利之都市國家開始。其成為一般慣例是自 1648 年威斯特伐利亞會議（Westphalia Conference）以來才逐漸流行。外交使節制度在今日已成一國之國際交涉的對外機關，並已確立其國際法上地位。

領事制度之存在可溯及中世紀時期，當時義大利、法國、德國、西班牙等商業都市，商業團體因商業上糾紛亟需尋找商業之仲裁人及保護商人利益之代表，十字軍東征時期，這些商人到了東方乃選拔領事（consul），為了保護自國國民以便依據本國法令執行民事、刑事之裁判，此即領事裁判制度。這個制度移植至歐洲，到十五世紀廣泛的推行。迄十六世紀領事是由君主直接任命。迨十七世紀其權限逐漸受限制，完全以保護自國國民之商業利益為主，只是在殖民地國家仍擁有領事裁判權，在非殖民地國家，則已無法官之身分，以迄於今。

習題：何謂外交使節與領事？其沿革為何？

二、外交使節團之概念

所謂**外交使節**（英：diplomatic envoy；德：diplomatischer Agent；法：agent diplomatique），派遣代表國家至外國之使節團之長，有常駐及臨時之外交使節：

㈠ 常駐外 交使節	即繼續駐在外國之使節。依 1961 年「維也納外交關係公約」，稱為使節團之首領（head of mission），有三種階級（外約14）： 1.由國家元首所派遣之大使或羅馬教皇之大使及其同地位之使館館長。 2.由國家元首所派遣之使節、公使及羅馬教皇之公使。 3.由外交部長所派遣之代辦。
㈡ 使節團 之派遣	須基於接受國之同意始可。使節團為維護其尊嚴及執行職務在一般國際法上享有一定之特權。其主要職務為： 1.派遣國家代表。 2.與接受國之交涉。 3.接受國有關情事之觀察報告。

		4.在接受國注意維護本國及本國僑民之利益。
(三) 使節團之構成員		（英：members of mission）：常駐外交使節團之構成員可大別爲二：
	1. 使節團之長	（head of the mission）：謂派遣國責成擔任此項職位之人（外約1Ⅰ①），又稱爲外交使節。有三階級（外約14Ⅰ）： (1)大使：由國家元首派遣之大使（ambassador），又稱爲特命全權大使，或羅馬教皇之大使（nuncios）及其同等地位之其他使節團之長，在英國國協之各國間之外交使節稱爲高級事務官（high commissioner）。 (2)公使：國家元首所派遣之公使（envoy, minister），又稱爲特命全權公使，及羅馬教皇之公使（internuncios）。 (3)代辦：外交部長所派遣之代辦（chargé d'affaires）。 以上三階級悉依「外交使節席次有關規則」規定。除關於優先地位及禮儀之事項外，各使館館長不應因其所屬等級而有任何差別（外約14Ⅱ）使館館長所屬之等級應由關係國家商定之（外約15）。使館館長在其各別等級中之優先地位應按照其第13條規定開始執行職務之期及時間先後定之（外約16Ⅰ）。
	2. 使節團之職員	(1)外交職員：即具有外交官位之使館職員（外約1Ⅰa），習慣上爲公使、參事、一等至三等秘書、主事等。原則上須具有派遣國國籍（外約8Ⅰ）。 (2)行政及技術職員：即承辦使館行政及技術事務之使館職員（外約1Ⅰf）。如記錄文書、書記助理等。 (3)事務職員：即爲使館業役之使館職員（外約1Ⅰg）。如派遣國政府所雇用之司機，櫃台受理文件等。

三、外交使節團之派遣與接受

　　常駐外交使節之派遣與接受，於兩國間外交關係及常設使節館之建

立，以協議行之（外約2）。至於特別使節團，不一定要有外交關係之存在，派遣國在派遣使節團之長時，須獲得接受國之同意（agrément）（外約4）。接受國是否同意由接受國之自由裁量，不僅是個人理由，也可以兩國間友好關係上考量為之。接受國無須向派遣國說明不予同意之理由（外約4 II）。使節團之長，接到接受國之同意書後，應向接受國呈遞國書，並即視為已在接受國內開始執行職務（外約13 I）。派遣國向有關接受國妥為通知後，得酌派任一使館館長或外交職員兼駐一個以上國家，但任何接受國明示反對者，不在此限（外約5 I）。使館館長缺位或不能執行職務時，應由臨時代辦暫代使館館長。派遣國得自由委派使館職員。關於陸海空軍武官，接受國得要求先行提名，徵求該國同意（外約7）。接受國得隨時不具解釋通知派遣國宣告使館館長或使館任何外交職員為不受歡迎（persona non grata）或使館任何其他職員為不能接受（not acceptable）。此時派遣國應斟酌情況召回該員或終止其在使館中之職務。任何人員得於其到達接受國國境前，被宣告為不受歡迎或不能接受（外約9 I）。如派遣國拒絕或不在相當期間內履行其依本條第一項規定所負義務，接受國得拒絕承認該員為使館人員（外約9 II）。此在領事機關之構成員亦有同樣制度。

習題：試說明外交代表的派遣與接受。

四、外交使節之職務

　　外交使節之職務，可分常駐外交使節之職務與臨時外交使節之職務。臨時外交使節，可因使節派遣之目的而定其內容。常駐外交使節之職務有保護、交涉及情報蒐集等三種。依「維也納外交關係公約」第3條規定其職務為：

㈠使館之職務：

　　1.除其他事項外，使館之職務為（外約3 I）：

　　　⑴在接受國中代表派遣國。

　　　⑵於在國際法許可之限度內，在接受國中保護派遣國及其國民之利益。

　　　⑶與接受國政府辦理交涉。

　　(4)以一切合法手段調查接受國之狀況及發展情形，向派遣國政府
　　　具報。

　　(5)促進派遣國與接受國之友好關係，及發展兩國間之經濟、文化
　　　與科學關係。

2.本公約任何規定不得解釋為禁止使館執行領事職務（外約3Ⅱ）。

3.遵守國際法之原則：外交使節在執行上述職務之際，應注意遵守
國際法之其他原則，如不干涉國內事項之義務，對於自國民身體或財產
被侵害時，應遵守國內救濟程序完了之原則。同時接受國應給予使館執
行職務之充分便利（外約25）。

　　㈡**對接受國之義務**（外約41）：

　　1.在不妨礙外交特權與豁免之情形下，凡享有此項特權與豁免之人
員，均負有尊重接受國法律規章之義務。此等人員並負有不干涉該國內
政之義務。

　　2.使館承派遣國之命與接受國洽商公務，概應逕與或經由接受國外
交部或另經商定之其他部辦理。

　　3.使館館舍不得充作與本公約或一般國際法之其他規則、或派遣國
與接受國間有效之特別協定所規定之使館職務不相符合之用途。

習題：外交代表的主要職責為何？

五、外交使節團之特權與豁免（英：diplomatic privileges and immunities）

　　所謂外交特權與豁免，即外國大使館員等外交使節團在駐在國所享
有之特權及各種豁免權。此為國際習慣法已經確立之原則，於1961年有
關外交關係之維也納條約所承認。此種外交特權並非對外交使節個人而
為，而是國與國間之外交關係上接受國對派遣國所承認者。

　　㈠**外交特權之理由**：

1. 代表說	又稱代表性說或威嚴說。即外交使節是承擔國家元首之威嚴，並面對接受國代表國家者，接受國對外交使節與對國家相同，有承認其特權之義務。

2. 治外法權說	外交使節雖是駐在接受國之領土內，法律上並不適用接受國之法令，可以說應視爲領土之外者。
3. 機能說	又稱職務說或機能必要說。其所以承認外交使節享有外交特權，是爲確保外交使節能有效率的執行其職務之關係，在接受國的管轄之下，不受妨礙能順利的執行其職務。維也納外交關係公約之前文就是具有代表說與機能說的性質。其前文謂：「確認此等特權與豁免之目的不在於給與個人以利益而在於確保代表國家之使館能有效執行職務。」

當波灣戰爭發生，伊拉克侵犯科威特時，伊拉克對駐在科威特各國大使館宣布，將於 1991 年 8 月全面關閉，並剝奪各國之「外交特權」，隨即包圍各國大使館，斷電、斷水及切斷電話線等措施。各國對此措施除提出抗議外，並表示不承認伊拉克對科威特之侵略與強制合併，且主張外交特權依然存在之立場。

㈡**外交特權與豁免權之種類：**

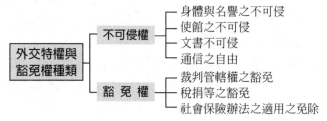

1.不可侵權：

　⑴身體與名譽之不可侵：外交代表之身體是不可侵者。即免受逮捕也不可拘禁。在駐德黑蘭美國大使館人質事件上，國際法院認爲伊朗占據美國大使館之行爲是違反「維也納外交關係公約」及「維也納領事關係公約」並違反一般國際法，並在判決上命令應即時釋放所有人質（ICJ 1980.5.24 判決，1980 Report 3）。

　⑵使館之不可侵：使館館舍者，謂供使館使用及供使館館長寓所之用之建築物或建築物之各部，以及其所附之土地，至所有權誰屬，則在所不問（外約 1 I i）。使館之不可侵不僅是基於國際禮儀，國際法上亦爲接受國所應遵守之原則（外約 22）。使館或使館內之財產，不得搜索、徵收、扣押或強制執行。如無使館館長之同意，

接受國之官吏，不可隨意進入使館。火災或傳染病等緊急情況發生時，如未取得使館館長之同意，駐在國可否進入，有肯定與否定兩說。駐在國爲了保護使館可採取適當之措施。使館之不可侵，就是派遣國與接受國發生武力紛爭而斷絕外交關係時，仍應遵守。使館館長之寓所也同樣受到不可侵之保護（外約30）。

因使館不可侵，所以在外國使館有否外交上之庇護（diplomatic asylum）乃成問題，即使館在駐在國有人犯罪而逃至使館內，請求保護，而駐在國政府請求引渡時，能否拒絕？此在拉丁美洲國家在一定的領域內，依據條約政治犯罪之庇護在一定條件下得以庇護外，一般國際法上對外國使館的外交庇護權是採否定之態度。

(3)文書不可侵：使館檔案及文件無論何時，亦不論位於何處，均屬不得侵犯。文書包括公的文書與私人文書，駐在國之憲警絕不可搜索或扣押。

(4)通訊自由（外約27）：

①接受國應允許使館爲一切公務目的自由通訊，並予保護。使館與派遣國政府及無論何處之該國其他使館及領事館通訊時，得採用一切適當方法，包括外交信差及明密碼電信在內。但使館非接受國同意，不得裝置並使用無線電發報機。

②使館之來往公文不得侵犯。來往公文指有關使館及其職務之一切來往文件。

③外交郵袋不得予以開拆或扣留。

④構成外交郵袋之包裹須附有可資識別之外部標記，以裝載外交文件或公務用品爲限。

⑤外交信差應持有官方文件，載明其身分及構成郵袋之包裹件數；其於執行職務時，應受接受國保護。外交信差享有人身不得侵犯權，不受任何方式之逮捕或拘禁。

⑥派遣國或使館得派特別外交信差。遇此情形，本條第5項之規定亦應適用，但特別信差將其所負責攜帶之外交郵袋送交

收件人後，即不復享有該項所稱之豁免。

⑦外交郵袋得託交預定在准許入境地點降落之商營飛機機長轉遞。機長應持有官方文件載明構成郵袋之郵包件數，但機長不得視為外交信差。使館得派館員一人逕向飛機機長自由取得外交郵袋。

2.豁免權：

⑴裁判管轄權之豁免（外約31）：

①外交代表對接受國之刑事管轄享有豁免。除下列案件外，外交代表對接國受國之民事及行政管轄亦享有豁免：

　A 關於接受國境內私有不動產之物權訴訟，但其代表派遣國為使館用途置有之不動產不在此例；

　B 關於外交代表以私人身分並不代表派遣國而為遺囑執行人、遺產管理人、繼承人或受遺贈人之繼承事件之訴訟；

　C 關於外交代表於接受國內在公務範圍以外所從事之專業或商務活動之訴訟。

②外交代表無以證人身分作證之義務。

③對外交代表不得為執行之處分，但關於本條第 1 項①、②、③各款所列之案件，而執行處分復無損於其人身或寓所之不得侵犯權者，不在此限。

④外交代表不因其對接受國管轄所享之豁免而免除其受派遣國之管轄。

⑵稅捐等之豁免（外約34）：

①租稅之免除：外交代表免納一切對人或對物課徵之國家、區域、或地方性捐稅，但下列各項，不在此例：

　A 通常計入商品或勞務價格內之間接稅；

　B 對於接受國境內私有不動產課徵之捐稅，但其代表派遣國為使館用途而置有之不動產，不在此例；

　C 接受國課徵之遺產稅、遺產取得稅或繼承稅，但以不牴觸第 39 條第 4 項之規定為限；

D 對於自接受國內獲致之私人所得課徵捐稅，以及對於在接受國內商務事業上所爲投資課徵之資本稅；

E 爲供給特定服務所收費用；

F 關於不動產之登記費、法院手續費或紀錄費、抵押稅及印花稅；但第 23 條另有規定者，不在此例。

②關稅及查驗之免除（外約 36）：

A 接受國應依本國制定之法律規章，准許下列物品入境，並免除一切關稅及貯存、運送及類似服務費用以外之一切其他課徵：

　a 使館公用物品；

　b 外交代表或與其構成同一戶口之家屬之私人用品，包括供其定居之用之物品在內。

B 外交代表私人行李免受查驗，但有重大理由推定裝有不在本條第 1 項所稱免稅之列之物品，或接受國法律禁止進出口或有檢疫條例加以管制之物品者，不在此限。遇此情形，查驗須有外交代表或其授權代理人在場，方得爲之。

C 軍事義務之免除：接受國對外交代表應免除一個人勞務及所有各種公共服務，並應免除關於徵用、軍事募捐及屯宿等之軍事義務（外約 35）。

(3)社會保險辦法之適用之免除（外約 33）：

①除本條第 3 項另有規定外，外交代表就其對派遣國所爲之服務而言，應免適用接受國施行之社會保險辦法。

②專受外交代表雇用之私人僕役亦應享有本條第 1 項所規定之豁免，但以符合下列條件爲限：

A 非接受國國民且不在該國永久居留者；

B 受有派遣國或第三國之社會保險辦法保護者。

③外交代表如其所雇人員不得享受本條第 2 項所規定之豁免，應履行接受國社會保險辦法對雇主所規定之義務。

④本條第 1 項及第 2 項所規定之豁免不妨礙對於接受國社會保

險制度之自願參加，但以接受國許可參加爲限。

⑤本條規定不影響前此所訂關於社會保險之雙邊或多邊協定，亦不禁止此類協定之於將來議訂。

㈢特權與豁免之範圍（外約37）：

1.外交代表之與其構成同一戶口之家屬，如非接受國國民，應享有第29條至第36條所規定之特權與豁免。

2.使館行政與技術職員暨與其構成同一戶口之家屬，如非接受國國民且不在該國永久居留者，均享有第29條至第35條所規定之特權與豁免，但第31條第1項所規定對接受國民事及行政管轄之豁免不適用於執行職務範圍以外之行爲。關於最初定居時所輸入之物品，此等人員亦享有第36條第1項所規定之特權。

3.使館事務職員如非接受國國民且不在該國永久居留者，就其執行公務之行爲享有豁免，其受雇所得酬報免納捐稅，並享第33條所載之豁免。

4.使館人員之私人僕役如非接受國國民且不在該國永久居留者，其受雇所得酬報免納捐稅。在其他方面，此等人員僅得在接受國許可範圍內享有特權與豁免。但接受國對此等人員所施之管轄，應妥爲行使，以免對使館職務之執行有不當之妨礙。

㈣接受國國民擔任使館職員之特權與豁免（外約38）：

1.除接受國特許享受其他特權及豁免外，外交代表爲接受國國民或在該國永久居留者，僅就其執行職務之公務行爲，享有管轄之豁免及不得侵犯權。

2.其他使館館員及私人僕役爲接受國國民或在該國永久居留者僅得在接受國許可之範圍內享有特權與豁免。但接受國對此等人員所施之管轄應妥爲行使，以免對使館職務之執行有不當之妨礙。

㈤特權與豁免享有期間（外約39）：

1.凡享有外交特權與豁免之人，自其進入接受國國境前往就任之時起享有此項特權與豁免，其已在該國境內者，自其委派通知外交部或另經商定之其他部之時開始享有。

　　2.享有特權與豁免人員之職務如已終止，此項特權與豁免通常於該員離境之時或聽任其離境之合理期限終了之時停止。縱有武裝衝突情事，亦應繼續有效至該時為止。但關於其以使館人員資格執行職務之行為，豁免應始終有效。

　　3.遇使館人員死亡，其家屬應繼續享有應享之特權與豁免，至聽任其離境之合理期間終了之時為止。

　　4.遇非為接受國國民且不在該國永久居留之使館人員或與其構成同一戶口之家屬死亡，接受國應許可亡故者之動產移送出國，但任何財產如係在接受國內取得而在當事人死亡時禁止出口者，不在此例。動產之在接受國純係因亡故者為使館人員或其家屬而在接受國境內所致者，應不課徵遺產稅、遺產取得稅及繼承稅。

　　㈥**豁免之拋棄**：

　　1.外交代表及依第 37 條享有豁免之人對管轄之豁免得由派遣國拋棄之。

　　2.豁免之拋棄，概須明示。

　　3.外交代表或依第 37 條享有管轄之豁免之人如主動提起訴訟即不得對與主訴直接相關之反訴主張管轄之豁免。

　　4.在民事或行政訴訟程序上管轄豁免之拋棄，不得視為對判決執行之豁免亦默示拋棄，後項拋棄須分別為之。

習題：代表一個國家派駐他國的外交人員享有許多的優例和豁免（Privileges and Immunities），請分別舉例說明之。（95 公三）

第四節　領　事

一、領事之概念

　　㈠**領事之意義**：領事（英、法：consul；德 Konsul）是為維護本國通商關係為任務之國家機關。

　　㈡**領事之沿革**：領事之名稱是在中世紀後半，以地中海為中心而發達之商業都市，為仲裁商人間之糾紛及保護商人之利益而選擇之商業仲裁

人開其端。其後十字軍東征，這些商人到了東方乃選擇領事（consul），為了保護自國國民以便依據本國法令執行民事、刑事之審判，此即領事裁判權（consular jurisdiction）。這個制度移植至歐洲，到十五世紀廣泛的推行。領事之派遣原是依據當事國間之條約（尤其是通商航海條約或領事條約），並由君主直接任命。迨十七世紀其權限逐漸受到限制，完全以保護自國國民之商業利益為主，除非殖民國家以外，領事並無法官之身分。1963 年維也納簽署「維也納領事關係公約」（Vienna Convention on Consular Relations），於 1967 年 3 月 19 日生效。依該公約第 5 條，領事職務大致有保護本國國民，促進經濟文化關係之發展，發給國家之護照及旅行證件，發給外人簽證或其他適當文件。但本公約並不影響當事國間現行有效之其他國際協定（領約 73 I）。對於現有領事關係之國家，只有補充之效力。

二、領事館之設立（領約 4）

㈠領館須經接受國同意始得在該國境內設立。

㈡領館之設立地點、領館類別及其轄區由派遣國定之，惟須經接受國同意。

㈢領館之設立地點、領館類別及其轄區確定後，派遣國須經接受國同意始得變更之。

㈣總領事館或領事館如欲在本身所在地以外之地點設立副領事館或領事代理處亦須經接受國同意。

㈤在原設領館所在地以外開設辦事處作為該領館之一部分，亦須事先徵得接受國之明示同意。

習題：何謂領事？並簡述其沿革及領館之設立。

三、領事之派遣與接受

㈠**領事關係的建立**：國與國間領事關係之建立，由派遣國與接受國之間的協議為之（領約 2 I）。國與國間除另有聲明外，兩國同意建立外交關係亦即同意建立領事關係（領約 2 II）。兩國一旦斷絕外交關係並不當然斷絕領事關係（領約 2 III）。

㈡**領館人員之派遣與接受**：派遣國原則上可任意委派領事機關之長，但須由接受國承認始准予執行職務（領約10Ⅰ）。領館館長每次奉派任職，應由派遣國發給委任文憑或類似文書以充其職位之證書，其上通例載明館長之全名，其職類與等級，領館轄區及領館設置地點（領約11Ⅰ）。接受國則應頒給領事機關之長領事認可證書（exequatur），始可執行職務（領約12Ⅰ）。一國拒不發給領事認可證書，無須向派遣國說明其拒絕之理由（領約12Ⅱ）。領事機關之職員原則上由派遣國自由任命之（領約19）。

㈢**不受歡迎人員之表示**：接受國得隨時通知派遣國，宣告某一領事官員為不受歡迎人員（persona non grata），或任何其他領館館員為不能接受（not acceptable），遇此情形，派遣國應視情形召回該員或終止其在領館中之職務（領約23Ⅰ）。倘派遣國拒絕履行或不在相當期間內履行召回之義務，接受國得視情形撤銷關係人員之領事認可證書，或不復承認該員為領館館員（領約23Ⅱ）。任何派為領館人員之人得於其到達接受國國境前（如已在接受國境內，於其在領館就職前），被宣告為不能接受。遇此情形，派遣國應撤銷該員之任命（領約23Ⅲ）。遇上述之情形，接受國無須向派遣國說明其所為決定之理由（領約23Ⅳ）。對此外交使節之構成員也有類似之規定。

習題：試說明領事關係的建立，領館人員之派遣與接受。

四、領事之種類與構成員

㈠**領事之種類**：有職業領事官員及名譽領事官員兩種（領約1Ⅱ）：

1.職業領事官員（career consular officer）：即由本國政府所派遣，領取一定的薪俸，完全從事於領事職務之工作。且職業領事官員不應在接受國內為私人利益從事任何專業或商業活動（領約57）。

2.名譽領事官員（honorary consular officer）：即從居住於接受國之居民選拔而成，並委託以領事之職務之謂。通常都從接受國之從事工商業傑出之人員中選拔，而予委託領事職務者，故不禁止其從事營利行為。

㈡**領事之構成員**（英：members of the consular post）：領事機關之構成員為「維也納領事關係公約」第1條所定之人員：

1.館長及領事官：

(1)領館館長（head of consular post）：謂奉派此職位之人員。

(2)領事官員（consular officer）：謂派任此職承辦領事職務之任何人員，包括領館館長在內（領約 1 I C,D）。

2.領館僱員（consular employee）：謂受僱擔任領館行政或技術事務之任何人員。

3.服務人員（member of the service staff）：謂受僱擔任領館雜務之任何人員。

4.私人服務人員（member of the private staff）：謂受僱專為領館人員私人服務人員。

5.領館館員（members of the consular staff）：謂館長以外之領事官員、領館僱員及服務人員。

五、領事之職務

即領事應在保護派遣國及其國民之工商業上利益，並以維護自國國民之利益為任務。依「維也納領事關係公約」第 5 條之規定：

㈠於國際法許可之限度內，在接受國內保護派遣國及其國民──個人與法人──之利益；

㈡依本公約之規定，增進派遣國與接受國間之商業、經濟、文化及科學關係之發展，並在其他方面促進兩國間之友好關係；

㈢以一切合法手段調查接受國內商業、經濟、文化及科學活動之狀況暨發展情形，向派遣國政府具報，並向關心人士提供資料；

㈣向派遣國國民發給護照及旅行證件，並向擬赴派遣國旅行人士發給簽證或其他適當文件；

㈤幫助及協助派遣國國民──個人與法人；

㈥擔任公證人，民事登記員及類似之職司，並辦理若干行政性質之事務，但以接受國法律規章無禁止之規定為限；

㈦依接受國法律規章在接受國境內之死亡繼承事件中，保護派遣國國民──個人與法人──之利益；

㈧在接受國法律規章所規定之限度內，保護為派遣國國民之未成年人

及其他無充分行爲能力人之利益，尤以須對彼等施以監護或託管之情形爲然；

(九)以不抵觸接受國內施行之辦法與程序爲限，遇派遣國國民因不在當地或由於其他原因不能於適當期間自行辯護其權利與利益時，在接受國法院及其他機關之前擔任其代表或爲其安排適當之代表，俾依照接受國法律規章取得保全此等國民之權利與利益之臨時措施；

(十)依現行國際協定之規定或於無此種國際協定時，以符合接受國法律規章之任何其他方式，轉送司法書狀與司法以外文件或執行囑託調查書或代派遣國法院調查證據之委託書；

(十一)對具有派遣國國籍之船舶，在該國登記之航空機以及其航行人員，行使派遣國法律規章所規定之監督及檢查權；

(十二)對本條第 11 款所稱之船舶與航空機及其航行人員給予協助，聽取關於船舶航程之陳述，查驗船舶文書並加蓋印章，於不妨害接受國當局權力之情形下調查航行期間發生之任何事故及在派遣國法律規章許可範圍內調解船長、船員與水手間之任何爭端。

(十三)執行派遣國責成領館辦理而不爲接受國法律規章所禁止、或不爲接受國所反對、或派遣國與接受國間現行國際協定所訂明之其他職務。

習題：試說明領事的職務。

六、領事職務之執行

(一)**在領館轄區外執行領事職務**：在特殊情形下，領事官員經接受國同意，得在其領館轄區外執行職務（領約 6）。

(二)**在第三國中執行領事職務**：派遣國得於通知關係國家後，責成設於特定國家之領館在另一國內執行領事職務，但以關係國家均不明示反對爲限（領約 7）。

(三)**代表第三國執行領事職務**：經適當通知接受國後，派遣國之一領館得代表第三國在接受國內執行領事職務，但以接受國不表反對爲限（領約 8）。

七、領事之特權與豁免（英：consular privileges and immunities）

(一)**不可侵犯權**：

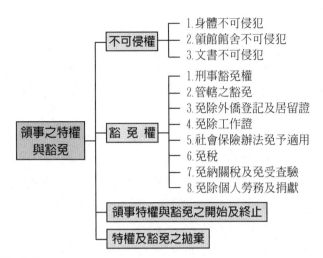

1.身體不可侵犯：

　⑴領事官員人身不得侵犯（領約41）：

　　①領事官員不得予以逮捕候審或羈押侯審，但遇犯嚴重罪行之情形，依主管司法機關之裁判執行者不在此列。

　　②除有本條第 1 項所規定之情形外，對於領事官員不得施以監禁或對其人身自由加以任何其他方式之拘束，但為執行有確定效力之司法判決者不在此限。

　　③如對領事官員提起刑事訴訟，該員須到管轄機關出庭。惟進行訴訟程序時，應顧及該員所任職位予以適當之尊重，除有本條第 1 項所規定之情形外，並應儘量避免妨礙領事職務之執行。遇有本條第 1 項所稱之情形，確有羈押領事官員之必要時，對該員提起訴訟，應儘速辦理。

　⑵行動自由：除接受國為國家安全設定禁止或限制進入區域所訂法律規章另有規定外，接受國應確保所有領館人員在其境內行動及旅行之自由（領約34）。

2.領館館舍不可侵犯（領約31）：

　⑴領館館舍於木條所規定之限度內不得侵犯。

　⑵接受國官吏非經領館館長或其指定人員或派遣國使館館長同

意，不得進入領館館舍中專供領館工作之用之部份。惟遇火災或其他災害須迅速採取保護行動時，得推定領館館長已表示同意。

(3)除本條第 2 項另有規定外，接受國負有特殊責任，採取一切適當步驟保護領館館舍免受侵入或損害，並防止任何擾亂領館安寧或有損領館尊嚴之情事。

(4)領館館舍、館舍設備以及領館之財產與交通工具應免受為國防或公用目的而實施之任何方式之徵用，如為此等目的確有徵用之必要時，應採取一切可能步驟以免領館職務之執行受有妨礙，並應向派遣國為迅速、充分及有效之賠償。

3.文書不可侵犯：

(1)領館檔案及文件不得侵犯：領館檔案及文件無論何時，亦不論位於何處，均屬不得侵犯（領約 33）。

(2)通訊自由（領約 35）：

①接受國應准許領館為一切公務目的自由通訊，並予保護。領館與派遣國政府及無論何處之該國使館及其他領館通訊，得採用一切適當方法，包括外交或領館郵袋及明密碼電信在內，但領館須接受國許可，始得裝置及使用無線電發報機。

②領館之來往公文不得侵犯，來往公文係指有關領館及其職務之一切來往文件。

③領館郵袋不得予以開拆或扣留。但如接受國主管當局有重大理由認為郵袋裝有不在本條第 4 項所稱公文、文件及用品之列之物品時，得請派遣國授權代表一人在該當局前將郵袋開拆。如派遣國當局拒絕此項請求，郵袋應予退回至原發送地點。

④構成領館郵袋之包裹須附有可資識別之外部標記，並以裝載來往公文及公務文件或專供公務之用之物品為限。

⑤領館信差應持有官方文件，載明其身份及構成領館郵袋之包裹件數。除經接受國同意外，領館信差不得為接受國國民，亦不得為接受國永久居民，但其為派遣國國民者不在此限。其於執行職務時，應受接受國保護。領館信差享有人身不得

　　　　侵犯權，不受任何方式之逮捕或拘禁。
　　⑥派遣國，其使館及領館得派特別領館信差。遇此情形，本條
　　　　第五項之規定亦應適用，惟特別信差將其所負責攜帶之領館
　　　　郵袋送交收件人後，即不復享有該項所稱之豁免。
　　⑦領館郵袋得託交預定在准許入境地點停泊之船舶船長或在該
　　　　地降落之商營飛機機長運帶。船長或機長應持有官方文件，
　　　　載明構成郵袋之包裹件數，但不得視爲領館信差。領館得與
　　　　主管地方當局商定，派領館人員一人逕向船長或機長自由提
　　　　取領館郵袋。
㈡豁免權：
　　1.刑事豁免權：遇領館館員受逮捕候審或羈押候審，或對其提起刑
事訴訟時，接受國應迅即通知領館館長。倘領館館長本人爲該項措施之
對象時，接受國應經由外交途徑通知派遣國（領約42）。
　　2.管轄之豁免（領約43）：
　　⑴領事官員及領館僱員對其爲執行領事職務而實施之行爲不受接
　　　　受國司法或行政機關之管轄。
　　⑵惟本條第1項之規定不適用於下列民事訴訟：
　　　　①因領事官員或領館僱員並未明示或默示以派遣國代表身份而
　　　　　訂契約所生之訴訟；
　　　　②第三者因車輛、船舶或航空機在接受國內所造成之意外事故
　　　　　而要求損害賠償之訴訟。
　　3.免除外僑登記及居留證（領約46）：
　　⑴領事官員及領館僱員，以及與其構成同一戶口之家屬應免除接
　　　　受國法律規章就外僑登記及居留證所規定之一切義務。
　　⑵但本條第1項之規定對於任何非派遣國當任僱員，或在接受國
　　　　內從事私人有償職業之領館僱員，應不適用，對於此等僱員之
　　　　家屬，亦不應適用。
　　4.免除工作證（領約47）：
　　⑴領館人員就其對派遣國所爲之服務而言，應免除接受國關於僱

用外國勞工之法律規章所規定之任何有關工作證之義務。

⑵屬於領事官員及領館僱員之私人服務人員，如不在接受國內從事其他有償職業，應免除本條第 1 項所稱之義務。

5.社會保險辦法免予適用（領約 48）：

⑴除本條第 3 項另有規定外，領館人員就其對派遣國所為之服務而言，以及與其構成同一戶口之家屬，應免適用接受國施行之社會保險辦法。

⑵專受領館人員僱用之私人服務人員亦應享有本條第 1 項所規定之豁免，但以符合下列兩項條件為限：

①非為接受國國民且不在該國永久居留者；

②受有派遣國或第三國所施行之社會保險辦法保護者。

⑶領館人員如其所僱人員不享受本條第 2 項所規定之豁免時，應履行接受國社會保險辦法對僱用人所規定之義務。

⑷本條第 1 項及第 2 項所規定之豁免並不妨礙對於接受國社會保險制度之自願參加，但以接受國許可參加為限。

6.免稅（領約 49）：

⑴領事官員及領館僱員以及與其構成同一戶口之家屬免納一切對人或課徵之國家、區域或地方性捐稅，但下列各款不在此列。

①通常計入商品或勞務價格內之一類間接稅；

②對於接受國境內私有不動產課徵之捐稅，但第 32 條之規定不在此限；

③接受國課徵之遺產稅、遺產取得稅或繼承稅及讓與稅，但第 51 條第 2 款之規定不在此項；

④對於自接受國獲致之私人所得，包括資本收益在內，所課徵之捐稅以及對於在接受國內商務或金融事業上所為投資課徵之資本稅；

⑤為供給特定服務所徵收之費用；

⑥登記費、法院手續費或紀錄費、抵押稅及印花稅，但第 32 條之規定不在此限。

⑵領館服務人員就其服務所得之工資，免納捐稅。

⑶領館人員如其所僱人員之工資薪給不在接受國內免除所得稅時，應履行該國關於徵收所得稅之法律規章對僱用人所規定之義務。

7.免納關稅及免受查驗（領約50）：

⑴接受國應依本國制定之法律規章，准許下列物品入境並免除一切關稅以及貯存、運送及類似服務費用以外之一切其他課徵：

①領館公務用品；

②領事官員或與其構成同一戶口之家屬之私人自用品，包括供其初到任定居之用之物品在內。消費用品不得超過關係人員本人直接需用之數量。

⑵領館僱員就其初到任時運入之物品，享有本條第1項所規定之特權和豁免。

⑶領事官員及與其構成同一戶口之家屬所攜私人行李免受查驗。倘有重大理由認為其中裝有不在本條第1項第2款之列之物品或接受國法律規章禁止進口或須受其檢疫法律規章管制之物品，始可查驗。此項查驗應在有關領事官員或其家屬前為之。

8.免除個人勞務及捐獻（領約52）：接受國應准領館人員及與其構成同一戶口之家屬免除一切個人勞務及所有各種公共服務，並免除類如有關徵用、軍事捐獻及屯宿等之軍事義務。

（三）**領事特權與豁免之開始及終止**（領約53）：

1.各領館人員自進入接受國國境前往就任之時起享有本公約所規定之特權與豁免，其已在該國境內者，自其就領館職務之時起開始享有。

2.領館人員之與其構成同一戶口之家屬及其私人服務人員自領館人員依本條第1項享受特權及豁免之日起，或自本人進入接受國國境之時起，或自其成為領館人員之家屬或私人服務人員之日起，享有本公約所規定之特權與豁免，以在後之日期為準。

3.領館人員之職務如已終止，其本人之特權與豁免以及與其構成同一戶口之家屬或私人服務人員之特權與豁免通常應於各該人員離接受國

國境時或其離境之合理期間終了時停止，以在先之時間爲準，縱有武裝衝突情事，亦應繼續有效至該時爲止。就本條第 2 項所稱之人員而言，其特權與豁免於其不復爲領館人員戶內家屬或不復爲領館人員僱用時終止，但如此等人員意欲於稍後合理期間內離接受國國境，其特權與豁免應繼續有效，至其離境之時爲止。

　　4.惟關於領事官員或領館僱員爲執行職務所實施之行爲，其管轄之豁免應繼續有效，無時間限制。

　　5.遇領館人員死亡，與其構成同一戶口之家屬應繼續享有應享之特權與豁免至其離接受國國境時或其離境之合理期間終了時爲止，以在先之時間爲準。

　　㈣**特權及豁免之拋棄**（領約 45）：

　　1.派遣國得就某一領館人員拋棄第 41 條、第 43 條及第 44 條所規定之任何一項特權及豁免。

　　2.除本條第 3 項所規定之情形外，特權及豁免之拋棄概須明示，並應以書面通知接受國。

　　3.領事官員或領館僱員如就第 43 條規定可免受管轄之事項，主動提起訴訟，即不得對與本訴直接相關之反訴主張管轄之豁免。

　　4.民事或行政訴訟程序上管轄豁免之拋棄，不得視爲對司法判決執行處分之豁免亦默示拋棄；拋棄此項處分之豁免，須分別爲之。

習題：
一、試述領事有何特權？
二、試說明領事有何豁免權？

第五節　其他國家機關

一、國家元首

　　元首（英：head of a state；德：Staatsoberhaupt；法：chef de l'Etat）具有對外代表國家之資格的國家機關。通常元首的地位，係由各該國家之憲法所明定，惟在一國之內應由何人居元首之職，依各國法律制度而不同；

在君主國以世襲之國王或皇帝為元首，任期終身；共和國以選舉的總統為元首，有一定之任期；但如瑞士係由聯邦委員會（Bundesrat）之主席任聯邦總統之職（瑞憲 98）。在國際法上，元首為國家之代表機關，因此擁有派遣大使、領事等外交官及接受外國使節、締結條約、宣戰媾和等權。我國元首依憲法規定為人民直接選舉之總統，並由總統對外代表中華民國（憲 35）。因元首有外交特權及豁免權，因此元首在外國與外交使節享有同等特權。即對其身體及名譽為不可侵犯。因此對其刑事裁判權擁有絕對之豁免權，但對於民事裁判是否有豁免權，有絕對之免除與限制免除等之不同。惟如未出示身分，自行在外國旅行時，則與一般私人之地位相同。

不過關於外國元首有無絕對之刑事豁免權，有皮納雪特（Pinochet）事件可為參考。Pinochet 原是陸軍司令官，於 1973 年以政變掌握政權，從 74 年起就任總統，直至 90 年為鎮壓左派之反對勢力，有組織性的殺人、刑求、誘拐等大規模的整肅，Pinochet 於 1998 年 10 月為治病赴倫敦療養，西班牙之預審法官乃透過國際刑事警察機構，請求英國警察加以逮捕。理由是 1973-83 年間對西班牙人加以種族殺害、刑求與失蹤之罪責，於是倫敦警察乃前往醫院逮捕 Pinochet。但英國高等法院認為原國家元首在其任期中之行為，因有豁免權所以是違法逮捕，但是到了貴族院卻推翻高等法院之見解，認為在國際法上刑求或種族殺害，並不包含在國家元首之任務內，不能適用豁免權，認為逮捕是合法行為，其後貴族院再實施重審，重審結果也認定逮捕是合法，這一決定，對於 Pinochet 的侵害人權行為，外國政府也可以過問而為世界所注目，不過到 2000 年 3 月 Pinochet 以健康上之理由，允許其回歸智利國家。

習題：國家元首在外交上有何職權？有何特權？試說明之。

二、行政首長、外交部長

㈠**行政首長**（Head of government），指行政院長或內閣總理而言。1973 年應受「國際保護人員公約」第 1 條第 1 項規定，應受保護的人員包括政府首長。

　㈡**外交部長**：外交部長擁有指揮監督本國之外交使節及領事之職權，並透過外交部實施國際性交涉，如外交部長直接與外國實施外交交涉時，外交部長在國際法上具有臨時外交使節之資格。尤在元首擁有象徵地位之情形下，行政首長或外交部長，更有直接與外國交涉之權。依「維也納條約法公約」第 7 條第 2 項：下列人員由於所任職務毋須出具全權證書，視爲代表其國家：

　　1.國家元首、政府首長及外交部長，爲實施關於締結條約之一切行爲；

　　2.使館館長，爲議定派遣國與駐在國間條約約文；

　　3.國家派往國際會議或派駐國際組織或該國際組織一機關之代表，爲議定在該會議、組織或機關內議定之條約約文。

三、軍隊、軍艦、軍用航空機

　㈠**外國軍隊**（英：military forces abroad, foreign armed forces）：即戰時的佔領軍及駐在自國領域內之同盟國軍隊，在平時於國家同意之下駐在之外國軍隊而言。軍隊、軍艦、軍用航空機，在他國許可，或基於條約之規定，駐在他國領域時，得從該國享有一定之特權。一國之軍隊駐在他國領域內時，其軍隊構成員享有免除駐在國裁判之權。但刑事裁判權是否得免除，則依關係國間之條約而定。

　㈡**軍艦**（英：warship, man-of-war；德：Kriegsschiff；法：navire de guerre）：即屬於一國之海軍，備具該國軍艦外部識別標誌之船舶。由政府正式任命之軍官指揮，指揮官姓名見於海軍名冊，其船員服從正規海軍紀律者（公海 8）。即軍艦是指屬於一國武裝部隊、具備辨別軍艦國籍的外部標誌、由該國政府正式委任並名列相應的現役名冊或類似名冊的軍官指揮和配備有服從正規武裝部隊紀律的船長的船舶（聯海 29）。軍艦因須服從船旗國之支配，在公海亦不受任何國家管轄權之支配（聯海 95）。如有發生海盜行爲，軍艦可進行臨檢和扣押（聯海 107、110）。在他國之領海內是否有無害通行權雖有爭議，大部分均持肯定說。軍艦雖在他國之領海或內水航行，但不受沿岸國之管轄，在他國之領海內，也不必遵守沿岸國

之法令，沿岸國如不同意，頂多只能要求其從領海退去（聯海30）。

(三)**軍用航空機**（英：military aircraft；德：Militärflugzeug；法：avion militaire）：
爲軍事用途之航空機。各國必須有表示軍用之標幟，並須予以懸掛。國與
國間發生武力爭端時，只有軍用航空機才能從事敵對行爲。1919年巴黎國
際航空條約及 1923 年空戰規則認爲軍用航空機之要件，除了須具備上述
之標幟外，飛機上之人員必須是受軍事上之指揮始可（巴黎航空條約31，空戰
規則3、14）。軍用航空機如受一國之許可而飛行於該國之領空時，與軍艦同
樣享有特權與豁免權。在公海上之權限亦與軍艦所享者相同（聯海107、110
IV、111V）。

第六節　對外交代表之保護

一、防止侵害外交代表罪行公約（英：Convention on the Prevention and Punishment of Crimes against Internationlly Protected Persons, including Diplomatic Agents）

於1973年12月14日聯合國第二十八屆大會（XXVIII）通過，於1977
年2月20日生效。簡稱「國家代表等保護公約」或「外交官保護公約」。
當事國有89國。以聯合國國際法委員會所起草之草案爲基礎而作成。由
前文及20條條文所構成。本公約應受國際保護人員是指一國元首、政府
首長、外交部長及其家屬之辦公館舍、私人寓所或其交通工具（第1條），
對應受保護人員進行謀殺、綁架或對其公用館舍、私人寓所或交通工具
進行暴力攻擊時，每一締約國應按照這類罪行的嚴重性處以適當之懲罰
（第2條）。在自國領域內所實施之犯罪行爲應確定其管轄權（第3條）。締約
國於嫌犯在其領域內如不予引渡，則須依照法定程序提起刑事訴訟（第7、
8條）。本公約是爲應付1970年代以來對外交官恐怖攻擊而制定者。

二、美國大使館人員在德黑蘭之人質事件

儘管1977年實施「防止侵害外交代表罪行公約」，但是1979年11
月4日在伊朗首都德黑蘭之美國大使館仍發生伊朗民眾占領該使館，並

拘留大使館人員爲人質之事件。何梅尼政權以過去美國對伊朗之榨取與干涉而採放任之態度。美國乃請求聯合國安全理事會調停，凍結伊朗之財產，並向國際司法法院申訴。安全理事會雖於同年 12 月 4 日以決議 457 號請其即時釋放人質，因蘇俄行使否決權，致經濟制裁亦無疾而終。其後西歐各國亦對伊朗禁止進出口措施，而美國亦採取軍事行動以營救人質（1980.4.24），但均告失敗。國際司法法院於 1980 年 5 月 24 日判決伊朗違反國際法，應即時釋放人質，並撤退入侵人員，對違法占據及扣押之公館、財產、公文書等應即時返還美國，但伊朗竟相應不理。經阿爾及利亞之調停，人質被拘禁 444 日後，於 1981 年 1 月 20 日始被釋放。關於兩國人民對於對方國家之財產請求權，則由設置在海牙之伊朗、美國請求法院審理。

第六章　國家之基本權利義務

第一節　國家之基本權利義務

　　國家在國際法上之權利義務，因各國條約之規定雖有差異，但國家在國際習慣法上有其基本權利義務。這種基本權利義務到十九世紀是基於自然法思想，最初是普芬道夫（Samuel Pufendorf, 1632-1694），他於 1672年出版《自然法與萬民法論》，他主張在國際上除自然法之外，無其他法律，其後為瓦特爾（Emmerich de Vattel, 1714-1767）所著《萬國法》（1758 年）所主張，即將自然法理論應用於國際關係，提出自由與平等的原理。但到十九世紀與二十世紀初，尤以美國國際法學會盛行實證法思想，因此在 1933 年美洲通過「蒙特維多公約」，1949

普芬道夫

年聯合國大會通過《國家基本權利義務宣言》十四條。茲分述：

一、蒙特維多國家權利義務公約

　　1933 年 12 月 26 日參加第七屆美洲國家會議的政府，在烏拉圭之首都蒙特維多（Montevideo）通過，於 1934 年 12 月 26 日生效。又稱為「**蒙特維多公約**」。會員國有 16 國。全文共 16 條條文。

　　㈠**國家要件**：國家作為國際法人應具備下列要件（第 1 條）：

　　　1.固定的居民。

　　　2.一定界限的領土。

　　　3.政府。

　　　4.與他國交往之能力。

　　㈡**權利與能力之平等**：國家在法律上都是平等的。它們享有平等的權利並具有同等的行為能力（第 4 條）。國家的基本權利不得以任何方式加以侵犯（第 5 條）。

　　㈢**政治存在與承認之關係**：

1.國家在政治上的存在並不依靠於他國的承認。甚至尚未得到承認的國家亦有權捍衛本國的領土完整與獨立，為本國的保存與繁榮作安排，因而也有權按照它所認為合適的方式組織起來，有權制訂維護本國利益的立法，管理本國的服務部門並確定本國法院的管轄範圍與權限。除其他國家根據國際法行使權利外，上述權利不受任何限制（第3條）。

2.承認之意義：對國家的承認，僅僅意味著承認對方的國際人格，並承認其具有國際法所確定的一切權利和義務。承認是無條件的，並不得撤回（第6條）。

3.承認之方式：對國家的承認可以有明示或默認。後者是由任何一種含有承認新國家的意圖的行為所產生的（第7條）。

㈣**不干涉之原則**：任何國家都無權干涉他國的內政或外交（第8條）。

㈤**國家之管轄權**：國家在本國領土範圍內的管轄權適用於一切住民。本國國民受到法律和本國當局的同樣保護，外國人不得要求不同於或更多於本國國民所享有的權利（第9條）。

㈥**和平維持之義務**：各國的首要利益在於保衛和平。在它們之間所產生任何性質的分歧，均應通過公認的和平方法加以解決（第10條）。

習題：蒙特維多國家權利義務公約對國家之權利義務有何規定？

二、1946年12月6日聯合國大會通過之《國家權利義務宣言》規定

國家之權利義務

基本權利義務思想	自然法思想	最先是普芬道夫所著《自然法與萬民法》其後為十九世紀末，二十世紀初瓦特爾之《萬國法》。
	實證法思想	十九・二十世紀美國國際法學會
基本權利	1.獨立權 2.領土管轄權 3.平等權 4.自衛權	
基本義務	1.基本人權之尊重 2.對他國不干涉義務	

3.不鼓勵他國內亂
4.不威脅和平之義務
5.和平解決爭端之義務
6.不行使武力之義務
7.不協助侵略國之義務
8.侵略國取得的領土不予承認之義務
9.履行國際法之義務
10.遵照國際法之原則

㈠國家之權利：

1.獨立權：各國有獨立權，因而有權自由行使一切合法權力，包括其政體之選擇，不接受其他任何國家之命令。（第1條）

2.領土管轄權：各國對其領土以及境內之一切人與物，除國際法公認豁免者外，有行使管轄之權。（第2條）

3.平等權：各國有與他國在法律上平等之權利。（第5條）

4.自衛權：各國受武力攻擊時，有行使單獨或集體自衛之權利。（第12條）

㈡國家之義務：

1.基本人權尊重之義務：各國對其管轄下之所有人民，有不分種族、性別、語言或宗教，尊重其人權及基本自由之義務。（第6條）

2.對他國不干涉義務：各國對任何他國之內政外交，有不加干涉之義務。（第3條）

3.不鼓動他國內亂：各國有不在他國境內鼓動內亂，並防止本國境內有組織鼓動此項內亂活動之責任。（第4條）

4.不威脅和平之義務：各國有保證其領土內之情況不威脅國際和平與秩序之義務。（第7條）

5.和平解決爭端之義務：各國有以和平方法解決其與他國之爭端，俾免危及國際和平安全及正義之義務。（第8條）

6.不行使武力之義務：各國有責不得藉戰爭為施行國家政策之工具，並不得使用威脅或武力，或以與國際法律秩序牴觸之任何其他方法，侵害他國之領土完整或政治獨立。（第9條）

7.不協助侵略國之義務：對於任何正在採取違反第九條之行動之國家，或聯合國正對其採取防止或強制措施之國家，各國有不予協助之義務。（第 10 條）

8.侵略國取得之領土不予承認之義務：各國對於他國採取違反第九條之行動而獲得之任何領土，有不予承認之義務。（第 11 條）

9.履行國際法之義務：各國有一秉信誠履行由條約與國際法其他淵源而產生之義務，並不得藉口其憲法或法律之規定而不履行此種義務。（第 13 條）

10.遵照國際法之原則：各國有責遵照國際法及國際法高於各國主權之原則，處理其與他國之關係。（第 14 條）

三、1970 年 10 月 24 日聯合國大會通過《友好關係原則宣言》內規定國家之權利義務

㈠各國在其國際關係上應避免為侵害任何國家領土完整或政治獨立之目的，或以與聯合國宗旨不符之任何其他方式使用威脅或武力之原則。

㈡各國應以和平方法解決其國際爭端、俾免危及國際和平、安全及正義之原則。

㈢依照憲章不干涉任何國家國內管轄事件之義務原則。

㈣各國依照憲章彼此合作之義務。

㈤各民族享有平等權利與自決權之原則。

㈥各國主權平等之原則。

㈦各國應一秉誠意履行其依憲章所負義務之原則。

習題：試說明國家的權利與義務。

第二節　主　權

主權（英：sovereignty；德：Souveränität；法：souveraineté）一詞，字源於拉丁文 superanus，含有「最高」或「較高」之意。一般認為主權是指國家對於領土內的所有個人或團體擁有絕對的支配權力，不服從任何其

他法律上的限制，而在國際法上具有獨立自主之中心概念，不隸屬於任何其他權力之國家權力。因此一般學者均將主權解釋爲國家之最高權力。蓋社會爲統一其內部的分裂，並使其構成有秩序的統一體而形成國家，是故此種分裂與統一之綜合的最高原動力，稱爲國家之最高權力。此國家之最高權力屬於一人時爲君主主權，屬於國民全體時爲國民主權。

一、主權之性質

㈠**國家之最高權力係構成國家之中心概念**：傳統學說認爲國民、領域與國家最高權力三者爲構成國家之三要素，缺一不可。由學理上分析，三者之比重並非完全相同，蓋如國民無國家權力爲其後盾，則只是一般人類而已；而領域如與國家權力脫離關係，亦不過以水土與空氣爲其要素。是故，要以一定之人類生存於國家權力之下，始爲國民，而一定的水土或空間存在於國家權力之下，始爲領土。由此而論，則構成國家之中心概念者，惟國家最高權力而已。

㈡**國家之最高權力係一種權力而非權利**：蓋權利以法律預先存在爲前提，而國家之最高權力不僅不以法律之預先存在爲前提；相反地，其本身爲法律存在之前提。對於社會集團而言，是一種組織性之支配力，是故，它是制定法律、維持法律與運用法律之力。

習題：試說明主權之意義與性質。

二、主權平等（英：sovereign equality）

即各個國家在法律上平等之主權平等的原則，不論國家在面積、人口、經濟力、軍事力有不同之差異，各國應有平等處遇之權利，而爲國家基本權之一。此自格老秀斯就有**國家平等**（equality of states）原則之主張，但其具體內容並不明確。聯合國憲章第 2 條第 1 款規定：「本組織係基於各會員國主權平等之原則」。1970 年友好關係原則宣言：「重申主權平等依憲章所具有之基本重要性，並強調唯有各國享有主權平等並在其國際關係上充分遵此一原則的要求，聯合國之宗旨始克實現。」對於國家主權之平等有兩點值得提及㈠各國在法律上是平等的；㈡各國在其主權內擁有各種國家權利。關於主權平等有形式平等與實質平等兩種；茲分述之：

(一) 形式平等	傳統之國家主權的平等，係指形式平等而言，又可分為二： 1.國際法定位上之平等：譬如在國際法制定之時，國家代表之地位平等，投票權也是平等，則一國一票，在國家間沒有差異性。 2.法律之前之平等：即適用國際法時，任何國家都受平等待遇。
(二) 實質平等	即所制定之國際法的內容在權利義務上必須平等，也是為修正現存國家間能力之差別而為。如 1969 年之「維也納條約法公約」的前文謂：「自由同意與善意之原則」並詳細規定條約之無效原因(條46-53)。此種規定係在透過自由意思，以確保條約內容之實質平等。又如在國家繼承方面對新獨立國家做較有利之處理，而在「聯合國海洋法公約」對於 200 浬之專屬經濟區域及深海底制度，沿革上是以經濟開發中國家之主張為基礎，這些新制度是在排除為先進國家利益設想之自由開發，也是為考慮開發中國家之利益而採取之國際管理方式。

習題：在國際上國家有大小之分，主權是否亦有大小之分，大國與小國之
　　　主權是否平等？

三、主權之相互尊重

　　到 2006 年止聯合國共有 192 個會員國，這還不包括臺灣與梵蒂岡城邦國家在內，這些國家的國民在日常生活上也都須遵守其國家的法律，如有違反可能就有相應的罰金、拘役、徒刑或死刑在伺候。這些刑罰都在各該國家之領域內以國家力強制執行。不論是該國國民或外國人，只要在領域內當須遵守該國之法律，所以國家在領域內原則上擁有排他性的最高權力，稱為領域主權。各國應對他國之領域主權有互相尊重之義務。這種互相尊重之體制，稱為主權國家體制，國際社會基本上就是由這些主權國家所構成之社會。但自進入廿一世紀，因貿易、經濟、製造業之國際分工與資訊之全球化，主權國家之地位，似有動搖之趨勢，尤其是歐盟建立，各地成立共同市場以後，此種趨勢有明顯的進展。

四、主權權利 (英：sovereign rights)

　　並非指國家擁有主權之權利，而是指附屬於國家主權之上的各種權利而言，尤其在海洋法，沿海國對於大陸礁層及專屬經濟區域內的權利，如探勘和開發、養護和管理海床上覆水域和海床及其底土的自然資源(不

論為生物或非生物資源）為目的的主權權利，以及關於在該區內從事經濟性開發和探勘，如利用海水、海流和風力產生能量等其他活動的主權利。又沿海國為探勘大陸架和開發其自然資源為目的，對大陸架行使主權權利（聯海 56、77）。這些權利並非如領域主權具有排他性權利，因此沿海國在專屬經濟區域內，依據海洋法行使其權利和履行其義務時，應適當顧及其他國家的權利和義務，並應以符合海洋公約規定的方式行事。

第三節　主權豁免

所謂主權豁免（英：sovereign immunity；德：souveräne Immunität；法：immunité de souveraine），即對外國國家之訴訟，國內法院並不擁有管轄權之國際法原則。可分為裁判權之豁免與強制執行之豁免：

一、裁判權之豁免

國家關於其行為或財產不受外國裁判權之管轄之謂。此原則又稱為國家豁免（state immunity）或國家之裁判權豁免（jurisdictional immunity）。主權豁免之根據在因為國家是平等，而依法諺「對等者，對於對等者沒有支配權」（par in parem non habet imperium）或為維持相對國之友好關係而為。如 1812 年美國聯邦最高法院之判決認為由於主權之完全平等與絕對的獨立，因此領域管轄權可以部分放棄而承認軍艦之裁判權的豁免。為國際聯盟籌開國際法編纂會議的專家委員會在報告中說：「外國行使主權的行為，如在一國被控，一國法庭應無管之權。①」

㈠**豁免之主體**：即主權國家擁有豁免權。但被保護國、未承認國、聯邦國之各邦，或地方自治團體是否有豁免權仍有問題。

㈡**豁免之對象**：

1.絕對豁免主義（doctrine of absolute immunity）：此主義並非所有事項都予豁免，如以法庭所在地以不動產為目的之權利關係的訴訟，或法庭所在地之財產繼承有關之訴訟都以不適用裁判豁免為多。因此絕對豁免

---

① 見杜蘅之著：國際法大綱，上冊，臺灣商務，第 104 頁。

主義則以國家活動範圍爲限，通常有關於私人之經濟活動則不予豁免爲前提。但自進入二十世紀，國家活動範圍擴大，國家由原來私人或私人所經營之企業，以國家名義介入成爲經濟活動之主體，尤其蘇俄等社會主義國家，由國家獨占國際貿易之情形。如果國家與外國私人交易之機會增加，而適用絕對豁免主義，則對交易之安全與私人之保護將無法週全。如政府所有船舶使用在商業目的時，是否仍適用絕對豁免主義當然成爲問題，因此 1926 年「布魯塞爾條約」，對於政府所有船舶如使用在商業目的，則否定其豁免權。

　　2.限制豁免主義（doctrine of restrictive immunity）：則在各國國內判例或國內立法，或在條約簽定上對主權豁免之範圍以採用限制豁免主義爲多。自十九世紀末，不屬於主權行爲者，也都否認裁判權豁免之國內判例陸續出現。原來支持絕對豁免主義之美國，自 1952 年起也轉採限制豁免主義，1976 年外國主權豁免法內也採限制豁免主義。英國於 1978 年國家豁免法內，對國家一定活動，採用除了商業活動之外的限制豁免主義。加拿大（1982 年）、澳洲（1985 年）均採用限制豁免主義。而聯合國國際法委員會於 1991 年作成「國家及國有財產裁判權豁免有關條約草案」，此草案亦原則上採限制豁免主義。

　　3.限制豁免主義之基準：

　　　(1)限制豁免主義之區別：

　　　　①認定爲豁免之行爲：此指主權行爲或權力行爲（act jure imperi）或公法上行爲（public act）。

　　　　②不認爲豁免之行爲：此指業務管理行爲或職務行爲（act jure gestionis）或私法上行爲（private act）。

　　　(2)區別之基準：

　　　　①行爲目的說：則注重在該活動之目的，是否爲達成國家主權爲目的或公法上目的而行爲者，來加以區分。

　　　　②行爲性質說：則注重在該活動之客觀上性質，如契約等原來私人可以行爲者，不論其目的爲何，以業務的管理行爲而否定其豁免。目前澳洲、德國等，均採此立場，尤其是商場上交易、

商業活動或簽定契約，不論美國之外國主權豁免法或英國之國家豁免法，均採行為性質說以決定豁免之可否。另一方面聯合國國際法委員會對於「商業交易」上，雖以契約或交易之性質為主要區分，但對目的也列入考慮，不得不注意。

二、強制執行之豁免

裁判權豁免被否決，則裁判權行使後，為保全權利或判決執行而對人之管收或財物之收押等有強制執行之必要時，則強制執行之豁免乃成問題。

(一)**與裁判權豁免之關係**：

1.裁判權豁免就是放棄，並不必然強制執行的豁免就自動放棄，而須另作放棄之處理（國際法委員會草案18II）。

2.站在限制豁免之義之立場，如不認定裁判權之豁免，是否強制執行亦不予豁免。譬如瑞士如不認定裁判權之豁免，則強制執行亦不承認豁免。通常裁判權之豁免與強制執行之豁免係分開處理，因此如認定裁判權不得豁免，並非當然認為強制執行不得豁免。一般站在限制豁免主義之立場者，對於強制執行雖無新的豁免之同意，但從財產之性質言，在扣押時，重新認定乃是國際法委員會之立場。

(二)**依據財產性質之區分**：

1.執行對象之財產：一般之業務性與管理性有關之財產，則列為執行之對象。通常用在商業活動之國有財產或政府事業體之財產，不能免除強制執行。

2.執行豁免之財產：一般關係到主權或公法上之財產，則列為執行豁免之對象。如用在外交、領事之不動產，與外國軍隊軍事活動相關之財產，通常可由強制執行獲得豁免。此外，外國中央銀行之財產只為中央銀行所用時可以豁免。寄存在法院管轄地銀行之外國國家資金，以該存款因在主權行為與商業行為之不同，其處理亦有不同。但以外國使節團名義所為之存款，如有支付一般經費之證明，則不得為強制執行之對象。

習題：解釋名詞：有關國家豁免原則的限制豁免理論？（98公升）

第四節　主權之限制與轉讓

在二十世紀的 40 年代以來，在世界聯合或世界政府的理念下，爲促進世界和平，主權概念和主權原則已不斷受到批評，並已有立法限制主權之作法。如 1946 年法國第四共和憲法前言中有一段稱：「在相互主義之保留下，法國爲和平的組織與防衛之必要願承受對主權之限制。」1948年義大利憲法第 11 條規定，義大利「在他國相互條件下，同意限制主權，以保障國際和平與正義之秩序。義大利爲達此目的，協助並促進國際組織。」1949 年德國基本法第 24 條規定：「㈠聯邦得依法律將其主權轉讓於國際組織。㈡聯邦爲維持和平，得參加相互保障集體安全之組織；聯邦且爲建立並保障歐洲及世界各國間之恆久和平秩序，贊同主權之限制。」

此雖爲達成世界和平之目的，不啻是最有效方式之一，不過在法國與義大利之憲法中尚保留有「相互主義」之條件，則表示對主權之限制仍有其界限。而德國因係二次大戰後戰敗，國家被四國佔領，其後分列爲東、西德。1972 年 12 月 21 日東、西德簽訂基本條約，雙方同意在平等基礎上，發展睦鄰關係，放棄使用武力或以武力爲威脅，促進歐洲之合作，效力於國際裁減軍備，相互尊重其獨立主權並共謀解決實際及人道問題。這個條約簽訂後，德國的主權正式分裂爲二，直至 1990 年 5 月18 日，東、西德簽署關於貨幣經濟暨社會保障同盟的「國家條約」，並於 7 月 1 日正式生效。嗣於 8 月 31 日兩德政府關於實現政治統一的「統一條約」，同年 10 月 3 日東德加入德意志聯邦共和國，德國乃正式統一。因此德國於戰敗後，一方面在基本法上規定可轉讓國家主權，一方面又自我簽訂條約，使主權分裂爲二，最後又以統一將主權合而爲一。主權的可變性已不如以往學說之絕對而神聖。

習題：一國之主權是否具有絕對性，可否改變其形式？試就德國之經驗說明之。

第五節 內政不干涉

內政不干涉（英；non-intervention in the domestic matters），又稱為**國內不干涉**或**國內管轄事項不干涉**之原則。一國之政治、經濟、社會、文化等問題，應由該國之國民依其自由意思而決定，不應受外國之干涉或強制。此亦為聯合國憲章第 2 條第 7 項之規定，而成為國際法原則之一。但以今日歐洲各國組成歐洲聯盟（EU）的國際機構，各國在深化相互依賴關係下，無論國內問題也成國際相關事項，要劃分國內管轄事項，已逐漸減少。

一、干涉

如果他國對國內問題加以干涉，就違反不干涉義務。但干涉也有二種：

㈠**適法之干涉**：並非所有干涉就是違法，也有合法之干涉，其種類如：

1.基於條約規定之干涉：基於條約規定的干涉就是適法之干涉。過去曾基於保護條約，保護國對被保護國之國內問題加以干涉之情形。

2.對違反國際法行為之干涉：當事國有違反國際法之條約或習慣，為抗議或報復而干涉。

3.自衛權之行使：對侵略之強制措施都是適法行為。

4.施用聯合國憲章之和平解決方法：即未帶強制措施之建議、諮詢，或仲介、斡旋、調停等亦非違法之干涉。

5.人道之干涉：有關人道之干涉也是國際法所允許。譬如美國基於臺灣關係法，對於海峽兩岸關係上，勸導兩岸不宜改變現狀，臺灣在政治上不可朝向獨立運作，以免引起臺海戰爭等是。

㈡**違法干涉**：傳統上認為使用武力或強制手段以獨斷性的介入（dictatorial interference）就是違法之干涉。不過在今日之國際社會，國家以武力威脅或使用武力均為國際法所禁止（聯憲 2IV）。在武力行使中亦包括間接之武力行使，譬如鼓勵或唆使非正規軍、武裝團隊或恐怖組織包括傭兵在內，侵入他國亦被禁止（友好 1VIII）。因此對他國之軍事措施就是

違反干涉義務。又任何國家不得組織、協助、煽動、資助、鼓動或容許目的在於以暴力推翻另一個政權之顛覆、恐怖或武裝活動，或干預另一國之內爭（友好 3II）。如 1984 年之尼加拉瓜事件，尼國以美國對反政府組織之軍事援助，及對港口布雷封鎖等軍事行動向國際法院控訴，國際法院認為美國應停止威脅尼加拉瓜港口之通航行為，尊重尼加拉瓜主權，並應停止造成兩國爭端之惡化與擴大之措施（ICJ 1984.5.10 命令，1984 Report 169）。最後法院判決認為「美國主張之集團自衛權行使的條件並未具備，又違反內政不干涉之原則、主權尊重之原則、國際人道法及 1956 年兩國間友好通商航海條約之規定，美國應終止其違法行為，並對尼國負賠償之責（ICJ 1986.6.27 判決，1986 Report 14）。

其次經濟政治之強制亦有構成違法干涉之情形。依 1965 年 12 月 21 日聯合國大會通過之「各國內政不容干涉及保護獨立與主權宣言」第二點：「任何國家均不得使用或鼓勵使用經濟、政治或任何其他措施脅迫他國，以謀該國獲得主權行使之屈服，或取得任何利益。」

㈢內戰與不干涉問題：

1.不干涉義務：內戰時依傳統國際法，如援助合法政府鎮壓叛亂團體，就非違法干涉；相反的對叛亂團體之支援，就屬違法之干涉。因合法政府既已同意當不屬於干涉者甚明。但如雙方成為交戰團體，第三國就有中立之義務。蓋如內戰已擴大範圍，勝負難分時，究竟那一方代表合法政府已不清楚時，第三國之援助當須謹慎行事。因此對內戰之不干涉義務國際法上已經聯合國大會決議定有若干原則。

(1) 1965 年之「各國內政不容干涉及保護獨立與主權宣言」，其第 2 項規定：「任何國家均不得……干涉另一國家之內戰」（贊成 109、反對 0 棄權 1）。

(2) 1970 年之「友好關係原則宣言」第三原則第 2 項亦規定，任何國家不得干預另一國之內爭。

2.適用之爭議：對於內戰之干涉有所謂對抗干涉（counter-intervention）。在內戰時如有甲國援助一方，而另外乙國也有可能援助他方之情形。如此則一方接受援助時也應容許他方亦接受援助。其論點認為內政之不干

涉既已受到損害，當然應有對抗措施。

又內戰之不介入義務仍有例外之主張。如殖民地人民為求獨立而有武力之爭端時，即在殖民地支配下或他國佔領下所屬**人民尋求自決與獨立**而有武力爭端時，對於民族解放團體，或行使自決權之團體之援助應該可以允許，相反的，對施政之殖民國家的支援協助應受到禁止。這種對殖民地統治國支援之禁止，在國際法上已經確立。另外依「賦予殖民地國家和人民獨立宣言」，認為殖民地主義乃是違反國際法之犯罪行為，因此為使殖民地人民得行使獨立之權利，應停止所有武裝行為之援助及各種壓抑手段，以免妨害其行使。

另外對尋求自決與獨立而行使武力時可否予以援助尚有爭議，1965年之聯合國大會決議，認為在殖民地支配下之住民的自決與獨立之權利行使的武裝鬥爭乃是正當之行為，因此所有國家應對此民族解放運動，給予物質及精神之支援。其後依 1974 年 12 月 14 日聯合國大會第 3314號決議「聯合國關於侵略定議決議」第 7 條規定：「特別是在殖民和種族主義政權或其他型態的外國統治下的人民取得這些權利，亦不得妨害這些人民……為此目的而進行鬥爭並尋求和接受支援之權利。」

二、人道的干涉（humanitarian intervention）

為了制止大規模人權侵害或非人道行為之目的而對他國強制的加以介入之謂。在不干涉之原則下，干涉外國之內政乃是違法行為，故這種干涉又稱為人道介入（humanitarian interference）。在十九世紀以土耳其對基督教徒之迫害為理由，西歐列強為對土耳其或東歐之干涉的正當化而使用之概念。嚴格上言，常為不干涉原則之例外而援用，此時當不須取得被干涉國家之同意。如 1971 年印度對東巴基斯坦（以後成立孟加拉）之干涉，1979 年坦尚尼亞對烏干達之干涉，1983 年美國對格瑞那達之進攻，1991 年聯合國對庫爾德族難民之救助活動，及聯合國對索馬利亞或舊南斯拉夫之維持和平活動，以及 1999 年在科索夫之爭端，因對阿爾巴尼亞族之迫害與大量殘殺，北大西洋公約組織（NATO），在未經聯合國安理會之決議下逕對南斯拉夫進行空襲措施。而聯合國戰爭罪行法庭起

訴總統米洛舍維奇等,都是屬於人道干涉之適例。在當前國際法之下,依「聯合國憲章」第 2 條第 4 項是禁止使用武力或威脅,但其例外,如人質被扣留,爲奪回人質或第三國對壓迫人權國家之干預等,是否爲人道之干涉或有無濫用情形,常爲國際社會討論之對象。

三、國際組織與內政干涉

一般國際組織是爲實現特定之目的,由國家間合意而設立之組織,其職權都以簽定的文書內所明示或默示的規定爲限,其他不在規定範圍內的事項就不得逾越。但國際聯盟或聯合國等國際組織,其職權範圍較爲廣泛而具有一般性,所以爲防止這些國際組織對會員國之國內事項加以干預,乃在憲章中引進內政不干涉之原則。

㈠**國際組織之內政不干涉原則**:如國際聯盟盟約第 15 條第 8 項,關於聯盟理事會處理爭端之解決時,「如爭執各方任何一方對於爭議自行聲明並爲聯盟理事會所承認,按諸國際法純屬該方國內管轄之事件,則聯盟理事會應據情報告,而不作解決該爭議之建議。」

上述之規定,類似者是在「聯合國憲章」第 2 條第 7 項:「本憲章不得認爲授權聯合國干涉在本質上屬於任何國家國內管轄之事件,且並不要求會員國將該項事件依本憲章提請解決;但此項原則不妨礙第七章內執行辦法之適用。」本項如與國際聯盟盟約第 15 條第 8 項比較,對於是否屬於國內管轄事項之判斷,依據是將聯盟上規定之「國際法」改爲「本質上」,至於由何人判斷,並未明示。因此如會員國堅持這在本質上是屬於國內管轄事項,聯合國就無法介入干預。不過從最近幾年實施之過程,凡是對國家間之友好關係或有危害國際和平之虞之問題,聯合國都會以國際關心事項之理由而設法介入。尤在冷戰結束後,國際社會對人權、民主主義、市場經濟認爲具有普世價值,對於這些問題,聯合國都會考慮優先介入,對於重大之侵害人權或否定民主主義之措施,認爲係「對和平之威脅」,而有依憲章第七章介入之可能,不過如選舉監視等直接介入會員國之統治過程,就須有會員國之同意爲必要①。

---

① 參照松田竹男著:國內事項不干涉之原則,載於國際關係法辭典,第 339 頁。

㈡**科索沃爭端事件與聯合國之干涉**（英：Kosove Conflict）：在塞爾維亞南部的科索沃地方，阿爾巴尼亞人與塞爾維亞人之緊張情勢日益昇高，阿爾巴尼亞人開始游擊活動起於 1998 年 2 月，導致塞爾維亞當局展開大規模掃蕩，造成很多死傷，尤其在 99 年 1 月對一個小村莊掃蕩造成 45 人犧牲而引發西方國家之注目。北大西洋公約組織雖屢次警告，但塞國總統米洛舍維奇（Milošević Slobodan）並未理會，在 99 年 3 月 23 日最後通牒時效過後，翌（24）日美國柯林頓政府下令北大西洋公約組織（NATO）對南聯實施空中轟炸，塞國於是以更殘酷之種族淨化政策，驅逐阿裔人民離境，造成廣大之難民潮，在 78 天的轟炸期間，中華人民共和國駐貝爾格勒大使館也被轟炸，稱為**五八事件**，最後由聯合國安理會出面斡旋，雙方必須停止軍事行動，南聯則從科索沃撤軍，允許阿裔人回鄉重建家園，並接受聯合國維和部隊的監督，戰爭乃

科索沃獨立

告終止。科索沃便成了聯合國的保護地，各方於 2006 年 2 月 20 日起就科索沃問題展開談判，科索沃於 2008 年 2 月 17 日，自行宣布獨立。

習題：簡述聯合國憲章第二條第七項的「不干預原則」。在何種狀況下屬於合法干預與非法干預？後冷戰時期，聯合國有所謂新干預主義，試簡述其內容，並評估北大西洋公約組織干預科索沃是否屬於合法干預。（97 外三）

第七章　國家責任

第一節　國家責任之概念

一、國家責任之意義

　　所謂國家責任（英：state responsibility；德：Verantwortlichkeit der Staaten；法：la responsabilité des États），在國際法上國家或其他國際法主體有違反國際義務或未履行國際義務，而發生一定之法律效果，稱爲國家之國際法上責任。國家觸犯國際違法行爲（internationally wrongful act），就發生事後救濟義務之國家責任。因此國家責任法，是規範國家違法行爲之法律效果最爲重要之基本法。此之國家違法行爲是指違反條約及違反國際習慣兩者在內。

　　一般國內法將違反法律行爲分爲二種，即違反民事法之行爲，稱爲侵權行爲，主要使其負回復原狀或金錢賠償之責；對於違反刑事法之行爲，稱爲犯罪行爲，而課以刑罰之處罰規定。但在國際法上，尚無國際公益之觀念，也無高於國家主體之國際最高組織來負責處理國家間之糾紛，對於國家之違反國際習慣之行爲，通常只由個別的國家自行解決處理，或以軍事力相對待，有時就仿照國內法上之私法關係，對被害國以損害賠償解決，對於個別的國家就沒有從全體國際社會之立場，對加害國施以制裁，以圖恢復國際法律秩序。因此，第一次大戰以後，就有國際聯盟之創設以圖彌補此一缺失，但成效不彰，直到二次大戰以後，乃創設聯合國，試圖以國際社會之名義，對於侵害之國家課以刑事上之法律責任的構想，乃逐漸成熟。因此，聯合國國際法委員會，乃開始起草國家責任法，從傳統上言國家責任法是十九世紀以來歐美列強進出世界之際，在外保護自國民之身體與財產爲目的發展而成，但今日所謂國家責任當包括國家違反國際義務在內。

二、國家責任法之歷史

㈠**國家責任法之起源**：從近代到十九世紀，自然法學從復仇制度或正戰論，以討論國家責任法之原則。譬如格老秀斯依據羅馬法倡導過失責任之原則，這些原則遂爲後繼之理論學說所繼承。從十九世紀到二十世紀，以領域主權爲國家責任之根據的國家責任法理論乃逐漸展開，有兩個案例說明如次：

　　1.阿拉巴馬號事件（英：The Alabama Case；德：Alabama-Fall；法：cas de l'Alabama）：美國在南北戰爭之時，南軍向英國訂造之輪船，因從事對北軍商船擊毀或拿捕六十艘以上，直到 1864 年 6 月 11 日爲北軍基爾薩吉（Kearsarge）號巡洋艦所擊沉。戰後英、美間以英國之違反中立義務而發生爭執，乃依 1871 年英美條約（華盛頓條約）交付國際仲裁裁判之事件。

　　在華盛頓條約中：⑴有關防止船舶之武裝等相當之注意義務。⑵不准交戰者利用其港口或領水作爲增援軍事補給或武器之義務。⑶防止自國水域被利用之義務等三種中立國義務作爲裁判準則（稱爲華盛頓三原則）。法院以英國違反⑴⑵之原則，而命令英國應支付 1,550 萬美金之賠償（英美仲裁 1872.9.14 判決）。本判決係反映 1907 年海戰時，中立國之權利義務有關的條約，並促使注意後日中立法規之發展，此外仲裁裁判也可以解決國際外交上之難題，對仲裁裁判之發展有相當之貢獻。

　　2.帕爾馬斯島事件（英：Island of Palmas Case）：美西戰爭結束後，西班牙將菲律賓群島割讓與美國。1906 年美國發現在菲律賓南端的一個小島帕爾馬斯，原在美西「巴黎條約」第 3 條中已劃定爲菲律賓群島的疆界 20 英里以內，但卻懸掛荷蘭國旗。於是美國於 1925 年協議提交常設仲裁法院。仲裁書駁斥美國所提之理由，接受荷蘭的要求，指出自 1700 起至 1906 年之間，荷蘭在此島上已從事國家權力性質的活動。因此帕爾馬斯島應屬荷蘭領土（1928.4.4 判決，R1AA829）。

㈡**外交保護**：即領域國家對外國及外國人之權益，應盡相當之注意加以保護之義務。因此，如私人在從事國際活動時，外國人因居留國之違法行爲或受非法之逮捕虐待，或受居留國法院之拒絕裁判等情事時，此外國人之本國應行使外交保護（diplomatic protection），以追究居留國之國

際法上責任。即居留國家之外國，因違法行為對本國國民之身體、財產造成損害，其受害之私人，如無法在該居留國之國內獲得充分之救濟時，則由本國政府出面對該居留之外國請求貼償之意。當資本主義國家意識到對外投資、對本國之經濟可帶來利益以後，因投資國之歐、美各國，以帝國主義之姿態，進出於發展中國家之中南美各國，因而在現地受到侵害時，國家乃發動外交保護，於是國家責任之問題，乃逐漸浮上抬面。不過在國家之領域內，對外國人保護之程度，是以「文明國」所主張之標準，此即「國際標準主義」，或以開發中國家所主張之「國內標準主義」的主張之對立，1930 年國際聯盟所主持之海牙法典化會議，因對上述標準無法妥協，以致法典化遭遇障礙。

㈢**國際法委員會之起草**：1953 年聯合國國際法委員會（International Law Commission－ILC）在起草國家責任條約之際，由 Garcia-Amador 提出報告謂：其所提出之草案，是為消除國際標準主義與國內標準主義的衝突而設計者，但該草案卻於 1961 年被聯合國大會所否決。當時有不少社會主義國家與開發中國家，因受歐美列強濫用外交保護之歷史經驗，以致反對外交保護之法典化之故。

1963 年國際法委員會乃改由 Roberto Ago 提出報告，並認為只有國家才是國際法主體，其國際法上責任，又稱為「國家責任」（State responsibility），只有國家行為才會發生，於是 2001 年通過國際違法行為之國家責任條文共 59 條。其內容為：

第一部「國家之國際違法行為」，第二部「國家之國際責任的內容」，第三部「國家之國際責任的實施」，第四部「一般規定」。

三、國家責任之發生

國家責任之發生有兩個條件，一為因國家之作為或不作為而違反國際義務，此稱為客觀性要件；二為這種作為與不作為在國際法上可歸屬於國家，此稱為主體性要件。茲分述之：

㈠**國家違反國際法行為**：國家責任條文草案並不規定國家之故意過失為國家責任之構成要素，而採國家不論故意或過失，其有違反國際義務

時，則應負起責任之客觀責任主義。則所有國際違法行為，應使國家負起責任。此不僅有形之損害，就只是無形之損害也發生國家責任。但當一國制定國內法令或發表宣言而造成國際法上違法或無效時，尚不發生國家責任，蓋國家不能以國內法上之事由作為不履行國際義務之抗辯之故（國家責任條文草案4）。

　　㈡**行為歸屬於國家**：國家責任歸屬要件之國家行為時，國家因係一種團體，其行為當須透過個人行為而實現。因此何種個人行為可以視為國家行為乃成問題，在國際法上必須在一定條件之下，個人行為或個人的集團行為與國家結合，才可歸屬於國家，尚且須其行為為違法行為始可。

　　1.國家機關之行為：

　　　⑴本國機關之行為：即國家機關以基於國內法之資格而行為時，國際法上則認定為國家行為（草案4）。此為二十世紀以來國際法上普遍承認之原則。不過擁有國家機關地位之人，以私人資格所為之行為，則不認為是國家行為。

　　　　其次國家機關之行為不論立法、行政或司法行為，不論作為與不作為均包括在內（草案5）。機關之任務是國際性或國內性，上位之國家機關或下位之國家機關（如地方自治之行為）均屬國家行為（條文6）。國家機關之公務員有踰越權限之行為（ultra vires act）或違反上級指示之行為，只要以公務員之資格而行為時，其責任仍歸屬於國家（草案10）。國家在自國領域內應負領域管理之責任，行為之結果如在領域外發生環境損害時，亦應負起責任。在自國領域外所為之行為，只要在物理上可以控制之情形下，在領域外時仍須負責。

　　　⑵提供他國使用之國家機關行為：為他國之使用而提供國家機關之行為，只要是行使他國統治權之一部，則視為他國之行為（草案6）。此為行為之國家歸屬的變更。國家機關可受他國之委託而從事公共事務。國之機關也可與他國之國家機關在他國之專屬的規範下而行動。此時，受託國之機關的行為則視為委託國之行為。

⑶支援他國反政府組織之行為：即國家支援他國之反叛團體時，
　　　其反叛團體之行為能否歸屬於支援國家之問題。國際司法法院
　　　對於 1986 年對尼加拉瓜之軍事活動事件之判決認為，如反政府
　　　組織是代他國而行為，或國內之反政府組織完全依附他國而存
　　　在時，其行為就可歸屬於他國。

　　2.私人之行為：非代表國家而行動之私人行為，則非國家行為（草案
11），國家當不直接負責。因私人行為縱使他國之國際法益被侵害，也不
發生國家責任。如有暴動或私人之集團行為對外國或外國人有侵害行為
時，只要是屬於私人行為，則國家不負責任。如擁有職權之國家機關，
基於統治權，對私人執行公共的任務，其私人行為則歸屬於國家（草案 8），
此如為輔助軍隊或警察而雇用之私人行為，當志願軍而派遣他國之私人
行為等是。對於私人行為，國家對於防止損害之發生欠缺盡「相當之注
意」（due diligence）的義務時，如發生損害，國家則以欠缺注意義務之不
作為而負國家責任。

　　3.抵制（英；boycott；德：Boykott；法：boycottage）：在蘇格蘭之領主，
因其所屬分配在愛爾蘭之退役陸軍上尉（Charles Cunningham Boycott,
1832-97）之專權，當地之人民為反抗該上尉，乃拒絕與該上尉作任何接
觸所產生之詞彙。一般是指（聯合他人）拒絕與（某人、公司或國家等）
來往或通商；抵制或杯葛而言。通常是一國的國民共同抵制特定國家之
商品為其適例。這種國民之行為是否對本國產生責任問題，譬如國民是
自發性不買某特定國之商品時，國家當無責任問題，但如部分國民對其
他國民以強暴脅迫強制其抵制特定商品時，如國家有故意或過失不予防
止，當應負國家責任。

　　4.叛亂團體之行為：一國內發生內亂或革命時，其叛亂團體之行為
原則上當時的合法政府並不發生國際責任。但如該合法政府有違反相當
之注意義務時，則另當別論，決定是否違反義務，應考慮叛亂團體活動
之性格及規模，合法政府是否擁有對他國法益保護之能力或手段而定。
叛亂如果成功，而其團體組成新政府，或在其國家領域內成立新國家時，
內亂或革命之叛亂團體乃溯及的視為新國家之行為。

　　此外就是私人行為，如有侵害他國法益時，如國家未盡相當之注意以防止其發生或事後怠於採取適切救濟措施，以保護被害者之情形。如伊朗人質事件，即為私人行為認定為國家責任之案例。司法判決認為伊朗人民對美國大使館之武裝攻擊，雖不歸責於伊朗政府，但伊朗政府應有國際義務在自國領域內，採取適切之措施以保護美國大使館（如維也納外交公約 22、24-26、29），但伊朗怠於履行此項義務，故判決伊朗違反國際法應即時釋放人質。因此私人行為也有可能歸屬於國家責任之情形。

　　5.危險責任（responsibility for risk）：原子能之和平利用或開發宇宙等具有高度危險性之國家活動，已在多邊條約內課以無過失責任（absolute liability）。即萬一發生事故國家當應負責，此稱為危險責任。

　　⑴宇宙開發活動：不論是由民間負責，也應由國家負其責任。

　　⑵航空器損害或油污染損害：在民事責任上課企業主以無過失責任。

　　⑶原子能損害：則課以混合責任，基本上由企業主負民事責任，如逾越其負擔能力時，則由國家負責完全責任。

第二節　國家之國際法上行為

一、國家之國際法律行為

　　即國際法主體意圖為發生一定法律效果所為之行為，而國際法對其結果認定有法律效力之謂。即國際法主體在國際法之範圍內所為之合法意思行為之意。

　　㈠**國際法律行為之要件**：國際法律行為與國內法上之法律相同，其行為人必須是有能力者（國際法主體）才有當事人能力；此外，必須是行為之主體有行為之意思始可；因此，當不得因受強制或脅迫而為；同時此意思行為須符合國際法之規範。

　　㈡**國際法律行為之分類**：國際法律行為與國內法之法律行為相同，可分為單獨行為與雙方行為。

種　　類	内　　　　　　　　容
單獨行為	指國際法上之行為人（國際法主體）之單方行為，而發生國際法上效果之謂。 1.通告：即一國對他國，將發生法律效果之事實，予以通知之行為。 2.承認：即國際法主體對某種事實予以合法承認之意思表示。如國家承認或政府承認。 3.抗議：即對某種主張或事實不予承認之意思表示。 4.拋棄：即對擁有之權利予以放棄之行為。
雙方行為	即二以上之國際法主體經合意而成立之法律行為。如條約就是最典型之行為。此有 1969 年「維也納條約法公約」可為基準。

二、國家之國際違法行為

國際違法行為，於違反國際義務或不履行國際義務而成立。此違法行為不問是基於條約，國際習慣法或其他義務均屬之（草案 12）。國家不得引用自國之國內法以迴避國際義務之遵守或履行。亦即國家行為在國際上是否違法，只有依照國際法才能認定，究其行為在國內法上是否合法並無關係。國際違法之態樣有下列情形：

㈠**國家之國際犯罪**（international crime）：國家違反國際社會基本利益之保護而必要且不可或缺之國際義務，這種違反為國際社會普遍認為是國際違法行為之犯罪而言，依草案第 19 條第 3 項指侵略、以武力確立殖民地之支配、奴隸制、種族滅絕、種族隔離、大氣海洋之大量污染等是。

㈡**國家之國際侵權行為**（international delict）：即國際犯罪行為以外之國際違法行為。但是國際侵權行為，不僅是只有違反國際法行為，同時該違反行為須為國際法上有責任能力者之國際法主體始得成立。所謂國際法主體，即為國家及國際團體，當這些國際法主

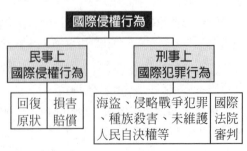

體有違反國際法行為時，始成立國際侵權行為。

　　一般在國內法上違反法律行為有兩種類型；違反民事法之行為，稱為侵權行為，主要須負擔回復原狀或金錢賠償之責。其有違反刑事法行為，即稱為犯罪行為，而為刑罰處罰對象。而違反國際法之行為也仿照國內法之體系，一般是以國際侵權行為為主，而對國際犯罪行為常很難處理。因為違反國際法行為之結果，是以負責回復原狀或金錢賠償為主之故；至於國際犯罪行為，因對國際社會造成侵害，其追訴與處罰得直接依國際法，但常須以武力為後盾才能實現懲罰效果。原則上由國際機構審理；如海盜、奴隸、毒品等交易，海底電線之破壞，違反戰爭法規之慣例，劫持航空器，侵略戰爭犯罪或種族殺害、未維護人民自決權等是。如對希特勒政權之懲治、二次大戰後對日本軍閥之審判與處刑，近年就是對伊拉克前總統哈珊之審判與處絞刑等是。

習題：試說明國家之國際侵權行為。

三、國家之作為或不作為

　　㈠**國家之作為**：即要求國家為特定行為之義務，如在自國領域內保護外國人之義務、保護他國外交官之身體之義務等有違反之情形。

　　㈡**國家之不作為**：禁止國家為特定行為之義務，如禁止對他國行使武力、禁止侵犯他國領空等是。

四、國家義務之性質而分類（草案21）

㈠ **手段方法之義務**	（obligation of means）：即國際法上所要求有無採取特定行為或方法而判斷，如對外交官之身體有不得隨意逮捕或拘禁之義務，國家為維護身體之不可侵，應有採取一切措施之必要（外約29）。又對海洋投棄廢棄物時，乃特定有害物質及其規範方法，則要求國內應採適切之措施，以防止並處罰其違反行為，亦屬課以手段及方法之義務。
㈡ **結果之義務**	（obligation of result）：即為達成特定之結果，至於達成結果之方法，則委由各國自行裁量，又可分為三種： 1.要求達成特定結果之義務：國家為了達成該義務，雖可自由選擇其手段與方法，但如未達成其所要求之結果則為違反國

際義務之情形。譬如依照條約國家應透過立法或其他措施維護人權之義務（國際人權公約⑴經濟、社會文化權利國際公約第 2 條，公民權利及政治權利國際公約第 2 條等）。

2.對特定結果採事後手段而達成之國家義務：即採事後手段未達成其結果時，則發生國際義務之違反。如對特定之國際犯罪國家可以選擇是否引渡或由自國之刑事體系追訴，如兩者都不選擇而放棄不聞不問時，則構成國際義務之違反（禁止非法劫持航空器條約第 7 條）。

3.對外國人之義務：此爲結果義務之特殊身分。因國家在國際習慣法上應對外國人之身體財產有保護之義務。其受害之外國人縱使已盡全力運用加害國之國內救濟手段，仍無法取得救濟時，則發生違反國際義務。

五、共同責任

國家責任條文草案認爲一國對他國之國際違法行爲之執行有支援、援助之情形，或一國在他國之指揮之下觸犯國際違法行爲時，則此支援國、援助國、指揮國及支配國須負共同之國家責任（joint responsibility）（草案 27、28）。

習題：國家之義務，從性質上分，有何義務與責任，試說明之。

第三節　國家之違法性阻卻事由

國家之違法性阻卻事由（英：circumstance precluding wrongfulness；德：Unrechtausschlie-sungsgründe），國家責任原則上以違反國際義務爲其發生之要件，但在一定之情況之下其行爲之違法性有被阻卻之情形。此稱爲違法阻卻事由或責任免除事由。因此一國如引用違法阻卻事由須負舉證責任。此違法阻卻有二類：

一、基於對方國家行爲之違法阻卻

㈠**被害國之同意**：被害國如有事前同意（consent），加害行爲則被阻卻。此種同意必須在國際法上國家之有效且明示行爲始可，不能以推定之同意來塘塞。如外國軍隊入侵他國領域雖是主權侵犯，但如該國同意，當

不構成違法。但如軍隊之入侵有強制情形時則不構成同意。如 1938 年德軍占領奧地利之事件，紐倫堡國際軍事法庭否定奧地利之同意。

　　㈡**對抗措施**：即對他國違法行為之報仇。此為對國際法違反行為之對抗措施，以他國之違法行為為前提。採對抗措施時須注意比例原則，則其對抗措施之效果，須與對方國家之違法行為之性質與規模成比例，亦即與對方國家之違法所發生之損害保持一定之均衡（草案 51）並以和平解決為前提。不過武力之報仇蓋為國際法所禁止，此之對抗措施是指非軍事之報仇而言。如獲得救濟應即中止報仇。

　　㈢**自衛**：「聯合國憲章」所規定之合法的自衛，得阻卻違法。自衛權行使的要件有緊急性與均衡性。所謂緊急性是在當前對方國有武力攻擊之情形，如無武力之權利侵害，則不得使用自衛措施。所謂均衡性，係指自國之自衛措施只限於為排除現實之武力攻擊所必要之範圍內為限。但不得侵害第三國之利益。

二、基於外力狀況之違法阻卻事由

　　㈠**不可抗力**（force majeure）：即國家所無法規範或無法預見之外力狀況，致國家無法遵守國際義務之情形。此際國家機關因非其本意或不可避免地侵害他國法益之情形。此如洪水、地震及其他事實，國家無法履行外國船舶之入港或停泊之義務時，或國家之航空器因機體損傷、無法控制或暴風雨之關係，致侵犯他國領空之情形。第一次大戰時，聯合國之軍用飛機侵入中立國之瑞士領空飛行；或德國軍機對丹麥、挪威之侵犯領空，都提出抗辯，謂此非駕駛員之過失，而是因雲、霧或其他大氣所引起之障礙，致駕駛員失去方向所致。

　　㈡**罹難**（distress）：即實行國家行為者，為救助自己或受委託保護者之生命，不得不採違反國際義務之手段的情形。罹難與不可抗力不同，行為者仍有選擇不違反國際義務行為之餘地，但如遵守國際義務，將使自己或使受託保護者之他人之生命受到危難之時，將幾乎無法期待其做合法之行為。此時之罹難則成為違法阻卻之事由。譬如國家之航空機或船舶面臨危難之際，未經他國之允許而降落他國領域或進入他國港口之

時，則可以罹難做為抗辯。但如援用罹難之國家寄託於罹難事態之發生，或罹難為藉口有製造更大之罹難的可能性時當不阻卻違法。

　　(三)**緊急狀態**（necessity）：

　　　1.緊急處置：國家遇到重大且急迫之危險，為了維護國家之存在及保護重大之利益，不得不採違反國際義務行為之情形。譬如沿海國對外國船舶在公海上觸礁而發生有油污染之危險時，為保護自國之利益，而將該船舶爆破之情形。如 1967 年之 Torry Canyon 號裝載原油之輪船在英國之沿海的公海上觸礁，而流出原油事件，英國為防止大量之海洋污染，由軍方將 Torry Canyon 號予以爆破之情形。對此事件英國雖未主張其合法性，但強調有好幾次都面臨危險，且其他所有保護手段都遭遇失敗後，才不得不採取爆破手段。

　　　2.摩加迪休機場事件（英：Incident of Mogadishu Airport）：1977 年 10 月 14 日，從西班牙之馬略卡島（Majorca）起飛赴法蘭克福（Frankfult）之德國民航機 Lufthansa 在法國南部之上空被劫持，經過若干飛機場後於 10 月 18 日降落索馬利亞之摩加迪休（Mogadishu）機場，這時由西德的特種部隊突襲而救出人質。劫機犯在特種部隊進攻時被射殺，本案因事先已得索馬利亞之同意，因此並未發生任何爭端。在國際法上等於是國家行使緊急權應可阻卻違法。

　　　3.恩德培機場事件（英：The Entebbe Airport Incident）：航空機被劫持扣留人質，由乘客之本國以武力救出之事件。1976 年 6 月 27 日由巴黎起飛，經雅典飛往特拉維夫之法國航空機，在雅典起飛後即被劫持，降落在烏干達的恩德培機場，劫持犯扣留人質，並要求釋放被拘禁在以色列等五國之阿拉伯游擊份子 53 名，交涉期限定為 7 月 1 日。其間，劫持犯釋放婦女及兒童等 47 名，這些婦女抵達巴黎後，對外證稱烏干達士兵與劫持犯有合作關係。以色列與劫持犯交涉後，交涉期限延至 7 月 4 日，劫持犯遂即釋放以色列國籍以外之乘客。以色列就在 7 月 3 日深夜派遣特種部隊五百多人潛入該機場，除了婦女一人行蹤不明外，其他 103 人全部救出，在此次突擊行動中，烏干達有 20 名士兵被殺害，有十數架烏干達之空軍飛機遭破壞。以色列認為此次突擊行動是自衛權之行使，美

國與 EC 各國也認爲「自己的國民所處之國家如無保護該國民之意思與能力時，在急迫或生命受到脅迫之情形下，爲保護自己之國民得使用限定之武力，因此有自衛權。」而烏干達卻否認與劫持犯有合作關係，並認爲以色列之突擊作戰是對烏干達主權之侵略行爲，其他社會主義國家等亦均譴責以色列。

習題：試論國家之違法阻卻事由。

第四節　　國家責任之解除

　　國家觸犯國際違法行爲，發生國家責任時，加害國對被害國負有事後救濟之義務。被害國亦有追究其責任之權。解除國家責任之法爲：

一、回復原狀（拉 restitutio in integrum）

　　即回復國際違法行爲未發生前狀態。譬如違反國際法而收取之財產，應返還原來所有之外國或外國人；違法占領之領土或違法扣押船舶之返還，對外國人有違法逮捕之釋放，或修改違反條約之國內法等均是。如在帕里斯維亞寺廟（The Temple of Preah Vihear）事件，國際司法法院認爲該寺廟應屬高棉所有，因此泰國應將搬走之寺廟內古董美術品歸還高棉（ICJ 1962.6.15 判決）。又如伊朗人質事件，國際司法法院認定伊朗違反國際法，並命其立即釋放人質，違法占據與扣押之公館與財產、公文書等應即時返還美國。

二、金錢賠償（payment of compensation）

　　即國際違法行爲所發生之損害，以金錢評價而以金錢支付之賠償方法。則該損害無法回復原狀時，當以金錢賠償之。通常國際違法行爲有發生物質損害時，多以金錢賠償爲多。也有在使用其他方法之賠償，因賠償不充分，而以金錢賠償併用之情形。代替回復原狀之金錢賠償，應以相當於回復原狀所應有之價額而賠償，譬如有沒收財產時，並非以沒收時點之財產價額，而應以判決命令賠償之時點爲計價標準。

金錢賠償之範圍不以國際違法行為直接發生損害之賠償為限，如與違法行為之間有相當因果關係，則由其行為而生之間接損害亦應賠償。譬如第一大戰爆發不久，1914年10月在西南非洲之德國對安哥拉之中立國的葡萄牙軍事攻擊事件。戰後葡萄牙向德國請求損害，仲裁法院認為德國之違法侵略直接產生之損害應負損害賠償之責。但葡萄牙在撤退時與原住民交戰所遭受損害，與德國之侵略並無因果關係故不負責。

三、外形行為之救濟（satisfaction）

即除了回復原狀與金錢賠償以外所有解除責任之措施均包括在內，如道歉（apology），以國內法對引起損害責任者之處罰、違法行為再發預防之保證、由國際法院宣示違法行為存在等均是。外形行為之救濟主要在精神上之損害，亦即對國家名譽之違法侵害，如對他國之領海或領空違法之入侵等損害之賠償。

關於道歉之案例，如**彩虹戰士號事件**（The Rainbow Warrior case），1985年綠色和平監視船彩虹戰士號在紐西蘭奧克蘭（Auckland）被爆破沈沒，致荷蘭船員溺死事件，聯合國秘書長逐於1987年7月16日裁定：法國違反國際法向彩虹戰士號攻擊，故應道歉。並賠償紐西蘭七百萬美元（紐法仲裁裁 1990.4.30 判決，82ILR 500）。

四、違法行為之停止（cessation）

違法行為之停止常被認為係回復原狀之手段之一，譬如未履行義務之再度履行，或對繼續性的違法行為要求在某一時點停止違法即為適例。通常在賠償義務之前，應先要求違法行為之停止，違法行為之國家應對自己之違反義務行為繼續履行義務，對於繼續性的違法行為應負停止之義務。

習題：國家觸犯國際違法行為，發生國家責任問題時，如何解除其責任？

第八章　國家領土

第一節　領土之概念

一、領土之意義

　　所謂**領土**（英：territory；德：Territorium, Staatsgebiet；法：territoire），廣義是指國家統治權範圍內所支配之區域，因此包括領海與領空；至於狹義是指由土地而形成之**國家的領域**。因此，領土是指以一定土地爲基準，並由其周圍之一定範圍的海域及其上方空間的領空，與其向下延伸的地下所形成。這些稱爲領陸、領海及領空。一般對領土的定義都將其範圍界定及於無限的上空與地下，但實際上是以人類可以利用管理與支配之範圍爲限。決定領土的範圍係以領陸爲準，如無領陸，將無法確定領土的界限，如無領陸與領海，也將無法認定領空的範圍。因此，領土係以領陸爲基準，並與領海及領空三者共同構成國家之領土範圍。領土爲構成國家重要要素之一。若無領土，人民不但無生活依據，且亦失立足之所。國家在其領土之內，一方面可以行使權力，他方面可以排除他國權力之侵入，此即所謂領土主權。

習題：何謂領土？何謂領土主權？

二、領土保全

　　所謂**領土保全**（英：territorial integrity；德：Unversehrtheit des Gebietes；法：intégrité territoriale），即以維持領土或領域之現有狀態之謂。與政治獨立（political independence）同受保障。此爲維持國際和平與安全爲目的之集體安全保障之重心，在「聯合國憲章」第 2 條第 4 款規定：「各會員國在其國際關係上不得使用威脅或武力，或以與聯合國宗旨不符之任何其他方法，侵略任何會員國或國家之領土完整或政治獨立。」此外，在 1960 年通過之「賦予殖民地國家和人民獨立宣言」之前言亦提及「維持國家

之領土完整」，而 1970 年通過之「友好關係原則宣言」之前言亦保障「國家政治獨立與領土完整」，此均爲聯合國維護世界和平之宗旨。

三、領域主權（英：territorial sovereignty）

國家所擁有之主權之中，國家對本國之領域（包括領土、領海、領空），擁有排他性權利之謂。即對於本國國民擁有對人主權。又有譯爲「領土主權」。關於領域主權之法律性質爲：

㈠領域主權之法律性質：

1.所有權說：有類似所有權之對物的權利之論點。即國家在其領域內對物之權利（dominium）亦即對物之使用、收益、處分之權利。這是將領域認爲是絕對君主個人之私有財產。

2.統治權說：認爲它是一種統治的權利。即國家對領域內之人、物的國家支配（imperium）。

不過所謂領域主權，是以本國爲客體之領有權及擁有處分之權利及在領域內對所有人與物有支配之權利之兩種權利的綜合。

㈡基於領域主權之國家之基本權限：

1.國家領域內之規範權限：國家在其領域內有規範所有人與物之權限。在國家領域內一切人與物均由國家專屬性及包括性的加以規範；所謂專屬性指只有領域國才能在領域內行使自己的權限，所謂包括性，指立法、行政、司法權限在國家領域內對所有事項，對不分國籍之所有人發生效力。但在國際習慣法上，也認受其他國家之權力的行使，如主權豁免、特權豁免、外國船舶之無害通航權，或依據條約，在領域內之特定場所，本國之主權權限有被限制之情形，如國際河川、國際運河等是。

2.國家領域之使用的權限：除非國家在條約上受有限制，否則國家在其領域內有爲其目的而自由決定使用之權，此包括處分與開發，如建設核能發電所、或配備武器、開發天然資源等。不過此領域內權力之行使，應以不侵害他國權利爲條件。因此國家在國際習慣法上是由自己行使領域之權利，或允許外國人或私人使用其權利，均不得侵害他國在國際法上之權利。

第二節　領土權源

一、領土權源之意義

所謂領土權源（英：title to territory, territorial title），國家領土主權賦予基礎之事實。國家領土在事實上會有改變。國際法所承認取得領土方式一般認為先占（Occupation）、割讓（Cession）、合併（annexation）、時效（Prescription）、及添附（Accretion）等五種。根據所得之土地是否原屬另一個國家，上述五種方式又可分為原始取得（先占與添附）及繼承取得（合併、割讓及時效）等兩種。除此之外，有由國際法院之裁判而取得，在新成立之國家，國家之誕生本身就是領土主權之權源。過去曾經認為發現（Discovery）也屬國家領土之權源，但近代國際法卻不予承認，又過去國際法也認為以武力將他國領土置於自國主權之下之「征服」，因武力之行使已為國際法所禁止，故非適法之權源。

習題：國際法上領土取得之方式為何？試說明之。

二、領土權源取得之方式

　㈠**原始取得**：

　　1.先占（英、法：occupation；德：Okkupation）：即一個國家對無主地（terra nullius）有意設定其主權，使成為自己的領土。一般認為領土的取得有七種方法，即先占、割讓、征服、時效、添附、和約規定及同化。先占原來是歐洲基督教國家，認為任何非基督信徒居住之地都可行使先占，只要教皇的命令，便取得合法依據。1493 年教皇曾以教會將南美洲分給西班牙與葡萄牙。至十八世紀歐洲國家根據發現（discovery）未開發之新領地，作為殖民地，列強將發現之領地各自分割而占有。先占之所以有效，乃是國家以領有之意思，對於無主之土地，實際有效的占領為必要。亦即：

　　　⑴先占之主體是國家，而非私人。

　　　⑵先占之客體必須是國際法上之無主地，是指不屬於任何國家之土地，就是土地上有土人居住，而尚未為國際社會承認為國家

者，即不屬於任何國家之領土，亦可先占。如爲各國所拋棄的土地，也可成爲別國先占的對象。但拋棄必須有明確的表示，否則不容別國主張主權，如中國南海之西沙（Paracel）及南沙（spratley）等群島原屬中國，二次大戰被日本佔領，戰後歸還中國，有些國家雖主張主權（如菲律賓），在國際法上應不能成立。

(3)主觀之要件，國家必須表明有領有之意思，對他國之通告，並非必要要件。

(4)客觀之要件，必須實際有效的控制（effective control）。因此發現無人島後，只插上國旗，編入自國之領域範圍，並非有效之先占，至於實際有效之占有，依國際判例，以對該區域確立支配權，就是無人島也應定期的巡視以展示國家機能之運作，才是有效之先占。

2.添附（拉：accessio 英：accretion, accession 德：Akzession 法：accession）：即一國對於新長成之土地可以建立主權。格老秀斯依據羅馬法之原則「添附隨其主體」（accessio cedat principali）而創造添附學說。新長成之土地有二原因：一是人工的，即在海岸或河岸外築堤使海岸外伸，使領海之位置變更；二是天然的，即由泥沙聚集而成沖積（Alluvion），或由海洋變化而浮現陸地（Dereliction），或由他處土崩而附著於新處，或因河床改道，而火山爆發也有可能。這些都是所以爲沿海國所領有，並非由於領土擴張，而是沿海國才能實際支配領土之故。

(二)**轉讓取得**：

1.割讓（英、法 cession；德：Abtretung）：國際法上領土移轉取得方式之一，即依據條約將部分國家領土移轉於他國（領土割讓），而割讓國對該領域擁有之權源與權利，放棄給他國之意。因此其領土之主權轉移至受讓國後，受讓國在割讓區域就可行使排他性的主權。

(1)割讓之方式有三：

①有償（Purchase）：用買賣方式之割讓，如 1803 年法國將路易西安那以 6 千萬法朗讓與美國是。1867 年俄國以 720 萬美元之代價將阿拉斯加（Alaska）賣給美國。

②無償（贈與 gift）的割讓：如 1850 年英國將伊利湖（Lake Erie）之馬蹄礁（Horse Shoe Reef），贈與美國。

③交換（exchange）：如日本於 1875 年以庫頁島換取俄國的千島群島。1890 年英國以黑利哥蘭特（Heligoland）島與德國東非洲的土地相交換。

(2)割讓地之住民：如條約未有特別規定，則喪失讓渡國之國籍，而取得受讓國國籍。也有以條約規定讓住民選擇國籍之案例。又割讓時，實施公民投票探查人民意思之案例，如薩爾地區（Saargebiet）。但公民投票制雖未成為國際習慣法，在民族自決之原則下（聯憲 1 I ②、55、56），對「殖民地或非自治區域」之割讓，須尊重當地住民之意思，則當地住民應有選擇歸屬於特定國家，或創設獨立國家之權。

2.合併（英：annexation；德：Annexion；法：annexion）：即國際法上取得領土權利之一。依條約將他國之國家領域全部受讓之謂。因合併則被合併國乃被併吞而消滅，該國之國民喪失原先之國籍，而取得合併國之國籍。合併也有征服之意思，征服就是強制的併吞，合併是以領土之全部為對象，與以領土之一部分為對象之割讓不同。此際舊領土之權利義務因附著於土地上，因此隨著領土之被併，而廣泛的被繼承。譬如日本於 1905 年依「保護關係（protectorate）條約」，取得韓國的包括對外關係之部分統治權，再依 1910 年之條約併吞韓國。但二次大戰後，以強制性締結之條約（合併條約）是違反國際法之行為（條 52）。

3.征服（拉：debellatio；英：subjugation, conquest）：即國家以實力取得他國領域之謂。亦稱為強制性合併。被征服之國家因遭消滅，因此征服與合併乃造成同一效果。征服要有效成立，則須被征服國的領土，全部移給征服國，變為征服國主權下的領土。依現行國際法，係禁止使用武力（聯憲 2IV），因此並不承認征服是領土權源之一。就是對他國之領域實施有效的支配，因使用武力威嚇或行使武力是件違反國際法之行為，因此 1990 年 8 月 2 日伊拉克出兵佔領科威特，聯合國認為是違法行為，而對伊拉克執行經濟制裁，並由美英為首之聯軍攻打伊拉克，終於光復科威特。

　　4.時效（英、法：prescription）：國際法學者也會引用如國內法，依時效而取得所有權之規定，如民法上第 769 條：「以所有之意思，二十年間和平、公然、繼續占有他人未登記之不動產者，得請求登記爲所有人。」依此而運用在國際法上。即一個國家在他國領域上，和平繼續占有並以主權者之意思行使事實上之主權，經相當期間後，取得法律上主權之謂。這種時效稱爲取得時效，即自羅馬法與私法體系就可找到其起源。時效成立所需經過之期間因未特定（如格老秀斯認爲「在萬民法上超越所有權記憶之限度上得移轉占有」，有認爲會帶來國際法秩序之不安全，且此時間之要素因各別情況之不同，無法期待其明確性之消極見解。此外對時效中斷之方法，有採外交抗議方式，或向國際法庭申訴之方法，就能使時效中斷。能接受國家實際占有與國際

格老秀斯

裁判以取得時效之理論的案例尙屬未見；以美國與荷蘭發生糾紛之**帕爾馬斯島事件**（Island of Palmas Case）爲例，當美西戰爭結束後，西班牙將菲律賓群島割讓與美國。1906 年美國發現在菲律賓南端的一個小島帕爾馬斯，人口約 750 人，面積 7 平方公里，原在美西「巴黎條約」第 3 條中已劃定爲菲律賓群島的疆界 20 英里以內，但卻懸掛荷蘭國旗。於是美國向荷蘭交涉，而於 1925 年協議提交常設仲裁法院，由瑞士法學家胡伯（Max Huber, 1874- 1960）單獨仲裁。仲裁書駁斥美國所提之理由認爲：㈠西班牙不能割讓不屬其所有的權利；㈡西班牙雖在十六世紀已發現該島，但因發現而取得的權利只是一種原始權利，而原始權利卻不能勝過主權的繼續而和平的表現所建立的確定權利。㈢各國根據鄰接原則（principle of contiguity）以決定海島之歸屬，並非成熟之權原，於是法院接受荷蘭的要求，指出自 1700 年以後，帕爾馬斯島是先後屬於桑吉島（Island of Sangi）上的兩國部落國家，而此兩個國家自 1677 年與荷蘭之東印度公司相結合。自 1700 起至 1906 年之間，荷蘭在此島上已從事國家權力性質的活動。因此帕爾馬斯島應屬荷蘭領土（1928.4.4 判決，RIAA829）。惟並未涉及時效之理論。

習題：
一、試說明領土之原始取得方式。

二、試述領土之轉讓取得方式。

第三節　領土之規定

一、列舉式	憲法對領土之範圍，以列舉方式舉出組成領土的地域；如瑞士、比利時憲法，與五五憲草等。 (一)**優點**： 　1.將各地區明白規定於憲法，使國內及國際間明瞭領土之範圍，就國內言，可以喚使國民珍重愛惜之心，就國外言，可增加國際之尊重，可杜他國之覬覦。 　2.領土如有變更，則變更前後之領土位置、疆界等亦瞭如指掌，易於勘察。 (二)**缺點**：國家疆界遼闊，地域繁多，逐一列舉，恐有掛漏之處。又週行政區域調整，行省名稱範圍有所變更，即須修改憲法，程序繁重，殊多不便。
二、概括式	憲法對領土之範圍，僅作簡單概括之規定；如韓國、菲律賓憲法。 優缺點：概括式之優缺點適與列舉式相反。
三、憲法是採概括式	依我憲法第4條及增修條文第4條第5項規定：「中華民國領土，依其固有之疆域。」此即採取概括主義，所謂「固有之疆域」指依歷史事實凡曾列入我國版圖，而未表示放棄者均屬之。此一概括規定雖可解決當前國家實質統治區域之質疑，但因不明確，常因此引發爭議。1993年3月立法委員陳婉眞等18人對於「固有疆域」提出疑議，認爲外蒙古及中國大陸非中華民國之領土，而聲請司法院解釋，司法院乃以釋字第328號解釋謂：「中華民國領土，憲法第四條不採列舉方式，而爲『依其固有之疆域』之概括規定，並設領土變更之程序，此爲限制，有其政治上及歷史上之理由。其所稱固有疆域範圍之界定爲重大之政治問題，不應由行使司法權之釋憲機關予以解釋。」

習題：依憲法對領土之規定，大法官有何相關之解釋。

第四節　領土之範圍

一、領陸（land within the territory）

是由土地而成立之國家領土，爲領土之中心部分，包括河川、湖泊、海港等。由領土而生之國家權力爲領土主權或領土高權（Gebietshoheit）。

二、領海（territorial sea）

即國家領陸沿海向外伸張的一部分海面，而得行使領土主權者，稱爲領海。我國明訂領海範圍，旨在維護國家主權，防止外人侵略，保障沿海漁民生計。內政部曾於民國 19（1930）年 12 月呈請行政院擬定領海界限爲 12 海里；

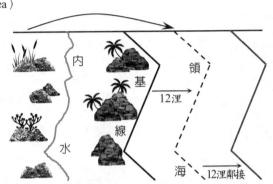

領海：指一國領陸（包括陸地和島嶼）及內水以外而屬該國主權管轄之一帶海域，領海寬度自基線起至外側十二浬止。

嗣經行政院提第 21 次國務會議決議，接受國際法上之領海爲 3 海里的規則，乃於民國 24（1935）年 4 月 28 日以第 01975 號訓令指復內政部：「領海範圍定爲三海里」。是爲我國明訂領海範圍之始。第二次世界大戰後，美國及各國對大陸礁層或漁業資源之主張逐漸強烈，聯合國第一屆海洋法會議於 1958 年召開，會中採用領海、公海、漁業保存、大陸礁層之海洋法四公約。1960 年第二屆會議對於領海有 3 海里與 12 海里之說，但未達成協議。

聯合國第三屆第二次海洋法會議於 1974 年召開，會中討論範圍以領海水域資源最爲各國所普遍關切。自 70 年代，我鄰近各國，對於領海及捕魚問題，紛紛採取積極措施。爲維護我國權益，行政院依內政部研議結論，於 1979 年 9 月 6 日第 1647 次院會議並公開宣告①：

㈠中華民國之領海爲自基線至其外側 12 海里之海域。

㈡中華民國之經濟海域爲自測算領海寬度之基線起至外側 200 海里之海域：

---

① 參閱中央社編：2000 年世界年鑑，第 20 頁。

　　1.中華民國在本經濟海域內享有天然資源之開發、養護、利用等主權上之權利，及一切國際法上得行使之管轄權。

　　2.中華民國之經濟海域與他國已宣布之經濟海域重疊時，其界線由相關國家政府協議，或依公認之國際法劃界原則劃定之。

　　3.其他國家可在本經濟海域航行、上空飛行、敷設海底電纜及管線及其他國際法上所許可之有關航行及通訊行為。

　㈢中華民國對鄰接其海岸之大陸礁層，依 1958 年日內瓦大陸礁層公約及國際法一般原則所應享有主權上之權利，不因本經濟海域之宣布及任何國家經濟海域之設置而受影響。

　　聯合國自 1973 年起 10 年期間的馬拉松會議，因 60 年代至 70 年代不少新興獨立國家共 150 國以上國家參與研議，至 1982 年通過「國際海洋公約」，公約在牙買加由 117 國共 119 位代表簽署，公約共 17 部分，320 條，於 1994 年 11 月 16 日正式生效。

　　該公約規定沿海國得有 12 浬寬的領海。沿海國之主權及於領海的上空及其海床和底土。另外也規範「專屬經濟區」，即從測算領海寬度的基線量起，不應超過 200 海里。沿海國則對此海域雖無主權，但獨享所有經濟權力。當今地球上的空間，除了南極大陸以外，所有土地都有所屬的國家領土，只有公海（high seas, or open sea）適用「公海自由的原則」（principle fo the freedom of the open sea），任何國家都可自由航行。此即所謂「萬國之領土」（territory of all states），如果各國都將經濟海域擴大，公海之範圍自會縮小。1996 年 5 月 15 日中共「人大常委會」批准「聯合國海洋公約」。中共當局隨即公布「大陸領海的部分基線和西沙群島的領海基線的聲明」，並將金馬地區列入其海疆範圍。1996 年 6 月 7 日日本國會通過政府提交的《海洋法公約案》涵蓋釣魚臺列嶼，並於 7 月 20 日生效。於是釣魚臺主權成中日之間的爭議問題。

　　1998 年 1 月 21 日我國公布《中華民國領海及鄰接區法》，其第 2 條明定：我國主權及於領海、領海之上空、海床及其底土。第 3 條規定：中華民國領海為自基線起至其外側十二浬間之海域。第 6 條規定：我國領海與相鄰或相間國家之領海重疊時，以等距中線為其分界線。但有協

議者，從其協議。第 14 條規定：中華民國鄰接區為鄰接其領海外側至距離基線二十四浬間之海域。為有效規範我國海域內行為，我國防、警察、海關或其他有關機關人員，對於在領海或鄰接區內之人或物，認為有違犯我國相關法令之虞者，得進行緊追、登臨、檢查；必要時，得予扣留、逮捕或留置（第17條）。

此外，同時並公布《中華民國專屬經濟海域及大陸礁層法》，其第 2 條規定：我國之專屬海域為鄰接領海外側至距離領海基線二百浬間之海域。此項專屬經濟海域包括水體、海床及底土。中華民國之大陸礁層為其領海以外，依其陸地領土自然延伸大陸邊外緣之海底區域。此項海底區域包括海床及底土。我國之專屬經濟海域或大陸礁層，與相鄰或相向國家間之專屬經濟海域或大陸礁層重疊時，其分界線依衡平原則，以協議方式劃定之（第4條）。我國於專屬經濟或大陸礁層享有採勘、開發、養護、管理海床上覆水域、海床及其底土之生物或非生物資源之主權權利，

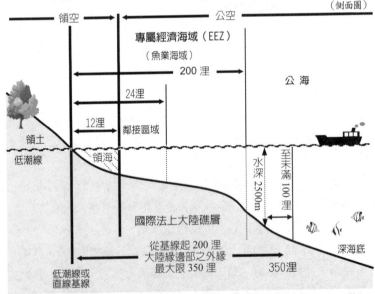

大陸礁層（大陸棚、大陸架）與專屬經濟海域（EEZ）

領海：指一國領陸（包括陸地和島嶼）及內水以外而屬該國主權管轄之一帶海域，領海寬度自基線起至外側 12 浬止。

人工島嶼、設施或結構之建造、使用、改變或拆除以及海洋研究、海洋環境保護等管轄權（第5條）。我國之國防、警察或其他機關，對在專屬經濟海域或大陸礁層之人或物，認為有違反中華民國相關法令之虞時，得進行緊追、登臨、檢查；必要時，得強制驅離、或逮捕其人員，或扣留其船舶、航空器、設備、物品等，並提起司法程序（第16條）。其不遵法令之規定，在我國專屬經濟海域或大陸礁層傾倒、排洩或處置廢棄物或其他物質者，處10年以下有期徒刑、拘役或科或併科新臺幣一億元以下罰金（第17條），其有故意損害天然資源或破壞自然生態者處5年以下有期徒刑、拘役或科或併科新臺幣五千萬元以下罰金（第18條）。

三、領空（aerial domain）

即由空間所形成之國家領域，亦即國家領陸及領海的上空。一國之上空的空間分為領空（national airspace）與宇宙空間（outer space），隨著航空器之發展成為國際法上之問題以來，首先確定領空之範圍，乃是第一次大戰以來之事。首先於1919年「巴黎國際航空公約」確認領空主權（sovereignty over the airspace above the territory），44年「國際民用航空公約」予以繼受，但至1957年蘇俄發射人造衛星史普尼克（Sputnik）以來，美蘇乃展開宇宙開發競賽，以致宇宙空間之和平使用與專屬領域乃成為問題，為此1966年12月19日乃由聯合國通過「宇宙條約」（Outer Space Treaty），並禁止專屬領域與使用於軍事用途。領空與宇宙空間之境界雖尚無共識，一般認為人造衛星之最低軌道以上之空間稱為宇宙空間。

領空既為一國領土與領海上空具有排他性之主權，在領空上飛行之器具並不如領海之具有無害航行權，如國與國間未締結條約，一國之飛行器飛入他國之領域將構成侵犯領空（violation of aerial domain），而為國際法上之違法行為。對侵犯領空之飛機可予警告、威嚇射擊、強迫降落，或甚至予以擊毀，但自1983年9月大韓民國之民航機遭蘇俄擊毀以來，民用航空機原則上不予擊毀乃為國際所確認。

四、活動領土

本國之船舶，無論駛往何處，均視為本國領土之一部分。在本國駐

外使館，因享有外交豁免權，亦視為本國領土之一部分。依照**旗國主義**（Flaggenprinzip），凡是航行中的船舶，如懸掛某國國旗，或在該國登錄之航空器，在飛行中，如在該船舶或航空器內有犯罪行為時，則不論該船舶或航空器是在外國領土或在公海或公空內行駛，均得適用該旗國的刑法。不論任何船舶均以懸掛一個國家之國旗為原則，而航空器則依 1944年「芝加哥條約」，只能登錄一個為限。此旗國主義乃為國際上一般所承認之原則。依此主義，外國人在本國犯罪者，亦不能適用本國刑法，而本國人在國外犯罪時，因在外國領域內，難以行使本國之審判權，為其缺點。

習題：面對國際法，我國法律對領土之範圍如何規定？

第五節　領土之變更

一、領土不擴大之原則（英：principle of territorial non-expansion）

即第二次世界大戰時聯合國處理敵國領土時，所確立的基本原則。在英美之共同宣言及聯合國之共同宣言裏，聯合國明示不得有擴大領土之意思，於 1943 年 11 月由中、美、英三國在「開羅宣言」中宣示，對日本之戰爭乃為制止其侵略及處罰而為，不得有擴張領土之概念。其後在「波茨坦宣言」也承繼此原則，1945 年 2 月美、英、蘇三國乃締結「雅爾達密約」，並將千島群島移由蘇聯管轄，致迄今仍是日本與蘇俄爭執之問題。

二、臺灣與澎湖之領土變更問題

「開羅宣言」於 1943 年 11 月 27 日發表，在宣言中稱：日本自從1914 年第一次世界大戰開始後在太平洋上所奪得或占領之一切島嶼，日本所竊取於中國之領土，例如東北四省、臺灣、澎湖群島等歸還中華民國。其後於 1945 年 7 月 26 日又發表「波茨坦宣言」，在該宣言之第 8 條謂：開羅宣言之條件，必將實施，而日本之主權，必將限於本州、北海道、九州、四國及吾人所決定其他小島之內。因此民國 35（1946）年 11月 28 日國民大會第三次大會制憲當時，由立法院院長孫科報告憲法草案內容中關於第 4 條領土之規定謂：「五五憲草採列舉式，因為起草之際，

正值九一八事變發生，國家領土被占領，故有採用列舉方式之必要，以杜侵略野心，並表示全國人民收復失地的決心。勝利以後，不僅東北失地業經收回，即失去五十年的臺灣、澎湖，亦已收回，故本草案改用概括方式，規定『非依法律不得變更』，係指領土變

開羅會議：(左起)蔣中正、美國總統羅斯福、英國首相邱吉爾、與蔣夫人

更須根據法律規定辦理，就是要經過立法院通過，國民政府公布。」其後在第一審查會審查報告關於第 4 條中領土之規定，因採列舉規定有利有弊，但多數以為領土之變更，仍以經國民大會之決議較為有利，並以概括規定為宜。

　　日本戰敗後，和約之簽訂是以英、美兩國為主導，在舊金山簽訂，原來英國認為「日本對臺灣放棄之主權，應交還給中國」，和約當應邀請中共參加，而美國對臺灣問題原採不介入之態度，嗣因於 1950 年 2 月中共與蘇俄簽訂「友好同盟相互援助條約」，而同年 6 月 25 日北韓入侵南韓，美國於是宣布臺灣之中立化並派遣第七艦隊協防臺灣。於是英、美兩國乃妥協不邀請中共參與和約。隨即在美國主導下，於 1951 年 9 月 8 日由同盟國（未包括中華民國在內）代表，與日本簽訂「舊金山和約」，其中第二章第 2 條第 2 項規定：「日本茲放棄其對於臺灣及澎湖群島的一切權利，權利名義與要求。」當時我國表示不滿，但美國國務院顧問杜勒斯接見中華民國大使顧維鈞謂：「凍結臺灣之地位，是為維持貴政府之地位而為，如貴國在聯合國反對時，美國將無法保持臺灣及貴政府之國際地位」。日本也隨著於 64 年 2 月 29 日當時的池田勇人首相在眾議院預算委員會發言說：「臺灣的歸屬是未定的①」。

習題：自甲午戰後臺灣與澎湖是如何變更的？試說明之。

---

① 參閱小林進編著：臺灣の前途，1989 年，サイマル出版會，第 17 頁。

三、臺灣領土之歸屬

　　臺灣於歷次選舉時，常有候選人提及臺灣之歸屬問題，以戰後對日「舊金山和約」第 2 條及「日華和平條約」第 2 條均規定：「日本茲放棄其對於臺灣及澎湖群島之一切權利、權利名義與要求。」因此，臺灣之地位尚未確定，並以此作為主張「臺灣獨立」之正當性。不過對此說法也有認為：

　　㈠歸還原被侵佔之國家：依民法借款應返還原出借人。依刑法偷竊之物應歸還原失竊人，搶奪之財物如被逮獲，其財物當應歸還原財物所有人。既然臺灣及澎湖是日本在侵華戰爭強取豪奪，其放棄雖未明示，理應物歸原主。

　　㈡先占之原理：當日本放棄臺灣與澎湖，臺灣與澎湖成為無主地後；由聯合國派中華民國軍來佔領，並在臺灣、澎湖行使統治權有五十餘年之久，因此很難說是非屬中華民國之領土。

　　㈢臺澎之外的領土如何說明：中華民國佔領臺灣之後，中國發生內戰，中華民國之中央政府乃播遷至臺灣，中華民國除臺灣、澎湖之外，並轄有金門、馬祖及南沙群島，在南沙群島中之太平島面積 0.49 平方公里，我國駐有海軍戍守。目前中華民國仍有效管轄這些地區，如何合理說明臺灣之歸屬尚未決定？

習題：試論臺灣領土之歸屬問題。

四、南海群島問題（英：Spratly and Paracel Islands）

　　南海群島位於南中國海之東沙群島、西沙群島、中沙群島及南沙群島，均屬珊瑚島，高度海拔甚低，面積小，但環繞於島周之暗礁多而廣。南海群島於二次大戰時由日本佔領，1951 年與日本之和約中第 2 條 f 規定日本放棄所有南沙群島之權利、權源及請求權。尤其南沙群島之周圍據稱蘊藏有海底石油資源，因此中共、臺灣、越南、菲律賓、

馬來西亞、汶萊等均宣稱對群島之一部擁有主權，我國在南沙群島最大島之太平島，面積 0.49 平方公里，駐有海軍戍守。而中共及越南則對西沙群島主張主權。1992 年 7 月東南亞國家協會（ASEAN）之外交部長會議時發表「南中國海有關 ASEAN 宣言」，但中共與越南因與外國石油公司有開發之合約，因此仍有意見。2002 年 11 月 4 日中共與東南亞國協在金邊舉行首腦會議，會中約定放棄行使武力並維持現狀，這對這地區之安全保障相當有幫助。

五、限制領土變更的方式

（一）一般方式：

　　1.憲法限制主義：即領土變更只有制憲機關或修憲機關，依照修憲程序始得爲之。而行政機關或立法機關，皆無決定變更領土之權。如 1920 年捷克憲法第 3 條規定、威瑪憲法第 18 條規定、法國憲法第 6 條規定等是。

　　2.法律限制主義：變更領土，須經立法機關依法定程序爲之，行政機關不得行使者。如比利時憲法第 68 條、荷蘭憲法第 3 條等均是。

（二）**我國憲法第 4 條規定**：「中華民國領土，依其固有之疆域，非經國民大會之決議，不得變更之。」而憲法增修條文第 1 條及第 4 條第 5 項規定「中華民國領土，依其固有之疆域，非經全體立法委員四分之一之提議，全體立法委員四分之三之出席，及出席委員四分之三之決議，並提經國民大會代表總額三分之二之出席，出席代表四分之三之複決同意，不得變更之。」國民大會爲修憲機關，以修憲機關議決領土之變更，當屬憲法限制主義。至於國民大會關於領土變更之決議，蓋足以改變憲法第 4 條規定，故增修條文規定以嚴格之修憲程序爲之。

第九章　國際化區域與宇宙空間

第一節　國際化區域

國際化區域（英：internationalized territory）一般是指由國際組織等國際性管理下之領域，但其具體的形態是有多種不同。在國際聯盟時代之委任統治區域或聯合國之信託管理區域都包括在內。第一次大戰後基於凡爾賽條約但澤自由市（Danzig）或薩爾地域，即為典型之適例。廣義言之，依條約規定在國際法上有一定權利與義務之國際化領域，如國際運河、國際河川、國際海峽等。其他如基於「南極條約」的南極大陸，或基於「宇宙條約」的宇宙空間等，則非國家領域之區域，對其管理並未設有國際機關之情形。這些區域或空間，依國際條約也有規範其如何領有或如何利用，也有不少是提供各國利用之地域或空間。

一、國際運河（英：international canal；德：internationaler Kanal；法：canal international）

依條約之規定，運河之營運開放給沿岸國以外之第三國航行之謂。運河有通洋運河與不通洋運河之別。不通洋的運河屬於國家的內水。至於通洋運河，原則上也屬於國家的內水，但因其對於國際經濟上的重要性，往往開放與各國共同使用。所以國際運河就是保障第三國船舶有自由通航權。如蘇伊士運河（Suez Canal）、巴拿馬運河（Panama Canal）即為適例。

從歷史上言，連結於北海與波羅的海（Baltic Sea）之間的基爾運河（Kiel Canal），於 1896 年完成。1919 年「凡爾賽條約」第 380 條規定這運河應開放給德國友邦的商船與軍艦通行，但 1936 年德國廢棄該條約後遂不再為各國所共同享有。

蘇伊士運河是由英、法、德、俄、奧、土、義、荷蘭、西班牙等九國簽定 1888 年之「蘇伊士運河之自由航行條約」，又稱為「君士坦丁堡（Constantinnople）條約」，而予國際化。但埃及雖於 1956 年將「運河管

理公司」予以國有化，惟翌（57）年仍宣布運河自由通航之保障。

　　巴拿馬運河於 1901 年英美簽定「海·龐色福特條約」（Hay-Pauncefote Treaty），予以國際化。1977 年 9 月 7 日美國與巴拿馬簽署「巴拿馬運河永久中立與營運條約」，再度確認運河的永久中立及船舶之自由通航權。巴拿馬運河的管理迄 1999 年止由美國管理。

習題：何謂國際運河？一般運河如何成為國際運河？試舉例說明之。

二、國際河川

　　關於河川可分為國內與國際河川兩種：

　㈠**國內河川**：即水流於國內領域內之河川，是屬於國內之領域，完全在一國主權之管轄下流經之河川。

　㈡**國際河川**（英：international river；法：fleuve international；德：internationaler Fluss）：即河川流經數國境界，或貫穿數國流入海洋成為國際交通要道時，乃限制沿岸國之管轄權，並簽定條約承認外國船舶得自由通航之河川，稱為國際河川。國際河川又可分為兩種：

　　1.國境河川：即地理上流經數國國境之河川。

　　2.流貫河川：即流水貫通數國領域之河川。

　　3.具上述兩者特性之河川：即同一河川擁有上述國境與流貫兩者之河川。如萊茵河、剛果河等是。

　㈢**國際法上對國際河川之特性**：有航行與非航行的利用兩方面說明之：

　　1.航行的利用：國際河川制度是將個別河川予以國際化之條約所構成，歷史上對於以河川為航行之國家稱為河川國（riparian states），主要在限制其管轄權為內容。但不一定是習慣國際法所確立之制度。在國際河川，河川國之享有通航之自由，乃是以國際河川為核心而構成，為保障河川國相互之共同利益而產生。

　　2.國際河川自由通航之制度化：將國際河川之自由通航予以制度化之條約為 1815 年維也納會議最後議定書（108-116 條），及其附屬書宣布國際河川之自由航行後，其他歐洲的河川也簽定有個別條約確立自由通航制度。如萊茵河之通航在 1831 年之「美因茨（Mainz）條約」與 1868 年之

「曼海姆（Mannheim）條約」，多瑙河於 1856 年之「巴黎條約」，由管理多瑙河自由航行的歐洲委員會所設立。又在 1885 年之柏林會議，非洲之剛果河 Congo 與尼日 Niger 河也承認自由通航，1919 年之「凡爾賽條約」，對流經第一次大戰戰敗國之國際河川，如萊茵河、易北河、奧得河、多瑙河等規定各國船舶得在河內自由航行。一般條約之 1921 年國際聯盟主持之巴塞隆納會議通過之「國際適航水路公約及規程」，認定各國船舶之自由航行與平等待遇，並對課稅、河川行政、改良工程等有詳細之規定，又為便於管理，多設有國際委員會。

(1)國際河川委員會（英：international river commission；德：internationale Fluβkommission；法：commission fluviale internationale）：即在國際河川為確保船舶之自由航行所設立之國際組織。歷史上以十九世紀前半所設立之歐洲國際河川如萊茵河、易北河、多瑙河等為最早。委員會之權限通常以各沿岸國河川行政之調整、監督之間接行為為主，1856 年之「巴黎條約」（克里米亞戰爭，1853-56）所設立之「多瑙河歐洲委員會」是從沿河國獨立而擁有強力之直接行政權。近年來為增進國際河川之非航行的利用，如（灌溉、發電、工業用水等），防止污染等管理亦同時進行。

(2)國際適航水路公約（英：Convention and Statute on the Regime of Navigable Waterways of International Concern）：1921 年 4 月 20 日在巴塞隆納（Barcelona）簽訂有關國際河川之二個一般條約之一，於翌（22）年 10 月 31 日生效。當事國有 27 國，條約由前文及 9 條條文所構成，實質的條項是在附屬之規程 25 條內。從第一次大戰前之國際河川的個別條約，以樹立一般條約的國際河川制度為目的。這一公約規定：㈠除軍艦及某種公船外，各國准許各簽約國船舶在其主權下之適航水道自由通航（第 3 條）；㈡在通航時，各締約國國民、財產及船舶在各方面應立於完全平等之地位（第 4 條）。則該公約對於船舶及沿河國之權利、義務有具體的規定。如易比河（Elbe）、奧得河（Oder）、多瑙河（Danube）等，則依「凡爾賽條約」第 338 條得依本條之規定具體適用。

　　3.非航行的利用：尤其近年來，地理上之國際河川，除了航行之外，有多角性的利用，如灌溉、發電、農工業用水等之水的利用。因此須有國際性之規範乃漸受重視。如污染防止及其他一定目的之條約乃有增加之勢。在這些條約規範下之國際河川，各該國之排他性利用乃受限制。又聯合國國際法委員會，於 1997 年 5 月經聯合國大會通過「國際河川非航行利用之法有關公約」（英：Convention on the Law of Nonnavigational Uses of International Watercourses）。

習題：一般河川可分為國內及國際兩種，何謂國際河川？國際河川在國際法上有何特性？

三、委任統治與非自治區域

　　㈠**委任統治區域**：委任統治（英：mandate；德：Mandat；法：mandat）即國際聯盟時代所施行的一種國際統治制度，爲信託統治之前身。則美國總統**威爾遜**（Thomas Woodrow Wilson, 1856-1924）所提倡，即第一次世界大戰後戰勝國不合併戰敗國之領土，戰勝國將德國的殖民地及土耳其的領土委任英國、法國、比利時統治，而由國際聯盟設一常設委員會監督其施政情形（國際聯盟規約22）。委任統治，依住民發展之程度分爲 A.B.C.三種形態。A 式的委託區域，於第二次世界大戰

威爾遜

後都成立獨立政體，如伊拉克、敘利亞、黎巴嫩、巴勒斯坦，而 B 與 C 之委任區域，除了西南非外，都成聯合國之信託統治。

　　㈡**託管制度**（英：trusteeship；德：Treuhandschaft；法：tutelle）：對於特定之區域，接受聯合國之委託，在聯合國之監督下，依照與聯合國簽定之託管協定，對該地區實施統治之制度。「聯合國憲章」第十二章即規定國際託管制度，其第 75 條規定：「聯合國在其權力下，應設立國際託管制度，以管理並監督憑此後個別協定而置於該制度下之領土。此項領土簡稱爲託管領土。」此又可分爲戰略區域與非戰略區域；前者爲託管統治區域中由安全理事會指定爲戰略上之重要區域，後者是聯合國大會受託管理事會之援助而監督之區域。

　　1.託管之目的：

　　　⑴促進國際和平及安全。

　　　⑵增進託管領土居民之政治、經濟、社會及教育之進展；並以適合各
　　　　領土及其人民之特殊情形及關係人民自由表示之願望爲原則，且
　　　　按照各託管協定之條款，增進其趨向自治或獨立之逐漸發展。

　　　⑶不分種族、性別、語言或宗教，提倡全體人類之人權及基本自
　　　　由之尊重，並激發世界人民互相維繫之意識。

　　　⑷於社會、經濟及商業事件上，保證聯合國全體會員國及其國民之
　　　　平等待遇，及各該國民於司法裁判上之平等待遇，但以不妨礙
　　　　上述目的之達成，且不違背第 80 條之規定爲限。

　　2.託管領土之種類：

　　　⑴託管制度適用於依託管協定所置於該制度下之下列各種類之領
　　　　土：

　　　　①現在委任統治下之領土。

　　　　②因第二次世界大戰結果或將自敵國割離之領土。

　　　　③負管理責任之國家自願置於該制度下之領土。

　　　⑵關於上列種類中之何種領土將置於託管制度之下，及其條件，
　　　　爲此後協定所當規定之事項。

　　3.託管區域：現行之託管統治是由國際聯盟之委任統治修正而來。
實際的委任統治在 1977 年底國聯時期除西南洲（South West Africa），仍
由南非共和國控制，與舊義大利所屬之索馬利蘭等。其後委任統治地區
紛紛獨立，1994 年委託美國託管之太平洋地區的帛琉於 10 月 1 日脫離
美國託管，宣布獨立成立帛琉共和國，託管統治乃告終止。

　　　⑴西喀麥隆（Cameroon）1946 年英屬，1961 年 10 月獨立。

　　　⑵東喀麥隆（Cameroon）1946 年法屬，1961 年 1 月獨立。

　　　⑶多哥蘭（Togoland）1946 年英屬，1957 年西部地區已成迦納
　　　　（Ghana）。

　　　⑷多哥蘭（Togoland）1946 年法屬，1960 年東部地區已成多哥
　　　　（Togo）。

(5)坦干伊加（Tanganyika）1946 年英屬，1962 年 12 月獨立，1964
　　年與尚巴合併成立聯合共和國。

(6)西薩摩亞（Samoa）1946 年紐西蘭屬，1962 年獨立

(7)盧安達（Rwanda）1946 年比利時屬，1962 年獨立。

(8)索馬利亞（Somalia）1950 年義大利屬，1960 年 7 月獨立。

(9)諾魯（Nauru）1946 年英澳紐西蘭屬，1968 年 1 月獨立。

(10)紐幾內亞（New Guinea）1946 年澳洲屬，1975 年 9 月獨立。

(11)太平洋戰略地區的各島，1947 年美國屬：

　　①馬紹爾群島於 1986 年 10 月 21 日結束美國之託管而獨立。

　　②密克羅尼西亞於 1986 年 11 月 3 日結束美國之託管而獨立。

　　③帛琉共和國於 1994 年 10 月 1 日結束美國之託管而獨立。

㈢**非自治區域**（英：Non-self-governing Territories）：即人民未實施完全自
治之區域。具體上是指殖民地而言。「聯合國憲章」是將殖民地、屬地等
地區稱為「非自治領土」，在第 73 條中規定：「其人民尚未臻自治之充分
程度者，承認以領土居民之福利為至上之原則，並接受在本憲章所建立
之國際和平及安全制度下，以充量增進領土居民福利之義務為神聖之信
託」。其第 2 項規定：「按各領土及其人民特殊之環境、及其進化之階段，
發展自治；對各該人民之政治願望，予以適當之注意；並助其自由政治
制度之逐漸發展。」

　　1960 年 12 月 14 日聯合國大會通過第 1514 號決議（贊成 89 票，無反
對，棄權 9 票），發布「賦予殖民地國家和人民獨立宣言」（Declaration on the
Granting of Independence to Colonial Countries and Peoples）其決議為：

　　1.因外國之征服而支配人民是違反聯合國憲章。

　　2.尊重人民之自決權。

　　3.無論任何理由都不能阻止獨立。

　　4.尊重所屬人民之領土的保全。

　　5.迅速給予獨立。

　　6.不阻止國家之統一。

　　7.所有國家應遵守本憲章及本宣言。

　　因此在英國、法國、荷蘭、比利時等支配下之非自治區域，迄 1960 年代也紛紛取得獨立。

習題：
一、何謂託管制度？託管之目的為何？
二、何謂非自治區域？聯合國於 1960 年發布「給予殖民地國家和人民獨立宣言」，其內容為何？試說明之。

四、極地之歸屬（英：territorial sovereignty over the polar regions）

　㈠**北極地區**：自 1909 年英國之探險家在北極地區插上國旗起，這種冰凍的海域，能否為先占的對象，乃為議論之中心。國際間乃對極地之歸屬，發生興趣，先則以探險為對象，接著產生科學的研究與經濟開發之興趣。

　　1.北極區域之歸屬問題：因該區域並非國際法上國際化之區域，從未有國際制度之存在。因該區域是由海洋所構成，法律上應屬海洋法之規範範圍。因此，北極海附近之國家，乃依海洋法適用領海、鄰接區、排他性經濟海域、大陸棚等制度，其他則列入公海。近年以來，為開發北極之海底資源，這些國家相互在探勘、開發上相互較勁已逐漸明朗化。為防止紛爭，乃有扇形理論之主張。

　　2.扇形理論（sector theory）：

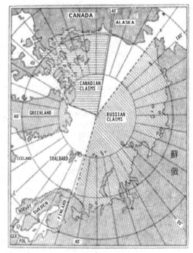

　　⑴加拿大：於 1903 年加拿大首先從本國的沿岸到達北極，在地圖上標示扇形理論。即在其劃定之扇形內所有的島嶼宣稱擁有主權。如欲在該區域內進行探險或科學研究，均須申請許可。不過今日加國基於領域取得原則之占有與實際之支配，以主張自己之領土主權。

　　⑵蘇俄：於 1926 年公布法令，即宣布「從蘇俄聯邦之北岸到北極

為止，以及東經 32 度 4 分 35 秒至西經 168 度 49 分 30 秒之間的陸地及其島嶼，除了第三國所屬以外，所有之地區均屬蘇俄之領土。」

㈡**南極地區**：南極大陸是指南緯 90 度之南極點為中心，由南極大陸與其接之島嶼所構成之區域，稱為南極區域。不過究竟範圍有多大，並未明確，於 1820 年被發現。南極地區雖有陸地，因嚴寒之氣候條件，不適於人類之住居，到 1895 年始由探險家成功的登陸。依照國際法雖有先占理論，但因實際的占有相當困難，因此迄二次大戰為止，尚未為人類所實際占有。

1.對南極土地之爭執：二次大戰後科學之發展，實際之占有逐漸有可能，對南極所有之爭執乃逐漸高漲，其理由為：

⑴迄今唯一留存之陸地，且為無主地。

⑵很可能蘊藏有原子能原料之鈾礦。

⑶作為軍事基地之重要性。尤其美、蘇兩軍事大國對南極覬覦逐逐漸加強。

2.南極條約之成立：自進入二十世紀，各國探險隊紛紛前往探勘，1908 年之英國最初基於**扇形原則**（sector principle），主張南極極點為中心之扇形土地主張擁有主權。

⑴扇形原則（英：sector principle；德：Soktorenprinzip；法：principe des

secteurs）：以南北西極地區附近領土之劃定原則，又稱為扇形理論。以極點為頂點二條子午線（經度線）與一條緯度線所包圍之扇形部分為一定國家所領有之部份。在南極部分以一定範圍的島嶼（南緯 60 度以南、西經 20 度至 80 度）與南極半島北部之格雷厄姆地（Graham

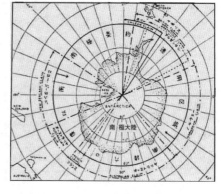

Land），由於英國對該地之探險，宣稱擁有主權。其他阿根廷、澳洲、紐西蘭、法國、智利亦依此理論主張擁有主權。在北極圈由加拿大及蘇俄作此主張，而日本、美國則加反對，蘇俄只對南極部分反對，因此尚未成立國際習慣法。

南極之扇形原則表解圖①

國　名	佔有主張	扇形經緯度
英　國	1908 年特許狀 1917 年修正特許狀	南緯50度以南，西經20度～50度 南緯58度以南，西經50度～80度
智　利	1940 年大統領令	西經53度～90度
阿根廷	1946 年公定地圖 1955 年國土區分法	南緯 60 度以南，西經 25 度～74 度
紐西蘭	1923 年英樞密院令	西經 150 度～東經 160 度
澳　洲	1933 年英樞密院令	南緯 60 度以南，東經 45 度～160 度〔但法國之扇形原則除外〕
法　國	1924 年法令 1938 年法令	南緯 60 度以南，東經 136 度～142 度

⑵南極條約之締結：第二次世界大戰後因科學的發達，一向不可能有效佔有之南極區域，因佔有可能性大增，以致紛爭迭起，1957-58 年以國際地球觀測年為契機，於 1959 年 5 月在美國主導下，召開華盛頓會議時，參加該會的國家共 12 國（美國、阿根廷、英國、澳洲、舊蘇聯、智利、南非、日本、紐西蘭、挪威、法國、比利時），同年 12 月 1 日締結「南極條約」。1961年 6 月 23 日生效。

⑶南極條約之內容構造為：

　①領土權之凍結：其第 4 條為對領土權之凍結。其第 1 項規定，締約任何一方放棄在南極原來所主張之領土主權權利或領土的要求。其第 2 項規定，締約任何一方全部或部分放棄，由於它在南極的活動或由於它的國民在南極的活動或其他原因

---

① 參照經塚作太郎著：國際公法，昭和 52 年版，第 54 頁。

而構成的對南極領土主權的要求的任何根據。

②軍事利用之禁止：南極應只用於和平目的。一切具有軍事性質的措施，如建立軍事基地、建築要塞、進行軍事演習或武裝之實驗等，均予禁止（南極 1）。並禁止進行任何核爆和處置放射性廢棄物（南極 5）。

③締約國協商：共同協商南極的共同利益問題，並闡述、考慮以及向本國政府建議旨在促進本條約之原則和宗旨的措施（南極 9）。目前設有「**南極條約協議會**」（Antractic Treaty Consultative Meetings）。

④一方的觀察制度：為了促進南極條約之宗旨，保證這些規定得到遵守，凡參加協議之締約國，應有指派其國民為觀察員進行觀察之權（南極 7）。

3.南極有關資源保護條約之簽定：

⑴南極海洋生物資源保育公約（英：Convention on the Conservation of Antarctic Marine Living Resources）：1980 年 5 月 20 日在南極條約諮商會議時訂定，於 1982 年 4 月 7 日生效。當事國有 27 國，由前文及 33 條條文與仲裁法院有關之附屬書所構成。適用於南緯 60 度以南區域之海洋生物資源之維護。並適用南極條約凍結領土權與沿岸國之管轄權，設立委員會及科學委員會以為監護。

⑵南極環境保護條約（英：Protocol on Environmental Protection to the Antarctic Treaty）：南極條約為使條約得有效實施，7 領土權主張國與美、蘇、日、南非、比等 5 個領土權否認國之 12 原簽署國，及在南極進行科學研究之新加入國乃定期的舉行環境保護與生物資源保全，譬如 1980 年之南極海洋生物資源保育公約，則為適例。但自 70 年代以來，對南極之礦物物資之探勘及開發，因南極條約未能完整規範，1988 年乃通過「南極礦產資源活動規則公約」，但未完全發揮效力，因此 91 年 4 月在馬德里的會議上乃決議，對南極開採礦物資源「五十年間禁止開發」，於 10 月 4 日在「南極條約協議會」議決「南極環境保護條約」，於

1998 年 1 月 14 日生效。全文有前言及 27 條條文與附錄，及四份附屬書（即環境影響評估、南極動植物相之保存，廢棄物之處分與管理，海洋污染防止）。會員國迄 2003 年 9 月止共 39 國。

(3)南極礦產資源活動規則公約（英：Convention on the Regulation of Antarctic Mineral Resource Activities）：1988 年 6 月 2 日在南極條約諮商會議時訂定，但未生效。因南極條約對礦產資源之規則並未涉及，於 1970 年代對石油探勘之關心而有制定之議。由前文及 67 條條文與仲裁法院所構成，並設置規範委員會，由環境與生態保護之觀點，對探勘（prospection）、開發（exploration）與發展，分別有詳細規定。依 1991 年通過之「南極條約環境保護議定書」規定，除了科學研究外，禁止南極採礦活動五十年。

(4)南極海狗類動物保護公約（英：Convention for the Conservation of Antarctic Seals）：於 1972 年 6 月 1 日在南極條約協議會議決通過，1978 年 3 月 11 日生效。會員國 13 國，即以南極條約規範外之為保護海狗類動物所簽署之公約。由前文及 16 條條文及附屬書所構成。在南緯 60 度以南之海域，禁止對海狗類動物之捕殺，狩獵等行為。

習題：
一、何謂扇形理論？試論北極地區之歸屬問題？
二、南極條約之內容構造為何？

第二節　空域之國際法

一、領空（英：aerial domain；法：domain aérien；德：territorialer Luftraum）

領空者，即領陸、領海之上空的空間之謂。國家對於領空擁有完全排他性的主權，稱為**領空主權**。1944 年「國際民用航空公約」第 1 條規定：「締約各國承認每一國家對其領域之上空，具有完全及專屬之主權。」這一規定是繼承 1919 年之「巴黎國際航空公約」第 1 條規定而來。在巴黎條約以前，即第一次大戰以前對於空域之規定，有自由說、主權說等

種種論點，但尚無統一的國際慣行。「巴黎條約」即 1926 年「伊比利亞美洲航空條約」，28 年之「汎美商業航空條約」，及其他各國航空條約、航空法及學說等，慢慢認定對於國家之上空應有主權之支配權。芝加哥之「國際民用航空公約」就是對此特別予以承認。

習題：何謂領空主權？有關航空條約是否認定各國擁有領空主權？

二、航空法之起源

此起於 1783 年法國之蒙哥菲（Montgolfier）兄弟首先嘗試氣球之飛翔事件，於是巴黎政府規定，為保護市民之安全，如無事前之許可，不得使用氣球在上空飛翔。至於國際法上之先例則為 1899 年第一屆海牙國際和平會議通過之宣言：「從輕氣球或其類似之其他新方法投下投射物及爆發物之禁止宣言」是為起源。當時只有輕飛球用在戰爭上，但因為預防將來很可能有其他飛行物也會使用在戰場上，因此乃有「其他新方法」以為概括。但因德法等列強國家拒絕該宣言之有效性的延長，因此在 1914 年第一次世界大戰中，該宣言毫無拘束力，亦未被重視。

1901 年法國國際法學者佛希由（Paul Fauchille）發表「空域與氣球之法律制度」，首先探討空域之國際法。1903 年 12 月 17 日美國萊特兄弟（Wilbur Wright, 1867-1912）成功的發明動力飛行機。

1901 年 5 月 18 日至 6 月 29 日為規範航空之國際條約，在巴黎舉行第一屆國際航空法外交會議，因意見分歧而未有成果。德、法兩國主張航空之自由，但英國認為空域應遵守絕對主權，航空之許可應由各國自行決定，到第一次世界大戰，航空機遂為作戰所使用，以致領空乃成國家之主權。1919 年德國戰敗後，當年 10 月 13 日多國簽定「巴黎國際航空公約」（Convention relating to the Regulation of Aerial Navigation）於 1922 年生效，該約首先規定領域上空為國家之專屬主權（第 1 條），除了禁止區域以外，在締約國間承認領域上有無害航空之權利（第 2 條），飛機場之使用及航空技術之統一化。

三、航空法之制定

㈠**國際民用航空公約**（英：Convention on International Civil Aviation）：第二次大戰期間航空技術更飛躍的成長，美國乃於 1944 年 11 月邀請聯合國及中立國等 52 個國家在芝加哥舉行國際民用航空會議，此次會議除了德、日、意等三個敵國以外，幾乎都參加，蘇俄因意識形態之不同而未參加（事後於 1971 年加入）。該公約以繼承「巴黎國際航空公約」之形態通過者，並不承認無害航空權，締約各國承認每一國家對其領域之上空，具有完全及排他性之主權（第 1 條），並規定飛越締約國之領域、航空器之國籍、航空器所應履行之條件、國際標準及建議措施與國際民用航空組織之設置等。至於不定期飛航權，依第 5 條事先雖不必經領域國之核准，但在現實上為飛航安全之理由與機場之運作，仍須事先核准。此外上述的會議中亦通過「國際航空業務過境協定」及「國際航空運輸協定」。

㈡**國際航空業務過境協定**（英：International Air Services Transit Agreement）：1944 年 12 月 7 日在芝加哥通過，翌（45）年 1 月 30 日生效。當事國有 100 國，與「國際民用航空公約」及「國際航空運輸協定」一起於國際民用航空會議通過者。較國際民用航空公約更進一步以確保「空中之自由」。由 6 條條文所構成。締約國對於定期國際航空業務，相互同意在本國領域內不著陸通過飛行之自由，與以運輸以外目的之降落自由。

㈢**國際航空運輸協定**（英：International Air Transport Agreement）：1944 年 12 月 7 日在芝加哥簽署，翌（45）年 2 月 8 日生效。當事國有 11 國。與「國際民用航空公約」及「國際航空業務過境協定」一起在國際民間航空會議通過。全文是由 8 條條文所構成。因在協定上認定有五種空中自由，故又稱為「五種自由協定」。本協定在現實上的運作並不順利，因一般所稱之空中自由是以兩國間簽定「航空協定」，較能有效的運作。

習題：航空法是如何產生的？試說明之。

四、領空主權之確立

㈠自由說與主權說：

1. **空中自由說**	（英：Freedom of the air）：認為空中應視同公海，而不屬於任何國家，應准各國的航空器自由航行。此為**領空主權說**之對照語。

	於 1901 年由法國國際法學者佛希由（Paul Fauchille, 1858-1925）所主張。他認為「空中是自由的」，國家無論平時或戰時，上空只有為保存自己國家之必要權利，但是高度 1,500 公尺以下之空域應禁止飛行，如有違反可視為間諜機，1906 年國際法學會之「無線通訊之地位有關之決議」亦採取自由說。在重視國際航空之全體利益的空中自由說，當時雖相當有力，但終究敵不過重視各國領空利益之「領空主權說」，而為其所取代。
2. 領空主權說	即領空屬於國家主權之學說。亦即所謂「空中關閉說」（Aer Clausus），是「**空中自由說**」之對照語。荷蘭之柳克拉馬（Lycklama）為此說之代表。英國、德國與法國乃制定國內法禁止外國航空器飛臨本國領域，又第一次大戰時航空機對鄰國之安全所造成之威脅，致瑞士、荷蘭之中立國亦禁止交戰國家之軍機飛越其上空，各國也都加以承認。因此 1919 年之「巴黎國際航空公約」乃規定各國在其領域上空擁有「**完全且排他性的主權**」(第 1 條)。此後 1927 年國際法學會之「國際航空有關之決議」第 1 條及 1944 年「芝加哥國際民用航空公約」第 1、2 條均採此原則。今日此絕對意義之領空主權說業已確定。

習題：
一、關於領空之主權有自由說與主權說，試說明其內容。
二、何謂飛航情報區？防空識別區？

　　(二)**航空器之國籍**：航空器與人或船舶相同，都應擁有其所屬國家之國籍，其重要的原因，在於航空器之飛行活動在性質上必然會涉及外國主權之管轄。或需外交之保護、監督，或涉及違法行為而須取締處罰等，都與國籍有關，因此有關航空器之所屬國、製造國，所有人之住所地國，或機員之國籍等，都極為重要。故現行「國際民用航空公約」第 18 條規定，航空器必須在一個國家登記。因航空器經登記就取得該國之國籍，而其登記或登記之轉移，應依該國之法令規章為之 (國民航 19)。實際上大部分國家都由本國國民（自然人或法人）之所有人登記。此外航空器不得在兩個以上國家登記，但其登記得由一國變更至他國 (國民航 18)，從事國際航空之每一航空器，應備有其適當之國籍及登記標誌 (國民航 20)。而且任何國家之航空器，於其他國家或民航組織要求時，應提出有關登記及所有權之資料 (國民航 21)。

　　如為數個國家聯合經營之航空公司，如斯堪的那維亞航空公司（SAS）之航空器，則應遵守國際民用航空公約之規定，包括向理事會辦理協定登記（國民航77），該理事會於1967年決議應設立共同登記，至於與第三國之關係，則指定其中一國為之。

　　㈢**航空器之分類**：在一般國際法上般空器可分為由國家管理之「公的航空器」與私人管理之「私的航空器」；但在1944年簽署之「國際民用航空公約」卻將航空器分為「國家航空器」（state aircraft）與「民用航空器」（civil aircraft），而該公約只適用於「民用航空器」（第3條I）。但用於軍事、海關和員警部門的航空器，應認為是國家航空器（第3條II）。但其前身之巴黎公約係將軍用航空器與郵政、稅關用及警察勤務用，亦即專為國務使用之航空器，認為是「國家航空器」，其他認為是屬於民用航空器。因此依「芝加哥公約」之規定，有關航空器分類則不問航空器之所有關係，而是以航空器之用途為基準，就是該航空器是國家所有，如非用於軍事、海關及警察勤務，則以民用航空器處理之。

　　㈣**公海上空之飛行**：公海對各國一律開放，因此航空器在公海上或無主地上空時享有飛行之自由（公海2④、聯海87②），原則上應遵從所屬國之管理。對於「國家航空器」，雖他國無權過問，但在民用航空器所有國家應盡最大可能進行合作，以制止在公海上或在任何國家管轄範圍外的任何其他地方的海盜行為（聯海100），因此登錄註冊以外的國家也有管轄權。1944年簽定之「國際民用航空公約」第12條後段規定，在公海上空所實施之航空規則應為依本公約所制定之規則。締約各國許諾，保證對違反應適用規則之一切人員予以追究。

　　㈤**飛航情報區**（英：Flight Information Region－FIR）：是由聯合國國際民航組織（ICAO）所劃定，目的在提供航機飛航服務及管制。飛航情報區的範圍通常超越一國的領空，甚至包括臨近的公海。飛航情報區與防空識別區之不同，在於飛航情報區主要在提供航機飛航情報之服務及管制為主，有時因特別原因深入鄰國領空的情形。

　　飛航情報區的命名，是以該區的飛航情報區管制中心所在地命名。如臺灣的「臺北飛航情報區」、日本的「福岡飛航情報區」、或中國大陸

的「廣州飛航情報區」等。

臺北飛航情報區南至北緯 21 度與「馬尼拉飛航情報區」交界，北至北緯 29 度鄰近「仁川飛航情報區」，東至東經 124 度連接「福岡飛航情報區」，西至東經 117.5 度與「香港飛航情報區」交界，空域共約 17 萬 6,000 平方浬。臺北飛航情報區有 13 條國際航路，4 條國內航路，及新增直接往來兩岸的直達航路。

■聯合報

㈥**防空識別區**（英：Air Defense Identification Zone－ADIZ；法：zone d'identification de défense aérienne；德：Luftverteidigungsidentifizierungszone）：即臨接海洋之國家，為自身國家空防之需要，於接近專屬經濟海域及公海上空，單方面所劃定的空域，以便軍方得迅速管制空域的安全。任何非本國航空器欲進入某防空識別區，應事先向該區之航管單位提出飛行計劃及目的，否則會被視為非法入侵，並將面臨國內法上之處罰。

1950 年代美國首先制定此類國內規則，接著加拿大、法國、多明尼加共和國、冰島、英國、蘇聯等相繼設立，但其防空識別區之地理的範圍，規範對象之航空機的種類，目的及對違反者之處罰方法等，不盡完全相同。不過為避免受到空中之奇襲攻擊，世界各國大致在領土之外側定 400-500km 區域為防空識別區。臺灣與日本的防空識別區，沿用第二次大戰後美國將通過與那國島上空的東經 123 度線為交界，有一部分與現行的臺北飛航情報區重疊。以致我國空軍在北部地區演訓時，只要一升空，戰機即易進入日本的「防空識別區」，可引發日本航空自衛隊戰機的升空攔截和驅離。

防空識別區因抵觸在公海及專屬經濟區上空飛行之自由（聯海 87 I

②、58Ⅰ），在國際法上認為欠缺正當性，但因關係國家之默認而存在。如在防空識別區有不明飛行器進入時，軍方就發動緊急措施。

㈦**外國領空之飛行**：依領空主權之原則，各國在其領域上空擁有「完全及專屬之主權」(國民航1)。如未得當事國之許可擅自進入該國之領空，則構成侵犯領空之國際不法行為。因此國家航空器，如未經特別協定或其他方式之准許，並依其規定，不得飛越或降落外國之領域(國民航3Ⅱ)。如有軍用飛機降落在外國領域時，則依一般國際法之習慣處理。至於軍用航空機以外之「國家航空機」如警察使用或稅關用航空機，逾越國境飛進外國領域時，當須關係國家之特別處理。

有關民用航空機合法的進入外國領域時，當須受該當事國之航空法規及其國內法之管理。即各國許諾採取各種措施以保證飛越其領域或在其領域內活動之每一航空器，及具有其國籍標誌之每一航空器，不論其在何地，必須遵守當地關於航空器飛航及活動之各種現行規則及規章。締約各國許諾在最大可能範圍內，保持此等規章與依本公約隨時制定之規章相一致。在公海上，現行規則應為依本公約所制定之規則。締約各國許諾，保證對違反應適用之規則之一切人員予以追究。

航空器登記國之管轄權雖及於機內之所有人（包括外國人），但在外國領空飛行時，因領域國之屬地的管轄權，因此在機內所發生之事項，登記國與所在國之法律有可能發生競合現象，一般認為關於民事方面則屬於登記國之管轄範圍，但機內之犯罪，如劫機或對航空器之破壞行為等航空犯罪，航空器登記國有管轄權。如犯罪是在該國領域內發生時，則領域國也有管轄權(東京公約3、4，海牙公約4，蒙特婁公約5)。

㈧**不定期飛行**（英；non-scheduled flights）：即單發或間斷性飛行，為一般公眾之利用不依預先公布之時刻表定期飛行之謂。依「國際民用航空公約」第5條規定之包機等不定期飛行，比定期航空業務享有更多之飛航自由。依該規定：「締約各國同意，凡不從事定期國際航空業務之其他締約國一切航空器，在遵守本公約之規定下，不必事先獲准，有飛入其領域或不停留而通過其領域，及為非營運目的而停留之權，但被飛越國有權要求其降落。然為飛航安全之理由，對意欲飛越不能通過之區域或

缺乏適當航空設施之區域之航空器，締約各國保留要求其遵循規定之航路飛航，或此等飛航應獲得特准之權利。此項航空器如以有償或包租從事定期國際航空業務以外之客、貨或郵件運送者，在遵守第 7 條之規定下，亦有裝卸客、貨或郵件之特權。但任何裝卸地國家有訂定其認為適宜之規章、條件或限制之權。」

五、空中自由（英：freedom of air；法：libertés de l'air）

各國在擁有排他性領空之主權下，又要推動國際航空，就須在條約上賦予外國民用航空機之特權，又稱為商業航空權（commercial aviation rights），通常是指下列情形：

(一) 過境權 （transit rights）	1.領空通過之自由：即不降落而飛越外國領土之權。 2.單純降落的自由：如補給燃料、修護或非貿易目的而降落外國領土之權。
(二) 運輸權 （traffic rights）	1.卸下客貨之自由：即在航空器所屬國搭載的旅客、郵件、貨物得在他國卸下之權。 2.在他國裝載客貨之自由：即在他國裝載前往航空器所屬國領土的旅客、貨物等之權。 3.在兩個外國之間往來運輸之自由：即在第三國裝載旅客、貨物、而在他國卸下，或相反之運送之權。

六、侵犯領空（英：trespass of national airspace）

領空在一國完全且排他性之主權下，航空機不如船舶在外國領海具有無害通航權，故如未獲得許可侵入領空，將成為侵犯他國領空，而為國際法上之違法行為。如侵犯領空之飛行器屬於軍機，自國之軍用機可予警告、威嚇射擊、強制降落、直接槍擊並予擊毀等措施。通常國與國間都締結有航空協定，因此國際民航機之飛行權都有條約規定而確保其安全性；如果外國的航空機未得領域國之許可，或沒有條約或協定等根據而侵入領域時，領域國通常需要考慮侵入機是因遇難或為不法目的，或屬民航機或軍用機，及是否接近機密地區而採不同的處置方式。舉列說明之：

(一)**大韓航空機擊落事件**（英：Shooting of the Korean Airlines Incident）：1983

年 9 月 1 日，從紐約起飛經由安克雷奇（Anchorage）（美國阿拉斯加州中南部都市，北極圈航空線的中繼站），飛往漢城之大韓民國航空機波音747 型 007 號班機，在飛越蘇聯領空的庫頁島上空，被蘇聯軍機擊落，致 269 名乘客全部罹難事件。舊蘇聯似有過當防衛之感，當時蘇聯軍機事先並未警告，逕發射二枚飛彈而予擊落。西方各國乃採禁止搭乘蘇聯民用航空機為制裁手段。事件後 1984 年 5 月，國際民用航空組織乃修改國際民用航空公約，通過對民用航空機禁止使用武力之規定。

㈡國際民用航空公約之修正：大韓航空機擊落事件促使各締約國注意到須採取適當措施，以防止對他國空間的侵犯和將民用航空器運用於與本約宗旨不符合的目的，以及加強民用航空的安全。於是 1984 年 5 月 10 日國際民航組織（ICAO）召開第 25 屆大會一致通過對「芝加哥公約」的修正案，即在第 3 條後，插入新的第 3 條之 2（攔截及著陸之處置）；其內容為：

1.各締約國承認各國必須抑制向飛行中的民用航空器訴諸使用武器，如果進行攔截，必須不危及航空器上的人員生命和航空器安全。這一條款不應被解釋為以任何方式修改聯合國憲章規定的各國的權利和義務。

2.各締約國承認各國在行使其主權時，有權要求未經許可飛越其領土或有合理理由斷定其正在被用於與本公約宗旨不相符合的任何目的之民用航空器在指定機場著陸，或亦得向此航空器發出停止此類侵犯的其他指令。為此目的，各締約國得訴諸於符合國際法有關規則、包括本公約有關規定、特別是本條第一款的任何恰當手段。每一締約國同意公佈其有關攔截民用航空器的現行有效規章。

3.每一民用航空器應遵從按照本條第二款發出的命令。為此目的各締約國應在其國家法律或規章中制訂一切必要的規定，以使此項遵從對在該國登記或由其主營業地或永久居所地在該國的營運人經營的任何民用航空器成為強制性的。各締約國應以嚴厲刑罰來懲處對此項適用法律或規章的任何違犯並應按照其法律或規章將案件送交其主管當局。

4.各締約國應採取恰當措施來禁止將在該國登記或由其主營業地或永久居所地在該國的營運人經營的任何民用航空器故意用於與本公約宗旨不相符合的任何目的。這一規定不應影響本條第一款或有損於本條第

二款和第三款。

習題：何謂侵犯領空？大韓航空於 1983 年被蘇聯軍機擊落之後，國際民航組織，即修改「民用航空法」，試略述其內容。

第三節　宇宙空間

一、宇宙條約之簽定

　　㈠**人造衛星之發展**：人造衛星（英：artificial satellite）即人工造成之衛星。所謂衛星，即圍繞某一個行星（planet）不斷的旋轉之星球。行星是自己不發光之星球，太陽等因自己可以發光，故稱為恒星。因此人造衛星，則圍繞地球或月亮、火星之周圍不斷的旋轉飛行之人造物體。人類最早之人造衛星為前蘇聯於 1957 年 10 月 4 日發射之史普尼克 sputnik。因美國之太空計畫為蘇俄所超越，美國乃急著於 12 月發射人造衛星，但以失敗收場，於是改請前開發德國 V2 火箭成功之科學家布勞恩（Braun, Wern.her von, 1912-1979），於 1958 年 1 月 31 日主持發射美國第一顆人造衛星探險者一號（Explorer）成功。於是國家領空之高度就成為討論中心。國際上認為國家領空的高度必須予以確定，而領空以外的空間，稱為外太空或外層空間（outer space）。1969 年美國的宇航員（astronaut）登陸月球。這些問題浮現後，乃發展出外太空法（outer space law）。不過外太空是以何處為界限不無疑義。一般認為可以在距離地球十英里至一百英里的地區（即 16 公里－160 公里間），以決定地球的空間與外層空間之界限，因為這是飛機可以飛行的高度及衛星可以環繞地球的高度。

　　㈡**宇宙法**（英：space law；法：droit de léspace；德：Weltraumrecht）：即規範宇宙空間活動與月球及其他天體之法規或原則。限於大氣層外和平之利用，此一國際空間仍由各國自由發展，而於 1958 年在聯合國大會之決議下，設置宇宙空間和平利用特別委員會，惟至 1959 年改組成立聯合國和平利用外層空間委員會（United Nations Committee on the Peaceful Uses of Outer Space－UNCOPUOS）。其後聯合國大會乃通過「規範宇宙空間之探查及利用有關國家活動之法律原則宣言」（大會決議 1962(XVIII)），並基於該宣

言而於 1966 年 12 月 19 日在聯合國大會通過「宇宙條約」(英：Outer Space Treaty) 正式的名稱是「規範包括月球及其他天體之宇宙空間探索及利用有關國家活動之條約」(Treaty on Principles governing the Activities of States in the Exploration and Use of Outer Space, including the Moon and Other Celestial Bodies)，當事國有 90 國。

　　㈢**宇宙條約之基本性格**：此為規範宇宙之一般法，其基本構造有宇宙利用原則，宇宙活動自由之原則，宇宙所有禁止原則，國際合作原則，他國利益尊重之原則，和平利用等六原則為基礎，具有宇宙軍備裁減之性格。

二、宇宙條約衍生之條約或協定

　　在本條約之基礎上衍生有下列規定：

　　㈠**宇宙救助返還協定**(英：Agreement on the Rescue of Astronauts, the Return of Astronants and Return of Objects Launched into Outer Space)：於 1967 年 12 月 19 日通過，68 年 4 月 22 日簽署，12 月 3 日生效。正式名稱是「宇宙太空人之救助及返還，與送上宇宙空間之物體的返還有關協定」。由前文及 10 條條文所構成。迄 2005 年為止，締約國有 89 國。此返還協定確立了宇宙飛行員之國際性救援體制，並課以締約國，如有回收宇宙物體，應返還給宇宙物體之發射國，以協助查明事故發生之原因。其他義務如：

　　　1.對於太空船飛行員緊急降落情報之通報(第 1 條)。

　　　2.對於太空人因事故降落時提供救助(第 2 條)。

　　　3.太空人降落在公海上應提供援助(第 3 條)。

　　　4.太空人應送還給發射國(第 4 條)。

　　　5.宇宙物體之回收及返還(第 5 條)。

　　㈡**宇宙損害責任公約**(英：Convention on International Liability for Damage Caused by Space Objects；法：Convention sur la responsabitité internationale pour les dommages causés par des objets spatiaux)：於 1972 年 3 月 29 日通過，1972 年 9 月 1 日生效。正式名稱是「宇宙物體引起之損害關於國際責任之公約」。當事國有 74 國。由前文及 28 條條文所構成。將宇宙條約 6 及 7 條所規定，因宇宙活動所引起損害有關國家責任一般原則予以詳細規範，

並將宇宙活動之損害集中在國家，而地面之損害或對飛行中航空機之損害賠償則採無過失主義為其特色。即凡是宇宙物體所引起之損害，對被害國家或被害人，應充分、衡平且迅速負起賠償責任，並對此有實質上及程序上之詳細規定。本賠償條約唯一案例為：

宇宙九五四號損害賠償案：在宇宙活動有關宇宙損害賠償責任條約之唯一案例就是「宇宙 954 號案」。1978 年 1 月 24 日，蘇聯的搭載核反應爐的人造衛星宇宙 954 號在重返大氣層時進入了加拿大西海岸夏洛特皇后群島北部的上空，在重返和解體過程中，該衛星的破片墜落在加拿大西北部 4.6 平方公里區域內。美國政府已於事先將其危險性通知加拿大，但蘇聯並未通知。於是加拿大政府除了對蘇聯政府表達不滿外，並要求迅速提出衛星與核反應爐之資料，但蘇聯對核反應爐之資料遲了兩個月才提供，加拿大政府在所搜集的 65 公斤衛星殘片中，除了兩件以外，所有的都具有放射線，其中有些放射線是致命的，這一連串的活動共花費約 1,400 萬加幣。而加拿大和蘇聯都是 1972 年「宇宙損害責任公約」之締約國。

於是加拿大政府乃對蘇聯根據「宇宙損害賠償責任條約」及其他國際法原則，要求蘇聯賠償加拿大 600 萬加幣。其主要理由為「放射性之損害符合損害賠償公約」第 1 條財產之損害，該公約第 2 條係採無過失責任主義，而蘇聯政府在事先又怠於通知，衛星破片之墜落構成對加拿大主權之侵犯等。蘇聯則認為衛星上的反應爐在重返大氣層時完全燒毀，因此其殘片已無危險。也未造成人員傷亡而拒絕賠償責任。不過基於「善意」（ex gratia）願意支付金錢，最後於 1982 年 4 月 2 日在莫斯科締結兩國之議定書，由蘇聯支付加幣 300 萬元了結此案。

(三)**宇宙物體登記條約**（英：Convention on Registration of Objects Launched into Outer Space；法：Convention sur l'immatriculation des objets lancés dans l'espace extra-atmosphérique）：正式名稱是「射上宇宙空間之物體的登記有關之條約」。於 1975 年通過。當事國有 39 國。由前文及 12 條條文所構成。為使「宇宙條約」、「宇宙救助返還協定」、「宇宙損害責任公約」得順利實施，則須建立宇宙物體登記及識別制度。射上宇宙空間之物體的國內登

記；聯合國並設中央登記簿。為識別發生損害之宇宙物體，並規定締約國之追加情報的提供義務（條約6）。

三、月球協定（英：Moon Agreement）

1979年12月5日聯合國第34次大會通過，12月18日開放簽署，1984年7月11日生效。正式名稱是「**月球及其他天體之國家活動規律協定**」（Agreement Governing the Activities of States on the Moon and Other Celestial Bodies），會員國有9國。以規範月球及地球以外太陽系之其他天體之活動為目的。

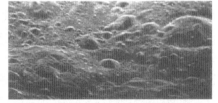

阿波羅10號所攝取之月球表面

1969年因受美國發射阿波羅11號航天飛船登陸月球之影響，1970年7月3日阿根廷、翌年6月4日蘇聯分別向聯合國宇宙空間和平利用委員會提出月球協定案，然有1973年至79年對條約的適用範圍、月球之天然資源等問題有不同意見，迨1979年7月3日月球協定案送由聯合國特別政治委員會協調，才獲得共識，於是該委員會之報告書乃送達聯合國大會，同年12月5日於第34屆大會通過，12月8日開放簽署，於1984年7月11日生效。由前文及21條條文所構成。該協定規定，有關月球之探查及利用等活動，應依「聯合國憲章」，並應考慮其他當事國之利益，月球應為各當事國和平之利用，禁止行使武力或敵對行為，也不得設置軍事基地，武器之實驗或軍事演習等（第3條）。此外有科學調查之自由，對月球得蒐集及處分礦物等物質標本之權利（第6條），月球環境之保護，並防止地球外物資（extraterrestrial matter）之攜入，以免影響地球環境（第7條）。

月球及其天然資源乃是「**人類共同遺產**」（Common Heritage of Mankind）（第11條），月球表面、地下或其天然資源或任何其他部分都不能所有。到了天然資源有商業開發之可能時，應設立規範開發之國際制度（第11條第5項）。本「月球協定」除地球外，並適用於太陽系之其他天體，及環繞月球之飛行經路。「月球協定」為宇宙條約中第四種條約。

四、宇宙通訊衛星（英：communications satellite）

㈠**直接播放衛星**（Direct Broadcasting Satellite－DBS）：自 1962 年美國通訊衛星 Telstar 1 號實用化後，翌年美、日間常試中繼實驗，64 年美國發射通訊衛星 Syncom 3 號，從此衛星技術乃飛躍成長。聯合國遂於 1968年在宇宙空間和平利用委員會設立直接播放衛星作業部以檢討有關衛星播放之技術性、經濟性、文化性與法律等問題。於是 1982 年 12 月 10 日在聯合國總會決議「國家利用人造衛星在國際直接播放電視之規範的原則」，不過該原則並未條約化。利用直接播送衛星將可在較廣闊的地域直接播放電視節目，因此則可超越國界流通通訊，促進文化交流，但因某些不受他國歡迎之節目也進入該國，則有侵犯「資訊主權」之疑慮，如直接播放衛星之節目須受政府管制，則個人享有之「資訊自由」也受侵害，譬如台北以北地區如裝小耳朵就可收到日本之電視節目即爲適例。

㈡**遙控探查衛星**（remote sensing satellite）：爲開發天然資源，土地利用及改善環境之目的，搖控探查物體的放射與反射，利用其電磁波之特性，從宇宙探查地球表面之方法。1968 年聯合國宇宙空間和平利用委員會乃對此有關之法律問題展開研討。原則上，遙控探查所取得資料之公開發表、利用、資料取得之自由等，其遙控探查之國家與被探查國家之間產生爭議，故於 1986 年聯合國大會通過「從宇宙空間搖控探查地球有關原則」（Principles Relating to Remote Sensing of the Earth from Outer Space），共定 15 個原則（聯合國大會決議 41/5）。第一原則是活動之定義；第三原則是國際法之適用；第十二原則被探查國家對於關係自國資料及解析資料之取得權等。不過該原則雖形式上通過聯合國大會之決議，但並無拘束力，具有軟性法律之性質。

㈢**國際電訊衛星組織**（英：International Telecommunication Satellite Organization－INTELSAT）：自 1964 年暫定性的開始運作，到 73 年成爲永久制度的組織，到 2004 年約配置有 20 個通訊衛星，從事多國間通訊服務，對公司企業提供電話與資訊傳送，對於電視則提供映像播放。該組織因係國家間之協定所設立，因此係受國際法所規範之國際組織。

㈣**國際海事衛星組織**（英：International Maritime Satellite Organization－

INMALSAT）：是依據國際海事衛星機構有關的條約（1976 年 9 月 3 日通過，1979 年 7 月 16 日生效）所設立之國際組織。係以遇難安全通信，海事公眾通信業務及無線測位能力等之改善爲目的而設置。設立條約經過二次之修正，除了上述之海事通信以外，並提供航空通信（第一次修正條約，於 1985 年通過，1989 年生效），陸上移動通信（第二次修正條約，於 1989 年通過，1997 年生效）。當事國有 70 國。國際海事衛星組織是當事國所指名之事業體。譬如日本是由國際電信電話株式會社出資，並在通信衛星之運用上提供衛星通信業務。署名當事人間之權利、義務，則在設立條約之外，另在署名當事人間締結「運用協定」而規範之。組織上，包括所有會員國所構成之大會，署名當事人之代表 22 人所構成之理事會及秘書處。因空中飛行器及移動物等之需要，1994 年將海事衛星組織修改爲「國際移動體衛星組織」（International Mobile Satellite Organization），至 1998 年在締約國大會決定改爲民營化。

五、宇宙環境之保護

宇宙活動的熱烈就帶來環境保護之關心，尤其宇宙破片等殘骸物（space debris）、核子衛星、廢棄物等，乃有各種問題浮上抬面。

宇宙殘骸物，即爲宇宙廢棄物，近年來這些廢棄物造成宇宙活動之危險性。這些廢棄物共有四種：㈠已停止活動之衛星（inactive pagroad），㈡向宇宙射擊之火箭或衛星運作所放出之廢棄物（operational debris），㈢衛星發生事故或爆炸所生之殘骸物（fragmentation debris），㈣物體表面之塗料等 1-100 千分之一毫米（micron）微粒子等微小物質（microparticulate matter）等四種。也有認爲應改爲宇宙廢棄物（space refuse）者。

宇宙殘骸物的問題已於 1987 年由聯合國宇宙空間和平利用委員會開始進行討論處理，其法律問題已由國際法協會（ILA）之宇宙法部門自 1986 年起進行研討。

第十章　個人之地位

第一節　個　人

　　個人（英：individual；德：Individuum；法：individu），個人因觀光或工作關係越過國境出國旅行已屬常事。這時國際法對個人有何規範，個人在國際法上之地位為何，乃成問題。即個人在國際法上之人權保障，以及國際法在追究個人之國際責任時，究屬如何？乃為本項之探討對象。

一、個人之國際法主體

　　在十六、十七世紀近代國際法形成時期，基於自然法思想之國際法理論，以格老秀斯為主，認為個人亦與國家均屬國際法之規範對象。在國際上享有權利義務。但至十八世紀實證主義國際法學抬頭，認為主權國家才是唯一之國際法主體，個人不得為國際法主體，國際法是規範國家並非規範個人。迨廿世紀初期，第一次大戰後，法國社會學派之國際法學者認為個人才是國際法主體，此一主張經過二次大戰，甚至極端的認為國家並非國際法主體之論點。第二次大戰後，通說認為國家當然是國際法主體，私人原則上並非國際法之主體，因此不能直接享有國際法上權利義務，私人只有透過自己之國家，享有國際法上權利義務。但因國際交流之頻繁，對於國際法上私人問題乃更複雜。至於逃亡者或難民，逃亡犯罪人等一向受條約之規範，海盜、奴隸之買賣、麻藥毒品之走私或買賣、海底電纜之破壞、劫機或恐怖攻擊等均為國際法上處罰之對象。自進入二十世紀以後，人權保障之國際傾向積極提升，為「世界人權宣言」及「國際人權公約」所保護。其他如私法人之公司組織跨國投資，常因當地政府將其國有化而產生問題，也需要提出國際協調或由法院解決，又如「公民權利及政治權利國際公約第二任意議定書」第 5 條規定，人權委員會接受和審議個人來文的職權。因此如個人符合一定條件時，亦得為國際法之主體。

二、個人之國際法主體之認定基準

個人之所以爲國際法主體，其認定基準爲：

㈠國際法如直接規定個人之權利、義務時，則可認定個人具有國際法主體性。

㈡國際法除了規定個人之權利、義務以外，尚須國際法爲實現個人之權利義務而直接規定，爲實現此權利義務定有國際上程序時，始可認爲個人具有國際法主體性。

第㈡種情形之認定基準，國際法似對個人直接賦予權利（如賦予外交使節團以外交特權或豁免權）或課以義務（如依國際習慣法上禁止海盜行爲或販賣人口），但實際上在國際法上，權利義務之直接受益者是國家，個人不過是接受此之反射利益或不利益，並由國家在國內法上賦予權利義務而已。今日以此說爲通說。

三、國際法上權利主體之個人

國際法上除了規定個人之實體權利之外，並爲確保個人權利之履行，承認國際上之履行權利之程序。譬如向國際機關提訴之權利、通報權與聲請權等，一向並無此實例。但近年以來，國際上對人權保障之案例乃有增加之勢。茲依據條約承認個人在國際上擁有權利保障之手續的權利，其大部分都是在有關之國家共同同意之情形下始有可能。

㈠**個人之告訴權**：傳統上認定，個人並不能以當事人之資格向國際法院提出訴訟。譬如在第一次大戰後所設置之常設國際法院，或當今之國際法院，均規定國家才能成爲法院繫屬案件之當事人。並不認定個人在國際法庭上有告訴權。此並非國際法上有禁止個人提起告訴之權，因可依個別條約之簽定，承認個人有向國際法院提起告訴之權。其適例爲：中美洲五國所設立之中美洲法院（1908-18 年）。又第一次大戰後，「凡爾賽條約」中設置混合仲裁法院，在該法院認定戰勝國之國民個人，得對敵國政府有提出告訴之請求權。第二次大戰後基於區域性人權保障條約，如「歐洲人權保護條約」與「美洲人權公約」，設置了歐洲人權法院與美洲人權法院，在簽署國之個人如受到人權之侵害，可透過歐洲人權

委員會或美洲人權委員會，即以間接的形態向人權法院提出告訴。其後歐洲人權法院依「歐洲人權保護條約」第九議定書（1990.11.6 簽署，1994.10.1 生效），如個人向歐洲人權委員會申訴，可直接向歐洲人權法院出庭申訴（歐洲人權保護條約 48）。其次國際組織如與其職員有發生糾紛時，國際行政法院（如聯合國行政法院、國際勞動機關行政法院），允許該組織的個人職員有出庭申訴之權。此外，歐盟之司法機關，並承認個人有向歐盟司法法院提出告訴之權。該法院認定有關撤銷訴訟、不作爲訴訟、損害賠償訴訟、一定之個人或法人均有提出告訴之權。

　　㈡**個人之聲請權與請願權**：國際機關承認個人或法人有聲請權與請願權之手續上權利，如「種族歧視廢止國際公約」、「拷問禁止條約」、「國際勞動憲章」、「區域性的人權條約」等均有規定。又「聯合國憲章」第 87 條第 2 款規定，大會及在其權力下之托管理事會於履行職務時得會同管理當局接受並審查請願書。又 1960 年之「賦予殖民地國家和人民獨立宣言」，爲確保其履行，作爲聯合國大會之輔助機關，於 1961 年設置之殖民地獨立賦予宣言履行之特別委員，並受理殖民地人民之請願。

　　又「歐洲保護人權與基本自由公約」（1950.11.4 通過，53.9.3 生效），第 25 條第 1 項規定，「委員會得受理於締約一方破壞本公約所規定的權利因而受害的任何個人、非政府組織或各別個體向歐洲理事會秘書長提出申訴。」此外聯合國經濟社會理事會之輔助機關的聯合國人權委員會及其下屬之防止歧視及少數者保護委員會（人權小委員會），基於 1970 年之經濟社會理事會決議 1503 號認定有關侵害人權之個人或團體之聲請與請願權。必要的情形可實施調查並由經濟社會理事會加以勸告建議。個人或團體之聲請與請願只要提供足可信賴之侵害人權的情資，而不必提供人權之直接侵害者。又非洲人權憲章之個人聲請與請願（55-59 條），較帶有情報之性質。

四、國際法上義務主體之個人

　　㈠**國際法與個人責任**：國際法對於個人直接課以義務，並對違反義務者，透過國際性之程序，直接追究責任，則稱爲個人在國際法上之責任。一般均認爲如海盜行爲或買賣人口及毒品走私、海底電纜之損壞等均屬

萬國公罪，這是國際法上所禁止行為，但對這些罪行之追訴，也都由各國之國內法加以處理，並非由國際法之程序，由國際法庭追訴處罰。

(二)**國際法上個人之刑事責任**：不過在國際上直接透過國際法上之程序追究個人之刑事責任者，以第二次大戰後紐倫堡之國際軍事法庭及遠東國際軍事法庭，即以戰爭犯罪、違反和平之罪與違反人道之罪等三罪加以判刑。但這兩種法庭都是對二次大戰之戰敗國的日本與德國的政治軍事人物所為之裁判，因此有批評為戰勝國對戰敗國之裁判。不過第二次大戰後如 1948 年之」種族滅絕條約」或 1973 年之種族隔離罪等處罰條約，除了由犯罪地之國內法院裁判外，國際法上亦可基於國際條約，由國際刑事法庭負責追訴。真正設置國際性之法庭因各國之反對，在未形成國際共識之前，尚難設置。

第二節　國　籍

一、國籍之概念

(一)**國籍之意義**：國籍（英：nationality；德：Staatsangehörigkeit；法：nationalite），國籍是一種資格的記載，就廣義而言；如自然人、法人、船舶、航空器等，均有其國籍是。就狹義言，則僅指自然人而言；則表示其國家構成份子，從而與國家發生權利義務的關係。故謂有國籍者即為國民。

(二)**國籍規定之立法例**：關於各國對國籍之規定，其立法例有三：

　　1.憲法主義：即由憲法直接規定國籍之得喪變更者：如 1876 年西班牙憲法。

　　2.民法主義：即於民法法典中規定國籍之得喪變更者：如 1811 年法國民法，1829 年荷蘭民法，1844 年義大利民法，1866 年葡萄牙民法。

　　3.單行法主義：即將國籍之得喪變更，用單行法規定者；如荷蘭、義大利、比利時、瑞典、丹麥、法國等，現在各國多採此種方式。我國國籍之得喪變更，以國籍法加以規定，因此屬單行法主義。

(三)**國籍之選擇與國籍自由之原則**：

　　1.國籍選擇權（英：right of option of nationality）：因戰爭或其他原因

致領土被割讓時，被割讓地之住民將喪失割讓國之國籍，此際應准該地住民得選擇割讓國之國籍，以回復國籍之權利。此即重視住民之意思，而由條約上所認定。如 1871 年普魯士與法國間之「法朗克福條約」，1895年「馬關條約」等，十九世紀後半之割讓條約出現最多。

　　2.國籍自由之原則：國籍之得喪變更得因當事人之意思而決定之原則，為國籍立法之理想。在中世紀之封建的屬地主義思想下，這種原則並不存在；但在今日因受自由主義思想之影響，各國已有逐漸承認之趨勢。因此「世界人權宣言」第 15 條亦提及國籍變更之權利，此即國籍自由之原則。我國依國籍法規定，可由出生就取得國籍，也有因其他原因而取得國籍者，另依國籍法第 11 條之規定，年滿 20 歲者得經內政部之許可喪失我國國籍。

習題：何謂國籍？試述國籍選擇與國籍自由之原則。

二、國籍之取得

　　國籍之取得，因原因之不同，可分為固有國籍（original nationality）及取得的國籍（acquired nationality）兩種：

　　㈠**固有國籍**：是因出生而取得的國籍，有三種主義：

　　1.**屬人主義**（jus sanguinis）：依出生血統以決定國籍，無論出生何地，凡為子女者必以其父母之國籍為國籍，又稱血統主義。

　　2.**屬地主義**（jus soli）：依出生地以取得國籍，無論其血統如何，以該出生地為取得國籍之根據，又稱出生地主義，美國採之。例如，我國華僑在美國生育小孩，儘管其父母擁有我國國籍，依美國法，此小孩乃取得美國國籍。

　　3.**合併主義**：即兼採血統主義與出生地主義。有以血統主義為原則，出生地主義為例外，亦有相反之規定，又稱折衷主義。

　　依我國國籍法之規定，原則上係以屬人主義為主，以屬地主義為輔的合併主義，依國籍法第 2 條：下列各款情形之一者，屬中華民國國籍：

　　1.出生時父或母為中華民國國民（屬人主義）。

　　2.出生於父或母死亡後，其父或母死亡時為中華民國國民（屬人主

義）。

　　3.出生於中華民國領域內，父母均無可考，或均無國籍者（屬地主
義）。

　　4.歸化者。

　　㈡**取得的國籍**：是指出生以外的原因，取得我國國籍。依我國國籍法
規定：外國人有下列情形之一者，取得中華民國國籍：

　　1.一般歸化：外國人或無國籍人，現於中華民國領域內有住所，並
具備下列各款條件者，得申請歸化（國籍3）：

　　　　⑴於中華民國領域內，每年合計有 183 日以上合法居留之事實繼
　　　　　續 5 年以上。

　　　　⑵年滿 20 歲並依中華民國法律及其本國法均有行為能力。

　　　　⑶品行端正，無犯罪紀錄。

　　　　⑷有相當之財產或專業技能，足以自立，或生活保障無虞。

　　　　⑸具備我國基本語言能力及國民權利義務基本常識：此項認定、
　　　　　測試、免試、收費及其他應遵行事項之標準，由內政部定之。

　　2.特殊歸化Ⅰ：外國人或無國籍人，現於中華民國領域內有住所，
具備第 3 條第 1 項第 2 款至第 5 款條件，於中華民國領域內，每年合計
有 183 日以上合法居留之事實繼續 3 年以上，並有下列各款情形之一者，
亦得申請歸化（國籍4）：

　　　　⑴為中華民國國民之配偶。

　　　　⑵父或母現為或曾為中華民國國民。

　　　　⑶為中華民國國民之養子女。

　　　　⑷出生於中華民國領域內。

　　　　　未成年之外國人或無國籍人，其父、母或養父母現為中華民國
　　　　國民者，在中華民國領域內合法居留雖未滿 3 年且未具備前條第
　　　　1 項第 2 款、第 4 款及第 5 款要件，亦得申請歸化。

　　3.特殊歸化Ⅱ：外國人或無國籍人，現於中華民國領域內有住所，
具備第 3 條第 1 項第 2 款至第 5 款要件，並具有下列各款情形之一者，
亦得申請歸化（國籍5）：

⑴出生於中華民國領域內,其父或母亦出生於中華民國領域內者。

⑵曾在中華民國領域內合法居留繼續 10 年以上者。

4.有殊勳者之歸化:外國人或無國籍人,有殊勳於中華民國者,雖不具備第 3 條第 1 項各款要件,亦得申請歸化。內政部為前項歸化之許可,應經行政院核准（國籍6）。

5.未成年子女之歸化:歸化人之未婚未成年子女,得申請隨同歸化（國籍7）。

習題:試說明國籍取得之方式。

三、國籍之喪失（英:loss of nationality）

凡因一定的原因將已有的國籍喪失者,稱為國籍之喪失。其原因有二:

㈠**一般喪失**:中華民國國民有下列各款情形之一者,經內政部許可,喪失中華民國國籍:

1.生父為外國人,經其生父認領者。

2.父無可考或生父未認領,母為外國人者。

3.為外國人之配偶者。

4.為外國人之養子女者。

5.年滿 20 歲,依中華民國法律有行為能力人,自願取得外國國籍者。

依前項規定喪失中華民國國籍者,其未成年子女,經內政部許可,隨同喪失中華民國國籍。

㈡**割地喪失**:國家與他國訂立條約,割讓領土,依國籍法慣例,割讓地之人民有選擇國籍的自由,但欲保留國籍者,須限期遷出割讓地,否則喪失國籍。

習題:試論何謂國際之喪失?一個人在何種情形下會喪失國籍?

四、國籍之回復

國籍之回復指原來具有我國國籍,因某種原因喪失我國國籍,今再予以回復本來國籍之謂。依我國國籍法規定,要回復我國國籍有下列三

種：

㈠**國籍喪失之回復**：依第 11 條規定喪失中華民國國籍者，現於中華民國領域內有住所，並具備第 3 條第 3 款、第 4 款條件，得申請回復中華民國國籍。歸化人及隨同歸化之子女喪失國籍者，不適用前項規定（國籍15）。

㈡**未成年子女之回復**：回復中華民國國籍者之未成年子女，得申請隨同回復中華民國國籍。

㈢**因國家條約**，割讓領土之原因，而喪失國籍者，則可無條件回復國籍；如臺、澎。

習題：一個人在喪失國籍之後，在何種情形下得回復國籍？

五、國籍之牴觸（德：Kollision der Staatsangehörigkeiten；英：conflict of nationalities；法：conflit des nationalités）

即個人同時擁有數個國家的國籍，或都不擁有國籍之謂。前者稱為國籍之積極牴觸、積極衝突或雙重國籍；後者稱為消極牴觸、消極衝突或無國籍。國籍之牴觸都因各國國籍規定之不同而產生（如國籍之取得採血統主義或出生地主義，或因婚姻及其他身分行為之關係而產生國籍之得喪變更），致衍生各種問題，不過自古以來單一國籍之原則，乃為國際上所主張。我國 1929 年公布之國籍法，原係採父系優先血統主義，其後改為父母雙系主義（國籍2），致國籍之積極的牴觸有增加之情形。尤其國人因臺灣之國際政治情勢，不易取得各國之簽證，出入國際不便，因此取得雙重國籍者不少。依我國涉外民事法律適用法之規定如下：

㈠**國籍之積極牴觸**：依本法應適用當事人本國法，而當事人有多數國籍時，其先後取得者，依其最後取得之國籍定其本國法。同時取得者依其關係最切之國之法。但依中華民國國籍法，應認為中華民國國民者，依中華民國法律（涉外26）。

㈡**國籍之消極牴觸**：依本法應適用當事人本國法，而當事人無國籍時，依其住所地法，住所不明時，依其居所地法。當事人有多數住所時，依其關係最切之住所地法，但在中華民國有住所者，依中華民國法律。當事人有多數居所時，準用前項之規定，居所不明者，依現在地法（涉外27）。

習題：何謂國籍之牴觸？我國涉外民事法律適用法是如何規定的？

六、國籍與華僑

(一)**雙重國籍問題**：擁有雙重國籍之國民可否擔任公職，一直成為我國重要問題，尤其有些官員擁有雙重國籍，並將其家屬移居外國，此種情形已引起爭議。蓋依國籍法施行條例第 10 條規定：「國籍法施行前及施行後，我國人已取得外國國籍仍任中華民國公職者，由該管長官查明撤銷其公職」。雙重國籍者對國家是否忠誠常引發疑問，但為配合不少公教人員擁有雙重國籍之事實，乃於 2000 年 2 月修正國籍法，但仍規定公立學校兼任學術行政主管之教師與校長，仍不得擁有雙重國籍，但以具有專長或特殊技能而在我國不易覓得之人才，具不涉及國家機密之職務者，則不在此限。2001 年 6 月再修正國籍法第 20 條規定：「中華民國國民取得外國國籍者，不得擔任中華民國公職；其已擔任者，除立法委員由立法院；直轄市、縣（市）、鄉（鎮、市）民選公職人員，分別由行政院、內政部、縣政府；村里長由鄉（鎮、市、區）公所解除其公職外，由各該機關免除其公職。但下列各款經該管主管機關核准者，不在此限，此項公職不包括公立各級學校未兼任行政主管之教師、講座、研究人員、專業技術人員。

　　1.公立大學校長、公立各級學校教師兼任行政主管人員與研究機關（構）首長、副首長、研究人員（含兼任學術研究主管人員）及經各級主管教育行政或文化機關核准設立之社會教育或文化機構首長、副首長、聘任之專業人員（含兼任主管人員）。

　　2.公營事業中對經營政策負有主要決策責任以外之人員。

　　3.各機關專司技術研究設計工作而以契約定期聘用之非主管職務。

　　4.僑務主管機關依組織法遴聘僅供諮詢之無給職委員。

　　5.其他法律另有規定者。

　　前項第 1 款至第 3 款人員，以具有專長或特殊技能而在我國不易覓得之人才且不涉及國家機密之職務為限。

　　中華民國國民兼具外國國籍者，擬任本條所定應受國籍限制之公職

時，應於就（到）職前辦理放棄外國國籍，並於就（到）職之日起 1 年內，完成喪失該國國籍及取得證明文件。但其他法律另有規定者，從其規定。

㈡**依憲法第 3 條**：「具有中華民國國籍者，為中華民國國民」。依我國國籍法之規定並無排斥雙重國籍之存在，故華僑如具有中華民國國籍，雖遠適異國，從事工商各業，仍為中華民國國民。此在憲法上雖與國內一般國民所受的待遇相同，而具有參政之權利。但如我國人已取得外國國籍，除憲法及增修條文有特別規定外，依國籍法前述規定，其已取得外國國籍，仍任中華民國公職者，則應依法放棄外國國籍。

我國之華僑政策可由下列四項說明之：

㈠**在政治上**：我國華僑遍佈世界各地，平時對國內工商、教育、建設等事業，貢獻良多，而對革命大業，厥功亦偉，為使華僑亦能在祖國參與政權與治權之行使，以維護僑胞之利益，憲法上特別規定國民大會代表、立法委員應選出一定之名額。憲法增修條文並訂有僑居國外國民選出之立法委員之選舉。其第 2 條第 1 項規定，對總統、副總統之選舉，在國外之中華民國自由地區人民返國行使選舉權，以法律定之。而其第 10 條第 13 項並規定：「國家對於僑居國外國民之政治參與，應予保障。」

㈡**在經濟上**：我國憲法在基本國策章中，對僑民經濟有特別之規定，其第 151 條：「國家對僑居國外之國民，應扶助並保障其經濟事業之發展」。

㈢**在教育上**：依憲法第 167 條第 2 款規定：「僑居國外國民之教育事業成績優良者」應受國家獎勵或補助之列，至其方法如獎勵華僑之興學、補助華僑教育事業之發展、優待華僑子弟回國升學、與設置回國升學僑生之獎學金等，以使僑民均有受教育之機會，以發揚民族精神。

㈣**在外交上**：依憲法第 141 條規定，我國之外交應本獨立自主精神，平等互惠之原則，敦睦邦交，尊重條約及聯合國憲章，以保護僑民權益，由此可知在外交政策上對華僑之保護。

華僑、華人主要居住國及人口數

2009 年底（單位：千人；%）

地區別	人 數	占總人數百分比	占各洲人數百分比
總　計	39,463	100.0	
亞洲地區	29,747	75.4	100.0
印尼	7,834	19.9	26.3
泰國	7,178	18.2	24.1
馬來西亞	6,479	16.4	21.8
新加坡	2,756	7.0	9.3
菲律賓	1,190	3.0	4.0
越南	1,136	2.9	3.8
緬甸	1,090	2.8	3.7
日本	681	1.7	2.3
其他	1,403	3.6	4.8
美洲地區	7,287	18.5	100.0
美國	4,178	10.6	57.3
加拿大	1,332	3.4	18.3
其他	1,777	4.5	24.4
歐洲地區	1,259	3.2	100.0
英國	335	0.8	26.6
法國	233	0.6	18.5
義大利	170	0.4	13.5
西班牙	131	0.3	10.4
荷蘭	113	0.3	8.9
其他	277	0.8	22.1
大洋洲地區	932	2.4	100.0
澳大利亞	734	1.9	78.7
紐西蘭	149	0.4	15.9
法屬玻里尼西亞	20	0.1	2.1
巴布亞紐幾內亞	15	0.0	1.6
其　他	14	0.0	1.6

非洲地區	238	0.6	100.0
南非	109	0.3	46.0
模里西斯	38	0.1	16.0
留尼旺	30	0.1	12.6
奈及利亞	23	0.1	9.7
馬達加斯加	19	0.0	8.0
其　他	18	0.0	7.7

說明：海外華人係指兩岸三地以外之所有旅居海外的華人（包含第一代移民及其後代）。
資料來源：僑務委員會

七、雙重國籍（英：double nationality；德：Doppelstaatsangehörigkeit）

㈠**雙重國籍之意義與原因**：即一人同時有二以上國籍之謂。又稱「二重國籍」、「重複國籍」、「國籍之積極衝突」或混合國民。其原因有二：

1.由於出生的關係，例如以血統主義為原則之國家，其人民之子女出生在以出生地主義為原則之國家，則該子女便一人同時取得兩個固有國籍。具體如我國係採血統主義，如我國男子與採父母兩系血統主義之日本女子結婚，而其兒子在採出生地主義之美國出生時，這個小孩就有三重國籍。

2.由於出生後因婚姻、收養、歸化等關係，於其未喪失本國之國籍前，同時又取得他國國籍是。

㈡**雙重國籍人之地位**：雙重國籍因一人擁有兩國國籍，受兩國的保護，按理應對兩國都盡其國民之義務，因此就有衝突情形發生，通常有兩方面問題，一為外交的保護；另一為兵役之義務。

1.外交保護問題：依 1930 年 4 月 12 日在海牙通過之「國籍法公約」第 3 條規定：「除本公約另有規定外，一人而有兩個以上之國籍者，各該國家均得視其為國民」，但關於外交保護方面第 4 條規定：「國家關於本國人民兼有他國國籍者，對該第二國不得實施外交上的保護。」因我國具有雙重國籍之國民甚多，因此我國批准公約時，對這條提出保留權。

該公約第 5 條規定：「在第三國領土之內，有一個以上之國籍者，應視為只有一個國籍。在不妨礙其有關個人身分之法律及任何現行公約

之範圍內，該國就此人所有之各國籍中，應擇其經常或其主要居住所之國家之國籍；或擇其在事實上似爲關於最密切之國家之國籍，承認爲在第三國領域內惟一之國籍。」此種規定係基於主權平等原則，與有效國籍原則（effective nationality）而建立。

　　2.兵役問題：雙重國籍之兵役義務方面，1930 年同時簽署之「雙重國籍兵役議定書」第 1 條規定，「具有兩個以上國籍之人，如在其具有國籍之一國經常居住，並在事實上與該國關係密切，將免除對其他國家之兵役。」但此種免除得使其喪失其他國家之國籍。第 2 條規定，「雙重國籍人，如依有關國家之法律規定，此人成年時有放棄國籍之權利者，則在未成年期間，應免除該國之服兵役義務。」1963 年 5 月 6 日歐洲各國簽定「減少多重國籍情形及多種國籍情況兵役義務公約」其第 5 條及第 6 條規定，兵役義務只須在一個人經常居住的地方履行。

習題：何謂雙重國籍？雙重國籍人會面臨何種問題？

八、無國籍（英：statelessness；德：Staatenlos；法：apatridie）

　　㈠**無國籍之意義與原因**：即一個人未擁有任何國家國籍之謂。又稱爲國籍之消極衝突，而國籍之積極衝突則爲雙重國籍。因各國國籍法規定之不同，而其所採之主義又復不同，所以有可能發生一人無任何國家之國籍，或一人擁有一國以上之國籍。在以國家與國民爲前提之當前國際社會，並不希望有無國籍之情形。因此爲防止其發生或改善其地位，從國際聯盟時代就努力加以糾正。1930 年各國在荷蘭召開國際法典編纂會議時，即曾締結「國籍法公約」，謀求統一國籍之原則，但迄 1979 年時，僅有 20 個國家批准，包括我國在內，另 27 國簽字尙未批准①。在聯合國之下，尙有「無國籍地位有關條約」（1954.9.28 通過，1960.6.6 生效），及 1961 年 8 月 30 日通過之「無國籍減少公約」。在國際私法上我國依涉外民事法律適用法第 27 條規定：「依本法應適用當事人本國法，而當事人無國籍時，依其住所地法，住所不明時，依其居所地法」。足見我國遇國籍之消極衝突則一律適用「住所地法」。

---

① 見馬漢寶著：國際私法總論，1982，P.79。

㈡**無國籍減少公約**（英：Convention on the Reduction of Statelessness）：1961年 8 月 30 日通過，1975 年 12 月 13 日生效。當事國有 17 國。由聯合國國際法委員會作成條約案，由前文及 21 條條文所構成。則採出生地主義以防止無國籍之發生，如在締結國之領域外所生而成為無國籍時，則採血統主義賦予國籍（無國籍減 4）等規定。

習題：何謂無國籍？國際法是如何規定？

第三節　外國人

外國人（英：foreigner；德：Ausländer；法：éntranger），指不具有中華民國國籍之人。通常是包括無國籍人。外國人在法律上之地位，原則上與我國人相同，均須服從中華民國法律之支配。惟在國際法上外國人所享有之權利雖不確定，而得由各國任意決定之，但通常以採相互主義或平等主義為多。所謂相互主義就是外國政府如賦予我國僑民以私權時，我國政府對該國的僑民也應該給與相同的待遇。至於平等主義，就是外國人與本國人都同等享有任何私權的意思。

一、外國人之權利能力與行為能力

㈠**外國人之權利能力**：依照我國法律的規定，我國顯然是以**平等主義**為主。依民法總則施行法第 2 條規定：外國人在法令限制內，有權利能力。因外國人究竟不能與本國人相比，因此對於特種權利能力，仍可以視該國對我國僑民的待遇而以法令來加以限制，所以我國又採相互主義。

1.依土地法第 18 條及其解釋規定：外國人在中華民國取得或設定土地所有權，地上權及其他有關之土地權利，以依條約或其本國法律，中華民國人民可以在該國享受同樣權利者為限。此外，某些權利仍然禁止外國人之享有。

⑴如土地法第 17 條規定：林地、漁地、狩獵地、鹽地、礦地、水源地、要塞軍備區域及領域邊境之土地，不得移轉、設定負擔、或租賃給外國人。

(2)土地法第 18 條及其解釋規定：外國人在中華民國取得或設定土地權利，以依條約或其本國法律，中華民國人民可以在該國享受同權利者爲限。

(3)土地法第 19 條規定：外國人爲供自用、投資或公益之目的使用，得取得下列各款用途之土地，其面積及所在地點，應受該管直轄市或縣（市）政府依法所定之限制：(1)住宅、(2)營業處所、辦公場所、商店及工廠、(3)教堂、(4)醫院、(5)外僑子弟學校、(6)使領館及公益團體之會所、(7)墳場、(8)有助於國內重大建設、整體經濟或農牧經濟之投資，並經中央目的事業主管核准者。

(4)水利法第 16 條規定：非中華民國國籍人民用水，除第四十二條規定免爲水權登記之用水外，不得取得水權。

(5)礦業法第 5 條規定：第二條所列各礦，除第八條所定國營及第九條所定國家保留區外，中華民國人民得依礦業法取得礦業權。

(6)漁業法第 5 條規定：漁業人以中華民國人民爲限。但外國人經中央主管機關核准與中華民國漁業人合作經營漁業者，不在此限。

(二)外國人之行爲能力：

1.外國人之行爲能力，依涉外民事法律適用法第 1 條第 1 項之規定：「人之行爲能力，依其本國法。」即在其本國有行爲能力者，始有行爲能力。如土耳其以 18 歲爲成年之規定，設有滿 18 歲之土耳其人住於我國境內，如其欲與人簽訂契約，依其本國法則已成年，而有行爲能力，自得單獨簽訂契約。

2.同法第 2 項規定：「外國人依其本國法無行爲能力或僅有限制行爲能力，而依中華民國法律有行爲能力者，就其在中華民國之法律行爲，視爲有行爲能力。」

習題：外國人有何權利能力與行爲能力？

二、外國人之入出境（英：entrance into and departure from a state of foreign nationals）

外國人是否有入出國境之自由，不無疑問，在國際關係繁複之今日，

任何國家都不可能採閉鎖政策，不准外國人入境，因此在某些條件之下，允許外國人入境旅行或居住，乃是當今國際社會之實情。首先關於外國人之入境問題，國家在國際習慣法上，國家並有義務允許外國人自由的入境，各國都在其國內法規定具有一定條件者禁止其入境，譬如患有傳染病者，或刑事犯罪者。另一方面因國際貿易及國際交流之擴大，基於國與國間之通商航海條約，國與國間相互保障相對國國民之入境亦已相當普遍。此外，對外國人出境之自由，乃國際法上一般所認定，「世界人權宣言」第 13 條第 2 項，及「公民權利及政治權利國際公約」第 12 條第 2 項規定，人人有權利去任何國家，連其本國在內，並有權歸返其本國。不過為保護國家安全、公共秩序、公共衛生或道德、或他人的權利和自由所必需，課以一定之限制乃是允許（公民權利 B12③）。此外對居住領域內之外僑，只有按照依法做出的決定才可以被驅逐出境，並且除非在國家安全之緊急原因另有要求下，應准予提出反對驅逐出境的理由，並在有權機關之審理下，保障其程序之正當性（公民權利 B13、難民條約 32）。並不允許將難民送還或驅逐至威脅其生命、自由之地區。

依我國《入出國及移民法》規定，外國人入出國之規定如下：

㈠外國人禁止入國之情形：外國有下列情形：

1.未帶護照或拒不繳驗者。

2.持用不法取得、偽造、變造之護照或簽證者。

3.冒用護照或持用冒領之護照者。

4.護照失效、應經簽證而未簽證或簽證失效者。

5.申請來我國之目的作虛偽之陳述或隱瞞重要事實者。

6.攜帶違禁物者。

7.在我國或外國有犯罪紀錄者。

8.患有足以妨害公共衛生或社會安寧之傳染病、精神病或其他疾病者。

9.有事實足認其在我國境內無力維持生活者。

10.持停留簽證而無回程或次一目的地之機票、船票，或未辦妥次一目的地之入國簽證者。

11.曾經被拒絕入國、限令出國或驅逐出國者。

12.曾經逾期停留、居留或非法工作者。

13.有危害我國利益、公共安全、公共秩序或善良風俗之虞者。

㈡**互惠待遇**：外國政府以前項各款以外之理由，禁止我國國民進入該國者，主管機關得以同一理由，禁止該國人民入國，並知會外交部（入移17II）。

㈢**因應緊急事故臨時入國之許可**（入移 18）：搭乘航空器、船舶或其他運輸工具之外國人，有下列情形之一者，依機、船長、運輸業者、執行救護任務機關或施救之機、船長之申請，得許可其臨時入國：

　1.轉乘航空器、船舶或其他運輸工具。

　2.疾病、避難或其他特殊事故。

　3.意外迫降、緊急入港、遇難或災變。

　4.其他正當理由。

　主管機關依前項之許可，得發給臨時停留許可證，並得限定其停留期間及地區或附加條件；其臨時入國許可辦法，由主管機關定之。

㈣**旅客過境住宿之申請**（入移 19）：航空器、船舶或其他運輸工具所搭載之乘客，因過境必須在我國過夜住宿者，得由機、船長或運輸業者向主管機關申請許可。

　前項乘客不得擅離過夜住宿之處所；其過夜住宿辦法，由主管機關定之。

㈤**外國人禁止出國之情形**（入移 20）：外國人有下列情形之一者，禁止其出國：

　1.經司法機關通知限制出國者。

　2.經財稅機關通知限制出國者。

　外國人因其他案件在依法查證中，經有關機關請求限制出國者，得禁止其出國。

　禁止出國者，主管機關應以書面敘明理由，通知當事人。

㈥**驅逐出境**（英：deportation）：國家在其領域內將人民（通常是外國人）強制其離開本國之謂。有時稱為逐出（expulsion）、送還（return）或**強制**

出境。在一般國際法上，國家對外國人雖可自由強制其出境，但在現代國際法之觀念，從人權保障之觀點，不得強制其對生命、自由有構成威脅之領域。此為「難民之驅逐送還禁止原則」。依「公民權利及政治權利國際公約」第 13 條規定：「合法處在本公約締結國領土內之外僑，只有按照依法做出的決定才可以被驅逐出境」。我國依入出國及移民法第六章有「**驅逐出國**」之規定。外國人如未持有效護照或未經證照查驗者，則可強制驅逐出國(入移 34)。依臺灣地區與大陸地區人民關係條例第 18 條，對於進入臺灣地區之大陸地區人民，如未經許可入境，或已逾停留期限，從事不合法工作，或有犯罪行為，則得**強制出境**。

　　刑法上之驅逐出境處分是屬於保安處分，依刑法第 95 條規定：「外國人受有期徒刑以上刑之宣告者，得於刑之執行完畢或赦免後，驅逐出境。」

習題：
一、在我國法制上對外國人之入出境有何規定？
二、國家在何種情形下，可以強制外國人離開本國？可否驅逐難民出境？

三、外國法人

　　㈠**外國法人之界說**：法人有我國法人與外國法人之別，何為我國法人，何為外國法人，依據何種標準認定，學說上有下列主張：

1. 準據法主義	凡依本國法律成立者，為本國法人；依外國法律所成立者，為外國法人。
2. 設立人主義	凡設立人（社員或捐助人）皆為本國人，或多數為本國人者，為本國法人；反之，則為外國法人。
3. 設立地主義	凡設立地在本國者，為本國法人；設立地在外國者，為外國法人。
4. 住所地主義	凡法人在本國有住所者，為本國法人；在外國有住所者，為外國法人。
5. 事業地主義	凡事業地在本國者，為本國法人；事業地在外國者，為外國法人。

　　㈡**我國民法之解釋**：依民法第 25 條規定：「法人非依法律之規定，不得成立。」依此，則依據我國法律成立之法人，為我國法人，非依我國

法律成立之法人，當爲外國法人，故係採準據主義。又依民法第 30 條、第 48 條第 2 項及第 61 條第 2 項之規定，法人非向其主事務所或分事務所所在地主管機關登記，不能成立，是兼採住所地主義。

㈢**外國法人之認許**：外國法人之認許者，乃承認外國法人在我國法律上得爲法人，亦即將依外國法律成立之法人，承認其在我國亦得爲法人，使其在我國領域內得爲權利主體之謂。因此，外國法人須經認許程序，始得享有權利能力。並非一經承認，就可使外國法人成爲我國法人，亦不能使在外國尚未成爲法人者，一變而成爲法人。當此國際關係頻繁，國際交易之發展，外國法人之承認，誠屬必要，但不可漫無限制，故我民法總則施行法第 11 條規定：「外國法人，除法律規定外，不認許其成立。」足見，得予認許之外國法人，以法律有規定者爲限。則主管機關認許外國法人時，當須依據該法人目的事業之法律規定辦理，如認許外國公司，依照公司法第八章之規定是。

㈣**外國法人之登記及撤銷**：外國法人經認許後，在我國設有事務所者，爲使我國主管機關便於監督起見，亦應負登記之義務，此依民法總則施行法第 13 條規定，準用關於法人設立登記之規定。外國法人如爲公益社團或財團法人時，於登記前，應取得主管機關之許可。

在我國設有事務所之外國法人，如其目的或行爲，有違反法律或公序良俗之情事，法院得因主管機關、檢察官或利害關係人之請求撤銷之（民施 14）。

㈤**外國法人之權利能力**：

1.外國法人經認許後始有權利能力：外國法人之權利能力，依民法總則施行法第 12 條規定，經認許之外國法人，於法令限制內與同種類之我國法人有同一之權利能力。

所謂法令之限制者，即如外國自然人所不能享有之權利，外國法人亦不能享有是。至於外國法人服從我國法律之義務，與我國法人相同（民施 12 II）。

2.外國法人在我國設事務所者，登記後亦有權利能力：外國法人在我國設事務所者，準用民法總則第 30 條、第 31 條、第 45 條、第 46 條、

第 48 條、第 59 條、第 61 條及民法總則施行法第 12 條規定（民施 13）。

　　3.未經認許之外國法人無權利能力：未經認許成立之外國法人，在我國無權利能力。如以其名義與他人爲法律行爲者，其行爲人就該法律行爲應與該外國法人負連帶責任（民施 15），以保護社會交易之安全。

四、外國人待遇之標準

㈠**相當之注意**：各國對外國人負有保證一定之待遇之義務，此時各國應盡「相當之注意」（due diligence）以保護外國人之身體與財產，如有欠缺則對該外國人之本國負有國家責任。此所謂「相當之注意」其程度是如何？究應與處理國內同胞同一標準或以國際上通用之標準，並不明確，茲說明之：

㈡**相當之注意的標準**：

外國人待遇之標準	國際標準主義	即國家在其領域內，對外國人之保護，應達到國際標準之學說。此與國家在領域內對外國人之保護應與本國人之保護採同一標準之「國內標準主義」相對照。如國家對外國人之保護無法達到國際標準之程度，萬一外國人之身體或財產遭受損害，就會發生國家責任問題。所謂國際標準，通常是指先進國家所給予保護之水準，故又稱爲「**文明國標準主義**」。在此標準下當須給予外國人充分的保護，但如未開發國家或開發中國家，對外國人之保護高於本國人之保護時，對於這些國家之國民將產生不公平現象。
	國內標準主義	國家在領域內對外國人之保護應與本國人之保護採同一標準之學說。此爲「國際標準主義」之對照語。如國家對外國人之保護與保護本國人採相同之標準時，萬一有外國人之身體或財產遭受損害，亦不發生國家責任問題。但這種國內標準有必要遵守一定之最低標準。在未開發或開發中國家所主張之標準往往低於已開發國家，即對外國人也不必一定要較本國人優遇，因此無論仲裁裁定或學說均以採國內標準主義爲多。

㈢**最惠國待遇與內國民待遇**（英：most favoured nation treatment）：某一國家在自己之領域內給予他國或其人、物（如貿易、航海、關稅徵收或公民法律地位等）或法人之待遇，不會低於對第三國或其人、物之待遇之謂。兩國間簽定「通商航海條約」，對於關稅或智慧財產權等之規定上表現最

多。十九世紀時各國競相締結最惠國待遇之條約，對十九世紀歐洲之自由
貿易體制的建立貢獻良多。如關稅及貿易總協定之最惠國待遇，主要原則
之一是指對他國或其物品應採無差別待遇（關1）。如對相對國之國民或企
業採取與本國國民或企業同樣待遇，稱爲**內國民待遇**（national treatment）。
這是基於關係國間的相互主義（reciprocity），以條約之規定爲多。

最惠國待遇	締約國在自己之領域內給予他國或其人、物或法人之待遇，不會低於對第三國或其人、物或法人之待遇之謂。
內國民待遇	締約國在自己之領域內，給予相對國之人、物或法人之待遇與給予自己國家之人、物或法人之待遇相同之謂。

五、外交保護（英：diplomatic protection；德：diplomatischer Schutz；法：protection diplomatique）

㈠**外交保護之意義**：即國際違法行爲之被害國，對加害國有提出國際
請求之權利。其中本國國民在外國領域內，其身體或財產遭受損害時，
該被害人之本國爲回復其權利，乃予介入，並對加害國提出國際請求，
使本國國民能獲得適當之救濟，此在國際法上稱爲本國國民在外之「外
交保護權」（right of diplomatic protection of citizens abroad）。在外國居住之國
民當須服從當地國之法令，如果私人之權利受到侵害，國家毫無節制的
發動外交保護權請求當地國回復權利，將造成外國主權之侵害。國家爲
行使此國際法上之權利，對於外交保護有若干限制。

㈡**外交保護之要件**：有二個要件：

1.國內救濟完了之原則（local remedies rule）：即被害者個人須在當地
國家國內尋求救濟，已盡了所有手段，仍無法獲得救濟之情形。

2.國籍繼續之原則（doctrine of continuous nationality）：即被害者自被
害時起至接受外交保護時止，須繼續的擁有保護國之國籍。此係爲防
止被害人更改爲強國之國籍以便獲得更多之外交保護。如被害人有雙重
或多重國籍時，其所屬之國家將無法發動外交保護。

外交之保護乃是國家之權利。國家對外交保護縱使其條件已具備，
並無發動之義務，如有賠償時，在國際法上是對國家之賠償。被害人對
該國之請求權益不發生。

㈢**卡爾服條款**（英：Calvo clause）：即某國家與外國人簽定各種運輸或電話等公共事業的契約，如有發生紛爭，由當地法院來解決，外國人不得根據其外交保護權請求本國的外交保護和協助之約定條款。此由於十九世紀時在拉丁美洲國家，外國人之債權人不能取得債權之清償時，則請求本國（歐洲國家）出兵討債事件。為預防此類事件之發生，阿根廷法學家卡爾服（Carlos Calvo, 1824-93）乃倡導在契約中列入此條款。

這條款有幾種不同方式，有在契約中明定外國人無論如何不得請求其本國的外交保護和協助；或訂明外國人沒有任何特殊地位，視同當地國民，由當地法律管轄，遇有糾紛時由當地法院解決。此條款是在確認國內的救濟原則，不過外交保護乃是國家之權利，是否可由私人來加以放棄，私人可否以契約來妨害外交上保護，不無疑問。

㈣**巴塞隆納牽引力、電燈及電力案**（英：Case concerning the Barcolona Traction, Light and Power Company, Limited）：本案為股東尋求外交保護之事件。巴塞隆納公司於 1911 年以加拿大為設立準據法，在多倫多設立公司，並在西班牙成立附屬公司發展電力。第一次大戰後比利時人持有該公司之大半股份。1948 年西班牙之國內法院對該公司及附屬公司宣告破產，並由財產管理人宣布該公司在外股東之無效，致該公司遂置於西班牙管轄之下。因此比利時之多數股東認為本國股東因西班牙之國際違法行為而遭受損害，為此而向國際法院提起訴訟。法院一方面認為法院具有管轄權，對於西班牙提起之初步的抗辯之中認定㈠比利時並無提起訴訟之資格，因公司並無比利時國籍，而比利時控告西班牙的訴訟標的是西班牙對公司造成的損害，並非對股東造成的損害。㈡並未依國內救濟原則在西班牙國內用盡所有救濟程序而下達判決（ICJ 1964.7.24 判決）。在第二階段（1970 年）判決，仍然認定比利時政府欠缺當事人適格並駁回比利時之請求（ICJ 1970.2.5 判決）。

㈤**諾特朋案**（英：Nottebohm Case）：諾特朋於 1881 年在德國出生，擁有德國國籍。1905 年赴瓜地馬拉經商，並在瓜地馬拉定居。當歐戰發生，他於 1938 年離開瓜地馬拉，回到歐洲。1939 年諾氏歸化為列支敦斯登（Liechtenstein）國民。1940 他以列國人身分，回到瓜地馬拉。1941 年美國

與瓜地馬拉均對德宣戰，1943 年瓜國依戰時法令，將他的財產沒收，並予拘捕，以敵國人民送美國監禁，戰後始被釋放。但 1946 年他欲重返瓜地馬拉，被拒入境，於是返列支敦斯登。列支敦斯登乃行使外交保護權，認為瓜國沒收諾氏財產，且不准其入境，為違反國際法，而向國際法院控訴。

　　法院引用「實際國籍原則」以決定諾特朋之國籍，謂：「國際間仲裁此雙重國籍人實施外交保護之爭端，向來著重『真實與實際之國籍』（the real and effective nationality）」。並指出諾氏在瓜國居住有 34 年之久，應視為其事業主要所在地。由這些事實顯可證實諾氏與列支敦斯登之間並無聯繫，當事人如與其國籍國欠缺「真正連繫」（genuine link），則一國有權拒絕承認該國對當事人得行使外交保護權。而諾氏與瓜國之間則存在悠久而密切關係，並不因其歸化而沖淡。因此瓜國並無義務承認在此種情況下所取得之國籍，列支敦斯登因此無權對瓜地馬拉為諾特朋實施外交保護，而駁回其請求（ICJ 1955.4.6 判決，1955 Report4）。

習題：在國際法院 1970 年的巴塞隆納牽引力、電燈及電力公司案（Barcelona Traction, Light and Power Co. Case）中，巴塞隆納公司 1911 年於加拿大成立，並成立附屬公司以在西班牙發展電力。該公司在 1948 年被一個西班牙法院宣布破產，據該公司股東表示，西班牙曾從事一些損害公司的行為，使西班牙人取得公司在西國的財產。加拿大曾為公司向西班牙交涉，但無法得到解決。由於後來百分之八十八的股份為說明國際法上公司國籍與外交保護權之關係。（98 高二）

六、犯罪人之引渡（英、法：extradition；德：Auslieferung）

　　所謂引渡，乃請求外國在其領域內逮捕犯人，並將該犯人交付於本國政府追訴之制度。

　　㈠引渡犯人之理由：在國內犯罪後逃亡國外，或在國外犯罪而犯人仍滯留國外時，因刑罰權不能實行於外國，遂使違法者逍遙法外。且因不良分子之滯留，對滯留國之治安亦構成威脅。加上國際間司法互助之觀念，對於犯罪者乃有引渡之設。至於法律上之理由，不外：

　　　1.基於兩國間共同利益。

　　　2.符合法律正義。

　　3.收預防犯罪之效。

　　㈡**引渡犯人之通則**：國際間引渡犯人多以條約或特約辦理之。我國目前尚無交付罪犯之專約，惟現行引渡法（43 年公布施行、69 年修正）規定，犯人之引渡，有下列原則：

　　1.須根據引渡條約，無條約或條約無規定者，依據引渡法之規定（引1）。

　　2.本國與請求國之法律，均以之爲犯罪者（引2 I，II）。

　　3.引渡犯人，以比較重大之犯罪爲限，輕微之犯罪，得拒絕引渡（引2 I，II，法定本刑爲一年以下有期徒刑者，不許引渡）。

　　4.追訴或處罰，須限於引渡請求書所載之犯罪（引7 I）。

　　5.除經本國同意外，不得將引渡之人犯再引渡與第三國（引8）。

　　6.引渡之請求，請求國應循外交途徑向本國外交部爲之（引9）。

　　7.請求國應附具犯罪之証據，及有關處罰該罪之現行法規（引11 I）。

　　8.引渡人犯，應否准許？應由本國法院先予審查，並製作決定書，然後將案件送由檢察處報請法務部移送外交部陳請行政院核請總統核定之（引21、22）。

　　㈢**引渡犯人之限制**：依據國際慣例及引渡法其限制爲：

　　1.本國人不得引渡（引4）。

　　2.犯罪行爲具有軍事、政治、宗教性時，得拒絕引渡，但故意殺害國家元首或政府要員之行爲，與共產黨之叛亂活動不在此限（引3）。

　　3.請求引渡之犯罪，業經本國法院不起訴，或判決無罪、免刑、免訴、不受理，或已判處罪刑，或在審理之中，或已赦免者，不得引渡（引5）。

七、政治犯不引渡之原則（英：principle of non-extradition of political offenders；法：principe de la non-extradition des criminels politiques）

　　即政治犯罪者，排除在犯罪人引渡對象之外的原則。在十九世紀以前，政治犯常被引渡。1789 年法國大革命後，1793 年憲法第 102 條規定，爲爭取自由而逃入法國的外國人准予庇護。其後「政治犯不引渡之原則」才慢慢建立。目前都規定在一國之國內法或犯罪引渡條約上，譬如我國

引渡法第 3 條規定：「犯罪行為具有軍事、政治、宗教性時，得拒絕引渡。」
在此則何謂政治犯罪乃有疑義，依我國引渡法及各國之規定，其不列入
政治犯罪者有四種①：

(一) 暗殺條款	（Attendat Clause）：如我國引渡法規定，「故意殺害國家元首或政府要員之行為」。1856 年比利時引渡法規定，殺害外國元首或其家屬的犯罪，不得視為政治犯。
(二) 無政府或共產主義者或叛亂份子	我國引渡法第 3 條規定，共產黨之叛亂活動不得視為政治犯。1961 年 1 月 13 日簽訂之美國與巴西引渡條約亦規定，主張無政府主義之犯罪不得視為政治犯。1990 年 10 月 16 日我國與多明尼加引渡條約第 5 條不認為叛亂活動者是政治犯。
(三) 國際罪行	國際上公約有些罪行不認為是政治犯，如 1967 年聯合國大會通過之「領域內庇護宣言」第 1 條第 2 項規定，凡有重大理由可認為犯有國際約章設有專條加以規定之危害和平罪、戰爭罪或危害人類罪之人，不得援用請求及享受庇護之權利，故此種人不得視為政治犯。
(四) 恐怖活動	1977 年 1 月 27 日制定的歐洲制止恐怖活動公約，則將各種恐怖罪行不視為政治犯罪。

習題：
一、何謂引渡？試依我國引渡法之規定，說明引渡犯人之理由與原則。
二、引渡犯人有何限制？

八、國際犯罪（英：international crime；德：internationales Verbrechen；法：crime ou délit internationale）

國際犯罪可大別為：

(一)**具有涉外性之犯罪**：即原來屬國內法上之犯罪，只是其犯罪行為具有國際性，而須要國際上合作情形之犯罪，因此須依國內法所規定之犯罪構成要件與追訴處罰程序辦理。譬如國外犯或犯人逃亡至國外之情形。這種具有涉外性之國內犯罪當須透過國際刑警組織（ICPO）協力緝捕，但在國際上並不存在有協助之義務，國與國間通常訂有引渡條約或依據平日對犯罪緝捕之相互合作或互惠，有互相協助逮捕之情形為多。

---

① 見丘宏達著，現代國際法，2004 年 2 月版，第 429 頁。

㈡**國際法上犯罪**：即犯罪之追訴除了各國依照其國內刑法或刑訴法，加以追訴處罰之外，因對國際社會全體法益造成侵害，其追訴與處罰得直接依據國際法，原則上由國際機構負責審理，其情形有：

1.海盜、買賣奴隸、毒品之交易、海底電線之損壞（聯合國海洋法公約第七部分公海，第86-120條）、違反戰爭法規慣例、違反戰爭犧牲者之保護條約、或生物種之交易捕獲之取締等。尤其海盜早已列為萬國公罪，任何國家都可追訴處罰。

2.關於劫持航空器之「海牙公約」或「蒙特婁公約」，關於航空器內之東京公約、國際環境污染及國際恐怖行為等，侵害到各國共同利益之情形，在各國多數國間簽定條約，由各國負追訴處罰之責。締約國應設定嚴密之刑罰，並採追訴等審判措施，如在其領域內發現犯人，是否引渡關係國或由自國追訴處罰，應選擇處理（海牙公約2、4）。

3.戰爭或其他武力行為係非戰公約所禁止者，其違反因係侵害國際社會全體之利益，故特別稱為其為「國際犯罪」。第二次大戰後日本與德國在戰爭期中負國家責任者，則以「違反和平之犯罪」、「違反人道之犯罪」等以戰爭犯罪而追訴處罰。2003年3月20日美國以伊拉克擁有化學毒氣等大量破壞性武器為由，對伊拉克發動戰爭，並佔領伊拉克逮捕伊拉克總統哈珊及其重臣，2004年7月1日組織「特別法庭」對哈珊等12名舊政府官員提出控訴，認為哈珊犯「違反人道之罪」，故應按受刑罰制裁。

第四節　庇護權

一、庇護權之概念

㈠**庇護權**（英：right of asylum；德：Asylrecht；法：droit d'asile）：個人在其本國受到政治上之迫害或追訴，逃至外國請求外國政府給予庇護，並不予引渡之權利，稱為「庇護權」。庇護有**領域之庇護**（territorial asylum）與**外交庇護**（diplomatic asylum）兩種。前者係個人逃離國籍國之迫害，請求他國在其領域內加以保護，稱為庇護或領土之庇護。後者，係個人逃至駐在

國的大、公使館、軍事駐紮地、軍艦、軍用航空機等要求庇護，由這些國家之派遣機關予以庇護是。在國際法上，是被要求保護之國家，因准許個人之入國與居留，並得加以保護之權利，稱爲庇護權。國家是否行使庇護權，由該國自行決定，他國必須尊重其判斷。

(二)**庇護權之起源**：庇護權源於 1793 年法國憲法第 120 條，即法國人民對於爲爭取自由，而被其本國放逐之外國人，提供避難所之規定而來。其後「世界人權宣言」第 14 條第 1 項規定：「人人爲避迫害，有權在他國尋求並享受庇身之所。」此即聯合國所承認之庇護權。但其第 2 項規定：「在眞正由於非政治性的罪行或違背聯合國的宗旨和原則的行爲而被起訴的情況下，不得援用此種權利。」目前在憲法上列有保障之規定的國家爲法國、德國及義大利等。蓋二次大戰以來，經過幾次的局部動亂，爲救濟大量之難民，聯合國已通過「難民公約」。尤以東南亞國家，如越南、寮國、柬埔寨等國因國內之動亂而大量難民逃至遴近的泰國；我國在憲法上雖無庇護難民之規定，但引渡法第 3 條：「犯罪行爲具有軍事、政治、宗教性時，得拒絕引渡。」足見我國在一般法律上仍承認擁有一般庇護權，惟以犯有軍事、政治或宗教性之犯罪爲限。但下列行爲不得視爲政治性之犯罪：

　　1.故意殺害國家元首或政府要員之行爲。

　　2.共產黨之叛亂活動。

(三)**領域庇護宣言**（英：Declaration on Territorial Asylum）：1967 年 12 月 14 日聯合國大會決議 2312（XXII）宣布，國家在領域內庇護之基本原則，由前文及 4 條條文所構成。則賦予國家之庇護權，其他國家應予尊重（第 1 條）。受庇護人之境遇，爲國際所關懷之事（第 2 條）。不得將尋求庇護之人「使之遭受在邊界拒斥，或於其已進入請求庇護之領土後，使之遭受驅逐或強迫遣返其可能受迫害之任何國家」（第 3 條）。給予庇護的國家不得准許被庇護者從事違反聯合國宗旨與原則之活動（第 4 條）。

(四)**政治庇護**（英；political asylum）：在本國受到政治迫害的個人，或面臨政治迫害危機之個人，要求外國庇護之謂。一般稱此類人爲**政治流亡者**（英：political refugee；法：réfugié politique）。「難民地位有關公約」所保護之對象，則指此政治流亡者。一國有無接受政治流亡者之義務（即庇

護政治流亡者之義務），一般國際法上並未確立，因此政治流亡者之尋求
庇護在國際法上是屬於相當弱勢之地位。庇護之情形有二：

　　1.領域內庇護：在一國領域之庇護行為。

　　2.領域外庇護：在駐外之自國公館或軍艦等之庇護。

　　「難民地位有關公約」所保護之對象，則此政治難民。一國是否接
受政治難民，在國際法並無一定之義務，因此以政治難民而尋求庇護在
國際法上居於相當弱勢之地位。在國內法上雖有政治犯不引渡之原則，
但往往顧慮太多而未真正執行。

二、領域外庇護

　㈠**領域外庇護之公約**：領域外庇護最為疑問的是駐外使館對個人之庇
護，在南美洲常有「外交庇護」（diplomatic asylum）之情事。即如政治流
亡者逃入使館而尋求庇護而言，在南美洲有幾個公約對此有所協議：

　　1. 1928 年 2 月 20 日哈瓦那庇護公約（Havana Convention on Asylum）。

　　2. 1933 年 12 月 26 日蒙特維多政治庇護公約（Montevideo Convention on
Political Asylum）。

　　3. 1939 年 8 月 4 日政治庇護與避難公約（Treaty on Political Asylum and
Refuge）。

　　4. 1954 年 3 月 28 日領土庇護公約（Convention on Territorial Asylum）。

　　以上四種公約，主要是 1954 年簽署之公約，在此公約只有因政治動
機或被迫害之人，在緊急情形下，使館始能庇護。通常庇護國可向當地
國請求發給被庇護者的安全通行證（a safe-conduct），俾使被庇護人離境。

　㈡**庇護事件**：「哥倫比亞對秘魯之庇護權案」（英：The Asylum Case）1948
年 10 月 3 日秘魯發生叛亂而失敗，秘魯的革命家阿雅‧德拉多勒（Victor
Raūl Haya de la Torre, 1895-1979）於 1949 年 1 月 3 日潛赴哥倫比亞大使館尋
求庇護。哥倫比亞政府要求秘國頒發通行證，以便阿雅離境（南美各國
的習慣即尋求政治庇護的政治人物都是如此處理），但為秘魯所拒，並
要求引渡阿雅而發生爭執。同年 8 月雙方同意將此案提交國際法院處
理，10 月哥倫比亞乃將全案向國際法院提訴。法院認為：

1.哥倫比亞給阿雅之庇護（外交的庇護）乃是違法，秘魯政府並無義務頒發通行證保證其出境，並採秘魯方面之主張。對於阿雅之引渡義務，則認爲沒有請求，故不涉及（ICJ 1950.12.20 判決，1950 Report 266）。

2.哥倫比亞對上述之判決，請求對於引渡義務能再度判示明確之意見，法院認爲本案並不屬於國際法院規約第 60 條之解釋事項，而駁回請求（ICJ 1950.11.27 判決，1950 Report 395）。

3. 1950 年 12 月哥倫比亞又提新的訴訟，請求如何終止庇護與引渡義務。法院認爲哥倫比亞政府並無引渡阿雅之義務，只判示負有終結庇護之義務，但未涉及具體之終止方法（ICJ 1951.6.13 判決，1951 Report 71）。

本案又稱爲哥倫比亞、秘魯事件或阿雅・德拉多勒事件，亦對上述之三項解釋分別稱爲庇護事件、解釋事件、阿雅・德拉多勒事件。

1954 年 3 月第十屆泛美會議時，哥、秘二國商洽解決本件糾紛，最後由秘魯發通行證給阿雅離開秘魯，終止了阿雅四年的庇護生活。

除了上述南美洲外，一般國際法並無此類協議。1961 年「維也納外交關係公約」並未承認「外交庇護」，其第 41 條第 3 項規定：「使館館舍不得充作與本公約或一般國際法之其他規則、或派遣國與接受國間有效之特別協定所規定之使館職務不相符合之用途。」

三、安全通行證（英：safe-conduct；法：saufconduit）

在武力紛爭或戰爭之際，交戰國特許敵國國民，爲了某一特殊目的，通過其領域或佔領區，前往某一個特定地點的文件。通常有二種情形：

㈠**外交使節之歸國**：即一方當事國之外交使節在回國之途中，由另一方頒發安全通行證。如 1915 年第一次世界大戰時，奧國駐美國大使敦巴（Dumba）由美返奧須經英國港口，英國即頒發通行證。

㈡敵人、敵船或敵國國民，由交戰國政府或軍事指揮官在相互合意下所頒發。

有關俘虜之通信、物品之輸送，交戰國有頒發通行證之義務（捕虜條約 75），其次爲使拘留之文民保持與外界連絡，也要求頒發通行證之情形（文民保護條約 111）。護照與通行證是使持有者在某種特定的條件下，成爲

不可侵犯的對象。

　　因此，護照與通行證都是不得轉讓的。通行證常有期限之規定，也可能會被頒發的機構所撤銷。

習題：
一、試說明庇護之意義及種類。
二、何謂政治庇護？
三、試說明領域外庇護。

第五節　難民問題

一、難民（英：refugee；德：Flüchtling；法：réfugié）

　　難民之歷史相當悠久，古代希臘與羅馬之都市國家就充滿了難民的存在，因其不屬於任何都市國家，故無公民權，而只是非法居留而已。不少難民為求生存而淪為盜賊，惟今日之難民已無類似古代擁有武器之軍事組織，只有游擊戰士有類似特性，難民之產生不論古今都發生在國家間之戰爭。種族、宗教、國籍或因戰爭或政治上不同意見之理由，在本國有遭受迫害，或有迫害之虞，而請求他國庇護，稱為難民。在國際法上之庇護有二：為領土的庇護與外交之庇護。

　　㈠**國家對難民之庇護**：國家在其自國之領域內對外國人有屬地的管轄權，同時對於其入國時擁有裁量權。如有外國難民因種族、宗教、國籍或政治上之原因遭受迫害而請求庇護時，國家有庇護權。國家原則上雖有庇護權，但並無義務，就是與該國訂有引渡條約，凡有關軍事、政治、宗教性時，仍得拒絕引渡（引3）。1951 年聯合國通過「難民地位有關公約」，1967 年又通過「難民地位有關之議定書」，特別禁止將難民送還予迫害之國家，此為 Principle of non-refoulement。過去之外交使節，雖擁有庇護權，但自十八、十九世紀起漸次被否決。戰後關於哥倫比亞與秘魯間之庇護事件，國際法院亦於 1950 年加以否定。此外在外國駐留之軍隊、軍艦、軍用航空機亦無庇護權。近年來因難民與流民（displaced person）之增加，如非洲及東南亞、中南半島之難民，聯合國難民高專

公署已展開對其保護與救援工作。2000 年聯合國將每年 6 月 20 日訂為**世界難民日**。

　　㈡**難民問題**：1990 年代以後在非洲因宗教信仰之紛歧，發生武力爭端而加深難民問題。依聯合國難民高專謂，到 2005 年 1 月為止，經難民高專事務所援助之非洲難民，總數有 486 萬 1,400 人，約占世界難民總數 1919 萬 7,000 人之四分之一。安哥拉與獅子山共和國之爭端結束後，逃亡在外之難民已陸續回國，因蘇丹之內戰，2003 年以來已產生新的難民①。近年來因地球之暖化問題，太平洋上若干島國，均因國家領土被海水淹沒，也將產生新之環境難民問題。

習題：
一、試詳述個人在現代國際法上之地位。（88 高三）
二、試說明難民有關的國際公約。

二、難民公約

　　㈠**難民地位有關公約**（英：Convention relating to the Status of Refugees）：難民有關的定義，在國際上並未確立，有關難民保護之國際性措施是起源於**南生護照**（英：Nansen Passport），即蘇俄革命以後，有亞美尼亞難民、猶太難民等無國籍人的數目大增，形成嚴重之國際問題。國際聯盟於 1921 年 8 月任命南生（Fridtjof Nansen, 1861-1930）為難民高級專員（High Commissioner for Refugees），並為蘇俄難民創設一種特別旅行證件，此即「南生護照」。先由若干收容東歐難民之國家根據 1933 年協定頒給此項證件，以適應那些難民居住及旅行之需要。此為國際法對無國籍人加以保護之開始。聯合國於 1951 年 7 月 28 日在「難民及無國籍地位有關之聯合國全權會議」通過此項公約。此為保護難民之人權與解決難民問題之國際合作而通過之公約，於 1954 年 4 月 22 日生效。會員國有 126 國。為補充本條約乃制定「難民地位有關之議定書」，並於 1967 年生效。所謂難民，英文為 refugee，也譯逃難者，則因種族、宗教、國籍，或特定之社會集團之成員，或因政治意識形態不同意見者，為逃避迫害，或不

---

① imidas，2007，第 383 頁。

受本國保護而逃到外國之謂。本公約是為庇護難民，確保其定住，對其法律地位、就業、福祉等有詳細之規定。其中並不能將難民送往等待迫害國家（principle of non-refoulement）。本公約也是將既成之難民保護公約予以統合而成，故又稱為難民法之憲章。迄 2005 年 10 月會員國已增至 142 國。

⟨二⟩**難民地位有關之議定書**（英：Protocol relating to the Status of Refugees）：1967 年 1 月 31 日簽署，10 月 4 日生效，會員國有 126 國。簡稱為「難民議定書」。由前文及 11 條條文所構成。蓋為貫徹不限於時間及地點對於難民之保護救助，乃有此「議定書」之制定。第 1 條以外是屬於手續之規定。因 1951 年以後在世界各地發生難民問題，聯合國為解救難民之困境，故有此議定書之頒布。

⟨三⟩**難民之驅逐送還禁止之原則**（英：principle of non-refoulement）：即不可將難民驅逐或送還至難民之生命或自由受到威脅之國家（此為「難民公約」第 33 條所定）之原則。又稱為**驅逐與送還之禁止**。在一般國際法上，國家為了國家安全與維持公共安寧秩序之理由，將外國人（包括難民）從自國領域加以驅逐出境之可能。因難民被驅逐出境以後，只有又回到其原來逃難之國家，因此其回到國家後有被處罰之可能，為防此種事件之反覆發生，乃有本原則之制定。有謂本原則是由國際習慣法所確立，亦有謂係條約上之義務所造成。

習題：難民有關的國際公約有幾？試說明之。

三、國際難民組織

⟨一⟩**聯合國救濟復興機構**（英：United Nations Relief and Reconstruction Agency－UNRRA）：第二次大戰爆發後，為大量產生之難民問題，聯合國於 1943 年 11 月設立之國際組織。當時的 UNRRA 乃對數百萬難民，提供難民之回國或再定居之援助及供給糧食等活動。二次大戰終結後 UNRRA 之活動乃由新設立之「國際難民組織」所繼承。1947 年 7 月 UNRRA 之功能及活動由國際難民組織準備委員會所承繼，翌（48）年 8 月國際難民組織乃正式開始營運。

㈡**國際難民組織**（英：International Refugee Organization－IRO）：基於 1946 年 12 月 15 日在聯合國大會通過之國際難民組織憲章，為保護及救助第二次大戰時之難民為目的而設立之聯合國暫定的專門機關。又稱為國際避難機關。此為第二次大戰後最初對難民所採之國際行動。本部設在日內瓦，有大會、執行委員會及事務局。該組織自設立時就定為非永久機關，於 1952 年 3 月解散，其業務是由聯合國難民事務高級專員公署（UNHCR）與歐洲移民政府間委員會所繼承。

㈢**國際移民組織**（英：International Organization for Migration－IOM）：即以支援難民的移送或定居為目的之國際組織。第二次大戰後繼承歐洲難民之援助的國際難民組織之活動，依據 1953 年 10 月 19 日通過之憲章而設立之「歐洲移民政府間委員會」（Intergovernmental Committee for European Migration－ICEM），於 1980 年改為「移民政府間委員會」（Intergovernmental Committee for Migration－ICM）後，近年來因擴大活動，造成憲章之修正，而改為現名。對難民之移送或定居而採取之各種措施（如移民服務），對開發中國家之技術人員的移民支援等，進行一連串之國際性活動。組織上之最高機關為理事會、執行委員會及事務局。本部設在日內瓦，會員國有 52 國。

第十一章 人 權

第一節 天賦人權思想

從十八世紀起，民智日開，國家權力對人民自由權利之強力干預，乃有自然法思想之產生，此思想認為人民權利只有其中之必要限度範圍，依法受國家權力之管制干涉，但其他尚有一部分之固有權利，並不受國家社會之管制，這就是自然權利。這種思想之產生是因十七至十八世紀初葉君權神授說尤在英國盛行，以實施帝國主義之專制君主制。於是盧梭等思想家，認為上帝直接賦予人類具有不得剝奪之根本的自由權利存在，亦即人生而平等，就擁有生存之權利，得自由的建造自己之生活基礎，取得財產，並追求幸福之權。此即天賦人權思想。天賦人權在論理上是先國家而存在，國家的角色只是在消極的保障天賦人權，因此國家權力不得侵害此天賦人權。

第二節 國際人權保障之發展

所謂人權之國際保障（英：international protection of human rights），乃人類與生俱來的固有的權利，又稱為基本的自由權（fundamental freedom），此即「人人俱有天賦之人權」之意。蓋自近代國家成立以來，人權已為各國憲法所保障。

一、兩次大戰後人權發展情形

㈠第一次大戰後人權之發展：

1.保護少數民族：奧匈帝國崩潰後，獨立之東歐，乃締結條約以保護國內少數民族。

2.保護勞工：依據「凡爾賽條約」，與國際聯盟同時於 1919 年成立之國際勞工組織，依據條約保護勞工之勞動條件。

3.信教自由之保障：戰敗國之殖民地依「國際聯盟盟約」第 22 條置於委任統治之下，尤其是中非洲之民族，依其發展之程度，委任國應擔保其信仰及宗教之自由，而以維持公共安全及善良風俗所能准許之限制為衡（聯盟 22Ⅴ）。

㈡**第二次大戰後人權有擴大之勢**：第二次大戰後區域性以國際社會全體為對象，事項性其範圍亦大為擴大。此為法西斯體制下，對人權之蹂躪所獲得的結果。則在聯合國憲章之中有一般性人權保障之規定，為此有 1948 年之「世界人權宣言」，以此為基礎，區域性從歐洲開始，建立區域性人權保障之體制。目前雖各國都有人權保障之規定，但如其規定有不完整時，國際性之保障將具有重要意義。

習題：兩次世界大戰國際人權均有顯著之發展，試略述其發展情形。

二、聯合國之人權保障

聯合國之目的在不分種族、性別、語言或宗教、增進並激勵對於全體人類之人權及基本自由之尊重（聯憲 1Ⅲ）。而聯合國之義務在促進全體人類之人權及基本自由之普遍尊重與遵守，不分種族、性別、語言或宗教（聯憲 55Ⅲ）。各會員國擔允採取共同及個別行動與聯合國合作，以達成第 55 條所載之宗旨（聯憲 56）。

㈠**人權宣言之發布**：1948 年聯合國為貫徹憲章之宗旨，大會乃通過「世界人權宣言」，對自由的基本權及社會的基本權（經濟、社會及文化的權利）有概括性的規定。但是大會所通過者並無法律之拘束力。不過一般

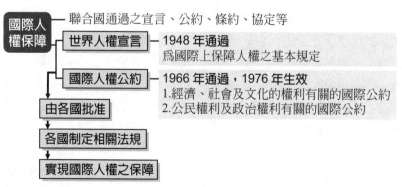

認爲人權宣言核心規定之生命的自由（世人3）、奴隸之禁止（世人4）等均屬國際習慣法之法制化者，其會員國應受其拘束。世界人權宣言發布後聯合國大會又於1966年12月16日決議2200A（XXI）通過「經濟、社會、文化權利國際公約」及「公民權利及政治權利國際公約」。

　　㈡**人權個別條約的通過**：與「世界人權宣言」發布之同時，聯合國乃依事件特性公布個別條約，如1948年「防止及懲辦滅種罪公約」，1965年「種族歧視廢止國際公約」，1973年之「種族隔離罪之鎭壓及處罰之國際公約」，1979年「女性歧視廢止公約」，1984年「拷問禁止條約」，1989年「兒童權利公約」，則在各個領域上充實人權保障之規定，以建立人權保障有效之體制。此外在1989年通過以廢止死刑爲目的之「公民權利及政治權利國際公約」。另一方面自1970年代以來，超越個人基準之人的集團的權利有聯合國大會於1986年12月4日通過之「發展權利宣言」以及「和平之生存權」（1978年聯合國決議）與「原住民之權利」等，在國際法上被認爲是第三代之人權而爲討論之對象。

　　㈢**人權外交**（英：human rights diplomacy）：即在國際社會以推動尊重人權爲目的之外交。廣義言之，雖也包括推動國際人權有關之多數國間的條約，但主要是指在改善特定國家之人權狀況爲政策目標爲多。人權外交名詞之使用，首先於1977年由美國總統卡特以推動國際人權政策爲對外政策之目的。美國之人權外交主要以對外援助與貿易政策要求特定之相對國提升人民之人權保障，由政府的重要官員對其人權加以批評，並透過外交管道期待其改善。人權狀況之標準首須強調言論之自由與政治活動之自由，除了美國以外，其他西歐國家也順勢在人權上，對開發中國家提出積極的要求，1975年「赫爾辛基宣言」，也帶上人權條款就是歐洲中小國家人權外交之成果。不過由歐美國家推動之人權的國際化觀念，已引發阿拉伯世界與亞洲若干國家的反感。人權問題成爲國際社會之重心，已於1993年世界人權會議所確認，94年聯合國並廣設人權高專，但自911事件以後，國際人權問題已爲反恐戰爭所取代。

　　㈣**確保人權之履行**：

　　　1.國家報告制度：人權規範大量宣布及制定公布以後，是否有效實

施乃為人們最關心之問題，在「經濟、社會、文化權利國際公約」第16條規定：「本公約締約各國承擔依照本公約這一部分提出關於在遵行本公約所承認的權利方面所採取的措施和所取得的進展的報告」「所有的報告應提交聯合國秘書長；秘書長應將報告副本轉交經濟暨社會理事會按照本公約的規定審議」。

2.國家通報制度：即「公民權利及政治權利國際公約」第41條規定：「某締約國認為另一締約國未執行公約的規定，它可以用書面通知提請該國注意此事項」（第41、42條）。

3.個人通報制度：即在「公民權利及政治權利國際公約第一選擇議定書」規定，違反人權公約之被害者個人有向人權事務委員會通報，而委員會有權接受並審查該國管轄下的個人聲請為該締約國侵害公約所載任何權利的受害人者的來文（第1條）。委員會應將任何來文提請被控違反公約的締結國注意（第4條）。收到通知的國家應於6個月內以書面向委員會提出解釋或聲明，說明原委，委員會應參照該個人及關係締約國所提出的一切書面資料，審查來文，並向關係締約國及該個人提出意見（第3至5條）。這種通報權制度，種族歧視廢止國際條約、拷問禁止條約、國際勞工組織憲章、區域性人權條約，均有設置，以確保人權之確實履行。

三、世界人權宣言（英：Universal Declaration of Human Rights；德：Allgemeine Erklärung der Menschenrechte；法：Déclaration universelle des droits de l'homme）

聯合國於1948年12月10日第三屆總會，全會一致所通過之宣言（共48國通過蘇聯圈之6國及2國棄權），亦稱「人權有關之世界宣言」。

聯合國有鑑於二次大戰期間人權受到極端之蹂躪，尤其納粹帝國之集體屠殺猶太民族，而日本軍閥在中國大陸殘殺中國人民，基於尊重人權及和平關係之密切，乃在經濟社會理事會設置人權委員會輔助機關，其最初之成果則為起草「世界人權宣言」。其後該宣言乃成為國際人權規約及其他人權條約之母法。全文共三十條，包括個人各種自由，勞動權，及其他經濟的、社會的、文化的生存權利有詳細之規定。一般認為此等

於世界憲法之前言，而受到自由民主國家之讚揚，並爲**各國憲法或判決所引用**，但因偏重於自由權，有較強烈之西歐色彩，而爲社會主義國家所批評，蓋非屬條約性質，因此不拘束各國，亦非強迫各國執行，但也表示本宣言係個人獨立地位之重要性的指標。目前新興國家之憲法，其有關基本人權方面之規定，皆受其影響。

習題：國際人權發展的情形爲何？試說明之。

四、國際人權公約（英：International Covenants of Human Rights）

　　聯合國憲章揭櫫人權與基本自由之尊重爲目的，但人權之基本內容並未完整的顯示，於是在 1948 年通過「世界人權宣言」，但此宣言並無法律之拘束力。因此爲使其條約化，附以各國實施之義務，經數十年之審議，聯合國大會於 1966 年 12 月 16 日通過「國際人權公約」，並開放由各國簽署。這是以社會權爲主要內容「並對人類家庭所有成員的固有尊嚴及其平等的和不移的權利的承認，乃是世界自由、正義與和平的基礎。」此爲「經濟、社會、文化權利國際公約」（稱爲 A 公約），與以自由權爲主要內容之「公民權利及政治權利國際公約」（稱爲 B 公約），以及 B 公約之選擇議定書之三種條約，均由 1976 年起生效。又於 1989 年 12 月 15 日聯合國大會通過（44/128 號決議）以廢止死刑爲目標之「公民權利及政治權利國際公約第二選擇議定書」（又稱爲「死刑廢止條約」），於 1991 年 7 月 11 日生效。我國於 2009 年 5 月 14 日由總統正式簽署批准該 A、B 兩公約，在國內實施。其重要內容爲：

　　㈠**經濟、社會、文化權利國際公約**（稱爲 A 公約）：原是以社會權爲主要內容，但其第 1 條與以自由權爲主要內容之 B 公約相同，規定人民之自決權之外，實質之規定爲工作權（6 條），工作條件（7 條），勞動基本權（8 條），社會保障權（9 條），對家庭之保護及援助（10 條），相當生活水準之權及免受飢餓之基本權（11 條），享受最高體質和心理健康之權（12 條），受教育之權，免費初等義務教育，父母有選擇學校之自由（13 條），初等教育免費（14 條），參加文化生活之權（15 條）等，蓋爲實現「免於恐懼和匱乏之自由的理想」（前言），由保障個人生存權之基本權以確保人類之

尊嚴為目的。

(二)**公民權利及政治權利國際公約**（稱為 B 公約）：原是以自由權為主要內容，但兩公約共通的總則，就是第 1 條人民的自決權之外，對生命之尊重，對未滿 18 歲人不得判處死刑；對孕婦不得執行死刑（6 條），禁止酷刑或不人道刑罰（7 條），奴隸與強制勞動之禁止（8 條），人身自由及逮捕程序之規定（9 條），被剝奪自由者及被告之人道的待遇（10 條），禁止對無力履行契約者之監禁（11 條），遷徙自由和住所選擇自由（12 條），外國人驅逐之條件之審查（13 條），接受公正裁判之權（14 條），禁止溯及既往之刑罰（15 條），法律前人格之承認（16 條），對私生活干涉之禁止（17 條），思想、良心和宗教之自由（18 條），表現的自由（19 條），禁止宣傳戰爭及鼓吹歧視（20 條），和平集會之權（21 條），結社之自由（22 條），對家庭、結婚之保護（23 條），兒童之權利（24 條），參政權（25 條），法律前之平等（26 條），少數人之保護（27 條）等。

聯合國亦通過以個別人權為對象之各種條約，如 1948 年之「防止及懲辦滅種罪公約」，1951 年之「難民公約」，1965 年之「種族歧視廢止國際公約」，1973 年之「種族隔離罪之鎮壓及處罰之國際公約」，1979 年之「女性歧視廢止公約」，1984 年之「拷問禁止條約」，1989 年之「兒童權利公約」等。此外國際勞工組織也採行「勞工權利有關之條約」，又有 1989 年之「獨立國原住民及種族有關的條約」，聯合國教科文組織有 1960 年通過之「禁止差別教育條約」。

另一方面以一般人權為對象之**區域性的人權條約**，在歐洲之一般先進國家，於 1950 年通過「歐洲保護人權與基本自由公約」（1953 年生效），及 1961 年簽署之「歐洲社會憲章」。在其他區域有 1969 年之「美洲人權公約」及 1981 年非洲統一機構元首通過之「非洲人權憲章」等均是。

習題：我國於 2009 年 5 月 14 日由總統正式簽署批准「國際民權及政治權公約」（International Covenant on Civil and Political Rights）及「國際經濟權、社會權及文化權公約」（International Covenant on Economic, Social and Cultural Rights），試簡要說明該二公約所保護之實質權利內容。又締約國在履行該二公約之義務上有何差異？（98 國安三）

第三節　重要之人權保障

一、性別歧視之廢止

㈠**女性政治權利公約**（英：Convention on the Political Rights of Women）：聯合國發起時，原會員國 51 國中，承認女性有參政權之國家只有 30 國。在 1946 年聯合國大會上要求各會員國應認定女性與男性同樣享有參政權（大會決議 56(1)）。接著 48 年第三會期聯合國大會通過「世界人權宣言」，在第 2 條第 1 項規定性別之平等，第 21 條第 1 項及第 2 項就規定男女有自由平等的參政權。

在聯合國經濟社會理事會中之「女性地位委員會」以美洲各國國際會議（The Inter-American Conference）於 1948 年通過「女性政治權利賦予公約」（Convention on the Granting of Political Rights to Women）為契機，於 1949 年決定該委員會以起草女性參政權條約為首要工作。委員會乃於聯合國大會第七會期以 46 票贊成，棄權 11 票，無反對票之下通過本公約。

條約由前言與本文 11 條所構成。前文依「聯合國憲章」及「世界人權宣言」規定之男女同權之原則，宣布男女地位同等享有並行使參政權。在本文規定女性與男性同等條件不受差別待遇擁有 1.在所有選舉上擁有投票權（第 1 條）；2.任何國內的公共選舉享有被選舉權（第 2 條）；3.對任何公職有執行公務之權（第 3 條）。不過本條規定之內容，已被收錄在「女性歧視廢止宣言」第 4 條及「女性歧視廢止公約」第 7 條之中①。

㈡**女性歧視廢止公約**（英：Convention on the Elimination of All Forms of Discrimination against Women）：1979 年 12 月 18 日由聯合國第三十四屆大會通過，1981 年 9 月 3 日生效。正式名稱是「對女性所有形態之差別歧視的廢止公約」。當事國有 140 國，由前文及 30 條條文所構成。即從政治、經濟、社會、文化及市民上及其他各個領域規定男女平等，又為確保其確實履行並設置「女性歧視廢止有關之委員會」。

---

① 參照山下泰子著：刊於國際關係法辭典，頁 490。

我國不僅憲法上有男女平等之規定，爲配合聯合國之男女平等政策，在增修條文第 10 條第 6 項亦規定：「國家應維護婦女之人格尊嚴，保障婦女之人身安全，消除性別歧視，促進兩岸地位之實質平等」。此後民法上亦修改親屬法之規定，而勞動基準法第 25 條也規定：「雇主對勞工不得因性別而有差別待遇」，並制定「兩性工作平等法」，以確實貫徹兩性平等政策。

㈢**已婚婦女國際公約**（英：Convention on the Nationality of Married Woman）：1957 年 2 月 20 日聯合國大會通過之國際公約。對婦女的國籍問題，基於男女平等之基礎上，確立婦女國籍獨立之原則。即本國人與外國人結婚者，不因婚姻關係之成立或消滅，或婚姻關係存續中夫之國籍變更，而當然影響妻的國籍（第 1 條）。本國人自願取得他國國籍或脫離其本國國籍時，不妨礙其妻保留（其本國）國籍（第 2 條）。我國國籍法原第 2 條第 1 款規定外國人爲「中國人妻者」可取得中華民國國籍，其因結婚而取得中華民國國籍，僅限於外國女士，違背上述國際公約，因此 2000 年修正時依第 4 條第 1 款規定爲**中華民國國民之配偶**，亦得申請歸化。足見已符合國際公約之原則。

二、種族歧視及隔離條約

㈠**種族隔離制度**（英、法：apartheid；德：Apartheid）：即針對南非共和國所施行之種族隔離與歧視政策。是由少數白人支配之政治制度，實施之種族隔離制度。聯合國最初以人權問題來處理，1960 年代以後，總會即以有違反國際和平，對南非共和國以制裁加以警告，並於 1965 年採「種族歧視廢止國際公約」以禁止其實施種族隔離政策。迨 1973 年即以人道罪來處罰實施種族隔離之負責人。

㈡**種族隔離罪之鎮壓及處罰之國際公約**（英：International Convention on the Suppression and Punishment of the Crime of Apartheid）：又簡稱「種族隔離公約」。因種族隔離是觸犯人道之罪（條約 1），觸犯種族隔離罪者，應負國際刑事責任（條約 3），有管轄權之締約國的法院或國際刑事法院應予裁判（條約 5），同時締約國並有義務對種族隔離制度加以鎮壓及處罰（條約 4）。

㈢**種族歧視廢止國際公約**（英：International Convention on the Elimination of All Forms of Racial Discrimination）：正式名稱是「廢除所有形態之種族歧視之國際公約」。即以人權侵害爲目的，而基於種族、膚色、世系、民族或種族之出身而有差別歧視等加以禁止之公約。締約國應制定各種政策以實施種族平等之規定（種1、2）。並爲確保條約之履行設有「種族歧視廢止委員會」（種8）。締約國也應將實施情形提出報告（種9）。締約國對其他國家有不履行條約時，也應報告委員會。委員會對締約國之個人或集團均可受理（種14），此爲個人通報制度。

三、兒童權利

㈠**兒童士兵**（英：child soldier）：國際上在爭端地區被動員之未滿18歲兒童之士兵，估計共30國有25萬人。很多是兒童權利公約所禁止之15歲以下的士兵，最極端的情形據報也有6歲以上之少年兵部隊。對付兒童以暴力及藥物較易洗腦，並缺乏恐怖害怕心理，較有服從觀念，敵人也較不會將其當作士兵而降低警戒心等優點。此爲對兒童之生命、身體最爲嚴重之威脅，並損害其身心發展之人權侵害，聯合國國際兒童基金會（UNICEF）及拯救兒童等非政府國際組織（NGO）正展開拯救及反對運動。

㈡**兒童買賣**（英：child trafficking）：2001年「反對兒童商業性搾取之世界會議」，在日本橫濱舉行。2002年聯合國召開兒童特別大會，2003年以聯合國國際兒童基金（UNICEF）爲中心之亞太區域問題提出討論。目前世界上每年約有120萬兒童因人身買賣而犧牲，爲買春、色情、強制工作、出售供人收養，內臟移植買賣等而受害。尤其在亞洲太平洋地區在過去30年期間約有3千萬之兒童與女性受到危害。又當今世界每年出生之兒童中約有4成之5千萬人未有出生登記之報告①。

㈢**兒童權利公約**（英：Convention of the Rights of the Child）：爲配合1959年通過之「兒童權利宣言」（大會決議1386（XIV））之三十週年，於1989年11月20日經聯合國大會通過，翌（90）年9月20日生效。當事國176國。由前文及54條條文所構成。即以未滿18歲稱爲兒童（兒1），並概括性規

---

① imidas, 2004, P.332。

定兒童的權利。有一般權利（生命權）（兒6），保護措施請求權（兒19），市民權（國籍取得權）（兒7），兒童之發展與福祉權（生存權）（兒27），障礙兒之權利（兒23）。並規定兒童有關之委員會，係將兒童視為權利主體加以規定。

四、民族自決權

㈠**民族自決權之意義**：所謂民族自決權（英：right of peoples self-determination；德：Selbstbestimmungsrecht der Völker；法：droit des peoples de disposer d'eux-mêmes）：即人民自己自由決定政治地位，並自由追求經濟的、社會的及文化的發展之權利之謂。亦稱「**人民之自決權**」或簡稱為「**自決權**」。此為二十世紀國家之形成與發展之原理，並轉化成國際法上之原則或權利。此自決權原是起源於啓蒙期之自然法思想，第二次大戰以後「聯合國憲章」第 1 條第 2 項民族自決原則亦列憲章之宗旨之一，聯合國大會於 1960 年發布「賦予殖民地國家和人民獨立宣言」，翌年設置「履行賦與殖民地宣言特別委員會」，1966 年聯合國通過「經濟、社會、文化權利國際公約」及「公民權利及政治權利國際公約」，其第 1 條第 1 項均規定：「所有人民都有自決權」。「他們憑這種權利自由決定他們的政治地位，並自由謀求他們的經濟、社會和文化的發展。」「所有人民得為他們自己的目的自由處置他們的天然財富和資源。」（第 2 項）。因此此自決權不僅是人民之政治上獨立，追求經濟上的自立發展亦包括在內。

㈡**賦予殖民地國家和人民獨立宣言**（英：Declaration on the Granting of Independence to Colonial Countries and Peoples）：1960 年 12 月 14 日由聯合國大會決議 1514（XV）通過。由前文及七項宣言所構成。該宣言在確認民族自決權。託管領土、非自治領土之獨立，並確認國家均應平等、不干涉他國內政及尊重各民族之主權與領土完整之基礎上，忠實遵行聯合國憲章、世界人權宣言等規定。同年非洲新獨立國有 16 國加入聯合國。該宣言對民族解放戰爭影響至鉅。翌（61）年為迅速適用本宣言，聯合國大會（決議 1654（XVI））通過設置「賦予殖民地獨立宣言履行委員會」，該委員會為執行本宣言，乃設置行動計劃，並規定殖民地主義為違反國際

法之犯罪行為，而展開積極之活動。

㈢**友好關係原則宣言**：為 1970 年由聯合國所發布，並由其他一連串公布之新國際經濟秩序有關之決議所確認，而成為國際習慣法。自決權之權利主體雖屬人民，但在國家為國際法主體之下，自決權如何實現，乃成疑問。當前國際政治都以殖民地之政治獨立為主，但對經濟自決權、少數民族或原住民族之自決權乃成今後問題之焦點。

五、新發展之人權

㈠**第三代人權**（英：third generation of human rights）：一般學術界稱第一代人權為自由權（即市民及政治之權利），第二代人權為社會權（即經濟的、社會的及文化之權利），第三代人權須賴社會構成員之共同合作，以實現上述以外之新的人權概念。具體而言，第三代人權是指發展之權利，和平的生存權，原住民之權利，對環境之權利（環境權），對人類共同遺產之權利，對糧食之權利等是。這些權利並非國際法上所確立之人權，但作為人權之發展提供努力之方向，甚有助益。

㈡**發展之權利**（right to development）：即以發展中國家為中心所主張發展之權利之新的權利概念。此之發展不只是經濟上之發展，也包括社會性、文化性及政治性之層面，廣泛的從「人類之發展」而出發，並與人權結合，此類之條約有「非洲人權憲章」，又稱為「班竹憲章」，其第 11 條規定「經濟的、社會的及文化的發展之權利」，另外在 1986 年 12 月 4 日聯合國以第 41/128 號決議通過「發展權利宣言」，此所謂「**發展權利宣言**」，聯合國於 1986 年 12 月 4 日以第 41/128 號決議通過之宣言，所謂發展權利是人類不可剝奪之人權，由此權利，每個人和所有各國人民均有權參與，促進並享受經濟、社會、文化和政治發展之權利。人的發展權利，在實現民族自決權，包括在關於人權的兩項國際公約有關規定的限制下，對他們的所有自然資源和財富行使不可剝奪的完全主權（第 1 條）。而國家有權利義務制定國家發展政策，其目的是在全民參與發展及利益之公平分配，不斷改善全體人民和個人之福利（第 2 條），因此個人、人民和國家應相互發展，不可偏廢。

第四節　聯合國人權保障

一、聯合國人權教育十年（英：United Nations Decade for Human Rights Education）

聯合國自 1995 年至 2004 年之十年的人權教育，係自 1993 年在維也納世界人權會議所提倡，於 94 年之總會決議（RES 49/184）而決定。各國及各區域應提出行動計畫以強化人權教育之活動。我國因非聯合國之會員國，因此對人權教育之重視並不顯著。

二、聯合國人權委員會（英：United Nations Commission on Human Rights）

該委員會成立於 1946 年，為聯合國處理人權問題的主要機構。每年再日內瓦召開為期六週的全體成員國會議，委員會共有 53 個成員國。聯合國大會於 1993 年 12 月 20 日通過設置世界第一個人權高級專員，負責緊急處理重大人權事件。

該委員會第 55 屆會議於 2001 年 5 月經濟社會理事會之選舉，首次美國代表未被選出而受矚目。人權委員會之主要任務為：(1)國際人權章典，(2)市民的自由，女性的地位、情報的自由以及類似問題有關之國際宣言或條約，(3)少數者之保護，(4)防止人種、性別、語言或宗教之差別待遇，(5)其他人權有關之問題。

三、聯合國人權高級專員公署（英：United Nations High Commissioner for Human Rights－UNHCHR）

聯合國大會於 1993 年 12 月 20 日通過（大會決議 48/141），設置世界第一個人權高級專員，負責緊急處理侵害人權事件。具體而言，其地位等於聯合國秘書長之輔佐之職，擔任聯合國秘書處內統括人權有關事務。由秘書長任命，經大會通過。任期 4 年，得連任。1994 年 2 月 14 日任命拉索（Jose Ayala Lasso）為初任高級專員。將可強化聯合國之人權工作。

第五節　區域性人權保障

　　區域性有歐洲、美洲及非洲之人權的國際性保障制度。茲簡略說明如下：

一、歐洲

　　歐洲人權保護公約（英：European Convention for the Protection of Human Rights）：於 1950 年 11 月 4 日在羅馬簽署，於 1953 年 9 月 3 日生效。正式名稱為「**保護人權及基本自由公約**」（Convention for the Protection of Human Rights and Fundamental Freedoms），又稱為「**羅馬公約**」。當事國有 32 國。以維持及促進人權為重要目的之一的機構，乃起草公約，經西歐各國通過，此為西歐各國所締結之區域性人權保障公約。即在「世界人權宣言」所規定之人權中，特別指自由權之保障。本公約是由前文及 66 條條文組成。其第 19 條並規定，為保證各締約國在本公約中所承認之義務的遵守，並設立歐洲人權委員會及歐洲人權法院。

　　歐洲人權保護公約規定有對生命之權利，不受拷問之權利及自由權之基本權，其後並通過議定書以擴充權利之內容。自進入 1990 年代，冷戰之終結，而東歐各國社會主義政權紛紛崩潰，乃相繼加入歐洲人權保護公約，現在已成為全歐洲之人權公約。又 1961 年歐洲審議會為保障自由權之基本權，補充歐洲人權保護公約之不足，通過保障經濟、社會基本權之「歐洲社會憲章」，為確保歐洲社會憲章之確實履行並採納歐洲審議會之國家報告制度。為確保該公約之履行並設有歐洲人權委員會與歐洲人權法院，並設歐洲審議會主要機關之部長委員會，以確實履行該公約。

　　㈠**歐洲人權委員會**（英：European Commission of Human Rights）：歐洲人權委員會與人權法院相同，均為保證各締約為履行歐洲人權公約而設置之區域性的「人權委員會」（歐人19①），於 1954 年 5 月 10 日創立，委員會委員應以個人資格參與委員會（歐人 23），委員會應由同締結國數目相等的委員組成（歐人 20）。任何締約國、個人或非政府間國際組織，個人集團得通過歐洲理事會秘書長，將對另一締約國破壞本公約規定的任何

指控提交委員會（歐人 24、25），但委員會只有一切國內救濟方法用盡後，才可以依照公認的國際法規則，並從作出最後決定之日起 6 個月內處理此事（歐人 26）。個人之申訴，雖須被控的締約國已聲明它承認委員會受理上述申訴的權限（歐人 25①但），不過現在已由全締約國實施中。因此其個人之申訴受到相當高的評價。

(二)**歐洲人權法院**（英：European Court of Human Rights）：歐洲人權法院與人權委員會相同，均為保證各締約國為履行歐洲人權公約而設置之人權法院（歐人 19②）。於 1958 年 9 月 3 日創立。歐洲人權法院應由同歐洲理事會成員相等數目的法官組成。其中不得有兩名法官為同一國家的國民（歐人 38）。法院的法官應由諮詢議會從歐洲理事會委員所提名的人員中以多數票選出。每會員應提 3 名候選人，其中至少有 2 人應為其本國國民（歐人 39①）。被告限於法院接受管轄之締約國（歐人 46）；原告為(一)歐洲人權委員會；(二)其國民被指為權利被侵害之締約國；(三)將案件提交人權委員會之一個締約國；(四)向歐洲人權委員會申訴者，非政府組織或個人集團（歐人 48）。法院僅得處理委員會承認友好解決的勢力失敗以後，並將報告送交部長委員會之日起 3 個月期限內的案件，法院判決應為終審（歐人 52）。並拘束當事人（歐人 53）。

二、美洲

有「美洲國家組織（OAS）」與「美洲人權公約」兩方面說明：

(一)**1948 年在美洲組織憲章上**：有「不分人種、國籍、信仰與性別的個人基本權利宣言」（美組憲 3IX），「國家應尊重個人權利及普遍倫理原則」（美組憲 13）。此外通過此憲章之美洲國家會議，同時通過「人民的權利及義務有關的美洲宣言」（1948.5.2 通過）。「美洲人權宣言」規定有自由權的基本權，社會基本權、27 種人權與 10 種義務，此雖無法律拘束性，但這是充實美洲組織憲章（3 條 XI）之個人基本權利的內容。1960 年美洲組織乃設立美洲人權委員會以強化人權之執行。

(二)**美洲人權公約**（英：American Convention on Human Rights）：美洲人權公約是美洲國家組織（OAS）於 1969 年 11 月 22 日通過，於 1978 年 7 月 18

日生效。原來 1948 年美洲各國間通過了「美洲人權宣言」（即人民的權利及義務有關的美洲宣言），並於 1960 年設立美洲人權委員會，不過為區域性的人權保障，乃作成具有法律拘束力之公約。這是繼「歐洲人權保護公約」（1953 年生效）而成立之區域性人權公約。會員國有 25 國，由前文及三部 82 條條文所構成。第一部是規定保護對象之人權，主要是自由權（市民及政治權利），此與國際人權公約之「公民權利及政治權利國際公約」大致雷同，而 1988 年又通過「經濟的、社會的及文化的權利之美洲人權條約的追加議定書」。第二部是規定人權保護之手段，為具體實施人權保障，乃設有美洲人權委員會與美洲人權法院。第三部是最終規定，為上述兩機關之實施等規定。此外在 1990 年並通過死刑廢止之議定書。

蓋為確保公約上義務之履行，設立下列機構：

1.美洲人權委員會（英：Inter-American Commission on Human Rights）：1960 年由美洲國家組織所設立之區域性「人權委員會」。是以促進美洲各國遵守人權擁護人權為任務。依 1969 年通過之「美洲人權公約」是美洲國家組織之協議機關，也是實施機關。該委員會由個人資格之七位委員所組成，並受理及審查個人侵害人權事件。其後就移送美洲人權法院審理。

2.美洲人權法院（英：Inter-American Court of Human Rights）：依據 1969 年通過之「美洲人權公約」（1978 年生效）所設立之美洲各國間的人權法院。作為區域性人權法院，僅次於歐洲人權法院。法官是由美洲組織大會所選舉之 7 名法官所組成。案件須經美洲人權委員會處理後交由法院審理，得成為訴訟之原告，只有美洲人權保護公約之會員國及美洲人權委員會，作為被告只有會員國，法院除了判決以外，亦可作諮詢建議，其管轄權相當廣泛。

三、非洲

「非洲人權憲章」（英：African Charter on Human and People's Rights），1981 年 6 月 27 日由非洲團結組織（OAU）元首會議通過，1986 年 10 月 2 日生效。因在甘比亞共和國首都班竹（Banjul）通過，因此又稱為「**班竹憲章**」。會員國有 49 國，由前文及 68 個條文組成。此以非洲人之思想

建立之獨自的人權條約，為積極保存並強化非洲文化價值，促進非洲之
統一為目的之條約。並為消除殖民地主義、新殖民地主義、侵略性的外
國軍事基地等所有形態之差別的目標。此外，除了規定自由權、社會權
之外，並規定人民之自決權、對天然資源之權利、發展之權利、和平的
生存權、健全之環境權，此外涉及家族或集團之義務，並設有非洲人權
委員會以受理人權侵害之審理等任務。

第六節　對人權保障之干預

一、人道之介入（英：humanitarian intervention）

　　一國之人權有顯著的受到侵害，為阻止其侵害，或為救濟被害者，
他國或國際社會有因人道之理由而介入其內政之情形。對於人權之侵
害，國際社會有超越主權之不可侵的原則，從外部介入干預其內政之權
利與義務。第二次大戰後，國際上已提昇人權保障之觀念，冷戰終結後，
如民族紛爭或內戰有殘暴行為時，經媒體報導，其他各國就有可能介入
干預。如波斯灣戰後法國為保護伊拉克北部庫爾德族人而主張人道之介
入。對於索馬利亞聯合國接受美國提議派兵進入索國維持運送糧食安
全，而科索夫自治省之尋求獨立遭政府出兵鎮壓，造成 25 萬居民流離失
所，聯合國乃以人道理由強行介入，國際戰爭罪行法庭並於 1999 年以謀
殺及違反人道罪名起訴總統米洛舍維奇（Milošević）。因此人道之介入之
形態有聯合國之授權，也有區域組織之單獨行動等種種情形，不過介入
之正當性與有效性有無政治性介入，仍存疑義。

二、人權法院（英：court of human rights）

　　國際上為了保護人權依據條約而設立之國際法院。目前有常設之法
院為依據，歐洲人權保護條約而設置之歐洲人權法院，以及依據美洲人
權公約所設置之美洲人權法院。先前只有人權委員會（歐洲人權委員會
及美洲人權委員會）有申訴權，因此，受到人權侵害之個人只能向人權
委員會投訴，但自 1994 年歐洲人權法院已認定個人也有投訴權。

第十二章　國際組織

第一節　國際組織之概念

一、國際組織之意義

　　國際組織（英：international organization；德：Internationale Organisation；法：organisation interantionale）通常在國家間，以條約爲基礎而形成之團體。或者以國家爲構成員，設有永久之事務機構而組成之實體。通常稱國際組織是依國家的條約而設立，具有國際法上法律人格。也有稱爲「國際機構」，或者是公的國際組織（public international organization）。由民間所組成之涉外團體，係屬非政府間國際組織（聯憲 71），而非國際組織。依國際司法法院在涉及損害賠償之事件上，對國際組織定義爲「依據條約而設立，有固有之機關，擁有獨自之任務，賦予實現該任務之手續，並保障其地位之永續性團體」（ICJ Reports 1949. p.29）。又國際組織之輔助機關，並非獨立之國際組織，而是構成設置該機關之國際組織之一部分（如聯合國大學係構成聯合國之一部分）。

二、世界性法制與組織之構想

　　㈠**世界法**（德：Weltrecht；法：droit mondial）：將世界視爲一個社會共同體而予規範之法律。在當前世界，依據人類之共通性與法之技術層面，針對各國法律制度之內容，其有共通之部分，將其視爲一個社會共同體而予統一規範之意。此爲祈特曼（Zitelmann, Ernst, 1852-1923），首先演講《世界法之可能性》（Die Möglichkeit eines Weltrechts, 1888）而開始，日本學者田中耕太郎著《世界法之理論》（全三卷，1932-34），對世界法之影響至鉅。則站在主權平等的原則，超越國際社會規範世界社會的世界法，是以世界經濟及世界社會在現實上所存在之事實爲基礎。換言之，即世界法之認定，是認爲法律是人類社會之成立與存續所必要之條件，則所謂「**有社會就有法律**」（Ubi societas, ibi ius.），就是最適合世界社會之法諺。

站在主權平等原則超越國際社會的社會法，係運用國內法的法律原理原則以當前國際組織之擴大範圍，對國家主權範圍之限制，國際法也逐漸拓展其領域。戰爭之廢棄、經濟與社會之世界性合作，在強化國家聯合之情形下，從聯合國到歐洲聯盟組織，與美洲自由貿易聯盟、世界貿易組織等世界性組織之強化，人權基準等法規之統一，似有朝向世界法之趨勢。

□世界國家（英：world state）：即否定國家之存在，在單一主權之基礎上建立世界國家或世界政府之謂。亦即廢止各國之主權，建立以全體人類爲基礎，而以世界政府爲中心之世界單一之國家之謂。這是受到戰爭廢止之強烈的欲望所驅使，如有國際紛爭，不依戰爭之方式解決問題，而設置世界議會、世界法院，在此基礎下，以世界法來判定是非。中世之丹第（Alighieri Dante, 1265-1321）的《帝政論》（De monarchia, 1310-12），至近世之康德（Kant, Immanuel, 1724-1804），以《永久和平論》（Zum ewigen Frieden, 1795）之構想爲思想之來源。從國際聯盟到聯合國之國際社會的組織化，則爲此類思想之具體化。

即人類在累積和平之交通後，乃逐漸朝向「世界公民之體制」發展。其初期階段爲組成聯合國，在超越聯合國之後，人類就會進一步組成唯一之世界聯邦，並接近世界國家。地球上所有的個人就成爲世界國家之成

丹　第

員。所有的政治事務，由世界性規模之共同管理或共同統治負責。這時人類就可擁有永久之和平。康德是生長在與法國大革命（1789-1799）同時代之人物，當時的德國是絕對主義體制盛行之時代，康德能有世界國家之構想，實在是超越人類之思惟。

不過一般仍認爲此種組織形態在防止戰爭之發生仍不十分有效。世界國家或世界政府之運動，二次大戰後以美國李布士（Emery Reves, 1904～？）所著《和平之解剖》（The Anatomy of Peace, 1945）爲開端，於 1946年 10 月創設「世界聯邦主義者世界協會」（World Association of World Federalists），其總部設在荷蘭之海牙（現在於阿姆斯特丹）。對此運動與構想，也有認爲未能把握現實之條件，從蘇俄方面，則認爲此係美國

資本主義之攻勢。

三、國際組織之要件

國際組織之成立須具備下列要件：

㈠**國際組織之構成員為國家**：此與以個人或私人為構成員，如非政府國際組織（Non-governmental Organization）是不同的。所以國際組織又稱為「政府間的國際組織」（governmental organizations），此在「維也納條約法公約」第 2 條第 1 項也作此規定。

㈡**國際組織是國家間之合意而成立**：譬如聯合國就是依據國家間合意而制定之聯合國憲章而成立。「聯合國教科文組織」（UNESCO）就是依據聯合國教育科學及文化組織憲章而成立者。

㈢**國際組織是為達成組織目的實現預設之功能而創設之團體**：故與以一定之領域為範圍之團體的國家有所不同。

㈣**國際組織必須設有常設之機關**：此常設機關與一般國際會議，如召集會議，會議完成就解散之情形完全不同。

四、國際組織之法律性質

即國際組織與國家之法律關係，也就是國際組織是屬於何種法律團體，其論說如下：

㈠ 國家聯合說	此說起源於十九世紀後半葉國際行政聯合而來，認為國際組織是傳統國際法理論之複合國家，亦即具有平等地位之國家的結合的形態。如先由國際聯盟而發展成聯合國，區域性的如歐盟組織等。
㈡ 法人說	認為國際組織是以國家為構成員之國際法人（international body corporate），亦即國際聯盟是法律所創造之人為的存在，其中縱然構成員有變動，法人仍然存在，此與自然人相同具有一定之法律上權利能力。因此國際組織與國家是各別存在，國際組織對其構成員之國家並非具有權力性與支配性之權力，亦非擁有主權之存在為此說之特色。
㈢ 功能的統合說	因國際社會無法成立世界政府，而國際社會又因科技、經濟與交通通訊等飛躍成長，國際社會為充實經濟、社會及環境等互助合作之實際需要，有必要創造超越國界之共通性組織，於是

將國際組織依其地域性或依專業性、技術性領域而加以統合組成，其重點放在功能上而非制度上，此又稱為階段性聯邦主義（federalism by installments）。因功能性統合說有一定的界限，因此法人說比較佔優勢。

習題：何謂國際組織？國際組織之法律性質為何？

五、國際組織之分類

（一） 加入組織之範圍是世界性或區域性而分	1.**一般的或普遍的國際組織**：此如聯合國或聯合國之專門機構。 2.**區域性國際組織**：在歐洲如歐洲共同體（EC）或歐洲聯盟（EU），在美洲如美洲國家組織（OAS），在非洲如非洲團結組織（OAU），或其改組成立之非洲聯盟（AU）。亞洲如東南亞國家協會（ASEAN），又如阿拉伯國家聯盟（LAS）等是。區域性國際組織與聯合國之關係，已規定於聯合國憲章第八章。
（二） 以國際組織之目的或任務為基準而分	1.**政治性國際組織**：如聯合國、北大西洋公約組織（NATO）、美洲國家組織（OAS）等。美洲國家組織也是地域性組織。 2.**非政治性國際組織**：即指技術性與專門性者，如國際勞工組織（ILO）、國際原子能總署（IAEA）、國際復興開發銀行（IBRD）、國際金融公司（IFC）、經濟合作暨發展組織（OECD）等。
（三） 依國際組織所擁有之職權性質而分	1.**超國家之國際組織**：超國家組織是以統合特定之國家為目標，將會員國所有之一部分權限移讓於超國家組織，如歐洲聯盟。 2.**合作的國際組織**：合作的國際組織是以會員國間之合作為中心任務者，如聯合國等組織之大部分都是合作的國際組織。
（四） 依國際組織所具有之功能而分	1.**一般性國際組織**：則不限定在特定問題，而是針對非專業性的一般性問題為對象，通常是由外交官或政治家參與，如聯合國、歐洲理事會、美洲國家組織（OAS）等是。 2.**功能性國際組織**：所謂功能性，係為實現特定之功能而設立之組織，如歐洲聯盟（EU）、萬國郵政聯盟（UPU）或世界衛生組織（WHO）等是。其主要特徵在歐盟是依經濟、社會等合作之需要而成立，由單項之合作，逐步推廣到多項合作，從共同性多，而爭議性較小與非政治性的領域開始，逐漸擴大至符合當地人需要之項目。而如世界衛生組織，則屬單項功能上整合，具有專業性，因此在會議時常由專家學者參與，而非由外交官參與為多；因不具有政治性，故結論較有成功之可能。

習題：國際組織之種類有幾？試列舉說明之。

六、超國家組織（英：supranational character）

　　一般國際組織的決議或決定當須由國家來執行，國際組織不能直接指揮國內的法人或個人去執行。但近年來在國際上產生超國家組織或超國家性格之組織，這些超國家組織的代表人不一定由國家任命，且其參與決定往往不受其本國訓令的拘束。此如歐洲共同體（EC）或「歐洲聯盟（EU）等就具有此種性格。在實證國際法上，「歐洲煤鋼共同體（ECSC）條約」，就有具備類似此種性格。一般認爲 EC 或 EU 的會員國均轉讓一部分之主權給其參與之國際組織，但聯合國或其他國際組織並不承認具有超國家性格（ICJ 1949.4.11 意見，1949 Report 174）。

七、非政府組織

　　㈠**非政府國際組織**（英：non-governmental organization－NGO）：又稱爲非政府機構、民間團體或私人國際組織（private international organization）。在法律上並非國際法主體，而是國內法人團體，以私人或民間團體爲其構成員，故與依據條約基於國家間之合意而設立，並以國家爲其構成員之政府間國際組織有所不同。非政府組織是今日國際社會之特徵之一，是以行爲主體之多樣化爲顯著之適例。從開發、人權、環境、裁軍、文化、學術、運動、飢餓救濟等多方面之領域從事國際性活動，對國際社會之貢獻與影響至鉅。依聯合國憲章第 71 條規定：「經濟暨社會理事會得採取適當辦法，俾與各種非政府組織會商有關於本理事會職權範圍內之事件。」依此規定，與「經濟暨社會理事會」有協議資格之非政府組織迄 2003 年 7 月約 2,379 個團體。

　　㈡**非政府組織之分類**：非政府間組織依據聯合國社會暨經濟委員會1968 年 5 月 23 日通過的決議第 1296 號，將其分爲三類①：

　　　1.第一類（Category I）組織具有一般的諮詢地位（general consultative status），因這類組織的活動與理事會許多活動相關。例如，國際商會

---

① 參照丘宏達著：現代國際法，第 856 頁。

（International Chamber of Commerce）、婦女國際理事會（International Council of Women）、聯合國協會世界聯合會（World Federation of United Nations Association）等。

2. 第二類（Category II）具有特別的諮詢地位（special consultative status），這類組織具有特別功能而涉及經社理事會的少數活動。例如，國際航空運輸協會（International Air Transport Association）、國際宗教自由協會（International Association for Religious Freedom）、國際法學會（International Law Association）等。

3. 第三類（Category III）指其他非政府間組織，通常稱為名冊（Roster），即列在經社理事會非政府間組織的名冊上。例如，環境與發展國際學會（International Institute for Environment and Development）、人口學會（Population Instituti）等。

㈢代表性之非政府組織：

1. 國際特赦組織（英：Amnesty International－AI）：1961 年由倫敦律師卜納森（Peter Benenson）以通信方式發起設立之國際性人權維護組織。於 1961 年 5 月 28 日在倫敦成立。是世界上最大的伸張人權的國際性團體。尤其對於因信仰、種族與膚色之不當理由受到不平等壓制的人們（又稱為良心的囚犯），展開救援工作，並要求對於所有政治犯應實施公平而迅速之裁判；反對各種刑求並主張廢止死刑。至 1991 年 9 月約在 150 國中有 110 萬人參加。因對維護人權的積極貢獻，使該組織於 1977 年獲得了**諾貝爾和平獎**。該組識於 1996 年，在世界 160 餘國中，共有 50 餘萬會員，各地設有小組（Group）較大的地方設地方分會（Section），目前在全世界共有 3,000 餘小組，40 餘分會。該組織自 1989 年 11 月在臺灣開始設置六個工作小組，分置臺灣各地，至 1992 年 10 月 1 日，會員約有 250 人左右。

2. 綠色和平（英：Greenpeace）：係世界性之環境保護組織。即以綠色及和平之兩大主軸以結構地球為主旨。於 1971 年在加拿大成立，總部設在荷蘭的阿姆斯特丹，全世界約有 140 個國家以上、有三百萬人會員。有 41 多個國家設有辦事處，約有 900 人的工作人員。1995 年之預算約有 1.6 億美元。綠色和平尤其專注國際性之環境問題，發揮政治之影響

力，有時採強力抗爭手段，引發社會的矚目。1971 年為抗議美國在阿拉斯加舉行核子實驗，乃由 12 人搭乘一艘小船前往活動開其端，其後以海洋環境為中心，對野生生物之保護，包括水底拖網捕魚、全球暖化和基因工程，尤對有害廢棄物或核能問題特別關心，綠色和平是聯合國之非政府組織，其活動之特徵是精緻綿密之調查，然後根據調查的結果，採非暴力的直接行動。通常都直接赴環境被破壞之現場，直接抗議，並將其破壞之事實，廣泛的公布宣傳，再提出解決方式。據聞自 90 年代之後半期起，以美國為中心之支持者，有減少之傾向，最近已將重點放在評論與建議為多①。

　　3.國際商會（英：International Chamber of Commerce－ICC）：1920 年由歐洲各國之商業會議所集合而成立之非政府間國際組織。總部設在巴黎。其主旨在促進各國工商界人士與團體的聯繫與了解，釐訂配合國際需要的信用狀統一規則籌交易實務的統一，以改善各國間的貿易條件與交易之紛爭，以達成國際上交易之順暢。目前設置有 100 個以上之國內委員會。1964 年國際商會成為聯合國經社理事會的諮詢機構。我國也是國際商會的會員，並在臺北設立「國際商會中華民國全國委員會」。該組織並為聯合國經濟暨社會理事會之會商對象（聯憲 71）。

　　4.國際國會議員聯盟（英：Inter-Parliamentary Union－IPU）：於 1888 年創設，為各國合作以促進世界和平，以及「適合國會以行動解決國際性質之所有問題的研究」為目的之國際團體。由各國國會議員之國別團體所組成，又稱為「萬國議員聯盟」，於二次大戰時該組織停止活動，1945 年再恢復活動。總部於 1921 年起設於日內瓦。目前有 142 個會員國和 7 個聯絡會員（拉丁美洲議會、安他斯議會、中美洲議會、歐洲議會和歐洲委員會議會）。為聯合國經濟社會理事會第一級之諮詢地位之非政府組織（聯憲 71）。中共於 1984 年入會，第九十六屆國際國會議員聯盟大會於 1996 年 9 月 16 日至 21 日在北京舉行，我國曾嘗試加入，但均未成功。

---

① 參照臼井久和，載於「政治學事典」，第 264 頁。

八、國際會議（英：international congress（or conference））

即各國代表爲國際性利害關心之問題而聚集討論以便決定之謂。近代國際社會最初較著名之國際會議爲 1648 年之威斯特法利亞會議（Westphalia Conference）係爲終結 30 年之宗教戰爭而簽定之和平會議，1818 年亞琛會議，拿破崙戰爭後之處理會議，1856 年巴黎會議，爲克里米亞戰爭（crimean war, 1853-56）之和平條約。因戰後之和平會議都是各關係國所最關心者，爲多數國家因關心而參與；同時新的國際秩序也在戰後重新安排。到十九世紀後半會議討論之內容以偏重於行政性及技術層面爲多，會議之次數亦急速的增加，譬如兩次海牙會議最爲顯著，第一次海牙會議於 1899 年召開，是以裁減軍備爲主題而召開之會議，爲規範戰爭而通過三條約與三個宣言，當時有 26 國出席。第二次海牙會議爲 1907 年，以修正第一次海牙會議所通過之條約爲主，通過 13 條約與宣言，成爲今日戰時法規之基礎，有 44 國出席。歐洲各國雖常舉行會議以協調解決彼此間之問題，但因未設定常設之行政組織，殊感成效不張。因此以國家間之條約設定長期之國際組織體者爲郵政、電信、工業所有權、著作權之保護等非政治性而爲技術性之國際組織，今日聯合國成立之各種專門機構，則屬於當年成立之國際組織的延伸。此外十九世紀以來非政府之國際會議亦開始召開，如紅十字會國際委員會等非政府國際組織（NGO）亦開始設立。

習題：

一、解釋名詞：國際特赦組織。（95 外三）綠色和平組織、國際商會。

二、何謂非政府組織？依聯合國社會暨經濟委員會之決議，共分三類，試列述之。

第二節　國際組織之設立與解散

一、國際組織之設立

國際組織之設立並無一定之形式，一般是由政府間所締結之條約而

設立。這種條約通常都由各國數國間的條約而實施。在設立條約生效之前，通常都同時設立籌備委員會，以便設立條約生效之時，該籌備會得同時運作。國際組織之設立也有依現行之國際組織之決議而設立之情形。如依聯合國之決議而設立聯合國開發機構之情形。最初是聯合國大會決議設立之輔助機關，其後因締結聯合國開發機構之憲章，而成為正式之國際組織。

二、國際組織設立條約之修正

如在設立條約中有修正之規定時，當應依其規定，如無規定時，則以全體會員國之決議修正之。

聯合國憲章之修正則依憲章第十八章之規定修正之。可分為二種：

(一)**憲章之修正**：本憲章之修正案經大會會員國三分之二表決並由聯合國會員國之三分之二，包括安全理事會全體常任理事國，各依其憲法程序批准後，對聯合國所有會員國發生效力。（第108條）

(二)**再審議之全體會議**：

1.聯合國會員國，為檢討本憲章得以大會會員國三分之二之表決，經安全理事會任何七理事國之表決，確定日期及地點，舉行全體會議。聯合國每一會員國在全體會議中應有一個投票權。

2.全體會議以三分之二表決所建議對於憲章之任何更改，應經聯合國會員國三分之二，包括安全理事會全體常任理事國，各依其憲法程序批准後，發生效力。

3.如於本憲章生效後大會第十屆年會前，此項全體會議尚未舉行時，應將召集全體會議之提議列入大會該屆年會之議事日程；如得大會會員國過半數及安全理事會任何七理事國之表決，此項會議應即舉行。

三、國際組織之解散

如在設立條約中有解散之規定時，當應依其規定。在國際組織之中，也有在條文中規定其存續期間者，此時應在期滿之前，先徵詢當事國之意見，如當事國內沒有意思繼續維持該國際組織時，則於存續期間滿了之日自動解散。如條約既無解散之規定，亦無存續之規定時，則由會員

國之決議行之。如國際聯盟於 1946 年在日內瓦最後大會（第二十一屆）開會時，於 4 月 19 日決定解散。

四、國際組織之構成員

㈠**構成國**：原則上國際組織之構成員爲國家。但國家以外之團體，有時雖無正式會員之資格，亦有同意其參加國際組織之情形。譬如在獨立以前之納米比亞，以納米比亞理事會之名義在聯合國代表自國之利益而發言。「巴勒斯坦解放組織」（PLO）亦以觀察員身分派遣代表參與聯合國。國際組織之構成員資格通常都規定在設立條約。在國際聯盟，如盟約第 1 條規定：「凡一切國家、領地或殖民地爲附款中所未列者」，如經大會三分之二之同意得加入爲國際聯盟會員。因此在國際聯盟，則國家以外之團體，亦允許其加入爲會員，譬如印度雖是會員國，但在聯合國設立時則尙未獨立成爲國家。不過在聯合國憲章則只限於國家才有資格進入聯合國爲會員國。

㈡**國際組織之加入與退出**：國際組織之加入有創始會員國與其後加入之會員國之分。原創始會員國與其後加入之會員國在地位上有時會有差異，但做爲會員國之權利義務並無區分。聯合國之情形，則依憲章第 4 條第 2 項之規定，國家「將由大會經安全理事會之推薦以決議」准予加入。聯合國與國際聯盟不同，在聯合國只有國家才能加入爲會員。就是加入爲會員之國家因某種原因而其權利或特權被停止，或甚至被除名之可能，從聯合國退出，亦爲會員國之自由，但條約法公約第 54 條規定：「得終止條約或一當事國得退出條約之情形爲：1.依照條約之規定，2.無論何時經全體當事國於諮商其他各締約國後表示同意時」。依國際聯盟第 2 條第 3 項規定：「凡聯盟會員國，經兩年前預先通告後，得退出聯盟，但須於退出之時將其所有國際義務，及爲本盟約所負之一切義務履行完竣。」其他如「國際勞工組織憲章」（ILO），或「聯合國教科文組織」（UNESCO）均有類似規定。

第三節　聯　合　國

一、聯合國成立經過

聯合國（英：The United Nations＝UN）之名稱是由美國羅斯福總統所命名，於1942年1月1日由26國之代表爲共同反抗日、德、義之軸心國而發表之宣言中首先使用該名。1945年6月在舊金山由50國代表集會舉行之聯合國會議，此稱爲「舊金山會議」（San Francisco Conference），並同意聯合國憲章之簽定。我國爲聯合國之創始國，故我國

位於紐約的聯合國總部
（圓頂建築物是聯合國大會：右邊高樓是秘書處）

憲法第141條規定：「中華民國之外交，應本獨立自主之精神，平等互惠之原則，敦睦邦交，尊重條約及聯合國憲章，以保護僑民權益，促進國際合作，提倡國際正義，確保世界和平。」但至1971年我國在聯合國之席位由中共取代後，我國從此則退出聯合國，目前尚保有若干周邊組織之會籍。聯合國之本部在紐約。聯合國於1946年1月10日有51國開始活動，但到2006年止共有192個會員國。其使用語言有中、英、法、俄、日五種語言，但在總會則加上阿拉伯語言。

二、聯合國憲章

㈠**聯合國憲章之制定**：聯合國憲章（英：Charter of the United Nations；德：Satzung der Vereinigten Nationen；法：Charte des Nations Unies）即構成聯合國基礎之條約，於第二次世界末期所制定。於1942年1月1日，26國在華盛頓簽訂共同宣言，聲明對敵作戰並不單獨停戰或媾和。這個宣言稱各國的聯合爲「聯合國」，此宣言亦稱「聯合國宣言」，此即聯合國名稱之由來。

　　1943 年 10 月 30 日，中、美、英、蘇四國再度簽署「莫斯科宣言」，同意建立國際機構，維護和平的理念。

　　1944 年 8 月 21 日至 10 月 7 日，中、美、英、蘇四國在敦巴頓橡樹園（Dumbarton Oaks）會議，並經 1945 年 2 月美國羅斯福總統，英國邱吉爾首相及蘇聯史達林在雅爾達舉行會議，到 1945 年 4 月 25 日，共 51 國代表在美國舊金山舉行「聯合國國際組織會議」，針對敦巴頓橡樹園建議書及各種協議、草案、補充文件提出討論，直到 6 月 26 日共通過前文以下十九章 111 條的聯合國憲章及國際法院規約，於 10 月 24 日生效。此亦具有第二次大戰後國際社會之憲法的性質。憲章之修改必須有三分之二之提案，與加盟國三分之二批准，此外尚須五常任理事國之同意（聯憲108）。我國雖是發起國之一，但於 1971 年我國在聯合國之席位中共取代之後，我國即退出聯合國。

　　㈡**聯合國憲章與國際和平**：聯合國憲章係二次大戰末期，鑑於大戰期間人民顛沛流離，受到戰爭的蹂躪，由戰勝國共同發起成立聯合國，並於 1945 年制定聯合國憲章。

　　1.聯合國憲章係國際法之基本法：其主要目的，依其前文及第 1 條，是以維持國際和平與安全為主旨。其第 2 條規定聯合國之行動原則在各會員國應在主權平等之原則下，以和平方法解決國際爭端，在國際關係上不得使用威脅或武力，或其他方法侵害任何國家之領土完整或政治獨立。

　　2.聯合國組織係在維持世界和平與安全：聯合國組織有大會與安全理事會，負有世界和平與安全之責任。大會由會員國所構成。大會得考

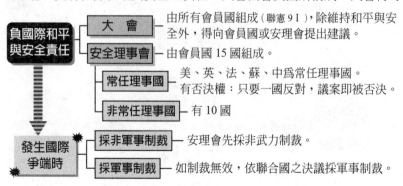

慮關於維持國際和平及安全之合作的一般原則，包括裁軍及軍備管制，並得向會員國或安全理事會提出建議（聯憲11 I）。安全理事會由15國所構成，美、英、法、蘇、中為五個常任理事國（聯憲23 I），在此五國中，任何一國投反對票，議案就被否決，故稱為否決權。一旦發生國際爭端，安理會即採非武力之制裁，此包括經濟關係、鐵路、海運、航空、郵、電、無線電，及其他交通工具之局部或全部停止，以及外交關係之斷絕（聯憲41），如無成效，聯合國則決議採空海陸軍之軍事制裁（聯憲42）。

三、聯合國的宗旨與原則

(一)**聯合國之宗旨**：聯合國憲章第1條為宗旨之規定，其內容為：

　　1.維持國際和平與安全：因此而確立集體安全保障。

　　2.發展國際間以尊重人民平等權利及自決原則為根據之友好關係。

　　3.促進國際合作，以解決國際間屬於經濟、社會、文化、及人類福利性質之國際問題。

　　4.使聯合國成為協調各國行動之中心。

(二)**聯合國之行動原則**：聯合國憲章第2條為行動原則之規定，其內容為：

　　1.各會員國主權平等之原則。

　　2.各會員國應一秉善意，履行聯合國憲章之義務。

　　3.各會員國應以和平方法解決國際爭端。

　　4.禁止武力的威脅或武力的行使。

　　5.各會員國應協助聯合國行動，並不得協助聯合國所採行動之對象

國。

6.應保證非會員國遵行上述原則。

7.聯合國不干涉國內管轄事件。

習題：試述聯合國的宗旨與行動原則。

四、聯合國的會員國（英：Membership of the United Nations）

㈠**聯合國會員國**：目前已有 191 國；因參加方式不同，有原創始會員國（original members）與新加入會員國之不同。原創始會員國係依據憲章第 3 條規定，凡參加舊金山會議於 1942 年 1 月 1 日連署聯合國宣言，並依憲章第 110 條批准憲章者，均為創始會員國，有 51 國如下：（阿根廷（Argentina）、澳大利亞（Australia）、比利時（Belgium）、玻利維亞（Bolivia）、巴西（Brazil）、白俄羅斯（Belarus）、加拿大（Canada）、智利（Chile）、中華民國（China）、哥倫比亞（Colombia）、哥斯大黎加（Costa Rica）、古巴（Cuba）、捷克斯洛伐克（Czechoslovakia）、丹麥（Denmark）、多明尼加共和國（Dominican Republic）、厄瓜多爾（Ecuador）、埃及（Egypt）、薩爾瓦多（El Salvador）、衣索比亞（Ethiopia）、法國（France）、希臘（Greece）、瓜地馬拉（Guatemala）、海地（Haiti）、宏都拉斯（Honduras）、印度（India）、伊朗（Iran）、伊拉克（Iraq）、黎巴嫩（Lebanon）、賴比瑞亞（Liberia）、盧森堡（Luxembourg）、墨西哥（Mexico）、荷蘭（Netherlands）、紐西蘭（New Zealand）、尼加拉瓜（Nicaragua）、挪威（Norway）、巴拿馬（Panama）、巴拉圭（Paraguay）、秘魯（Peru）、菲律賓（Philippines）、波蘭（Poland）、沙烏地阿拉伯（Saudi Arabia）、南非（South Africa）、敘利亞阿拉伯共和國（Syria）、土耳其（Turkey）、烏克蘭（Ukraine）、蘇聯（Soviet Union，現為俄羅斯聯邦 Russian Federation）、聯合王國（United Kingdom）、美國（United States of America）、烏拉圭（Uruguay）、委內瑞拉（Venezuela）、南斯拉夫（Yugoslavia））。

㈡**加入聯合國為會員國的要件與程序**：

1.要件（聯憲 4 I）：即下列要件之外，不論在安理會推薦時或在大會決定時，在法律上無權另外再加其他條件。

⑴必須是愛好和平的國家。

　　(2)接受聯合國憲章所載的義務。

　　(3)聯合國認為這個國家確能並願意履行憲章所載的義務。

　　2.程序（聯憲 4II）：即由大會經安全理事會之推薦以決議行之。申請的程序是由申請國以正式文件送交聯合國秘書長，由秘書長將其信件放在安理會的臨時議程，除非另有決定，申請案將送交由安理會全體理事國組織的新會員入會委員會。委員會審查後再向安理會報告。有時安理會也自行討論申請案，而不將其送交委員會處理，安理會的理事國表達意見後，再投票是否向大會推薦。投票時必須有常任理事國（即五大國）的同意票才能通過，推薦案送到大會後，再由大會決定是否接納新會員①。

習題：試說明加入聯合國為會員國的程序與要件。（98 公升）

五、臺灣進入聯合國問題

　　中華民國自 1971 年因聯合國第 2758 號決議案，由中華人民共和國取代中華民國取得聯合國中國代表權席位後，國際活動空間縮小，且依國家之繼承，凡隸屬中華民國之財產悉數由中國繼承，譬如原中華民國駐日大使館之原址，均悉數由中國接收，因此只要冠有中華民國名義之任何事物，都自動會歸屬中華人民共和國，可見在國際法理上，並不認定中華民國仍然存在。為此，過去政府雖委託友邦向聯合國提案「中華民國重返聯合國」，已有十次之多，仍被拒絕。國際上都知道二次大戰後之分裂國家有東西德、南北韓與南北越、東西德及南北韓，均互相承認對方之存在，並加入聯合國，而德國已統一為一國，南北越則相互爭戰到一方消滅，而中國則戰後在國共爭戰中，國民黨因戰敗致中央政府撤退到臺灣，並統轄臺灣、澎湖與金門、馬祖等島嶼，對外仍號稱中華民國，目前邦交國有 23 國，人口 2,300 百萬人，平均每人所得 15,701 美元。但聯合國似已忘記在中華人民共和國之外，仍存在有「中華民國在臺灣」之事實，既然有「中華人民共和國」與「中華民國在臺灣」之事實存在，而聯合國又沒有中華民國的代表權，為此乃有人提議既然「中華民國重

---

① 參照丘宏達著：現代國際法，第 872 頁。

返聯合國」已叩關十次毫無結果，應該改弦更張，以「臺灣名義申請新加入聯合國」，如向聯合國申請為會員國，則先向聯合國秘書長申請，然後將由安全理事會之推荐以決議行之（聯憲 4 II）。如為安理會所否決，安理會就應向大會報告，或者應用第 2758 號決議之程序，將該討論案移至聯合國大會進行，這時當會引起國際社會之注意等。這一說法已醞釀甚久，尤其民進黨人士常有此主張，值得重視①。

六、聯合國會員的停權與除名

㈠**會員的停權**：即聯合國會員國，業經安全理事會對其採取防止或執行行動者，大會經安全理事會之建議，得停止其會員權利及特權之行使。此項權利及特權之行使，得由安全理事會恢復之（聯憲 5）。被停權之會員其地位相當於非會員。因此被停權的會員，仍可依第 32 條規定：「聯合國會員國而非為安全理事會之理事國，或非聯合國會員國之國家，如於安全理事會考慮中之爭端為當事國者，應被邀參加關於該項爭端之討論，但無投票權。安全理事會應規定其所認為公平之條件，以便非聯合國會員國之國家參加。」依此而被邀到安理會參與爭端之討論。也可依第 85 條第 2 項：「非聯合國會員國之國家如為任何爭端之當事國時，經預先聲明就該爭端而言接受本憲章所規定和平解決之義務後，得將該項爭端，提請大會或安全理事會注意。」

㈡**會員的除名**：聯合國之會員國中，有屢次違犯本憲章所載之原則者，大會經安全理事會之建議，得將其由本組織除名（聯憲 6）。不過本項從未適用過。

七、聯合國觀察員（英：UN observer）

即在聯合國未擁有議席之國家、國際機關或團體，則以觀察員之身分出席聯合國之會議，但無投票權。即聯合國非會員國或團體與聯合國有密切關係，如教廷則由聯合國認定為常駐觀察員。其他如歐盟等 10 個政府的國際組織、紅十字國際委員會等 6 個非政府機構，巴勒斯坦解放

---

① 參照許世楷著：《臺灣‧咱的國家－正名運動手邊冊》，現代文化基金會，2003 年 4 月出版。

組織（PLO）、馬爾他騎士團（Maltese Order, Sovereign Order of Malta）等均
以觀察員參加。瑞士則長年因中立國之地位未加入聯合國，而以觀察員
身分參加會議，惟自 2002 年 9 月正式加入聯合國。巴勒斯坦解放組織則
自 98 年起已擁有共同提案權。

八、聯合國大會（英：United Nations General Assembly）

　　聯合國大會由聯合國所有會員國組織之（聯憲 9①），每一會員國在大
會之代表，不得超過 5 人。

　　㈠**一般職權與任務**：大會得討論憲章範圍內之任何問題或事項，或關
於憲章所規定任何機關之職權，得向聯合國會員國或安全理事會或兼向

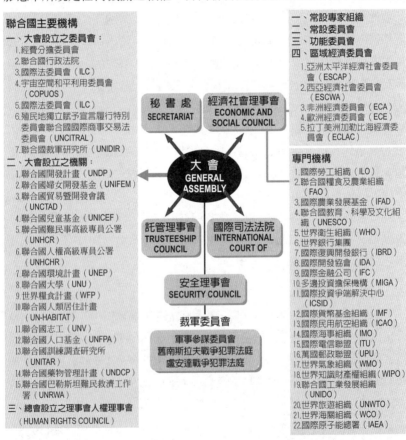

聯合國主要機構

一、大會設立之委員會：
1. 經費分擔委員會
2. 聯合國行政法院
3. 國際法委員會（ILC）
4. 宇宙空間和平利用委員會（COPUOS）
5. 國際法委員會（ILC）
6. 殖民地獨立賦予宣言履行特別委員會聯合國國際商事交易法委員會（UNCITRAL）
7. 聯合國裁軍研究所（UNIDIR）

二、大會設立之機關：
1. 聯合國開發計畫（UNDP）
2. 聯合國婦女開發基金（UNIFEM）
3. 聯合國貿易暨開發會議（UNCTAD）
4. 聯合國兒童基金（UNICEF）
5. 聯合國難民事高級專員公署（UNHCR）
6. 聯合國人權高級專員公署（UNHCHR）
7. 聯合國環境計畫（UNEP）
8. 聯合國大學（UNU）
9. 世界糧食計畫（WFP）
10. 聯合國人類居住計畫（UN-HABITAT）
11. 聯合國志工（UNV）
12. 聯合國人口基金（UNFPA）
13. 聯合國訓練調查研究所（UNITAR）
14. 聯合國藥物管理計畫（UNDCP）
15. 聯合國巴勒斯坦難民救濟工作署（UNRWA）

三、總會設立之理事會人權理事會（HUMAN RIGHTS COUNCIL）

一、常設專家組織
二、常設委員會
三、功能委員會
四、區域經濟委員會
1. 亞洲太平洋經濟社會委員會（ESCAP）
2. 西亞經濟社會委員會（ESCWA）
3. 非洲經濟委員會（ECA）
4. 歐洲經濟委員會（ECE）
5. 拉丁美洲加勒比海經濟委員會（ECLAC）

專門機構
1. 國際勞工組織（ILO）
2. 聯合國糧食及農業組織（FAO）
3. 國際農業發展基金（IFAD）
4. 聯合國教育、科學及文化組織（UNESCO）
5. 世界衛生組織（WHO）
6. 世界銀行集團
7. 國際復興開發銀行（IBRD）
8. 國際開發協會（IDA）
9. 國際金融公司（IFC）
10. 多邊投資擔保機構（MIGA）
11. 國際投資爭端解決中心（ICSID）
12. 國際貨幣基金組織（IMF）
13. 國際民用航空組織（ICAO）
14. 國際海事組織（IMO）
15. 國際電信聯盟（ITU）
16. 萬國郵政聯盟（UPU）
17. 世界氣象組織（WMO）
18. 世界知識財產權組織（WIPO）
19. 聯合國工業發展組織（UNIDO）
20. 世界旅遊組織（UNWTO）
21. 世界海關組織（WCO）
22. 國際原子能總署（IAEA）

秘書處 SECRETARIAT

經濟社會理事會 ECONOMIC AND SOCIAL COUNCIL

大會 GENERAL ASSEMBLY

託管理事會 TRUSTEESHIP COUNCIL

國際司法法院 INTERNATIONAL COURT OF

安全理事會 SECURITY COUNCIL

裁軍委員會

軍事參謀委員會
舊南斯拉夫戰爭犯罪法庭
盧安達戰爭犯罪法庭

兩者，提出對各該問題或事項之建議（聯憲10）。

1.維持和平與安全之權限（聯憲11）：

　(1)大會得考慮關於維持國際和平及安全之合作之普通原則，包括裁軍及軍備管制之原則；並得向會員國或安全理事會或兼向兩者提出對於該項原則之建議。

　(2)大會得討論聯合國任何會員國或安全理事會或非聯合國會員國依第35條第2項之規定向大會所提關於維持國際和平及安全之任何問題；除第12條所規定外，並得向會員國或安全理事會或兼向兩者提出對於各該項問題之建議。凡對於需要行動之各該項問題，應由大會於討論前或討論後提交安全理事會。

　(3)大會對於足以危及國際和平與安全之情勢，得提請安全理事會注意。

　(4)本條所載之大會權力並不限制第10條之概括範圍。

2.與安理會之關係（聯憲12）：

　(1)當安全理事會對於任何爭端或情勢，正在執行本憲章所授予該會之職務時，大會非經安全理事會請求，對於該項爭端或情勢，不得提出任何建議。

　(2)秘書長經安全理事會之同意，應於大會每次會議時，將安全理事會正在處理中關於維持國際和平及安全之任何事件，通知大會；於安全理事會停止處理該項事件時，亦應立即通知大會，或在大會閉會期內通知聯合國會員國。

3.國際合作之促進（聯憲13）：

　(1)大會應發動研究，並作成建議：

　　①以促進政治上之國際合作，並提倡國際法之逐漸發展與編纂。

　　②以促進經濟、社會、文化、教育、及衛生各部門之國際合作，且不分種族、性別、語言、或宗教，助成全體人類之人權及基本自由之實現。

　(2)大會關於本條第一項(2)款所列事項之其他責任及職權，於第九章及第十章中規定之。

4.和平協調之措置（聯憲14）：大會對於其所認為足以妨害國際間公共福利或友好關係之任何情勢，不論其起源如何，包括由違反本憲章所載聯合國之宗旨及原則而起之情勢，得建議和平調整辦法，但以不違背第12條之規定為限。

5.報告之受理與審議（聯憲15）：

　　(1)大會應收受並審查安全理事會所送之常年及特別報告；該項報告應載有安全理事會對於維持國際和平及安全所已決定或施行之辦法之陳述。

　　(2)大會應收受並審查聯合國其機關所送之報告。

6.關於託管之任務（聯憲16）：大會應執行第十二章及第十三章所授予關於國際託管制度之職務，包括關於非戰略防區託管協定之核准。

7.預算與財政（聯憲17）：

　　(1)大會應審核本組織之預算。

　　(2)本組織之經費應由各會員國依照大會分配限額擔負之。

　　(3)大會應審核經與第 57 條所指各種專門機關訂定之任何財政及預算辦法，並應審查該項專門機關之行政預算，以便向關係機關提出建議。

8.投票表決方法（聯憲18）：

　　(1)大會之每一會員國，應有一個投票權。

　　(2)大會對於重要問題之決議應以到會及投票之會員國三分之二多數決定之。此項問題應包括：關於維持國際和平及安全之建議，安全理事會非常任理事國之選舉，經濟暨社會理事會理事國之選舉，依第 86 條第 1 項㈢款所規定託管理事會理事國之選舉，對於新會員國加入聯合國之准許，會員國權利及特權之停止，會員國之除名，關於施行託管制度之問題，以及預算問題。

　　(3)關於其他問題之決議，包括另有何種事項應以三分之二多數決定之問題，應以到會及投票之會員國半數決定之。

㈡**會期**：大會每年召開一次，於 9 月第三個星期二開幕，會場原則上在聯合國總部舉行。如經安全理事會或聯合國會員國過半數之請求，則

由秘書長召集之（聯憲20）。

（三）輔助機關：

1.主要委員會：只對大會負責審查各項事件，包括：

(1)政治與安全委員會：主管有關國際政治、軍事與安全等問題之研究與建議（第一委員會）。

(2)經濟財政委員會：主管有關國際經濟或社會問題之研究與建議（第二委員會）。

(3)稱社會人道及文化委員會，主管有關文化教育與勞工問題之研究與建議（第三委員會）。

(4)託管委員會：主管有關託管問題之研究與建議（第四委員會）。

(5)行政與預算委員會，主管關於國際財政金融與聯合國各機構財經問題之研究與建議（第五委員會）。

(6)法律委員會，主管有關司法程序及其他委員會之事宜（第六委員會）。

2.程序委員會：

(1)綜合委員會：又稱指導委員會或總務委員會。

(2)證書審查委員會：或稱證件委員會，審查各會員國代表的資格是否合於規定。

3.常設委員會：行政預算問題諮議委員會及分擔金委員會。

九、聯合國安全理事會（英：Security Council）

（一）組織：聯合國六個主要機關之一，負有維護國際和平與安全，排解國際紛爭，防止戰爭之任務。為聯合國三個理事會中最重要而有力之一。安全理事會以聯合國十五會員國組織之。其中美國、英國、

聯合國安全理事會

法國、蘇聯及中國五大國為常任理事國。其他十國為非常任理事國,任期2年,由大會選出,選舉時宜充分斟酌會員國於維持和平與安全及對聯合國宗旨之貢獻,並考慮地域上之公勻分配。安全理事會之任務,在維持國際和平及安全(聯憲24),安理會所作之決議,拘束全體會員國(聯憲25)。

1.安理會關於程序事項之決議:在理事國15國中,以9理事國之可決票表決之(聯憲27II)。

2.實質事項之決議,應有包括5常任理事國之9國同意,換言之5常任理事國中,任何一國投反對票,議案就被否決,此稱為**否決權**。但在慣例上棄權或缺席並不認為是行使否決權。至於是否屬於程序事項或非程序事項,因可以行使否決權,因此決定為實質事項後又可再行使否決權,稱為**雙重否決權**(double veto)。

安全理事會應舉行定期會議,每一理事國認為合宜時得派政府大員或其他特別指定之代表出席(聯憲28)。安理會之下設有軍事參謀團、軍事會議委員會及原子能管制委員會。

(二)**功能:**

1.有維持國際和平與安全之職責。

2.對國際爭端發展之可能性的爭議或情勢之調查。

3.對有關爭議提出適切之調整程序及解決條件之建議。

4.策定軍備管理之體制結構有關之計劃。

5.對和平之威脅或侵略行為之認定與適切處置之建議。

6.經濟制裁及其他非軍事處置及軍事處置之決定。

7.新加入會員之承認之建議。

8.對聯合國大會秘書長之任命的建議等是。

習題:解釋名詞:

(一)聯合國安全理事會。

(二)雙重否決權(double veto)(94高三)

十、聯合國經濟暨社會理事會(英:Economic and Social Council—ECOSOC)

即在大會之下負責經濟的、社會的國際合作有關之機關。經濟社會

理事會由大會選舉聯合國 54 國會員國組成之（第61條）。與安全理事會不同，理事國並無常任、非常任之區別。任期 3 年，經濟暨社會理事會每年選舉理事 18 國，任期 3 年。任滿之理事國得即行連選（聯憲61Ⅱ）。每一理事國應有一個投票權（聯憲67Ⅰ）。本理事會之決議，應以到會及投票之理事國過半數表決之（聯憲67Ⅱ）。經濟暨社會理事會得作成或發動關於國際經濟、社會、文化、教育、衛生、及其他有關事項之研究及報告；並得向大會、聯合國會員國、及關係專門機關，提出關於此種事項之建議案（聯憲62Ⅰ）。本理事會爲增進全體人類之人權及基本自由之尊重及維護起見，得作成建議案（聯憲62Ⅱ）。本理事會得擬具關於其職權範圍內事項之協約草案，提交大會（聯憲62Ⅲ）。本理事會得依聯合國所定之規則召集本理事會職務範圍以內事項之國際會議（聯憲62Ⅳ）。經濟暨社會理事會得與第 57 條所指之任何專門機關訂立協定，訂明關係專門機關與聯合國發生關係之條件。該項協定須經大會之核准（聯憲63Ⅰ）。本理事會，爲調整各種專門機關之工作，得與此種機關會商並得向其提出建議，並得向大會及聯合國會員國建議（聯憲63Ⅱ）。

十一、聯合國託管理事會（英：Trusteeship Council）

即負責監督各國委任統治的領土，並由聯合國選任適當會員國管理託管領土，至其能自治時爲止。託管理事會是由管理托管領土的會員國、安理會常任理事國以及聯合國大會選出之理事國組成之。因託管之區域迄今大部分均已獨立或與鄰國合併，該理事會已完成聯合國憲章所規定之任務，因此該理事會自 1994 年 10 月起已停止活動。

十二、聯合國秘書處

㈠**聯合國秘書處**（英：United Nations Secretariat）：是由秘書長一人及辦事員若干人所組成。秘書長應由大會經安全理事會之推薦委派之，爲秘書處之行政首長，憲章雖無任期之規定，但習慣上是 5 年（聯憲97）。秘書處是聯合國組織的主要行政機構，負責聯合國的一切運作。其工作地點包括紐約聯合國總部、日內瓦、維也納等世界各地設置之聯合國機構。秘書長的工作受聯合國大會及有關委員會的審查和監督，秘書處的開支

由所有會員國共同負擔。秘書處工作人員係從各會員國分別挑選。

　　㈡**國際公務員**（英：international official, international civil servent）：在聯合國秘書處、專門機構或區域性機關之國際組織工作之職員。政治性之中立性與對機構之忠誠爲重要條件之一。其任用、升遷及配置，除了本人之希望或能力以外，地理上之分配也列入考慮，使職員之構成不致偏向於特定之國家或地域。但最近因過於偏向地理性分配之原則，而有忽視能力之批評的聲浪出現。

　　1.聯合國秘書長（英：Secretary-General of the United Nations）：秘書長在大會、安全理事會、經濟暨社會理事會及託管理事會之一切會議，應以秘書長資格行使職務，並應執行各該機關所託付之其他職務（聯憲 98）。秘書長將其所認爲可能威脅國際和平及安全之任何事情，提請安全理事會注意（聯憲 99）。秘書長應向大會提送關於聯合國

國際公務員

聯　合　國

甲國、乙國、丙國……
等 192 國

工作之常年報告，並指出會員國之問題，有發生紛爭時，應進行調解工作。其他辦事人員由秘書長依大會所定章程委派之（聯憲 101 I）。

　　秘書長及辦事人員於執行職務時，不得請求或接受秘書處以外任何政府或其他當局之訓示，並應避免足以妨礙其國際官員地位之行動。聯合國各會員國承諾尊重秘書長及辦事人員責任之專屬國際性，決不設法影響其責任之履行（聯憲 100）。秘書長將其所認爲可能威脅國際和平及安全之任何事件，提請安理會注意（聯憲 99）。秘書長並應執行聯合國各主要機關所委託之其他職務（聯憲 98）。

　　2.工作人員之獨立性：爲確保其職務之獨立性，享有機能性所限制之一定的特權與豁免權。如聯合國秘書長擁有一定之政治權限。會員國因選送自國之國民擔任公務員，自然將其國家之想法反映在工作上，因此，國際公務員當須公平分配的任用爲宜。

十三、聯合國之財政

　　聯合國之經費是由會員國的分配限額（apportioned contribution）擔負，

以編列聯合國之通常預算，以及自願捐獻（voluntary contribution）而支應。分配限額是大會分配由會員國擔負之。聯合國開發計畫（UNDF）、聯合國兒童基金（UNICEF）、聯合國難民事務高級專員公署（UNHCR）等，是由自願捐獻支應。此外聯合國維和活動（PKO）之經費，則以 PKO 特別分配限額，將重點放在安理會常任理事國，其他開發中國家則只有輕微之負擔。因此如會員國不按時繳納分配限額，對聯合國之營運當有影響。

第四節　聯合國其他專門機構

一、國際勞工組織（英：International Labour Organigation－ILO）

依 1919 年「凡爾賽條約」作爲國際聯盟之機關，而設立之國際組織，1919 年 4 月 12 日在日內瓦成立，1944 年在費城之國際勞工會議上通過國際勞工組織是改善勞動狀態之外，具有檢討各國之經濟財政政策之功能。二次大戰後，國際聯盟解散，1946 年 10 月 2 日通過加入聯合國成爲其專門機構。其宗旨在保證或注視勞工中男、女及兒童的公正及人道條件，確立社會正義，以達成世界之永久和平爲目的。其主要工作是促進各國勞工的工作環境與生活水準，改善福利與教育，倡導勞資合作，解決勞資糾紛，促進經濟與社會的安定。總部設在日內瓦，迄 2004 年有 177 個會員國。

二、聯合國糧食及農業組織（英：United Nations Food and Agriculture Organization－FAO）

依 1945 年 10 月 16 日簽署生效之「聯合國糧食農業機構憲章」而於加拿大魁比克成立之國際組織。爲聯合國專門機構之一。係繼承「國際聯盟之萬國農業協會」（International Institute Agriculture）之事業與資產，爲保證所有糧食與農業生產及其分配之有效發展，提高各會員國人民營養水準和生活水準，農民生活條件之改善等，經常派人到各地考察，並提出建議。具體對營養、糧食、農業之研究，並對農林、畜牧、防疫等技術的指導。總部設在羅馬。迄 2002 年有 184 會員國。

三、國際農業發展基金（英：International Fund for Agricultural Development－IFAD）

　　1974 年在羅馬舉行之世界糧食會議中，決議成立國際農業發展基金，並於 1976 年 6 月 13 日簽署「國際農業發展基金設立協定」而設立之國際組織，於 1977 年 11 月 30 日生效。爲聯合國專門機構之一。以促進開發中國家之農業發展，提高糧食生產，以提供資金爲目的。組織之最高機關爲總務會、理事會與總裁等，總部設在羅馬。會員國有 156 國。會員國分爲第一類別（先進國類），第二類別（有援助能力之產油國類）及第三類別（開發中國家類）。蓋爲應付糧食不足之危機感，該基金會並與國際復興開發銀行等國際組織合作展開工作。

四、聯合國教育、科學及文化組織（英：United Nations Educational, Scientific and Cultural Organization－UNESCO）

　　在第二次大戰中對戰後教育文化之復興之協議上爲起步，於 1945 年 11 月 16 日由英國在倫敦召開會議時與法國合作而通過「聯合國教科文組織憲章」（於 1946.11.4 生效），依此而設立之國際組織。爲聯合國專門機構之一。其主旨在藉教育科學及文化，以促進國際合作，以期對世界和平與安全有所貢獻爲主旨。設立初期原重視第二次大戰後荒廢教育之復興，但 1960 年以後則以教育科學技術面之開發援助爲重點。自 1970 年代後半，因南北大衆媒體之差異，雖提倡「新國際情報秩序」，但因政治性及意識型態之不同，1984 年 12 月美國退出，其後英國、新加坡等均相繼退出。自進入 1990 年依據和平、開發、環境之三原則，在排除政治性及意識型態之下，其業務工作已有精進。在組織上其最高機關是大會，執行委員會，事務局等。總部設在法國巴黎，至 2004 年會員國有 190 國。

習題：解釋名詞：UNESCO。（94 特三）

五、世界衛生組織（英：World Health Organiztion－WHO）

　　依據 1946 年由聯合國經社理事會召開之「國際衛生會議」通過之「世界衛生組織憲章」所設立之國際組織。爲聯合國專門機構之一，於 1948

年 4 月 4 日正式展開工作。聯合國並定此日為世界衛生日。其主旨在使人類能獲致最佳可能之健康水準，提高各會員國醫藥衛生的技術標準及設施，促進保健衛生有關之國際合作，教導人民衛生的生活方式為目的。會員有 192 國，總部設在日內瓦。世界衛生大會是世界衛生組織的最高權力機構，每年召開一次執委會是世界衛生大會的執行機關，負責大會的決議、政策與委託的任務。

六、世界銀行集團（英：World Bank Group）

即以國際復興開發銀行為中心之國際金融公司。為補足國際發展協會之專門機關的活動為目的之多數國的國際投資保證機關，包括投資紛爭解決之國際中心的五個國際組織之總稱。廣義上也有包括國際貨幣基金之情形。這些主要是對開發中國家的融資與投資保證，以支援其開發為任務之經濟性國際組織，依出資額而採加重投票制，即以重視經濟性之組織營運為其特徵。

七、國際復興開發銀行（英：International Bank for Reconstruction and Development－IBRD）

又稱為世界銀行。1944 年 7 月 1 日至 22 日在美國新罕布夏州之布雷頓舉行之「聯合國通貨金融會議」，共有 44 國參加，在會中通過「國際復興開發銀行」及「國際貨幣基金」之設立，故國際復興開發銀行於 1945 年 12 月 27 日設立，於 46 年 6 月 25 日開始作業。與「國際金融公司」、「國際發展協會」、「多數國間投資保證機關」及「投資紛爭解決國際中心」共同形成世界銀行集團。東帝汶於 2002 年 7 月 23 日加入，成為世界銀行第 184 個會員國。

國際復興開發銀行之宗旨為：㈠復興開發之援助；㈡民間投資之補足；㈢為擴大國際貿易及國際收支之均衡，從事融資與保證。資金是由會員國之參與股份或債券銀行，銀行本身純利等支應。世銀總部設在華盛頓。

銀行由理事長、執行董事、行長及工作人員管理。理事會由會員國各派理事一人組成，每年開會一次，現有 21 名執行董事負責執行各項政

策，並有批准貸款事宜。

八、國際開發協會（英：International Development Association－IDA）

1959 年國際復興開發銀行第十四屆大會決議，成立對開發中國家提供融資貸款的國際金融機構，並於 1960 年 9 月 24 日正式成立「國際開發協會」，以便執行開發中國家提供融資貸款之工作。於 11 月開始工作，為聯合國專門機構之一，又稱為第二世界銀行。世界銀行之總務、理事長、理事等均兼任國際開發之工作。總部設在紐約，有 150 個會員國。主要工作是向開發中國家提供無息優惠貸款，以協助開發中國家經濟發展及促進生產，提高生活水準為宗旨。貸款條件較具彈性，藉以協助較貧窮國家。

九、國際金融公司（英：International Finance Corporation－IFC）

依據「國際復興開發銀行」於 1955 年 4 月 11 日所作成之「國際金融公司章程」而設立之國際組織，為聯合國專門機構之一。自 1956 年 7 月 20 日開始生效。它是世界銀行之附屬機構，為鼓勵開發中國家具有潛力之民間企業提高生產，以進一步促進經濟發展，充實世界銀行之活動為目的。於 7 月 24 日開始營業。總部設在華盛頓，會員國有 133 國。

十、多邊投資擔保機構（英：Multilateral Investment Guarantee Agency －MIGA）

是 1985 年 10 月在韓國首爾舉行之世界銀行大會，為促進外國資本直接向發展中國家投資而於 1988 年設立之國際機構，為世界銀行集團成員，投資起點為 10 億美元。總部設在美國華盛頓。迄 2005 年加入的會員國有 164 國。MIGA 的任務是保證投資者對發展中國家的直接投資能夠規避被投資國的政治風險（革命、戰爭、資產徵用、契約不履行、不能匯款等），對被投資國提供吸納投資的指引和建議，通過在線信息服務分享投資信息，調解投資者與被投資國政府之間的爭議。MIGA 的擔保效力以世界銀行集團組織成員作保障，以此保證非官方投資人避免被投資國的政治風險。

　　主要機關是由全會員國所任命之總務及其代理所組成之總務會，由
24 名理事所構成之理事會，並由總裁及職員所組成之事務局。總務會決
定新加入會員國之承認及加入之決定，會員國資格之停止，決定資本之
增額與減額，決定業務之終了及清算，設立基本條約之改進等，並對本
機構組織之基本有關事項之審議等。

十一、國際投資爭端解決中心（英：International Centre of Settlement of Investment Disputes－ICSID）

　　即在世界銀行之主導下，依據「解決國家與他國國民間投資爭端公
約」（英：Convention on the Settlement of Investment Disputes between State and
Nationals of Other States），而建立的世界上第一個專門解決國際投資爭議的
仲裁機構。使一個專為解決政府與外國私人投資者之間爭端提供便利而
設立的機構，通過調解和仲裁方式。其宗旨是在國家和投資者之間培育
一種相互信任的氛圍，從而促進國外投資不斷增加。提交該中心調解和
仲裁完全是出於書面的同意。仲裁時投資者得不經國內之救濟程序委託
仲裁，一旦同意委託該中心之仲裁，就放棄本國之外交保護。該中心還
發表有關解決爭端和外國投資法律方面的出版物。

十二、國際貨幣基金組織（英：International Monetary Fund－IMF）

　　國家在實質上不危害對外債務、不牴觸準據法之情形下，得自由實
施外匯政策，並決定與外國貨幣之交換比率。原來在金本位下，通貨與
一定量黃金之交換有一定比率，由此得貨幣之安定性，但至 1930 年代為
應付經濟之大恐慌，從英國開始各國相繼廢除金本位制，依照外匯管理
制度，操作貨幣之對外價值，以致產生世界規模之貿易障礙。

　　第二次大戰後，為推動貿易之自由化。於 1944 年 7 月聯合國貨幣金
融會議在美國新罕布什爾州中北部遊覽勝地「布雷頓森林」（Bretton woods）
通過「國際貨幣基金」及「國際復興開發銀行」兩協定，該協定於 1945
年 12 月 27 日實施，基金於 1947 年 3 月 1 日開始運作，東帝汶於 2002
年 7 月 23 日加入，成為第 184 國會員國。為聯合國專門機構之一。其主
旨在協助聯合國會員國國內財政及金融的穩定，增進國際匯兌的安全，

促進國際貿易。其主要工作是平準國際貨幣，並提供會員國的世界金融變動的情報，以作爲穩定相關會員國貨幣的技術指導，對會員國國際收支困難的援助等。

十三、國際民用航空組織（英：International Civil Aviation Organization－ICAO）

1919 年在巴黎召開之國際航空會議及 1928 年在哈瓦那舉行之泛美航空會議，1944 年 11 月 1 日在芝加哥召開之國際民航會議決定成立之國際民航組織，爲聯合國專門機構之一，爲使國際民間航空能安全及整體的發展，基於國際航空運輸業務之均等機會主義，研究國際民用航空的原則，建立民用航空的國際法則與標準爲目的。總部設在加拿大蒙特婁，迄 2004 年，共有 188 個會員國。國際民航組織第三十二屆大會於 1998 年 9 月 22 日起在蒙特婁舉行，在本屆大會第六次全體會議中，中共代表獲選爲該組織第二類理事國。國際民航組織的常設機構爲理事會，共有 33 個理事國。

十四、國際海事組織（英：International Maritime Organization－IMO）

1948 年 2 月聯合國經濟暨社會理事會在日內瓦召開聯合國海事會議，而於 3 月 6 日通過「政府間海事協議組織條約」，依此所設立之國際海事組織，爲聯合國專門機構之一。最初名稱是「政府間海事協議組織」（Intergovernmental Maritime Consultative Organization－IMCO），於 1975 年改爲現名。以改善有關國際航運的技術或經濟方面的業務爲目的。並編輯海上安全、海洋環境保護及海事法規有關之條約案，及其工作方法與手冊爲任務。組織上之最高機關爲大會、理事會、海上安全委員會、法律委員會、海洋環境保護委員會、技術合作委員會及事務局等。總部設在倫敦。至 2004 年有 164 個正式會員，以及香港、澳門與丹麥法羅群島等聯繫會員。

十五、國際電信聯盟（英：International Telecommunication Union－ITU）

其前身爲 1865 年 5 月 17 日在巴黎成立之「國際電報聯盟」，於 1932 年在西班牙馬德里開會時，依據國際電氣通訊條約（1934.1.1 生效），將「國際電報聯盟」與「萬國電信聯盟」，合併成爲國際電訊聯盟。1947 年成爲

聯合國之專門機構。成立宗旨在改善電氣通信及在電氣通信之領域爲合理的利用，以達到減輕國際電報、電話及無線電之通訊負荷，並維持及增進國際合作，援助開發中國家爲目的之國際組織。現在之聯盟是以 1992 年 12 月 22 日作成之國際電信聯盟憲章及國際電氣通信聯盟條約爲基礎。其組織之最高機關是全權委員會議，理事會，世界國際電氣通信會議，無線通信部門，電氣通信標準化部門，電氣通信開發部門，事務總局及調整委員會等。總部設在日內瓦。迄 2004 年共有 189 國會員國。另有 650 餘國團體會員（Sector members）。

十六、萬國郵政聯盟（英：Universal Postal Union－UPU）

爲增進各國國民間得享受有效的通信連絡爲目的，而設立之國際組織。主要工作在促進國際郵務及郵資管理的改善。爲聯合國專門機構之一。基於 1874 年所締結之「萬國郵政聯盟條約」所設立之「一般郵政聯盟」（General Postal Union－GPU）爲起源，於 1878 年改爲現在名稱。組織上之最高機關爲大會議與常設管理委員會，郵政業務理事會，國際事務局等。總部設在瑞士伯恩。第二十二屆萬國郵政聯盟大會於 1999 年 8 月 23 日至 9 月 15 日在北京舉行。迄 2004 年有 190 個會員國，與 20 多個國際組織約二千名代表參加。

十七、世界氣象組織（英：World Meteorological Organization－WMO）

先是 1879 年成立之非政府間國際合作組織之國際氣象組織，而於 1947 年 10 月 11 日通過「世界氣象組織條約」（1950.3.23 生效），依此而成立之國際組織。爲聯合國專門機構之一。是以調整、統一及改善世界氣象及有關業務爲目的。組織上之最高機關爲世界氣象大會，執行理事會、地區氣象學會、專門委員會及事務局。總部設在日內瓦。1999 年 5 月 4 日，每 4 年舉行一次世界氣象大會在日內瓦國際會議廳舉行，有氣象組織各會員國及有關國際組織約五百名代表參加。5 月 17 日大會選舉澳大利亞籍的齊爾曼繼續擔任世界氣象組織主席，任期 4 年。

十八、世界知識財產權組織（英：World Intellectual Property

Organization－WIPO）

依據 1967 年 7 月 14 日在斯德哥爾摩簽署之「世界智慧財產權組織設立條約」（1970.4.26生效）而設立之國際組織。1974 年 12 月正式成為聯合國專門機構。為使全世界之智慧財產權及工業所有權，能獲得法律之保障而成立。迄 2004 年共有 180 個會員國。組織上有大會、締約國會議、調整委員會、國際事務局。總部設在日內瓦。除了管理巴黎條約及伯恩條約外，並援助開發中國家之智慧財產權。

十九、聯合國工業發展組織（英：United Nations Industrial Development Organization－UNIDO）

依據 1979 年 4 月 8 日作成之「聯合國工業開發機構憲章」而設立之國際組織。該憲章於 1985 年 6 月 21 日生效，翌（86）年 1 月 1 日成為聯合國專門機構之一。以加速開發中國家之工業化為主要目的。作為技術援助機關，提供開發中國家工業開發計畫之諮詢顧問，派遣專家直接技術指導，經營幹部教育訓練，促進投資合作，及研究調查等工作。總部設在維也納，會員國有 165 國。

二十、世界旅遊組織（英：World Tourism Organization－UNWTO）

本組織是以促進和發展旅遊事業，使有利於經濟發展為宗旨之組織，為聯合國的專門機構。總部設在西班牙馬德里。本組織建基於 1925 年在海牙召開的國際官方旅遊協會大會，其後 1934 年成立的國際官方旅遊宣傳組織聯盟，1946 年在倫敦召開了首屆國家旅遊組織國際大會，翌年巴黎舉行第二屆大會，正式成立官方旅遊組織國際聯盟。1969 年聯合國大會批准將其改為政府間組織，1975 年改為世界旅遊組織，2003 年被納入聯合國體制之內。

世界旅遊組織成員有正式成員和附屬成員，成員國有 154 個。組織機構包括全體大會，每兩年召開一次會議。執行委員會共設五個委員會，包括計劃和協調技術委員會、預算和財政委員會、環境保護委員會、簡化手續委員會、旅遊安全委員會。秘書處負責日常工作。地區委員會為非常設機構，分為非洲、美洲、東亞和太平洋、南亞、歐洲和中東 6 個

地區，每年召開一次會議。

二一、世界海關組織（英：World Customs Organization－WCO）

世界海關組織是政府間組織，其宗旨在幫助各成員國在海關事務方面進行溝通和協作為目的。該組織成立於 1952 年，當時稱海關合作理事會（Customs Cooperation Council－CCC）。1994 年 10 月在一般工作則稱 WCO，而 CCC 則為官方名稱，方不至於有修改 CCC 公約之問題。 世界海關組織總部位於比利時布魯塞爾。它建立了一套國際標準的商品分類原則，稱為「商品名稱及編碼協調製度（Harmonized Commondity Nomenclature and Coding System）」。世界海關組織有 176 名成員。世界海關組織不負責處理關稅及貿易爭端，這些事務都被歸入了世界貿易組織的許可權里。

二二、國際原子能總署（英：International Atomic Energy Agency－IAEA）

美國總統艾森豪於 1953 年在聯合國大會發表演講，強調原子能之和平用途，並建議組織國際原子能機構。1954 年 12 月聯合國第九屆大會通過決議，要求致力於原子能的和平用途，1957 年 7 月 29 日通過組織原子能總署的草案，同年 10 月正式成立。為促進原子能的和平使用，促進並防止原子能轉用於軍事目的，並監督與保護在核子工廠附近人民的健康與安全等。係聯合國贊助下之一個機構，到 2004 年有 150 個會員國，總部設在維也納。

二三、亞洲開發銀行（英：Asian Development Bank－ADB）

由聯合國亞洲與遠東經濟委員會為亞太地區政府間之經濟合作而倡導籌組，於 1965 年 12 月 14 日通過「亞洲開發銀行設立之協定」，於 1966 年 8 月 22 日生效，11 月底在東京成立創立大會，12 月 19 日正式開始業務。加盟國共 32 國，中華民國亦為創始會員國之一，至 2004 年共有 63 個會員國，其中區域內有 45 國，區域外有 18 國。授權資本約 508 億美元，美國與日本為最大之出資國。亞銀是以促進遠東經濟成長與經濟合作為目的，因此為開發資金之融資，技術援助，為了區域內之合作，在會員國間之政策的調整，及促進其他國際機構之合作等之活動。其最高

決策機關爲董事會，其下有「執行理事會」，在董事會授權範圍內執行銀行業務。總部設在馬尼拉。

第五節　聯合國備用武力

一、聯合國備用軍（英：United Nations Standby Forces）

爲協助聯合國維持和平活動，由會員國自發性準備之軍事組織。於1950年聯合國大會通過建議設置備用軍之意見。1958年聯合國第二屆秘書長哈馬舍爾德（Dag Hialmar Agne Carl Hammar・skjold, 1905-61）提出大會之報告書「聯合國緊急軍之設置及活動之經驗研究摘要」而有具體進展。

因此自1958年以來加拿大國防軍有一部分指定爲聯合國備用軍，其他如參加聯合國緊急軍之丹麥、芬蘭、挪威、瑞典，於1964年同意以北歐備用軍之形態參加。另如奧地利、荷蘭、英國、紐西蘭亦已計畫設置。如由聯合國要求其出動則應隨時出動以應急需。

二、聯合國緊急軍（英：United Nations Emergency Force－UNEF）

爲聯合國維持和平活動之一。1956年埃及宣布蘇伊士運河收歸國有，10月底英、法兩國乃支援以色列對埃及作戰（第二次中東戰爭），美國及蘇聯要求三國軍隊撤退，聯合國乃基於1950年大會決議「集體維持和平決議」，於1956年11月2日召開第一次緊急特別大會，並以決議998、決議1000、決議1001通過設置「聯合國緊急軍」（UNEF I），並在其監視下英、法兩國軍隊至12月下旬撤退，而以色列於翌（57）年3月撤退完畢。其後於1973年10月發生第四次中東戰爭之際，聯合國11月25日依安全理事會決議340所派遣之軍隊爲第二次聯合國緊急軍（UNEF II）。此緊急軍於1979年4月以埃間和平條約生效後，於7月完成任務。

第六節　區域性國際組織

一、歐洲聯盟（英：European Union－EU）

　　㈠**成立之經過**：二次大戰期間經歷悲慘的戰爭經驗，歐洲有識之士體
會到歐洲復興與安定之重要，而有歐洲統合之構想，1952 年法國、西德、
意大利、荷蘭、比利時、盧森堡等六國乃以媒鋼之合理生產與分配為目
標，而發起設立歐洲煤鋼共同體（European Coal and Steel Community－
ECSC）。其後，此六國於 1957 年基於條約，於 1958 年設立歐洲經濟共
同體（European Economic Community－EEC）與歐洲原子能共同體（European
Atomic Energy Community－EURATOM），此三個共同體，乃於 1967 年之融
和條約而總稱為歐洲共同體（European Community－EC）。

　　㈡**會員國之增加**：原發起國家有六國，1973 年丹麥、愛爾蘭、英國、
1981 年希臘、1986 年葡萄牙、西班牙分別加入為會員。1990 年為因應
冷戰之結束、德國之統一及歐洲國際政治環境之變化，乃於 1991 年 12

月 9 日在荷蘭的馬斯垂克（Maastricht）召開首腦會議並修改「歐洲聯合條約」（Treaty on European Union），於 93 年 11 月生效，並改名爲歐洲聯盟（EU），又稱爲「馬斯垂克條約」。迨 1995 年有芬蘭、瑞典、奧地利，2004 年愛沙尼亞、拉脫維亞、立陶宛、波蘭、捷克、匈牙利、斯洛伐克、斯洛維尼亞、馬爾他、賽普勒斯，2007 年羅馬尼亞、保加利亞加入。目前歐盟共有 27 個成員國。

　　㈢**歐盟的構造**：目前的歐盟在法律性質上是由三個基本原則所成立。

　　1.歐洲共同體（EC）：即由歐洲煤鋼共同體、歐洲經濟共同體（EEC）、歐洲原子能共同體（EURATOM）的三個主要組織爲核心，此即第一個基本結構。

　　2.第二個基本結構爲共通的外交安全保障政策（Common Foreign and Security Policy－CFSP）。

　　3.第三個基本結構爲司法、警察與內政的合作（Cooperation in the fields of justice and home affairs－JHA），如毒品取締、犯罪偵查、簽證、移民政策等之合作。

　　㈣**歐盟之成果**：歐盟是廢除國境以完成經濟統合爲目的之組織體，因此在經濟通貨之同盟上成果極爲豐碩，爲此乃設有歐洲中央銀行（ECB），1999 年並發行共通的貨幣「歐元」，2002 年起已以現金在各地通行，各國雖仍擁有國家財政之權限，蓋爲安定歐元，依相關之安定成長協定，對各國之財政政策仍有強烈之拘束力。在外交安全保障方面，從舊南斯拉夫內戰的失敗上獲得經驗，乃設置外交上級代表吸收西歐同盟（WEU）之軍事制度，以提升共通安全保障防衛政策。

　　㈤**歐盟與申根協定**（英：Schengen Agreement 德：Schengener Durchführungs-übereinkommen；法：Convention de Schengen；）① ：又稱爲「**申根公約**」係於 1985 年 6 月 14 日由五個歐洲國家，即德國、法國、荷蘭、比利時、盧森堡等，在盧森堡的小城市申根（Schengen）所締結之協定。協定的目的是爲保障參與協定之國家間人員之自由出入活動，並協調申根國家外之邊境

---

① 見 2007 年 12 月 22 日，聯合報 A20 及各報。

控制，故另稱爲「申根協議與境界」（Schengen Agreement and border），即只要在任何申根國家中簽證的人，就可合法的在所有其他申根國家自由出入。簽約後不斷有新國家加入，至 2010 年成員國增至 30 國爲：英國、愛爾蘭、奧地利、比利時、保加利亞、賽普勒斯、捷克、丹麥、愛沙尼亞、芬蘭、法國、德國、希臘、匈牙利、義大利、拉脫維亞、立陶宛、盧森堡、馬爾他、荷蘭、波蘭、葡萄牙、羅馬尼

明年1月底生效 申根免簽案 歐盟無異議通過

見 2010 年 11 月 12 日，自由時報，A1。

亞、斯洛伐克、斯洛維尼亞、西班牙、瑞典、冰島、挪威及瑞士。象徵全長一千一百公里的共同邊界消失，歐洲領袖認爲，這是歐洲統合的歷史性時刻。我國爭取赴歐免簽證，歐洲議會於 2010 年 11 月 10 日以 559 票比 40 票之壓倒性多數通過臺灣赴歐免簽案；該案並於 11 月 25 日由歐盟部長理事會無異議通過。目前只待歐盟公報上公告 20 日後才生效。屆時就能獲歐洲三十國、半年內停留 90 天的免簽優惠。

二、阿拉伯國家聯盟 （英：League of Arab States－LAS）

1945 年 3 月 22 日由埃及、伊拉克、敘利亞、黎巴嫩、約旦、沙烏地阿拉伯及葉門等七國發起成立，並通過「阿拉伯聯盟規約」，於 5 月生效。6 月第一屆理事會在開羅召開。成員國包括巴勒斯坦解放組織（PLO）共有 23 國。從人口與經濟力以埃及爲中心而存立，總部原設在開羅，鑒於埃及與以色列簽訂和約，乃於 1979 年 3 月將總部遷至突尼斯。其成立之宗旨在加強各會員國間文化、經濟、交通、社會及公共福利的社會進步，

調停各會員國間的爭執。代表阿拉伯國家出席某些國際談判，並協調軍事、經濟與外交力量，一致對付以色列。各國代表擁有一票組成理事會，首腦會議及事務局，第十三屆阿拉伯國家高峰會，於 2001 年 3 月 27、28 日在約旦首都安曼舉行，會議強調一致支持巴勒斯坦人反抗以色列。

三、海灣合作委員會（英：〔Arabian〕Gulf Cooperation Council－GCC）

　　1979 年伊朗伊斯蘭革命，翌年又與伊拉克戰爭，阿拉伯國家感到波斯灣區域之危機頻頻發生。爲促進該區之自由貿易，於是於 1981 年由沙烏地阿拉伯、科威特、巴林、卡達、阿拉伯聯合大公國、阿曼等波斯灣沿岸阿拉伯君主制產油國六國所結成之組織。正式名稱是阿拉伯海灣合作委員會，通常都簡稱 GCC。主要目的在會員國之共同防衛，共組合同軍，對恐怖或毒品之治安上合作，建立關稅統一之共同經濟合作等。因在會員國也存有國境問題，於每年 11 月至 12 月舉行首腦會議，討論共同之議題。

　　1990 年會員國之科威特被伊拉克侵犯時，其他會員國就在美國指導下組成多國籍軍，加入對伊拉克之攻擊①。

---

① 參照保坂修司著：載於「政治學事典」，第 1174 頁。

四、非洲聯盟（英：African Union－AU）

1963 年 5 月 22 日非洲獨立國家召開第三次高峰會議，會中通過《非洲團結組織憲章》（於 1963 年 5 月 25 日簽署，9 月 13 日生效）。以為促進非洲統一團結，保全主權與領土，擁護獨立，根絕殖民地主義為目的。當時取名為「**非洲團結組織**」（Organization of African Unity），現有會員國 53 國。2002 年 7 月，非洲團結組織轉型為非洲聯盟。非洲聯盟的章程承認非洲國家可以干預某些特定問題，包括和平與穩定，人種大屠殺，戰爭罪及違反人性的罪行。非洲聯盟設有非洲國會、非洲法院、中央銀行及秘書處等機構。

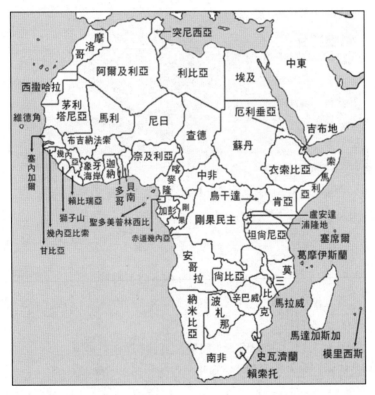

五、東南亞國家協會（英：Association of South-East Asian Nations－ASEAN）

　　東南亞地區國家印尼、馬來西亞、菲律賓、新加坡、泰國等五國於 1967 年 8 月 8 日在曼谷所創設之區域性國際組織，簡稱東協。其目的在加強東南地區之非共國家的政治與經濟合作，於每年舉行一次部長級會議。

　　1984年汶萊，冷戰結束後越南、寮國、緬甸、柬埔寨也加入，在此區域內所有國家都參加之東南亞國協十國於 1999 年實現。2002 年獨立之東帝汶也表示參加之意願。本國協雖無憲章，但已逐漸國際化而受到重視。1967 年在「秘書處設立協議中」通過，秘書處設在印尼雅加達，下設九個常設委員會，綜理東協各國

見 2004 年 11 月 30 日，經濟日報，第 1 頁。

貿易、運輸、通訊、農業、科學、財政及文化事宜。近年來努力促進東協之自由貿易圈（ASEAN Free Trade Area－AFTA），1993 年在新加坡舉行會議時決定成立東協區域論壇（ASEAN Regional Forum），以諮商亞太地區之安全保障。

　　自 1997 年起日本、中國、韓國亦與東協十國舉行首長、財政部長及外交部長之會議。東協之目標在加強會員國之經濟發展，以強化國際之發言力。

　　2003 年 10 月在印尼之峇里島舉行 ASEAN 元首會議。中國在東南亞友好合作條約簽署，這是表示強化東南亞國協之關係的表示。

　　2004 年 11 月 29 日在寮國永珍舉行之東南亞國家協會高峰會議，東協十個會員國的領導人同意將東協範圍擴大，加入中共、日本與南韓，成為東亞高峰會，以加強東南亞與東北亞的交流。議中發布一份聲明指

出，與會各國同意東協加三高峰會未來將改爲「**東亞高峰會**」，首屆東亞高峰會將於 2005 年在馬來西亞舉行。另外，未來的東亞高峰會會議，也將改爲兩年一次，2007 年的第二屆東亞高峰會將在中國大陸舉行。

六、日本與印度經濟合作協議（英：Japan, India sign deal to boost trade, investment）

正當日本試圖減緩因過度依賴中國而引發的危機之際，日本與印度 25 日簽署一項全面性強化貿易的「經濟夥伴協定」（EPA），達成廣泛協議，並計劃早期完成核能合作的協商以及同意促進雙方對稀土資源、稀有金屬的合作開發。日本與經濟高速成長且擁有共同民主價值觀的印度加強合作，英國金融時報直指，此乃雙方基於領土爭議和經濟競爭，從經濟、外交、安全多方面聯手挾制中國的戰略布局。

聯手制中 日印簽署經合協議

見 2010 年 10 月 26 日，自由時報，A12。

七、石油輸出國組織（英：Organization of Petroleum Exporting Countries－OPEC）

由石油輸出國家所成立之國際組織，是以調整石油輸出國家之石油政策，維持原油價格之安定，控制全世界石油的供需爲目的。最初是由沙烏地阿拉伯、委內瑞拉、伊朗、伊拉克、科威特等五國於 1960 年 9 月設立。後來擴充，目前有 13 個會員國。組織之最高機關爲大會、理事會、經濟委員會、秘書處和新聞署等。總部設在維也納。1960 年代在國際石油資本之支配下，尚能維持原油價格之安定，到 1970 年代經兩次的石油危機，石油輸出國組織乃完全掌握原油價格決定權。但到 1980 年代，因石油生產之增加，而替代石油能源和各種節省能源的技術相繼出現，使世界需要減少，石油供給過剩，以致決定價格之影響力乃逐漸減退。

習題：解釋名詞：OPEC。（95 外三）

第十三章 海洋法

第一節 海洋法之概念

一、海洋法之意義與發展

㈠**海洋法之意義**：所謂海洋法（英：law of the sea）即國際法中規範海洋有關國際關係之原理原則之法規之總稱。因此與私法關係之海商法或海事有關之法規相區分。因此海洋法是在近代主權國家成立以前，就從海運與商事貿易關係有關之習慣法中逐漸孕育而成。

㈡**傳統之海洋觀念**：自古以來海洋法與外交關係及戰爭等相同，很早就已發展，羅馬法認為海洋在萬民法（jus gentium）上是萬民之共有物（res communis），對任何人自由的開放不能據為私有或分割。到中世紀義大利之都市國，對地中海之各個海域開始主張領有權，如威尼斯共和國在亞得里亞海（義大利半島和巴爾幹半島間的海洋），對外國船舶徵收通行費就是。到明成祖永樂 3 年（1405）起 28 年間，曾派宦官**鄭和七次航海**至印度、波斯、非洲東岸等三十餘國，不過只在爭取各國朝貢而已，並無意建立海洋之國際法規範。十五世紀末各地新大陸陸續發現，西班牙、葡萄牙為了獨占海外殖民與通商之目的，對廣大之大西洋與印度洋開始主張領有權。其後荷蘭與英國亦出面爭論。伊莉莎白一世乃主張海洋之自由，1588 年英、荷聯合艦隊轉敗西班牙無敵艦隊，西、葡兩國所主張之海洋領有權乃無疾而終。迨十七世紀英、荷乃創設東印度公司而積極的擴展海外貿易。

此時格老秀斯（Grotius, Hugo, 1583-1645）為擁護荷蘭母國之立場，乃發表**《自由海論》**（1609），認為海洋具有自然性質，任何人不能據為私有，此對日後建立海洋自由之法理影響至鉅。但當時也有不少反論出世，波羅（J. Boroughs）之《英國海洋主權論》（*The Sovereignty of British Seas,*

格老秀斯

1633）及謝樂連（John, Selden）之**《閉鎖海論》**最爲著名。彼認爲海在物理上有支配之可能，其資源之利用並非毫無限制，亦非無害。

其後普芬道夫（Pufendorf）也發表《自然法與萬民法》（*De Jure Naturae et Gentium*, 1672）討論海之領有問題。賓克紹（Cornelius van Bynkershoek, 1673-1743）在 1702 年出版《海洋主權論》，並主張國家應有支配管理海洋範圍可認定爲領海。海洋領域論爭進入十八世紀認爲有「狹域領海」與「廣域公海」之二元構造。這時期因中央集權國家紛紛成立，從國家經濟與國防之理由，國家對於海岸海域之支配控制乃漸感需要，當時瓦特爾（Emmerich de Vattel, 1714-1767）在《國際法》（1758 年）一書中，認爲「國家間，海岸領海對於國家主權，一般爲了安全在必要限度內，應承認其行使」，所以他認爲「從沿岸起在大砲射程範圍內，爲領海。」

到十八世紀中葉廣泛認爲，從沿岸到大砲射擊之彈著地列爲「**中立水域**①」。自進入十九世紀，則認爲 3 浬爲領海之國家乃逐漸增多，但仍有主張 4 浬、6 浬、12 浬等，因此尚未有統一之規定，不過中立水域之觀念並未改變。

二、第二次世界大戰後之發展

㈠**海洋法之法典化**：自進入 1930 年，國際聯盟所召開之海牙國際法典化會議，並未對領海問題有一致之見解，第二次大戰後，1945 年杜魯門總統發表「大陸礁層宣言」及「漁業保存水域宣言」，致各國乃有意擴張領域，但仍無法決定領海範圍。聯合國爲促進海洋法之發展與法典化，自 1958 年起統一海洋法乃舉行一連串會議。

㈡**海牙國際法法典化會議**：

第一次會議：在 1958 年 2 月 24 日至 4 月 27 日，86 國在日內瓦舉行。由聯合國國際法委員會提出之「海洋法」草案 73 條議的結果，採納「領海及鄰接區公約」、「公海公約」、「漁業及養護公海生物資源公約」、「大陸礁層公約」及「強制解決爭端的任意議定書」。

第二次會議：1960年3月17日至 4 月 26 日，88 國在日內瓦舉行。討論

---

① 參照杉原高嶺著：海洋法之歷史，見「現代國際法」，第 3 版，有斐閣，第 121 頁。

第一次會議留下來之「領海」的寬度問題，但並無結論。其後不少開發中國家，於1958年通過之條約加以批判，尤對200浬之資源水域之主張爲然。

　　第三次會議：至1982年爲止，爲期10年之第三次會議共有147國參加，終於舉行海洋法公約簽署會議。第三次會議之所以長期化的原因，係條約草案未能準備完善，且參加國數太多，南北利害對立及科學進步有關海洋問題複雜化之故。結果於**1982年12月10日簽署**「聯合國海洋法公約」，其中包括領海、公海、大陸礁層及國際海峽通航制度、群島水域、專屬經濟水域、深海底制度、海洋環境之保護、科學調查等制度在內，其後因若干先進國家對第十一部分深海底之開發制度表示不同意，經修改後到**1994年11月16日才開始生效**。

習題：何謂海洋法？並說明海洋法之發展。

第二節　海洋之法律上區分

　　海洋從沿海國與其他各國間管轄之分配上言，海洋之空間可大約爲八部分，這些空間之範圍從沿海國所設定之一定基線而測定，其內容爲：

一、 內水	即領海基線向陸一面的水域構成國家內水的一部分（聯海8 I），又如海灣天然入口兩端的低潮標之間的距離不超過24浬，則可在這兩個低潮標之間劃出一條封口線，該線所包圍的水域應視爲內水（聯海10IV）。此外，河口（聯海9）、海灣（聯海10）及港口（聯海11）等均包括在內，屬於沿海國之主權。
二、 群島水域	群島國可劃定連接群島最外線各島和各乾礁的最外線各點的直線群島基線，但這種基線應包括主要的島嶼和一個區域，群島國依此所劃出的群島基線內的水域，稱爲群島水域（archipelagic waters）（聯海49 I）。
三、 領海	每一國家有權確定其領海的寬度，惟從基線量起不超過12浬的界線爲止（聯海3）。此屬於沿岸國之主權，外國船舶在一定條件下，有無害通過權（聯海17）。
四、 鄰接水域	鄰接區從測算領海寬度的基線量起，不得超過24浬。沿海國對於在其領海內違反其海關、財政、移民或衛生的法規，有防止及懲治權（聯海33）。

五 專屬經濟 海域	專屬經濟海域從測算領海寬度的基線量起，不應超過 200 浬（聯海57）。沿海國擁有公約所定之主權權利和管轄權（聯海56）。大部分國家均設立專屬經濟海域，但地中海之大部分國家並未設立。
六 大陸礁層	即自領海以外依其陸地領土的全部自然延伸，擴展到大陸邊外緣的海底區域的海床和底土，如從測算領海寬度的基線量起到大陸邊的外緣（continental margin）的距離不到 200 浬，則擴展到 200 浬的距離（聯海76 I）。如以大陸邊為大陸礁層的界限，則其外部界限不得超過領海基線 350 浬或超過深度 2500 公尺各點的等深線 100 浬（聯海76 V）。在此區域內沿海國擁有天然資源之主權權利。
七 公海	即不在專屬經濟區、領海或內水或群島國的群島水域內的全部海域（聯海86）。法律上言，公海不屬於任何國家所有，任何國家與國民得使用公海為原則，此稱為公海自由之原則（聯海87）。
八 深海底	即在國家的專屬經濟海域或大陸礁層以外的海底，通常是水深數千公尺之海底，因此公海之海底並不全然是深海底。深海底之礦物資源因屬人類共同之遺產，由國際海底管理區負責管理。

習題：試說明海洋法對海洋空間的劃分。

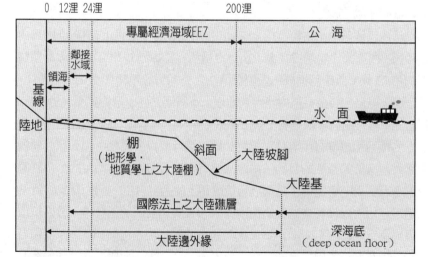

參照島田征夫・林司宣編：海洋法，第 12 頁。

第三節 內陸國及地理上不利國

一、內陸國及地理上不利國之意義

內陸國及地理上不利國（英：Landlocked and geoeraphically-disadvantaged states）所謂內陸國即由陸地包圍而沒有海岸之國家（聯海 124 I ①），又稱無沿海國。「公海公約」第 3 條稱為「無海岸國」。內陸國應有權出入海洋，為此目的，內陸國應享有利用一切運輸工具通過過境國領土的過境自由（聯海 125 I）。又內陸國應有權在公平的基礎上，參與開發同一分區域或區域的沿海國專屬經濟區的生物資源的適當剩餘部分（聯海 69 I）。

所謂地理上不利國，係指其地理條件使其依賴於開發同一分區域或區域的其他國家專屬經濟區內的生物資源，以供應足夠的魚類來滿足其人民或部分人民的營養需要的沿海國，包括閉海或半閉海沿岸國在內，以及不能主張自己的專屬經濟區的沿海國（聯海 70 II）。如伊拉克、剛果、約旦等均是。國際海洋法第五部分之專屬經濟區對此就有詳細規定。

習題：何謂內陸國及地理上不利國？試說明之。

二、內陸國之權利

內陸國為瑞士、賴索托、玻利維亞等，在當今之世上約有 40 國為內陸國。內陸國之船舶得在海上航行之權利，主要是 1919 年之國際聯盟盟約第 23 條 e 所確認而成為國際習慣法之一。再經 1958 年公海公約第 2、3 條之規定。其後再經內陸國及地理上不利國共同爭取的結果，於 1982 年之「聯合國海洋法公約」第十部分（第 124-132 條），就對內陸國出入海洋的權利和過境自由有特別規定。即包括行使與公海自由和人類共同繼承財產有關的權利的目的，內陸國應有權出入海洋。為此目的，內陸國應享有利用一切運輸工具通過過境國領土的過境自由（聯海 125 I）。行使過境自由的條件和方式，應由內陸國和有關過境國通過雙邊、分區域或區域協定予以議定（聯海 125 II）。不過內陸國行使過境權利時，不能因自國之權利而侵害到過境國之合法利益（聯海 125 III）。而懸掛內陸國旗幟的船舶在海港內應享有其他外國船舶所享有的同等待遇（聯海 131）。

　　內陸國又以「海洋並不只屬於沿海國」的立場，與地理上不利國合作共同阻止沿海國意圖擴大公海部分之管轄權，並主張內陸國及地理上不利國應有權參與海洋資源之開發。

　　又如德國之被他國之大陸礁層所包圍，致無法擴展自國之大陸礁層，或如新加坡在狹窄的海域，既無法充分設定自國之領海，也無法設定專屬經濟海域，而常站在地理上不利國主張權利，乃是實際之現狀。內陸國及地理上不利國應有權在公平的基礎上，參與開發同一分區域或區域的沿海國專屬經濟區的生物資源的適當剩餘部分，同時考慮到所有有關國家的相關經濟和地理情況，並遵守本條及第 61 條和第 62 條的規定（聯海 69 I，70 I）。

習題：內陸國有何權利？如何取得出入海洋之權？試說明之。

第四節　領海與基線、內水、群島、島嶼及海洋建造物

一、領海（territorial sea）

　　㈠**領海的範圍**：即國家主權及於本國陸地領土及其內水以外鄰接的一帶海域，在群島國情形下，則及於群島水域以外鄰接的一帶海域，稱爲領海。此項主權及於領海的上空及其海床和底土。對於領海主權的行使受聯合國海洋法公約和其他國際法規則的限制（聯海 2，領鄰 1、2）。

　　我國明定領海範圍，旨在維護國家主權，防止外人侵略，保障沿海漁民生計。領海範圍依 1979 年行政院公布，爲自基線至其外側 12 海里之海域。經濟海域爲自測算領海寬度之基線起至外側 200 海里之海域。（見本書第八章國家領土）

　　㈡**劃界採中間線原則**：中間線（英：median line）在國與國間之境界通常都依條約或國家間的合意而劃定，如以河川作爲國境之情形；如爲不能航行之水路，則取兩岸之中間線爲境界，如可航行之水路，就依河道分界線（Talwag）之原則，指向下流之兩國分界之河川航道之中線以劃定國界。依「聯合國海洋法公約」第 15 條規定：「如兩國海岸彼此相向或

相鄰，兩國中任何一國在彼此沒有相反協議的情形下，均無權將其領海伸延至一條其每一點都同測算兩國中每一國領海寬度的基線上最近各點距離相等的中間線以外。但如因歷史性所有權或其他特殊情況，而有必要按照與上述規定不同的方法劃定兩國領海的界限，則不適用上述規定」。不過海洋法對於大陸礁層及專屬經濟海域的國境劃定就不一定適用中間線之原則，如海洋法第 83 條第 1 項規定：「海岸相向或相鄰國家間大陸礁層之界限，應在國際法院規約第三十八條所指國際法的基礎上以協議劃定，以便得到公平解決。」又第 94 條規定：「海岸相向或相鄰國家間專屬經濟區的界限，應在國際法院規約第三十八條所指國際國際法的基礎上以協議劃定，以便得到公平解決。」

二、基線（英：baseline；德：Basislinie；法：ligne de base）

基線是測算領海寬度的基準線，可分為：

㈠**正常基線**（normal baseline）：是指沿海國官方承認的大比例尺海圖上，所標明的沿岸最低低潮線（聯海 5）。

㈡**直線基線**（straight baseline）：測量曲折的海岸線或是島嶼密布的海岸，得採用以直線連接各適當基點的方法，來劃

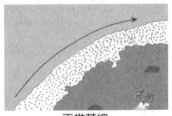

正常基線

定測算領海寬度之基線，此種基線稱為直線基線。

在因有三角洲和其他自然條件以致海岸線非常不穩定之處，可沿低潮線向海最遠處選擇各適當點，而且，儘管以後低潮線發生後退現象，該直線基線在沿海國按照本公約加以改變以前仍然有效。

直線基線的劃定不應在任何明顯的程度上偏離海岸的一般方向，而且基線內的海域必須充分接近陸地領土，使其受內水制度的支配。

除在低潮高地上築有永久高於海平面的燈塔或類似設施，或以這種高地作

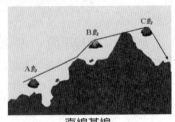

直線基線

爲劃定基線的起訖點已獲得國際一般承認者外，直線基線的劃定不應以低潮高地爲起訖點。

在依據第一款可以採用直線基線法之處，確定特定基線時，對於有關地區所特有的並經長期慣例清楚地證明其爲實在而重要的經濟利益，可予以考慮。

一國不得採用直線基線制度，致使另一國的領海同公海或專屬經濟區隔斷（聯海 7）。

習題：試依 1982 年聯合國海洋法公約規定，說明「直線基線」之涵義及其適用之海岸；並以簡圖表示此基線。（99 特水三）

三、內水（英：internal waters；法：eaux intérieures）

即除群島水域以外，凡領海基線向陸一面的水域構成國家內水的一部分（聯海 8 I）。如果海灣天然入口兩端的低潮之間距離不超過 24 浬，則可在這兩低潮標之間劃出一條封口線，該線所包括的水域應視爲內水（聯海 10IV）。不通洋的內海，如完全在一國之領域內，便視同該國的內水。在群島國，通常的河川、港口、海灣，可在其群島水域內用封閉線劃定內水的界限（聯海 50）。因此對於內水，一般沿海國可行使與領土相同之主權。不過如海岸線極爲曲

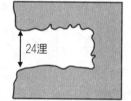

折的地方，而採用連接各適當點的直線基線法，使原來並未認爲是內水的區域被包圍在內成爲內水，則在此種水域內應有海洋公約所規定的無害通過權（聯海 8II）。依第一次海洋法會議關於「領海及鄰接區公約」，1958 年在日內瓦簽署，於 1964 年 9 月 10 日生效，其第 14 條對無害通航權規定，稱通過者，謂在領海中航行，其目的或僅在經過領海而不進入國內水域，或爲前往內國水域，或爲自內國水域駛往公海。又規定通過包括停泊及下錨在內，但以通常航行附帶有此需要，或因不可抗力或遇災難確有必要者爲限。

㈠**湖泊**：在同一國家，由其陸地完全包圍之湖泊，是內水。如湖泊爲兩個以上國家的沿岸國所持有時，因海洋法公約未予規定，因此要在湖

泊上劃分境界（國境），則準用陸地劃分境界有關之法律。其中由特別法律所規範者，如菩登湖（Bodensee），另名爲斯瓦比亞湖（Schwäbisches Meer），介於德、奧、瑞士之間。又如勒曼湖（Leman），另名爲日內瓦湖（Lake Geneva），即處於瑞士與法國間之湖泊。與伊利湖（Lake Erie）處於美國中東部，爲五大湖泊之一，及安大略湖（Lake Ontario），此均介於美國與加拿大之間的湖泊。

㈡**內海**（英：inland sea；德：Binnenmeer；法：mer intérieure）：內海有兩種。即陸地包圍著的一片鹹水，或爲兩個以上的海峽連接外洋所閉鎖的海稱爲內海。前者如裏海（Caspian Sea），後者如沿岸屬於同一國家的領土，

內海的所有入口不超過一定距離時，則構成內水；日本之瀨戶內海爲典型之適例。在國際法上都與海灣相同，只是處於國際交通要道部分有無害通航權。

裏海原是舊蘇聯與伊朗所包圍之湖泊。1991年蘇俄解體，各共和國紛紛宣布獨立，當地的石油與天然瓦斯的開採，遂受到矚目，其天然資源之蘊藏量，據稱僅次於波斯灣之最有希望之資源；其次因其周邊的四國（蘇俄、哈薩克、亞塞拜然、土庫曼斯坦）獨立後，也計劃經濟自立，裏海之境界問題乃逐漸顯現。因該地接近歐洲各國，今後對能源之需求日增，但在裏海之法律地位尚不明確，如亞塞拜然與哈薩克認爲裏海是海洋，所以沿海國有獨占性開發權。但是蘇俄卻認爲裏海是湖泊，其地下資源應爲沿岸國五國（除上述四國外，再加伊朗）之共有物。1998年蘇俄與哈薩克共同商議後，兩國同意海底資源應依海洋法來區分。並於2002年9月蘇俄乃與亞塞拜然同意裏海之分割應劃分中間線爲之。

㈢**河口**：河川原來是屬於內水，以河川之出口處爲測定領海之基準。因此測定之基準乃爲本文之中心，依「海洋法公約」第9條：「如果河流直接流入海洋，基線應是一條在兩岸低潮線上兩點之間橫越河口的直線。」因

上連結河川兩岸之低潮線就測定河口之基線，在基線之內側就屬於內水。

㈣**礁石**：即在位於環礁上的島嶼或有岸礁環列的島嶼的情形下，測算領海寬度的基線是沿海國官方承認的海圖上以適當標記顯示的礁石的向海低潮線（聯海6）。

㈤**低潮高地**：低潮高地是在低潮時四面環水並高於水面但在高潮時沒入水中的自然形成的陸地。如果低潮高地全部或一部與大陸或島嶼的距離不超過領海的寬度，該高地的低潮線可作為測算領海寬度的基線。如果低潮高地全部與大陸或島嶼的距離超過領海的寬度，則該高地沒有其自己的領海（聯海13）。

㈥**港口與泊船處**：

1.港口（英、法：port；德：Hafen）：船舶停泊的港灣。即船舶用作搭載人員或裝卸貨物，而有永久設備之場所。在國際法上為了劃定領海的目的，構成海港體系組成部分的最外部永久海港工程視為海岸的一部分。近岸設施和人工島嶼不應視為永久海港工程（聯海11）。港口的內部構成內水。群島國可在其群島水域內用封閉線劃定內水的界限（聯海50）。沿海國除了船舶的破損、海難、缺乏糧食或燃料等不可抗力之情形以外，沒有義務讓外國船舶入港停泊。不過促進港口之國際交通，1923年定有「海港之國際制度有關之公約及規程」，在相互原則之下，海港之利用應站在內外船平等之待遇及關稅之無差別待遇下實施。

2.泊船處：通常用於船舶裝卸和下錨的泊船處，即使全部或一部位於領海的外部界限以外，都包括在領海範圍之內（聯海12）。

㈦**海灣**（英：bay, gulf；德：Bucht, Bai, Golf；法：baie, golfe）：

1.海灣的意義：海灣即天然之入口而與公海連接所閉鎖之海域。依「領海及鄰接區公約」第7條第2項規定，係「指明顯之水曲，其內曲程度與入口　度之比例使其中之水成陸地包圍狀，而不僅為海岸之灣曲處。但水曲除其面積等於或大於以連貫曲口之線為直徑畫成之平圓形者外，不得視為海灣」。海灣天然入口各端低潮標間之距離不超過24浬者，得在此兩低潮標之間劃定收口線，其所圍入之水域視為內國水域（聯海10IV，領鄰7IV）。如海灣天然入口各端低潮標間之距離超過24浬，應在灣

內劃定長度 24 浬之直線基線，以劃入該長度的線可能劃入的最大水域（聯海 10V，領鄰 7V）。這些規定不適用於所謂「歷史性」海灣，也不適用於採用第 7 條所規定之直線基線法的任何情形（聯海 10VI）。

　　2.海灣的種類：一般傳統的說法認為海灣可大別為四種：

⑴ 狹口海灣	即海灣天然入口兩端的低潮標的之間的距離不超過 24 浬，則可在這兩個低潮標之間劃出一條封口線，該線所包圍的水域應視為內水（聯海 10IV）。這個海灣即為狹口海灣。
⑵ 寬口海灣	即海灣天然入口兩端的低潮標之間的距離超過 24 浬，24 浬的直線基線應劃在海灣內，以劃入該長度的線所可能劃入的最大水域（聯海 10V）。這個海灣即為寬口海灣。
⑶ 歷史性海灣	領海公約第 7 條與海洋法公約第 10 條所未規定之海灣有兩種；一為歷史性海灣，另一為有二以上沿海國之海灣，兩者之共通點是不適用前述兩種要件之海灣。 歷史性海灣（英：historic bays）：即海灣之入口寬度大於 24 浬，又不無內水之性質，而沿海國在歷史上長期平穩的繼續使用、行使主權，而為外國明示默示的承認時，該海灣就具有內水之性質，如彼得大帝灣。因該海灣灣口有 102 浬，而認定為歷史性海灣，其通航與上空飛行必須申請許可，結果引起日本之抗議①。對歷史性海灣 1962 年聯合國秘書處為國際法委員會準備了一份研究報告，即「歷史性水域包括歷史性海灣的法律制度」，其中說明歷史性水域要有下列要件②： ①沿海國在主張歷史性水域（海灣）的地區行使權力，而此項權力必須是由國家的機構行使，私人的行為不算；而行使的權力必須是公開且有效的。 ②沿海國權力的行使必須是繼續的而構成習尚（usage），但行使權力的時間長短，則學說上並無定論，但必須有相當的時間。 ③外國對沿海國行使權力的態度必須構成默認（acquiescence），因為公海是公有物（res communis omnium），而非無主物（res nullius），所以不能依先占原則取得主權，而只能依照時效原則取得主權。換句話說，國際社會各國是公海的公有者，所以沿海國在某個海域行使權力原是非法的，但由於公有者

────────────

① 島田征夫・林司宣編：海洋法，第 23 頁。
② 見丘宏達著：現代國際法，第 577-578 頁。

	的默認其行使權力而逐漸因時間的關係取得主權，相當於國內法上因時效而取得某塊土地的所有權。
(4) **兩個以上沿海國所包圍之海灣**	在世界上約有 40 處，因海洋法公約與領海公約均未規定，乃依國際習慣法處理。如 1992 年薩爾瓦多、宏都拉斯與尼加拉瓜在爭取共同海灣芳沙加灣（Fonseca）之境界時，國際司法法院乃再度確認 1917 年之判決為未劃定境界之三國共用海灣的歷史習慣。

習題：何謂海灣？其種類有幾？試說明之。

四、群島國

㈠**群島國之概念**：所謂「群島國」，是指全部由一個或多個群島構成的國家，並可包括其他島（聯海 46 Ⅰ）。所謂「群島」是指一群島嶼，包括若干島嶼的若干部分、相連的水域和其他自然地形，彼此密切相關，以致這種島嶼、水

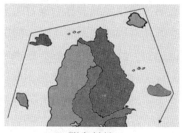

群島基線

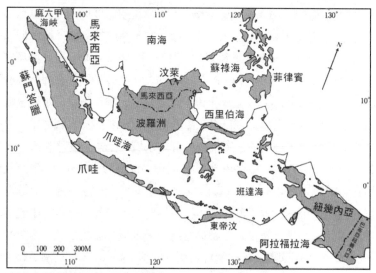

原自：G. Francalanci and T. Scovazzi, eds., Lines in the Sea(Dordrecht／Boston／London: Martunus Nijhoff Publishers, 1994), p.103.參引：島田征夫・林司宣編：海洋法，第 27 頁。

域和其他自然地形在本質上構成一個地理、經濟和政治的實體，或在歷史上已被視爲這種實體（聯海 46 II）。

　　㈡**群島基線**（archipelagic baseline）：群島所認定之基線，係以直線連結群島最外線各島和各乾礁的最外緣各點的直線群島基線，但這種基線應包括主要的島嶼和一個區域，在該區域內，水域面積和包括環礁在內的陸地面積比例應在 1：1 到 9：1 之間。這種基線的長度不應超過 100 浬。但圍繞任何群島的基線總數中至多百分之三可超過該長度，最長以 125 浬爲限（聯海 47 I, II）。領海、毗連區、專屬經濟區和大陸礁層的寬度，應從前述所劃定的群島基線量起（聯海 48）。群島國的主權及於前述所劃定的群島基線所包圍的水域，稱爲群島水域，不論其深度或距離海岸的遠近如何。此項主權及於群島水域的上空、海床和底土，以及其中所包含的資源（聯海 49 I, II）。此爲印度尼西亞及菲律賓等群島國所長年激烈主張者，終爲聯合國海洋法所採納，並爲國際社會所認定。

習題：試說明群島國之概念，如何劃定群島基線？

　　㈢**群島水域**（英：archipelagic waters）：菲律賓或印度尼西亞等群島國家以直線連接群島最外緣各島礁的最外緣各點所畫成的基線，稱爲群島基線（archipelagic baselines），直線最大爲 125 浬（聯海 47 II），被此群島基線所包圍之內側水域，稱爲群島水域（聯海 49 I），其外側則爲領海或專屬經濟海域。群島國家之主權及於群島水域之上下，群島國家之水域是聯合國海洋法公約所設定擁有獨自之法律地位的領水。群島水域與領海具有同樣的法律性格，群島國之主權及於群島水域的上空、海床和底土，以及其中所包含的資源（聯海 49 II）。此外尚可在此區域內的河口、海灣及港口用封閉線劃定內水的界限（聯海 50）。外國的船舶均享有通過群島水域的無害通航權（聯海 52）。群島國可指定適當的海道和其上的空中航道，以便外國船舶和飛機繼續不停和迅速通過或飛越其群島水域和鄰接的領海（聯海 53）。此與國際海峽之過境通航權類似（聯海 54）。群島國是聯合國海洋法公布後一種新的制度（聯海第四部分），但已發生效力成爲一般之制度。

㈣群島水域之通航：

1.無害通過權：所有國家的船舶在第 53 條的限制下，並在不妨害內水界定的範圍下，按照領海的規定，均享有通過群島水域的無害通過權（聯海 52 I）。如爲保護國家安全所必要，群島國可在對外國船舶之間在形式上或事實上不加歧視的條件下，暫時停止外國船舶在其群島水域特定區域內的無害通過。這種停止僅應在正式公佈後發生效力（聯海 52 II）。

2.群島海道通過權：群島國可指定適當的海道和其上的空中航道，以便外國船舶和飛機繼續不停和迅速通過或飛越其群島水域和鄰接的領海。所有船舶和飛機均享有在這種海道和空中航道內的群島海道通過權。群島海道通過是指按照本公約規定，專爲在公海或專屬經濟區的一部分和公海或專屬經濟區的另一部分之間繼續不停、迅速和無障礙地過境的目的，行使正常方式的航行和飛越的權利。這種海道和空中航道應穿過群島水域和鄰接的領海，並應包括用作通過群島水域或其上空的國際航行或飛越的航道的所有正常通道，並且在這種航道內，就船舶而言，包括所有正常航行水道，但無須在相同的進出點之間另設同樣方便的其他航道。這種海道和空中航道應以通道進出點之間的一系列連續不斷的中心線劃定，通過群島海道和空中航道的船舶和飛機在通過時不應偏離這種中心線 25 海裡以外，但這種船舶和飛機在航行時與海岸的距離不應小於海道邊緣各島最近各點之間的距離的百分之十（聯海 53 I～V）。

群島國根據本條指定海道時，爲了使船舶安全通過這種海道內的狹窄水道，也可規定分道通航制。群島國可於情況需要時，經妥爲公佈後，以其他的海道或分道通航制替換任何其原先指定或規定的海道或分道通航制。這種海道或分道通航制應符合一般接受的國際規章。群島國在指定或替換海道或在規定或替換分道通航制時，應向主管國際組織提出建議，以期得到採納。該組織僅可採納同群島國議定的海道和分道通航制；在此以後，群島國可對這些海道和分道通航制予以指定、規定或替換（聯海 53 VI～IX）。

群島國應在海圖上清楚地標出其指定或規定的海道中心線和分道通航制，並應將該海圖妥爲公佈。通過群島海道的船舶應尊重按照本條製

定的適用的海道和分道通航制。如果群島國沒有指定海道或空中航道，可通過正常用於國際航行的航道，行使群島海道通過權（聯海 53 X~XII）。

習題：試說明群島水域及其通航權。

五、島嶼（英：island；法：fle）

島嶼是四面環水，並在漲潮時高於水面之自然形成的陸地區域（聯海 121 I）。其中不能維持人類居住（human habitation）或其本身的經濟生活（conomic life）的岩礁，不應有專屬經濟區域或大陸礁層（聯海 121III）。除此以外島嶼的領海、毗連區、專屬經濟區域或大陸礁層，與其他領土同樣的處理（聯海 121II）。人工島嶼設施和結構並不具有島嶼之地位（聯海 60VIII）。

第五節　領海之無害通航與鄰接區

一、無害通航權（英：right of innocent passage）

所謂無害通航權，即所有國家，不論為沿海國或內陸國，其船舶均享有無害通過領海之權利（聯海 17）。

㈠**通過之意義**：所謂通過是為了穿過領海，但不進入內水或停靠內水以外的泊船處或港口設施；或駛往或駛出內水或停靠這種泊船處或港口設施。因領海是國家領域之一部分，也侵及沿海國之主權，只要船舶之通航是無害，就不必取得沿海國之許可，就可在其領域內通航。通過應繼續不停和迅速進行。通過包括停船和下錨在內，但以通常航行所附帶發生的或由於不可抗力或遇難所必要的或為救助遇險或遭難的人員、船泊或飛機的目標為限（聯海 18）。

㈡**無害通過之要件**：通過只要不損害沿海國的和平、良好秩序或安全，就是無害的。這種通過的進行應符合本公約和其他國際法規則。如果外國船舶在領海內進行下列任何一種活動，其通過即應視為損害沿海國的和平、良好秩序或安全（聯海 19 I, II）：

1.對沿海國的主權、領土完整或政治獨立進行任何武力威脅或使用武力，或以任何其他違反「聯合國憲章」所體現的國際法原則的方式進

行武力威脅或使用武力；

　　2.以任何種類的武器進行任何操練或演習；

　　3.任何目的在於搜集情報使沿海國的防務或安全受損害的行為；

　　4.任何目的在於影響沿海國防務或安全的宣傳行為；

　　5.在船上起落或接載任何飛機；

　　6.在船上發射、降落或接載任何軍事裝置；

　　7.違反沿海國海關、財政、移民或衛生的法律和規章，上下任何商品、貨幣或人員；

　　8.違反本公約規定的任何故意和嚴重的污染行為；

　　9.任何捕魚活動；

　　10.進行研究或測量活動；

　　11.任何目的在於干擾沿海國任何通訊系統或任何其他設施或設備的行為；

　　12.與通過沒有直接關係的任何其他活動。

　　㈢**潛水艇和其他潛水器**：在領海內，潛水艇和其他潛水器，須在海面上航行並展示其旗幟（聯海20）。外國核子動力船舶和載運核物質或其他本質上危險或有毒物質的船舶，在行使無害通過領海的權利時，應持有國際協定為這種船舶所規定的證書並遵守國際協定所規定的特別預防措施。

　　㈣**沿海國之權限**：

　　1.制定無害通過之法律和規章：沿海國可依「聯合國海洋法公約」和其他國際法規則制定關於無害通過領海的法律和規章（聯海21）。沿海和考慮到航行安全認為必要時，可要求行使無害通過其領海權利的外國船舶使用其為管制船舶通過而指定或規定的海道和分道通航制（聯海22）。國際海事組織（IMO）則採航路指定方式與分離通航方式處理。

　　2.沿海國的保護權：沿海國可在領海內採取必要的步驟以防止非無害的通過。在船舶駛往內水或停靠內水外的港口設備的情形下，沿海國也有權採取必要的步驟，以防止對准許這種船舶駛往內水或停靠港口的條件的任何破壞。如為保護國家安全包括武器演習在內而有必要，沿海國可在對外國船舶之間在形式上或事實上不加歧視的條件下，在其領海

的特定區域內暫時停止外國船舶的無害通過。這種停止僅應在正式公佈後發生效力（聯海 25）。

（五）**沿海國之義務**（聯海 24）：

　　1.除按照本公約規定外，沿海國不應妨礙外國船舶無害通過領海。尤其在適用本公約或依本公約制定的任何法律或規章時，沿海國不應：

　　　　⑴對外國船舶強加要求，其實際後果等於否定或損害無害通過的權利；或

　　　　⑵對任何國家的船舶、或對載運貨物來往任何國家的船舶或對替任何國家載物的船舶，有形式上或事實上的歧視。

　　2.沿海國應將其所知的在其領海內對航行有危險的任何情況妥為公佈。

（六）**外國船舶上的法律管轄權**：

　　1.刑事管轄權：沿海國不應在通過領海的外國船舶上行使刑事管轄權，以逮捕與在該船舶通過期間船上所犯任何罪行有關的任何人或進行與該罪行有關的任何調查，但下列情形除外（聯海 27）：

　　　　⑴罪行的後果及於沿海國；

　　　　⑵罪行屬於擾亂當地安寧或領海的良好秩序的性質；

　　　　⑶經船長或船旗國外交代表或領事官員請求地方當局予以協助；或

　　　　⑷這些措施是取締違法販運麻醉藥品或精神調理物質所必要的。

　　2.民事管轄權（聯海 28）：

　　　　⑴沿海國不應為對通過領海的外國船舶上某人行使民事管轄權的目的而停止其航行或改變其航向。

　　　　⑵沿海國不得為任何民事訴訟的目的而對船舶從事執行或加以逮捕，但涉及該船舶本身在通過沿海國水域的航行中或為該航行的目的而承擔的義務或因而負擔的責任，則不在此限。

　　　　⑶第 2 款不妨害沿海國按照其法律為任何民事訴訟的目的而對在領海內停泊或駛離內水後通過領海的外國船舶從事執行或加以逮捕的權利。

（七）**軍艦之通航權**：

1.軍艦的定義：軍艦（英：warship, man-of-war；法：navire de guerre；德：Kriegsschiff）者，在國際法上之定義，是以十九世紀各國之逮捕法令、判例爲基礎，由習慣法形成而來。1907 年海牙在「商船變更爲軍艦有關之條約」第 7 條繼受習慣法之規定，首先在條約上，規定軍艦之要件，其後該定義乃爲「公海公約」及「聯合國海洋法公約」所繼受，依「公海公約」第 8 條第 2 項：「所稱『軍艦』即屬於一國海軍，備具該國軍艦外部識別標誌之船舶，由政府正式任命之軍官指揮，指揮官姓名見於海軍名冊，其船員服從正規海軍紀律者。」再依「海洋法公約」第 29 條，軍艦者是指屬於一國武裝部隊、具備辨別軍艦國籍的外部標誌、由該國政府正式委任並名列相應的現役名冊或類似名冊的軍官指揮和配備有服從正規武裝部隊紀律的船長的船舶。在此定義下，不論船舶有無武裝，就是小艇，只要具有前述之條件，就屬於軍艦。

2.軍艦之地位：軍艦就是在平時也具有特殊之地位，在公海上與軍用機或政府船舶並行具有公海海上警察之職權，如對海盜行爲或人口販賣等有登船臨檢之權。如果軍艦不遵守沿海國關於通過領海的法律和規章，而且不顧沿海國向其提出遵守法律和規章的任何要求，沿海國可要求該軍艦立即離開領海（聯海 30）。

3.軍艦之無害通航權：軍艦有無無害通航權一向尚有爭議。一般公約上雖無明文規定（聯海 29-32），但除了事先的許可與通告外，一般咸認軍艦亦應有無害通航權。不過對於軍艦或其他用於非商業目的的政府船舶不遵守沿海國有關通過領海的法律和規章或不遵守本公約的規定或其他國際法規則，而使沿海國遭受任何損失或損害，船旗國應負國際責任（聯海 31）。至於傷病船舶，應受國際法之特別保護，就是屬於軍艦，只要不使用在軍事上，亦不受捕獲等攻擊。關於潛水艇和其他潛水器，須在海面上航行並展示其旗幟（聯海 20）。

(八)**其他之無害通航權**：確定直線基線之效果致包圍在內成爲內水，則在此種水域內應有無害通過權（聯海 8II），群島水域也有無害通過權（聯海 52）。此外，關於國際海峽指不適用過境通行制度的海峽或在公海或專屬經濟區的一部分或外國領海之間的海峽，亦有無害通航權（聯海 45）。

習題：
一、何謂無害通航權？
二、依聯合國海洋法規定，外國船舶通過時，沿海國有何權利與義務？
三、何謂軍艦？軍艦有無無害通航權？試說明之。

二、鄰接區 （英：contiguous zone；法：zone contiguë；德：Anschlußzone）

　　所謂鄰接區即由本國領海接續之一定範圍的水域，沿岸國得防止在其領土或領海內違犯其海關、財政、移民或衛生的法律和規章；懲治在其領土或領海內違反上述法律和規章的行為。從歷史上言，鄰接區之前身為十九世紀初期之關稅監視區。在歐洲各國為實行重商主義政策，設立高額之關稅障礙，為取締海上之走私案件，乃設置廣泛之走私監視區，此如英國之 Hovering Act。在美國於 1920 年基於禁酒法（National Prohibition Act），因在國內禁止酒類之製造、販賣，致外國酒類及透過走私進入美國，為便於取締乃設 12 浬之監視區。但因在領海 3 浬時代，欲對 3 浬以外取締走私，係違反國際法而受到各國之抗議，於是美國乃透過與關係國締結條約而設立監視區（此為酒精條約）。1930 年在國際法典編纂會議上，沿海國試從關稅上及衛生上之理由設 12 浬之領海外規範，但未能條約化。直到 1958 年之「領海及鄰接區公約」才規定此鄰接區自測定領海寬度之基線起算，不得超出 12 浬（領鄰 24）。惟 1982 年「聯合國海洋法公約」規定，鄰接區從測算領海寬度的基線量起，擴大為不得超過 24 浬（聯海 33）。前者並規定，兩國海岸相向或相鄰者，除彼此另有協議外，均無權將本國之鄰接區擴展至每一點均與測算兩國領海寬度之基線上最近各點距離相等之中央線以外（領鄰 24III）。後者因無規定，因此該鄰接區之境界劃一乃有不同見解。外國船舶在一國之鄰接區內而有違反該國法律和規章時，該國可對該外國船舶進行緊追（聯海 111 I）。

　　依我國 1998 年 1 月 21 日公布之「中華民國領海及鄰接區法」第 3 條規定：「中華民國領海為自基線起至其外側十二浬間之海域」。第 15 條規定：「中華民國鄰接區為鄰接其領海外測至距離基線二十四浬間之海域；其外界線由行政院訂定，並得分批公告之。」第 17 條規定：「中華民國之國防、警察、海關或其他有關機關人員，對於在領海或鄰接區內

之人或物，認為有違犯中華民國相關法令之虞者，得進行緊追、登臨、檢查；必要時，得予扣留、逮捕或留置。前項各有關機關人員在進行緊追、登臨、檢查時，得相互替補，接續為之。」

習題：何謂鄰接區？我國法制有何規定？

第六節　國際海峽

一、國際海峽之概念

(一)**海峽**（英：straits；德：Meerengen；法：détroits）：即被對峙的兩邊陸地所夾成狹長的水道，而其兩端與海洋相通的，稱為海峽。至於是否列為國際海峽，其基準有地理的基準與功能的基準兩種；譬如前者係連結公海與公海之海峽，而後者，是使用在國際航行者當然稱為國際海峽；如果海峽內有公海之部分，或不使用在國際航行時，當不至成為問題，但因自領海擴大為 12 浬以後，因公海部分減少，沿海國與國際航行之雙方利益失去平衡，又因海洋污染或恐怖活動等問題，致海峽問題浮上抬面。

(二)**國際海峽**（英：international strait）：指領海、內水或群島水域中之海域，其使用於國際航行之海峽之謂。即「在公海或專屬經濟區的一個部分和公海或專屬經濟區的另一部分之間，而用於國際航行的海峽」（聯海 37），在國際海峽，不論屬於任何國家之領海，所有船舶和飛機均享有過境通行的權利，過境通行不應受阻礙（聯海 38）。其次在使用於國際航行之海峽中，公海或專屬經濟區的一個部分和外國領海之間的海峽，也保障無害通航權（聯海 45①），在這種海峽中的無害通航不應予以停止（聯海 45②）。領海公約也規定，在不牴觸無害通過之規定下，沿海國於保障本國安全確有必要時，得在其領海之特定區域內暫時停止外國船舶之無害通過，但在外國船舶間不得有差別待遇。此項停止須於妥為公告後，方始發生效力（領鄰 16Ⅲ）。在公海之一部分與公海之另一部分或外國領海之間供國際航行之用之海峽中，不得停止外國船舶之無害通過（領鄰 16Ⅳ）。此亦稱為強化的無害通航權（reinforced innocent passage）。但在國際海峽即對於未享有無害通航權之

航空機或軍艦也賦予通過通航權。這是由各國領海擴大爲 12 浬以後，原是公海之部分，變成一國之領海以後爲確保軍艦通航之既得權所設之規定。以 1949 年之高夫海峽事件（Corfu Channel Case）爲例，阿爾巴尼亞認爲該海峽只使用於地區性的交易，但法院採用英國提供之資料，即該海峽也供各國船舶之通行的事實，認定屬於國際海峽（ICJ Reports 1949, PP28-29）。

習題：何謂海峽？何謂國際海峽？兩者有何區分。

二、國際海峽之通航制度

㈠國際海峽之過境通行：

1.在國際海峽中，所有船舶和飛機均享有過境通行的權利，過境通行不應受阻礙；但如果海峽是由海峽沿岸國的一個島嶼和該國大陸形成，而且該島向海一面有在航行和水文特徵方面同樣方便的一條穿過公海，或穿過專屬經濟區的航道，過境通行就不應適用（聯海 38 I 但）。

2.過境通行是指按照本部分規定，專爲在公海或專屬經濟區的一個部分和公海或專屬經濟區的另一部分之間的海峽繼續不停和迅速過境的目的而行使航行和飛越自由。但是，對繼續不停和迅速過境的要求，並不排除在一個海峽沿岸國入境條件的限制下，爲駛入、駛離該國或自該國返回的目的而通過海峽（聯海 38 II）。

3.任何非行使海峽過境通行權的活動，仍受本公約其他適用的規定的限制（聯海 38 III）。

㈡軍艦之通航與高夫海峽事件：

1.軍艦之通航：在公海之一部分與公海另一部分或外國領海之間供國際航行之用之海峽中，不得停止外國船舶之無害通過（領鄰 16 IV）。

2.高夫海峽事件（英：Corfu Channel Case；德：Korfukanal-Fall；法：affaire du détroit de Corfou）：當事國是英國與阿爾巴尼亞，於二次大戰後在高夫海峽通航問題而發生之爭端事件。1946 年 10 月 22 日，英國四艘驅逐艦通行到阿爾巴尼亞領海內北高夫海峽時，兩艘因觸雷致 86 名官兵死傷事件。同年 11 月 12、13 日，英國到事故現場調查，發現是水雷所引發，英國於是向聯合國安全理事會投訴，安理會建議應向國際法院提訴。阿

爾巴尼亞（當時尚未入會）也承諾，於是乃向國際法院提訴。本案之爭論點於：㈠關於此次觸雷，阿爾巴尼亞在國際法上是否應負國家責任，而應負損害賠償責任；㈡英國之軍艦通過阿爾巴尼亞領海內之高夫海峽，是否構成主權之侵害。法院於 1949 年 4 月 9 日對本案下達判決：對於上述第㈠項爭論，水雷之敷設雖不清楚，但從事實之推論，情況證據及鑑定人之意見，阿爾巴尼亞應該知道領海內有敷設水雷，因此從人道上考慮，海上交通的自由，及領域使用管理之原則下，阿爾巴尼亞對於水雷之存在應對英國之軍艦有警告之義務，對此怠忽應有國家責任，因此有賠償義務。第㈡項爭論，判定北高夫海峽應屬於國際海峽，因此平時外國軍艦應有無害通行權。英國驅逐艦之通航並未對阿爾巴尼亞構成侵害。其後法院乃依據判決於 12 月 15 日決定阿爾巴尼亞應賠償英國 84 萬 3,947 英鎊（ICJ 1949.12.15 判決，1949 Report 244）。本案判決對軍艦在領海內之無害通行權及對國際海峽通航權之確立有極大之影響。

三、船舶和飛機在過境時義務

㈠船舶和飛機在行使過境通行權時應：

　　1.毫不遲延地通過或飛越海峽；

　　2.不對海峽沿岸國的主權、領土完整或政治獨立進行任何武力威脅或使用武力，或以任何其他違反「聯合國憲章」所體現的國際法原則的方式進行武力威脅或使用武力；

　　3.除因不可抗力或遇難而有必要外，不從事其繼續不停和迅速過境的通常方式所附帶發生的活動以外的任何活動；

　　4.遵守本部分的其他有關規定。

㈡過境通行的船舶應：

　　1.遵守一般接受的關於海上安全的國際規章、程序和慣例，包括「國際海上避碰規則」；

　　2.遵守一般接受的關於防止、減少和控制來自船舶的污染的國際規章、程序和慣例。

㈢過境通行的飛機應：

　　1.遵守國際民用航空組織制定的適用於民用飛機的「航空規則」；國有飛機通常應遵守這種安全措施，並在操作時隨時適當顧及航行安全；

　　2.隨時監聽國際上指定的空中交通管制主管機構所分配的無線電頻率或有關的國際呼救無線電頻率。

四、國際海峽內之海道和分道通航制（聯海41）

　　㈠依照本部分，海峽沿岸國可於必要時為海峽航行指定海道和規定分道通航制，以促進船舶的安全通過。

　　㈡這種國家可於情況需要時，經妥為公布後，以其他海道或分道通航制替換任何其原先指定或規定的海道或分道通航制。

　　㈢這種海道和分道通航制應符合一般接受的國際規章。

　　㈣海峽沿岸國在指定或替換海道或在規定或替換分道通航制以前，應將提議提交主管國際組織，以期得到採納。該組織僅可採納同海峽沿岸國議定的海道和分道通航制，在此以後，海峽沿岸國可對這些海道和分道通航制予以指定、規定或替換。

　　㈤對於某一海峽，如所提議的海道或分道通航制穿過該海峽兩個或兩個以上沿岸國的水域，有關各國應同主管國際組織協商，合作擬訂提議。

　　㈥海峽沿岸國應在海圖上清楚地標出其所指定或規定的一切海道和分道通航制，並應將該海圖妥為公布。

　　㈦過境通行的船舶應尊重按照本條制定的適用的海道和分道通航制。

五、海峽沿岸國得制定法律和規章（聯海42）

　　㈠在本節規定的限制下，海峽沿岸國可對下列各項或任何一項制定關於通過海峽的過境通行的法律和規定：

　　　1.第41條所規定的航行安全和海上交通管理；

　　　2.使有關在海峽內排放油類、油污廢物和其他有毒物質的適用的國際規章有效，以防止、減少和控制污染；

　　　3.對於漁船，防止捕魚，包括漁具的裝載；

　　　4.違反海峽沿岸國海關、財政、移民或衛生的法律和規章，上下任何商品、貨幣或人員。

㈡這種法律和規章不應在形式上或事實上在外國船舶間有所歧視，或在其適用上有否定、妨礙或損害本節規定的過境通行權的實際後果。

㈢海峽沿岸國應將所有這種法律和規章妥為公佈。

㈣行使過境通行權的外國船舶應遵守這種法律和規章。

㈤享有主權豁免的船舶的船旗國或飛機的登記國，在該船舶或飛機不遵守這種法律和規章或本部分的其他規定時，應對海峽沿岸國遭受的任何損失和損害負國際責任。

六、海峽沿岸的義務

海峽沿岸國不應妨礙過境通行，並應將其所知的海峽內或海峽上空對航行或飛越有危險的任何情況妥為公佈。過境通行不應予以停止（聯海 44）。

七、特別條約之海峽制度

即某些海峽通過的制度，已規定在現行有效的專門關於這種海峽的國際公約中（聯海 35 Ⅰ ③）。適用這種制度就是土耳其海峽、丹麥海峽、麥哲倫海峽。自黑海進入愛琴海須先經博斯普魯斯海峽（連結黑海與瑪摩拉海 Marmara），再經達達尼爾海峽（Dardanelles Strait），此稱為土耳其海峽，數世紀以來都為特別條約所規範。現行條約為 1936 年簽訂之「關於海峽制度之公約」，在瑞士蒙特勒簽訂。依該公約，對於商船則完全承認自由通航（戰時土耳其為交戰國時，只限於中立國之商船），對於軍艦則限制總噸數。另一方面，戰時如土耳其為交戰國時，外國軍艦之通航，則由土耳其之裁量決定。丹麥海峽是連結波羅的海與北海，自 1857 年歐美各國依丹麥條約首先廢止徵收通航稅，並同意船舶之通航自由。1919 年之「凡爾賽條約」，確認「海峽之完全自由通航」。1976 年依丹麥的法令雖承認外國軍艦之通航，但同一國之軍艦三艘以上同時通過時，事前須先通告。麥哲倫海峽於 1881 年依智利與阿根廷國境條約，保障該海峽的永久中立化（包括禁止要塞、軍事基地之建築），並開放所有國家船舶之自由通航。

八、臺灣海峽之中線

臺灣海峽兩岸過去都以模糊處理「海峽中線」，但 2004 年 5 月 28 日

國防部軍事發言人公布，海峽中線正確
座標位置爲北緯 26 度 30 分、東經 121
度 23 分，北緯 24 度 50 分、東經 119 度
59 分至北緯 23 度 17 分、東經 117 度 51
分①，以此界定兩岸各自的支配領域。

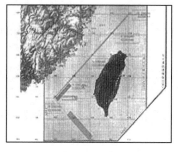

因此雙方戰機依照默契不飛越中
線，日前香港媒體報導指出，臺灣戰機
一旦飛越海峽中線，進入大陸沿海領空，即以武力擊毀；爲避免誤判引
發軍事衝突，雙方應有互相節制之必要。

第七節　專屬經濟海域

一、專屬經濟海域概説

專屬經濟海域（英：exclusive economic zone（EEZ）；法：zone économique
exclusive），一國之專屬經濟海域係指鄰接領海外側至距離領海基線 200
浬間之海域。依海洋法公約第 57 條，則從測算領海寬度的基線量起，不
應超過 200 浬。亦稱排他性經濟海域。自進入 1970 年代，各國主張由沿
岸 200 浬應擁有資源管轄權，非洲各國
乃有 200 浬之經濟海域的構想，而加勒
比海（Caribbean Sea）各國也主張世襲
海，在此背景下聯合國乃於 1982 年通
過「聯合國海洋法公約」予以制度化。

1998 年 1 月 21 日我國公布「中華
民國領海及鄰接區法」及「中華民國專屬海域及大陸礁層法」，將領海定
爲 12 浬，鄰接區爲 24 浬，經濟海域爲 200 浬。

二、沿海國在專屬經濟海域内之權利、管轄權和義務

專屬經濟海域係從測算領海寬度的基線量起，不應超過 200 浬（57

---

① 見 2004 年 5 月 27 日及 5 月 30 日各大報。

條)，其沿海國擁有下列權利、管轄權和義務 (聯海 56)：

㈠以勘探和開發、養護和管理海床上覆水域和海床及其底土的自然資源 (不論為生物或非生物資源) 為目的的主權權利，以及關於在該區內從事經濟性開發和勘探，如利用海水、海流和風力生產能等其他活動的主權權利；

㈡本公約有關條款規定的對下列事項的管轄權：

　　1.人工島嶼、設施和結構的建造和使用；

　　2.海洋科學研究；

　　3.海洋環境的保護和保全；

㈢本公約規定的其他權利和義務。

沿海國在專屬經濟區內根據本公約行使其權利和履行其義務時，應適當顧及其他國家的權利和義務，並應以符合本公約規定的方式行事。

本條所載的關於海床和底土的權利，應按照第六部分的規定行使。

三、人工島嶼、設施和結構的建造與利用 (聯海 60)

㈠沿海國在專屬經濟區內應有專屬權利建造並授權和管理建造、操作和使用：

　　1.人工島嶼；

　　2.為第 56 條所規定的目的和其他經濟目的的設施和結構；

　　3.可能干擾沿海國在區內行使權利的設施和結構。

㈡沿海國對這種人工島嶼、設施和結構應有專屬管轄權，包括有關海關、財政、衛生、安全和移民的法律和規章方面的管轄權。

㈢這種人工島嶼、設施或結構的建造，必須妥為通知，並對其存在必須維持永久性的警告方法。已被放棄或不再使用的任何設施或結構，應予以撤除，以確保航行安全，同時考慮到主管國際組織在這方面制訂的任何為一般所接受的國際標準。這種撤除也應適當地考慮到捕魚、海洋環境的保護和其他國家的權利和義務。尚未全部撤除的任何設施或結構的深度、位置和大小應妥為公佈。

㈣沿海國可於必要時在這種人工島嶼、設施和結構的周圍設置合理的

安全地帶，並可在該地帶中採取適當措施以確保航行以及人工島嶼、設施和結構的安全。

㈤安全地帶的寬度應由沿海國參照可適用的國際標準加以確定。這種地帶的設置應確保其與人工島嶼、設施或結構的性質和功能有合理的關聯；這種地帶從人工島嶼、設施或結構的外緣各點量起，不應超過這些人工島嶼、設施或結構周圍五百公尺的距離，但為一般接受的國際標準所許可或主管國際組織所建議者除外。安全地帶的範圍應妥為通知。

㈥一切船舶都必須尊重這些安全地帶，並應遵守關於在人工島嶼、設施、結構和安全地帶附近航行的一般接受的國際標準。

㈦人工島嶼、設施和結構及其周圍的安全地帶，不得設在對使用國際航行必經的公認海道可能有干擾的地方。

㈧人工島嶼、設施和結構不具有島嶼地位。它們沒有自己的領海，其存在也不影響領海、專屬經濟區或大陸架界限的劃定。

習題：海洋法如何規定人工島嶼、設施和結構的建造與利用？

四、沿海國法律和規章的執行（聯海 73）

㈠沿海國行使其勘探、開發、養護和管理在專屬經濟區內的生物資源的主權權利時，可採取為確保其依照本公約制定的法律和規章得到遵守所必要的措施，包括登臨、檢查、逮捕和進行司法程序。

㈡被逮捕的船隻及其船員，在提出適當的保證書或其他擔保後，應迅速獲得釋放。

㈢沿海國對於在專屬經濟區內違犯漁業法律和規章的處罰，如有關國家無相反的協定，不得包括監禁，或任何其他方式的體罰。

㈣在逮捕或扣留外國船隻的情形下，沿海國應通過適當途徑將其所採取的行動及隨後所施加的任何處罰迅速通知船旗國。

習題：根據 1980 年代聯合國所擬定的聯合國海洋法，有許多規定專屬經濟特區（Exclusive Economic Zone）之條款，請說明沿岸國（Coastal State）對專屬經濟特區有關權利、管轄、義務和法律及規則執行之相關規定。（95 公三）

五、專屬經濟海域上空之飛行

所謂專屬經濟海域，依「海洋法公約」，即指鄰接領海以外之海域外側至距離領海基線 200 浬間之海域（聯海 57）。在此海域之上空，所有國家不論爲沿海國或內陸國，在海洋法公約有關規定之限制下，享有航行和飛越的自由（聯海 59）。

六、專屬經濟區內之生物資源

㈠生物資源的利用：

1.沿海國應在不妨害第 61 條的情形下促進專屬經濟區內生物資源最適度利用的目的（聯海 62 I）。

2.沿海國應決定其捕撈專屬經濟區內生物資源的能力。沿海國在沒有能力捕撈全部可捕量的情形下，應通過協定或其他安排，准許其他國家捕撈可捕量的剩餘部分 surplus，尤其是准許發展中國家捕撈（聯海 62 II）。

3.沿海國在根據本條准許其他國家進入其專屬經濟區時，應考慮到所有有關因素，除其他外，包括：該區域的生物資源對有關沿海國的經濟和其他國家利益的重要性（聯海 62 III）。

4.在專屬經濟區內捕魚的其他國家的國民應遵守沿海國的法律和規章中所制訂的養護措施和其他條款和條件。這種法律和規章應符合本公約之規定（聯海 62 IV）。

5.沿海國應將養護和管理的法律和規章妥爲通知（聯海 62 V）。

㈡生物資源的養護（聯海 61）：

1.沿海國應決定其專屬經濟區內生物資源的可捕量（allowable catch）。

2.沿海國參照其可得到的最可靠的科學證據，應通過正當的養護和管理措施，確保專屬經濟區內生物資源的維持不受過度開發的危害。在適當情形下，沿海國和各主管國際組織，不論是分區域、區域或全球性的，應爲此目的進行合作。

3.這種措施的目的也應在包括沿海漁民社區的經濟需要和發展中國家的特殊要求在內的各種有關的環境和經濟因素的限制下，使捕撈魚種的數量維持在或恢復到能夠生產最高持續產量（maximum sustainable yield）

的水準，並考慮到捕撈方式、種群的相互依存以及任何一般建議的國際最低標準，不論是分區域、區域或全球性的。

　　4.沿海國在採取這種措施時，應考慮到與所捕撈魚種有關聯或依賴該魚種而生存的魚種所受的影響，以便使這些有關聯或依賴的魚種的數量維持在或恢復到其繁殖不會受嚴重威脅的水平以上。

　　5.在適當情形下，應通過各主管國際組織，不論是分區域、區域或全球性的，並在所有有關國家，包括其國民獲准在專屬經濟區捕魚的國家參加下，經常提供和交換可獲得的科學情報、漁獲量和漁撈努力量統計，以及其他有關養護魚的種群的資料。

習題：試說明專屬經濟區域內生物資源的利用與養護。

七、魚種別資源之國際合作

　　對於出現在兩個或兩個以上沿海國專屬經濟區的種群或出現在專屬經濟區內而又出現在專屬經濟區外的鄰接區域內的種群（聯海 63）：

　　1.如果同一種群或有關聯的魚種的幾個種群出現在兩個或兩個以上沿海國的專屬經濟區內，這些國家應直接或通過適當的分區域或區域組織，設法就必要措施達成協議，以便在不妨害本部分其他規定的情形下，協調並確保這些種群的養護和發展。

　　2.如果同一種群或有關聯的魚種的幾個種群出現在專屬經濟區內而又出現在專屬經濟區外的鄰接區域內，沿海國和在鄰接區域內捕撈這種種群的國家，應直接或通過適當的分區域或區域組織，設法就必要措施達成協議，以養護在鄰接區域內的這些種群。

| （一）
高度迴游魚種 | （highly migratory species）：某些魚類以一定期間為周期，期間一到就形成大群的魚種集體移動，稱為迴游。如鮪魚、鰹魚、旗魚、箭魚、大洋性鯊魚等。其原因有為尋求適合自己之水溫或為產卵而移動。依「聯合國海洋法公約」第 64 條第 1 項規定：「沿海國和其國民在區域內捕撈高度迴游魚種的其他國家應直接或通過適當國際組織進行合作，以期確保在專屬經 |  |

	濟區以內和以外的整個區域內的這種魚種的養護和促進最適度利用這種魚種的目標。在沒有適當的國際組織存在的區域內，沿海國和其國民在區域內捕撈這些魚種的其他國家，應合作設立這種組織並參加其工作。」
(二) 海洋哺乳動物	本部分的任何規定並不限制沿海國的權利或國際組織的職權，對捕捉海洋哺乳動物執行較本部分規定更為嚴格的、禁止限制或管制。各國應進行合作，以期養護海洋哺乳動物，在有關鯨目動物方面，尤應通過適當的國際組織，致力於這種動物的養護、管理和研究（聯海65）。
(三) 溯河產卵種群	（anadromous species）：如鮭魚或鱒魚，在生殖季節，成熟的鮭魚會迴游至其出生的溪流，並上溯至上游產卵。產卵完畢，母魚即死亡，孵化的鮭魚苗在產卵場生活一段時期後，再往下游遷移，最後完全在海洋中生活。至於鱒魚則於夏季溯江而 鮭魚 鱒魚 上，產卵於溪床上，秋季後又回歸大海。溯河性魚種發生之河川所在之國家，稱為母川國（state of origin）。在公海自由之原則下，母川國管轄之主張常有爭議。依「聯合國海洋法公約」第66條第1項規定：「有溯河產卵種群自其河流的國家對於這種種群應有主要利益和責任。」其第 2 項規定：「溯河產卵種群的漁源國，應制訂關於在其專屬經濟區外部界限向陸一面的一切水域中的捕撈和關於捕撈之適當管理措施，以確保這種種群的養護。」關於在專屬經濟區外部界限以外進行的這種捕撈，有關國家應保持協商，以期就這種捕撈的條件達成協議，並適當顧及漁源國對這些種群加以養護的要求和需要（聯海66III）。
(四) 降河產卵魚種	（catadromous species）：此如鰻魚是從河川到海，從海到河川之一生。即在熱帶地方之深海產卵，而在淡水海中生活。依「聯合國海洋法公約」第67條第1項規定：「降 鰻魚 河產卵魚種在其水域內度過大部分生命周期的沿海國，應有責任管理這些魚種，並應確保迴游魚類的出入」。第 2 項謂：「捕撈降河產卵魚種，應只在專屬經濟區外部界限向陸一面的水域中進行。在專屬經濟區內進行捕撈時，應受本條及本公約關於在專屬經濟區內捕魚的其他規定的限制」。第 3 項規定：「在降河產卵魚種不論幼魚或成魚迴游通過另外一國

	的專屬經濟區的情形下，這種魚的管理，包括捕撈，應由第一款所述的國家和有關的另外一國協議規定。這種協議應確保這些魚種的合理管理，並考慮前面第一項所述國家在維持這些魚種方面所負的責任。」
(五) 定居種	即在海床上或海床下不能移動或其軀體須與海床或底土保持接觸才能移動的生物（聯海68）。惟專屬經濟區之第68條所規定之定居種不適用於第77條第4款大陸礁層所規定的定居種。

八、日、中、韓三國對專屬經濟區之爭議

自「聯合國海洋法公約」第57規定專屬經濟海域為200浬以後，因對海底上方水域之主權的權利，沿岸國即擁有人工島嶼等之建築物、科學調查、環境保護之管轄權，其他有關航行或上空飛行，與公海相同，得自由通航，因此擁有領海與公海之雙重性格。日本於聯合國海洋法通過後，則在國內法設定專屬經濟區域，其寬度為世界第六位，但是卻與韓國及中國尚未達成協議，其對地下資源之開發或海岸科學調查仍有爭議。

參照 imidas, 2007, P.453

九、日本與我國對釣魚台之爭議

第二次大戰期間同盟國在1943年11月宣布之「開羅宣言」（Cairo Declaration）謂：「日本竊取於中國之一切領土，例如東北四省、臺灣、澎湖群島等，應歸還中華民國；其他日本以武力或貪慾所攫取之土地，亦務將日本驅逐出境。」同盟國又在1945年7月發布「波茨坦宣言」（Potsdam Proclamation）謂：「開羅宣言之條件，必須實施，而日本之主權將限於本州、北海道、九州、四國，及吾人所決定之其他小島」。1945年9月2日日本投降時，在「降伏文書」中宣示接受波茨坦宣言，其後在1952年在臺北簽訂之「中日和約」第2條中，日本同意放棄臺灣、澎湖之主權，而釣魚台列嶼係日本在甲午戰後連同臺灣一併被日本佔領之中國領土，

日本既已戰敗自應依約定放棄臺灣。

㈠**釣魚台位置**：釣魚台列嶼位於臺灣之東北距基隆港 120 海里，與日本琉球群島沖繩首府那霸距離 230 海里。位於東經 123 度 30 分至 124 度 34 分，北緯 25 度 44 分至 25 度 56 分之間，由釣魚台、北小島、南小島、黃尾嶼、赤尾嶼、大南小島、大北小島、飛瀨等 8 島嶼所構成。列嶼面積約 6.6 平方公里為無人島，政府核定由臺灣省宜蘭縣管轄，因此其島嶼周圍海域，一向是我國漁民捕魚作業之範圍。該列嶼是臺灣北部海底礁層向北延伸而組成，與臺灣本島一起，都坐落在水深只有 200 公尺的大陸礁層上，亦即處於中國礁層之尖端，以水深 2,000 公尺的琉球海槽與琉球群島自然隔絕。

㈡**日本學者臺灣研究論壇會長之主張**：日本學者永山英樹認為「馬關條約」雖提臺灣附屬島嶼，但沒有劃定島嶼的範圍。但是我卻可以明確指出的是，在該條約生效時附屬島嶼不包括以下三個島嶼：

1.紅頭嶼（今蘭嶼）：日本在馬關條約生效以後，確認當時統治著菲律賓的西班牙並無意願統治紅頭嶼之後，才把它編入臺灣的一部分。

2. Agincourt＝彭佳嶼：也是確認法國在時的占領已結束後，才編入臺灣的。

3.魚釣島及久場島（今尖閣諸島，台灣又稱釣魚台列嶼）：馬關條約簽署時已經是日本領土，因此絕對不會被包括在附屬島嶼中。

中華民國與中華人民共和國在四十年前才開始宣傳說釣魚台本來是臺灣的附屬島嶼，但由以上三點顯示，明顯與史實不合①。」

引自：日本海上保安廳海洋情報部與水上千之編：「現代の海洋法」（有信堂，2003 年），頁 252 之圖。

---

① 永山英樹：日本臺灣研究論壇會長，於 2010 年 10 月 5 日在自由時報 A15 發表。

㈢**行政院新聞局之主張**：於 1997 年 5 月 26 日公布的「釣魚台列嶼問題平議」說帖中指出，大陸沿岸海流與黑潮會合之後，沿琉球群島沖繩海漕向北流，到列嶼最東的小島赤尾嶼沿岸時，時速可達 4 海里（7.2 公里），波濤湍急，形成中國與琉球的天然界海。而臺灣與釣魚台列嶼又同屬一個季風走廊，臺灣漁民前往釣魚台列嶼是順風、順流而去，較為容易，琉球漁民前來，則較困難，這就是釣魚台列嶼為中國人所發現、命名與使用，而非屬琉球人或日本人的理由，也是釣魚台列嶼與臺灣不可分的一個重要地理原因。

根據地質調查，在釣魚台列嶼鄰近 20 平方公里之海域內，所積存 2,500 萬年前「新第三紀時代」黃河、長江沖積物，厚達 2 公里至 9 公里。在列嶼周邊一向具有豐富的漁場，為我國漁民傳統捕魚地區，而且該海域之石油儲量，據推測與估計約有 150 億噸①。

㈣**中共的說法**：對此中共認為釣魚台列嶼原是中國的領土，為臺灣之一部分，根據「舊金山和約」第 2 條（b）「日本放棄其對臺灣及澎湖群島之一切權利，權利名義與要求。」因此當須返還中國。

㈤**日本所持的理由**：釣魚台列嶼是國際法上無主地，所以自 1895 年以後，日本決定將該列嶼列為琉球的管轄，而且已有實際之管轄。日本政府認為：㈠日本政府將該列嶼編入日本領土措施之前，該列島並無決定性歷史資料證明是屬於中國。㈡日本宣布該編入措施以後，日本對該列嶼平穩且繼續行使國家權力；因此至 1970 年代日本對列嶼之統治權行使，中國從未提出異議。

㈥**爭端之經過**：釣魚台列嶼原屬清廷管轄領域，但清廷腐敗給日本有可乘之機，終於爆發甲午戰爭，使清廷割讓臺灣、澎湖，日本乃一併將臺灣旁邊之附屬島嶼併入其領土範圍。所以日本自認其取得釣魚臺列嶼是在 1895 年。事實上二次大戰後，美國結束佔領琉球，將其交給日本，日本惟恐引起我國之注意，最初放任臺灣漁船前往捕魚，等到日本海空軍日益壯大，乃開始採強勢驅逐我漁船，這幾年見時機成熟，則進行逮

---

① 見中央社編：2001年世界年鑑，第26頁。

捕處罰。

　　1992 年中共制定「領海及其鄰接區法」，並將釣魚台列入其中。96 年依「聯合國海洋法公約」，專屬經濟水域之設定成爲問題，而日本有部分右翼人士前往釣魚台設置燈塔，因此乃引發臺灣與香港之抗議，甚至雇用漁船強行登陸，日本則出動海上自衛隊攔阻，在過程中有位參與抗議之香港人士陳毓祥落海死亡。香港媒體乃以愛國志士廣爲宣導，謂日本軍國主義之復活與釣魚台之主權之被侵犯而展開一連串之抗議活動。

　　1.釣魚台列嶼漁業談判：第十五次臺日漁業談判預備會議於 2005 年 7 月 12 日在東京舉行，蘇澳、臺東、臺中、新竹、淡水地區的漁民於 11 日集結到立法院陳情，由活動總召集人前蘇澳鎮長林棋山、總指揮蘇澳區漁會理事長陳志忠，提出「擱置主權爭議、漁權談判優先」等九大訴求：一、擱置釣魚台主權爭議，僅就漁權優先實質談判；二、反對日本以無法居住人的暗礁或人工島劃設專屬經濟區；三、儘速編列預算充實海巡署護漁裝備；四、海巡署應於暫定執法線內徹底執行護漁工作；五、儘速成立護漁基金；六、臺日經濟海域中線應以雙方首都爲基點；七、臺日共管重疊經濟海域；八、臺日漁權談判應有漁業人士參與；九、漁船發生機件故障漂流進入對方海域，應依國際慣例人道救助，不應藉機扣押。

　　2.釣魚台日本巡邏艦撞船事件：臺北縣海釣船「聯合號」在 2008 年 6 月 10 日凌晨進入釣魚台海域欲進行海釣娛樂活動，當時日本巡邏艦「甑號」發現，結果該巡邏艦先予警告，遂即撞擊漁船，致漁船沉沒，釣客及船員均落海後被救起。該撞擊之情形，爲海釣客用手機拍攝，其故意撞沉之意圖明顯，證據充足，經我外交部嚴正抗議，日本政府自知理虧，乃派代表到聯合號船長處道歉，並答應賠償損失，該案遂即落幕。

　　3.釣魚台中國漁船與日本巡邏艦相撞事件：2010 年 9 月間因中國漁船衝撞日本巡邏艇事件，日本海上保安廳以涉嫌妨害公務名義，逮捕中國漁船船長詹其雄，8 日連同漁船與其餘 14 名船員帶回石垣島進行調查，中國總理溫家寶要求日本立即釋放，但日本除釋放船員以外，仍留置船長詹其雄，於是中國提出各種強硬報復措施，包括全面停止官員與民間交流，將輸往日本之稀土，在出口時遭海關攔阻，並借口四名日本

見 2010 年 9 月 25 日，自由時報，A4 頁。

僑民擅闖軍事禁區拍攝軍事目標而於 9 月 9 日逮捕，隨後三人被釋放，但任日本藤田建設公司中國子公司副部長高橋定一直被拘留；這一連串的報復措施，日本見事態嚴重，逼使日本那霸地方檢察廳於 9 月 24 日正式決定釋放中國漁船船長，釋放的理由是：

1. 撞船事件沒有影響日本巡邏艦的航行力。
2. 考慮到對我國國民之影響及今後日中關係。
3. 詹其雄雖明顯故意使用漁船衝撞巡邏艦，但非預謀。
4. 這是瞬間的行為，並無計畫性。

不過日本保留追究的權利，但中國並不領情，認為日方對詹其雄所進行的任何司法程序都是非法及無效。

中國拘留19天 日幹獲釋返國
遭中國以涉嫌在軍事管制區內攝影，而拘留十九天的日本藤田建設公司中國子公司副部長高橋定，十日返回東京並召開記者會，高橋對於他被長期拘留的理由解釋說，可能是因為沒有注意到軍事管制區的標誌，而用了攝影機進行拍攝。高橋是在九日獲釋，他表示很高興能夠回到

2010 年 10 月 11 日，自由時報。

中國看到日本已經軟化，乃於日本僑民高橋定被拘留 19 天後，於 2010 年 10 月 9 日獲釋，他並透露已用信用卡繳交五萬元人民幣保釋金，並寫下「違反了中國法律，造成了麻煩，我很後悔」的悔過書。高橋和三位藤田建設員工是在河北省石家莊市視察日軍遺留化學武器作業的建

設預定地時，被中國國安局以違法私闖並拍攝中國軍事設施爲由拘留。由於當時正值日中釣漁台衝突，一般認爲四人被捕爲中方報復手段①。

習題：日本主張擁有釣魚台列嶼領土主權的主要理由之一是「先占」，請分析國際法上的「先占」意涵及要件，並說明中華民國有關釣魚台列嶼領土主權的國際法主張。（98 公升）

第八節　大陸礁層

一、大陸礁層之概念

　　大陸礁層（英：continental shelf；德：Kontinentalsockel, Festlandsockel；法：plateau continental），又稱爲**大陸棚**或**大陸灘**、**大陸架**。即自領海以外依其陸地領土的全部自然延伸，擴展到大陸邊外緣的海底區域的海床和底土，如從測算領海寬度的基線量起到大陸邊的外緣的距離不到二百浬，則擴展到二百浬的距離（聯海 76 ①）。但前者在海床上的外部界線的各定點，不應超過從測算領海寬度的基線量起三百五十浬，或不應超過連接二千五百公尺深度各點的二千五百公尺等深線一百海里（聯海 76 ⑤）。又從測算領海寬度的基線量起二百浬以外大陸礁層界限的情報應由沿海國提交「大陸礁層界限委員會

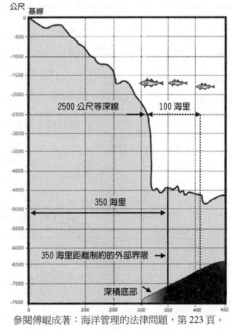

參閱傅崐成著：海洋管理的法律問題，第 223 頁。

（Commission on the Limits of the continental Shelf），委員會應就有關劃定大陸礁層外部界限的事項向沿海國提出建議，沿海國在這些建議的基礎上劃定

① 見 2010 年 10 月 11 日，自由時報，A12。

的大陸礁層界限應有確定力和拘束力（聯海 76 ⑧）。此外大陸邊緣部包括沿海國陸塊沒入水中的延伸部分，由大陸礁層、陸坡（continental slope）和陸基的海床和底土構成，它不包括深洋洋底及其洋脊，也不包括其底土（聯海 76 ③）。

習題：

一、解釋名詞：大陸礁層。（98 公升）

二、試申述1982年聯合國海洋法公約對大陸礁層範圍之寬度與深度之規範。

二、大陸礁層的歷史演進

「大陸礁層」一詞為地理學家首先用於 1898 年。因從海岸外的海底是由淺而深，因此海岸外有一大地區是相當淺的，直至海深二百公尺處，海底會深陷下去，因此看起來很像在大陸邊緣搭了一個棚架（shelf）。這些地方往往有豐富的石油等礦產，沿海國可以用科學方式深入海底加以開採。在第二次大戰中各國對石油之需要激增，又因技術的進步，開啓沿海國對公海上大陸礁層的石油及天然氣等開發之興趣，1945 年 9 月美國總統杜魯門發表宣言，其後各國乃相繼跟上，此一連串之動作，乃促

澳洲、印尼、東帝汶之大陸礁層、專屬經濟區境界線、共同石油開發區

引自：Donaldson, J. and Pratt, M.,"International Boundary Developments in 2003", Geopplitics, vol. 9(200), p.512. 見島田征夫・林司宣〔編〕海洋法講義，2005 年，有信堂，第 91 頁。

起 58 年之「大陸礁層公約」（Convention on the continental shelf）之制定。當時只是規定有可能開發之水深二百公尺列爲大陸礁層。其後因科學技術進步，至 1982 年在「聯合國海洋法公約」乃更詳細加以補充制定。

原來在 1945 年以前對大陸礁層尚未形成國際習慣法，所以司法仲裁法院在阿布扎比仲裁裁判事件（Petroleum Development Ltd. v. Sheikh of Abu Dhabi）特別指出：阿布扎比在阿拉伯半島東岸，爲英國的被保護國，即七個「休戰海岸國家」之一。1939 年阿布扎比酋長與英商石油開發公司簽約，將領土及領海全部之採油權讓與該公司。1949 年該酋長宣布將領海外的大陸礁層之採油權讓與美國某公司。原英商認爲當初已全部讓與其本人所有，因而發生爭執，交付仲裁。

結果仲裁由一人單獨仲裁，並指出「大陸礁層」是 1898 年由地理學家使用，至 1942 年於英委條約才開始醞釀，到 1945 年美國總統杜魯門才正式宣示。在 1939 年既無大陸礁層觀念，因此 1939 年契約應只有領海部分，而該酋長對於領海外之大陸礁層應有權讓與，即該英商對大陸礁層並無權利。

習題：試說明大陸礁層的歷史演進。

三、大陸礁層的法律地位

沿海國爲勘探大陸礁層和開發其自然資源的目的，對大陸礁層行使主權權利。這種權利是專屬性的，即：如果沿海國不勘探大陸礁層或開發其自然資源，任何人未經沿海國明示同意，均不得從事這種活動。又沿海國對大陸礁層的權利並不取決於有效或象徵的占領或任何明文公告。所謂自然資源包括海床和底土的礦物和其他非生物資源，以及屬於定居種的生物，即在可捕撈階段在海床上或海床下不能移動或其軀體須與海床或底土保持接觸才能移動的生物（聯海 77）。沿海國對大陸礁層的權利不影響上覆水域或水域上空的法律地位。沿海國對大陸礁層權利的行使，絕不得對航行和本公約規定的其他國家的其他權利和自由有所侵害，或造成不當的干擾（聯海 78）。

四、沿海國對大陸礁層的權利

㈠沿海國為勘探大陸礁層和開發其自然資源的目的，對大陸礁層行使主權權利。此項權利是專屬性的，亦即如沿海國不探勘大陸礁層或開發其自然資源，任何人未經沿海國明示同意，均不得從事這種活動（聯海77①②）。所謂自然資源包括海床和底土的礦物和其他非生物資源，以及屬於定居種的生物，即在可捕撈階段在海床上或海床下不能移動或其軀體須與海床或底土保持接觸才能移動的生物（聯海77 I）。

㈡所有國家按照「聯合國海洋法公約」之規定都有在大陸礁層上舖設海底電纜和管道的權利（聯海79）。

㈢在大陸礁層有建設海洋建築物，並有規範人工島嶼、設施和結構之權利（聯海80）。

㈣沿海國有授權和管理為一切目的在大陸礁層上進行鑽探的專屬權利（聯海81）。

㈤沿海國在行使其管轄權時，有權按照海洋公約上規定，准許和進行在其專屬經濟區內或大陸礁層上的海洋科學研究（聯海246 I）。

㈥沿海國對大陸礁層的權利不影響上覆水域和水域上空的法律地位。沿海國對大陸礁層權利的行使，絕對對其他國家的權利自由有所侵害，或造成不當的干擾（聯海78）。

㈦大陸礁層不妨害沿海國開鑿隧道以開發底土的權利，不論底土上水域的深度如何（聯海85）。

習題：試說明沿海國對大陸礁層有何權利？

五、大陸礁層公約（英：Convention on the Continental Shelf）

於1958年4月29日在日內瓦通過，1964年6月10日生效。當事國有57國。1958年第一次聯合國海洋法會議所通過之日內瓦海洋法四個條約之一。由15條條文所構成。自1945年杜魯門總統（Harry Shippe Truman, 1884-1972）對大陸礁層之宣言以來，關於大陸礁層之定義，本公約認為係「鄰接海岸但在領海以外之海底區域之海床及底土，其上海水深度不逾二百公尺，或雖逾此限度而其上海水深度仍使該區天然資源有

開發之可能性者」（大1）。沿海國爲探測大陸礁層及開發其天然資源之目的，對大陸礁層得行使主權上權利（大2I），並規定大陸礁層開發之方式（大5）。從此乃在國際法上確立大陸礁層制度。1982年聯合國通過之「海洋法公約」第六部分大陸礁層規定，其中第83條對於海岸相向或相鄰國家間大陸礁層界限的劃定有詳細之規定。

六、大陸礁層在海岸相向或鄰接兩國間之劃定

在一個大陸礁層上有兩國之海岸相向或相鄰時，或兩國之專屬經濟區域重疊時，因境界之劃定影響其資源之分配至鉅，依大陸礁層公約第6條之規定，其方式如下：

(一)**兩國海岸相向情形**：

1.以協議定之：同一大陸礁層鄰接兩國以上海岸相向國家領土時，其分屬各該國部分之界限由有關各國以協議定之。

2.以中央線爲界限：如無協議，除因情形特殊應另定界限外，以每一點均與測算每一國領海寬度之基線上，最近各點距離相等之中央線爲界限。

(二)**鄰接兩國毗鄰國家之領土時**：

1.以協議定之：同一大陸礁層鄰接兩國毗鄰國家之領土時，其界限由有關兩國以協議定之。

2.等距離原則：如無協議，除因情形特殊應另定界限外，其界限應適用與測算每一國領海寬度之基線上最近各點距離相等之原則定之。

(三)**根據海圖及地理特徵訂明**：劃定大陸礁層之界限時，凡依上述所載原則劃成之界線，應根據特定期日所有之海圖及地理特徵訂明之，並應指明陸上固定、永久可資辨認之處。

(四)**國際法院之裁判採衡平原則**（英：eguitable principles；法：principes équitables）：亞里斯多德認爲衡平者，將立法者無條件規定之事項，個別的加以補正之意。亦即基於具體的妥當性，以緩和法律之嚴格性的原理。在國際法上係大陸礁層之境界劃定的主要劃定基準之一。在「北海大陸礁層事件」之判決上，國際法院，不適用等距離原則，而依衡平原則，並考

慮所有關聯事項而判示，應依雙方之合意劃定境界線。自此以後同類事件
如北美大陸東海岸之「緬因灣境界劃定事件」，突尼西亞「利比亞大陸礁
層事件」，「利比亞與馬爾他大陸礁層事件」，「揚馬延島（Jan Mayen，位於
北冰洋的格陵蘭海）海洋境界劃定事件」等，爲法院採用之國際法原則。
依「聯合國海洋法公約」第 83 條規定：「海岸相向或相鄰國家間大陸礁層
的界限應在國際法院規約第三十八條所指國際法的基礎上，以協議劃定，
以便得到公平解決」。並沒有明示採用衡平原則。一般認爲衡平原則與「公
平與善良」並不相同。

七、大陸礁層之劃界問題

㈠**北海大陸礁層案**（英：North Sea Continental Shelf Cases）：關於北海之大
陸礁層，西德與丹麥及西德與荷蘭之間，因劃定境界應適用何種國際法
原則，三國乃於 1967 年 2 月 20 日合意委託國際法院裁定之事件。對此
丹麥與荷蘭引用 1958 年 4 月 29 日簽訂之「大陸礁層公約」第 6 條，以
等距離中線，劃分海岸相鄰或相向國家間大陸礁層的規則，認爲已成國
際習慣，該公約德國雖未批准，仍應對其適用。法院於 1969 年 2 月 20
日之判決認爲，西德並非上述條約之當事國，**等距離中線**（equidistance line）
之原則，即「以每一點均與測算每一國領海寬度之基線上最近各點距離
相等之中央線爲界線」，不能視爲有拘束力之國際法原則，亦非國際習慣
法，應按公平原則，由各國依「**領土的自然延長**」所形成之大陸礁層，
並考慮海岸一般形勢、特別地形、地理實體結構、天然資源、海岸線長
度等，依據協議劃定此疆界（11 票對 6 票）（ICJ 1969.2.20 判決，1969 Report 3）。
依此判決三國遂於 1971 年 1 月劃定大陸礁層之境界。這是大陸礁層境界
首先提出國際法院裁判之事件，在法理上是將大陸礁層境界劃分上放棄
等距離原則，而採用**衡平原則**爲其重點。

㈡**突尼西亞與利比亞大陸礁層案**（英：Tunisia-Libya Continental Shelf Case,
Case Concerning the Continental Shelf（Tunisia／Libya））：突尼西亞與利比亞
之相鄰國家關於大陸礁層之境界劃分上，於 1977 年兩國將該案提請國際
法院裁決之事件。兩國乃對大陸礁層境界劃分所適用之國際法原則及規

定與實施方法向國際法院諮詢，並請法院將「公平原則」及第三次聯合國海洋法會議之新的傾向列入考慮。法院於 1982 年對本案之判決認為，公平原則與領土的自然延長並非同義，並確認公平原則為劃界的根據，並應考慮歷史的情事、海岸線、島嶼等以決定兩國間大陸礁層之境界線（10 比 4）（ICJ 1982.2.24 判決，1982 Report 18）。本案判決放棄「北海大陸礁層案」所重視之「領土的自然延長」原則，對其後之大陸礁層及海洋境界之劃定雖不無影響，但也有認為本案判決並不甚清楚。對於本案於 1981 年馬爾他也以利害關係者請求參與訴訟，但不為法院所採納（ICJ 1981.4.14 判決，1981 Report 3）。又 1985 年突尼西亞向法院要求對本案之再審及解釋，只有突尼西亞請求解釋之部分被認定（ICJ Reports 1985, p.191），對於再審之請求，則被駁回（ICJ Reports 1985, pp.199-214）。

　　㈢**利比亞與馬爾他大陸礁層劃界案**（英：Libya-Malta Continental Shelf Case）：1982 年利比亞與馬爾他兩國為大陸礁層之劃界案提起國際法院審理。在審理之過程中，義大利以利害關係之第三國請求參與訴訟，但法院並未同意（ICJ 1984.3.21 判決，1984 Report 3）。因馬爾他是在義大利的西亞里島以南與利比亞以北之間，因此法院乃在不影響義大利大陸礁層之範圍內適用「衡平原則」，則以海岸之距離為主要之基準，而劃定暫定中間線，依兩國海岸線之長度之均衡性而修正以劃定兩國大陸礁層之境界（14 比 3）（ICJ 1985.6.3 判決，1985 Report 13）。利比亞與馬爾他乃根據此一判決於 1986 年同意劃定兩國之大陸礁層境界。本判決在於依據兩國之海岸線之長度，為根據修正其中間線為其特徵①。

　　㈣**緬因灣境界劃定事件**（英：Case concerning Delimitation of the Maritime Boundary in the Gulf of Maine Area, Gulf of Maine Case）：即美國與加拿大兩國間，在北美大陸東海岸之緬因灣之海洋境界劃定上有關之爭端，於 1979 年兩國同意向國際法院之特別裁判部提訴之事件（ICJ 規約 26II）。1982 年國際法院乃設置**特別法庭**，並依據雙方當事國希望劃定漁業水域與大陸礁層之境界，而適用衡平基準，以海岸線之長度為基準而劃定境界後，

---

① 見傅崐成著：海洋管理的法律問題，92 年 8 月，第 251 頁。

獲 4 比 1 而通過（ICJ 1984.10.12 判決，1984 Report 246）。這是國際法院初次設立特別法庭（所謂小法庭，由五位法官所構成）而實施之裁判，與包括漁業水域與大陸礁層劃定單一境界線之點爲其特色。

　㈤**幾內亞與幾內亞比索海洋境界劃定事件**：即非洲西部之幾內亞與幾內亞比索間海洋境界劃定事件。係爭海域是屬於大陸礁層，因可能蘊藏有大量石油資源，致造成爭端之起源。1983 年 2 月 18 日幾內亞與幾內亞比索乃基於仲裁託付協定，將該案託付給國際仲裁裁判處理。法院之三位法官爲公平公正處理起見，全員一致不採等距離線，而重視海岸線之形狀，以大陸礁層與專屬經濟水域之雙方劃定單一線以爲判決（幾內亞與幾內亞比索仲裁裁 1985.2.14 判決，25 ILM 251）。1986 年 3 月 6 日兩國乃發表開發共同資源之宣言，事件之紛爭乃告落幕。這是撒哈拉沙漠以南各國第一件交付仲裁之案例。也是以單一線劃定境界爲其特徵。

　㈥**格陵蘭與揚馬延島事件**（英：Case concerning Maritime Delimitation in the Area between Greenland and Jan Mayen）：位於北大西洋之格陵蘭（丹麥領域）與揚馬延島（挪威領域）間之海洋境界劃定問題，1988 年丹麥以挪威爲對象，基於「國際法院規約」第 36 條第 2 項向國際法院提訴之事件。丹麥主張以漁業海域與大陸礁層之單一境界線爲劃分依據，而挪威並不贊同丹麥之主張，而認爲兩者應分別劃定界線。法院認爲漁業海域與大陸礁層應分別檢討；前者應依國際習慣法，而後者應以兩國爲當事國並適用 1958 年通過之「大陸礁層公約」，雙方共同劃定中間線，依海岸線之長度、資源之公平分配而調整以劃定單一之境界線（14 比 1）（ICJ 1993.6.14 判決，1993 Report 38）。本判決在於修正中間線，並依海岸線之長度及考慮其他要素，使法院有相當彈性以爲裁判之依據爲其特點。

第九節　公　海

一、公海之概念

　㈠**公海之意義**：公海（英：high seas, open sea；德：Hochsee；法：haute mer）者，地理上言，即國家所領有之領海之外海之部分而言。一般是指不在

專屬經濟區、領海或內水或群島國的群島水域內的全部海域（聯海86）。法律上言，公海不屬於任何國家所有，任何國家與國民得使用公海為原則，此稱為**公海自由之原則**。

(二)**公海成立之歷史**：公海制度之成立有其長久之歷史背景。在中世後期各國對海之領有的主張，相當分歧。在義大利之都市國家，西班牙、葡萄牙，及以後對海洋自由主張最力之英國都對海之領域主張領有權。如十五世紀末教皇亞歷山大六世，勅定西班牙擁有大西洋之西，葡萄牙擁大西洋之東與印度洋，但英國則持反對態度，英國伊莉莎白女王，於1580年抗議西班牙之主張，而認為海洋應擁有自由航行之權。因此在歷史上認為英國女王是首先倡導海洋自由之鼻祖。而荷蘭也反對葡萄牙擁有印度洋之海域，因此格老秀斯乃基於荷蘭之主張，當其在荷蘭之東印度公司任顧問時，於1609年發表《自由海論》（*Mare liberum*），認為海應永久為人類所共有，任何個人或國家不能私自領有海之領域，而任何人都可在海上自由通商通航，乃是自然法之法則。不過格老秀斯對於接近海岸之領海部分並未主張應開放自由，因領海涉及各國之主權，因此第一次世界大戰時，則以3浬為領海，其餘部分則屬公海。而公海制度乃由此建立。

(三)**公海之法律性質**：有四說：

1.無主物說 （res nullius）	不屬於任何國家領域範圍內之海域，故為無主物。其缺點則會有無主物之先占等問題之產生。
2.公有物說 （res communus）	即任何國家都可加以利用之地區，故為公有物。
3.公共物說 （res publica）	與前述相同，故為公共物。
4.國際公域說 （ International Public Domain）	近年學者將重點放在國際社會，認為公海為國際法保障之海洋，係國際社會之公領域，也就是國際公域。

習題：何謂公海？並說明公海成立的歷史及其法律性質。

二、公海公約（英：Convention on the High Seas）

公海公約於1958年4月29日在日內瓦簽署，1962年9月30日生效。亦稱「聯合國公海公約」。當事國有62國。1958年第一次聯合國

海洋法會議，在日內瓦決議通過之海洋法四個條約之一。係將公海有關
之國際法原則予以法典化者。由前文及 37 條條文所構成。其中規定公海
之自由、船舶之國旗、軍艦、航行安全、碰撞之刑事管轄權、海難救助、
海盜行爲之取締、外國船舶之緊迫、海底電纜及管線之舖設等，其大部
分是將過去之國際習慣法予以法制化者。1982 年聯合國在紐約通過之「聯
合國海洋法公約」對於第七部分公海有關之規定，除了維持公海公約之
規定外，並爲因應未來之發展而作若干之修正。

三、公海自由之原則（英：Freedom of the High Seas）

㈠**公海自由**：即公海對所有國家開放，不論其爲沿海國或內陸國。公
海自由是在本公約和其他國際法規則所規定的條件下行使的。公海自由
對沿海國和內陸國而言，除其他外，包括：

　　1.航行自由。

　　2.飛越自由。

　　3.舖造海底電纜和管道的自由，但受第六部分（大陸礁層）的限制。

　　4.建造國際法所容許的人工島嶼和其他設施的自由，但受第六部分
（大陸礁層）的限制，不過人工島嶼及其他設施和結構須得沿海國之許
可（聯海 80）。

　　5.捕魚自由，但受第二節（公海生物資源的養護和管理）規定條件
的限制，如對高度迴游魚種負有協力保存之義務（聯海 116-120）。

　　6.科學研究的自由，但受第六部分（大陸礁層）和第十三部分（海
洋科學研究）的限制。不過海洋科學研究須得沿海國之許可（聯海 246）。

㈡**公海之秩序**：乃依旗國主義之規定維護之。但對於海盜行爲，任何
國家之軍艦、軍用航空機均可逕行逮捕之（聯海 105、107）。又對海洋之污
染，在公海上違反國際規則時，港口國可逕行調查之（聯海 218）。

習題：何謂公海自由的原則？其包括之內容爲何？

四、公海之管轄權

　　依旗國法，船舶應懸掛一國國旗航行，除有國際條約或本條明文規
定之例外情形外，在公海上專屬該國管轄（公海 6）。

(一) 刑事管轄權	船舶碰撞或航行事故之刑事管轄權（聯海97，公海11）： 1. 遇有船舶在公海上發生碰撞或其他航行事故致船長或船上任何其他服務人員須負刑事責任或受懲戒時，對此等人員之刑事訴訟或懲戒程序，非向旗國或此等人員隸屬國之司法或行政機關不得提起之。 2. 在紀律事項上，只有發給船長證書或駕駛資格證書或執照的國家，才有權在經過適當的法律程序後宣告撤銷該證書，即使證書持有人不是發給證書的國家的國民也不例外。 3. 船旗國當局以外的任何當局，即使作為一種調查措施，也不應命令逮捕或扣留船舶。
(二) 海水之污濁	各國參酌現行關於防止污濁海水之條約規定規章，以防止因船舶或管線排放油料或因開發與探測海床及其底土而污濁海水（公海24）。各國參照國際組織所訂之標準與規章，採取辦法，以防止傾棄放射廢料而污濁海水（公海25）。
(三) 國際法上犯罪	有下列情形者，由發現國行使取締與處罰之管轄權： 1. 海盜行為：各國應合作取締海盜行為（公海14-22）。 2. 毒品交易：沿海國應取締非法販運麻醉藥品（領鄰19 I ④）。 3. 奴隸買賣：各國應防止並懲治准懸其國旗之船舶販運奴隸（公海13）。 4. 海底電纜及管線之破壞或損害（公海27-29）。
(四) 海難救助	遇有海上危險事故，各國應予救助（公海12）。
(五) 國旗之取締	各國應規定給予船舶國籍、船舶在其境內登記及享有懸掛其國旗之權利，國家對懸掛國旗之船舶在行政、技術及社會事宜上有行使管轄及管制之權（公海5）。

習題：公海上發生船舶碰撞事件時，如何決定有關船長的刑事管轄權？（98公升）

五、船舶之地位與國籍

㈠**船舶之地位**：船舶航行應僅懸掛一國的旗幟，而且除國際條約或本公約明文規定的例外情形外，在公海上應受該國的專屬管轄。除所有權確實轉移或變更登記的情形外，船舶在航程中或在停泊港內不得更換其旗幟（聯海92 I）。懸掛兩國或兩國以上旗幟航行並視方便而換用旗幟的船舶，對任何其他國家不得主張其中的任一國籍，並可視同無國籍的船

舶（聯海 92II）。上述規定不影響用於為聯合國、其專門機構或國際原子
能機構正式服務並懸掛聯合國旗幟的船舶的問題（聯海 93）。

　　㈡**船舶之國籍**（英：nationality of ships；法：nationalité des navires）：船舶
應擁有特定國家之國籍，並須服從該國之管轄權。每個國家應確定對船
舶給予國籍及船舶在其領土內登記及船舶懸掛該國旗幟的權利的條件。
船舶具有其有權懸掛的旗幟所屬國家的國籍。國家和船舶之間必須有真
正的聯繫關係（genuine link）（聯海 91 I），對以本國為旗國之船舶行使有效
之管轄權，並須有效的加以管理規範（聯海 94）。對於懸掛本國國旗之船
舶應頒給該懸掛權利的文件（聯海 91II）。因此領有船舶國籍證書或臨時船
舶國籍證書之中華民國船舶，不得懸用非中華民國國旗。但法令另有規
定或遇有下列各款情事之一時，得增懸非中華民國國旗（船舶4）：㈠停泊
外國港口遇該國國慶或紀念日時。㈡其他應表示慶祝或敬意時。

六、船旗國的義務

　　㈠**旗國主義**：旗國（英：flag state；法：Etat du pavillon）即船舶所屬之國
家，又稱為船籍國。每個國家，不論是沿海國或內陸國，均有權在公海
上行使懸掛其旗幟的船舶（聯海 90）。船舶必須服從其船籍國之管轄，各
國可自行制定賦予國籍之條件，但國家與船舶之間必須有真正之聯繫（聯
海91 I）。1986 年在聯合國主持下通過「船舶登記條件公約」（United Nations
Convention for Registration of ships），規定關於船舶之所有，並確保本國國民
之參加等，對於船旗國的義務作了更詳盡的規定，在公海上船舶受其登
記國籍的國家（船旗國）所管轄，因此船旗國之一切法令及裁判權均適
用於該船。依 1926 年之「蓮花號案」，常設之國際法院認為「除了國際
法有特別規定外，在公海上之船舶，除了旗國以外，不服從任何其他國
家之管轄權。」於是 1958 年公海公約也規定，「船舶在公海上發生碰撞
或其他航行事故致船長或船上任何其他服務人員須負刑事責任或受懲戒
時，對此等人之刑事訴訟或懲戒程序非向船旗國或此等人員隸籍國之司
法或行政機關不得提起之（公海 11 I）。」而 1982 年簽署之「聯合國海洋
法公約」，亦採同一原則（聯海 97）。

㈡**公海上船旗國的義務**（聯海 94）：

　1.每個國家應對懸掛該國旗幟的船舶有效地行使行政、技術及社會事項上的管轄和控制。

　2.每個國家特別應：

　　⑴保持一本船舶登記冊，載列懸掛該國旗幟的船舶的名稱和詳細情況，但因體積過小而不在一般接受的國際規章規定範圍內的船舶除外；

　　⑵根據其國內法，就有關每艘懸掛該國旗幟的船舶的行政、技術和社會事項，對該船及其船長、高級船員和船員行使管轄權。

　3.每個國家對懸掛該國旗幟的船舶，除其他外，應就下列各項採取為保證海上安全所必要的措施：

　　⑴船舶的構造、裝備和適航條件；

　　⑵船舶的人員配備、船員的勞動條件和訓練，同時考慮到適用的國際文件；

　　⑶信號的使用、通信的維持和碰撞的防止。

　4.這種措施應包括為確保下列事項所必要的措施：

　　⑴每艘船舶，在登記前及其後適當的間隔期間，受合格的船舶檢驗人的檢查，並在船上備有船舶安全航行所需要的海圖、航海出版物以及航行裝備和儀器；

　　⑵每艘船舶都由具備適當資格、特別是具備航海術、航行、通信和海洋工程方面資格的船長和高級船員負責，而且船員的資格和人數與船舶種類、大小、機械和裝備都是相稱的；

　　⑶船長、高級船員和在適當範圍內的船員，充分熟悉並須遵守關於海上生命安全，防止碰撞，防止、減少和控制海洋污染和維持無線電通信所適用的國際規章。

　5.每一國家採取第三和第四款要求的措施時，須遵守一般接受的國際規章、程序和慣例，並採取為保證這些規章、程序和慣例得到遵行所必要的任何步驟。

　6.一個國家如有明確理由相信對某一船舶未行使適當的管轄和管

制，可將這項事實通知船旗國。船旗國接到通知後，應對這一事項進行調查，並於適當時採取任何必要行動，以補救這種情況。

　　7.每一國家對於涉及懸掛該國旗幟的船舶在公海上因海難或航行事故對另一國國民造成死亡或嚴重傷害，或對另一國的船舶或設施、或海洋環境造成嚴重損害的每一事件，都應由適當的合格人士一人或數人或在有這種人士在場的情況下進行調查。對於該另一國就任何這種海難或航行事故進行的任何調查，船旗國應與該另一國合作。

　　㈢**公海上船旗國的救助義務**（聯海 98、公海 12）：

　　1.每個國家應責成懸掛該國旗幟航行的船舶的船長，在不嚴重危及其船舶、船員或乘客的情況下：

　　　　⑴救助在海上遇到的任何有生命危險的人；

　　　　⑵如果得悉有遇難者需要救助的情形，在可以合理地期待其採取救助行動時，盡速前往拯救；

　　　　⑶在碰撞後，對另一船舶、其船員和乘客給予救助，並在可能情況下，將自己船舶的名稱、船籍港和將停泊的最近港口通知另一船舶。

　　2.每個沿海國應促進有關海上和上空安全的足敷應用和有效的搜尋和救助服務的建立、經營和維持，並應在情況需要時，為此目的通過相互的區域性安排與鄰國合作。

習題：在公海上船旗國有何義務，試說明之。

七、軍艦與政府船舶之地位

　　㈠**公海上軍艦的豁免權**：所謂軍艦，謂屬於一國海軍，備具該國軍艦外部識別標誌之船舶，由政府正式任命之軍官指揮，指揮官姓名見於海軍名冊，其船員服從正規海軍紀律者（公海 8）。軍艦在海上得享有特殊之地位，前已述及，在公海上有不受船旗國以外任何其他國家管轄的完全豁免權（聯海 95）。

　　㈡**專用於政府非商業性服務的船舶的豁免權**：由一國所有或經營並專用於政府非商業性服務的船舶，在公海上應有不受船旗國以外任何其他

國家管轄的完全豁免權（聯海 96 ）。

八、航行安全（公海 10）

㈠各國爲確保海上安全，應爲懸掛本國國旗之船舶採取有關下列等款之必要辦法：

　　1.信號之使用、通訊之維持及碰撞之防止；

　　2.船舶人員之配置及船員之勞動條件，其辦法應參照可適用之國際勞工文書；

　　3.船舶之構造、裝備及適航能力。

㈡各國採取此項辦法，須遵照公認之國際標準並須採取必要步驟，確保此項辦法之遵守。

九、海上不法行爲之取締

㈠**海上警察權**：「聯合國海洋法公約」對公海上的海盜行爲、買賣奴隸、未經許可的廣播、無國籍船及亂用船舶的國旗等行爲，外國軍艦可登臨檢查等強制處置（聯海 110）。除此之外，對船舶之非法奪取或毒品之走私買賣亦爲今日海上警察權之重要任務。該公約爲維持公海秩序，並規定海底電線之保護（聯海 112-115）、奴隸販賣之防止與處罰（聯海 99）、海水污染之防止（第 12 部份）、海上碰撞之防止與救助（聯海 97、99）、國旗之亂用與無國籍船（聯海 110）等。但不論如何，如爲軍艦或非商業用之政府船舶，則除了旗國有特殊規定外，爲警察權管轄權之例外。

㈡**海上犯罪**：即聯合國海洋法上所定之海盜行爲、販賣奴隸、未經許可的廣播、船舶之亂用國旗爲海上犯罪行爲，外國軍艦得登臨取締（聯海 110）。此爲旗國主義之例外，此外船舶之非法奪取、毒品之交易等亦列爲取締之內容：

　　1.海盜行爲與武裝強盜：即私有船舶或航空機爲私人之目的，在公海上對其他船舶或航空機有任何不法之強暴、扣留或任何掠奪行爲（公海 15、聯海 101）。對此任何國家均可扣押海盜船舶或飛機或爲海盜所奪取並在海盜控制下的船舶或飛機，和逮捕船上或機上人員並扣押船上或機上財物。扣押國的法院可判定應處的刑罰（公海 19、聯海 105）。

2.船舶之非法奪取：國際海事組織於 1988 年通過「制止危及海上航行安全非法行爲公約」，於 1922 年 3 月 1 日實施。該公約第 3 條規定，凡以武力或武力威脅奪取或控制船舶，對船上人員施用暴力，毀壞船舶或危及船舶航行安全，或放置物質於船舶上致有可能毀壞船舶或航行安全等行爲是。

3.奴隸運送：取締奴隸之交易（slave trade），是自十九世紀初期就已開始。1958 年簽定之「公海公約」第 22 條規定，如船舶從事奴隸販賣，即可登臨檢查。而「海洋法公約」第 99 條，更禁止販賣奴隸。而第 110 條從事奴隸販賣亦可登臨檢查。

4.未經許可的廣播：即船舶或設施違反國際規章在公海上播送旨在使公衆收聽或收看的無線電傳音或電視廣播，但遇難呼號的播送除外。對於未經許可的廣播，下列國家即可取締：㈠船旗國，㈡設施登記國，㈢廣播人所屬國，㈣收到廣播的國家，㈤無線通信受害國，這些國家當可登臨檢查、逮捕，並予扣押、起訴（聯海 109Ⅲ,Ⅳ）。

5.國旗之亂用與無國籍船：如發現有使用虛僞之旗幟，軍艦當可登臨檢查（聯海 110Ⅰ④），因過去毒品之走私或運送奴隸當有亂用旗幟情形。依美國之判例，認爲無國籍船不受國際法上之保護，常在公海上有毒品走私或偷渡之現象。

6.毒品之非法交易：即所有國家應進行合作，以制止船舶違反國際公約在海上從事非法販運麻醉藥品或精神調理物質。任何國家認爲船舶有非法從事該等行爲，可要求其他國家合作，制止這種販運（聯海 108）。

㈢公海上之緊追權與登臨權：

1.緊追權（英：right of hot pursuit；法：droit de poursuite）：沿海國主管當局有充分理由認爲外國船舶違反該國法律和規章時，可對該外國船舶進行緊追。此項追逐須在外國船舶或其小艇之一在追逐國內的內水、群島水域、領海或毗連區內時開始，而且只有追逐未曾中斷，才可在領海或毗連區外繼續進行（聯海 111）。因此如犯罪的船舶逃向公海，領海國仍有權追逐，而在公海一樣可以拿捕。但如被追逐的船舶進入其本國領域或第三國領海時立即終止（聯海 111Ⅲ）。當外國船舶違反沿海國按照本公

約適用於專屬經濟區域或大陸礁層包括這種安全地帶的法律和規章的行為，應比照適用緊追權（聯海111Ⅱ）。緊追權只可由軍艦、軍用飛機或其他有清楚標誌可以識別的為政府服務並經授權緊追的船舶或飛機行使（聯海111Ⅴ）。在無正當理由行使緊追權的情況下，在領海以外被命令停駛或被逮捕的船舶，對於可能因此遭受的任何損害應獲賠償（聯海111Ⅷ）。原來在公海上對他國之船舶並不得行使權力，但緊追權為其例外。

　　2.登臨權：為確認船舶或航空器有無違反法律行為，須加以取締，而派員親臨船舶或航空器，加以檢查之謂。如在海上發現有懷疑之船舶，則令其停船，以為實施。命令船舶停船時，首先應用信號旗、汽笛或發射空包彈，必要時可在船舶之前方發射實彈以為警告，停船後則派員登船檢查。如無疑義應將其經過記載於船舶之文書，並予放行。如有犯罪之事實應即予以拿捕。中立船舶如以武力抵抗臨檢，即可以此為由加以捕獲。

　　⑴除條約授權的干涉行為外，軍艦在公海上遇到按照第 95 和第 96 條享有完全豁免權的船舶以外的外國船舶，非有合理根據認為有下列嫌疑，不得登臨該船（聯海110）：

　　　①該船從事海盜行為；

　　　②該船從事奴隸販賣；

　　　③該船從事未經許可的廣播而且軍艦的船旗國依據第 109 條有管轄權；

　　　④該船沒有國籍；或

　　　⑤該船雖懸掛外國旗幟或拒不展示其旗幟，而事實上卻與該軍艦屬同一國籍。

　　⑵在第一款規定的情形下，軍艦可查核該船懸掛其旗幟的權利。為此目的，軍艦可派一艘由一名軍官指揮的小艇到該嫌疑船舶。如果檢驗船舶檔後仍有嫌疑，軍艦可進一步在該船上進行檢查，但檢查須儘量審慎進行。

　　⑶如果嫌疑經證明為無根據，而且被登臨的船舶並未從事嫌疑的任何行為，對該船舶可能遭受的任何損失或損害應予賠償。

　　⑷這些規定比照適用於軍用飛機。

　　⑸這些規定也適用於經正式授權並有清楚標誌可以識別的為政府
　　　服務的任何其他船舶或飛機。

習題：

一、聯合國海洋法上所定之犯罪行為有那些？試列述之。

二、何謂緊追權與登臨權？試說明之。

十、海底電纜與管線

　㈠**海底電纜**（英：submarine cable；法：câble sous-marin）：鋪設在海底之
電氣通信線或高壓線之謂。又稱為海底電線。所有國家均有權在大陸架
以外的公海海底上鋪設海底電纜和管道的權利（聯海 79、112）。此為公海
自由之一（聯海 87 I ③）。每個國家均應制定必要的法律和規章，規定懸掛
該國旗幟的船舶或受其管轄為人故意或因重大疏忽而破壞或損害公海海
底電纜，致使電報或電話通信停頓或受阻的行為，以及類似的破壞或損
害海底管道或高壓電纜的行為，均為應予處罰的行為（聯海 113），並規定
受其管轄的公海海底電纜或管道的所有人如在鋪設或修理該項電纜或管
道時使另一電纜或管道遭受破壞或損害，應負擔修理費用（聯海 114），確
保船舶所有人在其能證明因避免損害海底電纜或管道而犧牲錨、網或其
他漁具時，應由電纜或管道所有人予以賠償（聯海 115）。如海底電纜須進
入他國領土或領海，須依沿海國所定之條件（聯海 79IV）。

　㈡**海底管線**（英：submarine pipeline；法：pipe-line sous-marine）：為輸送石
油或瓦斯在海底鋪設之管線。依 1958 年公海法規定，各國均有權在公海
海床鋪設海底電纜及管線。沿海國除為探測大陸礁層及開發其天然資源
有權採取合理措施外，對於此項電纜或管線之鋪設或維護不得阻礙（公海
26）。1982 年簽署之海洋法其規定亦與海底電纜相同（聯海 79,112-115），所
有國家都有在大陸架上鋪設管線的權利（聯海 79 I）。在大陸架上鋪設這種
管線，其路線的劃定須經沿海國同意（聯海 79III）。沿海國對於鋪設或維持
這種海底管線不得加以阻礙（聯海 78II）。此外，所有國家均有權在大陸架
以外的公海海底上鋪設海底管線（聯海 112）。各國應制定法律對損壞公海

海底管線之犯罪行爲予以處罰（聯海 113），應負擔修理的費用（聯海 114），有遭受損害時應予賠償（聯海 115）。

習題：何謂海底電纜？海底管線？聯合國海洋法有何規定？

十一、公海上空之飛行

公海對各國一律開放，因此航空器在公海上或無主地上空時享有飛行之自由（公海 2 ④、聯海 87 ②），原則上應遵從所屬國之管理。對於「國家航空器」，雖他國無權過問，但在民用航空器所有國家應盡最大可能進行合作，以制止在公海上或在任何國家管轄範圍外的任何其他地方的海盜行爲（聯海 100），因此登錄註冊以外的國家也有管轄權。1944 年簽定之「國際民用航空公約」第 12 條後段規定，在公海上空所實施之航空規則應爲依本公約所制定之規則。締約各國許諾，保證對違反應適用規則之一切人員予以追究。

第十節　深海底

一、深海底之意義

深海底（英：deep seabed）又稱爲**深海床**或**國際海底區域**。指國家管轄範圍以外的海床和洋底及其底土（聯海 1）。亦即在公海海底及地下，不屬於任何國家之大陸礁層以外之海底。在此深海底因蘊藏有豐富之錳巖等礦產，因此 1967 年馬爾他代表巴爾都（Arvid Pardo）向聯合國提案，又稱爲馬爾他提案，他認爲深海底爲人類之共同遺產，必須爲和平之目的及人類全體之利益而開發，並呼籲應重新檢討國際規範。這是將深海底問題首先在聯合國大會提案者，受到巴爾都提案之影響，聯合國乃設立「海底和平利用委員會」，開始檢討深海底問題，自 1973 年起之第三屆聯合國海洋法會議，乃對海洋法之法律秩序全面性的加以重新審查。經聯合國檢討後採納規定於「海洋法公約」第 136 條列爲人類共同之遺產（The Common Heritage of Mankind）。因此深海底不得爲任何國家或任何個人所占有，而爲全人類所有。

二、深海底規律原則宣言（英：Declaration of Principles Governing the Sea-bed and the Ocean Floor, and the Subsoil therof, Beyond the Limits of National Jurisdiction）

1970 年 12 月 17 日聯合國大會決議通過 2749（XXV）。正式名稱爲「關於國家管轄界限外之海床海底及底土之原則宣言」。這是 1968 年聯合國設立之「海床和平使用委員會」審議之成果，再經聯合國大會通過者。由前文及 15 項原則所構成，並宣布深海底爲「人類共同遺產」，其重要之原則爲：

㈠深海底不爲國家或個人所占有，任何國家不得行使主權或主權權利。

㈡深海底之探察開發應受國際制度之管制。

㈢深海底之探察開發應以人類全體利益爲目標。

㈣深海底應完全保留爲和平之目的，並不得妨礙國際裁軍之實施。

本宣言，乃決定深海底之基本地位相當重要之原則。遂成爲 1982 年聯合國海洋法深海制度之規範的基礎。

習題：聯合國大會通過之深海底規律原則宣言的內容爲何？試說明之。

三、國際海底區域

即係國家管轄範圍外的海床和海底及底土，亦即各國專屬經濟區和大陸礁層（大陸棚）以外的深海海底及底土。依「聯合國海洋法公約」第十一部分之規定：國際海底之區域及其資源是人類的共同繼承財產（聯海 136）。任何國家不應對區域及其資源主張或行使主權或主權權利，任何國家或自然人或法人，也不應將海底區域或其資源據爲己有。對資源開發的一切權利屬於全人類，由國際海底管理局代表全人類行使。這種資源不得讓渡。任何國家或自然人或法人，不應對海底區域礦物主張取得或行使權利（聯海 137）。

四、國際海底管理局（英：International Seabed Authority）

以管理深海底之資源爲目的，對成員國在國家領域外之深海領域進行研究探勘活動，尤其是海底礦產資源的開發，以組織性加以管理而設

立之國際組織（聯海 156、157）。依據 1982 年聯合國海洋法公約第十一部分第四節，於 1994 年 11 月 16 日而成立國際海底管理局。該局設有大會、理事會及秘書處爲主要機關。所有締約國都是管理局的當然成員（聯海 156）。到 2005 年有 149 個會員國。管理局之總部設在牙買加。管理局可分爲三個機構，即大會、理事會及秘書處（聯海 161）：

㈠**大會**：大會是管理局負責政策的機構，由全體成員組成，每一成員應有一名代表出席大會，過半成員出席始能開會。每一成員應有一個表決權，對於實質問題則需三分之二多數決定（聯海 159）。大會的權力和職務爲：決定管理局之政策、選舉理事會成員、選舉秘書長、選舉企業部董事會董事和企業部總幹事及設立必要的附屬機關、決定預算及會員會費分攤比額表等。

㈡**理事會**：共有 36 個成員國組成。由大會依消費國四個成員，最大投資國（至少一個屬於東歐）四個成員，各類礦物的主要淨出口國四個成員，代表特別利益國六個成員，依公平地區分配的原則選出十八個成員。選舉應在大會的常會上舉行。理事會每一成員任期原則上爲 4 年。理事會負責擬定具體的政策。理事有關程序問題應經過半數成員的決定，關於實質問題有三分之二及四分之三兩種情形決定。有些問題甚至須協商一致作成決定。

理事會爲管理局之執行機關，理事會應有權依聯合國海洋法公約和大會所制訂的一般政策，制定管理局對於其權限範圍內的任何問題或事項所應遵循的具體政策（聯海 162）。

㈢**秘書處**：秘書長由大會從理事會提名的候選人中選舉，任期 4 年，連選得連任。秘書長爲管理局的行政首長（聯海 166）。

五、深海底開發（英：exploitation of the deep seabed）

即國家管轄範圍以外的海床和海底及其底土，謂之深海底（聯海 1 I ①）。大陸礁層外側之海底區域，其中因蘊藏有錳巖（Manganese nodule）、鎳（Nicke）、銅（Copper）、鈷（cobalt）等資源，自 1967 年採掘技術進步後，世界之海底資源有被先進國家獨占之危險，由小國馬爾他代表巴爾

都（Arvid Pardo）於 1967 年 11 月 1 日向聯合國大會提出，並主張應建立深海底制度，使深海底之資源能爲全人類之利益而開發。經 1968 年 12 月 21 日改組成立之「國家管轄外海床及海底和平使用委員會」之審議後，於 1970 年 12 月 17 日聯合國大會通過了關於「國家管轄界限外之海床海底及底土之原則宣言」，此宣言爲 1973 年起之第三次聯合國海洋法會議所繼承，到 1982 年通過之「聯合國海洋法公約」第十一部分，就規定深海底及其資源是爲「人類之共同繼承財產」（聯海 136）。不受任何國家主權之支配，任何國家之自然人或法人均不得據爲己有，並委由國際海底管理局管理（聯海 137、156）。此外資源之開發應經國際海底管理局之許可下，由企業部或事業體進行（聯海 153、170）。但自聯合國海洋法公約通過後，世界之政治經濟有極大之轉變，尤其是舊社會主義國家已朝向市場經濟改革，因此海洋法第十一部分實施之協定乃重新議定，於 1994 年 7 月 28 日，聯合國大會包括美、英、日等先進國家共 121 票贊成，0 票反對，7 票棄權而通過。不過對海底探查雖經常實施，迄今尚未實際進行開採。

六、深海底開發制度

聯合國海洋法公約在第 1 條規定之區域是指國家管轄範圍以外的海床和洋底及其底土，而這一區域之資源是人類的共同繼承財產（聯海 136）。任何國家不應對此深海底之任何部分或其資源主張或行使主權或主權權利，任何國家或自然人或法人，也不應將深海底或資源的任何部分據爲己有。任何這種主權和主權行使的主張或行使，或這種據爲己有之行爲，均應不予承認。對於深海底內資源之一切權利屬於全人類，由國際海底機構之管理局代表全人類行使（聯海 137）。對深海底有關之國家一般行爲，應按照聯合國海洋法公約規定、聯合國憲章所定原則，及其他國際法規則，以利維持和平與安全，促進國際合作和相互了解（聯海 138）。在深海底內之活動應爲全人類的利益而進行，不論各國之地理位置如何，也不論沿海國或內陸國，並特別考慮到發展中國家和尚未取得完全獨立和其他有關大會決議所承認的其他自治地位的人民的利益和需要。深海底應專爲和平目的利用，不加歧視（聯海 140-141）。

　　國際海洋法公約為管理深海底之資源，將其活動予以組織化乃設立國際海底之管理機構，依照條約深海底之開發活動由企業部進行，和由締約國或國營企業、或在締約國擔保下的其有締約國籍或由這類國家或其國民有效控制的自然人或法人、或其集合體，與管理局以協作方式進行（聯海153 II ②）。

七、深海底之平行開發

　　深海底因不屬於各國管轄範圍內，而是人類共同遺產（聯海136），因此其開發依聯合國海洋法公約第十一部分，已有詳細之規定，但因美國等先進國家，其企業主已投下巨資，對於公約之深海底制度認為無法保障將來之利潤，因此美國認為深海底也應適用公海自由之原則，而能自由開發，但針對美國之主張，在聯合國總會乃以壓倒性之多數（贊成106，反對0，棄權14）通過「深海底規律原則宣言」。但美國始終拒絕簽署該公約。於是公約在妥協之下，確立了平行開發制，則深海底區域內之資源由國際海底管理局企業部進行，另外由締約國或國營企業，或在締約國擔保下具有締約國國籍或由這類國家或其國民有效控制下的自然人或法人，或其集合體，與國際海底管理局以協作方式進行（聯海153 II ②）。

　　為確保此平行開發制度得以順利進行，「公約」規定了探勘和開發工作計畫的審議和核准程序、核准後的工作計畫以合約的形式由企業主與管理局簽訂具體措施。

習題：何謂深海底之平行開發？如何進行開發？試說明之。

第十一節　公海漁業

　　傳統之國際法將海洋分為領海與公海的二分法。領海因屬於沿岸國之主權範圍，而公海則適用公海自由之原則。公海自由原則之重點原係捕魚之自由，因此在公海上漁業之管理全由船舶之旗國負責。惟迄二次大戰後，捕魚技術與冷凍技術之發展，各國乃發展其捕魚規模，致公海上之漁種有枯竭之現象，有識之士乃呼籲漁類資源之保存與管理之必要

性，於是有必要限制捕魚自由之主張乃應運而生。

一、漁業海域（英：fisheries zone）

漁業海域即沿岸國關於其漁業得行使排他性權限之海域。又稱為**漁業專管海域**（exclusive fishery zone）。以 1958 年及 1960 年兩次之聯合國海洋法會議提出以 12 浬設定為漁業海域為契機，於 1960 年代陸續有設定漁業海域之規定與協定出現。迄 1970 年代各國乃將漁業海域擴大超越 12 浬，而定為 200 浬，而非洲各國乃有 200 浬為經濟海域的構想。於是 1982 年聯合國通過「海洋法公約」並於第五部分規定「專屬經濟區」二百浬（聯海 57），以代替漁業海域。我國為配合聯合國之規定，於 1998 年公布「中華民國領海及鄰接區法」及「中華民國專屬海域及大陸礁層法」，將領海定為 12 浬，鄰接區為 24 浬，經濟海域為 200 浬。

二、公海生物資源的養護和管理

依「海洋法公約」第 87 條第 1 項第 5 款「捕魚自由，但受第二節規定條件之限制。」此第二節公海生物資源的養護和管理（即自第 116 條至第 120 條）之規定。此限制規定為：

㈠**公海上捕魚的權利**：所有國家均有權由其國民在公海上捕魚，但受下列限制（聯海 116）：

　　1.其條約義務；

　　2.除其他外，第 63 條第 2 款和第 64 至第 67 條規定的沿海國的權利、義務和利益；和

　　3.第二節（公海生物資源的養護和管理）各項規定。

㈡**各國在為其國民採取養護公海生物資源措施的義務**：所有國家均有義務為各該國國民採取，或與其他國家合作採取養護公海生物資源的必要措施（聯海 117）。為此聯合國頒有「**漁業及養護公海生物資源公約**」（英：Convention on Fishing and Conservation of the Living Resources of the High Seas），於 1958 年 4 月 29 日在日內瓦通過，1966 年 3 月 20 日生效，簡稱「公海生物資源保護條約」。當事國有 36 國。於 1958 年第一次聯合國海洋法會議，在日內瓦決議通過之海洋法四個條約之一。其主旨在結合

國際合作，以保存公海之生物資源爲目的。由前文及 22 條條文所構成。
並規定漁業國有養護漁源之義務（漁3）。並對沿海國有特別利害關係者，
應有單方養護措施（漁 6、7）。蓋沿海國對於近海漁業獨占之要求對於本
條約第 6 條規定之「特別利害關係」並未滿足，因此 1982 年簽署之「聯
合國海洋法公約」第五部分乃有專屬經濟區之規定，而第 57 條規定專屬
經濟區爲二百浬。並於第 116-120 條規定公海生物資源的養護和管理，
以繼承本條約。

　　㈢**各國在養護和管理生物資源方面的合作**：各國應互相合作以養護和
管理公海區域內的生物資源。凡其國民開發相同生物資源，或在同一區
域內開發不同生物資源的國家，應進行談判，以期採取養護有關生物資
源的必要措施。爲此目的，這些國家應在適當情形下進行合作，以設立
分區域或區域漁業組織（聯海 118）。

　　㈣**公海生物資源的養護**（聯海 119）：

　　　1.在對公海生物資源決定可捕量和制訂其他養護措施時，各國應：
　　　⑴採取措施，其目的在於根據有關國家可得到的最可靠的科學證
　　　　據，並在包括發展中國家的特殊要求在內的各種有關環境和經
　　　　濟因素的限制下，使捕撈的魚種的數量維持在或恢復到能夠生
　　　　產最高持續產量的水準，並考慮到捕撈方式、種群的相互依存
　　　　以及任何一般建議的國際最低標準，不論是分區域、區域或全
　　　　球性的；
　　　⑵考慮到與所捕撈魚種有關聯或依賴該魚種而生存的魚種所受的
　　　　影響，以便使這種有關聯或依賴的魚種的數量維持在或恢復到
　　　　其繁殖不會受嚴重威脅的水準以上。
　　　2.在適當情形下，應通過各主管國際組織，不論是分區域、區域或全
　　　球性的，並在所有有關國家的參加下，經常提供和交換可獲得的科學情
　　　報漁獲量和漁撈努力量統計，以及其他有關養護魚的種群的資料。
　　　3.有關國家應確保養護措施及其實施不在形式上或事實上對任何國
　　　家的漁民有所歧視。

　　㈤**海洋哺乳動物**：第 65 條也適用於養護和管理公海的海洋哺乳動物（聯

海120)。

習題：試從「海洋法公約」說明公海生物資源的養護和管理。

三、公海漁業規範公約（英：Agreement for the Implementation of the Provisions of the United Nations Convention on the Law of the Sea of 10 December 1982 relationg to the Conservation and Management of Straddling Fish Stocks and Highly Migratory Fish Stocks）

　　於 1995 年 8 月 4 日通過，但未生效。正式名稱是「跨越專屬經濟海域魚種資源及高度迴游性魚種資源之保存及管理有關 1982 年 12 月 10 日有關實施聯合國條約規定之協定」。1992 年聯合國環境開發會議同意召集政府間會議爲交涉之開始，並依據海洋法公約第 63 條第 2 項有關出現在兩個或兩個以上沿海國專屬經濟區的種群或出現在專屬經濟區內而又出現在專屬經濟區外之鄰接區域內的種群，以及第 64 條高度迴游魚種，兩個規定而作成本公約，爲保存其資源及管理爲目的。由前文及 44 條條文與附屬書所構成。對專屬經濟海域之保存管理措施的一貫性區域漁業管理機關之保存管理，及取締時區域之協助等規定爲其特色。

第十二節　海洋環境保護

一、海洋污染之意義

　㈠**海洋環境污染**：即人類直接或間接把物質或能量引入海洋環境，其中包括河口灣，以致造成或可能造成損害生物資源和海洋生物、危害人類健康、妨礙包括捕魚和海洋的其他正當用途在內的各種海洋活動、損壞海水使用質量和減損環境優美等有害影響之謂（聯海 1 I ④）。

　㈡**海洋污染之規範方向**：海洋污染（英：marine pollution）原來是由於故意或過失從船舶排出油污爲海洋污染之主要原因，其後加上因船舶之事故而引起油污之流出或由船舶或航空機投棄廢棄物，從陸地上排出之污水亦成爲問題，於是仿照「聯合國海洋法公約」第十二部分，從「海洋環境之保護及保全」（protection and preservation of the marine environment）之

觀點，予以國際性之規範。

二、海洋環境保護和保全規定

依海洋法有關法律之規範，可依一般性條約及個別條約之規定說明：

㈠**一般規定**：

1.海洋法規定：依「海洋法公約」第十二部分第一節：

⑴一般義務：各國有保護和保全海洋環境的義務（聯海 192）。

⑵各國開發其自然資源的主權權利：各國有依據其環境政策和按照其保護和保全海洋環境的職責開發其自然資源的主權權利（聯海 193）。

⑶防止、減少和控制海洋環境污染的措施（聯海 194）：

①各國應在適當情形下個別或聯合地採取一切符合本公約的必要措施，防止、減少和控制任何來源的海洋環境污染，為此目的，按照其能力使用其所掌握的最切實可行方法，並應在這方面盡力協調它們的政策。

②各國應採取一切必要措施，確保在其管轄或控制下的活動的進行不致使其他國家及其環境遭受污染的損害，並確保在其管轄或控制範圍內的事件或活動所造成的污染不致擴大到其按照本公約行使主權權利的區域之外。

③依據本部分採取的措施，應針對海洋環境的一切污染來源。這些措施，除其他外，應包括旨在在最大可能範圍內盡量減少下列污染的措施：

A 從陸上來源、從大氣層或通過大氣層或由於傾倒而放出的有毒害或有礙健康的物質，特別是持久不變的物質；

B 來自船隻的污染，特別是為了防止意外事件和處理緊急情況，保證海上操作安全，防止故意和無意的排放，以及規定船隻的設計、建造、裝備、操作和人員配備的措施；

C 來自在用於探勘或開發海床和底土的自然資源的設施裝置的污染，特別是為了防止意外事件和處理緊急情況，保證

海上操作安全，以及規定這些設施或裝置的設計、建造、
裝備、操作和人中配備的措施；

D 來自在海洋環境內操作的其他設施和裝置的污染，特別是
爲了防止意外事件和處理緊急情況，保證海上操作安全，
以及規定這些設施或裝置的設計、建造、裝備、操作和人
員配備的措施。

④各國採取措施防止、減少或控制海洋環境的污染時，不應對
其他國家依照本公約行使其權利並履行其義務所進行的活動
有不當的干擾。

⑤按照本部分採取的措施，應包括爲保護和保全稀有或脆弱的
生態系統，以及衰竭、受威脅或有滅絕危險的物種和其他形
式的海洋生物的生存環境，而有很必要的措施。

(4)不將損害或危險或轉移或將一種污染轉變成另一種污染的義
務：各國在採取措施防止、減少和控制海洋環境的污染時採取
的行動不應直接或間接將損害或危險從一個區域轉移到另一個
區域，或將一種污染轉變成另一種污染（聯海 195）。

(5)技術的使用或外來的或新的物種的引進（聯海 196）：

①各國應採取一切必要措施以防止、減少和控制由於在其管轄
或控制下使用技術而造成的海洋環境污染，或由於故意或偶
然在海洋環境某一特定部分引進外來的或新物種致使海洋環
境可能發生重大和有害的變化。

②本條不影響本公約對防止、減少和控制海洋環境污染的適用。

2.大陸礁層公約：

(1)大陸礁層之開發不得妨害海中資源之維護：探測大陸礁層及開
發其天然資源不使航行、捕魚或海中生物資源之養護受任何不
當之妨害（礁 5 I）。

(2)保護海洋生物資源：沿海國負有在安全區內採取一切適當辦法
以保護海洋生物資源免遭有害物劑損害之義務（礁 5Ⅶ）。

㈡個別條約之規定：

　　1.關於船舶油污之排出方面，以 1967 年在英法海峽發生之多利・加尼安號在公海上觸礁而漏油事件（The Torry Canyon Affair）為契機，政府間海事組織（IMCO，現為國際海事組織 IMO），於 1969 年在布魯塞爾召開會議通過之兩個條約，即「油之污染附隨事故之公海上處置有關國際條約」（公法條約）及「油污染損害之民事責任國際條約」（私法條約）兩種。另外於 1971 年採行之「油污染損害補償之國際基金設立之國際條約」（基金條約），即當在私法條約之下，損害賠償不夠充足時，由石油公司提出一部分基金以補損害賠償之不足。又 1973 年之「海洋污染防止條約」，亦屬此類之範疇。

　　2.關於廢棄物之丟棄方面：有 1972 年在斯德哥爾摩聯合國人類環境會議準備過程完成之草案，會議後於 11 月在倫敦通過之「廢棄物及其他物丟棄海洋污染防止公約」，因陸上廢棄物丟棄於海洋時，會產生危險性及有害性，而予全面禁止，並分為各國特別許可之丟棄，及各國一般許可之丟棄而加以規範。陸上丟棄之污染又有 1980 年之「地中海陸上起因之污染防止議定書」等若干地域性條約之制定。

習題：依「海洋法公約」海洋環境應如何維護和保全？

三、海洋污染形成原因

　　海洋污染形成之主要原因有四（聯海 207-212）：

（一） 陸地來源的污染	幾乎大部分的海洋污染是起因於陸地來源的污染。一般是陸上污染排放於河流，流向港口或海岸，最後則流入海洋；此外在陸上的活動所造成空氣之污染也會飄向海洋。
（二） 海底活動的污染	沿海國對海底活動或與此活動有關之環境的污染，如人工島嶼、設施和結構對海洋環境的污染。
（三） 傾倒廢棄物	工業廢料、民間下水道之污染物，核子電廠的廢料、船舶之廢棄物等均是。
（四） 船舶之污染	船舶所排出的污水、煙，或用海水洗船艙，都會排放污水，尤其船舶失事，如為油輪更將造成海水之污染。如多利・加尼安號事件，在英國沿岸之公海觸礁，致原油流出之事件，對各國之衝擊極大。

㈤ 大氣層或通過大氣層的污染	各國為防止、減少和控制來自大氣層或通過大氣層的污染。

國際海洋法第十二部分，即為海洋環境的保護和保全之規定。

習題：試論海洋污染如何形成，其原因為何？

四、海洋污染條約

㈠ 國際防止海上油污公約	由船舶漏油所引起之海洋污染，乃促成國際立法之加快。尤以二次大戰以後，開始締結條約，此為 1954 年 4 月 26 日至 5 月 12 日在倫敦召開的國際防止油污會議，與會各國一致同意締結「國際防止海上油污公約」。該公約是在規範由船舶違反排油或油性混合物之規定者，則基於公海原則之旗國主義，依據該國領土的法律對在領海以內因同樣違法的行為所謂的罰款（第 6 條）。
㈡ 海洋污染防止公約	（英：International Convention for the Prevention of Pollution from Ships, 1973）：於 1973 年 11 月 2 日通過，又於 1978 年 2 月 17 日修正而補充完成通過之國際公約。正式名稱為「1973 年船舶污染防止之國際公約」，1978 年又通過議定書，簡稱為 MARPOL 73/78。因此 MARPOL 73/78 是締約國將兩種單一文書合而為一種而適用。前者是由前文及 20 條條文及二種議定書及五種附屬書所構成，而 MARPOL 73/78 是由前文及 91 條條文與五種附屬書所構成。MARPOL 73/78 於 1983 年 10 月 2 日生效。當事國有 89 國。我國為配合國際條約之脈動，於 2000 年 11 月 1 日公布「海洋污染防治法」，其主旨係為防止海洋污染，保護海洋環境，維護海洋生態，確保國民健康及永續利用海洋資源而制定（海污 1）。並規定防止陸上污染源污染，防止海上處理廢棄物污染，防止船舶對海洋污染損害賠償責任與對違反者之處罰，全文 61 條，為防止海洋污染之先進規定。
㈢ 廢棄物及其他物丟棄海洋污染防止公約	（英：Convention on the Prevention of Marine Pollution by Dumping of Wastes and Other Matter）：1972 年 6 月由聯合國人類環境會議準備，而於同年 11 月 13 日在倫敦通過後開放簽署，並於 1975 年 8 月 30 日生效。會員國有 74 國。簡稱為「海洋丟棄規範公約」。以防止陸上廢棄物丟棄於海洋致污染海洋為目的之多數國間公約。由前文、22 條條文及附屬書 I -III所構成。此公約㈠絕對禁止有機鹵素化合物或水銀等丟棄海洋，㈡鉛、銅、亞鉛等只限於特別許可才可丟棄，㈢其他廢棄物之丟棄應一律取得許可（海丟 4）。但

	在丟棄時須考慮丟棄物之形狀或性質、丟棄場所之水深與陸地之距離及其處理方法。我國在 2000 年 11 月 1 日配合聯合國規定，公布「海洋污染防治法」，以防止海上對廢棄物之處理。
（四） 船舶污染防止之國際公約	（英：International Convention for the Prevention of Pollution from Ships）：1973 年 11 月 2 日起草，1978 年 2 月 17 日修正而完成者。公約由前文及 20 條條文及兩個議定書，五個附屬書所構成。當事國如有違反公約，依據旗國主義應追究船長及船舶所有人之刑事責任，並承認沿海國之管轄權，且受入港國之監督。我國於 2000 年 11 月 1 日公布「海洋污染防治法」，並規定船舶應設置防止污染設備，並不得污染海洋（海污 26）。船舶之廢（污）水、油、廢棄物或其他污染物質，除依規定得排洩於海洋者外，應留存船上或排洩於岸上收受設施（海污 29）。船舶對海域污染產生之損害，船舶所有人應負賠償責任（海污 33）。外國船舶因違反本法所生之損害賠償責任，於未履行前或有不履行之虞者，港口管理機關得限制船舶及相關船員離境。但經提供擔保者，不在此限（海污 35）。

五、海洋污染的監測和環境評價

（一）**對污染危險和影響的監測**（聯海 204）：

1.各國應在符合其他國家權利的情形下，在實際可行範圍內，盡力直接或通過各主管國際組織，用公認的科學方法觀察、測算、估計和分析海洋環境污染的危險或影響。

2.各國特別應不斷監視其所准許或從事的任何活動的影響，以便確定這些活動是否可能污染海洋環境。

（二）**報告的發表**：各國應發表依據第 204 條所取得的結果的報告，或每隔相當期間向主管國際組織提出這種報告，各該組織應將上述報告提供所有國家（聯海 205）。

（三）**對各種活動的可能影響的評價**：各國如有合理根據認為在其管轄或控制下的計畫中的活動可能對海洋環境造成重大污染或重大和有害的變化，應在實際可行範圍內就這種活動對海洋環境的可能影響作出評價，並應依照第 205 條規定的方式提送這些評價結果的報告（聯海 206）。

六、海洋污染、防止、減少和控制措施（聯海 194）

㈠各國應在適當情形下個別或聯合地採取一切符合本公約的必要措施，防止、減少和控制任何來源的海洋環境污染，為此目的，按照其能力使用其所掌握的最切實可行方法，並應在這方面盡力協調它們的政策。

㈡各國應採取一切必要措施，確保在其管轄或控制下的活動的進行不致使其他國家及其環境遭受污染的損害，並確保在其管轄或控制範圍內的事件或活動所造成的污染不致擴大到其按照本公約行使主權權利的區域之外。

㈢依據本部分採取的措施，應針對海洋環境的一切污染來源。這些措施，除其他外，應包括旨在在最大可能範圍內盡量減少下列污染的措施：

　　1.從陸上來源、從大氣層或通過大氣層或由於傾倒而放出的有毒害或有礙健康的物質，特別是持久不變的物質；

　　2.來自船隻的污染，特別是為了防止意外事件和處理緊急情況，保證海上操作安全，防止故意和無意的排放，以及規定船隻的設計、建造、裝備、操作和人員配備的措施；

　　3.來自用於勘探或開發海床和底土的自然資源的設施和裝置的污染，特別是為了防止意外事件和處理緊急情況，促請海上操作安全，以及規定這些設施或裝置的設計、建造、裝備、操作和人員配備的措施；

　　4.來自在海洋環境內操作的其他設施和裝置的污染，特別是為了防止意外事件和處理緊急情況，保證海上操作安全，以及規定這些設施或裝置的設計、建造、裝備、操作和人員配備的措施。

㈣各國採取措施防止、減少或控制海洋環境的污染時，不應對其他國家依照本公約行使其權利並履行其義務所進行的活動有不當的干擾。

㈤按照本部分採取的措施，應包括為保護和保全稀有或脆弱的生態系統，以及衰竭、受威脅或有滅絕危險的物種和其他形式的海洋生物的生存環境，而有很必要的措施。

七、船舶污染的規範

㈠船舶污染	1.一般基準	各國應通過主管國際組織或一般外交會議採取行動，制訂國際規則和標準，以防止、減少和控制船隻對海洋環境的污染，並於適當情形下，以同樣方式促進對劃定制度的採用，以期盡量

規範 基準		減少可能對海洋環境，包括對海岸造成污染和對沿海國的有關利益可能造成污染損害的意外事件的威脅。這種規則和標準應根據需要隨時以同樣方式重新審查（聯海 211 I）。
	2. 旗國之 基準	各國應制定法律和規章，以防止、減少和控制懸掛其旗幟或在其國內登記的船隻對海洋環境的污染。這種法律和規章至少應具有與通過主管國際組織或一般外交會議制訂的一般接受的國際規則和標準相同的效力（聯海 211 II）。
	3. 入港國 之基準	各國如制訂關於防止、減少和控制海洋環境污染的特別規定作為外國船隻進入其港口或內水或在其岸外設施停靠的條件，應將這種規定妥為公佈，並通知主管國際組織。如兩個或兩個以上的沿海國制訂相同的規定，以求協調政策，在通知時應說明那些國家參加這種合作安排。每個國家應規定懸掛其旗幟或在其國內登記的船隻的船長在參加這種合作安排的國家的領海內航行時，經該國要求應向其提送通知是否正駛往參加這種合作安排的同一區域的國家，如係駛往這種國家，應說明是否遵守該國關於進入港口的規定。本條不妨害船隻繼續行使其無害通過權，也不妨害第 25 條第 2 款的適用（聯海 211 III）。
	4. 沿海國 之基準	沿海國在其領海內行使主權，可制定法律和規章，以防止、減少和控制外國船隻，包括行使無害通過權的船隻對海洋的污染。按照第二部分第三節的規定，這種法律和規章不應阻礙外國船隻的無害通過（聯海 211 IV）。沿海國為第六節所規定的執行的目的，可對其專屬經濟區制定法律和規章，以防止、減少和控制來自船隻的污染。這種法律和規章應符合通過主管國際組織或一般外交會議制訂的一般接受的國際規則和標準，並使其有效（聯海 211 V）。
	5. 沿海國 基準之 例外	這些規定原是為沿海國 200 浬之專屬經濟海域所設之基準，如從海洋學上及生態學上的條件、資源之利用或保護及其航運上的特殊性質（聯海 211 VI）或冰封區域（聯海 234），則為例外。
(二) 執行	1. 船旗國 的執行	各國應確保懸掛其旗幟或在其國內登記的船隻，遵守為防止、減少和控制來自船隻的海洋環境污染而通過主管國際組織或一般外交會議制訂的可適用的國際規則和標準以及各該國按照本公約制定的法律和規章，並應為此制定法律和規章和採取其他必要措施，以實施這種規則、標準、法律和規章。船旗國應作出規定使這種規則、標準、法律和規章得到有效執行，不

	論違反行為在何處發生（聯海 217 I）。
2. 港口國 的執行	當船隻自願位於一國港口或岸外設施時，該國可對該船違反通過主管國際組織或一般外交會議制訂的可適用的國際規則和標準在該國內水、領海或專屬經濟區外的任何排放進行調查，並可在有充分證據的情形下，提起司法程序（聯海 218 I）。對於在另一國內水、領海或專屬經濟區內發生的違章排放行為，除非經該國、船旗國或受違章排放行為損害或威脅的國家請求，或者違反行為已對或可能對提起司法程序的國家內水、領海或專屬經濟區造成污染，不應依據第 1 款提起司法程序（聯海 218 II）。當船隻自願位於一國港口或岸外設施時，該國應在實際可行範圍內滿足任何國家因認為第 1 款所指的違章排放行為已在其內水、領海或專屬經濟區內發生，對其內水、領海或專屬經濟區已造成損害或有損害的威脅而提出的進行調查的請求，並且應在實際可行範圍內，滿足船旗國對這一違反行為所提出的進行調查的請求，不論違反行為在何處發生（聯海 218 III）。港口國依據本條規定進行的調查的記錄，如經請求，應轉交船旗國或沿海國。在第七節限制下，如果違反行為發生在沿海國的內水、領海或專屬經濟區內，港口國根據這種調查提起的任何司法程序，經該沿海國請求可暫停進行。案件的證據和記錄，連同繳交港口國當局的任何保證書或其他財政擔保，應在這種情形下轉交給該沿海國。轉交後，在港口國即不應繼續進行司法程序（聯海 218IV）。
3. 沿海國 的執行	當船隻自願位於一國港口或岸外設施時，該國對在其領海或專屬經濟內發生的任何違反關於防止、減少和控制船隻造成的污染的該國按照本公約制定的法律和規章或可適用的國際規則和標準的行為，可在第七節限制下，提起司法程序（聯海 220 I）。如有明顯根據認為在一國領海內航行的船隻，在通過領海時，違反關於防止、減少和控制來自船隻的污染的該國按照本公約制定的法律和規章或可適用的國際規則和標準，該國在不妨害第二部分第三節有關規定的適用的情形下，可就違反行為對該船進行實際檢查，並可在有充分證據時，在第七節限制下按照該國法律提起司法程序，包括對該船的拘留在內（聯海 220II）。如有明顯根據認為在一國專屬經濟區或領海內航行的船隻，在專屬經濟區內違反關於防止、減少和控制來自船隻的污染的可適用的國際規則和標準或符合這種國際規則和標準並使其有效的該國的法律和規章，該國可要求該船提供關於該船的識別

標誌、登記港口、上次停泊和下次停泊的港口，以及其他必要的有關情報，以確定是否已有違反行為發生（聯海220III）。各國應制定法律和規章，並採取其他措施，以使懸掛其旗幟的船隻遵從依據第3款提供情報的要求（聯海220IV）。如有明顯根據認為在一國專屬經濟區或領海內航行的船隻，在專屬經濟區內犯有第3款所指的違反行為而導致大量排放，對海洋環境造成重大污染或有造成重大污染的威脅，該國在該船拒不提供情報，或所提供的情報與明顯的實際情況顯然不符，並且依案件情況確有進行檢查的理由時，可就有關違反行為的事項對該船進行實際檢查（聯海220V）。如有明顯客觀證據證明在一國專屬經濟區或領海內航行的船隻，在專屬經濟區內犯有第3款所指的違反行為而導致排放，對沿海國的海岸或有關利益，或對其領海或專屬經濟區內的任何資源，造成重大損害或有造成重大損害的威脅，該國在有充分證據時，可在第七節限制下，按照該國法律提起司法程序，包括對該船的拘留在內（聯海220VI）。雖有第6款的規定，無論何時如已通過主管國際組織或另外協議制訂了適當的程序，從而已經確保關於保證書或其他適當財政擔保的規定得到遵守，沿海國如受這種程序的拘束，應即准許該船繼續航行（聯海220VII）。第3、第4、第5、第6和第7款的規定也應適用於依據第211條第6款制定的國內法律和規章（聯海220VIII）。

習題：海洋法對船舶污染的基準有何規定？試說明之。

八、保障辦法

㈠**便利司法程序的措施**：在依據本部分提起的司法程序中，各國應採取措施，便利對證人聽詢以及接受另一國當局或主管國際組織提交的證據，並應便利主管國際組織、船旗國或受任何違反行為引起污染影響的任何國家的官方代表參與這種程序。參與這種程序的官方代表應享有國內法律和規章或國際法規定的權利與義務（聯海223）。

㈡**執行權利的行使**：本部分規定的對外國船隻的執行權力，只有官員或軍艦、軍用飛機或其他有清楚標誌可以識別為政府服務並經授權的船舶或飛機才能行使（聯海224）。

㈢**行使權利的避免不良後果的義務**：在根據本公約對外國船隻行使執行

權力時，各國不應危害航行的安全或造成對船隻的任何危險，或將船隻帶至不安全的港口或停泊地，或使海洋環境面臨不合理的危險（聯海 225）。

㈣其他：

1.外國船舶之調查（聯海 226）；2.對外國船隻之無歧視（聯海 227）；3.提起司法程序的暫停和限制（聯海 228）；4.民事訴訟程序的提起（聯海 229）；5.罰款和對被告的公認權利的尊重（聯海 230）；6.對船旗國和其他有關國家的通知（聯海 231）；7.各國因執行措施而產生的賠償責任（聯海 232）。

九、冰封區域

沿海國有權制定和執行非歧視性的法律和規章，以防止、減少和控制船隻在專屬經濟區範圍內冰封區域對海洋的污染，這種區域內的特別嚴寒氣候和一年中大部份時候冰封的情形對航行造成障礙或特別危險，而且海洋環境污染可能對生態平衡造成重大的損害或無可挽救的擾亂。這種法律和規章應適當顧及航行和以現有最可靠的科學證據為基礎對海洋環境的保護和保全（聯海 234）。

習題：近來全球暖化，北極冰層大量溶解，所謂「西北航道」議題日囂塵上，隨航運之開通，必將衝擊海洋環境保護。就此《海洋法公約》中對於海洋環境保護有所規定，特別是「冰封地區」（ice-covered areas）之沿岸國立法管轄有特別規範，請根據《海洋法公約》論述「冰封地區」之定義與沿海國在該地區對海洋環境保護與保全之立法管轄權益和限制。（98 特三）

十、國家責任與主權豁免

| ㈠ 國家責任 | 各國有責任履行其關於保護和保全海洋環境的國際義務。各國應按照國際法承擔責任（聯海 235 I）。各國對於在其管轄下的自然人或法人污染海洋環境所造成的損害，應確保按照其法律制度，可以提起申訴以獲得迅速和適當的補償或其他救濟（聯海 235 II）。為了對污染海洋環境所造成的一切損害保證迅速而適當地給予補償的目的，各國應進行合作，以便就估量和補償損害的責任以及解決有關的爭端，實施現行國際法和進一步發展國際法，並在適當情形下，擬訂諸如強制保險或補償基金等關於給付適當補償的標 |

	準和程序（聯海 235III）。
(二) **主權豁免**	本公約關於保護和保全海洋環境的規定，不適用任何軍艦、海軍輔助船、爲國家所擁有或經營並在當時只供政府非商業性服務之用的其他船隻或飛機。但每一國家應採取不妨害該國所擁有或經營的這種船隻或飛機的操作或操作能力的適當措施，以確保在合理可行範圍內這種船隻或飛機的活動方式符合本公約（聯海 236）。

第十三節　海洋科學研究

一、海洋科學研究（英：marine scientific researcha；法：recherche scientifique marine；德：Wissenschafliche Meeresforschung）

　　對海洋最先進行科學調查者是英國軍艦挑戰號（H.M.S. Challenger），是自 1872 年至 1876 年共航行六萬浬進行調查。近代海洋學已發展到地球科學之規模，這都是基於傳統公海自由之原則始得從事海洋之調查。蓋爲利用海洋之資源，增進對海洋之知識，應對海洋展開科學性之調查。這是自第二次大戰後，因科學之進展，對海洋科學調查之規模愈行擴大，對軍事與資源開發等實用上意義亦大爲提升。於今在公海上從事海洋科學之調查已成公海自由之一部分（聯海 87 I ⑥）。另外沿海國有規定、准許和進行其領海內的海洋科學研究的專屬權利（聯海 245）。如在專屬經濟區內或大陸礁層上從事海洋科學調查，應得沿海國之許可及同意（聯海 246 I, II）。其他國家或主管國際組織，如專爲和平目的和爲了增進關於海洋環境之科學知識以謀全人類利益，而在其專屬經濟區域或大陸礁層上進行海洋科學研究計劃，應給予同意（聯海 246III, IV）。如該計劃對天然資源之探查或開發有直接關係時，沿海國可予拒絕同意（聯海 246 V）。

二、海洋科學研究之一般規定

　　(一)**各國有權進行海洋科學研究**：所有國家，不論其地理位置如何，以及各主管國際組織，在本公約所規定的其他國家的權利和義務的限制下，均有權進行海洋科學研究（聯海 238）。

　　(二)**促進海洋科學研究**：各國和各主管國際組織應按照本公約，促進和

便利海洋科學研究的發展和進行（聯海 239）。

　　㈢**進行海洋科學研究的一般原則**：進行海洋科學研究時應適用下列原則（聯海 240）：

　　　1.海洋科學研究應專為和平目的而進行；

　　　2.海洋科學研究應以符合本公約的適當科學方法和工具進行；

　　　3.海洋科學研究不應對符合本公約的海洋其他正當用途有不當干擾，而這種研究在上述用途過程中應適當地受到尊重；

　　　4.海洋科學研究的進行應遵守依照本公約制定的一切有關規章，包括關於保護和保全海洋環境的規章。

　　㈣**海洋科學研究活動不為任何權利主張的法律根據**：海洋科學研究活動不應構成對海洋環境任何部分或其資源的任何權利主張的法律根據（聯海 241）。

三、海洋科學研究的國際合作

　　㈠**國際合作的促進**（聯海 242）：

　　　1.各國和各主管國際組織應按照尊重主權和管轄權的原則，並在互利的基礎上，促進為和平目的進行海洋科學研究的國際合作。

　　　2.在不影響本公約所規定的權利和義務的情形下，一國在適用本部份時，在適當情形下，應向其他國家提供合理的機會，使其從該國取得或在該國合作下取得為防止和控制對人身健康和安全以及對海洋環境的損害所必要的情報。

　　㈡**有利條件的創造**：各國和各主管國際組織應進行合作，通過雙邊和多邊協定的締結，創造有利條件，以進行海洋環境中的海洋科學研究，並將科學工作者在研究海洋環境中發生的各種現象和變化過程的本質以及兩者之間的相互關係方面的努力結合起來（聯海 243）。

　　㈢**情報和知識的公布和傳播**（聯海 244）：

　　　1.各國和各主管國際組織應按照本公約，通過適當途徑以公布和傳播的方式，提供關於擬議的主要方案及其目標的情報以及海洋科學研究所得的知識。

2.為此目的,各國應個別地並與其他國家和各主管國際組織合作,積極促進科學資料和情報的流通以及海洋科學研究所得知識的轉讓,特別是向發展中國家的流通和轉讓,並對發展中國家技術和科學人員提供適當教育和訓練方案,加強發展中國家自主進行海洋科學研究的能力。

四、領海內的海洋科學研究(聯海245)

沿海國在行使其主權時,有規定、准許和進行其領海內的海洋科學研究的專屬權利。領海內的海洋科學研究,應經沿海國明示同意,並在沿海國規定的條件下,才可進行。

五、專屬經濟區內和大陸礁層上的海洋科學研究(聯海246)

㈠沿海國在行使其管轄權時,有權按照本公約的有關條款,規定、准許和進行在其專屬經濟區內或大陸架上的海洋科學研究。

㈡在專屬經濟區內和大陸架上進行海洋科學研究,應經沿海國同意。

㈢在正常情形下,沿海國應對其他國家或各主管國際組織按照本公約專為和平目的和為了增進關於海洋環境的科學知識以謀全人類利益,而在其專屬經濟區內或大陸架上進行的海洋科學研究計畫,給予同意。為此目的,沿海國應制訂規則和程序,確保不致不合理地推遲或拒絕給予同意。

㈣為適用第 3 款的目的,儘管沿海國和研究國之間沒有外交關係,它們之間仍可存在正常情況。

㈤但沿海國可斟酌決定,拒不同意另一國家或主管國際組織在該沿海國專屬經濟區內或大陸架上進行海洋科學研究計畫,如果該計畫:

　　1.與生物或非生物自然資源的勘探和開發有直接關係;

　　2.涉及大陸架的鑽探、炸藥的使用或將有害物質引入海洋環境;

　　3.涉及第 60 和第 80 條所指的人工島嶼、設施和結構的建造、操作或使用;

　　4.含有依據第 248 條提出的關於該計畫的性質和目標的不正確情報,或如進行研究的國家或主管國際組織由於先前進行研究計畫而對沿海國負有尚未履行的義務。

㈥雖有第 5 款的規定,如果沿海國已在任何時候公開指定從測算領海

寬度的基線量起二百海里以外的某些特定區域為已在進行或將在合理期間內進行開發或詳探作業的重點區域，則沿海國對於在這些特定區域之外的大陸架上按照本部分規定進行的海洋科學研究計畫，即不得行使該款 1.項規定的斟酌決定權而拒不同意。沿海國對於這類區域的指定及其任何更改，應提出合理的通知，但無須提供其中作業的詳情。

㈦第 6 款的規定不影響經 77 條所規定的沿海國對大陸架的權利。

㈧本條所指的海洋科學研究活動，不應對沿海國行使本公約所規定的主權權利和管轄權所進行的活動有不當的干擾。

習題：請依 1982 年海洋法公約說明外國船舶在專屬經濟區與領海從事海洋科學研究的規範。（98 高二）

六、海洋科學研究者之義務

㈠**向沿海國提供資料的義務**：各國和各主管國際組織有意在一個沿海國的專屬經濟區內或大陸架上進行海洋科學研究，應在海洋科學研究計畫預定開始日期至少 6 個月前，向該國提供關於下列各項的詳細說明（聯海 248）：

1.計畫的性質和目標；

2.使用的方法和工具，包括船隻的船名、噸位、類型和級別，以及科學裝備的說明；

3.進行計畫的精確地理區域；

4.研究船最初到達和最後離開的預定日期，或裝備的部署和拆除的預定日期，視情況而定；

5.主持機構的名稱，其主持人和計畫負責人的姓名；

6.認為沿海國應能參加或有代表參與計畫的程度。

㈡**遵守某些條件的義務**（聯海 249）：

1.各國和各主管國際組織在沿海國的專屬經濟區內或大陸架上進行海洋科學研究時，應遵守下列條件：

⑴如沿海國願意，確保其有權參加或有代表參與海洋科學研究計畫，特別是於實際可行時在研究船和其他船隻上或在科學研究設施上進行，但對沿海國的科學工作者無須支付任何報酬，沿

海國亦無分擔計畫費用的義務;

(2)經沿海國要求,在實際可行範圍內儘快向沿海國提供初步報告,並於研究完成後提供所得的最後成果和結論;

(3)經沿海國要求,負責供其利用從海洋科學研究計畫所取得的一切資料和樣品,並同樣向其提供可以複製的資料和可以分開而不致有損其科學價值的樣品;

(4)如經要求,向沿海國提供對此種資料、樣品及研究成果的評價,或協助沿海國加以評價或解釋;

(5)確保在第 2 款限制下,於實際可行的情況下,儘快通過適當的國內或國際途徑,使研究成果在國際上可以取得;

(6)將研究方案的任何重大改變立即通知沿海國;

(7)除非另有協議,研究完成後立即拆除科學研究設施或裝備。

2.本條不妨害沿海國的法律和規章為依據第 246 條第 5 款行使斟酌決定權給予同意或拒不同意而規定的條件,包括要求預先同意使計畫中對探勘和開發自然資源有直接關係的研究成果在國際上可以取得。

七、海洋科學研究者之責任

㈠各國和各主管國際組織應負責確保其自己從事或為其從事的海洋科學研究均按照本公約進行。

㈡各國和各主管國際組織對其他國家、其自然人或法人或主管國際組織進行的海洋科學研究所採取的措施如果違反本公約,應承擔責任,並對這種措施所造成的損害提供補償。

㈢各國和各主管國際組織對其自己從事或為其從事的海洋科學研究產生海洋環境污染所造成的損害,應依據第 235 條承擔責任（聯海 263）。

習題:海洋科學研究者有何義務?有何責任?

第十四節　海洋技術的發展和轉讓

一、一般規定

㈠**海洋技術發展和轉讓的促進**（聯海 266）：

1.各國應直接或通過主管國際組織，按照其能力進行合作，積極促進在公平合理的條款和條件上發展和轉讓海洋科學和海洋技術。

2.各國應對在海洋科學和技術能力方面可能需要並要求技術援助的國家，特別是發展中國家，包括內陸國和地理不利國，促進其在海洋資源的勘探、開發、養護和管理，海洋環境的保護和保全，海洋科學研究以及符合本公約的海洋環境內其他活動等方面海洋科學和技術能力的發展，以加速發展中國家的社會和經濟發展。

3.各國應盡力促進有利的經濟和法律條件，以便在公平的基礎上為所有有關各方的利益轉讓海洋技術。

㈡**合法利益的保護**：各國在依據第 266 條促進合作時，應適當顧及一切合法利益，除其他外，包括海洋技術的持有者、供應者和接受者的權利和義務（聯海 267）。

㈢**基本目標**：各國應直接或通過主管國際組織促進（聯海 268）：

1.海洋技術知識的取得、評價和傳播，並便利這種情報和資料的取得；

2.適當的海洋技術的發展；

3.必要的技術方面基本建設的發展，以便利海洋技術的轉讓；

4.通過訓練和教育發展中國家和地區的國民，特別是其中最不發達國家和地區的國民的方式，以發展人力資源；

5.所有各級的國際合作，特別是區域、分區域和雙邊的國際合作。

㈣**實現目標的措施**：為了實現第 268 條所指的各項目標，各國應直接或通過主管國際組織，除其他外，盡力（聯海 269）：

1.制訂技術合作方案，以便把一切種類的海洋技術有效地轉讓給在海洋技術方面可能需要並要求技術援助的國家，特別是發展中內陸國和地理不利國，以及示能建立或發展其自己在海洋科學和海洋資源勘探和開發方面的技術能力或發展這種技術的基本建設的其他發展中國家；

2.促進在公平合理的條件下，訂立協定、合同和其他類似安排的有利條件；

3.舉行關於科學和技術問題，特別是關於轉讓海洋技術的政策和方

法的會議、討論會和座談會；

　　4.促進科學工作者、技術和其他專家的交換；

　　5.推行各種計畫，並促進聯合企業和其他形式的雙邊和多邊合作。

二、海洋技術轉讓的國際合作

　　海洋技術的國際合作應通過現有的雙邊、區域或多邊的方案進行，並應通過擴大的和新的方案進行，以便利海洋科學研究，海洋技術轉讓，特別是在新領域內，以及爲海洋研究和發展在國際上籌供適當的資金（聯海 270）。

　　㈠**方針、準則和標準**：各國應直接或通過主管國際組織，在雙邊基礎上或在國際組織或其他機構的範圍內，並在特別考慮到發展中國家的利益和需要的情形下，促進制訂海洋技術轉讓方面的一般接受的方針、準則和標準（聯海 271）。

　　㈡**國際方面的協調**：在海洋技術轉讓方面，各國應盡力確保主管國際組織協調其活動，包括任何區域性和全球性方案，同時考慮到發展中國家特別是內陸國和地理不利國的利益和需要（聯海 272）。

　　㈢**與各國際組織和管理局的合作**：各國應與各主管國際組織和管理局積極合作，鼓勵並便利向發展中國家及其國民和企業部轉讓關於「區域」內活動的技能和海洋技術（聯海 273）。

　　㈣**管理局的目標**：管理局在一切合法利益，其中除其他外包括技術持有者、供應者和接受者的權利和義務的限制下，在「區域」內活動方面應確保（聯海 274）：

　　1.在公平地區分配原則的基礎上，接受不論爲沿海國、內陸國或地理不利國的發展中國家的國民，以便訓練其爲管理局工作所需的管理、研究和技術人員。

　　2.使所有國家，特別是在這一方面可能需要並要求技術援助的發展中國家，能得到有關的裝備、機械、裝置和作業程式的技術檔；

　　3.由管理局制訂適當的規定，以便利在海洋技術方面可能需要並要求技術援助的國家，特別是發展中國家，取得這種援助，並便利其國民

取得必要的技能和專門知識，包括專業訓練；

　　4.通過本公約所規定的任何財政安排，協助在這一方面可能需要並要求技術援助的國家，特別是發展中國家，取得必要的裝備、作業程式、工廠和其他技術知識。

三、海洋科學和技術中心

　　㈠**國家中心的設立**（聯海 275）：

　　　　1.各國應直接或通過各主管國際組織和管理局促進設立國家海洋科學和技術研究中心，特別是在發展中沿海國設立，並加強現有的國家中心，以鼓勵和推進發展中沿海國進行海洋科學研究，並提高這些國家爲了它們的經濟利益而利用和保全其海洋資源的國家能力。

　　　　2.各國應通過各主管國際組織和管理局給予適當的支持，便利設立和加強此種國家中心，以便向可能需要並要求此種援助的國家提供先進的訓練設施和必要的裝備、技能和專門知識以及技術專家。

　　㈡**區域性中心的設立**（聯海 276）：

　　　　1.各國在與各主管國際組織、管理局和國家海洋科學和技術研究機構協調下，應促進設立區域性海洋科學和技術研究中心，特別是在發展中國家設立，以鼓勵和推進發展中國家進行海洋科學研究，並促進海洋技術的轉讓。

　　　　2.一個區域內的所有國家都應與其中各區域性中心合作，以便確保更有效地達成其目標。

　　㈢**區域性中心的職務**：這種區域性中心的職務，除其他外，應包括（聯海 277）：

　　　　1.對海洋科學和技術研究的各方面，特別是對海洋生物學，包括生物資源的養護和管理、海洋學、水文學、工程學、海底地質勘探、採礦和海水淡化技術的各級訓練和教育方案；

　　　　2.管理方面的研究；

　　　　3.有關保護和保全海洋環境以及防止、減少和控制污染的研究方案；

　　　　4.區域性會議、討論會和座談會的組織；

5.海洋科學和技術的資料和情報的取得和處理；

6.海洋科學和技術研究成果由易於取得的出版物迅速傳播；

7.有關海洋技術轉讓的國家政策的公布，和對這種政策的有系統的比較研究；

8.關於技術的銷售以及有關專利權的合同和其他安排的情報的彙編和整理；

9.與區域內其他國家的技術合作。

第十五節　海洋爭端之解決

「海洋法公約」的解釋或適用的任何爭端，應適用「聯合國憲章」第 2 條第 3 項以和平方法解決，如第 33 條第 1 項之方式，但海洋法公約第十五部分，自第 279 條至第 299 條另訂有特殊規定：

一、非強制程序

㈠**選擇解決方法**：爭端各方自行選擇和平解決之方法（聯海 280）。

㈡**可先行依其他和平方式解決**：則由爭議各方協議，或適用其他任何程序解決（聯海 281）。

㈢**依一般性、區域性或雙邊協定或以其他方式解決**：爭端各方如已訂有一般性、區域性或雙邊協定或以其他方式協議，如有一方請求，應將該爭端提交有拘束力之裁判處理（聯海 282）。

㈣**交換意見的義務**：對公約之解釋或適用發生爭端，就應談判或和平解決，應交換意見。如爭端未得到解決，或就解決辦法實施方式進行協議時，則應交換意見（聯海 283）。

㈤**調解**：爭端當事國的一方，可邀請他方提出調解。如他方未接受邀請，則調解應視為終止（聯海 284）。

二、強制程序

強制性程序規定在公約第十五部分第二節（即第 286 條至第 296 條），即發生爭端時訴諸非強制程序仍未得到解決，經爭端任何一方請求，應

提交具有管轄權的法院或法庭（聯海 286）。

㈠**程序的選擇**：即當事國應有自由選擇下列方法，以解決有關本公約的解釋或適用的爭端：

 1.從國際海洋法庭（International Tribunal for the Law of the Sea—ITLOS）基於海洋法有關之聯合國條約附屬書Ⅵ所設立之國際法院（International Court of Justice）、仲裁法庭（Arbitral Tribunal）、特別仲裁法庭（Special Arbitral）。都是解釋條約或解決爭端、處理爭端由有管轄權的法院或法庭處理（聯海 287）。所在地在德國漢堡，由選舉產生之 21 位法官所構成。並由 11 位法官組織海底爭端分庭，專責處理海底爭端事件（聯海 186-191）。

 2.法院或法庭對爭端所作的任何裁判應有確定性，爭端所有各方均應遵從。這種裁判僅在爭端各方間和對該特定爭端具有拘束力（聯海 296）。

㈡**限制與選擇之例外**：但適用第十五部分第二節有若干限制和例外（第三節）即強制程序適用之「限制」（聯海 297Ⅱ,Ⅲ）與「選擇之例外」（聯海 298Ⅱ,Ⅲ），這是為確保公約之普遍性為目的而規定。

習題：海洋上發生爭端時如何解決，試依海洋法規定說明之。

第十四章　國際犯罪

第一節　國際犯罪

一、國際犯罪之概念

(一) 犯罪之 國際化	**國際犯罪**（英：international crime；德：internationales Verbrechen；法：crime ou délit internationale），即具有涉外性之犯罪，即原來屬國內法上之犯罪，只是其犯罪行為具有國際性，而須要國際上合作情形之犯罪，因此須依國內法所規定之犯罪構成要件與追訴處罰程序辦理。譬如國外犯或犯人逃亡至國外之情形。這種具有涉外性之國內犯罪當須透過國際刑警組織（ICPO）協力緝捕，但在國際上並不存在有協助之義務，國與國間通常訂有引渡條約或依據平日對犯罪緝捕之相互合作或互惠，有互相協助逮捕之情形為多。
(二) 國際法 上犯罪	即犯罪之追訴除了各國依照其國內刑法或刑訴法，加以追訴處罰之外，因對國際社會全體法益造成侵害，其追訴與處罰得直接依據國際法，原則上由國際機構負責審理。本書的重點，就在於國際法上犯罪。

習題：在國際犯罪概念上有犯罪之國際化與國際法上犯罪，試說明兩者之意義。

第二節　國際法與國家管轄權

一、民刑事管轄權與蓮花號案

(一)**民、刑事管轄權**：在一般之國際法因國家受領土主權之限制，有關國際事件，很難由國內之司法體系受理。因此國內司法管轄權主要是受理國內案件，如有國際性案件、也是涉及國內刑法之規定，並在領域範圍內才受理，至於民事案件則以涉外民事事件為主。不過近年來，隨著犯罪行為之國際化，各國乃逐漸強調犯罪之國際性的規範，尤對一定之犯罪行為締結國際條約，以強化取締遏阻之勢。

　　㈡**蓮花號案**（英：The Lotus Case；法：affaire du Lotus）：1926 年 8 月 2 日法國郵船蓮（Lotus）號與土耳其運煤船舶鮑斯庫特（Boz-Kourt）是在公海上相撞，土耳其船沉沒，鮑斯庫特船上船員 8 人喪生，另 10 人被救起，搭乘蓮船於次日抵達君士坦丁堡。土耳其乃將出事時在蓮船值班之法籍大副德孟（Demons）捕送法院，並宣判德孟 80 天監禁及罰鍰 22 土鎊。法國政府早就提出抗議，認為出事地點既在公海，土耳其應無司法管轄權。同年 10 月 12 日兩國達成協議，於 1927 年 1 月 4 日提交常設國際法院處理。其中爭執之點就是土耳其刑法第 6 條所採之被害人國籍原則，即任何外國人有損害土耳其人，土國可依據刑法判處監禁的刑罰。法院認為拘束國家之法律規範是源於國家之自由意思，因此不能推定對國家之獨立加以限制，有關國外事件，國際法並不禁止在自國領域內行使裁判管轄權。並且把公海上之船舶視同一國領土，認為「凡犯罪之結果是在一國船舶之上，國際法並無規定禁止一國視為在其領土犯罪，而控訴犯罪者」，因此可視為犯罪是在兩國內實施相同，兩國都有裁判管轄權，結論是土耳其對本案有管轄權（PCIJ 1927.9.7 判決，Ser A. No.10）。判決時的贊否比例是 6 比 6 票，結果加上主席 1 票而決定，當時也受到不少批判。1952 年 28 國在布魯塞爾開會簽訂「國際碰撞民事管轄規定公約」（International Convention on Certain Rules concerning Civil Jurisdiction in Matters of Collision），其第 1 條則規定船旗國對於在公海上發生碰撞之船舶有完全的管轄權。1958 年在日內瓦簽署之公海公約第 11 條第 1 項規定「船舶在公海上發生碰撞或其他航行事故，致船長或船上任何其他服務人員須負刑事責任或受懲戒時，對此等人之刑事訴訟或懲戒程序非向船旗國或此等人員隸籍國之司法或行政機關不得提起之」。而 1982 年簽署交聯合國海洋法公約第 97 條亦採用同一原則。

二、國家管轄權之行使

　　㈠**國內法適用之依據**：對於一定之行為或事實制定國家法律，並對其適用及執行加以推動之國家權力，稱為管轄權（jurisdiction）。即透過制定國家法律以規範一定之行為或事實的權力，稱為**立法管轄權**。透過司法

裁判對具體的事件適用法律，並以強制手段執行法律之效力，稱爲**執行管轄權**。也有將後者稱爲司法管轄權與執行管轄權。

　　國際法對於國家管轄權之行使，並非無限制的承認。對於執行管轄權之行使，基本上是止於屬地主義。對於立法管轄權，過去常設國際法院，對於 1927 年之蓮花號案認爲「有關領域外事件，國際法並不禁止在其本國領域內，行使裁判管轄權，並且把公海上之船舶視同一國領土，認爲『凡犯罪之結果是在一國船舶之上，國際法並無規定禁止一國視爲在其領土犯罪，而控訴犯罪者』」（PCIJ 1927.9.7 裁判，Ser A. No. 10）。這一判決相當重視國家之裁量權，乃是事實。不過當國際法逐漸發展以後，國家管轄權之行使當受國際法之限制，國家之自由自非無限制的發展。因此一定之行爲或事實作爲國內法規範之對象，並適用法律執行法律時，尚須法律與該行爲或事實有一定之關係始可。因此一國如欲將領域外之行爲或事實列入自己之管轄範圍內，是否受到國際法上之承認不無疑義？

　　㈡**國家管轄之立法主義**：

　　1.屬地主義（territorial principle）：又稱爲領域管轄原則，即以行爲或事實發生之場所的國家爲根據而行使之管轄權，稱爲基於屬地主義之管轄權，此時國家應擁有領域主權，而爲國際法上所承認。屬地主義有時不僅適用於領域內，也有擴張至領域外之情形。過去如本國之船舶或航空機在其內部發生之行爲或事實，也都基於屬地主義而認爲有管轄權。譬如船舶就認爲是**浮動的領土**，因此我國刑法第 3 條規定：「本法於在中華民國領域內犯罪者，適用之。在中華民國領域外之中華民國船艦或航空機內犯罪者，以在中華民國領域內犯罪論。」不過對此問題，國際法另有規定，如「公海公約」第 11 條規定：「船舶在公海上發生碰撞或其他航行事故致船長或船上任何其他服務人員須負刑事責任或受懲戒時，對此等人員之刑事訴訟或懲戒程序非向船旗國或此等人員隸籍國之司法或行政機關不得提起之。」其他「聯合國海洋法公約」第 97 條亦作同樣規定。

　　另外，就屬領域外發生之行爲，如其效果涉及領域內時，也可以行使管轄權，稱爲**效果理論**（effect theory）。尤其美國對於反托拉斯法，依據效果理論，就是外國人在領域外的行爲，如對國內有直接而實質之預

見可能之影響，也可適用。

2.國籍主義或屬人主義（nationality princeple）：即對本國人、物或法人在領域外之行為也有管轄權，稱為國籍主義或屬人主義。乃為國際法上一般所承認。又此種主義也適用於船舶或航空機（旗國主義、登錄國主義），如在船舶或航空機內部所發生之行為或事實，也屬於其本國的管轄權。但是如在他國之屬地管轄權之區域內實施國籍主義或屬人主義當應受到限制。譬如不能命令本國人實施在當地認為是犯罪行為，也不能禁止本國人做一些在當地認為合法之行為。譬如我國刑法就是限制一定重大之犯罪適用我國之刑法。第 7 條規定：「本法於中華民國人民在中華民國領域外犯前二條以外之罪，而其最輕本刑為三年以上有期徒刑者，適用之」。

3.被害的屬人或國籍主義（passive personality principle）：國家為保護其人民，對於外國人在領域外對本國人加害或使本國人受有損害時，以本國之屬人管轄權所及的國民或法人為依據而行使管轄權，稱為被害的屬人主義。譬如本國國民無論在任何區域都應受到本國法令之保護，不過此也有可能因此侵犯居留國領域主權，而難以實施。我國刑法第 8 條規定：「前條之規定，於在中華民國領域外對於中華民國人民犯罪之外國人，準用之。」

最近為防止並處罰國際性之犯罪為目的，以本國國民為被害人之理由，而設定管轄權之條約的出現，如 1984 年「禁止酷刑公約」第 5 條第 3 項。又在國內法上，為對付本國國民或本國之恐怖行為，也基於被動的屬人主義，獨自設定管轄權之情形。

4.保護主義（protective principle）：以國家安全或重大利益之侵害為根據，即不問行為者之國籍或行為地之情形為何，一律行使本國之管轄權，稱為保護主義。此原則在不問行為人之國籍或行為地之情形，其所以適用國家管轄權，乃是因該行為對國家之基本政治秩序或基本經濟秩序有侵害情形而適用，如刑法第 5 條之規定是。

5.普遍主義(universality principle)：又稱為**普遍管轄原則**(the principle of universal jurisdiction)，實施該項行為之行為者，承認所有國家都有管轄權，

稱爲普遍主義。此與保護主義不同，並非爲維護特定國家之基本利益，而是爲保護國際社會之利益，對侵害者得行使管轄權之謂。

(1)戰爭犯罪行爲：二次大戰結束，紐倫堡審判終了三週後，於 1946 年 12 月 11 日，聯合國大會對「紐倫堡憲章和紐倫堡審判中確認的國際法原則」，以決議 95(1)號決議通過。在決議通過之原則中，第六原則規定，違反國際法應受處罰的罪行是違反和平之罪、戰爭犯罪及違反人道之罪三種。

(2)海上武裝強盜（英：armed robbery at sea）：即襲擊海上航行之商船以奪取船上物資之歷史已相當古老。第二次大戰以後，世界有若干領海陸續發生對商船的搶劫行爲。國際法上適用管轄權之普遍主義最無爭議者爲海盜行爲。海盜行爲在國際法上是「人類之共敵」（hostis humani generis），不受旗國主義之保護，任何國家對海盜船舶在公海上都可逮捕並予起訴處罰。如「公海公約」第 19 條規定：「各國得在公海上或不屬任何國家管轄之其他處所逮捕海盜船舶或航空器或以海盜行爲劫取並受海盜控制之船舶，逮捕其人員並扣押其財物。逮捕國之法院得判決應處之刑罰，並得判定船舶、航空器或財物之處置，但須尊重善意第三人之權利。」其他如「聯合國海洋法公約」第 105 條也有同樣規定。

　　自 1990 年代起海盜行爲似有增加之勢，依國際海事機構（IMO）之調查，自 1984 年至 2003 年共發生 3,456 件，2000 年以後年逾 400 件以上。犯罪黑數更多，尤其是麻六甲海峽與南中國海，據說其發生件數約佔世界的半數以上。近年來索馬利亞海盜已名聞世界，2005 年我國漁船「中義 218 號」、「新連發 36 號」和「承慶豐號」，共有漁工 47 人被劫。次年交付贖金後釋放。2007 年高雄籍漁船「慶豐華 168 號」，被劫歷經 5 個月，以交付 20 萬元美金贖金後獲釋。2009 年高雄籍漁船「穩發 161 號」，共 30 位漁工被劫。確實需要國際共同的關心，以爲集體防堵。

(3)非法劫持航空器行爲：在對付劫持航空器之恐怖行爲風聲鶴唳之

今日，遇有劫持航空器行為之任何國家均可設定管轄權，如「制止非法劫持航空器公約」(海牙公約) 第2條規定：「每一締約國擔允使該項犯罪受嚴厲之懲罰。」第4條規定：「一每一締結國應採取必要措施，對犯罪及與該犯罪有關之疑犯，對乘客或機員所犯任何其他暴行，在下列情形下，建立其管轄權：(一)當犯罪係在該國登記之航空器上發生時；(二)當發生犯罪之航空器在其領域內降落而該疑犯仍在航空器上時；(三)當犯罪係發生在出租之航空器而無機員隨機時，該承租人有其主要營業地，或雖無該項營業地而其永久居住所在該國者。二當疑犯在其領均內出現而未依照第八條之規定將其引渡至本條第一項所稱之國家時，每一締約國亦應採取必要之措施，對該項犯罪建立其管轄權。三本公約並不排除任何依國內法所行使之任何刑事管轄權。」其他如「制止危害航空安全之非法行為公約」(蒙特婁公約) 亦有同樣規定 (第2、7條)。

(4)侵害外交代表的行為：依 1973 年通過之「防止侵害外交代表罪行公約」第 3 條關於「管轄權之設定」；「每一締約國應採取必要措施，以確定其在下列情況下對第二條第一款所列舉的罪行的管轄權：

①所犯罪行發生在本國領土內或在本國登記的船隻或飛機上時；

②嫌疑犯是指本國國民時；

③所犯罪行是對因代表本國執行第一條所規定的職務而享有應受國際保護地位的人員所犯時。

　　每一締約國應同樣採取必要措施，於嫌疑犯在本國領土內，而本國不依第八條規定將該犯引渡至本條第一款所指明的國家時，對這些罪行確定其管轄權。

　　本公約並不排除依照國內法行使的刑事管轄權。」其他有關起訴或引渡的規定與前述海牙公約相同。

(5)禁止刑求及其他殘酷、非人道或羞辱待遇處置或刑罰公約 (英：Convention Against Torture and Other Cruel, Inhuman or Degrading Treatment or Punishment)，通稱「禁止酷刑公約」。並規定：酷刑

雖是國內刑法上之重大犯罪（第4條），但對酷刑犯罪之處罰應
重視國際合作，對嫌疑犯所在地之締約國，應不問實施酷刑行
為人之所在地及被害人之國籍，應實施逮捕拘禁之法律措施，
不限於引渡給關係國，而應在自國自行追訴與處罰（第5~7條），
所以這個原來也稱為普遍主義。此如智利之獨裁者 Pinochet 事
件，就是適例。

習題：
一、試述普遍管轄原則（the principle of universal jurisdiction）及其適用罪行。此
　　外，亦有藉由國際多邊條約對一些其他犯罪進行管轄，試說明之。（98
　　公特三）
二、為了制止非法劫持航空器行為，如何定其管轄權？

三、國際刑警組織（英：International Criminal Police Organization—ICPO 或 Interpol）

　　為刑事警察相互合作及為各國警察機關之發展的國
際組織。其前身是 1923 年由奧地利內閣總理兼維也納警
察署長**約翰·休貝爾**（Johann Schober）所發起，稱為國際
刑事警察委員會，總部設在維也納。1946 年改名為國際
刑警組織，並將總部遷往巴黎。我國在 1961 年由內政部

約翰·休貝爾

警政司向國際刑警組織申請加入，中共於 1984 年申請入會，同時要求將
我國改稱為 Taiwan, China。迄 2004 年共有 182 個會員國。

四、外國判決（英：foreign judgment；德：ausländisches Urteil；法：jugement étranger）

　　即外國法院判決之意。依民事判決與刑事判決在國內之處理就有不
同：

(一) 民事判決	主權國家，原不容外國法權之擴張而受侵害，因此外國法院依據該國法律所為之確定判決，原不應承認其在內國亦有效力。惟近年來國際間往返頻繁，內外國人常因身分上或財產上關係在外國涉訟，故無法全面否認外國法院裁判之效力，且如必使住在外國之國人接受國內法院之審判，窒礙必多。不如依各國通例，於不

	損及內國主權及內國人利益之範圍內，承認外國法院之確定判決，與內國法院之確定判決有同一之效力。惟外國法院之確定判決，有下列各款情形之一者，不認其效力（民訴402）： 　1.依中華民國之法律，外國法院無管轄權者。 　2.敗訴之被告未應訴者。但開始訴訟之通知或命令已於相當時期在該國合法送達，或依中華民國法律上之協助送達者，不在此限。 　3.判決之內容或訴訟程序，有背中華民國之公共秩序或善良風俗者。 　4.無相互之承認者。 前項規定，於外國法院之確定裁定準用之。
(二) **刑事判決**	同一行為同時觸犯二國以上之刑法，而其行為已經外國法院裁判確定者，能否再依本國刑法處罰，其學說有二： 　1.承認外國法院之裁判力：即依法律上「一事不再理」之原則，認為凡經外國法院裁判確定之案件，本國法院即不再予以處罰。 　2.不承認外國法院裁判力：此說依各國主權獨立之原則，否認外國法院之裁判力，且認為一事不再理之原則，並不適用於不同國家司法權之運用。故主張外國裁判僅為一種事實，不承認其有既判力。故同一行為雖經外國法院確定之裁判，本國法院仍得予以審理。 　3.我國刑法係採第二說①：如刑法第9條：「同一行為雖經外國確定裁判，仍得依本法處斷。但在外國已受刑之全部或一部執行者，得免其刑之全部或一部之執行。」

五、國際法上犯罪

　　國際上犯罪可分為「國際性犯罪」與「國際法上犯罪」兩種，前已述及；前者之國際性犯罪，因各國管轄權基準之不同，其犯罪構成要件由各國刑法加以規範。通常要透過司法互助或犯罪人之引渡條約，依一定的程序進行追訴與處罰；後者之國際法上犯罪，又可分為「違反國際法之犯罪」與「侵害各國共通利益之犯罪」。「違反國際法之犯罪」係針對違反或不履行或違反國際法上之義務，這時國際法院則不待國內刑法

---

① 依9統1390解釋：華工在英國犯罪，經英國裁判所判處罪刑，執行未完，遞解回國，仍得依刑律處斷。但已受其刑之執行或經免除者，得免除或減輕本刑。

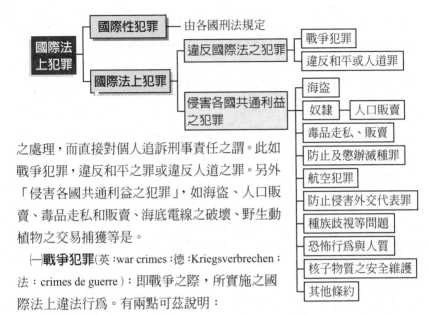

之處理，而直接對個人追訴刑事責任之謂。此如戰爭犯罪，違反和平之罪或違反人道之罪。另外「侵害各國共通利益之犯罪」，如海盜、人口販賣、毒品走私和販賣、海底電線之破壞、野生動植物之交易捕獲等是。

㈠**戰爭犯罪**(英：war crimes；德：Kriegsverbrechen；法：crimes de guerre)：即戰爭之際，所實施之國際法上違法行為。有兩點可茲說明：

　1.狹義與廣義：

　　⑴狹義：即二次大戰以前就已認定之違反戰時法規，行為人被敵國逮捕時被處罰之情形。此類犯罪指軍隊構成員之違反「交戰法規」，對俘虜之虐待，使用毒瓦斯等國際法上禁止之武器，對一般平民使用武力之敵對行為，間諜行為，戰時反叛行為等。

　　⑵廣義：除了狹義以外，主要以第二次大戰後在紐倫堡與東京之國際軍事法庭所認定對違反和平之罪與人道之罪等而言。此並非違反戰爭法規，而認為侵略戰爭就違反國際法之戰爭犯罪的概念。此類犯罪指破壞和平之罪，即對侵略戰爭之計劃、準備、著手、實行等。對人道之罪或集團殺害之罪。如對一般平民之殺害，奴隸化，強制的遷徙及其他非人道的行為或基於政治性、種族性、宗教性的理由而迫害之行為。

　2.紐倫堡原則(英：Nuremberg Principles)：即在紐倫堡審判納粹德國戰犯所確認之國際法原則。1946 年 12 月 11 日聯合國大會對該原則加以確認並全體一致通過(大會決議 95(1))，1947 年命令聯合國國際法委員會

將該原則加以法制化（大會決議 177-11），國際法委員會乃於 1950 年將紐倫堡審判之原則予以法制化，而提出聯合國大會討論，其原則大致如下：

從事構成違反國際法的犯罪行爲的人承擔個人責任，並因而應受懲罰（原則一）。國內法不處罰違犯國際法的罪行的事實，不能作爲實施該行爲的人免除國際法責任的理由（原則二）。以國家元首或負有責任的政府官員身份行事，實施了違反國際法的犯罪行爲的人，其官方地位不能作爲免除國際法責任的理由（原則三）。依據政府或其上級命令行事的人，假如他能夠進行道德選擇的話，不能免除其國際法上的責任（原則四）。被控有違反國際法罪行的人有權在事實和法律上得到公平的審判（原則五）。違反國際法應受處罰的罪行是（原則六）：

(1)**反和平罪**	計畫、準備、發起或進行侵略戰爭或破壞國際條約、協定或承諾的戰爭；參與共同策劃或脅從實施上述第 1 項所述任何一項行爲的。
(2)**戰爭犯罪**	違反戰爭法規或習慣，出於某種目的或在佔領區內，實施包括但不限於謀殺、虐待或奴役平民居民，謀殺、虐待戰俘，謀殺、虐待海上人員殺害人質，劫掠公私財產，肆意摧毀城市、集鎭、鄉村，或無軍事之必要而以非正義方式進行破壞。
(3)**反人道罪**	對任何平民居民進行謀殺、生物實驗、放逐和其他非人道行爲，或基於政治、種族、宗教背景的迫害，而此類行爲已實施或此類迫害已執行或此類行爲與任何反和平罪或任何戰爭犯罪相關聯的。

共謀犯下原則六所述的反和平罪、戰爭罪或反人道罪是國際法上的罪行（原則七）。

(二)**破壞和平罪**（英：crimes against peace；法：crimes contre paix）：第二次大戰時所產生之新的戰爭犯罪概念。在紐倫堡國際軍事法庭審判戰犯時所下之定義，即「違反侵略戰爭或國際條約、協定或誓約，推行戰爭計畫、準備、著手或實行，或爲達成上述之行爲共同計畫或參加共同謀議者之謂」。遠東國際軍事法庭亦作同樣解釋。第二次大戰負主要責任之日本及德國之政治家與軍人，則以違反本罪而被處刑。對此處刑，也有認爲是處罰事後法，而違反罪法定主義之批評，但對禁止侵略戰爭不能說沒有

道理。

㈢**違反人道罪**（英：crumes against humanity；法：crimes contre l'humanité）：第二次大戰時所產生之新的戰爭犯罪概念。即在戰前或在戰時爲了推動或其關聯下對於一般平民加以殺害、殲滅、奴隷化、強制遷徙或其他非人道的行爲，或基於政治性、種族性、宗教性之理由而加以迫害之行爲。

㈣**軍事法庭之設置**：國際軍事法庭（英：International Military Court（or Tribunal）—IMC；法：Cour internationale criminelle）爲處罰個人觸犯國際犯罪所設立之「國際法院」。第一次世界大戰後，爲審判戰犯而不少國家主張設置，第二次大戰後，在⑴**紐倫堡設置「國際軍事法院」**（International Military Tribunal）以及⑵**「遠東國際軍事法庭」**（International Military Tribunal for the Far East）以處罰戰犯。1948 年「種族滅絕條約」及 1973 年「種族隔離罪之鎮壓及處罰之國際公約」，已有設置法庭之計畫。

哥 林

1.紐倫堡設置「國際軍事法庭」：德國之部分，則於 1945 年 8 月 8 日由美、英、法、蘇四國設立紐倫堡國際軍事法庭（The Neuremberg International Military Tribunal）審判德國的主要戰犯和其同謀之共犯，法官是由上述四國所選出，被起訴者有德國空軍最高指揮官哥林（Hermann Wilhelm Göring, 1893-1946）、德國外交部長李便托洛布（Joachim von Ribbentrop, 1893-1946）、樞密內閣閣員黑斯（Rudolf Hess, 1894-1987）等 24 位德國人。自 1945 年 11 月 20 日開始審理，翌(46)年 10 月 1 日分別以違反和平罪和違反人道罪以及違反戰爭法罪而下達判決，結果處絞首刑 12 名，無期徒刑 3 名，20 年至

黑 斯

10 年徒刑 4 名，無罪 3 名。上述哥林被判死刑後，在行刑前服毒自殺，黑斯被判無期徒刑，終身在獄中度過。

2.遠東國際軍事法庭（英：International Military Tribunal for the Far East）：第二次大戰後爲審判日本重大戰爭之犯罪人所設立之法庭。依「波茨坦宣言」對戰爭犯罪人處罰之條款，聯合國於佔領日本後，乃開始逮捕戰爭指導者與虐待俘虜者。1946 年 1 月 19 日聯合國最高司令官**麥克阿瑟**

（Douglas MacArthur, 1881-1964）公布遠東國際軍事法庭條例（1946.4.26 修正），並在東京設立該法庭。因此又稱為**東京裁判**（Tokyo Trial）。法官是由遠東委員會所構成之11 國中各選出一位，審判長是由澳洲之威卜（Sir William Flood Webb, 1887-1973）擔任。檢察官也同時選出，首席檢察官是由聯合國最高司令官任命。被起訴者是日本前

麥克阿瑟

首相東條英機及其他政治家與軍人共 28 人。自 1946 年 5 月 3 日開始審

東條英機

理，1948 年 11 月 12 日判決全體有罪。其中 7 人處絞首刑（48 年 12 月處刑），16 人無期禁錮，2 名為 20-7 年禁錮。被告之中有 2 名死亡，1 名因病而未予審理，其他岸信介等 A 級嫌疑犯亦未審判。在此審判中聯合國及依戰時國際法所規定之「違反戰爭法規」之外，並對「違反和平之罪」與「違反人道之罪」三種罪進行追訴，因違反罪刑法定主義，且法官都是聯合國國家所選出，又將天皇排除在外，因此有批評為「勝者之政治裁判」。當時之審判在法界雖有違反罪刑法定主義之批評，但其後乃被納入「防止及懲辦滅種罪公約」，故該罪已成國際習慣法。

伍國際刑事法庭之設置：

1.國際刑事法（英：international criminal law；法：droit international pénal）；依據條約、國際習慣法等國際法，對個人所犯之特定行為定義為國際犯罪行為，並規定裁判管轄權、追訴、犯人引渡等國際法規之謂。國際犯罪是侵害國際社會之一般利益，如違反和平之犯罪與違反人道之犯罪等，以及侵害各國共同利益之犯罪，此如麻藥之走私、海盜、人口買賣、空中劫機、人質綁架、國際恐怖攻擊等是。前者之國際犯罪一向是由國際刑事法庭處置，並已獲得國際上認同。

2.南斯拉夫國際刑事法庭（英：International Criminal Tribunal for the former Yugoslavia－ICTY；法：Tribunal Pénal International Pour L'Ex-Yougoslavie），正式名稱為「審理起訴 1991 年起發生於前南斯拉夫地區嚴重違反國際人道法罪行人物之國際法庭」（英：International Tribunal for the Prosecution of Persons Responsible for Serious Violations of International Humanitarian Law Committed in the Territory of the Former Yugoslavia since 1991），爲追訴 1991 年以後在前南斯拉夫之領域內違反國際人道法之重大犯罪者的刑事責任，聯合國安全理事會乃依據聯合國憲章第七章而設立之之國際法庭。當南斯拉夫社會主義聯邦共和國解體後，因分裂成數個獨立國家，造成民族與宗教間之對立，而以武力相向，以致若干族群團體有採取集體虐殺或「種族淨化政策」，而有嚴重違反人道法之行爲。該法庭最早是由德國外交部長克勞斯金克爾（Klaus Kinkel）所倡議，聯合國安理會於 1993 年 2 月以 808 號決議認定前南斯拉夫境內之情形，已構成「對國際和平與安全之威脅」而決定設置刑事法庭。5 月 25 日乃通過 827 號決議而通過國際法庭規約。此國際刑事法庭（ICTY）設於荷蘭海牙（規約 31 條）。

此國際刑事法庭是第二次大戰後，繼紐倫堡裁判與東京裁判後，在聯合國體制下，首次追訴違反國際人道法之國際法庭，此法庭是安理會之輔助機關，經費由聯合國之通常預算中支付（32 條），其管轄包括四種犯罪類型，即對 1949 年「日內瓦公約」之重大違反行爲（第 2 條），違反戰爭法規或慣例行爲（第 3 條），集體殺害（第 4 條）及對人道之罪（第 5 條）。

該刑事法庭由審判部、檢察及書記部所構成（第 11 條），審判部設有三個第一審審判部與一個上訴審判部（第 11 條），基於安理會所提出之名簿，由聯合國大會選出不同國籍之 16 名獨立的常任法官，及追加選出的最大 9 名法官（ad Iitem judges）所構成（第 12 條）。並保障被告有接受公正審判之權（第 21 條），刑罰沒有死刑。對此前南斯拉夫總統**米洛舍維奇**（Milošević）被海牙國際法庭列爲戰犯，被控在克羅埃西亞、波士尼亞及科索夫三場戰爭中犯下 66 項罪狀，但 2006 年 3 月 31 日，米洛舍維奇卻於獄中突然死亡①。

米洛舍維奇

3.盧安達國際刑事法庭（International Criminal Tribunal for Rwanda－ICTR）：於 1994 年 11 月由聯合國安理會以第 955 號決議所成立。盧安達的人口有 850 萬人（2004 年），位於非洲中部大湖區域，人口有 80

---

① 知惠藏，2004，頁 193。朝日新聞社。

％是胡圖族（Hutu），10％是圖西族（Tutsi），1%是托瓦族（Twa）。在殖民地以前是由圖西族的王族掌權，少數集團之種族間文化差異雖不明顯，但在殖民體制下，集團間之境界線乃嚴密之區分。因 1959 年之爆亂，由胡圖族之部分知識份子掌握了權力，遂於 1962 年結束比利時的托管統治而獨立。第一代總統是中部出身之 G. Kaybanda，但 1972 年在北西部之胡圖族出身之國防部長 J. Habylimana 以政變取得政權，以胡圖族為中心之政權乃強化獨裁統治，少數圖西族逃到烏干達之難民，乃武裝抵抗而於 1990 年爆發內戰，94 年以總統之暗殺為藉口對圖西族展開大屠殺，據說有 50 萬到 80 萬人遭屠殺，圖西族之反政府組織盧安達愛國陣線（RPF）從烏干達進攻，取得勝利，成立

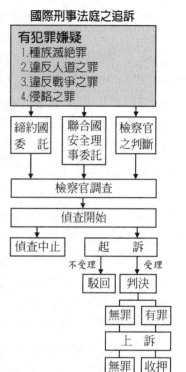

國際刑事法庭之追訴

有犯罪嫌疑
1. 種族滅絕罪
2. 違反人道之罪
3. 違反戰爭之罪
4. 侵略之罪

政權以後，胡圖族之士兵、民兵及住民惟恐遭受報復而逃難到鄰近各國，產生 170 萬難民，其中有 130 萬人回歸故里，10 萬人分散在剛果民主共和國及中非共和國，剩下之 24 萬人據稱可能遭盧安達軍殺害，2000 年副總統兼國防部長之 P. Kagame 當選總統，03 年連選連任。1994 年在坦尚尼亞的阿魯沙設置盧安達國際刑事法庭；為了要審理 1994 年 1 月 1 日至 12 月 31 日這段期間在盧安達境內從事種族滅絕和其他嚴重違反國際人道主義行為之人及在鄰國境內從事種族滅絕和其他違法行為的盧安達公民，迄今該法庭已完成其中 50 人之審理程序，其中已有 29 人被定罪，另有 11 人尚在審理中，14 人已被拘留並等候審理；有些嫌犯則已死亡①。

國際刑事法庭於 2002 年 7 月 1 日在荷蘭海牙成立，由 18 位法官組

---

① imidas，2007，頁 384。

成，任期9年，同一國家不得提供兩位法官。國際刑事法庭於2003年3月開始運作，同年3月11日18位法官在海牙宣誓就職。審判的對象是在國際社會犯下重大罪行者，所謂重大罪行包括(1)種族滅絕，(2)對人道之犯罪（包括拷問及奴隸等），(3)戰爭犯罪，(4)侵略等四種，最重刑期為無期徒刑。因國際上欠缺國際刑法典，因此從罪刑法定主義之觀點，偵查搜證時尚須各國協助等，其問題尚多。

習題：國際刑事法庭審判之對象為何？試說明之。

4.伊拉克哈珊之審判：2003年3月20日美國以伊拉克擁有化學毒氣等大量破壞性武器為由，對伊拉克進軍作戰，並佔領伊拉克逮捕伊拉克總統哈珊及其重臣。2004年7月1日在美國主導下，組織「伊拉克特別法庭」對**哈珊**（Saddam Hussein, 1937-2006）等12名舊政府官員提出控訴，法官宣讀的控罪書指控哈珊犯「違反人道之罪」，其主要罪行為：

(1) 1990年出兵侵略、佔領科威特；

(2) 1991年鎮壓伊南庫德族與伊斯蘭教什葉派的蜂起反抗行動；

(3) 1987年至1988年發動安法爾戰爭，殘殺伊北庫德族；

(4) 1988年動用化學武器攻擊庫德族城鎮哈拉布亞；

(5) 統治伊國35年間殘殺無數政治異議人士；

(6) 1974年殺害多名宗教界人士；

(7) 1983年屠殺庫德族巴贊尼宗派數千名成員。

最後伊拉克政府特別法庭以哈珊違反人道罪名判處絞刑。終於2006年12月30日清晨在美軍嚴密戒護下，離開　　　**哈 珊**
巴格達國際機場附近的美軍基地牢房，轉交伊拉克官員行刑。哈珊就刑前手持可蘭經，不願戴上頭罩。

(六)**海盜**：

1.海盜行為（英：piracy；德：Seeräuberei；法：piraterie）：在公海或其上空等不屬於任何國家管轄權之場所，為了私人之目的，對船舶、航空機、人、財，施以不法之暴行、扣留、搶奪

之行為，其私有之船舶或航空機之成員或旅客之行為均稱為海盜行為。
對其工具，則稱為海盜船舶、海盜航空機。

　　⑴海盜行為的定義：依聯合國海洋法公約第 101 條：「下列行為
　　　中的任何行為構成海盜行為：

　　　①私人船舶或私人飛機的船員、機組成員或乘客為私人目的，
　　　　對下列對象所從事的任何非法的暴力或扣留行為，或任何掠
　　　　奪行為：

　　　　A 在公海上對另一船舶或飛機，或對其人或財物；

　　　　B 在任何國家管轄範圍以外的地方對船舶、飛機、人或財物；

　　　②明知船舶或飛機成為海盜船舶或飛機的事實，而願參加其活
　　　　動的任何行為；

　　　③教唆或故意便利上述行為的任何行為。」

　　⑵軍艦、政府船舶或飛機從事海盜行為：軍艦、政府船舶或政府
　　　飛機由於船員或機組成員發生叛變，並控制該船舶或飛機而從
　　　事海盜行為，視同私人船舶或飛機所從事的行為（聯海 102）。

　　⑶海盜船舶或飛機的扣押：即在公海上，或任何國家管轄範圍外
　　　的其他地方，每個國家均可扣押海盜船舶或飛機或為海盜所控
　　　制下的船舶或飛機，和逮捕船上或機上人員並扣押船上或機上
　　　財物。扣押國的法院可判定應處的刑罰，並可決定對船舶、飛
　　　機或財產所應採取的行動，但受善意的第三者的權利的限制（聯
　　　海 105）。

　　⑷有權扣押的船舶和飛機：由於發生海盜行為而進行的扣押，只
　　　可由軍艦，軍用飛機或其他有清楚標誌可以識別的為政府服務
　　　並經授權扣押的船舶或飛機實施（聯海 107）。

　　⑸海盜罪為國際性犯罪：因國際間交往密切，為維護海上交通之
　　　安全，國際上咸認，此為萬國公罪。故不論其犯人國籍如何，
　　　在何國領域內犯罪，及被害法益誰屬，各國均得適用國內刑法
　　　予以處罰，以維護世界之共同利益。

　　⑹我國刑法規定：

①海盜罪與準海盜罪：未受交戰國之允准或不屬於各國之海軍，而駕駛船艦，意圖施強暴、脅迫於他船或他船之人或物者，為海盜罪，處死刑、無期徒刑或 7 年以上有期徒刑。船員或乘客意圖掠奪財物，施強暴、脅迫於其他船員或乘客，而駕駛或指揮船艦者，以海盜論。因而致人於死者，處死刑、無期徒刑或 12 年以上有期徒刑；致重傷者，處死刑、無期徒刑或 10 年以上有期徒刑（刑 333）。

②海盜結合罪：犯海盜罪而有下列行為之一者，處死刑、無期徒刑或 12 年以上有期徒刑：⑴放火者；⑵強制性交者；⑶擄人勒贖者；⑷故意殺人者（刑 334）。

　　2.海盜船舶或飛機：即處於主要控制地位之人員，意圖利用船舶或飛機從事海盜行為，該船舶或飛機視為海盜船舶或飛機。如該船舶或飛機曾被用為海盜行為，而該船舶或飛機仍在海盜的控制之下時，上述規定同樣適用（聯海 103）。而該海盜船舶或飛機，仍可保有原來之國籍（聯海 104）。

習題：
一、二次大戰以後，聯合國設置了兩個軍事法庭，試說明其審判情形。
二、依據國際法之相關規定，構成海盜之國際犯罪行為應具備那些要件？
　　近期各國出兵護航、打擊索馬利亞海盜之國際法依據為何？（98 公特三）

　　㈦**奴隸**（英：Slave；德：Sklave；法：esclave）：在國際法上隸屬於他人所有權之下的地位者（國際奴隸條約 1）。十九世紀以來國際上縕釀制定禁止奴隸之買賣。迄 1926 年 9 月 25 日簽署「國際奴隸條約」於 1927 年 3 月 9 日生效。該條約禁止簽約國奴隸之交易，並廢止奴隸之擁有及防止奴隸之運輸。第二次大戰後，國際上升高重視人權之國際保障，因此公布並簽定各種條約：

　　1.世界人權宣言：於 1948 年聯合國大會通過，其第 4 條規定：「任何人不得使為奴隸或奴役；一切形式的奴隸制度及奴隸販賣，均應予以禁止」。

　　2.公民權利及政治權利國際公約：於 1966 年聯合國大會通過，其第 8 條第 1 項規定：「任何人不得使為奴隸，一切形式的奴隸制度和如隸

買賣均應予以禁止。」

　　3.聯合國海洋法公約：其第 99 條：「每個國家應採取有效措施，防止和懲罰准予懸掛該國旗幟的船舶販運奴隸，並防止為此目的而非法使用其旗幟。在任何船舶上避難的任何奴隸、不論該船懸掛何國旗幟，均當然獲得自由。」如有嫌疑該船舶從事奴隸買賣者，就可登船臨檢（聯海110）。

　　從事奴隸交易在聯合國將視為違反人道之犯罪，目前聯合國人權委員會並進行奴隸等類似制度之調查，以便徹底根除此一不良行為。

　　㈧**防止及懲辦滅種罪公約**（英：Convention on the Prevention and Punishment of the Crime of Genocide）：自第二次大戰前及戰爭期中，納粹對猶太民族之殘虐及大量屠殺，戰後在紐倫堡審判中被列為犯罪行為。聯合國為防止此類非人道行為再度發生，於 1946 年 12 月 11 日第一次聯合國大會中，認定種族滅絕是違反聯合國的精神與目的，而為文明世界之犯罪行為，故於 1948 年 12 月 9 日聯合國第三屆大會一致通過「防止及懲辦滅種罪公約」，於 1951 年 1 月 12 日生效。當事國有 118 國，由前文及 19 條條文所構成。締約國一致確認滅種行為，不論發生於平時或戰時，均係國際法上之一種罪行，承允防止並懲治之（滅種 1）。

　　1.種族滅絕之定義：即蓄意全部或局部消滅某民族、人種、種族或宗教團體，犯有下列行為之一者（滅種 2）：

　　⑴殺害該團體之成員；

　　⑵致使該團體之成員在身體上或精神上遭受嚴重傷害；

　　⑶故意使該團體處於某種生活狀況下，以毀滅其全部或局部之生命；

　　⑷強制施行辦法意圖防止該團體內之生育；

　　⑸強迫轉移該團體之兒童至另一團體；

　　2.處罰行為：下列行為應予懲治（滅種 3）：

　　⑴滅種；

　　⑵預謀滅種；

　　⑶直接公然煽動滅種；

　⑷意圖滅種；

　⑸共謀滅種。

　3.犯罪者身分：凡犯滅種罪或有第 3 條所列行爲之一者，無論其爲依憲法負責之統治者、公務者或私人，均應懲治之（滅種 4）。

　4.主管法院：凡被訴犯滅種罪或有第 3 條所列行爲之一者，應交由行爲發生地國家之主管法院，或締約國接受其管轄權之國際刑事法庭審理之（滅種 6）。

　滅種在國際法上認定爲「違反人道之犯罪」，以確保聯合國之尊重人權的原則。基於國際法，如有違反上述規定，個人亦得爲處罰之對象。

　5.艾希曼事件（英：The Eichmann Affair）：艾希曼（Karl Adolf Eichmann, 1905-62），在德國出生後，自 1913 年在奧國之林嗣（Linz）長大。第一次大戰後奧匈帝國解體，艾氏乃進國立工業專科學校就讀，並未畢業，而其父親又關閉小礦山，於是到電氣軌道工業公司再轉石油公司等當職員。隨即加入德奧統合戰鬥同盟會當會員，於 1932 年 4 月 1 日在希特勒之前宣誓，黨員號碼 899895，親衛隊員號碼 45320 而成爲納粹親衛隊員。艾氏之第一句座右銘是「我的名譽就是忠誠」。嗣後艾氏成爲德國納粹幹部任希特勒屬下**蓋世太保（Gestapo）猶太組組長**，曾迫害猶太人約六百萬人，於第二次世界大戰後潛赴阿根廷，改名換姓，嗣 1960 年以色列特務人員，乃赴阿根廷逮捕，並秘密押解至特拉維夫，公開審判。於是阿根廷向聯合國抗議，1960 年 6 月 23 日聯合國安全理事會通過決議 138 號，譴責以色列侵犯阿根廷主權，其後以色列乃對阿根

艾希曼

廷道歉，艾希曼也未交回，並由以色列判處死刑。於 1962 年 5 月 31 日被處絞首刑，艾氏之最後遺言是：「我雖然相信上帝，但非基督徒，死後也不相信有來生。」

　㈨**航空犯罪**：

　1.航空器上之犯罪（英：offences committed on board aircraft）：在航空器上之犯罪，應適用那一國家之刑法，則爲裁判權之問題，而機長可否拘束犯人，拘束到何種程度，亦是問題。

⑴航空器內犯罪和其他行為公約（英：Convention on Offences and Certain Other Acts Committed on Board Aircraft）：又稱為「**東京公約**」。於 1963 年 9 月 14 日在東京簽署，1969 年 12 月 4 日生效。第 3 條第 1 項規定：航空器登記國對在該航空器內所犯的罪和行為有權行使管轄。第 4 條規定：非登記國的締約國，不得為對航空器內所犯的罪行行使其刑事管轄權而干預飛行中的航空器。而機長在有適當理由認為某人在航空器內犯下或將犯下危害航空器或其所搭載人員或財產的安全，或危害航空器上的良好秩序和紀律的行為時，機長可以對此人採取必要的合理措施，包括看管措施（第 6 條）。如航空器內有人使用暴力或暴力威脅，非法干擾、劫持或以其他不正當方式控制飛行中的航空器時，締約國應採取一切適當措施，恢復或維護合法機長對航空器的控制（第 11 條第 1 項）。

⑵制止非法劫持航空器公約（Hague Convention for the Suppression of Unlawful Seizure of Aircraft）：於 1970 年在海牙簽署，1971 年 10 月 14 日生效。

① 犯罪行為：任何人在飛行中之航空器上藉武力或威脅，或以任何其他方式之威嚇，對該航空器非法劫持或行使控制，或企圖行使任何此項行為，或其同謀（第 1 條），每一締約國應予嚴厲懲罰（第 2 條）。

② 犯罪者之拘禁：第 6 條規定：在情況許可之下，任何締約國，當犯罪者或疑犯在其領域內出現時，應將其拘禁，或採取其他措施，俾確保其到場，該項拘禁及其他措施應依該國法律規定行之，但僅得持續至能進行刑事或引渡程序之時為止（第 1 項）。該國應立即進行事實之初步調查（第 2 項）。依本條第 1 項之規定受拘禁者，應受到協助，使立即與其距離最近其所屬國之代表通訊連繫（第 3 項）。當一國依本條規定對某人已拘禁時，應立即將其受拘禁之事實及需要將其拘禁時之情況，通知航空器登記國、第 4 條第 1 項第 3 款所稱之國、受

拘禁人之國籍國、及其他有關國家。依本條第 2 項規定進行初步調查之國家，應將其調查結果迅即通知上述國家，並應表明其是否行使管轄權（第4項）。

③犯罪者引渡或起訴之選擇：在其領域內發現疑犯之締約國，如不將該疑犯引渡，則無論該項犯罪是否在其領域內發生，應無任何例外將該案件送交其主管機關俾予以起訴。該等機關應照在其國內法下任何嚴重性之一般犯罪之相同方式裁決之（第7條）。

第 8 條規定：該項犯罪應視為包括於締約國間現行引渡條約中一種可以引渡之犯罪。締約國擔允於將來彼此間所締結之每一引渡條約中將該項犯罪列為可以引渡之犯罪（第1項）。若以引渡條約之存在為引渡條件之締約國，接到與該國無引渡條約存在之其他締約國之請求引渡時，得自行考慮以本公約為有關該項犯罪引渡之法律基礎。引渡應遵照該被請求引渡國法律所規定之其他條件（第2項）。不以條約之存在為引渡條件之各締約國，應遵照被請求引渡國法律所規定之條件，承認該項犯罪為彼此間可引渡之罪（第3項）。為使締約國間引渡起見，該項犯罪應被視為不僅係在發生之地之犯罪，且係在第 4 條第 1 項建立彼等管轄權之國家領域內之犯罪（第4項）。

(3)我國法制：

①民用航空法：其第 100 條規定，以強暴、脅迫或其他方法劫持航空器者，處死刑、無期徒刑或 7 年以上有期徒刑。因而致人於死者，處死刑或無期徒刑；致重傷者，處死刑、無期徒刑或 10 年以上有期徒刑。

②刑法：增訂第 185 條之 1 至 2 兩條專事處罰劫持航器之罪。依第 185 條之 1 規定，以強暴、脅迫或其他非法方法劫持使用中之航空器或控制其飛航者，處死刑、無期徒刑或 7 年以上有期徒刑。其情節輕微者，處 7 年以下有期徒刑。因而致

人於死者，處死刑或無期徒刑；致重傷者，處死刑、無期徒刑或 10 年以上有期徒刑。

2.制止危害航空安全之非法行為公約（英：Convention for the Suppression of Unlawful Acts against the Safety of Civil Aviation）：1971 年 9 月 23 日在蒙特婁簽署，1973 年 1 月 26 日生效。簡稱為「**蒙特婁公約**」。當事國有 144 國。這是有防止非法奪取航空機，但不包括劫機在內之條約，尤對航空機之破壞等之處罰及防止之多數國間的條約。由前文及 16 條條文所構成。即對於在飛行中之航空器上之人為暴力行為，或破壞在使用中之航空器使其受到損害，或放置足以破壞航空器等行為（第 1 條），締約國並對危害航空器安全之犯罪行為確定其管轄權（第 5 條）。如在其領域內發現嫌疑犯，締約國如不將其引渡，就應交有關機關予以起訴（第 7 條）。

㈩**防止侵害外交代表罪行公約**（英：Convention on the Prevention and Punishment of Crimes against Internationllly Protected Persons, including Diplomatic Agents）：於 1973 年 12 月 14 日聯合國第二十八屆大會（XXVIII）通過，於 1977 年 2 月 20 日生效。簡稱「國家代表等保護公約」或「外交官保護公約」。當事國有 89 國。以聯合國國際法委員會所起草之草案為基礎而作成。由前文及 20 條條文所構成。本公約應受國際保護人員是指一國元首、政府首長、外交部長及其家屬之辦公館舍、私人寓所或其交通工具（第 1 條），對應受保護人員進行謀殺、綁架或對其公用館舍、私人寓所或交通工具進行暴力攻擊時，每一締約國應按照這類罪行的嚴重性處以適當之懲罰（第 2 條）。在自國領域內所實施之犯罪行為應確定其管轄權（第 3 條）。締約國於嫌犯在其領域內如不予引渡，則須依照法定程序提起刑事訴訟（第 7、8 條）。本公約是為應付 1970 年代以來對外交官恐怖攻擊而制定者。

㈡**種族歧視等問題**：

1.種族隔離制度（英、法：apartheid；德：Apartheid）：即南非共和國所施行之種族隔離與歧視政策。南非共和國為維持少數白人支配之政治制度，於居住地區以下全生活之領域，實施種族隔離制度。聯合國自第七屆總會以來，最初以人權問題來處理，1960 年代以後，總會即以有違

反國際和平，對南非共和國以制裁加以警告，而安全理事會乃決定禁止
其輸出武器，至 1965 年探「種族歧視廢止國際公約」以禁止其實施種族
隔離政策。迨 1973 年即以人道罪來處罰實施種族隔離之負責人。

另一方面 1980 年代訴求擴大黑人解放之非洲人國民大會（African
National Congress－ANC）游擊戰，於 85 年提升南非緊急事態，迨 90 年 2
月戴克拉克政權之誕生與 ANC 合作釋放曼德拉（Mandela, Nelson
Rolihlahla），到 91 年廢止種族歧視法，92 年經白人投票之改革，93 年通
過種族平等之憲法，終於結束自十七世紀荷蘭人入主南非以來白人少數
之統治之政策。戴克拉克與曼德拉也於 93 年共同獲得諾貝爾和平獎。

2.種族歧視廢止國際公約（英：International Convention on the Elimination
of All Forms of Racial Discrimination）：1965 年 12 月 21 日由聯合國大會通
過，1969 年 1 月 4 日生效。正式名稱是「廢除所有形態之種族歧視之國
際公約」，當事國有 144 國，由前文及 25 條條文所構成。即以人權侵害
為目的，而基於種族、膚色、世系、民族或種族之出身而有差別歧視等
加以禁止之條約。締約國應制定各種政策以實施種族平等之規定（種 1、
2）。並為確保條約之履行設有「種族歧視廢止委員會」（種8）。締約國
也應將實施情形提出報告（種 9）。締約國對其他國家有不履行條約時，
也應報告委員會。委員會對締約國之個人或集團均可受理（種 14），此為
個人通報制度。

3.種族隔離罪之鎮壓及處罰之國際公約（英：International Convention on
the Suppression and Punishment of the Crime of Apartheid）：於 1973 年 11 月 30
日經聯合國總會決議（3068-XXⅧ）通過，1976 年 7 月 18 日生效。又簡
稱為「種族隔離公約」。當事國有 99 國。

由前文及 19 條條文所構成。因種族隔離是觸犯人道之罪（條約1），
觸犯種族隔離罪者，應負國際刑事責任（條約3），有管轄權之締約國的法
院或國際刑事法院應予裁判（條約5），同時締約國並有義務對種族隔離制
度加以鎮壓及處罰（條約4）。

㈢**恐怖行為**：

1.恐怖主義（英：terrorism）：恐怖主義並非有國際法上之定義。一

般認爲是基於特定主義與主張，強使國家接受其主張，或在社會上施以人體之殺傷的恐怖手段，以便達到既定目的。對機場或都市之中樞區域投放炸彈，對不特定人施以殺傷，或對特定人物的暗殺，或者以劫機或擄人以便要求釋放其同黨等方式，均屬恐怖主義之行爲。因此自 1960 年代起因國際恐怖活動之增加，國際上乃締結不少條約，如「關於航空器內犯罪和其他行爲公約」（1963）、「制止非法劫持航空器公約」（1970）、「制止危害航空安全之非法行爲公約」（1971）、「防止侵害外交代表罪行公約」（1973）、「恐怖行爲鎮壓之歐洲公約」（1977）、「人質禁止公約」（1979）、「爆彈恐怖防止公約」（1997）、「恐怖主義資金供給防止條約」（1999）等。

2. 恐怖攻擊活動：

(1)以 1995 年對奧克拉荷馬市中心之聯邦建築物的爆炸事件。

(2) 911 恐怖攻擊：恐怖攻擊事件發生於 2001 年 9 月 11 日，恐怖份子劫持兩架民航機先後以自殺方式撞擊紐約的世界貿易中心雙子星大樓，另一架劫持客機俯衝華盛頓五角大廈（美國國防部），第 4 架由恐怖份子劫持控制民航機，因乘客抵抗稍後在匹茲堡附近墜毀。另外，華府國會山莊、國務院等重要機構紛傳遭到攻擊。樓高 110 層，平日有數萬人上班的世貿中心南北兩塔被撞毀倒塌，五角大廈一側嚴重毀損，一連串攻擊行動，除了 4 架民航機上 266 名機員乘客當場慘死，事件發生一週後估算包括

美國雙子星大樓焚燒圖

911 恐怖攻擊美國世貿中心後之廢墟

因公殉職消防人員在內的喪生或失蹤人數超過 6,000 人，實際傷亡人數也接近 4,000 人。

　　美國政府惟恐恐佈份子突襲擴及其他重要中樞機構，不得不採取緊急疏散措施，宣佈航機全面停飛，紐約市政府封閉地鐵橋樑，許多重要活動被迫中止或延期，全國一時之間陷入癱瘓恐慌狀態。

　　由於這是自 1941 年 12 月 7 日珍珠港事變以來，美國本土首度遭遇之最嚴酷外來攻擊，造成傷亡與災情慘重浩劫，美國朝野異常驚駭、悲慟與憤怒，在獲得國內民意與國際多方支持後，美國政府迅即採取反擊與報復，對恐怖組織與孵翼恐怖組織國家展開大規模軍事行動①。

⑶ 2004 年車臣恐怖攻擊：即恐怖份子挾持了俄羅斯南部一所學校近千名的人質，而且在特種部隊與恐怖份子槍戰中，造成三百餘人死亡，五百餘人受傷的慘劇②。

⑷ 洛克比航空機墜機事件（英：Lockerbie Affair）：1988 年 2 月 21 日美國泛美航空公司波音 747 客機第 103 號班機在蘇格蘭洛克比村莊上空爆炸墜毀，機上乘客及機員共 259 名全體喪生。又稱為「**泛美航空機爆炸墜落事件**」。英國與美國均認為，此件爆炸案之二名主犯與利比亞政府機關有關，於 1992 年 1 月 21 日透過聯合國安全理事會第 731 號決議向利比亞政府請求引渡嫌疑犯。同年 3 月 3 日利比亞以英國及美國方面違反「防止危害航空安全之侵權行為條約」，而侵害利比亞之主權，因而向國際法院提訴，並申請假保全措施，但法院加以駁回（ICJ 1992.4.14 命令，1992 Report 3.114）。聯合國乃於同年 3 月 31 日由安全理事會第 748 號決議，在航空領域上對利比亞決定經濟制裁，並強調憲章第 25 條：「會員國有履行安理會決議之義務」，且依憲章

---

① 見 2002 年世界年鑑，第 688 頁。
② 見 2004 年 9 月 5 日各報報導。

第 103 條安理會之決議應優先於其他國際協定而適用。因此於 93 年 10 月 11 日安全理事會則以第 883 號決議凍結利比亞之資產等經濟制裁措施。本案是國際社會對國家之恐怖活動表示最嚴峻態度之情形，值得重視。

這種恐怖主義有三特點：㈠以傷害生命為手段，包括暴力或生化武器等。㈡以一般人民為對象，造成平民百姓的恐怖。㈢不限於時間和地點，可在美國本土或蘇俄本土，也可在駐外使館進行攻擊。

不論如何所謂恐怖攻擊，是為達成目的，由個人或團體以違法或暴力行為所為者，其有國際背景之恐怖攻擊，往往有特定國家為其幕後之支持，所謂「國家支持之恐怖主義」（state-sponsored terrorism），對此美國稱為新之戰爭（new war）。蓋這些國家不僅在金錢上提供資助，也擔任恐怖攻擊人員之訓練，甚至如阿富汗窩藏賓拉登之情形。美國國會之「恐怖主義全國委員會」乃為阿富汗列為支助恐怖主義國家。美國國務院自 1993 年以來，認為恐怖支援國家指定為伊朗、伊拉克、敘利亞、利比亞、北韓、古巴、蘇丹等七國，並將採適當措施①。

　㈣人質問題：

　　1.人質意義：人質（英：hostage；德：Geisel；法：otage）對於第三者要求其為一定行為，並以強制力迫使被害人離去其現時所在時，置於行為人實力支配之下，剝奪其行動自由之行為。在國際法上有二個層面之問題：㈠在戰時，為擔保並預防其違反交戰法規在敵國之權力下處於危險情境之情形。惟第二次大戰後鑑於德國佔領地之經驗，在「戰時保護一般人民有關的日內瓦條約」乃禁止人質。㈡戰時所實施之人質，是國際恐怖主義為規範此類行為，已定有「對國家代表等犯罪防止條約」與「人質禁止之國際公約」。

　　2.阿基萊‧勞倫號的劫船事件（英：Achille Lauro）：1985 年 10 月 7 日從埃及的亞歷山卓向塞德港航行之義大利籍觀光船阿基萊‧勞倫號，被四名偽裝乘客之巴勒斯坦解放陣線 PLF 之成員挾持，並要求釋放監禁

---

① 現代用語之基礎知識，2004 年，第 446 頁。

在以色列監獄中的 50 名巴勒斯坦囚犯，當遭拒絕時，立即槍決了一名猶太裔美國人。當該船被敘利亞塞浦路斯拒絕入港後，劫持犯乃交涉埃及政府，以釋放人質爲條件，而保障其安全離開埃及，10 月 9 日劫持犯在埃及東北部的塞得港投降，並於 10 月 10 日搭乘埃及商務包機從開羅飛往突尼西亞。但班機在中途遭到美國軍機的攔截，被迫降落在義大利西西里島的北大西洋公約組織之 Sigonella 航空站，劫持者遂遭義大利警方的逮捕，美國乃以劫持挾持人質及海盜行爲及其共同謀議爲由而發出緝捕令，並依據美、義之引渡條約，請求引渡劫持犯。義大利以本事件係發生在公海上之船舶事件爲由而拒絕美國之引渡要求，對於劫持犯則由其本國處理，對 PLF 的幹部以證據不足爲由送往南斯拉夫。

　　本事件是劫持犯僞裝乘客在船上實施恐怖犯罪行爲，在國際法上雖尚不符海盜行爲之要件（公海公約 15 條，聯合國海洋法 11 條），最後只有歸旗國之刑事裁判權管轄；爲彌補法制上缺陷，國際海事組織（IMO）乃於 1988 年通過「海上航行安全不法行爲防止條約」（羅馬條約）。

　　3.我國刑法上所稱之人質：是「擄人勒贖罪」（刑 347）。本罪爲以妨害自由爲不法取得財物之方法之犯罪，實爲妨害自由罪與恐嚇罪之結合犯，依刑法可判處死刑、無期徒刑或七年以上有期徒刑。

　　㈥其他條約：

　　1.禁止酷刑公約（英：Convention Against Torture and Other Cruel, Inhuman or Degrading Treatment or Punishment）：正式名稱應爲「禁止刑求及其他殘酷、非人道或羞辱待遇處置或刑罰公約」，於 1975 年 12 月 9 日由聯合國第 30 屆總會通過，1984 年 12 月由第 39 屆聯合國總會所採納，1987 年 6 月 26 日生效。全文共 33 條，規定政府爲獲得必要之自白或情報，對被害人所加之肉體或精神之痛苦的任何行爲，均嚴格禁止。聯合國並設置反刑求委員會，參與締約國家至 1998 年 9 月共有 104 國。

　　2.聯合國麻藥及精神藥物不法交易之防止公約（英：United Nations Convention Against Illicit Traffic in Narcotic Drugs and Psychotropic Substances）：1988 年 12 月 20 日在維也納簽署，於 1990 年 11 月 11 日生效。當事國有 110 國。現行關係條約有 1961 年之「麻藥單一公約」，1972 年對該

公約之修正議定書，及對 1971 年「精神藥物公約」的強化與補充，以便規定麻藥及精神藥物之不法交易，以國際條約加以遏阻，並予處罰爲目的。由前文、34 條條文及附屬書所構成。締約國對於故意從事麻藥等之不法交易者，國內法上應以犯罪處理，並對其科以監禁、罰金或沒收等刑罰之制裁。犯罪如在本國領域內或在船舶、航空機內實施時，如嫌疑犯在領域內，而不引渡給他國時，該國應有實施裁判等採取必要處置之義務。此外，並對犯罪之引渡、司法互助等有詳細之規定。

　　3.聯合國之要員及關係要員之安全公約（英：Convention on the Safety of the United Nations and Associated Personnel）：於 1994 年制定，並未生效。迄 1995 年共有四國批准。爲防止並處罰針對從事維持和平活動之聯合國要員的攻擊爲目的而制定。又稱爲 PKO 要員之安全條約。由前言及 29 個條文所組成。各締約國對於「聯合國要員」（即聯合國活動之軍事、警察、文人部門之構成員）與「關係要員」（即支援聯合國活動任務之政府、政府機關所派遣之人員等）所爲之殺害、誘拐、暴行行爲等視爲國內法上犯罪，並考慮其重大性而科以刑罰（第 9 條），犯罪在本國領域、船舶、航空器內所實行，以及嫌疑犯爲本國國民之時，如嫌疑犯在本國領域內，或不引渡給其他國家時，應設定本國之裁判權，並採必要之措施（第 10 條）。此外，並規定對嫌疑犯之訴追義務（第 14 條）及對要員犯罪之引渡等。

習題：解釋名詞：
　　　　㈠種族滅絕（Genocide）。
　　　　㈡破壞和平罪（Crimes Against Peace）。
　　　　㈢違反人道罪（Crimes Against Humanity）。
　　　　㈣戰爭罪（War Crimes）。（95 公三）

六、犯罪人引渡（英、法：extradition；德：Auslieferung）

　　即觸犯一國法律之犯罪嫌疑人或受有罪判決者，居留在國內時，經外交程序，應外國政府之請求，引渡到外國以便追訴或處罰；或請求外國在其領域內逮捕犯人，並將該犯人交付於本國政府追訴之制度。爲刑事司法互助之一。惟犯罪人是否引渡，是由國家之裁量權來決定，輕微

之犯罪，或不在本國之犯罪行為，通常不會引渡。

㈠**引渡犯人之理由**：在國內犯罪後逃亡國外，或在國外犯罪而犯人仍滯留國外時，因刑罰權不能實行於外國，遂使違法者逍遙法外。且因不良分子之滯留，對滯留國之治安亦構成威脅。加上國際間司法互助之觀念，對於犯罪者乃有引渡之設。至於法律上之理由，不外：

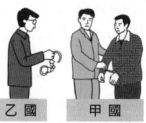

1.基於兩國間共同利益。

2.符合法律正義。

3.收預防犯罪之效。

㈡**引渡犯人之通則**：國際間引渡犯人多以條約或特約辦理之。我國目前尚無交付罪犯之專約，惟現行引渡法（43年公布施行、69年修正）規定，犯人之引渡，有下列原則：

1.須根據引渡條約，無條約或條約無規定者，依據引渡法之規定（引1）。

2.本國與請求國之法律，均以之為犯罪者（引2 I, II）。

3.引渡犯人，以比較重大之犯罪為限，輕微之犯罪，得拒絕引渡（引2 I, II，法定本刑為一年以下有期徒刑者，不許引渡）。

4.追訴或處罰，須限於引渡請求書所載之犯罪（引7 I）。

5.除經本國同意外，不得將引渡之人犯再引渡與第三國（引8）。

6.引渡之請求，請求國應循外交途徑向本國外交部為之（引9）。

7.請求國應附具犯罪之証據，及有關處罰該罪之現行法規（引11 I）。

8.引渡人犯，應否准許？應由本國法院先予審查，並製作決定書，然後將案件送由檢察處報請法務部移送外交部陳請行政院核請總統核定之（引21、22）。

㈢**引渡犯人之限制**：依據國際慣例及引渡法其限制為：

1.本國人不得引渡（引4）。

2.犯罪行為具有軍事、政治、宗教性時，得拒絕引渡，但故意殺害國家元首或政府要員之行為，與共產黨之叛亂活動不在此限（引3）。

3.請求引渡之犯罪，業經本國法院不起訴，或判決無罪、免刑、免訴、

不受理，或已判處罪刑，或在審理之中，或已赦免者，不得引渡（引 5）。

　　㈣**藤森引渡要求**（英：Extradition of Fujimori）：秘魯於 1990 年總統選舉由日籍後裔藤森當選。至 2000 年 11 月 20 日參加亞太經濟合作會議（APEC）後，到東京時，於 24 日向秘魯國會議長以傳眞方式提出辭職書，秘魯國會以「道德上言不適格」之理由，決議罷免總統，62 票贊成，9 票反對，9 票棄權而通過罷免案。新總統由潘尼西亞（Valentia Paniagua）擔任，新總理是**裴瑞茲**（Javier Perez de Cuellar）。自 12 月 11 日起日本確認藤森仍擁有日本國籍而留在日本，其後因藤森政權之貪瀆腐敗陸續爆發後，共有將近 70 位原政府官員被逮捕審判。藤森除了放棄職務之外，對其顧問不法支付退休金、侵占公款、侵害人權等共有九項罪證遭到追訴，秘魯政府乃向日本政府要求引渡，2003 年以侵害人權理由透過國際刑警組織通緝，7 月正式向日本提出引渡要求。日本政府認爲應以國內法處理，兩國間未簽定引渡條約，故無法引渡，對此托雷多政權乃考慮向國際司法法院提訴，而藤森問題是使日、秘兩國之援助中斷之最大障礙。

第三節　政治犯罪

　　政治犯罪（英：political offence；法：infraction politique），政治犯係侵害國家之政治基本秩序，或以其爲目的而實施之犯罪，故又稱爲國事犯。內亂罪爲其典型之犯罪刑態。此種犯罪是作爲政治鬥爭之手段而實施。因此應與一般的犯罪有不同之處理方式。亦即政治犯者，應鑑於其目的、動機與手段，爲保護其名譽，因刑罰有時被惡用爲政治信仰改造的工具，既爲「有名譽之監禁」（custodia honesta），有些國家則創設與一般犯罪之不同的刑罰。如日本對於政治犯罪，則在懲役刑罰另定禁錮之法定刑，就是此意。我國在**美麗島事件**中，大部分受刑人並不與一般犯罪之受刑人同一監禁，而另設監獄收容也與此意相同。其次對政治犯之犯人在國際上不適用犯罪人引渡之對象，我國引渡法第 3 條亦有明定。一般政治犯之概念與目標析述如下：

一、政治犯罪之概念

（一） 絕 對 （純粹） 政治犯	即指直接侵害國家政治秩序之犯罪之意。不過這種犯罪應該包括那些內容，又有三種主張①： 1. 主觀說：是著眼於行為者之動機或目的，此說認為所謂絕對政治犯是因政治上之動機或為侵害一國之政治秩序為目的，而觸犯刑罰法令之行為之謂。此說在決定刑種、刑量時，在考慮政治犯罪之特殊性上雖有幫助，但是對於其他犯罪，如強盜、竊盜、侵占等其他所有犯罪類型都有被捲進政治犯罪之可能，因此並不適當。 2. 客觀說：是以犯罪行為或被害法益之性質為探討之對象，而認為絕對政治犯是指犯人所實施之行為侵害到受刑罰所保護之一國政治秩序之謂。此說將絕對政治犯限定在特定之犯罪類型上，因此較有明顯之判斷基準，但因在判斷時，並不考慮行為人之動機或目的，故如以獲利為目的，而對內亂犯罪加以幫助時，也不得不處以政治犯之可能，因此客觀說也有缺陷。 3. 折衷說：是為實現自己之政治思想體系，而其所實施之行為侵害到受刑罰所保護之一國政治秩序之謂。此說因能兼顧主觀說與客觀說之特點，故為一般所採。
（二） 相 對 政治犯	即指從事與絕對政治犯有關之普通犯罪之謂。相對政治犯最重要之要件，是在於與「絕對政治犯之關聯性」上，其認定基準有下列四種： 1. 以破壞國家組織為目的，而對元首或政府首長之暗殺。 2. 為獲取叛亂資金而行竊盜行為是； 3. 為實施內亂罪，而對防止內亂罪之障礙加以排除之行為；如在內亂中殺害警官是； 4. 為免除內亂罪之追訴而為殺害行為是；如對持有內亂預備罪之證據者加以殺害是。

二、政治犯罪之目標

　　（一）**對政府之顛覆**：在封建國家或初期資本主義國家，因政府機構組織單純，只要有一小集團就可輕易的將其政權推翻。但在今日這種極度複雜之國家社會，除非動員軍隊以政變方式予以推翻外，其他方式均不太

---

① 佐瀨昌三著：政治犯罪論，昭和11年版，政經書院，第65頁以下。

可能，革命性的變革縱然組成小集團也幾乎難以實現，即使組成多數集團，仍須有普遍宣傳等其他方式配合，否則很難達成目的。

　　㈡**民主政治實施之不滿**：一國如民主政治已徹底實施，人民的意思既可毫無障礙的反映在政治上，人民當無必要採反政府之革命行為。反之，如人民對現狀仍有不滿而無法表達，或被政府無理的鎮壓時，人民當會設法超越法律之規定或採取抗爭之手段，這時人民對自己行為之正當性主張與政府對此行為之違法評價，當會形成對立。

三、政治流亡者（英：political refugee；法：réfugié politique）

　　在本國受到政治迫害的個人，或面臨政治迫害危機之個人，要求外國庇護之謂。「難民地位有關公約」所保護之對象，則指此政治流亡者。一國有無接受政治流亡者之義務（即庇護政治流亡者之義務），一般國際法上並未確立，因此政治流亡者之尋求庇護在國際法上是屬於相當弱勢之地位。

四、政治庇護（英：political asylum）

　　被政治迫害或面臨政治迫害之危機的個人，向外國請求庇護之謂。庇護之情形有**領域內庇護**及**領域外庇護**兩種。依「難民地位有關公約」所保護之對象，則此政治難民。通常以政治難民尋求庇護，在國際法上常居於弱勢地位。在國內法上，雖有政治犯不引渡之原則，但往往顧慮太多而未真正執行。

五、政治犯不引渡之原則（英：principle of non-extradition of political offenders；法：principe de la non-extradition des criminels politiques）

　　即政治犯罪者，排除在犯罪人引渡對象之外的原則。在十九世紀以前，政治犯常被引渡。1789 年法國大革命後，1793 年憲法第 102 條規定，為爭取自由而逃入法國的外國人准予庇護。其後「政治犯不引渡之原則」才慢慢建立。目前都規定在一國之國內法或犯罪引渡條約上，譬如我國引渡法第 3 條規定：「犯罪行為具有軍事、政治、宗教性時，得拒絕引渡。」在此則何謂政治犯罪乃有疑義，依我國引渡法及各國之規定，其不列入

政治犯罪者有四種①：

不列入政治犯的四種行為	(一)暗殺條款	（Attendat Clause）：如我國引渡法規定，「故意殺害國家元首或政府要員之行為」。1856 年比利時引渡法規定，殺害外國元首或其家屬的犯罪，不得視為政治犯。
	(二)無政府主義、共產主義或叛亂份子	我國引渡法第 3 條規定，共產黨之叛亂活動不得視為政治犯。1961 年 1 月 13 日簽訂之美國與巴西引渡條約亦規定，主張無政府主義之犯罪不得視為政治犯。1990 年 10 月 16 日我國與多明尼加引渡條約第 5 條不認為叛亂活動者是政治犯。
	(三)國際罪行	國際上公約有些罪行不認為是政治犯，如 1967 年聯合國大會通過之「領域內庇護宣言」第 1 條第 2 項規定，凡有重大理由可認為犯有國際約章設有專條加以規定之危害和平罪、戰爭罪或危害人類罪之人，不得援用請求及享受庇護之權利，故此種人不得視為政治犯。
	(四)恐怖活動	1977 年 1 月 27 日制定的「歐洲制止恐怖活動公約」，則將各種恐怖罪行不視為政治犯罪。

習題：政治犯可否引渡？何種政治性犯罪不列入政治犯之範圍？

---

① 見丘宏達著，現代國際法，2004 年 2 月版，第 429 頁。

第十五章　國際環境法

第一節　國際環境法之概念

一、國際環境法之意義

國際環境法（英：international environmental law），以地理環境之保護與保安爲目的之一群國際法規之總稱。國際環境法之規則，與其他國際法規相同，由條約及習慣法所形成，而適用與執行。因此國際環境法，與海洋法或宇宙法相同，是規範國家間權利義務關係之國際法的一個領域。

二、環境之意義

1972 年斯德哥爾摩之「聯合國人類環境會議宣言」，在前言謂：「以激發和指引全球人民在保育、改善人類環境方面付出共同努力之迫切需求」。此外「環境與開發有關的世界委員會」認爲環境就是我們所居住的場所，開發就是在這環境內努力改善我們的生活，因此環境與開發是處於密不可分之關係。依 1982 年「聯合國海洋法公約」第 194 條第 5 項規定：「包括爲保護和保全稀有或脆弱的生態系統，以及衰竭、受威脅或有滅絕危險的物種和其他形式的海洋生物的生存環境，而有必要的措施」。又 1985 年「臭氧層保護之維也納公約」第 1 條規定：「對特定之環境造成惡害（損害或危險）影響」。我國 2002 年公布之「環境基本法」第 2 條規定：「所謂環境，係指影響人類生存與發展之各種天然資源及經過人爲影響之自然因素總稱，包括陽光、空氣、水、土壤、陸地、礦產、森林、野生生物、景觀及遊憩、社會經濟、文化、人文史蹟、自然遺蹟及自然生態系統等」。

維護優良環境是我們的責任

習題：何謂環境？何謂國際環境法？

第二節　國際環境法之歷史

一、國際環境法之形成

最先之國際環境有關之條約及判例為 1930 年代之生態保護條約，國際河川、湖沼及海洋污染防止條約，其後有加拿大「杜萊依爾溶鍍所事件」(Trail Smelter Arbitration)，法國「拉奴湖事件」(Affaire du lac Lanoux)之判決等對後日之環境法的發展頗有影響。迨 1960 年代國際上意識到水、大氣、海洋等資源的稀少，因此對地球生態之危機已漸漸有所感觸，於是促成聯合國環境會議之召開。

㈠**國家權利義務之明確化**：依聯合國斯德哥爾摩之環境宣言前言認為，人類是環境的產物，也是環境的塑造者。人們也有為自身及後世子孫而保護、改善其環境之莊嚴責任（原則1）。人類環境的保護和改善為影響全人類福祉和經濟發展的主要議題，此為全世界人類的迫切期待，和所有政府當局的責任（前文二）。根據聯合國憲章及國際法之原則，國家有依據其環境政策來開採自然資源之權利，並有義務不致造成他國或其他地區之環境危害（原則 21），各國共同合作，並發展對各國所造成污染或環境危害之賠償責任的國際法則（原則 22）。並依各國開發及發展之程度建立國際環境法規之適用等。

在此時期之國際環境法的重點為：

1.為現代及未來世代之環境保護及是國家之責任與義務。並締結有多種海洋環境保護與自然保護之條約。

2.因條約之增加，乃擴大國家對環境保護之權利義務。

3.開發中國家應確保開發與環境保護同等重要，並規範地球之新的環境危害。

㈡**地球環境之保護**：到 1980 年代人類乃認識到地球環境之重要。因工業技術之發展，人口之增加，人類日常生活依賴工業產品增加，致對臭氧層之破壞、二氧化碳濃度之增加，森林面積之減少與沙漠化，酸雨之大氣

污染、海洋與水之污染、有害廢棄物之使用、處分所造成之污染、部分動植物之滅絕等。因此在國際上應合作防止浪費性之消費與對貧困之克服，尤其先進國家除了保護地球環境外，並應援助開發中國家，以使開發與環境保護並行。因此乃於 1982 年在奈洛比（肯亞首都）舉行聯合國人類環境會議十週年紀念會議，並鑒於核子武器與科技武器之發展，將危害地球環境而追加「和平與安全保障」之項目，而且批評公害與核子廢棄物之海洋投棄計劃，乃發表「奈洛比宣言」（Nairobi Declaration），到 1987 年發表「關於環境及開發的東京宣言」，1992 年 6 月在巴西之里約熱內盧召開「聯合國環境開發會議」（UN Conference on Environment and Development），有國家與國際機關及 NGO 代表共二萬人參加，於 6 月 14 日發表「環境與開發的里約宣言」（Rio Declaration on Environment and Development）。

㈢**國際環境法之原則**：該宣言有關國際環境法之基本原則為：

　　1.各國擁有開發自己國家之資源的主權利，及在其管轄或管理之下的活動，並確保對他國的環境或本國管轄之外的區域的環境不給予損害的責任（里約宣言第二原則）。

　　2.各國對於可能造成他國環境突發的有害效果的自然災害或其他緊急事態，必須立即通報該當國家（里約宣言第十八原則）。

　　3.為了保全、保護及修復地球的生態系統的健全及完整性，各國必須遵照地球規模的夥伴精神共同合作（里約宣言第七原則）。

習題：試說明國際環境法之歷史演進。

第三節　國際環境之保護與有關公約

一、聯合國環境之保護

㈠**聯合國環境計畫**（英：United Nations Environment Programme－UNEP）：以 1972 年在斯德哥爾摩召開的聯合國人類環境會議的決議為基礎，為實施「聯合國人類環境會議宣言」及「環境國際行動計畫」，於 12 月 15 日聯合國大會決議 2997（ⅩⅩⅦ）決定成立，其宗旨在國際同心協力，保護環

境，調整人類生存環境活動。總部設在肯亞首都內羅畢。由 58 國成立之管理理事會，環境事務局及環境基金所構成。並設立地球環境監視體系（Global Environment Monitoring System－GEMS），國際有害化學物質登記制度（International Register of Potentially Toxic Chemicals－IRPTC）等地球監視計畫。爲紀念斯德哥爾摩會議，訂每年的 6 月 5 日爲「世界環境日」。

　　㈡**聯合國環境開發會議**（英：United Nations Conference on Enviroment and Development－UNCED）：1992 年 6 月 3 日至 14 日在巴西里約熱內盧召開之「聯合國環境開發會議」（大會決議 44/228），約 180 個國家及區域參加，其半數以上是由元首或政府首長參加，故又稱爲「地球高峰會議」。其中也有不少非政府國際組織參加。該會議之成果爲：

　　　　1.將 1972 年聯合國人類環境會議宣言加以發展，並由「環境與開發的里約宣言」（Rio Declaration on Environment and Development），重新規定環境與開發有關之基本理念及一般原則。

　　　　2.爲使里約宣言得具體化實施，乃有詳細之行動計畫。

　　　　3.爲森林之管理、保全及開發，乃發表有「森林原則聲明」，並開放簽署「氣候變動有關之聯合國條約」與「生物多樣性公約」。

二、地球公共財（英：global commons）

　　此爲國際環境法所主張之概念，是指氣象、臭氧層、森林等種種地球環境而言。這些地球環境，甚至於整個地球乃是人類全體之財產，各國或有人意圖加以利用或開發時，應使其負擔一部分義務之意。人類一向的傳統思考方式認爲，在國家領域內各國應有開發利用包括環境在內之各種資源的自由。當各國爭先恐後開發深海底時，人類才意識到這是全世界人類的公共財產，因此「生物多樣性公約」或「南極條約環境保護議定書」之前文也都有類似概念。所謂地球公共財是指㈠即在尙未發生前人類應負何種義務；㈡不論經濟發展程度之差異，所有國家應負擔何種義務；㈢實際義務之施行應由各國負責，但能否確保其確定履行不無疑義。

習題：何謂地球公共財？是指那類事物而言。

三、地球暖化（英：global warming）

　　地球上之氣候從數億年至近數年，都有時間性的變動。變動的原因有自然的原因與人為的原因；人為的原因，一般稱為地球之暖化。自十八世紀產業革命以後，人類消耗大量能源之工業活動與繼續不斷的破壞森林地區，致大氣中增加二氧化碳濃度、甲烷，這些氣體使地球之平均溫度上升，稱為地球之溫室效應氣體（greenhouse gases）。據調查二十世紀世界年平均地上氣溫以 0.6℃之比率在上升，1990 年代世界氣溫增高，如不找出預防對策，今後 100 年間將上升攝氏 1.4-5.8 度。到廿一世紀地球之暖化並未停止，2003 年夏歐洲有高溫現象，亞洲也是如此，如未設法防止，恐將引發海洋水位上升，將製造更多**環境難民**。目前聯合國已積極尋求對策簽訂各種條約，並召開會議以面對暖化的挑戰。

　　㈠**臭氧層之保護**：所謂臭氧層（Ozone），即在離地約 12-50 公里的大氣中，所含的臭氧，稱為臭氧層；可吸收來自太陽發射對人體有害之紫外線及來自地表之紅外線，具保持大氣溫度之功能，對高層之氣象有重大之影響。自 1974 年起科學家發現地球之臭氧層有破洞後，聯合國環境計劃（UNEP）乃決議組織臭氧層問題調整委員會（CCOL）。因臭氧層之破洞影響地球之暖化，至 1985 年 3 月乃在維也納簽署「臭氧層保護之維也納公約」（Vienna Convention for the Protection of the Ozone Layer）。兩年後 1987 年 9 月乃以「蒙特婁議定書」之形態規定具體規範之基準。

習題：何謂臭氧層？對地球有何影響？

　　㈡**臭氧層保護之維也納公約**（英：Vienna Convention for the Protection of the Ozone Layer）：地上 12-50 公里濃厚之臭氧分布之層，謂之臭氧層。臭氧層如被破壞，將增加有害之紫外線直接到達地面。將產生皮膚癌或白內障等危害健康之疾病，植物之生長也會遭遇障礙。據調查南極之臭氧層已逐漸被破壞，保護臭氧層之國際對策乃陸續展開，而臭氧層保護條約，則於 1985 年 3 月 22 日在維也納通過，1988 年生效。當事國有 150 國。全文由前文及 21 條條文及二個附屬書所構成。為防止臭氧層之破壞，規定國家之一般義務，及締約國之會議等，1987 年 9 月 16 日又頒布「破

壞臭氧層之物質的蒙特婁議定書」（1989.1.1 生效），規定對破壞臭氧層之物質應予減少生產，以恢復臭氧層之原貌。

㈢**氣候變動之政府間研討會**（英：Intergovernmental Panel on Climate Change－IPCC）：由聯合國環境計畫與世界氣象組織共同發起，由各國政府參加之會議。1988 年 11 月首次會談。針對地球之溫暖化，對環境及社會經濟之影響，對於溫暖化所採取之對策。會議主題以㈠氣候變動之現狀與將來之預測；㈡對環境及政經社會之影響；㈢政府應採取之對策等三方面之作業。則對氣候變動繼續做科學之收集與整理，第一次為 1990 年、第二次 1995 年、第三次為 2001 年發表報告書提供氣候變動之科學的基礎。在第三次報告書中指出地球地表之平均溫度由 1861 年以來，地球之氣溫的確在上升，預測 2100 年之平均氣溫將比 1990 年之氣溫上升 1.4～5.8℃，而海面將上升 9～88 公分之可能。

習題：何謂地球暖化？與臭氧層之關係為何？試說明之。

㈣**聯合國氣候變化綱要公約**（英：United Nations Framwork Convention on Climate Change）：為防止地球溫暖化之氣候變動所帶來之惡劣影響而制定之條約。又稱「**地球暖化防止條約**」。於 1992 年 5 月 9 日在紐約通過，6 月在聯合國環境開發會議開放簽署，共有 155 國簽署，1994 年 3 月 21 日生效。迄 2002 年 10 月止，共有 186 國參加。條約由前文及 26 條條文與二個附屬書所構成。條約之目的在於大氣中之溫暖效果使氣體之濃度安定在一定的水準，以保護現在及將來之氣候。而先進國至九〇年代末溫暖效果之瓦斯排出量應恢復九〇年代之水準。各國應製作瓦斯之排出與吸收之目錄，以策定溫暖化之國家計畫。但因本公約對先進國家並無拘束力，而 2000 年以後之目標並未設定，德國與英國雖力求恢復九〇年代之水準，但日本與美國並未成功。因此 1997 年第三次締約國會議，乃通過具有法律拘束力之數字目標的「京都議定書」（Kyoto Protocol），要求 38 個已開發國家及歐洲聯盟在 2008 年至 2012 年間，應將溫室氣體排放量回歸至 1990 年排放水準，平均再減 5.2%。削減的氣體包括二氧化碳、甲烷、一氧化碳、六氟化硫、全氟碳化物、氫氟碳化物。蘇俄原未簽署，

至 2004 年 10 月 22 日其下議院以 334 票贊成，73 票反對及 2 票棄權，通過支持限制溫室氣體排放的「京都議定書」。因美國與澳洲尚未簽署，歐盟首長對俄羅斯的通過表示歡迎，並呼籲美國跟進，但為美國所拒[1]。

四、有害廢棄物越境移動及巴塞爾條約（英：Basel Convention on the Control of Transboundary Movements of Hazardous Wasts and Their Disposal）

自 1970 年代以來有害廢棄物已在國際間常有越境移動，對於開發中國家，因缺乏有害廢棄物之處理能力，如將其單純的放置不予處理，則對環境將造成傷害。1976 年義大利農藥工廠爆發致發生戴奧辛污染土壤事故，從 82 年 9 月至翌（83）年 5 月間在未被法國發現之前曾去向不明。1988 年義大利將有害物質，從義大利移入奈及利亞事件為契機，有害廢棄物之越境移動乃引起國際社會之關心，而有本條約之簽訂。1982 年以來聯合國環境計畫（UNEP），深切檢討有害廢棄物之越境移動之適切之管理，於 89 年 3 月 22 日在瑞士巴塞爾舉行之外交會議通過本條約，1992 年 5 月 5 日生效。簡稱為**巴塞爾條約**。會員國有 92 國。由前文及 29 條條文與 6 個附屬書（規範廢棄物之分類、處分作業、仲裁等）所構成。是以有害廢棄物之越境、移動、處分所產生之惡劣影響，至為保護人類健康及環境為目的而制定國際性規範，其中規定條約之適用範圍（巴 1），有害廢棄物之進出口的規範（巴 4），越境移動之程序（巴 6），並設締約國會議（巴 15）。

第四節　原子能事故

一、車諾比原子能事故

自從 1986 年 4 月 26 日蘇聯車諾比核能電廠發生爆炸事故（Chernobyl nuclear power plant accident），當場就有 31 人死亡。2001 年蘇俄發表，當時處理事故之 86 萬人中有 5 萬 5 千人受放射線之傷害致死。其放射物質並

---

[1] 參照青年日報，2004 年 10 月 24 日，第 2 頁。

污染 600km 範圍內之地區，因此歐洲也蒙受放射污染之災害。為此國際原子能總署（IAEA）乃於同年 9 月在維也納之特別會議中通過二公約：

㈠**原子能事故通報公約**（英：Convention on Early Notification of a Nuclear Accident）：1986 年 9 月 26 日通過，於 10 月 27 日生效。正式名稱「原子能事故早期通報有關公約」。會員國有 66 國。以 1986 年 4 月 26 日蘇俄車諾比核能電廠發生爆炸事故為契機，在國際原子能總署與「原子能事故援助公約」同時通過之兩個公約。此兩公約通稱為「原子能事故關聯兩公約」。原子能發生事故時其放射線往往跨越國境，影響廣泛，因此須有早日獲取情報以便緊急處置。本公約是由前文及 17 條條文所構成。有事故通報義務、提供情報之內容及協議等規定。

㈡**原子能事故援助公約**（英：Convention on Assistance in the Case of a Nuclear Accident or Radiological Emergency）：1986 年 9 月 26 日通過，翌（87）年 2 月 26 日生效。正式名稱是「原子能事故或放射性緊急情形時援助有關公約」。會員國有 61 國。即以 1986 年 4 月 26 日蘇俄車諾比核能電廠發生爆炸事故為契機，在國際原子能總署將本公約與「原子能事故通報公約」一起通過，此兩個公約稱為「原子能事故關聯兩公約」。原子能發生事故時其放射線往往跨越國境，影響廣泛，因此須有早日獲取情報以便緊急處置。本公約是由前文及 19 條條文所構成。要求援助之程序（原子能事故援助公約2），援助之指導與管理及經費之償還（同約3、7）等有詳細之規定。

習題：1986 年蘇聯車諾比核能電廠發生事故後，國際原子能總署乃於同年通過兩公約，試列述說明之。

二、原子能損害賠償問題

㈠**原子能損害賠償責任**（英：liability for nuclear damage）：即核子燃料物質，由原子核分裂之自續連鎖反應而產生能量之物料所造成之損害賠償責任之謂。我國於 1971 年公布「核子損害賠償法」，於 1977 年修正後，又鑑於國際原子能總署之修改公約，我國於 1997 年 5 月 14 日又修正公布。並採無過失責任主義（第18條），其第 11 條規定：「核子事故發生後，其經營者對於所造成之核子損害，應負賠償責任。」本法亦提高賠償限

額，依第 24 條：「核子設施經營者對於每一核子事故，依本法所負之賠償責任，其最高限額爲新臺幣四十二億元。前項賠償限額，不包括利息及訴訟費用在內。」並依第 25 條規定核子設施經營者，應維持足供履行核子損害賠償責任限額之責任保險或財務保證，並經行政院原子能委員會核定始得運轉核子設施或運送核子物料。

(二)**原子能損害之民事責任有關之維也納公約**（英：Vienna Convention on Civil Liability for Nuclear Damage）：國際原子能總署於 1963 年 5 月 21 日召集國際會議時通過，1977 年 11 月 12 日生效。會員國有 26 國。即原子能和平利用而發生損害時，規定原子能設施之事業機關應負賠償責任之多數國間公約。由前文及 29 條條文所構成。另有「爲義務解決紛爭有關之選擇議定書」。並定原子能設施事業者之無過失責任（第 2 條），事業主之責任限額（五百萬美元）（第 5 條），賠償請求之手續（第 11 條）等爲主要內容。迨 1986 年 4 月 26 日蘇俄車諾比核能電廠發生爆炸事故後，自 1989 年起在國際原子能總署內開始有修正之作業，於 1997 年 9 月 12 日通過「原子能損害補充的有關補償條約」，同年 9 月 29 日開放簽署，但未生效。其主要內容爲增加有關環境損害之收入的喪失或預防措施費用等之賠償，責任限額提高至 3 億 SDR（國際貨幣基金組織創立之紙黃金）。即會員國依其原子能設備之容量爲基礎而計算其賠償額。

我國於 1971 年公布「核子損害賠償法」，嗣 1977 年又有修正，鑑於 1989 年國際原子能總署對原子能損害之民事責任有修改之措施，我國於 1997 年 5 月 14 日修正「核子損害賠償法」。其第 8 條規定：「本法所稱核子損害，指由核子設施內之核子燃料、放射性產物、廢料或運入運出核子設施之核子物料所發生之放射性或放射性併合毒害性、爆炸性或其他危害性，所造成之生命喪失、人體傷害或財產損失。」第 11 條規定：「核子事故發生後，其經營者對於所造成之核子損害，應負賠償責任。」

第五節　天然資源

一、天然資源恒久主義（英：permanent sovereignty over natural resources）

即人民得開發自己國家資源之主權上權利。又稱爲天然資源之永久性主權。主要是開發中國家在聯合國基於經濟層面之民族自決權，而主張所有人民有自由開發、管理、利用自國天然資源之權利。1950 年代以來亞非及拉丁美洲國家所主張之新的概念。1966 年聯合國決議通過「國際人權公約」、「經濟、社會、文化權利國際公約」及「公民權利及政治權利國際公約」第 1 條第 2 項規定：「所有人民得爲他們自己的目的自由處置他們的天然財富和資源，而不損害根據基於互利原則的國際經濟合作和國際法而產生的任何義務。在任何情況下不得剝奪一個人民自己的生存手段」。迨 1972 年之決議，這種權利已擴及二百浬之領域。

習題：何謂天然資源恒久主義？

二、世界文化遺產及自然遺產之保護（英：Convention for the Protection of the World Cultural and Natural Heritage）

1972 年 11 月 16 日在聯合國教科文組織（UNESCO）第十七屆大會通過。1975 年 12 月 17 日生效。迄 2002 年 10 月會員國共有 175 國。由前文及 38 條條文所構成。其目的在保護有世界性價值之文化或自然的紀念物或區域，應確立各國相互協助之體制。凡紀念工作物、建築物之遺跡，稱爲「**文化遺產**」，無生物及生物之生成群所形成之自然區域，動植物之棲息地、自生地、自然風景，稱爲「**自然遺產**」。會員國爲保護其自國之文化遺產，並協助他國保護瀕臨危機之遺產，設有「世界遺產委員會」與「世界遺產基金」。迄 2002 年 6 月已登錄之文化及自然遺產及複合遺產已達 730 件。

三、水下文化遺產保護公約（英：Convention on the Protection of Underwater Cultural）

近年來人類對水下文化遺產的商業開發和嚴重的破壞，聯合國教科文組織乃著手起草有關保護水下文化遺產之法律，並於 2001 年 11 月 2 日在第 31 屆大會上通過《水下文化遺產保護公約》，該公約規定有 20 國簽署即可生效。在公約中規定，水下文化遺產是指位於水下具有文化、

歷史或考古價值所有的人類生存的遺跡，如遺址、建築、工藝品、人的遺骸、船只飛行器，及其有考古價值的環境和自然環境等。據聯合國教科文組織謂：締約國應展開合作，進行水下考古、水下文化遺產保存技術方面的交流和培訓，並按彼此商定的條件進行水下文化遺產研究、保護有關的技術轉讓。該組織估計，全球海底有超過 300 萬艘沈船，還有眾多海底考古遺址。

四、水鳥棲息地之國際重要濕地公約（英：Convention on Wetlands of International Importance Especially as Waterfowl Habitat）

1971 年 2 月 20 日在伊朗簽署，1975 年 12 月 21 日生效。迄 2003 年 3 月止會員國共有 136 國。由前文及 13 條條文所構成。本公約是以保全重大價值之國際資源的濕地及動植物之棲息地為目的。則強調渡鳥等多種水鳥棲息地之重要性，在國際上並指定區域加以登錄，以保護濕地為目的。並規定各締約國必須採取之措施。此外規定締結國之定期會議，以促進條約之實施。

五、瀕臨絕種野生動植物國際貿易公約（英：Convention on International Trade in Endangered Species of Wild Fauna and Flora－CITES）

於 1973 年 3 月 3 日成立，1975 年 7 月生效，到 2005 年共有 167 國簽署，簽署公約的宗旨在保護絕種之虞的野生動植物，並對野生動植物的國際交易加以規範。因在華盛頓簽署，故又簡稱為「華盛頓條約」。締約國原則上每兩年開會一次。與會者除了會員國的政府代表外，還包括國際相關機構的代表與世界各地保護自然環境的代表。該公約有前文、25 條條文與 4 個附屬書。

本公約規範之對象為：

第一類：有最大滅種之虞的野生動植物，絕對禁止買賣。

第二類：目前尚無滅種之虞的野生動植物，但如不加管制以後就有可能滅絕者。

第三類：簽約國為保護境內某些特定品種的動植物，需他國合作或幫助的野生動植物。

締約國對違反公約規定而交易者，應有處罰違反者及其適當處置之義務。1994 年華盛頓公約組成之會員大會在美國佛州勞德岱堡舉行，我國生態保育協會（SWAN）以觀察員名義參加。

六、生物多樣性公約（英：Convention on Biological Diversity）

只對特定地區或生物種籽之保護，並不能保持地球上生物之多樣性，因此 1992 年地球高峰會乃於 6 月 5 日在巴西里約熱內盧通過，於「聯合國環境開發會議」開放簽署，共有 157 國簽署，1993 年 12 月 29 日生效。迄 2002 年 12 月，共有 187 國及地區參加。本公約是由聯合國環境計畫起草完成。由前文及 42 條條文與 2 個附屬書所構成。本公約是以㈠保全生物之多樣性及持續不斷的利用；㈡從遺傳因子資源所產生之利益的公平分配，以此為目的，由會員國策定國家戰略。即生物之多樣性，是指保全所有生物之間的變異性，種內的多樣性，種間的多樣性及生態系統的多樣性，乃是人類共同的目標，並確認各國對自國資源之主權權利與越境環境污染之責任，以保護生物之多樣性。各會員國除採取適當措施外，並規定技術之移轉及資金之調度等合作問題。

第六節　環境破壞與環境難民

一、環境破壞（英：echocide）

對自然環境大規模加以破壞之行為。此係仿照種族滅絕（genocide）而組成之用語。對臭氧層之破壞，海流之變更等均成為問題。此外在武器方面，以越南戰爭美軍使用枯葉作戰為契機而成為問題。乃於 1976 年通過「禁止環境改變技術敵對使用條約」，1977 年再對「日內瓦公約之追加議定書」，這些都是禁止害敵手段對自然環境造成長期重大之損害而為。此外，1990-91 年之波斯灣戰爭，伊拉克採釋放原油於海上戰略，致使環境問題更加受到重視。

二、環境難民

因環境遭受破壞，致居住於當地之居民被迫離開居住地之人而言。

一般難民是指由於紛爭或政變而逃難，或因種族、宗教等原因而產生之迫害被迫遷離居住地之「政治難民」而言，近年來因環境之因素致難民有增加之趨勢。此名詞是由美國世界觀察研究所首先使用，以便說明地球遭受環境破壞之衡量標準。據該研究所研究一般難民估計約有一千三百萬人，而環境難民則已逾一千萬人，足見其問題之嚴重性。我國在南投集集大地震一方面由於天災，另一方面因土地開發不當，水土保持不良，致造成土石流，也產生不少難民。就世界性而言，未來地球之溫室效應，海洋水位上昇，將帶來更嚴重之後果。

目前人口只有一萬一千人之迷你國家之吐瓦魯（Tuvalu），已面臨被海水淹沒之危機。2001 年「氣候變動之政府間研討會（IPCC）」預測至 2100 年地球之海洋水面最高上昇至 88cm。因此吐瓦魯之總理乃決定島民可向外移民。因該國是由珊瑚礁的九個島所形成。首都之富納佛提島（Funafuti），約二千八百人，該島全長 12km、最大幅度 700m 之細長之島，平均標高為 1.5m。2001 年 3 月之漲潮紀錄為 3.1m，淹水成為現實之問題。因大量之海水漸漸浸入島上井水，導致引水也有不足。目前該國已向紐西蘭及澳洲請求接納移民，但為紐西蘭所拒，澳洲已

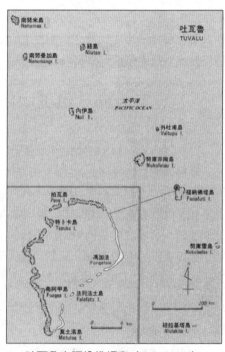

吐瓦魯之福納佛提島（Funafuti I.）

決定每年收容 75 人。

習題：何謂環境破壞？何謂環境難民？

第七節　國際法對環境損害之基準

一、以保護環境為基準之分類	(一)對人類造成惡害	環境之內的物質，因人類的活動，對維持人類之生命的體系造成惡劣影響時。如大氣、水的污染、臭氧層之破壞、有害廢棄物、有害化學物質及有害技術等是。
	(二)對天然資源造成損壞	對人類有益之天然資源或人造物質，因人類的活動，而有毀棄損害或造成枯竭時。如破壞森林、侵食土壤、漏出石油、建築物或記念物之損壞等是。
	(三)超越自然法則，改變自然運作	脫離人類之健康與福祉之基準，超越自然的法則以改變大自然之運作之情形時。如對生物多樣性之破壞，生物瀕臨滅種危機等是。
二、基於損害發生情形之分類	(一)無法判定損害發生之源頭	無法確定環境損害發生源頭之國家。如超越許多國家之長距離大氣污染、臭氧層破壞、氣候變動等是。
	(二)時間之經過發生危害之結果	環境雖被破壞，但並不立即發生影響，須經過長時間才產生有害之結果。如河川及海洋污染、臭氧層破壞、氣候變動等是。
	(三)蘊含高度危險性之活動	對社會雖然有用，但內部蘊含重大損害事故發生之情形。如原子能設施、宇宙活動等是。
三、基於實害與危險之分類	所謂環境實害（environmental damage），即對環境有直接侵害，而得適用國家責任原則之損害而言。所謂環境危險（environmental risk），指對環境有間接侵害，尚未達事後救濟之對象而言。	
	(一)環境實害	因人類的活動對他國或國際環境發生實害之結果，其中有違法侵害國際法上之保護法益，稱為環境實害。亦即人類以直接或間接在環境之中導入各種物質或能量，並以水、大氣或風等之特定環境為媒介，致對人體之健康、

		生物資源、生態系統及物質財產、生活便利、及環境之其他正當利用造成危害之情形。這種國際性環境損害須有四個條件： 1.有超越國界。 2.起因於人類之活動（因病菌產生之疾病不在此內）。 3.人類活動之物理性結果（經濟之有害結果不在此內）。 4.重大、實質性且違法性。
	(二) **環境危險**	如原子爐之爐心，如被溶解或如臭氧層之破壞等，對將來是否發生損害及其範圍，雖無法確實預知，但有發生重大且深刻而廣大範圍之危害之虞，而這些都具有事前防止之對象之謂。環境問題一如地球之溫室化，污染源是由不特定之多數國家造成地球環境之惡化，一旦環境被破壞，勢將無法恢復原來之面貌。此包括下列兩種情形： 1.發生損害之機率雖然很低，一旦發生事故將造成相當重大之損害。如核子發電廠之爐心的溶解。 2.損害之機率雖然很高，但因小小之損害的累積結果而造成重大之損害。如臭氧層破壞、氣候變動等。
		這些不確定之損害就是環境危險，蓋很難追究責任或做事後救濟賠償，因此應列入廣義之環境損害之預防而訴求國際性合作。

第十六章　國際經濟法

第一節　國際經濟法之概念

國際經濟法（英：international economic law），即國際法之中，有關國際經濟之法律原則及各種規則而理解，或以各國之國內法上有關國際經濟法律原則及各種規則而理解等兩種觀點。不過其內容大別可分爲：

㈠國際經濟秩序有關之基本原則；

㈡國際通商有關之法律規則；

㈢國際投資有關之法律規則等領域。

從傳統之立場言，經濟領域原是一國之國內管轄事項，應由各國自由的做決策而決定，但第二次大戰後，爲促進世界貿易資源之充分利用及增加貨品之生產與交易，就有**關稅暨貿易總協定**（GATT）之簽署，並爲擴張商品與服務貿易之產出爲目標，又爲達成世界貿易之最適運用，尋求環境之保護與保存，而有**世界貿易組織協定**（WTO）之簽定，在通貨方面則由**國際貨幣基金**（IMF）協定等，實施世界規模之國際規範，尤其在貿易方面已擴大強化國際管理之規則，因此國際經濟法乃逐漸擴大成爲獨立之學術體系。又在國際社會上國際經濟之相互合作與依賴之情形日益明顯，故常引發競爭法、輸出管理法等在**國家領域外之適用**，以致助長經濟之國際規範的重要性。國際經濟法能否超越關稅暨貿易協定、世界貿易組織或國際貨幣基金，並與一般國際法相區分，以建立固有特色之經濟領域，雖有仁智之見；但也有部分學者認爲從國內法對國際之影響或國際法規對國內之影響加以統合，並從國內法之觀點以構成國際經濟，才能掌握國際經濟法之內涵。

習題：何謂國際經濟法？其內涵爲何？何以需有關稅暨貿易總協定及世界貿易組織之簽定？

第二節　國際經濟之法制

一、國家經濟之權利義務憲章（英：Charter of Economic Rights and Duties of States）

　　第二次大戰後，殖民地紛紛獨立，於是經濟發展中國家與先進國家間之經濟差別乃浮上抬面，此即南北問題。於是從七〇年代前半段起，聯合國乃開始著手處理，並試圖建立新的經濟秩序。即在 74 年第六屆聯合國特別大會通過「建立新國際經濟秩序宣言及其行動計劃」，並將新國際經濟秩序內容以權利義務之形態表示者，即為《國家經濟之權利義務憲章》。該憲章於 1974 年 12 月 12 日由聯合國大會決議 3281（XXIX）通過。共有 120 票贊成，6 票反對，10 票棄權，棄權的大部分是西方先進國家。同年 5 月聯合國第六屆特別大會所通過之「為建立新國際經濟秩序有關之宣言」之進一步的行動計畫。由前文及 34 條條文所構成。

　　本憲章所呈現之新國際經濟秩序之重點在：

(一) 主權權利	每個國家依照其人民意志選擇政治、經濟、社會及文化之主權權利，不容外來干涉（第 1 條）。
(二) 共同資源開發	各國應採協商制度，在不損及其他國家合法利益下，謀求資源之適當利用（第 3 條）。
(三) 經濟合作之平等與自由	每個國家有權進行國際貿易和其他方式之經濟合作（第 4 條）。
(四) 各國平等	所有國家在法律上一律平等，有權參加國際經濟決策過程之權（第 10 條）。
(五) 促進貿易的義務	各個國家有義務進行合作，以促進世界貿易的發展和自由化（第 14 條）。
(六) 裁軍義務	所有國家應加裁軍，將其節省的資源用於經濟和社會發展（第 15 條）。
(七) 援助義務	所有國家應集體採取行動消除殖民主義、種族隔離、種族歧視、新殖民主義與一切形式的外國侵略、佔領和統治，以及其經濟和社會後果，做為發展的先決條件（第 16 條）。

　　此種「為建立新國際經濟秩序有關之宣言」及「國家經濟之權利義務憲章」，雖經聯合國大會決議通過，但並無法律之拘束力，故有謂這是一種軟性法律，或只是綱要性質而已。

習題：國家經濟之權利義務憲章對新國際經濟秩序之規範的重點為何，試說明之。

二、經濟統合（英：economic integration）

　　多數的國家在經濟的領域內，有發生如關稅或通關手續等之障礙，為排除這些障礙，以圖經濟自由化為目的之作為，謂之經濟統合。經濟統合視自由化之程度有下列種類：

(一) **自由貿易區域**	即為撤除關稅或數量限制等貿易障礙，以促進自由貿易為目的。此在自由貿易之區域內得享有優惠，但對區域外則仍以一般之規定對待之。如歐洲自由貿易協會（EFTA），北美自由貿易協定（NAFTA）等是。
(二) **關稅同盟**	即對會員國除去關稅或數量限制，以排除非關稅障礙而促進市場自由化之意。譬如現在歐盟即以關稅同盟為基礎發展而成。
(三) **共同市場**	不僅排除財貨移動之障礙，也包括資本，人才及服務之自由化。
(四) **經濟協定**	如歐盟，即以關稅同盟為基礎，以確保人員及資本之自由移動的政策，共同的通商政策，共同的競爭政策，共同的農水業政策，或共同的運輸政策。
(五) **完全之經濟統合**	如歐盟有共同之通用貨幣，所以完全之經濟統合則除了經濟統合之外，也實施通貨的統合，才是真正的統合。

三、國際貿易法（英：international trade law）

　　即指國際上商品買賣、服務、金融等貿易之私法層面及解決紛爭有關之法律。對此世界貿易組織（WTO）之附屬的各種協定，或國際商品協定等，國際通商有關之公法的領域，也有稱為國際經濟法之情形。在此稱「國際」者，並非國家間之問題，而是超越國境以跨國的（transnational）問題為對象。其法源是以國際私法上各國適用之準據法、商品買賣契約、

海上物品運輸、航空運輸等統一法之存在。如「國際物品買賣契約有關之聯合國條約」，此外也有商人間適用之國際習慣法（此為中世紀在地中海貿易時商人間所適用之習慣法）。

四、通商航海條約（英：treaty of commerce and navigation；法：traité de commerce et de navigation；德：Handels-und Schiffahrts-vertrg）

即兩國間為維持並發展友好的交流與通商關係所締結之條約，在通商航海條約，通常是相互間給予「最惠國待遇」（mostfavoured-nation treatment）及「內國民待遇」（national treatment）。

通商航海條約是起源於十二世紀時義大利都市國家之商人團體為從歐洲及地中海區域之封建領土取得商務交易上權利、特權與安全而開始。十六至十七世紀在重商主義政策之下，政府對於進出口採取限制、關稅與通航費等措施，以強化國家之經濟統制。因此通商條約之內容亦以設立協定之關稅稅率及最惠國待遇為主。十八世紀以後，歐洲各國以英國為中心採取自由貿易體制，兩國間之通商條約亦規定在締約國內互相保障國民之經濟的自由活動。其後經過第一次世界大戰與世界之經濟恐慌，各國又採統制經濟政策，第二次大戰後，雖訂有關稅暨貿易總協定（GATT）、國際貨幣基金（IMF），但是某一國家給予他國或某人、物（如貿易、航海、關稅、徵收或公民法律地位等）之待遇，不會低於對第三國或其人、物之待遇的最惠國待遇之「通商航海條約」，仍舊維持。例如 1946 年之中美通商航海條約。這種待遇的給予一般是採關係國間之相互主義（reciprocity）為多。

五、布雷頓森林協定（英：Bretton Woods Agreement）

聯合國鑒於 1930 年各國正針對世界經濟之蕭條，採進出口的限制，高額關稅等保護措施或採區域經濟之特定國家間有利之通商條件，以致國際經濟幾乎崩潰，而造成第二次世界大戰。因此大戰後為使荒廢之歐洲復興，帶動進入自由主義經濟圈內，並在多種規範規律下以促進通商與投資之自由化，順便圍堵共產之經濟圈，於是在第二次大戰中之 1944 年 7 月 1 日至 22 日之間，在美國新罕布什爾州中北部的遊覽勝地之布雷

頓森林有 44 國參與聯合國召開之貨幣基金會議（United Nations Monetary and Financial Conference）通過「國際貨幣基金（IMF）協定」及「國際復興開發銀行（IBRD）協定」其後改爲世界銀行。此會議故稱爲「**布雷頓森林會議**」。而 1945 年聯合國憲章生效後，其第 55 條規定：「聯合國爲促進較高之生活程度，全民就業，及經濟與社會之發展。」乃將布雷頓森林會議中通過之兩協定，都於 1945 年 12 月 27 日在華盛頓完成，同日生效。因此本協定爲實現國際貨幣之監督及國際經濟之重建爲目的。爲此，乃於 1947 年成立關稅暨貿易總協定（GATT），於 1994 年創設世界貿易組織（WTO），以推動國際通商之自由化。

布雷頓森林會議對金融制度之改變

┌─────────────┐   ┌─────────────┐
│ 金本位制   │ 改 變 → │ 廢止金本位制 │
│ 黃金與美鈔兌換制│   │ 黃金依市場決定價格│
│ 固定交換比率 │   │ 變動匯率制   │
└─────────────┘   └─────────────┘

㈠**國際貨幣制度**：國家在實質上不危害對外債務、不牴觸準據法之情形下，得自由實施外匯政策，並決定與外國貨幣之交換比率。原來在金本位下，通貨與一定量黃金之交換有一定比率，由此乃獲得貨幣之安定性，但至 1930 年代爲應付經濟之大恐慌，從**英國開始**各國相繼**廢除金本位制**，依照外匯管理制度，操作貨幣之對外價值，以致產生世界規模之貿易障礙。

　　第二次大戰後，爲推動貿易之自由化。於 1944 年 7 月聯合國貨幣金融會議在美國新罕布什爾州中北部遊覽勝地「布雷頓森林」（Bretton woods）通過「國際貨幣基金」及「國際復興開發銀行」兩協定。

　　1.國際貨幣基金（英：International Monetary Fund－IMF）：1944 年 7 月聯合國貨幣金融會議通過之「布雷頓森林協定」，而與「國際復興開發銀行」共同設立之國際組織。該協定於 1945 年 12 月 27 日實施，基金於 1947 年 3 月 1 日開始運作，東帝汶於 2002 年 7 月 23 日加入，成爲第 184 國會員國。**爲聯合國專門機構之一。**

　　⑴國際貨幣基金之宗旨：

①設置常設機構，以促進國際貨幣合作。

②便於國際貿易的擴大與均衡發展。

③促進匯率的穩定，並防止競爭性的外匯貶值。

④建立多邊的支付制度，並消除妨害世界貿易發展的外匯管制。

⑤在上述宗旨下，國際貨幣基金實施：Ⓐ對國際收支失衡之國家提供支援外匯資金。Ⓑ監視其外匯決策的運作。Ⓒ運作使會員國撤除其外匯的限制。

(2)特別提款權（英：special drawing rights－SDR）：國際貨幣基金（IMF）在 1969 年建立的一種有黃金保值的記帳單位，又稱為紙黃金。亦即由國際貨幣基金應會員國之需要，所創立而分配的準備資產。在國際上因過度依賴美元，為因應美元之流動性之不足，為補充美元及黃金之準備資產，由 IMF 所創立。SDR 是依出資額分配給會員國，其價值是以黃金為基準，從 1973 年起改由 16 國之通貨的加重平均之總括性方式，但自 1981 年則改以美元、德國馬克、法郎、英鎊及日圓等五大通貨（GB）之加重平均為內容，1999 年 1 月因歐幣誕生，德國馬克及法郎乃改由歐幣計算。SDR之構成通貨及構成比率則每 5 年重新估算一次。

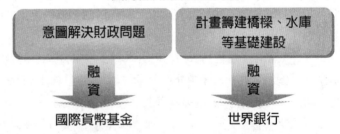

國內經濟財政建設問題

意圖解決財政問題　　計畫籌建橋樑、水庫等基礎建設

融資　　融資

國際貨幣基金　　世界銀行

2.國際復興開發銀行（英：International Bank for Reconstruction and Development－IBRD）：又稱為**世界銀行**。國際復興開發銀行於 1945 年 12 月 27 日設立，於 46 年 6 月 25 日開始作業。與「國際金融公司」、「國際開發協會」、「多邊投資擔保機構」及「投資爭端解決國際中心」共同形成世界銀行集團。**為聯合國專門機構之一。**

世界銀行集團之構成機關

構成機關	英文簡稱	設立年月
國際復興開發銀行	IBRD	1945 年 12 月
國際金融公司	IFC	1956 年 7 月
國際開發協會	IDA	1960 年 9 月
多邊投資擔保機構	MIGA	1988 年 4 月

(1)國際金融公司（英：International Finance Corporation－IFC）：為協助開發中國家，具有潛力之民間企業，並增進民間資本之成長，以進一步促進經濟發展為目的之國際組織，與國際開發協會相同，為國際復興開發銀行之姊妹機關，以構成世界銀行之集團。國際金融公司之特徵，與世界銀行需要會員國政府與政府之保證，才貸款給民間不同，而是沒有政府的保證也對民間企業實施融資，並由公司作股東投資或證券之發行，因此兩者之主旨不同。於 1956 年 7 月 20 日設立，57 年 2 月 20 日依連繫協定成為**聯合國專門機構之一**。

　　國際金融公司之財源是由會員國之出資金額及向世界銀行借貸款項所籌設。其活動內容為：

①以加工業為中心，對民間以投資融資而為資金援助。

②人才之派遣或對金融投資有關之問題提供咨詢，並提供技術援助。

　　國際金融公司之總部設在華盛頓，會員國有 133 國。

(2)國際開發協會（英：International Development Association－IDA）：1959 年國際復興開發銀行第十四屆大會決議，成立對開發中國家提供融資貸款的國際金融機構，並於 1960 年 9 月 24 日正式成立「國際開發協會」，以便執行開發中國家提供融資貸款之工作。於 11 月開始工作，**為聯合國專門機構之一**。

(3)多邊投資擔保機構（英：Multinational Investment Guarantee Agency－MIGA）：即於 1985 年 10 月在韓國漢城舉辦之「國際復興開

發銀行」（世界銀行）之大會上通過了《多邊投資擔保機構條約》，並於 88 年 4 月成立該機構。其宗旨是促進發展中國家之民間投資，因此乃向私人投資者提供政治風險擔保（包括革命、戰爭、徵收風險、貨幣轉移限制、違約等），並向會員國政府提供投資促進服務，加強會員國吸收外資的能力，以便推動外商直接投資流入發展中國家。加入會員的條件必須是世界銀行之會員為條件。**為聯合國專門機構之一。**

㈡**國際清算銀行**（英：Bank for International Settlements－BIS）：1930 年 5 月由國際聯盟在瑞士巴塞爾成立之國際組織。以促進中央銀行間之合作，為國際金融業務提供新的便利，並接受國際金融之清算及世界經濟金融的研究諮詢中心為主旨。最初為處理第一次大戰後，德國之賠款事宜，現在則以辦理中央銀行為對象之銀行業務，為國際組織之代理機關，扮演國際金融之調查機關。並以清算經濟合作暨發展組織（OECD）及歐洲貨幣制度的債務。國際清算銀行目前有 45 個持股成員，日常業務由各中央銀行代表推動。我國中央銀行前總裁謝森中於 1992 年 6 月曾以貴賓身分參加國際清算銀行年會。該行總部設在瑞士巴塞爾。

六、國際貿易組織（英：International Trade Organization－ITO）

所謂國際貿易組織，即以提升生活水準，並達成充分就業及經濟社會的進步為目的，在貿易及就業之領域為促進國際合作，於第二次大戰後所策劃成立之國際組織。蓋第二次大戰爆發之其中一個原因係由於各國經濟激烈對立，故為排除關稅及其他貿易之限制，促進自由貿易並擴大經濟之均衡，以實現充分就業，並調整各國之經濟融入國際經濟為目的，與國際貨幣基金及國際復興開發銀行並立，而成為第二次大戰後國際經濟組織之重要支柱。其設立之條約是「國際貿易組織憲章」（Havana Charter for an International Trade Organization），又稱為「哈瓦那憲章」，此乃於 1941 年 12 月以英美金融協定之交涉為契機，作成 1945 年 12 月美國之「世界貿易及就業之擴張有關之提案」及 1946 年 9 月以美國之「國際貿易憲章草案」為基礎，經聯合國經濟社會理事會任命之準備委員會之

審議，於 1947 年 11 月由 56 國參加在古巴首都哈瓦那所召開之會議，於 1948 年 3 月 24 日通過，53 國參與簽署。但由於美國國會的反對，美國行政部門在 1950 年 12 月 6 日宣布不再提請國會審查國際貿易組織憲章，而大多數多國家未獲國家批准，事實上並未生效。不過憲章之一部分為關稅暨易總協定所實施。而關稅暨貿易總協定乃逐漸發展成一個國際組織。1995 年 1 月又成立世界貿易組織（WTO），也可以說是國際貿易組織之部分的復活。

　　㈠**關稅暨貿易總協定**（英：General Agreement on Tariffs and Trade－GATT）：以削減關稅及貿易障礙，擴大實現自由之國際貿易為目的，於 1948 年成立之唯一國際通商關係之國際機構。總部設在日內瓦，由四章 38 條所成立之協定，明定禁止輸入配額制，及兩國間爭端之處理手續等。本體系是建立在㈠無差別最惠國待遇之原則；㈡自由貿易之原則；㈢相互主義之原則，以消除貿易之障礙為目的。48 年成立當時有 23 國加入，到 1992 年 9 月已有 104 國。蘇俄自 90 年 5 月起列為觀察員。1992 年 9 月 29 日該協定理事會通過接受我國以「臺灣、澎湖、金門、馬祖關稅領域」名稱申請入會案，並推選英國代表莫蘭審理入會資格。該協定於 1992 年 11 月 4、5 日舉行理事會議，我國駐關貿總協代表處於 1993 年 6 月 1 日在日內瓦成立，積極推展入關事宜。

　　㈡**世界貿易組織**（英：World Trade Organization－WTO；法：Organisation Mondiale du Commerce－OMC）：戰後為促進貿易支持世界經濟復興而設立之關稅暨貿易協定（GATT），代之而起的即是 1994 年 4 月 15 日在摩洛哥西部城市之馬爾喀什召開之「關稅暨貿易總協定」的多邊貿易交涉及多邊的關稅交涉時，決定設立「世界貿易組織之馬爾喀什協定」及其附件，以促進世界貿易之自由化、發展多邊貿易體系，及解決問題之機構而共同簽署，於 1995 年 1 月 1 日生效。其規範之對象不僅商品方面，也包括服務及智慧所有權。

　　1. WTO 之任務（世貿 3）：

　　　⑴ WTO 應促進本協定與多邊貿易協定之執行、管理、運作，以及更進一步目標之達成；同時亦應為複邊貿易協定之執行、管

理及運作提供架構。

(2) WTO 應為會員提供會員間進行與本協定附件所列各項協定之多邊貿易事務談判論壇。WTO 亦得為會員間提供一談判論壇以利展開更進一步多邊貿易關係；並得在部長會議決議下，為上述談判結果提供一執行架構。

(3) WTO 應掌理本協定附件二之爭端解決規則及程式之瞭解書（以下簡稱：爭端解決瞭解書或 DSU）。

(4) WTO 應掌理本協定附件三之貿易政策檢討機制。

(5)為使全球經濟決策能更為一致，WTO 應於適當情況下與國際貨幣基金、國際復興開發銀行及其附屬機構合作。

2. WTO 之附件：

(1)附件 1A：「商品多邊貿易」（包括：1994 年關稅與貿易總協定、農業協定、食品衛生檢驗與動植物檢疫措施協定、紡織品與成衣協定、技術性貿易障礙協定、與貿易有關之投資措施協定、執行 1994 年關稅暨貿易總協定第 6 條協定、執行 1994 年關稅暨貿易總協定第 7 條協定、裝船前檢驗協定、原產地規則協定、輸入許可發證程序協定、補貼平衡措施協定、防衛協定

附件 1B：服務貿易總協定及其附件。

附件 1C：與貿易有關智慧財產權協定。

(2)附件二：爭端解決規則與程序瞭解書。

(3)附件三：貿易政策檢討機制。

(4)附件四：多邊貿易協定、民用航空器貿易制定、政府採購協定、國際乳品協定、國際牛肉協定。

3. WTO 之範圍（世貿 2）：

(1) WTO 應為會員在進行與本協定及協定附件所列相關法律文件之貿易關係運作，提供一共同之體制架構。

(2)附件一、二、三中所列之各協定與附屬法律文件，係本協定之一部分，對所有會員均具拘束力。

(3)附件四所列之各協定與附屬法律文件，對已接受複邊貿易協定

之會員，視爲本協定之一部份，對彼等並具拘束力。複邊貿易
協定對尚未接受之會員並不產生任何義務或權利。

　(4)附件 1A 所列之「商品多邊貿易協定」附屬之 1994 年關稅暨貿
　　易總協定於法律上係與聯合國「貿易與就業」會議第二次籌備
　　委員會決議採認之箴事文件附件，有所區別。

　在本協定中所稱之會員（menbers）而不稱會員國（member states），
因會員包括個別關稅領域，而並不一定是國家，此爲不同。

　第三屆 WTO 部長級會議於 1999 年 11 月 30 日至 12 月 3 日在西雅
圖舉行。雖有多國間交涉之解決，因防止反傾銷之措施之濫用，或「貿
易之勞動基準」及爲處理農業貿易之問題，各國間之調整產生問題，造
成部長級會議之破裂。2001 年 11 月在卡達杜哈市召開之 WTO 部長會
議，乃將有關問題重新獲得協議。中共也在此時被接納爲世貿新會員體
後，我國以「臺澎金馬關稅領域」名稱於 11 日獲准加入。2002 年 1 月 1
日正式成爲世貿組織第 144 個會員國。至 2006 年世貿組織共有 150 國及
區域加入爲會員之國際貿易的中樞機關。

習題：
一、試說明關稅暨貿易總協定之組織及功能。
二、試說明世界貿易組織之組織及功能。

七、傾銷及原產地規定

　㈠**傾銷**（英：dumping）：產品以低於正常價格輸出之謂。又稱爲**不當廉
售**。廣義是指不當的輸出廉價之物品，並基於開發中國家之廉價勞工輸
出生產物品之謂。關稅暨貿易總協定（GATT）第 6 條規定，「一國產品以
低於該產品之正常價格銷往另一國，致嚴重損害該輸入國之某一工業或
有嚴重損害之虞或阻礙某一工業之建立，應認爲構成傾銷」。「爲抵銷或
防止傾銷，一締約國得對傾銷產品課徵不高於此項產品傾銷差額之反傾
銷稅（anti-dumping duty）」。爲規定反傾銷之實施，於 1979 年 4 月 12 日完
成「關稅暨貿易之一般協定第六條之實施有關之協定」，並於 1980 年 1
月 1 日生效。但此協定因賦予輸入國有相當大之裁量權，致產生濫用情
形，於是 1986 年在世界貿易組織之多角貿易交涉中，作成 WTO 協定附

屬書 1A，以防止產品傾銷及其濫用。其防止傾銷措施之必要條件爲：㈠產品傾銷之存在；㈡對國內產品之損害；㈢產品之損害與傾銷之間有因果關係存在等。新協定是對產品傾銷及其損害做較精緻之決定，並使傾銷之調查程序較爲明確之規定。

　　㈡**原產地規則**（英；rules of origin）；即進口產品之生產地（原產地）決定所設之原則。在關稅暨貿易總協定（GATT）對於商品雖有原產地標示之規定（關9），但對於原產地之規則並無特別之規定。因此各國乃自定基準，以認定原產地，因對原產地規則任意設置規定，以致有貿易設限之案例產生，造成非關稅障礙之一。因此原產地問題乃成世界貿易組織（WTO）交涉之項目。爲此在世界貿易組織之附件 1A 就有「原產地規則協定」。當前之規範是原產地規則適用要件之明確化及「有一貫性的、公平、且合理的運用」，此外爲求原產地規則之調和，世界貿易組織乃與關稅合作理事會（Customs Co-operation Council－CCC）合作，以制作統一規則，以便包括在附件之內。

習題：
一、何謂傾銷？GATT 及 WTO 有何規定？
二、GATT 及 WTO 對原產地規則是如何規定？

八、特定產品輸入之緊急措施（英：safeguard measures）

　　某種產品之進口突然增加時，爲保護國內產業，暫時限制該產品之進口的措施。即特定產品之進口突然增加，致對國內產業有重大之損害時，政府得應產業界之請求，調查被害情形，如能證明有重大影響時，則可限制該產品進口之緊急措施。又稱爲**逃避條款**（escape clause）。此如關稅暨貿易總協定（GATT）第 19 條，世界貿易組織（WTO）之附件 1A：商品多邊貿易協定等均有規定。這種緊急限制措施有三：

　　㈠一般緊急措施：蔬菜或礦工業產品爲對象。

　　㈡特別緊急措施：稻米、麵粉、絲等產品爲對象。

　　㈢纖維之緊急措施（textile safeguard-TSG）：以纖維貿易爲對象。

　　因緊急措施發動後，關係國家也有可能提出對抗措施，故須相當謹

慎使用。以「美國鋼鐵製品緊急輸入限制」(U.S. Safegrard against the Import of Iron & Steel Product)為例：

　　美國政府於 2001 年 6 月 5 日以布希總統發布「有關鋼鐵之多國間創制」為根據，對美國國際貿易委員會(USITC)基於美國通商法第 201 條，要求其做鋼鐵產品緊急措施發動之調查。美國政府依國際貿易委員會之諮詢建議，於 2002 年 3 月 20 日發動鋼鐵產品之緊急限制措施。對此，歐盟、日本、中國、挪威、瑞士、紐西蘭共同要求 WTO 設置小委員會討論，6 月 14 日決定設置，紛爭小委員會於 2003 年 7 月 11 日認定為違反 WTO 協定，美國政府乃於 8 月 11 日上訴上級委員會①。

第三節　關稅問題

一、關稅之概念 (英：tariff, customs duties)

　　即超越國境對於移動之貨物課以租稅之謂。有進口稅及出國稅，但大部分是指進口稅而言。我國關稅法亦指對國外進口貨物所課徵之進口稅 (關2)，關稅依海關進口稅則由海關從價或從量徵收。海關進口稅則之稅率分為兩欄，分別適用於與中華民國有互惠待遇及無互惠待遇之國家或地區之進口貨物。其適用對象，由財政部會商有關機關後報請行政院核定，並由行政院函請立法院查照。海關進口稅則，另經立法程序制定公布之 (關3)。

　　關稅之目的主要為確保財政收入目的之財政關稅與為保護國內產業為目的之保護關稅兩種。關稅之設定是國家主權事項，為國內管轄事項。因涉及相對國利害，多以條約規範為多。為確保自由貿易，有多方面的規範則為「關稅暨貿易總協定」。

二、關稅同盟 (英：customs union；德：Zollverein)

　　區域經濟統合之一種形態，兩國或數國間建立之同盟，以廢除或減

---

① 現代用語の基礎知識，2004年，第194頁。

輕關稅，或對第三國設定或適用共通之關稅之謂。關稅同盟依條約簽定，並以單一領域處理關稅問題。也有先行締結關稅同盟再進一步達成政治統合之情形。如 1834 年德國各邦的關稅同盟，接著於 1871 年德國成立帝國。又關稅暨貿易總協定（GATT），一方面規定最惠國待遇，另一方面規定關稅同盟（關 24）。歐洲聯盟在廣義上也是屬於關稅同盟。

三、關稅估價（英：customs valuation）

　　即對進口物品課以關稅時，作為課稅標準以決定進口物品之課稅價額之謂。對關稅之估價如任所欲為毫無標準，將帶來提升關稅之同樣效果，因此 1947 年之關稅暨貿易總協定（GATT）亦有原則之規定，其第 7 條謂：「輸入商品之關稅估價，應根據該輸入商品或同類商品之實際價值，不得根據本國生產商品之價值或臆斷之價值而予認定。」『實際價值』應指依輸入國法律所定之同一時間及地點，並在通常交易過程對完全競爭條件下，該項輸入商品或同類商品銷售之價格。該項輸入商品或同類商品在特定交易中之價格隨其成交數量之多寡而定者，其價格應參照下列任一原則統一加以估定：

　　㈠足資比較之相當數量；或

　　㈡認定之價格不得高於輸出國及輸入國間，就該商品所曾成交之較大數量所認定之價格；或

　　㈢實際價值無從依照上述之核定（第二款）予以確定者，則為關稅目的之估價應以與該價值最近似之足堪確定之等值為依據（關 7II ①②③）。

四、非關稅障礙之撤除

　　所謂非關稅障礙（英：Non Tariff Barriers─NTBS），即關稅以外之貿易障礙（英：trade barriers）之總稱。又稱為非關稅措施。其主要措施為：進口數量之定量配額，補助金之運用，基準之認證，進口手續繁複，商場習慣之運用等，其範圍甚廣。這些措施都對貿易構成障礙。關稅是各國共通擁有的制度，其障礙之多寡高低，可由相互交涉談判而消除。關稅暨貿易總協定（GATT）只認定為保護國內產業，得課徵關稅之情形，1947 年以後為交涉關稅問題，關稅之下降，以致非關稅之貿易障礙乃更為顯

著。經七次的多角貿易交涉，均以涉及廢除或減輕非關稅措施爲目的，如傾銷或採補助金及相抵之措施，關稅的評價，貿易的技術性障礙，進口許可手續之簡化，航空機與政府介入採購等七個領域締結協定。從國際性的規範而言，非關稅障礙乃是以政府之措施爲對象，私人之行爲或商業上習慣並不在此限。以我國歷年來與日本之貿易都以入超爲多。據商界人士透露，日本之非關稅障礙相當多，以致我國的產品要進軍日本，仍有努力之空間。

第四節　自由貿易組織

一、自由貿易協定概說

　㈠**自由貿易之定義**：所謂自由貿易（free frade），即在無政府介入，亦無獨占情形下，實施完全競爭之貿易的狀態而言。而國家與國家或政治實體間所簽定之自由貿易，稱爲「自由貿易協定」（Free Trade Agreement－FTA）。自由貿易源起於李嘉圖（David Ricardo, 1772-1823）之自由貿易論說，目前爲使自由貿易思想之制度化，國際上乃進行世界貿易機構之創設，區域性如歐盟（EU），北美自由貿易協定（NAFTA）或東南亞國家協會自由貿易區（AFTA）等陸續簽訂。

　　在李嘉圖理論之基礎上得實施自由貿易者，乃是十九世紀中葉英國科布登（Richard Cobden, 1804-1865）及布賴特（John Bright, 1811-1889）在反穀物法運動成功以來，英國才積極轉換爲自由貿易主義。其後，以西歐爲中心之自由貿易乃逐漸盛行。第一次大戰至二次大戰期間自由貿易雖遭遇停頓，但戰後於 1948 年成立「關稅暨貿易總協定」（GATT），在關稅逐漸降下的結果，1995 年創立「世界貿易組織」（WTO），在區域間就逐漸有兩國間自由貿易協定（FTA）之盛行。

　㈡**自由貿易協定**（英：Free Trade Agreement－FTA），此貿易協定有北美自由貿易協定(NAFTA)或歐洲聯盟(EU)或東南亞協會自由貿易區(AFTA)等區域性統合與兩國間之協定之情形。國與國間締結協定以後，區域間或國與國間之關稅障礙就廢止，以實現自由貿易之目的。在我國鄰近國

家以日本與韓國之工商業最爲發達，而中國大陸亦有崛起之勢，日本原來並不贊同聯盟化，但鑒於世界局勢之變化，已與新加坡締結協定（2002年 1 月締結 11 月 30 日生效），並與墨西哥、韓國等進行自由貿易協定之交涉。目前世界最大規模之貿易機構爲世界貿易組織（WTO），其次是以經濟統合爲目的之美洲自由貿易區域（FTAA）之規模，共有 34 國，預定於2005 年完成簽署。

習題：何謂自由貿易？何謂自由貿易協定？

二、美洲自由貿易協定

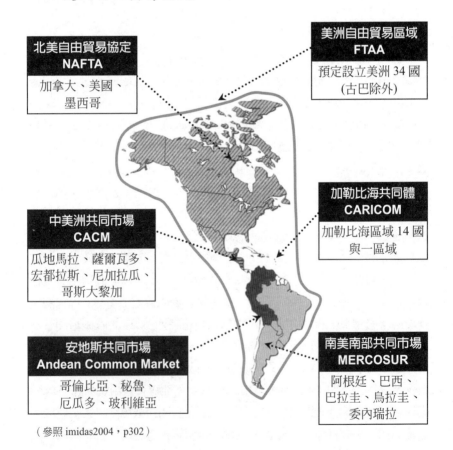

北美自由貿易協定
NAFTA
加拿大、美國、墨西哥

美洲自由貿易區域
FTAA
預定設立美洲 34 國
（古巴除外）

中美洲共同市場
CACM
瓜地馬拉、薩爾瓦多、宏都拉斯、尼加拉瓜、哥斯大黎加

加勒比海共同體
CARICOM
加勒比海區域 14 國
與一區域

安地斯共同市場
Andean Common Market
哥倫比亞、秘魯、厄瓜多、玻利維亞

南美南部共同市場
MERCOSUR
阿根廷、巴西、巴拉圭、烏拉圭、委內瑞拉

（參照 imidas2004，p302）

㈠**北美自由貿易協定**（英：North American Free Trade Agreement－NAFTA）：1990 年 6 月發表美國與墨西哥間之自由貿易構想後，1991 年加拿大亦表明參加，92 年 8 月 12 日協定交涉完成後，三國同意成立一個橫跨三國的自由貿易區，並於 12 月 17 日在各國首都簽署，於 1994 年 1 月 1 日生效。乃依協定而創設美國、加拿大、墨西哥三國之「北美自由貿易區」（North American Free Trade Area－NAFTA）。經確認後，北美自由貿易協定爲關稅及貿易總協定（GATT）第 24 條所允許。此爲歐盟以來爲世界最大之經濟區域，日本、歐盟及東亞等對貿易、投資的影響均相當關心。事實上 1989 年美國與加拿大間已有自由貿易協定，此不過是將墨西哥納入而已。

㈡**中美洲共同市場**（英：Central American Common Market－CACM）：1960 年依中美統合條約所設立之區域統合組織。由瓜地馬拉、薩爾瓦多、宏都拉斯、尼加拉瓜四國所發起，哥斯大黎加於 1962 年加入，迨八○年代發生中美洲爭端而停頓，進入九○年代後，爲促進中美洲之統合，而再度活絡，1993 年除了哥斯大黎加以外，發起四國的自由貿易區，並採對外之統一關稅。2000 年 5 月瓜地馬拉、薩爾瓦多、尼加拉瓜簽署區域的統合宣言。中美洲經濟統合條約之常設事務局之本部設在瓜地馬拉城，並擁有中美洲統合銀行。

㈢**美洲自由貿易區域**（英：Free-Trade Area of The Americas－FTAA）：指美洲跨越南北之自由貿易區域而言。除了古巴以外美洲各國共 34 國之首腦，於 2001 年 4 月在加拿大魁北克，召開第三屆美洲首腦會議上同意設置，預定至 2005 年 1 月終止協商，05 年末生效。該計畫如果實現總人口約 8 億人，經濟規模達 13 兆美元，貿易額推定約 3 兆美元，爲世界最大之自由貿易圈。就是將美國、加拿大、墨西哥三國組成之「**北美自由貿易協定**」（NAFTA）擴大成美洲全區之構想。會談後通過之魁北克宣言中對參加資格定爲「民主國家」，事實上是意圖將古巴排除在外，使政治與經濟合爲一體，以強化美國在美洲之影響力。其意圖也在對抗日本或歐洲之經濟集團爲目的。

㈣**加勒比海共同體**（英：Caribbean Community and Common Market－CARICOM）：1973 年依「柴克拉瑪條約」，由加勒比海自由貿易協會改組

而成。總部設在蓋亞納的喬治城。該共同體是先從經貿及關稅同盟著手，以促使未來加勒比海地區之統一，並藉各種經濟手段促進區域內的工業化爲目的。會員國有 15 國，各國領袖於 2002 年 7 月 3 日在蓋亞那首都喬治城召開高峰會，討論加勒比海共同市場計畫。

㈤**南美南部共同市場**（西：Mercado Común del Sur－MERCOSUR）：爲創設南美洲之共同市場，於 1991 年 3 月巴西、阿根廷、烏拉圭與巴拉圭之首長於巴拉圭之首都亞松森一致同意，1994 年 12 月四國首長再度在巴西敲定最後議定書，1995 年 1 月決定原則上廢除區域內關稅，形成貿自由化，區域外則實施共同關稅之關稅同盟，爲擁有人口 2 億之共同市場，國內總生產（GDP）合計爲 8,000 億美元。在 1996 年與智利、1997 年與玻利維亞間締結自由貿易協定，兩國以準會員國之性質加入。2001 年 5 月委內瑞拉申請加入，2002 年 8 月與墨西哥政府協商加入事宜，2003 年 8 月與秘魯締結自由貿易協定。本共同體主要在對抗以美國爲中心之「美洲自由貿易區域」（FTAA），並確保南美洲獨自之發言力。在 2003 年 6 月之首長會議上，一致同意於 2006 年創設共同市場爲目標。

㈥**拉丁美洲自由貿易協會**（英：Latin America Free Trade Association－LAFTA）：拉丁美洲七國基於烏拉圭首都於 1960 年 2 月 18 日簽署，61 年 6 月 1 日生效之「孟都條約」，而創設之國家間協會。其後四國加入，共有十一國參加（阿根廷、玻利維亞、巴西、智利、哥倫比亞、厄瓜多爾、墨西哥、巴拉圭、秘魯、烏拉圭、委內瑞拉），主要係爲逐年減少貿易關稅障礙，並以 12 年以後達成完全自由貿易爲目的。因區域內自由化未照預定目標進行，區域內貿易量也無法擴大，乃延展至 1980 年預定完成自由貿易區域，但並未成功。1980 年 LAFTA 區域內經濟較落後之五國（秘魯、玻利維亞、哥倫比亞、厄瓜多爾、委內瑞拉）乃成立安地斯共同市場，致招來 LAFTA 組織之分裂，於是 8 月 12 日該協會乃作成第二次孟都條約，並以兩國間關稅之下降爲目的，改組協會成立「拉丁美洲經濟統合協會」（Latin American Intergration Association－LAIA）。

㈦**安地斯共同市場**（英：Andean Common Market；西：Mercado Común Andino de Naciones－CAN）：在拉丁美洲自由貿易協會（LAFTA）內處於不利地位

之安地斯各國，如委內瑞拉、哥倫比亞、厄瓜多、秘魯、玻利維亞、智利等國，爲促成對外共同關稅及統合外資規範而發起。這是以小區域之統合爲目的，但智利因轉換爲經濟自由化而於 76 年退出，又基於經濟民族主義的工業分工計畫並未成功，1982 年債務危機之後，各國乃朝經濟自由化發展，1993 年 1 月爲自由貿易地區之設立，委內瑞拉、哥倫比亞、厄瓜多乃轉爲對外設立共同關稅制度。秘魯亦同意於 2005 年同意參加對外共同關稅。該共同體設有首長會議、外交部長協議會、安地斯議會、仲裁法院、安地斯開發公社等廣泛的功能。該組織之本部設於秘魯之首都利馬（Lima）。

習題：試說明美洲自由貿易的情形？

三、歐洲自由貿易協會（英：European Free Trade Association－EFTA）

　　1958 年受到歐洲共同市場（EEC）設立之影響，未加入該貿易協會之歐洲自由貿易各國，爲減少各國間工業產品關稅及產量的限制，逐漸達到取消關稅之目的，乃依據「斯德哥爾摩條約」而設立之區域性國際組織。該條約於 1960 年 1 月 4 日簽署，5 月 3 日生效。1966 年 12 月 31 日各會員國間的關稅及進口限額完全取消。1973 年歐洲自由貿易協會與歐市達成自由貿易協定，1976 年 7 月 1 日各會員國間的貿易障礙取消。在組織上除了理事會之外，有常務委員會與事務局。本部設在日內瓦。因有些國家加入歐盟而退出，目前有瑞士、挪威、冰島三國。

四、東歐經濟互助委員會（英：Council for Mutual Economic Assistance －CMEA；COMECON）

　　正式名稱是「經濟互助會議」（Council for Mutual Economic Assistance－CMEA），當冷戰時期，美國國務卿馬歇爾於 1947 年提出對歐長期經援計劃，表面上是爲恢復西歐在戰後的經濟建設，實質上是爲阻止共黨勢力蔓延。蘇聯爲對抗馬歇爾計劃，1949 年 1 月乃邀捷克、波蘭、匈牙利、羅馬尼亞、保加利亞等六國代表在莫斯科舉行經濟會議決議成立。嗣東德、蒙古、古巴、越南也加入，阿爾巴尼亞只加入一個時期，南斯拉夫

只參加部分，冷戰結束後於 1991 年在布達佩斯協議解散。

五、黑海經濟合作組織（英：Organization of the Black Sea Economic Cooperation－BSEC）

在土耳其的提案下，於 1992 年 6 月由阿爾巴尼亞、亞美尼亞、亞塞拜然、保加利亞、喬治亞、希臘、摩爾多瓦、羅馬尼亞、蘇聯、土耳其、烏克蘭等 11 國所發起，於 2004 年 4 月塞爾維亞、蒙特內哥羅正式加盟。總部設在伊斯坦堡。黑海貿易開發銀行設在安卡拉。該組織也包含有非黑海地區之國家，則涵蓋裏海、巴爾幹、中東歐及地中海沿岸國家，共約 3 億 5 千萬人口的廣大市場，也是僅次於波斯灣蘊藏天然資源豐富之區域。即在土耳其之領導下，創設廣大區域之合作，並創設促貿易之共同體，其重點放在組織自由貿易區為目標。

六、東南亞國家協會自由貿易區（英：ASEAN Free Trade Area－AFTA）

即 1992 年東南亞國協之首長會議上共同認為，為降低會員國間之關稅與非關稅之障礙，以促進貿易之自由化，並增加區域內經濟之活絡及發展為目的，乃有共組自由貿易區之構想。亦即將區域內之關稅率以共同特惠關稅計劃降到 0~5%。為實現區域內產業之互補作用，及增進相互利益，在區域內設產業合作計劃，對外國之投資，加速申請與許可手續等則設投資促進計劃。1999 年因柬埔寨之加入為會員，使東南亞國協之會員國增至 10 個國家，該區域內總人口，達 5 億 4 千萬人，比歐盟（EU）及北美自由貿易協定（NAFTA）還多。但因區域內各國之思考無法統一，因此自由貿易之構想並未如期發展。且新加坡與泰國有意與區域外國家締結兩國間自由貿易協定，東南亞國協之自由貿易區似成有名無實之情形，於是東南亞國協乃有意與韓國、中國與日本締結自由貿易協定，在2002 年之首長會議遂決定自由貿易協定應包含日本，但由於區域內各國之經濟水準差異甚大，對競爭對象之中國的崛起懷有戒心，而最大貿易國之日本也有複雜之農業問題，故無特殊之進展。

2004 年 11 月 29 日中共與東南亞國協（ASEAN）十個成員國簽署一

項歷史性的貿易協定，準備在 2010 年成立全球最大的自由貿易區。東協可望 2005 年開始與日本、南韓展開自由貿易談判。

簽約儀式在寮國首都永珍舉行，雙方協議內容包括在 2010 年前完成關稅自由化、撤除非關稅貿易障礙，並設立一個解決貿易糾紛的機制，不過這只是雙方廣泛協定的一部分。若能準時完成，整個東協與中共的協議將會形成一個涵蓋近 20 億人口的世界最大自由貿易區①。（見第十二章第六節區域性國際組織）

七、西非國家經濟共同體（英：Economic Community of West African States－ECOWAS）

於 1975 年 5 月 28 日西非國家成立經濟共同體，其主旨在推動會員國經濟、社會和文化合作及發展，並在實現西非地區經濟的統合，以達成西非地區的和平與穩定。共同體的最高權力機構是國家元首與政府領袖會議，每年召開一次。主席由各國每年輪流擔任。本組織另設有部長理事會、秘書處、技術暨專門委員會、議會和法院等機構。會員國為貝南、布吉納法索、維德角、象牙海岸、甘比亞、迦納、幾內亞、幾內亞比索、賴比瑞亞、馬利、尼日、奈及利亞、塞內加爾、獅子山及多哥等 15 國。本共同體之多數會員國是法國前殖民地，其中半數已是單一金融區，使用法國支持的單一貨幣。西非法郎。1999 年 12 月 26 日茅利塔尼亞因不願實施單一貨幣而宣布退出。

第五節　國際經濟之爭端

當前之國際社會，因互相合作與依賴關係之加強，國際爭端乃以多種形態而發生，因此其處理方式亦呈多樣形態。此之謂經濟爭端是指國家與國家間發生之情形，國家與私人企業、國家機構與私人企業、私人企業間或個人對國家之請求等多種態樣。其中國家與國家間之經濟爭端，通常都依世界貿易組織之爭端解決程序來處理。其處理之方法雖亦

---

① 見2004年11月30日，經濟日報，A3頁。

缺乏統一性，不過也有由商務調停處理，或由國際商務仲裁來解決。茲分述之：

一、投資爭端解決公約（英：Convention on the Settlement of Investment Disputes between States and Nationals of Other States）

正式名稱是「國家與其他國家國民之間投資爭端解決有關之條約」。國際復興開發銀行（世界銀行）之主導而於 1965 年 3 月 18 日在華盛頓簽署（66.10.14 生效）。當事國有 91 國，依該條約設置「**投資爭端解決國際中心**」（ICSID）。為解決國際上投資所生之爭端，而提供調停及仲裁之設施為目的（投爭 1）。由會員國代表組織理事會及秘書處（在世界銀行本部內），國際中心備有調停人與仲裁人名冊。本部設在華盛頓。會員國間有投資爭端時，可委託負責調停與仲裁。

二、國際商務調解（英：international commercial conciliation）

在爭端當事國間之協議時，由第三者之調解人參加，並提示仲介或和解案，由當事人互相折衷以和解作為解決爭端之目的。而以國際上民商事為對象之謂。其本質為和解交涉，就是雙方有實施調解手續之合意，一方之當事人得隨時停止調解手續。如和解成立，等於是簽訂新的契約，任何一方有違反時仍須再度進行訴訟行為，因此調解之法律效力較為微弱。但是如果獲得成功，則不必在法庭上爭執，而可在短時間以便宜之費用達成解決問題之目的。有此優點，因此聯合國國際貿易法委員會（UNCITRAL），乃訂有調解規則，以便訂入契約書內，但迄今利用國際商務調解之案例不多。

三、國際商務仲裁（英：international commercial arbitration）

即爭端當事人依其所挑選之仲裁人的判斷，合意解決國際貿易上所發生之爭端之謂。爭端當事人可自由的選擇仲裁之方式，即可依現有之仲裁規則或亦可加以修正而適用。目前一般臨時之商務仲裁手續所採用者為 1976 年聯合國通過之聯合國國際貿易法委員會之仲裁規則。仲裁有關之國際條約是 1923 年之仲裁規則有關之議定書及 1927 年外國仲裁判

斷之執行有關之日內瓦公約以及為擴大商務仲裁之利用於 1958 年通過之「**外國仲裁判斷之承認與執行有關之條約**」。

目前有關國際仲裁之常設制度，以設立常設仲裁法院為始，商務仲裁之典型者為國際商會之國際仲裁法院與解決投資爭端國際中心二種。

㈠**國際商會**（ICC）：於 1920 年在巴黎設立，1923 年設立國際商會國際仲裁法院。仲裁法院原則上由單獨或三名法官所構成。當事人如對法官之人數無法獲得協議時，則由法院選任單獨仲裁員。當事人如對選任仲裁人無法達成協議時由法院選任之。

法院處理實際事件是依國際法院（ICC）之仲裁裁判程序，如無規定時由當事人或仲裁法院決定之。仲裁裁判之適用法律，可由當事人合意行之。如無合意，由仲裁法院選擇適當的法律行之。不過仲裁法院當須將契約之內容及有關之商業習慣列入考慮。

法院於接受事件之委託須在 6 個月內實施判決。但必要時得延長其期間。如仲裁法官有數人時，其判決應由過半數之決定行之。該判決對當事人有拘束力。

1965 年通過之「投資爭端解決公約」，設有投資爭端解決國際中心，如有締約國與非締約國國民之間發生投資糾紛，則依此條約從事調解與仲裁以為解決。該中心為解決爭端保有調解與仲裁兩種程序。

仲裁手續自請求仲裁時開始，由締約國或締約國國民以書面向事務局提出。法院依兩當事人之合意任命單獨或奇數仲裁人負責仲裁，如未能獲得兩當事人之合意，由中心之理事會議長任命其他仲裁人擔任之。仲裁人原則上由仲裁人名簿中選任之。

法院依當事人同意之法規作決定。如無法取得同意，法院可適用爭端當事人之締約國的法律及適當之國際法規則為之。仲裁以過半數判斷之。

㈡**世界貿易組織之爭端解決**：自 1995 年成立世界貿易組織，遇有國際爭端時，世界貿易組織設有爭端解決方式。這一解決方式是以關稅暨貿易總協定之爭端解決方式為基礎而設立。世界貿易組織之會員國世界貿易協定及其附屬協定發生糾紛時，應以不歧視之原則，在公平之規範下，保護會員國在貿易通商之權利。爭端之解決分由兩國間的磋商與向專家

小組提訴之兩階段進行。首先當事國間則應相互協議，協議雖秘密進行，但須通知世界貿易組織（WTO）之理事會及委員會，並為確保其公共性之目的，也有同意第三國參加之情形。要求協議後如未於 60 日以內解決爭端，當事國可要求設置專家委員會，提訴國家可舉出相對國有違反協議之事實，請求中立之法律專家的小組作公正之判斷。這個判斷是一種建議性質，如相對國不遵從時，提訴國當可請求授權採取報復措施。因此專家委員會就是世界貿易組織處理糾紛之中心，小委員會之手續於 1947 年之關稅暨貿易總協定並未規定。1952 年起以習慣而發展而成。1973-79 年東京之多角貿易交涉事項中提出爭端處理事項後，於 1979 年對於「通報、協議、爭端解決及監視等」乃正式獲得共識，而成文化。

對專家小組之判斷，當事國可上訴於上級委員會。此上級委員會為常設機關，由 4 名常務委員以 4 年任期所構成。其中之 3 名擔任個別事件。上級委員會於上訴後 60 日以內不得逾 90 日之期間內對於該行為是否違反協定作出判斷，判斷後爭端當事國必須無條件接受。

專家委員會或上級委員會，如認為其糾紛之問題不適合協定之對象時，則應對當事人加以勸告，以使其能適合協定之規定。爭端解決機關於取得專家委員會之報告後，6 個月內至問題之解決為止，可實施監視，以監督其有無依報告之結果切實履行。

⊟中國與美國貿易爭端世貿組織駁回中國的指控：2010 年 10 月 15 日美國聲稱在中國向世界貿易組織（WTO）指控美國對中國鋼管、輪胎等產品課徵反傾銷稅違法，WTO 駁回中國部分指控，裁定美國可對中國產品課徵處罰性關稅，中國考慮進行上訴。

中控美反傾銷稅違法 WTO駁回

見 2010 年 10 月 24 日，自由時報，A14。

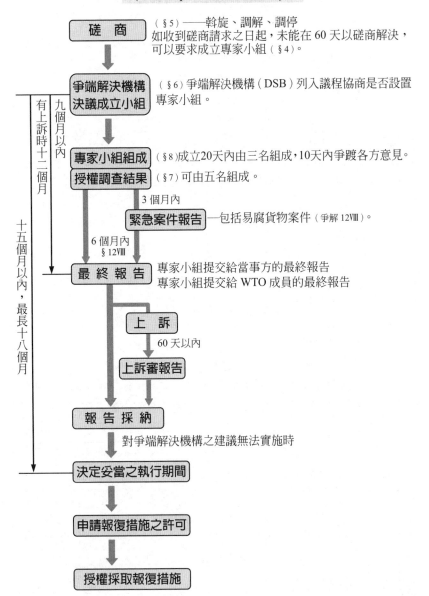

WTO 爭端解決機制
（The Dispute Settlement Body）

磋　商

（§5）──幹旋、調解、調停
如收到磋商請求之日起，未能在 60 天以磋商解決，
可以要求成立專家小組（§4）。

爭端解決機構決議成立小組

（§6）爭端解決機構（DSB）列入議程協商是否設置
專家小組。

專家小組組成　授權調查結果

（§8）成立20天內由三名組成，10天內爭蹺各方意見。
（§7）可由五名組成。

3 個月內

緊急案件報告──包括易腐貨物案件（爭解 12Ⅷ）。

6 個月內
§12Ⅷ

最 終 報 告

專家小組提交給當事方的最終報告
專家小組提交給 WTO 成員的最終報告

上 訴

60 天以內

上訴審報告

報 告 採 納

對爭端解決機構之建議無法實施時

決定妥當之執行期間

申請報復措施之許可

授權採取報復措施

九個月以內

有上訴時十二個月

十五個月以內，最長十八個月

第十七章　國際爭端之和平解決

第一節　國際爭端之概念

一、國際爭端之意義

國際爭端（英：international disputes；法：différends internationaux），即國際法上二個主體間因法律上或事實上之論點不一致，或法律的見解或利益之衝突對立之情形。國際爭端不外**政治爭端**（political disputes）及**法律爭端**（legal disputes）二種。就國際法的觀點，這二種爭端都應和平解決（聯憲 2IV）。

二、國際爭端之種類

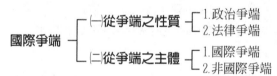

㈠從爭端之性質言：

1.政治爭端（英：political dispute；德：politische Streitigkeit；法：différend politique）：國際爭端之中，屬於政治性爭端而非法律爭端而言。依「聯合國憲章」第 36 條第 3 項規定，安全理事會依該作成對爭端或相似之情勢建議適當程序或調停方法時，「應注意凡具有法律性質之爭端，在原則上，理應由當事國依國際法院規約之規定提交國際法院。」因此，爭端之性質上不依賴國際法院之裁判，而是依賴外交談判、斡旋、調停、調查及調解等政治手段解決者，則稱爲政治爭端。過去認爲政治上重要之爭端，係指法律規則上沒有規定之國際爭端，現在是指爭端之表示方法，並非涉及法律上權利義務，以此與法律爭端相區分。但在國際爭端之中，縱具有法律之性格，但如訴諸武力，尤其是政治性之重要爭端，似不適合提請國際法院處理。

2.法律爭端（英：legal dispute；德：rechtliche Streitigkeit；法：différend juridique）：國際爭端之中具有法律性質，理應由國際法院處理者（聯憲 36 Ⅲ）。如認爲由國際法院以外，使用外交談判、斡旋或國際調停等方法爲適當者，稱爲政治爭端。這種區分起源 1903 年「英法仲裁裁判條約」。

(1)國際法上規定：依「國際法院規約」第 36 條第 2 項，所謂法律爭端是指：

①條約之解釋。

②國際法之任何問題。

③任何事實之存在，如經確定即屬違反國際義務者。

④因違反國際義務而應予賠償之性質及其範圍。

(2)一般說法：一般學界有三種主張：

①須適用國際法之規則解決之爭端。

②不論法律有無規定，政治上無重要性之爭端，如與國家之生存或重大利益無關之爭端。

③爭端的表示方法，是由法律或法律之事實之不同引起之爭端。

目前以主張第三說者爲通說，但並不因具有巨大之政治性要素，而排除國際裁判之可能性。

(二)從爭端之主體言：

1.國際爭端（international dispute）：即國家或代表國家之政府間的爭端而言。在傳統之國際法，國際爭端都由國際組織加以解決，但因國家間之相互依賴逐漸強化以後，國際關係之主體，除了國際組織之外已擴及國家之次級團體，如私人、私人企業或民族部落等，其爭端已不限於國家或代表國家之政府間的爭端。

2.非國際爭端（non-international dispute）：如私人與國家間之爭端，如爲國際法所規範之對象，則應屬於非國際爭端。隨著國際人道法或國際人權法之發展，此種非國際爭端的範圍，已有擴展之勢，而且國家之次級團體的武力衝突以低強度抗爭（low intensity conflict）之形態對於國際關係產生顯著之影響，譬如私人對國家展開大規模之恐怖攻擊，或武裝之抗爭，這些都會使國際法與國際訴訟產生難以解決之問題。

習題：何謂國際爭端？其種類有幾？試說明之。

第二節　國際爭端之和平解決方法

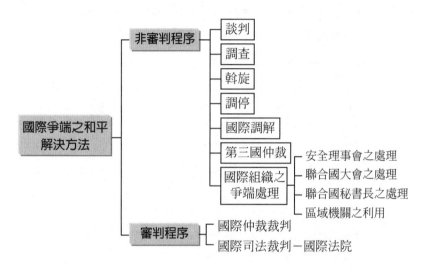

所謂國際爭端之和平解決（英：pacific settlement of international disputes；德：friedliche Erledigung internationaler Streitigkeiten；法：règlement pacifique des différends internationaux），即國際爭端以和平解決之意。這是指國際上發生爭端時不用強制力解決，或用戰爭方式解決，而應用和平方式解決而言。蓋自十九世紀末以來使用戰爭或其他軍事行動之強力解決已受到限制。在海牙和平會議所締結之海牙的諸條約及國際聯盟盟約，不僅規定國際爭端應採和平解決之方式，並特設裁判制度以為處理。二次戰後聯合國憲章對於國際爭端亦禁止武力之行使，並強調應以和平方法解決（聯憲 2 Ⅰ③、⑥）。憲章第 33 條特別舉出和平解決之方法為談判、調查、調停、和解、公斷、司法解決、區域機關或區域辦法之利用，或各該國自行選擇之其他和平方法，求得解決。

習題：何謂國際爭端之和平解決？其方法為何？試說明之。

一、非審判程序

㈠**談判**（英：negotiation；德：Unterhandlung；法：négociation）：即紛爭當事國透過外交途徑直接談判協議之謂。此爲一般國際法上最基本之紛爭解決方式，大部分之國際紛爭都以談判、交涉獲得解決。又稱爲**外交談判**（diplomatic negotiation）。一般都是雙面的談判，如有不同利益之多數國家而涉及多數國之紛爭時，則成多面性談判。談判就是國際紛爭非裁判手續之一，依「聯合國憲章」第 33 條規定，國際上發生爭端時應先以談判、調查、調停、和解、公斷、司法解決、區域機關或區域辦法之利用或各該國自行選擇之其他和平方法，求得解決。因此談判乃是最先嘗試且爲解決紛爭最初階段，不成功時，才移用其他方式解決。近年來國際法院之判決也有命紛爭當事國有「誠實談判之義務」，例如關於大陸礁層境界之劃分問題上爲 1969 年之**北海大陸礁層事件**，關於漁業資源之分配問題上爲 1974 年之**漁業管轄事件**。凡此案件均非以當事國之權利義務關係直接以判決來解決，而是考慮經過談判俾使問題浮現，以促進問題之解決。此外，條約在簽定之前爲凝聚共識也須經過談判，此爲條約締結之談判，通常都在兩國間或在多數國間實施。

㈡**調查**（英：international Enquiry；法：enquête internationale）：

1.調查爭端之原因事實：即國際爭端和平解決方法之一。原來是由第三國調查爭端，以剖明事實，而有助於爭端之解決。其後由爭端當事國同意設立之國際調查委員會，對爭端實施實際之調查。最早有調查之規定爲 1899 年第一次海牙和平解決國際爭端公約第 9 至 14 條，及 1907 年第二次公約第 9 至 36 條所規定之國際調查委員會。這個委員會的任務就是調查事實，作公正的報告，以利爭端之解決。這些調查不只是祇作事實調查而已，有時亦給予法律評價，如漁灘事件（Incident of Dogger Bank）。而「聯合國憲章」第 34 條規定由安全理事會負調查之責。

2.國際調查委員會（英：International Commission of Inquiry；德：Internationale Untersuchungsko-mmission）：即實施國際調查之委員會。由委員會調查國際爭端之原因事實，以有利於爭端之解決爲目的，通常由爭端當事國之合意而成立。1899 年海牙和平會議所通過之「國際爭端之和

平處理公約」最先規定以爲爭端處理方式之一。1904 年英國與蘇俄間之
漁灘事件首先被依法利用，同條於 1907 年修改以迄於今（國際爭端和平處
理條約 9-36 條）。到 1961 年英國丹麥間之紅十字軍號事件（The Red Crusader
Incident），共有五件使用在海事事件之調查。蓋此係依據個別條約而設
立之機構，在美國國務卿布賴恩特（William Jennings Bryan, 1860-1625）之努
力下，美國與多數之國家間乃簽定「和平促進條約」（Treaty for the
Advencement of Peace）。

　　㈢**斡旋**（英：good offices；德：gute Dienste；法：bons offices）：國家間發生
爭端時，第三國爲媒介促成雙方舉行談判，以和平解決爭端的方法。斡
旋之目的，只在促成兩爭端國間談判的舉行。如兩國在談判時，該第三
國也直接介入參與談判，稱爲調停。因此談判開始後斡旋國並不參加談
判，也不發表任何意見。不過斡旋國可以提供會場或通信等設備，但不
參與談判，不介入談判內容，也不提議解決方案等，故與調停不同。1907
年之「國際爭端和平解決公約」中規定斡旋是和平解決爭端之方法之一。

　　㈣**調停**（英：mediation；德：Vermittelung；法：médiation）：此爲國際爭端
和平處理方式之一，即由爭端國以外之第三者，站在當事國之間，進入
相對立之雙方的主張加以了解，建議雙方之妥協方式，或解決辦法，積
極的協助雙方達成妥協的目的。調停與斡旋方式略同，但實質上兩者不
同。斡旋是由第三者使雙方爭端國開始談判或展開對話，而此第三者對
此爭端既不提供意見，亦不作任何主張。而調停就是第三者站在爭端雙
方之間，並周旋其間，協助雙方實行對話，並積極建議解決方式，以促
成兩者之和解之謂。

　　如 1907 年海牙「國際爭端和平解決公約」第 2 條：「遇有嚴重爭議
或爭端時，各締約國同意在訴諸武力以前，在情況許可的範圍內，要求
一個或數個友好國家出面斡旋或調停。」第 3 條第 3 項：「該權利的行使
無論如何不應被爭端國的任何一方視爲不友好行爲。」第 4 條：「調停人
的責任包括和解爭端各國的相反的要求和平息爭端各國間可能發生的仇
恨情緒。」第 5 條：「調停人所提出的和解方法一經爭端當事國之一或調
停人自己宣佈不予接受，調停人的任務即告終止。」第 6 條後段：「此項

斡旋和調停，只具有勸告性質，不具有拘束力。」由此可知，斡旋和調停都是解決爭端方式之一，但兩者雖相似，其實內容不同。依該公約第8條規定，爭端當事國應各選一國，委託它和爭端他方所選擇的國家直接接觸，以防止和平關係的破裂。此外，委託期限不得超過30日，在此委託期間中，各爭端當事國對於爭端事項應停止一切直接接觸。應該認為此事項已完全由調停國負責，調停國家必須竭盡全力予以解決。

　　調停之第三者通常是國家、國際機構或個人擔任。如智利與阿根廷間之 Beagle 海峽事件（1979-84 年），兩軍雖然對峙，當時也出動羅馬羅馬教宗出面調停。

　　⒡**國際調解**（英：international conciliation；德：internationale Vergleichung；法：conciliation internationale）：又稱為「**和解**」，此為國際爭端和平解決方式之一。由爭端當事國之合意而設置之「國際調解委員會」(international conciliation commission)，則應提出當事國都能接受之解決方案。解決主體雖是委員會，且與由第三國為解決主體之居中調停不同，但較接近仲裁之性格，也有接近裁判之手續之情形。調解並無法律拘束力，較偏重於建議之性質。在政治性爭端或外交性爭端無法處理，而作為解決爭端手段，通常都由兩國間指定為多。依「維也納條約法公約」第66條規定得設特別調停委員，而「國際人權公約」之「公民權利及政治權利國際公約」第42條也有規定得設和解委員會。依「聯合國憲章」第六章，關於和平解決國際爭端的規定，也大部分是一種調解程序。即會員國間發生爭端，而不能以談判、調查、調停、和解、公斷、司法解決、區域機關或區域辦法之利用、或各該國自行選擇之其他和平方法求得解決。安理會認為必要時，應促請各當事國以上述方法解決其爭端（聯憲 33）。

　　⒢**第三國仲裁**（英：intermediary in international conflict）：國際上冷戰終結後，大國間之戰爭威脅逐漸降低，反而民族紛爭與內戰成為國際問題。因此對於內戰之爭端解決，有借助第三國仲裁之論說乃漸次成為主流。而仲裁之最重要者，在於仲裁者之公平中立性格，是故仲裁者不但與爭端當事國沒有利害關係，也不能有任何偏見，應以和平解決問題為首要目標。不過根據學者間之研究，認為仲裁者就是擁有偏見、不中立，也

可以達成爭端之和平解決的目的。因爲此種偏見有兩種：一爲仲裁者與爭端當事國具有利害關係，另一種是仲裁者與當事國之一方有政治、經濟與文化上之連結的情形。譬如南斯拉夫解體之後。1966 年起南斯拉夫的安全武力和塞爾維亞南部的科索沃（Kosovo）解放軍一直衝突不斷，而美國雖與科索沃沒有任何政經文化之利害，但仍站在科索沃之立場介入與塞國總統米洛舍維奇展開軍事上的衝突。因此仲裁國家必須有強大之武力爲後盾，才對介入有發言權，如果爭端之一方擁有強大之武力，而仲裁國家沒有足夠的武力足以壓制，則其仲裁之效力必相當受到限制。

㈦**國際組織之爭端處理**：國際社會因趨向於組織化發展，國際組織乃逐漸在國際爭端上扮演重要之角色，國際組織對爭端之解決，除了前述之非審判程序之外，專爲維持國際社會和平之聯合國就可發揮政治之影響力，扮演重要之角色。這雖與調停有些類似，但因透過聯合國之權力作用，使調停成爲組織化與客觀化，不僅成功率大爲提高，亦有權威性之作用，爲其特色。

　　1.安全理事會之爭端處理：安全理事會係受各會員國之委託以維持國際和平及安全爲主要責任（聯憲 24 I）。任何爭端之當事國，於爭端之繼續存在足以危及國際和平與安全之維持時，應自行選擇和平之方法，求得解決（聯憲 33 I）。當事國未能依前述之方法解決爭端時，應將該項爭端提交安全理事會（聯憲 37 I）。屬於前述第 33 條所指之性質之爭端或相似之情勢，安全理事會在任何階段，得建議適當程序或調整方法（聯憲 36 I）。安理會也應考慮如屬法律性質之爭端，則由當事國依法定程序提交國際法院處理（聯憲 36Ⅲ）。又爭端之繼續存在足以危及國際和平與安全之維持，而當事國又未能依第 33 條所示方法解決時，應將該項爭端提交安全理事會（聯憲 37 I）。安理會應決定是否依第 36 條採取行動或建議其所認爲適當之解決條件（聯憲 37Ⅱ）。

　　從安理會在以往案件之處理上，也很少能依據條文所定順利處理爭端，其大部分都是經當事國的協議或調查事實之後，再建議解決方式爲多。也有視爭端之性質而建議尋司法途徑解決者，如高夫海峽事件，當時英國是先向安理會提訴，後來安理會是建議英國轉向國際司法法院提

訴者。

2.聯合國大會之爭端處理：對於維持國際和平與安全，雖由安理會負主要之責任，但大會當可討論聯合國憲章範圍內之任何問題或事項（聯憲10）。大會亦得討論聯合國會員國或安全理事會或非會員國向大會所提關於維持國際和平及安全之任何問題進行討論或建議（聯憲11Ⅱ）。大會對於其所認為足以妨害國際間公共福利或友好關係之任何情勢，得建議和平調整辦法，但以不違背與安理會之關係為限（聯憲14）。

3.聯合國秘書長之爭端處理：聯合國秘書長（Secretary General）在大會、安理會、經濟暨社會理事會、及託管理事會之一切會議，應以秘書長資格行使職務，並應執行各該機關所託付之其他職務。秘書長應向大會提送關於本組織工作之常年報告（聯憲98）。秘書長將其所認為可能威脅國際和平及安全之任何事件，提安理會注意（聯憲99）。

譬如 1985 年之**彩虹戰士號事件**（英：The Rainbow Warrior case），1985年 7 月 10 日抗議法國核子試爆之國際環保團體綠色和平監視船彩虹戰士號在紐西蘭奧克蘭港（Auckland）被爆破沈沒，致荷蘭船員溺死事件，紐西蘭逮捕到偽造瑞士護照之男、女兩名法國官員，紐西蘭高等法院乃判決兩人有期徒刑 10 年之罪刑。法國政府雖承認此案為法國政府之責任，並願賠償，但對兩位官員之處遇產生問題，法國為迫使紐西蘭讓步，乃祭出經濟壓力，於是荷蘭的首相乃出面調停，遂託付聯合國秘書長負責處理（1986.7.16），秘書長乃於 1987 年 7 月 16 做下列裁定：㈠法國違反國際法向彩虹戰士號攻擊，故應道歉。㈡法國應賠償紐西蘭七百萬美元。㈢法國應將兩位肇事者隔離 3 年。㈣法國不可採取經濟壓力。㈤雙方應締結協定。紐西蘭並將所逮捕之法國官員引渡給法國而解決（紐法仲裁裁1990.4.30 判決，82ILR 500）。

㈧**區域機關之利用**：所謂區域機關（英：regional agencies；法：organismes régionaux），即指與普遍性國際組織相對照之區域性國際組織之謂。依「聯合國憲章」第八章之規定，是指基於會員國之地理上的接近，而有安全保障上共同利害所組成之機關。如美洲國家組織（OAS）、阿拉伯國家聯盟（LAS）、非洲團結組織（OAU）均屬區域機關。締結此區域辦法或設

立此項區域機關之聯合國會員國,將地方爭端提交安全理事會以前,應依該項區域辦法,或由該項區域機關,力求和平解決（聯憲52II）。因此從聯合國憲章上之規定,表示地方性之爭端,也可利用地域機關以求和平解決。此外安全理事會對於依區域辦法或由區域機關而求地方爭端之和平解決,不論其係由關係國主動,或由安全理事會提交者,應鼓勵其發展（聯憲52III）。譬如美洲各國有發生爭端時,依「美洲國家組織憲章」,則可委託美洲國家組織（OAS）採和平的方式解決。此時除由該組織之理事會之外,因當事國之合意可設置特別委員會,對事實展開調查、斡旋之外,並建議其他適當之解決方式。

其次,區域辦法或地方爭議之解決,乃是和平解決方式之重心。安全理事會對於職權內之執行行動,在適當情形下,應利用此項區域辦法或區域機關。如無安全理事會之授權,不得依區域辦法或由區域機關採取任何執行行動（聯憲53I前段）。

關於為維持國際和平及安全起見,依區域辦法或由區域機關所已採取或正在考慮之行動,不論何時應向安全理事會充分報告之（聯憲54）。

二、審判程序

(一)**國際仲裁裁判**（英：international arbitration；德：internationale schiedsgerichtsbarkeit；法：aritrage international）：裁判手續大別之有司法裁判與仲裁裁判之分;而仲裁裁判是指爭端發生時當事國共同同意（Compromis）付託於由選任法官所構成之法院（非常設機構）來實施之裁判手續。因此它是基於當事國之合意才有管轄權。近代以來仲裁裁判之所以慢慢流行,是十八世紀末,1794年基於「英美友好通商航海條約」,英、美兩國間設立混合委員會,以處理存在於兩國間之懸案及國境紛爭等開始。又1872年南北戰爭時,以英國違反中立義務為由之亞拉巴馬號事件,最後由仲裁獲得解決,此對仲裁法院具有極大之影響。到十九世紀,不僅歐美國家,拉丁美洲各國亦廣泛的利用。其後締結條約時也將仲裁裁判列入條約之中。在「國際爭端之和平處理公約」乃承繼這一發展而設常設仲裁法院（Permanent Court of Arbitration－PCA）,依該條約第44條的規定,每一

締結國最多得任命仲裁員 4 人，仲裁員應爲「著名深諳國際公法問題、德望崇高、有意接受公斷職務」者，其任期爲 6 年，得連任。

　　1.仲裁法院之構成：仲裁法院是由爭端當事國之合意，或依條約所定內容而構成，故無一定之形式。過去曾經有選拔外國元首一名爲法官之情形，如 1977 年阿根廷與智利之間之 Beagle Channel 事件之紛爭，則請英國女王伊莉莎白擔任法官之情形。不過一般而言，法官以 3 名至 5 名，其中之 1 至 2 名由當事國選任爲多。如「國際爭端之和平處理公約」規定除了當事國間有特別合意以外，以 5 名法官構成，其中各當事國選任 2 人，4 人選定後再由這 4 人選任 1 人爲庭長。該條約又規定依當事國特別之合意，以 3 名法官組成簡易法庭，各當事國選任 1 名法官，再由這些法官選任 1 人任庭長。

　　2.仲裁裁判之發展：上述國際爭端之和平處理條約爲使法律上紛爭委由國際仲裁法院處理，乃設常設仲裁法院。1928 年由國際聯盟通過「國際爭端和平處理一般議定書」，其中並規定仲裁程序。1958 年聯合國國際法委員會乃制定有關仲裁手續之範本規則，由聯合國大會通過。將國際爭端之解決指定由國際仲裁裁判之條約爲數甚多，如外交關係條約「紛爭之義務解決有關之選擇議定書」、「聯合國海洋法條約附屬議定書Ⅶ」，因此迄今司法仲裁之重要性並不亞於司法裁判。

(二)國際司法裁判－國際法院：

　　1.國際法院概說（英：International Court of Justice－ICJ；德：Internationaler Gerichtshof；法：Cour internationale de justice）：國際法院是聯合國六個主要機構之一，爲擁有自治地位之司法機關（聯憲 7①）。設在荷蘭海牙，聯合國會員國當然爲國際法庭之當事國，非聯合國會員國經安全理事會通過後，亦可成爲國際法庭的當事國，各會員國承認當其國家爲某一案件之當事國時，應遵守國際法庭判決。

國際法院

⑴主要職權：國際法庭的職權主要有二：

　①為訴訟管理權，法庭可以審判當事國提出之訴訟，其判決書在法律上有拘束力。

　②為顧問管轄權，國際法庭可以對聯合國大會或安理會任何法律問題之諮詢，發抒顧問意見但無約束力。

　　國際法庭適用的法律依照國際法院規約第 38 條規定，法庭對於陳訴各項爭端，應依國際法裁判之。

⑵組織：法院以法官 15 人組織之，其中不得有 2 人為同一國家之國民。法院法官應由大會及安全理事會就常設公斷法院各國團體所提出之之名單內選舉之（法約 4 I）。

⑶管轄：只有國家才能成為訴訟當事國（法約 34 I）。法院之管轄包括各當事國提交之一切案件，及聯合國憲章或現行條約及協約中所特定之一切事件。

⑷裁判：法院對於陳訴各項爭端，應依國際法裁判之，惟不妨害法院經當事國同意本「公允與善良」原則裁判案件之權（法約 38）。

2.國際法院規約及規則：

⑴規約（英：Statute of the International Court of Justice）：由聯合國法律家委員會作成規約案，1945 年 6 月 26 日在舊金山會議簽署，同年 10 月 24 日生效。當事國有 187 國。其規定為法院之組織、法院之管轄、訴訟之程序、諮詢意見及修正程序等全文有 70 條條文。實質上是承襲常設國際法院規約，本規約與聯合國憲章有不可分之關係，所有聯合之會員國乃當然成為本規約之當事國（聯憲 92、93 I）。此外本規約之修正亦與憲章相同，也適用安全理事會常任理事國之否決權。

⑵規則（英：Rules of International Court of Justice）：即依「國際法院規約」第 30 條之規定，為執行其任務而制定之規則。目前之規則是 1946 年 5 月 6 日通過，1972 年修正，而於 1978 年 4 月 14 日日再修正通過者（於同年 7 月 1 日生效）。對臨時保全措施等有詳細之規定。全文由前文及 109 條條文所構成。對法院之

構成、簡易分庭、起訴、書面與口述之訴訟程序、臨時保全、反訴、訴訟之停止與和解等有詳細之規定。

3. 國際法院之管轄權：

(1)管轄權之基礎：國際法院的管轄權與仲裁法院相同，須基於紛爭當事國的同意，並無強制管轄權，因此「國際法院規約」第36條第1項規定：「法院管轄包括各當事國提交之一切案件，及聯合國憲章或現行條約及協約所特定之一切事件。」因此大致可分為三種情形：

①合意提交審判：爭端發生後，爭端當事國依特別的合意，或以托付合意提交國際法院裁決。如北海之大陸礁層事件、突尼西亞與利比亞之大陸礁層事件、緬因灣（Gulf of Maine）境界劃定事件等，均以此方法促成國際法院審判。

②以締結條約同意：兩國或多國間締結條約，事先約定，發生紛爭時，由一方提請國際法院審判之制度。如愛琴海大陸礁層事件是引用1928年「國際爭端和平處理一般議定書」，作為管轄權之依據。

③依特定條約：即依特定條約之紛爭處理條款或選擇議定書，如對條約規定之解釋與適用有發生紛爭，得事先同意單方面提請法院處理之情形。如在德墨蘭美國大使館人員被扣押成人質事件，是以1961年之「維也納外交關係公約」與1963年之「維也納領事關係公約之選擇議定書」，為管轄權之依據。

(2)應訴管轄（forum prorogatum）：即事先無裁判託付義務，於一方當事國提訴之後，相對國以明示或默示承認法院之管轄權之情形，稱為應訴管轄。這是經過判例而發展成立者。如1924年「瑪洛蒂斯巴勒斯坦讓與事件」，1928年之「上西里西亞少數人學校事件」，如1948年之「高夫海峽事件」，原告英國向國際法院提訴，而阿爾巴尼亞雖未承認英國單方面之提訴，但已有表示願意接受裁判之意思，因此國際法院認定兩國已有接受裁判之管轄的合意（ICJ Report 1947-1948）。但為防止應訴管轄之濫用，

國際法院規則第 38 條第 5 項規定：「當請求國提出以被告國尚未表示的同意爲法院管轄權的根據，請求書應轉交該被告國。但該請求書不應登入總目錄，也不應在程序中採取任何行動，除非並直到被告同意法院對該案有管轄權。」

(3)任選及強制管轄：依國際法院規約第 36 條第 2 項規定，各國得自由決定是否接受法院的管轄，稱爲「任選條款」（Optional Clause）。1945 年聯合國憲章會議時，曾有小國提實施強制管轄之主張，但未獲通過。依國際法院規約第 36 條第 2 項之規定爲：

「本規約各當事國得隨時聲明關於具有下列性質之一切法律爭端，對於接受同樣義務之任何其他國家，承認法院之管轄爲當然而具有強制性，不須另訂特別協定：

①條約之解釋。

②國際法之任何問題。

③任何事實之存在，如經確定即屬違反國際義務者。

④因違反國際義務而應予賠償之性質及其範圍。」

依上述規定，各締約國可以隨時發表聲明，表示就上述四類爭端接受法院的強制管轄。任選條款之接受聲明，得無條件爲之，或以數國或特定之國家間彼此拘束爲條件，或以一定之期間爲條件（法約 36Ⅲ）。有些國家已作無條件的聲明（如我國於 1946 年 10 月 26 日之聲明），實際上多數國家的聲明是附有保留的，而且絕大多數聯合國會員國並未發表聲明。

關於附一定期間爲條件，有附 5 年或 10 年，期間過後是自動的更新，或事先預告（如 6 個月或 1 年之前）而廢棄，或期間經過後到通告廢棄爲止仍有效之情形等不同的條件。

(4)諮詢管轄權：國際組織得請求國際法院表示諮詢意見。聯合國憲章第 96 條規定：

①大會或安全理事會對於任何法律問題得請國際法院發表諮詢意見。

②聯合國其他機關及各種專門機關，對於其工作範內之任何法

律問題，得隨時以大會之授權，請求國際法院發表諮詢意見。

4.國際法院之開庭與分庭：

⑴法院之開庭：法官除司法假期外，應常駐備由法院分配工作（法約23）。

⑵開庭之條件：法院應由全體法官開庭。法院規則得按情形並以輪流方法，規定准許法官 1 人或數人免予出席，但準備出席之法官人數不得因此減至少於 11 人。法官 9 人即足構成法定人數（法約25）。

⑶特別裁判分庭：即國際法院特別設立之裁判分庭。則與簡易法庭相同而成立之小法庭，特別裁判庭有二種：

①處理特種案件：法院得隨時設立一個或數個分庭，並得決定由法官 3 人或 3 人以上組織之。此項分庭處理特種案件，如勞工案件及關於過境與交通案件（法約26 I）。

②處理特定案件：法官為處理其特定案件，得隨時設立分庭，組織此項分庭法官之人數，應由法院得當事國之同意定之（法約26II）。如緬因灣境界劃定事件，布吉納法索與馬利邊界糾紛案，西丘拉電子工業公司案等都是設立特別法庭審理。特別法庭所為之裁判，應視為法院之裁判（法約27）。特別裁判之程序則依國際法院規則第 16 至 18 條及第 90 至 93 條之規定進行。

5.國際法院的訴訟當事國：在國際法院之訴訟當事國限於國家（法約34）。法院受理本規約各當事國的訴訟（法約35 I）。法院受理其他各國訴訟之條件，除現行條約另有特別規定外，由安全理事會定之，但無論如何，此項條件不得使當事國在法院處於不平等地位（法約 35II）。為此安理會於 1946 年 10 月 15 日通過第 9 號「關於國際法院受理非為國際法院規約當事國訴訟之條件」之決議，其內容為①：

聯合國安理會根據國際法院規約第三十五條第二款所授予之職權，

---

①參照丘宏達著，現代國際法，2004 年 2 月版，第 998 頁。

並遵照該條之規定決議：

　　(1)國際法院按照下列條件受理非為國際法院規約當事國之任何國家的訴訟：該國應預先向國際法院書記處交存一項宣言，在此宣言中該國根據聯合國憲章以及國際法院規約和程序規則的條件，承認法院管轄，並保證認真執行法院判決，承擔憲章第九十四條加給聯合國各會員國的一切義務。

　　(2)此項宣言可以具有局部或普遍的性質。局部性質的宣言，即國家用以承認國際法院對於一項或幾項業已產生的爭端之管轄的宣言。普遍性質的宣言，即國家用以承認國際法院對於一切業已產生或將來可能產生的爭端或某些種類的爭端之管轄的宣言。

　　　　任何國家，凡交存普遍性質之宣言者，得根據法院規約第三十六條，承認法院之管轄為當然而具有強制性，不須另訂特別協定，但此項承認對於國際法院當事國之中按照國際法院規約第三十六條第二〔項〕之規定發表宣言的國家不得引用，除非為此訂有特別協定。

　　(3)按照本決議之條件所作宣言之正本，應依法院所規定之程序留存國際法院書記處；根據法院所規定的程序國際法院書記處應將校正無誤之宣言副本分送國際法院規約的全體當事國，以及所有其他遵照本決議交存宣言的國家，和聯合國秘書長。

　　(4)安理會有權隨時以其將於以後通知法院的其他決議來取消或修改本決議。現有的各項宣言在接獲本通知以後並且在新決議所決定的範圍內失效，但不涉及業已提交法院的案件。

　　(5)凡涉及按照本決議的規定所發表宣言的效力和後果的一切事項，均由法院管轄。

三、國際法院之裁判

　　㈠**裁判不能**（英：non liquet）：在國際裁判上，因國際法規則之欠缺，相當不明確，致無法作適切之判斷，稱為裁判不能。傳統上言，法院不得以法律之欠缺或不清楚為由而拒絕裁判。因此對裁判不能有贊否兩說。在國際裁判上，應避免發生裁判不能之情形，法官應依照條約及國際習慣法，應用法律之一般原則，以防止有裁判不能之情形，國際法上之「公允與善良」也是為避免裁判不能之情形而設。

　　㈡**裁判拒絕**（英：denial of justice；法：déni de justice）：裁判拒絕有三種態樣：

1.不受理：司法機關不受理外國或外國人之訴訟之情形（狹義的裁判拒絕）。

2.裁判手續之不適當：因外國人之關係，審理與判決有不當的遲延，不依裁判上適切運用所必要之程序上保障。

3.裁判內容之不當：裁判之內容有明顯之不當之情形（廣義之裁判拒絕）。

裁判拒絕可構成裁判機關之違反國際法行為。如私人受到外國國家機關之損害，而此私人須受本國之外交保護時，原則上此私人應在其國內已盡到所有救濟程序為要件，如有裁判拒絕情形，則可解為已盡到國內所有救濟程序，其本國當可以外交保護之理由而介入。

㈢**國際法院之裁判基準**：國際法院在實施裁判時，其所適用之標準為何？可分二方面說明：

1.國際仲裁裁判：依「和平解決國際爭端總議定書」第 28 條規定：「如果特別協定內無規定或當事國未訂有特別協定，法庭得適用國際法院規約第三十八條所載關於爭端實質的規則，如無可適用於這項爭端的規則，法庭應依『**公允與善良**（ex aequo et bono）』之原則判決。」

2.國際法院裁判：

⑴依國際法院規約第 38 條第 1 項規定：「法院對於陳訴各項爭端，應依際法裁判之，裁判時應適用。」

①不論普通或特別國際協約，確立訴訟當事國明白承認之條規者。

②國際習慣，作為通例之證明而經接受為法律者。

③一般法律原則為文明各國所承認者。

④司法判例及各國權威最高之公法學家學說，作為確定法律原則之補助資料者。

⑵第 2 項規定：前項規定不妨礙法院經當事國同意本「公允與善良」原則裁判案件之權。

㈣**國際法院之訴訟程序**：國際法院之訴訟程序規定在國際法院規約第三章程序（第 39 條至第 64 條）及國際法院規則第三章訴訟程序（第 30 條至第

72 條），此與仲裁裁判不同，並非依紛爭當事國之合意而爲。訴訟由當事國提出訴訟案件而開始，即由起訴國以起訴狀送達法院書記官處。書記官長應立將請求書通知有關各方。書記官長並應經由秘書長通知聯合國會員國及有權在法院出庭其他之國家（法約 40）。應訴國如認爲法院之管轄有疑義，可以提出初步抗辯（preliminary objection）。法院如認可初步抗辯，便終止審理程序，並註銷訟案。不過法院可依國際法院規則第 79 條第 6 項規定：「爲了使法院能在程序的初步階段確定其管轄，法院於必要時得要求當事國雙方辯論所有與爭端有關的法律和事實問題，並提出所有與爭端有關的證據。」法院如決定其有管轄權，被告就是拒絕出席審判，法院可依規約第 53 條規定實施缺席裁判。

　　㈤**臨時保全**（英：interim measures of protection, provisional measures；法：mesures conservatoires）：在國際裁判上，爲保全訴訟當事國之權利，法院臨時指示之措施。依國際法院規則規定，法院視情勢之變更認爲必要時，爲保全各當事人之權利，有指示實施臨時保全之權利。這種臨時保全措施，到終局判決前應即通知當事人及聯合國安全理事會（法約 41II，院規 73-78）。臨時保全措施之決定權原係法院管轄權之附隨權利之一（附隨的管轄權），法院之指示自不須當事國特別之同意。指示臨時措施的請求應較一切其他案件優先處理（院規 74 I）。法院得隨時決定主動地審查該案情況是否需要指示當事國任何一方或所有各方所應採取或遵守的臨時措施。在請求臨時措施後，法院得指示全部或部分不同於所請求的措施，或自己提出請求的當事國應當採取或遵從的措施（院規 75）。在當事國一方的請求下，法院如果認爲由於情況的某種變化而有撤銷或修改的理由，得在該案終局判決前的任何時候撤銷或修改關於臨時措施的任何裁定（院規 76）。

　　㈥**國際法院之審理**：有書面與口頭程序。書面程序係以訴狀、辯訴狀及必要時之答辯狀連同可資佐證之各種文件及公文書，送達法院及各當事國。當事國一造所提出之一切文件應將證明無訛之抄本一份送達他造（法約 43）。法院之審訊應公開爲之（法約 46），代理人律師及輔佐人在法院指揮下陳述其主張已完畢時，院長應宣告辯論終結。法官應退席討論判

決。但法院判決之評議應秘密爲之（法約 54）。判決應由出席法官之過半數決定之，如票數相等時，由院長或代理法院院長職務之法官投票決定之（法約55）。判決全部均須敘明理由（法約56），判詞如全部或一部份不能代表法官一致之意見時，任何法官得另行宣告其個別意見（法約 57）。判詞應由院長及書記官長簽名，在法庭內公開宣讀，並應先期通知各代理人（法約58）。法院之裁判除對於當事國及本案外，無拘束力（法約59）。法院之判決係屬確定，不得上訴。判詞之意義或範圍發生爭端時，經任何當事國之請求後，法院應予解釋（法約 60）。

(七)**判決之效力**：國際法院之裁判，除對於紛爭當事國間有關之案件外，無拘束力（法約 59）。拘束力由判決之主文發生效力，且不承認有判例拘束之原則。凡條約發生解釋問題，而訴訟當事國以外尚有其他國家爲該條約之簽署國者，應立即由書記官長通知各該國家（法約 63）。法院之判決係屬確定，不得上訴。判詞之意義或範圍發生爭端時，經任何當事國得向法院請求「判決之解釋」（interpretation of judgment）（法約60）。例如 1985年「突尼西亞與利比亞大陸礁層案」之判決，突尼西亞向國際法院請求再審及解釋之案件，只有突尼西亞請求解釋之一部分被認定（ICJ Reports 1985 p.191）。又在再審方面，聲請法院再審判決，應根據發現具有決定性之事實，而此項事實在判決宣告時爲法院之聲請再審之當事國所不知者，但以非因過失而不知者爲限。聲請再審至遲應於新事實發現後 6 個月爲之。聲請再審自判決日起逾 10 年後不得爲之（法約61）。

又判決之效力應在於執行，如有一方不履行依法院判決應負之義務時，他方得向安全理事會申訴。安全理事會如認爲必要時，得作成建議或決定應採辦法，以執行判決（聯憲94）。而勝訴國得對不履行判決之國家，在國際法允許之範圍內採報復措施。

第十八章　國際爭端之強制解決

第一節　外交關係的手段

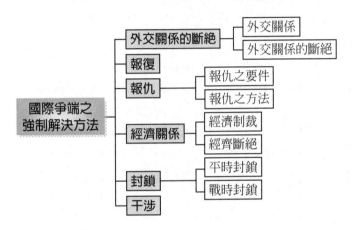

一、外交關係的斷絕

㈠**外交關係**（英；diplomatic relations）：即國與國間相互承認對方國家為國際法上主體，以進行處理交通通信、相互合作等各種關係之謂。外交關係在本質上是兩國之間的關係，國與國間外交關係及常設使館之建立，以協議為之（外約2）。兩國間如建立外交關係，則有外交使節團之交換設置。在國家之承認上，國與國間建立外交關係，等於是默示國家之承認，相反的國家之承認並非意味著外交關係之建立。惟國家有國際違法行為或非友好行為時，其報復的手段就是外交關係的斷絕。國家有一方行使斷絕外交關係的權利。通常是兩國之紛爭惡化或為戰爭之前實施為多。但並不意味著會有隨時開戰之可能，開戰後當然兩國關係自會斷絕。

㈡**外交關係的斷絕**（英：rupture（or severance）of diplomatic relations）：即斷絕國與國之間的外交關係。外交關係係基於雙方相互之同意而設立（外約2），但外交關係之終了，可由一方的意思表示而行使之。在傳統的國際法，通常是戰爭狀態發生就斷絕外交關係，但在現代國際法之下，如

伊朗與伊拉克戰爭，兩國雖有大規模之戰鬥，但外交關係並未中斷之情形。外交關係斷絕時，即相互召回外交使節。通常是兩國之爭端惡化之情形或為戰爭之前提實施為多。聯合國安全理事會得決定所應採武力以外之辦法，以實施其決議，並得促請聯合國會員國執行此項辦法。此項辦法包括外交關係的斷絕。過去外交關係的斷絕為戰爭之前置階段（聯憲41）。但並不意味會有隨時開戰之可能，開戰後當然兩國關係自會斷絕。

外交關係斷絕或遇使館長期或暫時撤退時（外約45）：

1.接受國務應尊重並保護使館館舍以及使館財產與檔案，縱有武裝衝突情事，亦應如此辦理；

2.派遣國得將使館館舍以及使館財產與檔案委託接受國認可之第三國保管；

3.派遣國得委託接受國認可之第三國代為保護派遣國及其國民之利益。

二、報復（英：retortion；德：Retorsion, Vergeltung；法：rétorsion）

在國際間一國以相同或類似之行為，對付他國的不禮貌、不友誼或不公平之行為（如對船舶、國民或關稅等有不利益之歧視待遇）之謂。此時因其不當性受到阻卻，不致受到不公平與不友好之譴責。任何一國，其行政、立法或司法之措施可能對他國產生不友誼或不公平之處置。他國如認為自己忍著不利影響時，便可用報復之方式，以尋求解決。如本國僑民在他國忍受著差別待遇，如護照簽證之嚴厲，或船舶的不許入港，關稅的不利等，本國往往採用報復的方式以對抗該國。例如在國際貿易上，美國常以違反三○一條款而展開報復。又1986年8月間美國為促使我國取消完稅價格表，提出報復的威脅，乃促使我國取消該價格表。

再者，2010年9月間因釣魚台撞船事件，日本逮捕中國船長詹其雄，中國總理溫家寶，要求日本立即釋放，但日方迄無反應。於是中國提出

報復？中逮捕4日人 控擅闖軍事區

見2010年9月24日，自由時報A4頁。

各種強硬報復措施，包括停止官員全面與民間交流，接著借口四名日本人於 23 日因涉嫌闖入軍事禁區拍攝「軍事目標」，而予逮捕拘禁，又將輸往日本的稀土，在中國海關予以阻攔，這一連串的報復措施，逼使日本那霸地方檢察廳於 24 日正式決定釋放中國漁船船長①。

三、報仇 （英：reprisals；德：Repressalien；法：représailles）

報仇即為中止國際違法行為或對國際違法行為尋求救濟手段，被害國家單方面所實施之對抗措施（countermeasures）。對違反戰時國際法之對抗措施為**戰時報仇**，對違反平時國際法之對抗措施，稱為**平時報仇**。報仇雖侵害對方國家或其國民之權利，但因係對抗國際法上違法行為所採之措施，故其違法性受到阻卻。不過武力之行使，除了自衛以外，不許以武力報仇。

㈠**報仇之要件**：

1.須相對國有國際違法行為。

2.為了中止其違法或尋求救濟而為。

3.報仇所採取之對抗措施，必須與違法行為成適切之比例，此即「均衡原則」。

㈡**報仇之方法**：一般所使用之方法，如停止施行與相對國簽定之條約，扣押其國民、貨物或船舶，佔領其部分領土，平時封鎖等。則不採行使武力之報仇（非軍事的報仇），在一定的條件下是被允許的。依「非戰公約」第 2 條規定國家間如有發生爭端，不論如何性質，如何發端，祇可用和平方法解決之。在聯合國於 1970 年 10 月 24 日通過「友好關係原則宣言」，則應以和平解決國際爭端，俾免危及國際和平、安全及正義之原則。對於俘虜及其他國際人道法上所保護之報仇，在條約上是禁止的（俘13）。

㈢**報仇與報復之不同**：

	報　仇	報　復
對象之不同	報仇以違法行為為對象。	報復是針對有悖國際的行為，並非違法行為。

---

① 見 2010 年 9 月中旬之新聞報導。

| 是否違法 | 報仇行為的本身是一種違法行為。但因為對抗一個違法行為，故為國際法所允許。 | 報復卻不違反國際法。 |

四、經濟關係斷絕

（一）**經濟制裁**（英：economic sanctions；法：sanctions économiques）：某一國家有違反國際法之行為，其他國家對其所採之經濟上惡害的措施。譬如禁止其商品的進出口，凍結其資產或沒收，禁止搭乘航空機，禁止經濟援助等。有由國家決定之措施，如九一八事變後中國普遍對日本經濟絕交，國際聯盟大會的 19 人委員會認為「屬於報仇的範疇」。又如 1979 年伊朗人質事件，對伊朗之經濟制裁。也有經聯合國國際組織之決議而實施之情形，依「聯合國憲章」第七章，對和平之威脅、和平之破壞及侵略行為之應付辦法中，為維持或恢復國際和平及安全之手段，聯合國安理會得決定採武力以外之辦法。並得促請聯合國會員國執行此項辦法。此項辦法得包括經濟關係、鐵路、海運、空運、郵、電、無線電及其他交通工具之局部或全部停止，以及外交關係之斷絕（聯憲 39、41）。如 1962 年聯合國審議南羅德西亞（Southern Rhodesia）之史密斯政權以白人為主之執政政府，並片面宣布獨立而遭受制裁；以種族歧視為原因而對南非之武器禁運，以伊拉克對科威特之侵略為原因而對伊拉克之制裁，都是基於安理會之決議而具有拘束力之決定。也有基於聯合國大會之決議而採取之措施，如 1962 年對南非之制裁（大會決議 1761,XVII），以對殖民地之支配為原因，而對葡萄牙之制裁（大會決議 1807,XVII）等是。

（二）**經濟斷絕**（英：interruption of economic relations）：即一方國家採取禁止進出口措施之謂。此係對違反國際法者之反應的一種經濟制裁。在一般國際法上，經濟斷絕具有報復與報仇之性質。聯合國憲章第 41 條，對於和平之威脅得採非武力之辦法，此有經濟關係之局部或全部停止之規定。經濟之斷絕也可發生外交關係之斷絕或撤銷承認之結果，但政府之關係雖然斷絕，並非因此就禁止民間之來往。

五、封鎖（英：blockade；德：Blockade；法：blocus）

　㈠**平時封鎖**：即在平時以海軍的武力對特定的港口或海岸切斷所有船舶或人員出入之謂。因係平時實施故與戰時封鎖不同。又與禁止輸入，即禁止對象國之物質輸入之禁輸措施亦有不同。平時封鎖之要件與戰時封鎖相同，即向關係國宣布並予以實施，不過平時封鎖的特點在封鎖終結後，應將暫時扣押之船舶或物品返還。

　　最初實施平時封鎖的適例是 1827 年希臘爭取獨立，英、法、俄三國封鎖土耳其佔領的希臘海岸，以協助希臘，在神聖同盟之名義下要求土耳其從希臘撤軍，並承認希臘之獨立。其後雖有平時封鎖之案例，但大部分都因爲保護小國的獨立，或爲確保債務之履行爲目的，以集團的干涉或復仇之形態而實施者爲多。

　　平時封鎖之合法性，在學界一向有爭議，即無論是平時封鎖或戰時封鎖，是否同意對第三國船舶之干涉。對第三國之船舶雖可臨檢，但多數說認爲不可拿捕，沒收當然不可以。但在今日聯合國反對戰爭之狀態下，不論是何種形態之封鎖，使用強制力封鎖當應適用武力爭端法。不過「聯合國憲章」第 41 條在非武力之辦法的規定中，包括經濟關係、鐵路、海運、航空、郵、電、無線電及其他交通工具之局部或全部停止，以及外交關係的斷絕。而第 42 條之軍事行動中規定，如安理會認爲前述的辦法不足達成目的時，得採取必要之空海陸軍行動，以維持或恢復國際和平及安全。此項行動得包括聯合國會員國之空海陸軍示威、封鎖及其他軍事舉動。

　　又 1962 年 10 月 14 日美國偵察機在卡斯楚政權下推行社會主義政策之古巴發現建設蘇聯之飛彈基地。10 月 22 日美國總統**甘迺迪**乃在電視演說中謂：「在古巴建設蘇聯製攻擊用飛彈發射基地是對美國之重大威脅，因此表明對古巴實施隔離（quarantine）政策」。

甘迺迪

其意在國際法上是指封鎖而言，似有違反國際法之嫌。甘迺迪總統認爲如拒絕停船之命令，就是屬於蘇聯籍輪船也將予擊沉等採強硬之態度。美國隨時要求蘇聯撤除飛彈設施，並對古巴實施封鎖，美、蘇間之軍事衝突有一觸即發之勢。於是在聯合國安全理事會進行討論。10 月 28 日蘇聯總理**赫魯雪夫**相信

甘迺迪總統不侵略古巴之約定，乃同意在聯合國監視下撤回飛彈設施。此次美、蘇均迴避兩國之正面衝突，此約半個月之美、蘇核戰危機乃告解除。

赫魯雪夫

㈡**戰時封鎖**：即交戰國對於敵國的港口或海岸對外交通的截斷，以阻止其船舶的出入之謂。

　　1.封鎖之種類：有平時報仇手段之平時封鎖（pacific blockade），與戰時封鎖之分；有戰鬥行為之一環的軍事封鎖，與單純截斷，港口與海岸的交通之商業封鎖；又有只禁止船舶駛入被封鎖港口或海岸之向內封鎖（Blockade Inwards）與禁止船舶駛出被封鎖的港口與海岸之向外封鎖（Blockade Outwards）。

　　2.封鎖之要件：依據倫敦宣言，封鎖須符合下列條件：

　　⑴封鎖必須限敵國所管轄的或所佔領的海岸與港口。

　　⑵封鎖必須由封鎖國予以正式宣布；如非正式宣告，只是對敵國船舶生效，而不得對中立船舶生效。

　　⑶封鎖必須由交戰國以外交途徑通知中立國，並通知被封鎖的地方當局。

　　在兩國交戰期間，封鎖敵國港口或海岸是有效戰鬥手段之一。因截斷中立船舶之進出，對中立國之利害影響至鉅。依聯合國憲章第42條，准許會員國在安全理事會認定的情況下從事封鎖。

　　3.封鎖之效力：1990年聯合國為對付伊拉克對科威特之侵占，於8月25日安理會乃依憲章第七章實施經濟制裁，因對聯合國會員國之要求，故其實際措施相當於國際法之封鎖（安理會決議665）。

　　4.破壞封鎖：通過封鎖線出入封鎖區域之船舶，得以破壞封鎖（breach of blockade），予以追逐拿捕。並由交戰國送交其本國的捕獲法院審判及處罰。船舶所屬國只有默認，此稱為「默認之義務」。破壞封鎖的處罰，便是船舶與貨物的沒收（倫敦宣言21）。

六、干涉（英、法：intervention；德：Intervention）

　　即在國際法上，一國對於他國可自行自由決定之內政或外交，強制

的介入，企圖以維持或改變特定事項為目的之行為。典型之強制方法，即為武力行使或武力之威嚇，一向對干涉也是指武力之干涉。如使用說服、建議、斡旋或調停等方式，以維持或改變特定事項為目的，即非干涉。但是當今之國際法，使用武力或以武力威嚇之手段為聯合國所禁止（聯憲 2IV）。因此對他國領土以武力入侵，或以打倒他國之政府為目的，而提供武器給武裝集團之組織或訓練其成員，不論是否干涉，都涉及違法行為，因此是否屬於干涉，其涉及之問題係指武力行使或武力之威嚇以外之強制行為才是疑問。依國際法院對於 1984 年美國對反尼加拉瓜政府組織之軍事援助，對港口布雷封鎖等軍事行動，法院認為美國應停止威脅尼加拉瓜港口之通航的行為，應尊重尼加拉瓜之主權，並應停止造成兩國紛爭之惡化與擴大之措施，又違反內政不干涉之原則、國際人道法及 1956 年兩國友好通商航海條約之規定，美國應終止其違法行為，並對尼國之損害負賠償之責（ICJ 1986.6.27 判決, 1986 Report 14）。有謂因各國擁有主權與獨立權，原則上干涉雖是違法，但如為保護本國國民之生命或為阻止大規模之人權侵害，而予干涉，或基於條約之規定所為之干涉，應該是合法行為；但雖是為保護本國國民之生命或為阻止大規模之人權侵害，對特定關係之國家以武力加以干涉，乃是違法行為，蓋此係侵害國家之自決權，故應屬違法行為之說法較為一般所接受。

第二節　戰　爭

戰爭（英：war；德：Krieg；法：guerre），即國家間為解決爭端，或將自國之意思迫使相對國接受，以軍事力量展開鬥爭（a contest by armed force）之謂。戰爭是高度之政治現象，在第二次大戰以前是指適用「戰時國際法」或「戰爭法」。但戰後，因聯合國憲章認定，戰爭是違法行為，因此改為「武力爭端」，其有關之規範，就是「武力爭端法」（law of armed conflict）。不過，構成戰時國際法之核心者為規範陸上、海上或空域上之害敵手段，藉以排除敵方之抵抗，而予以加害行為（敵對行為）之交戰法規（戰鬥法規）（laws of warfare）。

一、正戰論（英：theory of bellum justum）

戰爭在古代羅馬統治歐洲世界之時代，就規定在 fetiale 的法律內（古羅馬監督外交談判、宣戰、媾和等），在希臘羅馬的時代，將戰爭分為正當與不正當，只對基於正當之原因所發動之戰爭才認為合法之戰爭的理論。又稱為正當戰爭論，或義戰。其對照語為「**無差別戰爭論**」，戰爭法規原在限制戰爭，將戰爭之被害狀態限制至最小限度而設立者，因此自古以來以科學的體系加以論述者為奧古斯丁（Aurelius Augustinus, 354-430），其後經經院哲學傳到中世之神學者，以格老秀斯開始並由自由法觀念為主軸之國際法學者所繼承。將戰爭區分

奧古斯丁

為當與不當，並將不正當之戰爭予以排除為此說之目的，因只有理論並未建立實定法上之基礎，因此在十九世紀並未受到重視。但這一理論到國際聯盟成立後，其盟約已開始限制國家對戰爭的運用。盟約的前文謂：「特允承受不從事戰爭之義務」，而其第 10 條規定：「聯盟會員國擔任尊重並保持所有聯盟各會員國之領土完整及現有之政治上獨立，以防外來之侵犯。如遇此種侵犯或有此種侵犯之任何威脅或危險之虞時，理事會應籌履此項義務之方法。」第 11 條規定：「茲特聲明：凡任何戰爭之危險，不論其立即涉及聯盟任何一會員國與否，皆為有關聯盟全體之事；聯盟應採取適當有效之辦法以保持各國間之和平。……」因有聯盟之規定，一向基於自然法所主張之正戰論，乃轉為實證主義之正戰論，民族解放戰爭之觀念，亦受實證主義正戰論之影響。

1923 年國聯會員國簽定互助條約（Treaty of Mutual Assistance），於第 1 條規定侵略為國際罪行。從這些實證之規定則可推論，侵略者之違法國家，並無交戰法規上之權利，只有正當之交戰者之間才有交戰法上之權利。此為戰爭法差別適用論。

但聯盟盟約並未全面性的禁止戰爭，亦無法禁止一般武力之行使，如 1923 年對希臘之違法行為，義大利採取復仇而對高夫島攻擊占領之事件，義大利的這種行為並未認為係違反盟約。

二、非戰公約對戰爭之違法化

依 1928 年簽署之「非戰公約」其第 1 條，禁止使用戰爭以解決國際爭端，並斥責以戰爭爲施行國家政策工具。因此除了爲制裁違反國際聯盟盟約所引起之戰爭，或違反非戰公約的戰爭，或者是爲自衛而作戰之情形以外，凡是以侵略爲目的之戰爭，均爲國際法上所禁止。但非戰公約對於未表明戰意之戰爭，俗稱爲事實上之戰爭，是否禁止尚有爭議。

非戰公約雖禁止使用武力於國家間爭端，且締約國之一切爭端，祇可用和平方法解決，但其爭端之和平解決實效性仍未建立，因此一般認爲在本公約上所稱之戰爭，乃是表明戰意之戰爭，所謂和平的手段就是戰爭以外之手段。由此而認爲武力報仇之事實上，戰爭乃是被允許的。有些國家乃走法律漏洞，而採不列入正規之戰爭或不違反聯盟盟約或非戰公約之武力行使。如 1931 年日本侵犯中國東北，日人稱爲滿州事變，1935 年墨索里尼率軍進攻衣索比亞，雖爲國際聯盟發動經濟制裁，但成效不顯著，至 1937 年日本侵略中國，日本人稱爲「日華事變」。終於爆發二次大戰。

三、聯合國憲章之禁止行使武力

聯合國憲章規定，各會員國應以和平方法解決其國際爭端，俾免危及國際和平、安全及正義（聯憲 2 I ③）。在國際關係上亦禁止「武力之威嚇或武力之行使」(the threat or use of force)（聯憲 2 I ④）。憲章盡量避免使用戰爭之辭句，以彌補非戰條約之缺點。則尚未到戰爭而只在武力行使之階段則予禁止，尚且武力之威嚇亦爲禁止之對象。其目的在禁止武力之行使爲背景之各種要求或禁止以武力爲威嚇之外交手段。像憲章第 2 條第 4 款也有從反面解釋認爲如不侵害他國或其國家領土完整或政治獨立之武力行使應該不爲憲章所禁止，如爲保護本國國民之生命、身體、財產而一時性使用武力或以武力報仇，也應不爲憲章所禁止。其次 1970 年通過之《友好關係原則宣言》規定「各國皆有義務避免涉及使用武力之報復行爲」。不過憲章第 51 條復規定憲章並不禁止「行使單獨或集體自衛之權」。而第 42 條規定，會員國遵從安理會之決議，從事空海陸軍示

威、封鎖及其他軍事行動。

　　在今日禁止行使武力已經確立成為國際習慣法，對未加入聯合國之國家亦有適用。尤其是侵略之戰爭不僅是國際違法行為，也構成危害和平之罪行，在國際法上須負責任（友好1Ⅱ）。也有認為經濟力之行使也應列屬武力之行使而應予禁止，不過迄今尚未成為國際法規範之範圍。

第三節　武力行使之規範

一、戰爭法規概說

　　傳統之戰爭法規主要係由習慣法所形成，當時是以戰爭之合法性為前提，在無差別戰爭之觀點下，戰爭法並不將交戰國以對等的待遇處理，所謂「勝者為王，敗者為寇」，因解決爭端之最後手段，就是訴諸武力，所以戰爭本身就是合法行為，簽定條約的目的，只是規範戰鬥時的行為而已。這是起自 1899 年第一次海牙和平會議締結「陸戰法規及慣例公約」，於 1907 年第二次海牙和平會議時修正，並通過其附屬書「陸戰法規及慣例章程」，即將戰爭有關之習慣法法典化。因此有關之戰爭條約有兩類；一是規範交戰者之權利義務或害敵手段之國際法規，稱為海牙法規。保護爭端之犧牲者與人道待遇之法規，稱為「日內瓦法規」。

　　第二次大戰後，因人道觀念之提昇，而聯合國又將戰爭違法化，為此戰爭法規之主要重點乃偏向於日內瓦法規。雖然如此，二次大戰後世界仍發生不少大小戰事。較大之戰爭如朝鮮戰爭、中東戰爭、越南戰爭、印度巴基斯坦戰爭、孟加拉獨立戰爭、福克蘭戰爭、伊朗伊拉克戰爭、波斯灣戰爭、伊拉克戰爭等。所以戰爭法仍無法忽視。

二、交戰法規

　　㈠**陸戰法規**（英：Law of war on land）：陸戰有關國際法上法規之總稱。為「海戰法規」、「空戰法規」之對照語。它是蒐集陸戰有關重要法規，等於陸戰法規之法典，其中以陸戰法規及慣例條約為最主要法規。第二次大戰後俘虜、文民、傷病者之保護等新的條約乃起草而成，如日內瓦

公約及其追加議定書，關於武器方面也有個別的條約如生物毒氣武器禁止條約、環境改變技術敵對的使用禁止條約、化學武器禁止公約等簽定。

1.陸戰法規及慣例公約（英：Convention Respecting the Laws and Customs of War on Land；法：convention concernant les lois et coutumes de la guerre surterre）：1899 年第一次海牙和平會議時所締結之公約，於 1907 年第二次海牙和平會議時修正，同年 10 月 18 日簽署，1910 年 1 月 26 日生效。當事國 44 國。簡稱爲「海牙陸戰公約」。本公約是由前文及 9 條條文所構成。本約有附件「關於陸海法規及慣例章程」，共 56 條條文。兩者合而稱爲「海牙陸戰法規」。其中所規定者爲交戰者、俘虜、傷病者、戰鬥、害敵之法及圍攻轟擊、間諜、軍使、降約、停戰、在敵國境內之軍權等。凡交戰國違反章程中之規定者應賠償損害（陸戰 3）。其前文也包括馬添斯條款（Marten's Clause）。

2.陸戰法規及其慣例規則（法：Règlement concernant les lois et coutumes de la guerre sur terre）：即陸戰法規及慣例條約之附屬書，全文有56條條文，蒐集陸戰有關之各種規則，故又稱爲「陸戰之法典」。也稱爲「海牙陸戰規則」。大部分是將當之國際習慣法予以法典化，不過也有不少新之規定。本章程中關於俘虜與占領規定，經過兩次大戰實施之後，發展成1949年「日內瓦公約」之詳細規定（俘虜條約、平民保護條約），又關於害敵之法及圍攻轟擊等規定，已由1925年禁止毒氣等議定書、1972年「生物毒素武器禁止公約」、1977年「禁止環境改變技術敵對的使用條約」、1980年「禁止限制特定通常武器使用公約」及1993年「化學武器禁止公約」等加以補充。

㈡海戰法規：

1.海戰（英：maritime（or naval）war）：在海上或海域實施之戰鬥行爲。其目的在擊敗敵方海上之兵力，海上交通之妨害，中立船之規則，自國海岸之防衛，維護自國海上交通等爲目的。除了國際習慣法之外，有條約及宣言可資依據，但不如陸戰有一般條約之規定。當然也可以準用陸戰之規定，譬如私有財產之處理，在陸戰須要尊重私有財產，而在海戰就是沒收，因此有些原則並不完全相同。其他如軍艦、水雷或潛水艇等，均有其規則存在。

2.海戰法規（英：law of maritime（or naval）war）：海戰有關之國際法規則。係對陸戰法規、空戰法規而言。依 1865 年之「巴黎宣言」（Declaration of Paris），於 1907 年海牙之和平會議通過之各種條約。在 1909 年之「倫敦宣言」（未發生效力），海戰法規很多重要部分雖被成文化，但仍停留在國際習慣法爲多。經兩次大戰後，有部分條文雖被條約化及列爲國際習慣法，但並未完全成文化。

3.戰時海軍轟擊公約（法：Convention concernant le bombardement par des forces navales en temps de guerre）：1907 年第二次海牙和平會議於 10 月 18 日簽署，1910 年 1 月 26 日生效之公約，當事國有 44 國。由前文及 13 條條文所構成。其第 1 及 2 條規定，在任何情形之中，海軍轟擊未防守的港口、城市、村莊、住宅或房屋，均予禁止。如其中有軍事設施，則予警告後，以砲擊加以破壞。如不應徵用時，得以砲擊破壞（戰海 3）。此條文規定是以軍事目標（military objective）爲轟擊的標準。廣義的軍事目標可以包括鐵路交點，車輛的調配點，浮塢與煤站等，反之一切宗教、藝術、科學與慈善性質的房屋，歷史紀念物，醫院及傷者病者的收容所，均非軍事目標，交戰國之海軍都應盡力予以保全（第 5 條）。這些規定乃爲 1977 年日內瓦公約之追加議定書所繼受。不過在兩次大戰中均未遵守規定。

㈢空戰法規：

1.空中轟炸（英：air raid, aerial bombardment；德：Luftangriff；法：raid aérien）：即自氣球或航空器上向地面目標投擲爆裂物之攻擊。狹義是使用軍用航空器對都市之攻擊。1899 年及 1907 年之海牙和平會議通過「禁止自氣球或航空器上投擲炸彈與爆炸物」的宣言。1923 年「海牙空戰規則」規定，空中轟擊，以恐嚇平民、破毀或損害非軍事性之私有財產，或傷害非戰鬥員爲目的者，均予禁止（第 22 條）。如無差別的濫施轟炸則並予禁止（第 24 條）。第一次大戰以後，因空中轟炸被大規模的實施，在二次大戰期間，臺灣在日本殖民統治下，亦被盟軍毫無區別的轟炸，致一般平民被炸傷者比軍人還多。美軍在越南作戰時亦復如此，因此在尚未制定規範空戰之一般條約之前，當應遵守陸戰及海戰所共通之原則，則轟擊應以軍事設施爲目標，並遵守禁止生物及化學武器之國際習慣法

的規範。

2.空戰規則（英：（Draft）Rules of Aerial Warfare）：依 1922 年在華盛頓裁軍會議，而於同年 12 月所設置之海牙法律家委員會，由美國、英國、法國、義大利、荷蘭及日本六國代表組成之專門委員會，於翌（23）年 2 月所通過之規則。原來在 1899 年與 1907 年在海牙和平會議曾經通過「從輕氣球投擲爆裂物之禁止宣言」，但因欠缺有效性，乃有本規則之制定。蓋未獲得各國之批准，最後並未生效。全文是由八章 62 條條文所構成，內容規定防守區域、無防守區域、區分軍事目標等，並規範空中轟炸之對象，雖未生效，但對後日之立法仍發生一定之影響作用。

3.空戰法規（英：rule of air warfare）：即在空中之戰鬥與從空中之攻擊有關之國際法上規則之總稱。此乃對「陸戰法規」及「海戰法規」而言。從國際習慣法而言，迄今仍在發展之中，1923 年所制定之「空戰有關之規則」，也只是一般條約的形式而已，但並未生效。1949 年日內瓦各種條約及 1977 年日內瓦各種條約及其追加議定書，及有關裁軍之條約，如「化學武器禁止條約」等，乃是規範武力爭端之有關規定，當然也適用空戰之情形。

三、戰爭犧牲者之保護公約—日內瓦公約（英：Geneva Conventions）

十九世紀後半以來為強化保護戰爭之犧牲者、俘虜，隨著紅十字會運動的誕生，並加上為保護平民而發生的，稱為「日內瓦四公約」、「紅十字會公約」或「戰爭犧牲者保護公約」。1949 年 4 月至 8 月在瑞士政府之主持下，59 國政府代表與 4 國政府的觀察員在日內瓦參加「為戰爭犧牲者保護之國際條約作成外交會議」而完成下列四個公約，此即 1949 年日內瓦四公約；四個公約中，每一公約由第 1 至 3 條係規定共通的原則：

第一公約：「改善戰地武裝部隊傷者境遇的日內瓦公約」（Geneva Convention for the Amelioration of the Condition of the Wounded and Sick in Armed Forces in the Field of August 12, 1949）。

第二公約：「改善海上武裝部隊傷者病者及遇船難者境遇的日內瓦

公約」（Geneva Convention for the Amelioration of the Condition of the Wounded, Sick and Shipwrecked Members of Armed Forces at sea of August 12, 1949）。

第三公約：「關於戰俘待遇的日內瓦公約」（Geneva Convention relative to the Treatment of Prisoners of war of August 12, 1949）。

第四公約：「關於戰時保護平民的日內瓦公約」（Geneva Convention relative to the Protection of Civilian Persons in Time of War of August 12, 1949）。

上述四公約於 1949 年 8 月 12 日由中國、蘇聯、美國、英國、法國等 61 個國家在日內瓦簽訂，並於 1950 年 10 月 21 日生效，至 1994 年 8 月共有 187 國和地區批准，這是國際法法典化的最先嘗試。

(一)**傷病者之保護**：本公約可溯及 1859 年之國際紅十字會之創始人杜南（Jean Henri Dunant, 1828-1910），因目睹 1859 年奧地利軍與法國皮埃蒙特軍在義大利北部蘇菲諾村鎮（Solferino）激戰，兵士死傷之悲慘情景，於 1862 年出版《蘇菲諾的回憶》（*Un souvenir de Solferino*）。並於 1863 年 2 月在日內瓦成立了一個「五人委員會」，同年 10 月，16 個歐洲國家代表在日內瓦開會，咸認「傷病不問其國籍為何，均應一律受到照顧和看護」。1864 年以保護傷病

杜　南

兵為目的之「戰地軍隊之傷病改善條約」成立，此稱為第一次紅十字條約。該條約為 1949 年日內瓦公約所繼受。因此**第一公約**之前文及 64 條條文，是陸戰時軍隊構成員之傷病者保護，並確認敵對雙方傷病在任何情況下應無區別地予以人道待遇之原則。至於對海上傷病者之保護，包括船難者，就為第二公約所繼受。亦即**第二公約**之前文及 63 條條文，是規定海戰時對傷病者之保護，醫院船及其人員的特殊原則和規則。第四公約有 159 條條文，是規定處於衝突一方權力下的敵方平民應受到保護和人道待遇，包括准予安全離境，保障未被遣返的平民的基本權利等。

(二)**俘虜之待遇**：所謂**戰俘**（英：prisoner of war；德：Kriegsgefangener；法：prisonnier de guerre）在戰爭或武力爭端之際，國際法上有適法之資格在從事敵對行為之過程中被敵人逮捕之人員，又稱為**俘虜**。在國際法上保有一定之待遇。在古代戰爭，被俘的敵人或被屠殺或淪為奴隸，其以交換

或贖回的方式，獲得自由者，極為少數。到十九世紀後半，俘虜人道待遇之國際習慣法逐漸形成，乃有法典化之議。1907 年通過之「陸戰法規及慣例公約」第二章，則有俘虜之規定。紅十字會國際委員會自十九世紀以來就推動「戰爭犧牲者保護公約」，經 1929 年之「俘虜待遇條約」，第二次大戰後，以該委員會所草擬之草案為基礎，始通過「1949 年 8 月 12 日關於戰俘待遇的日內瓦公約」，此即**第三公約**，其前文及 143 條條文，是規定拘留國應對戰俘給予人道待遇和保護。這些規定乃成國際人道法之一部分。

1.戰俘之資格：在國際武力的爭端中被敵國所捕獲之戰鬥員稱為戰俘，在國際法上特別受到保護，即得要求並享有戰俘之待遇。依 1949 年日內瓦戰俘條約及 77 年追加議定書之規定，下列人員陷入敵手時，應視為戰俘①：

(1)武裝兵力之構成員：

①爭端當事國之軍隊構成員（包括民兵隊及義勇兵在內）之外，具有武裝兵力之構成員，在對部屬行動負責任之指揮官指揮之下，並與文民相區分之人員，如難以區分則以公然攜帶武器者而認定。

②具有上述要件者，而對拘捕國不承認之政府或當局宣誓忠誠者。

③雖非武裝兵力之構成員，但獲得軍隊之許可而隨行人員（從軍記者、補給需用品人員、勞工隊員、武裝兵力之福利機關的構成員等）。

④商船或民用航空機之搭乘人員，這些人在其他國際法之規定不受較有利之待遇時。

但是如為武裝兵力之構成員，如其從事間諜之活動而被爭端當事國所捕獲，則不能享有戰俘之待遇。

公約對於上述各種人員的適用，至其最後釋放與遣送回國為

---

① 雷崧生著：國際法原理（下冊），民國 47 年 12 月臺三版，第 129 頁。

止（第5條）。戰俘不得全部地或部分地放棄本公約所授予的權利。

　　1977年「日內瓦公約」之追加議定書，將戰俘資格與從事敵對行為加以分開（追加議定書I,46；陸戰規則29-31）。傭兵就不能享有戰俘或戰鬥員之資格（追加議定書I,47）。此外一般平民雖亦有被拘禁之可能，但不能成為戰俘。

　⑵傭兵之排除：所謂**傭兵**（英：mercenary；德：Söldner；法：mercenaire）獲金錢報酬為目的而由外國所雇用之兵士。近世歐洲各國之軍隊其主要部分是由傭兵所構成。但當時之傭兵並非由外國所雇用，因此與今日國際法上所稱之傭兵兩者性質不同。近年來尤其在非洲（剛果、安哥拉）所雇用之傭兵，在今日已成為問題。依1977年「日內瓦公約」之追加議定書，為認為傭兵沒有作戰鬥員及俘虜之權利（議定書I,47）。該追加議定書I之適用對象限於國際性武力爭端（包括民族解放戰爭），1989年之「禁止傭兵之招募、使用、資金供應及訓練之國際條約」（1989.12.4 聯合國大會通過，未生效），則不論是否武力爭端，傭兵及其招募、使用等是為國際犯罪而應受處罰。又在「人類和平與安全之罪」之法律草案，也認為係犯罪行為之一。

　　2.戰俘之待遇：俘虜屬於敵國政府權力之下而不屬於捕獲該俘虜之個人或軍隊之下。俘虜應以仁道待之。凡屬於俘虜本人之物，除軍械馬匹及軍用文書外仍歸其所有（陸戰4）。拘留國對於俘虜之待遇應負責任（俘12），人道待遇為其基本原則，禁止使其致死或健康遭受有危險之行為，禁止報仇或報復措施，應保護其不受暴行、脅迫、侮辱，或受公眾好奇侮辱，不得因種族、國籍、宗教的信仰、政治意見之差別待遇（俘13-16）。拘留國雖可使俘虜從事一定勞動，但不能強制其對本國的作戰行動或其他軍事性質或軍事目的之勞動或不健康或危險之勞動（俘49-57）。其他並規定俘虜與軍方當局之關係（俘78-108）等。其他如俘虜有重傷病時應予送還（俘109、110）。敵對行為終結時應予解放、送還（俘118）。此外，俘虜不能放棄其所保障之權利（俘7）。

　　㈢**一般平民之保護：**

　　1.一般平民（英：civilian）：指不具有實施敵對行為之資格的一般住民之謂。又稱為**文民**。在敵對行為之危險中受到保護。第二次大戰後在1949年日內瓦**第四公約**中，為保護佔領國與第三國之一般平民而定有「戰時保護一般平民有關的條約」（文民保護條約 4、13）。1977 年日內瓦各公約之追加議定書將爭端當事國之一般平民亦包括在內，即將一般平民從戰爭之危險中加以保護。但自全民戰爭、解放戰爭與游擊戰爭發展以後，一般平民與戰鬥員之區分愈感困難，因此一般平民是否能獲得充分之保護確屬可疑，如二次大戰期間中共發展游擊戰術與日本正規軍周旋，又如美國在越南之戰爭中越共常潛藏在農民之中。致有濫殺無辜之報導，這些都是值得吾人之注意者。

　　2.戰鬥員（英：combatant；德：Kombattant；法：combattant）：在國際法上，依合法之**害敵手段**攻擊敵人，此為敵對行為之正當行為，如被敵人捕獲，不得視為犯罪人，而有接受俘虜待遇之權利。在傳統之國際法，軍隊可分為正規軍與非正規軍；在正規軍直接從事戰鬥者，稱為「戰鬥員」，不從事戰鬥者，稱非戰鬥員（陸戰 3）。又非正規軍如民兵、義勇軍團、抵抗、群民總動員等，其具備國際法上一定的條件，則可列為戰鬥員（陸戰1、2、俘4）。但近年來因戰爭形態之改變，對戰鬥員與非戰鬥員之區別已趨相對化，為對應民族解放戰爭與游擊戰法的一般化，1977年日內瓦各公約的追加議定書，不再區分正規軍與非正規軍，而全部稱為「軍隊」，其構成員除了醫務人員及宗教人員以外，就是戰鬥員，有直接參加敵對行為之權（日內瓦追加議定書 I 43）。戰鬥員為了保護一般人民，在從事攻擊之際，須負有能與一般平民足以識別之義務。

　　㈣**日內瓦公約之追加議定書**①：英文名稱為（Protocol Additional to the Geneva Conventions of 12 August 1949），即 1949 年日內瓦公約，對照第二次大戰之經驗，對於戰爭犧牲者之保護並不完備，於 1974 年 2 月 20 日應瑞士政府之邀請在日內瓦召開「在武力爭端適用之國際人道之再確認與發展有關之外交會議」，而於 77 年 6 月 8 日通過之條約。共有二個議定

---

① 參照竹本正幸著：刊載國際關係法辭典，第 458 頁。

書：一爲「1949 年 8 月 12 日日內瓦公約追加之國際性武力爭端之犧牲者的保護有關之議定書（追加議定書 I）」；另一爲「1949 年 8 月 12 日日內瓦公約追加之非國際性武力爭端之犧牲者的保護有關之議定書（追加議定書 II）」，其主要特徵爲：

1.民族解放鬥爭列爲國際武力爭端：殖民地人民行使自決權以爭取獨立而實施武力鬥爭，在以前認爲係一國之內戰，而適用國內之刑法規定，在非殖民化過程而頻頻發生之民族解放鬥爭，以亞、非各國爲中心之第三世界各國，其「自由戰士」極烈要求應給予俘虜之待遇。並主張應將解放戰爭視同國際性武力爭端，而提出外交會議討論，解放團體並致函瑞士政府，強烈要求，必須約定適用日內瓦及其議定書。

2.利益保護國制度未能強化：設置國際事實調查委員會，不過此委員會於 93 年始設置，今後如何運作有待觀察。

3.戰鬥員要件之一元化：在 49 年之「俘虜條約」將正規軍與非正規軍（義勇兵、民兵隊、群民蜂起）分開處理，如今將所有武裝兵力一元化規定。

4.背信棄義之禁止：背信（英：perfidy；法：perfidie）在戰爭時以背叛交戰國之信賴爲意圖，讓敵方信賴法律上所保護之權利與所應保護之義務，以此誤導敵人之詐欺行爲（日內瓦追加議定書 I 37 I）。「陸戰法規」第 23 條第 1 項第 2 及 6 款規定：「以欺騙之法殺傷敵國之兵民」或「濫用通語旗、敵人之國旗、軍中徽幟制服及日來弗條約中之記號」均予禁止。因此其種類爲：

(1)僞裝旗幟：濫用休戰旗以進攻，僞降以誘陷敵軍，假意締結休戰協定以實行襲擊。

(2)僞裝傷病：僞裝負傷或疾病而以無能力爲戰鬥行爲。

(3)僞裝中立章：僞裝聯合國、中立國、非爭端當事國之標識、標章、制服以獲得保護等是。

　　背信行爲是違法行爲，係構成戰爭犯罪之行爲。不過背信與奇計不同，奇計是誤導敵人之戰鬥行爲所使用之適法性計謀；如伏兵、假裝之攻擊、撤退、發布虛僞之信號或放出流言等均

是。故如使用違法之計謀將構成背信行為。

　5.能攻擊與不能攻擊對象之區別：強調應區分能攻擊與不能攻擊之對象，並對軍事目標賦予定義。

　6.禁止無差別之攻擊：那一處可以攻擊應具體的明記。

　7.保護平民生存之必須物：對一般平民之生存必須具備之物，如糧食、飲水等，自然環境，隱藏危險威力之地，如水壩、原子發電所等應有保護之義務。

習題：解釋名詞：背信棄義（perfidy）。（98 公升）

第四節　傳統武器之規範

　傳統武器（英：conventional weapon）即除了大量破壞武器以外，其他一切傳統上所稱武器之總稱。大量破壞武器，具體是指核子武器（Atomic）、生物武器（Biological）及化學武器（Chemical），又稱為 ABC 武器。設有大量破壞武器之生產，或擁有該武器在一般國際法上雖未認定為違法行為，但對於核子武器及其他大量破壞性武器，除了有「防止核武繁衍條約」之外，並有非核地帶之規定，如「南極條約」第 5 條，「宇宙條約」第 4 條及「海底非核化條約」之規定。關於生物化學武器方面，有 1972 年之「禁止生物毒素武器公約」，1993 年「化學武器禁止公約」，對化學武器之開發、生產、儲藏及使用均予禁止。在一般武器方面，如燒夷彈等對都市攻擊有時與大量破壞武器有同樣效果，故另以「禁止限制特定一般武器使用公約」而為規範。

　此之傳統武器是指比大量破壞武器之破壞力與殺傷力較弱，大部分的國家都擁有此類武器，並經第二次大戰及後來之武力爭端都以此類武器為戰爭之工具。

　對於作戰武器之限制在古代印度摩奴法典（Code of Manu）以及希臘羅馬的法典已有所規定。但自古以來人類對此類限制從未遵守。因此范威克（Fenwick）說：「對於破壞性武器或痛苦性特大的作戰工具加以禁止

的企圖無不失敗，這是戰爭法的一大諷刺①」在十九世紀中葉以後，在「作戰人道化」（Humanization of Warfare）之運動下，日內瓦紅十字會之創始人杜南（Jean Henri Dunant, 1828-1910），在 1859 年目睹義大利北部法奧戰爭之蘇弗里諾（Solferino）一役，傷亡四萬人，遍野暴露。另一為美國教授利伯（Francis Lieber, 1798-1872），彼受林肯總統之委託起草「美國戰地管理訓令」，其後成為 1899 年海牙陸戰法規的藍本。

一、禁止使用之武器

　　就作戰工具而言，自十七世紀中葉後已禁止兩種武器之使用：

　　㈠**特別使人痛苦之子彈**：如 1868 年聖彼得堡（1914 年前舊稱，現為列寧格勒）宣言所禁止的四百公分（14 盎斯）以下的爆炸性或燃燒性彈丸，1899 年海牙會議所禁止的膨脹性子彈（即達姆彈 Dum-Dum bullet）以及「海牙陸戰法規」第 23 條第 1 項第 5 款所禁止「使用異常痛苦之武器子彈及一切物料」。

　　㈡**毒氣與細菌**：陸戰法規第 23 條第 1 項第 1 款規定，禁止「用毒藥及有毒武器」。

　　其他在南極區域與「月球及其他天體」禁止軍事活動（南極條約 1 I，宇宙條約 4IV）。

二、歐洲地區之武器限制

　　1990 年代歐洲締結之「歐洲常規武裝力量條約」（Conventional Armed Forces in Europe Treaty－CFE），即從大西洋至烏拉地區為範圍，由北大西洋公約組織（NATO）與華沙組織（WPO）各國之間裁減傳統武器，此包括戰車、裝甲車、大砲、戰鬥機、戰鬥直昇機等。又有關傳統武器之移轉，於 1992 年 12 月聯合國大會決議而設置之聯合國軍備登錄制度負責，以確保軍事有關情報之透明度。此外，1997 年又簽署「對人地雷之使用、貯藏、生產及移轉之禁止及廢棄條約」以全面禁止對人地雷之使用。1999 年 11 月有 30 個國家簽署「歐洲傳統武器修改協定」，因不斷向東擴張勢力，於 2007 年 7 月 14 日俄國總統下令，暫停執行該條約。

---

① 杜蘅之著：國際法大綱（下），80 年 8 月版，第 561 頁。

第五節　其他禁止之宣言或條約

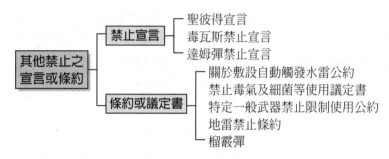

一、禁止宣言

宣言（英：declaration；德：Erklärung；法：déclaration），國家在國際關係上，將自己之意思或意見單方面的表示之方式，如國家之承認或政府之承認宣言、開戰宣言、中立宣言等，又稱為「**一方的宣言**」（unilateral declaration）。

㈠**宣言之法律效果**：在國際法上，有確定與不確定及創造新國際規範等三種情形：

　　1.確定者：如二次大戰前之中立宣言是。

　　2.不確定者：又有兩種情形：

　　　⑴拘束發布國家之情形：國家一旦發布宣言，則拘束發布國家之意思與情事；如法國於 1974 年宣布「停止大氣圈內核子實驗」，使國際法院迴避對該案之審判。

　　　⑵禁止翻供情形：禁止翻供原則是甲國信賴乙國之宣示，而改變自己之立場時，乙國不得以自己先前所表示之意思與真實不同，而加以推翻之原則。

　　　⑶創造新國際規範：關於大陸礁層如沿海國提交大陸礁層之界限的情報，大陸礁層委員會應向沿海國提出建議，沿海國劃定界限時應有確定性和拘束力（聯海 76Ⅷ）。

㈡**宣言之種類**：有國家單獨發布之宣言，也有國家間之合意而發布之情形。又有關國家間之合意上，如 1856 年之「巴黎宣言」，1909 年之「倫

敦宣言」，國際之決議的對外宣言，如「世界人權宣言」、「友好關係原則宣言」等是。對於武器之規範上就有：

1.聖彼得堡宣言（英：Declaration of St. Peterburg）：1868 年 12 月 11 日在蘇俄的首都聖彼得堡（1914 年舊稱，現爲列寧格勒）簽署，同日生效。會員國有 17 國，該宣言禁止四百公分（14 盎斯）以下的爆炸性或燃燒性彈丸使用在戰爭上。以防止因戰爭而無謂的受害之意。不過在空戰因小槍彈並未產生威力，故 1923 年空戰規則乃同意其使用（空戰規則 18）。

2.毒瓦斯禁止宣言（英：noxious gas；德：schädliches Gas；法：gaz nuisible）：有毒氣之瓦斯而使用在化學武器上。通說認爲有毒武器應屬違法，因此 1899 年海牙和平會議乃通過「禁止毒氣使用宣言」，而 1907 年之「陸戰法規及慣例章程」第 23 條 e 亦規定：「禁止使用異常痛苦之兵器子彈及一切物料」。有鑑於第一次大戰時德國使用毒瓦斯之武器，因而「凡爾賽條約」第 171 條禁止德國使用、製造進口毒瓦斯。1922 年之「潛水艇及毒氣有關之五國條約」及 1925 年之「禁止毒氣及細菌等使用議定書」，均在確認窒息性及其他毒瓦斯禁止在戰爭使用，日本雖於明治 33（1900）年以勅無號採納「禁止毒氣使用宣言」，但在臺灣占領期間，於 1930 年在臺灣南投霧社發生抗日事件，史稱**霧社事件**，當時由馬赫坡社領袖**莫那魯道**（1882-1930）領導八社族人，擊殺參加霧社公學校聯合運動會之日警、日人共 134 人。日本政府動員軍警一千餘人，並於 11 月 6 日起對山胞施放毒氣，致傷亡頗眾，山胞花岡一郎、花岡二郎、莫那魯道均先後自殺。美國在越南戰爭也使用非致死性如催淚瓦斯或使用枯葉劑等，1969 年聯合國大會決議 2603（XXIV），認定此爲違法行爲。因「國際人道法」之發展與聯合國之推動，1993 年乃簽署「化學武器禁止公約」，於 1997 年生效。

莫那魯道（圖中者）

3.達姆彈禁止宣言（英：Dum-Dum bullet）：一種擊中目標即擴散的

子彈，稱爲達姆彈。原是英國在印度加爾各答近郊的達姆兵工廠製造此類子彈而得名。1899 年海牙和平會議認爲這種子彈對人體造成殘酷之創傷，故予宣布禁止使用。

二、條約或議定書

㈠關於敷設自動觸發水雷公約（法：Convention relative à la pose de mines sous-marines automatiques de contact）：於 1907 年 10 月 18 日在海牙通過，爲海牙第八公約。

　　1.禁止（第1條）：

　　　⑴敷設無錨的自動觸發水雷，但其構造使它們於敷設者對其失去控制後至多 1 小時後即爲無害的水雷除外。

　　　⑵敷設在脫錨後不立即成爲無害的有錨自動觸發水雷；

　　　⑶使用在未擊中目標後仍不成爲無害的魚雷。

　　2.禁止以截斷商業航運爲唯一目的而在敵國海岸和港口敷設自動觸發雷（第2條）。

　　3.在使用有錨的自動觸發水雷時，應對和平航運的安全採取一切可能的預防措施。交戰國保證竭盡一切務使此種水雷在一定時間內成爲無害。如果水雷已不能察見，則一俟軍事情況許可時，即將危險區域通知各船主並通過外交途徑通知各國政府（第3條）。

　　4.中立國如在其海岸外敷設自動觸發水雷，必須遵守強加交戰國的同樣規則並採取同樣的預防措施。中立國必須在事前把即將敷設自動觸發水雷的區域通知各船主。此項通知必須立即通過外交途徑通知各有關政府（第4條）。

　　5.一俟戰爭告終，各締約國保證盡其力之所及，各自掃除其所敷設的水雷。至於交戰國一方沿另一方海岸敷設的有錨自動觸發水雷，敷設水雷的國家應將敷設地點通知另一方。每一方應在最短期間掃除在本國水域內的水雷（第5條）。

　　經過兩次大戰，水雷雖一直被敷設，又有新水雷之發明，但原則部分仍爲有效之條約。

　　(二)**禁止毒氣及細菌等使用議定書**（英：Protocol for the Prohibition of the Use in War of Asphyxiating, Poisonous or Other Gases, and of Bacteriological Methods of Warfare）：1925 年 6 月 17 日國際聯盟理事會召集議在日內瓦簽署者，於 1928 年 2 月 8 日生效。正式名稱是「禁止窒息性瓦斯、毒性瓦斯或其類似瓦斯及以細菌學之手段使用在戰爭上有關之議定書」，又稱爲「日內瓦議定書」。當事國有 125 國。即再度確認在戰爭時禁止使用毒氣瓦斯、窒息性、毒素及其他類似之瓦斯、液體或物質，尚且亦禁止以細菌學爲戰爭之手段之一般性條約。1972 年之「生物毒素武器禁止公約」及 1993 年之「化學武器禁止條約」，也是在確認本議定書簽定之意義。

　　(三)**特定一般武器禁止限制使用公約**（英：Convention on Prohibitions of Restrictions on the Use of Certain Conventional Weapons which May be Deemed to Be Excessively Injurious or to Have Indiscriminate Effects）：以 1974 年國際人道法會議所設置之委員會審議爲基礎，於 1980 年 10 月 10 日在聯合國主持之外交會議上通過，1983 年 12 月 2 日生效。正式名稱是「產生過度傷害或造成沒有差別的效果之傳統武器的禁止使用或限制有關的公約」。當事國有 52 國。此公約在規範一般傳統武器之中特別會帶來非人道結果之特定武器爲規範之對象。由前文及 11 條條文所構成。並有三個附屬議定書：「利用不可能檢出破片之武器有關之議定書（議定書 I）」，「禁止地雷、餌雷及其他類似裝置之使用與限制議定書（議定書 II）」，「禁止燒夷武器之使用或限制有關之議定書（議定書 III）」。尤在第二大戰或越南戰爭所使用，對都市攻擊之燒夷武器，認爲係違法使用，並以燒夷武器對一般人民及民用財物加以攻擊，也予禁止。

　　(四)**地雷禁止條約**（英：Mine Ban Treaty）：1997 年諾貝爾和平獎頒給推動對人地雷全面禁止的非政府組織。因由政府和聯合國支持之阿富汗除雷組織（Demining Agency for Afghanistan）於阿富汗達哈省（Kandahar）受到攻擊，有 4 位除雷成員被殺害，另 17 人受傷，據統計目前散在全世界的地雷有七千萬個，致每年造成兩萬人死亡，而佈置在非洲莫三比克的地電有三百萬個，據估計每個月有 20 人踩到地雷。因此該禁止條約乃宣布禁止地雷之使用、儲存、生產和轉讓，截至 2007 年，已由 155 個國家參加

中的 40 多個國家簽署。

　㈤**榴霰彈**（子母彈）（英：cluster bomb cluster）：在英語是成簇或成群之意。即投下一個爆彈，裏面有 200 顆以上之子爆彈散布在四週圍，亦即造成 200×400m 之廣大範圍之破壞力。此以 2003年美國在伊拉克之戰爭或波斯灣戰爭曾廣泛的使用，致不少一般平民亦遭受犧牲，惟其中有一至二成之爆彈因未爆炸，而有兒童前往碰觸致遭殺傷情形。故又稱爲「**第二地雷**」，此爲非人道之武器，故受到國際上之批評。代表性之型態爲美國 MK-20 Rockege 爆彈，其子彈 247 顆。英國之 BL755 爆彈（對戰車用子彈有 147 顆）。國際法上有應加禁止或加以規範之呼聲甚高。據查目前在亞洲國家以日本之航空自衛隊配備有這種武器。

參照 imidas，2004，P.346

第六節　戰爭之過程

一、開始之程序

　　戰爭關係是由國家之主權意思所形成，並無相互之合意，由一方的開戰宣言，就開始戰鬥，而成立戰爭狀態。在二十世紀以前並無任何開戰規則，不過爲避免無預警的攻擊，歐洲各國乃發展騎士道精神，而主張須有「事先之預告」，但實際上爲求戰爭之勝利，以無預警而開戰爲多。二十世紀初期在海牙會議上乃將戰爭法規加以整理，並於 1907 年通過「開戰條約」，其前言規定「關於戰爭之事，非預先宣告不得開始，並以爲應將戰爭狀況從速知照中立國，爲此訂立條約」。其第 1 條規定：「締約各國公認除非以一個述明理由的宣戰書，或以一個以宣戰爲條件之最後通牒，提出預先的明白的警告以外，彼此不得開戰」，不過聯合國成立後，除了自衛戰以外，已禁止最後通牒之戰爭。第 2 條：「戰爭應從速知

照各中立國，只在中立國收到通知以後，戰爭狀態才對於他們發生效力。」
這種戰意之表明，依條約上程序而開始之戰爭，稱爲「法律上之戰爭」。
其結果是使交戰法規上行使害敵手段成爲正當之行爲。不過在國際習慣
法上，開戰宣言並非不可缺之要件，不論明示或默示，有無戰意（animus
belligerendi）才是問題之重點。

㈠**宣戰**（英：declaration of war；德：Kriegserklärung；法：déclaration de guerre）：
所謂宣戰是一國對他國宣布戰爭之謂。由此一方之行爲而形成戰爭狀
態，爲開始戰爭之一種方式。在君主國宣戰權多屬於元首，如在英國，
政府可獨立對外宣戰，不必徵求議會同意，但議會有議決財政法案之權，
可拒絕通過戰費，以牽制政府的行動，但是事後的牽制對國家有害，所
以近來君主國亦必承認宣戰須先徵求議會同意。在共和國，宣戰權有屬議
會的，如美國國會於 1991 年 1 月 12 日參議院以 52 票對 47 票，衆議院以
250 票對 183 票通過授權總統在波斯灣用兵，以武力執行聯合國安理會勒
令伊拉克於 1 月 15 日撤出其所佔領之科威特的決議，就是適例。有將宣
戰權歸諸總統，但行使宣戰權時，必須獲得國會之許可，如法國第五共和
憲法第 35 條。不過戰爭可分爲主動宣戰之攻擊戰和被動宣戰之防禦戰二
種。本國向外國宣戰，固須徵求議會同意，至於外國先向本國宣戰，則爲
維持本國的生存，事機急迫，所以各國均許政府逕自動員抵禦。

　　在我國宣戰權屬於總統，惟主動宣戰須先經行政院會議之議決，再
由行政院提經立法院議決。至於被動宣戰，爲免坐失良機，總統得於宣
戰後提交立法機關追認。

　　第二次大戰後，在憲法上有禁止戰爭之規定，如日本 1946 年憲法第
9 條；及西德 1949 年憲法第 26 條等。

㈡**不宣而戰**：開戰宣言雖爲戰爭開始之要件，但在實際上不宣而戰之
案例亦復不少。如 1937 年日本入侵中國，發生中日戰爭，英國外交部認
爲中日間並無戰爭狀態存在。1939 年 9 月 1 日德國的空軍侵入波蘭境內，
轟炸波蘭的軍事目標，致開始德波戰爭；又如 1941 年 12 月 7 日日本出
動聯合艦隊突襲夏威夷美國太平洋海軍指揮部的珍珠港，致爆發太平洋
戰爭。此外 1967 年第三次中東戰爭以色列對阿拉伯國家展開奇襲攻擊，

佔領西奈半島、約旦河西岸及葛蘭高地均為適例。

二、開戰之效果

㈠**外交關係之斷絕**：交戰國間之外交關係就斷絕，外交使館當應撤館，領事人員應給予必要時間及便利使能關係人員職務終止後準備離境，並儘早出境（領約 26）。接受國應尊重並保護領館館舍以及領館財產與領館檔案，派遣國亦可委託接受國可以接受之第三國保管（領約27）。

㈡**條約關係**：格老秀斯的時代則認為，戰爭開始，交戰國間之條約當然消滅。但自十九世紀中期以來多數國間非政治性條約不斷的增加，就在當事國間有少數國家發生戰爭，其間簽訂之條約並未廢止，只是暫時停止適用而已。此外，自進入二十世紀，也有簽訂戰爭關係之條約，因此條約亦可分為平時條約與戰時條約，而平時條約又可分為政治性條約與非政治性條約，一旦開始戰爭，其他條約可能因而停止，只有戰時條約仍可適用。

㈢**敵國人之處理**：即開戰後交戰相對國之國民之謂。開戰後如敵國國民仍留在國內，則可定相當期間令其離開，如屬於敵國之武裝人員，當可予以俘虜並拘禁之。就是敵國人未在所定期間內離去時，則予收容或加以監禁，但須以人道處理，並須保護其生命身體不受侵犯。

㈣**財產之處理**：可分公有財產與私有財產：

1.公有財產：供軍事上利用之公有財產可以沒收。

2.私有財產：從前交戰國對於本國境內的敵國私有財產，都可以沒收，但因國家貿易之發達，對敵國人之私有財產，尤其是商人之財產，在英國首先採取相互主義，不予沒收。第一次大戰後從整體（經濟）戰爭之必要性，乃有強制接管敵國私人財產至戰爭結束之制度，此即敵產管理制度。兩次大戰時，交戰國都派有保管員（Custodian），保護並接管在本國內之敵產。其目的一方面在使敵僑經營之事業，不致因戰爭而停頓，另一方面亦使其不致暗助敵國。但戰爭愈趨激烈，也有些國家索性將其變賣，致失去尊重敵國私有財產之原意。

㈤**交戰國人民交往關係的斷絕**：戰爭開始後，交戰國人民之間的交往，

尤其是商業上的關係，都告斷絕。他們在開戰前成立之契約，或則撤銷，或則停止生效。不過德、義等國的學者認為在國內法沒有明文禁止以前，交戰國人民間之一切交往，包括商業上關係，仍是合法有效。

㈥**港口內敵國私有船舶之處理**：依 1907 年海牙開戰時敵國商船地位公約第 1 條規定，交戰國對於在港口內或戰爭發生後駛入港口內之敵國商船，最好發給通行證，任其立時，或在規定的恩惠期限內，自由駛離前赴目的地，或其他指定的港口，如有違反則予拿捕。其有不可抗力情形無法駛離時，只可加以扣押或徵用，而不得加以沒收。扣押時，交戰國須於戰後有交還之義務，徵用時交戰國必須付給補償（第 2 條）。

聯合國成立後，不論是自衛戰或由聯合國之強制制裁行動，戰爭一旦發生，開戰之效果，雖有若干修正，原則上仍適用舊有條約之規定。蓋開戰之效果乃在防止不測事故之發生為目的之故。

三、戰爭之終止

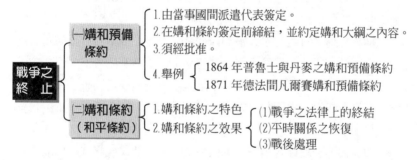

㈠**媾和**（英：peace；德：Friede；法：paix）：指交戰國間終止戰爭，締結條約，恢復和平邦交之行為。媾和條約之締訂，有關國家榮辱與主權，故各國均規定於憲法之內。一般而言，僅依停戰協定並不能恢復和平，停戰後締結和平條約才能達到終止戰爭之目的。媾和的主要條件是基於停戰與投降，和談的開始是由於交戰國的一方向他方建議，或是由中立國之斡旋與調停，或交戰國的一方舉起白旗投降。通常是交戰國雙方先簽訂停戰協定，或簽署媾和預備條約，終止敵對行為。歷史上如 1864 年普魯士與丹麥之媾和預備條約，及 1871 年法德兩國在凡爾賽簽訂的媾和

預備條約。媾和預備條約也是正式之條約，須由雙方派遣代表談判締結，原則上須雙方批准。簽定後當事國須有實現條約內容之義務。媾和條約簽定後，恢復和平，而平時之法律關係乃隨之恢復適用。其他領土的割讓與居民國籍之變更、賠償金之支付，保證將來努力維持和平等均為媾和條約所明定。其他如動產與不動產（包括領土）之現狀的承認，其他事項（如人等）則恢復戰爭前之狀態，依此原則俘虜必須釋放，有敵對之外國人的法律上權利亦予恢復，但其個別之關係，則恢復戰爭前簽訂之條約，或新訂條約以為適用。

　　㈡**媾和條約**（英：treaty of peace；德：Friedensvertrag；法：traité de paix）：即兩國間或多數國間發生之戰爭，以法律終結之最通常方式，就是媾和條約之締結。又稱為「**和平條約**」。依條約之簽訂而終止戰時狀態，恢復國家間之平時關係。締結媾和條約當須舉行媾和會議，通常媾和會議是由當事國，尤其是戰勝國開始，也有由第三國之斡旋而舉行。締結媾和條約，與締結一般條約之程序相同，締結國須任命全權代表參與締結，多數國間之媾和條約，都以國際會議實施之。

　　1.媾和條約之特色：過去媾和條約之大部分，都偏向於戰勝國有利之部分而締結。因此又稱為「強制性條約」或「強制命令」。但二次大戰以後之媾和條約，戰敗國也是當事國，不論賠償或追究戰爭責任，都較為合理且不如過去之苛刻。如對日媾和條約時，聯合國都放棄對日本之賠償請求。

　　媾和條約與一般條約相同，都由前文、本文及最後條款所構成。本文之主要內容是有關戰爭在法律上的終結、領土的處理、俘虜之釋放、戰爭犯罪之追究、戰犯之處置、賠償額之決定、戰前條約之處理、以及有關戰後政治與經濟等條款為主。媾和條約通常都由交換批准書起生效。

　　2.媾和條約之效果：

　　　⑴戰爭之法律上的終結：媾和條約如未特別規定，通常都由批准書交換時，戰爭在法律上就已終結。因此敗戰國被限制之主權，隨著媾和條約之生效而恢復。

　　　⑵平時關係之恢復：斷絕之外交關係乃再度恢復。但是否建立常

設使館由國與國間相互關係之協議爲之（外約2）。領事關係也視通商及雙方人民來往之程度而恢復設立。因戰前簽定之各種條約，可能因戰爭而消滅，故有重新締結通商或各種條約之必要。

(3)戰後處理：在二次大戰前媾和條約之主要目的在戰勝國對戰敗國強制割讓領土（對此我國在清朝末年經驗最多，臺灣就是中日戰爭清朝戰敗而割讓給日本者），及賠償金之索取，處罰戰犯等。但二次大戰後在媾和條約未簽定之前，聯軍就對德日戰犯追究責任。而聯合國基於「開羅宣言」之領土不擴大之原則，除了剝奪日本自 1914 年第一次世界大戰開始後在太平洋上所奪得或佔領之一切島嶼，以及日本所竊取之中國領土歸還中華民國以外，其他日本以武力或貪慾所攫取之土地，則予驅逐出境。其他並未要求任何賠償。

蓋爲確保媾和條約之實施，並粉碎日本之重起戰端之能力，聯軍乃佔領日本本土一段時間。其後美國乃保留琉球之軍事基地，以維護太平洋地區之安全與安定。

第七節　戰爭犯罪

戰爭犯罪（英：war crimes；德：Kriegsverbrechen；法：crimes de guerre），即戰爭之際，所實施之國際法上違法行爲。有兩點可茲說明：

一、狹義與廣義

㈠**狹義**：即二次大戰以前就已認定之違反戰時法規，行爲人被敵國逮捕時被處罰之情形。此類犯罪指軍隊構成員之違反「交戰法規」，對俘虜之虐待，使用毒瓦斯等國際法上禁止之武器，對一般平民使用武力之敵對行爲，間諜行爲，戰時反叛行爲等。

㈡**廣義**：除了狹義以外，主要以第二次大戰後在紐倫堡與東京之國際軍事法庭所認定對違反和平之罪與人道之罪等而言。此並非違反戰爭法規，而認爲侵略戰爭就違反國際法之戰爭犯罪的概念。此類犯罪指破壞

和平之罪,即對侵略戰爭之計劃、準備、著手、實行等。對人道之罪或集團殺害之罪。如對一般平民之殺害,奴隸化,強制的遷徙及其他非人道的行為或基於政治性、種族性、宗教性的理由而迫害之行為。

二、未來之發展

第二次大戰後聯合國在紐倫堡審判戰犯已確認若干原則,1948年聯合國又通過「防止及懲辦滅種罪公約」,翌(49)年並通過日內瓦公約,使戰爭犯罪之內容更加明確。1968年並簽署「戰爭罪及危害人類罪不適用法定時效公約」。而1993年以追訴舊南斯拉夫總統米洛舍維奇之個人違反國際人道法為目的之國際刑事法庭,也基於「聯合國憲章」第七章之規定,由安理會決議(安理決議827)設置。今後對審判戰爭犯罪之法庭已更具法制化。

三、戰爭犯罪無時效限制

(一)**不適用法定時效之犯罪事項**(第1條):

1.紐倫堡國際軍事法庭組織法明定,並經聯合國大會於1946年2月23日決議3(1)及1946年12月11日決議95(1)所確認之戰爭犯罪,尤其為1949年8月12日保護戰爭受害人日內瓦公約列舉之「重大違約情事」。

2.上述組織法規定及大會決議確認之危害人類罪,無論犯罪係在戰時或在平時,以武裝攻擊占領迫使遷離及因種族隔離政策而起之不人道行為,及1948年「防止及懲治殘害人群罪公約」明定之殘害人群罪,即使此等行為並不觸犯行為地國內法。

(二)**引渡之可能**:本公約締約國允採取一切必要國內立法或其他措施,俾得依國際法引渡本公約所稱之犯罪者(第3、4條)。

第八節　國家之安全保障

安全保障(英:security;德:Sicherheit;法:sécurité),即為防止並抑制外來武力行使,以保障國家安全之謂。傳統上以採勢力均衡(balance of power)之方式以保障國家之安全。即有假想敵之存在,與第三國結盟或

增強軍備，維持相互軍力之均衡，以保障自國之安全的方式。但此方式
會帶來軍備之擴大競爭，有增強國際關係之緊張的危險，因此今日為彌
補勢力均衡之缺點，而設立集體安全保障（collective security），目前可歸
納為二種方式：

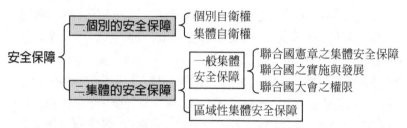

一、個別的安全保障 （英：individual security）

　　以國家為本位之安全保障措施，其到最後之手段即為自衛權之行
使。因此如遇外來的侵略，則單獨或協力抵抗，保障國家安全，則屬個
別的安全保障。個別安全保障之發動有二種情形：

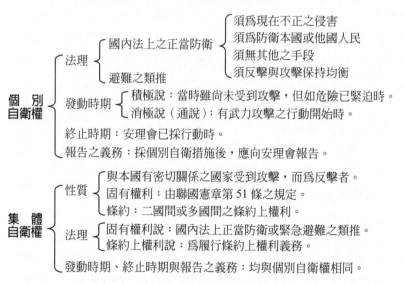

（一）**個別自衛權**（right of individual self-defense）：

　　1.法理：即對外來之侵略，為防止本國或國民之受害，在不得已之

必要限度內，對相對國採取強力反擊之權利，以保持受害情形與行為結果之均衡，而為一種違法性阻卻行為。此為國際法上固有之權利。民法第 149 條，刑法第 23 條（正當防衛）、第 24 條（緊急避難）的法理可以類推適用之。

2. 發動時期：依聯合國憲章第 51 條規定：「聯合國任何會員國受武力攻擊時，在安全理事會採取必要辦法，以維持國際和平及安全以前，本憲章不得認為禁止行使單獨或集體自衛之必然權利。」亦即以攻擊之發生為前提。但在今日如以原子武器攻擊，則一旦發生攻擊將蒙受巨大之損害，甚至欲採自衛行為將無可能。如 1837 年**加羅玲號事件**（英；Case of the Caroline；法：cas de la Caroline），國際法上國家之自衛權常被引用之最初的案例。1837 年英屬加拿大發生叛亂，數百名叛亂份子佔領了加拿大境內尼加拉（Niagara）河邊的海軍島（Navy Island）。他們租用美國籍加羅玲號船，從美國境內的西洛塞（Schlosser）港，將人員軍需品運送至海軍島，意圖從該島侵入加拿大境內。加拿大政府得知此消息之急迫性，加拿大政府乃於 12 月 29 日夜派兵入西洛塞港，緝拿加羅玲號，沒收船上的所有軍需品，並放火燒燬加羅玲號。美國人兩名死亡，傷者數名。外國在美國境內殺害自己的國民，破壞人民之財產，美國雖然提出抗議，英國則以自衛行為提出辯護，最後英國以領土權之侵害向美國道歉了事。

實際上類似的自衛權案例也不少，但國家有無先發性自衛權，仍有不同見解。對自衛權有二種說法：

(1)積極說：為防止被攻擊至無法反擊，如有受到武力攻擊之極度危險時，則可積極行使武力反擊，惟如行使武力有濫用行為，將與侵略行為難以區分。

(2)消極說：等到敵人發動攻擊後，再行反擊。

3. 先發性自衛權之發動（英：anticipatory self-defense；法：légitime défense préventive）：在對方國家尚未以武力攻擊之階段，而有急迫危險之存在，為了預防對方之武力攻擊所採之自衛措施之謂。依聯合國憲章是禁止武力之行使（聯憲 2IV），但如國家受到武力攻擊，在安理會採取必要辦法之前，得行使自衛權（right of self-defense）（聯憲 51）。在憲章之規定是指受

到「武力攻擊時」始可行使自衛權。因此是否得先發性自衛尚有不同見解。在**加羅玲號事件**，則以認定先發性自衛權之存在，但在「伊拉克原子設施破壞事件」上，以色列所主張之先發性自衛權，聯合國安理會於1981年6月19日決議，認定以色列之軍事行動違反聯合國憲章與國際行為規範。

美國於2003年3月20日對伊拉克之戰爭，宣稱伊拉克擁有生物化學武器，而發動**預防性戰爭**。據2004年12月1日華盛頓郵報報導，聯合國秘書長安南指派一個16人小組，該小組的研究發現，反映出國際社會對美國去年在未獲安理會明白表示認可的情況下，攻打伊拉克持續感到不安。小組在報告中說：「少有明顯的跡象顯示國際接受均勢或是任何一個超級大國（即使是基於良好的動機）最能維護安全的觀念。」它也建議確立合法動用武力前，必須符合的五項準則，其中包括訴諸武力是最後的手段，以及威脅確實嚴重的認定。報告又說：「採取預防性軍事行動若有良好的理由，也有支持他們的證據，則應當提交安全理事會。①」

4.終止與報告義務：聯合國安理會採取必要辦法時，武力反擊就應終止。會員國採自衛權之行為應向安理會提出報告。

習題：聯合國憲章第二條第四款雖規定不應對其他國家使用武力或有威脅使用武力之行為，但此項禁止規定並非絕無例外。試依聯合國憲章規定及各國實踐，說明國家可能主張合法使用武力之情形？（98國安三）

(二)**集體自衛權**（英：right of collective self-defense；德：kollektiven Selbstverteidigungsrecht；法：droit de légitime défense）：即他國受到武力攻擊時，本國雖未直接受到武力之攻擊，但為國際社會之安全，與被攻擊國家有密切關係之國家，乃援助被攻擊之國家，並合作採共同防衛之權利。依「聯合國憲章」第51條：「聯合國任何會員國受武力攻擊時，在安全理事會採取必要辦法，以維國際和平及安全以前，本憲章不得認為禁止行使單獨或集體自衛之自然權利。」

1.集體自衛權學說：

---

① 見2004年12月2日，青年日報，第5頁。

(1)並非爲他國之防衛，本質上仍爲本國之防衛，只是與被攻擊國家有密切之關係，而採取集體自衛之固有權利說。

(2)蓋爲防衛自己國家之目的而防衛他國，故其前提應有國家間之特別相互防衛條約之締結爲必要。

2.發動時期：與個別自衛權相同，基於憲章第51條之規定：「在武力攻擊發生之時，如安理會有採取行動時，自衛權則應終止。如爲聯合國之會員國，則應安理會之要求，有發動聯合國軍隊之可能。」

二、集體的安全保障（英：collective security；德：kollektive Sicherheit；法：sécurité collective）

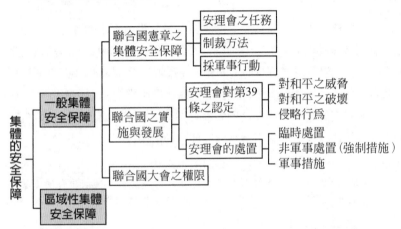

參加安全保障體制之任何國家如被侵略，其他參加之國家約定將協力對抗侵略，以相互保障國家安全之集體保障方式。此與國家之和平與安全，由各該國家或與他國締結同盟，以維持國家安全之個別安全保障不同。第一次大戰後，大家意識到任何國家之和平與安全問題均與本國有相當之關係，故有國際聯盟之簽訂。第二次大戰後更有此認識而有聯合國之創設。

㈠**聯合國憲章之集體安全保障**：憲章規定國際爭端應以和平方法解決，俾免危及國際和平、安全及正義（聯憲2Ⅲ）。在國際關係上禁止使用武力之威脅或使用武力（聯憲2Ⅳ）。又將維持國際和平與安全有關之主要

責任，授予安全理事會。並賦予安理會認定對國際和平之威脅、和平之破壞或侵略行為之是否存在（聯憲 39）。安理會並可發動維持國際和平與安全之強制措施（聯憲 41）。其內容可分析為：

1.安理會之任務：安全理事會應斷定任何和平之威脅、和平之破壞或侵略行為之是否存在，並應作成建議或抉擇依第 41 條及第 42 條規定之辦法，以維持或恢復國際和平及安全（聯憲 39），其決定對聯合國會員國有拘束力（聯憲 25）。

2.制裁方法：安理會應採非武力之方法，即包括經濟關係、鐵路、海運、航空、郵、電、無線電及其他交通工具之局部或全部停止，以及外交關係之斷絕（聯憲 41）。

3.採軍事行動：如採非武力之方法為不足或已證明為不足時，得採取必要之空海陸軍行動（聯憲 42）。因聯合國本身並無固有軍隊，而是由會員國提供，因此安全理事會發令時，應締結特別協定，供給為維持國際和平及安全所必需之軍隊、協助及包括過境權的便利（聯憲 43）。聯合國並設立軍事參謀團，以便對於安全理事會維持國際和平及安全之軍事需要問題，對於受該會所支配軍隊之使用及統率問題，對於軍備之管制及可能之軍縮問題，向該會貢獻意見並予以協助（聯憲 47）。

㈡**聯合國之實施與發展**：憲章雖建構以安全理事會為中心之集體安全保障制度，實際上在冷戰時期因美蘇之對立，在常任理事國間因擁有否決權，故很難取得共識。因此憲章第 39 條之認定或第 41 條以下之制裁措施，尚難依憲章之規定實施。冷戰結束以後，聯合國之活動較為積極，憲章第 39 條之認定較為容易，對第 41 條以下之強制措施，也較有可能實現。

1.安全理事會對第 39 條侵略行為之認定：聯合國憲章第 39 條：「安全理事會應斷定任何和平之威脅、和平之破壞或侵略行為之是否存在，並應作成建議或抉擇依第四十一條及第四十二條規定之辦法，以維持或恢復國際和平及安全。」茲分述之[①]：

⑴對和平之威脅（threat to the peace）：即認定威脅到和平之適例為：

[①] 參照栗林忠男著：現代國際法，第 508 頁。

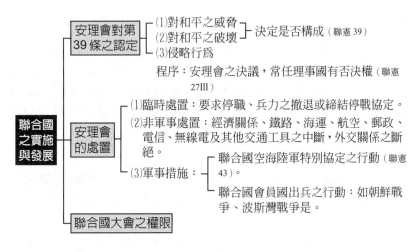

①在冷戰時代：

　A 巴勒斯坦問題：安理會在第一次中東爭端時，命令停戰是
　　認定巴勒斯坦之爭端是構成對和平之威脅之情形（1948年安
　　理會決議54）。

　B 南羅德西亞問題：1965年11月11日南羅德西亞宣布獨立，
　　聯合國安理會乃在翌日通過216號決議，要求各國對此不法
　　政權不予承認。11月20日安理會又通過217號決議，斷定
　　南羅德西亞之宣布獨立使局勢嚴重，並將構成國際和平與安
　　全之威脅，要求所有國家斷絕與南羅德西亞之經濟關係。
　　1966年12月16日安理會又通過232號決議，正式依憲章
　　第39條斷定南羅德西亞已構成國際和平與安全之威脅，而
　　依憲章第41條對南羅德西亞實施經濟制裁，就是適例。

　C 南非的種族隔離政策：聯合國認為南非取得武器與有關物
　　資係對國際和平與安全構成威脅（1977年決議418）。

②冷戰結束後：即1990年以後，認定和平威脅之適例乃急速增
　加，其對象也有不同，例如：

　A 利比亞要求引度罪犯：利比亞要求追訴並引渡民用航空機
　　爆炸嫌疑犯之拒絕（1992年決議731及748）。

B 波士尼亞‧赫塞哥維納之飢荒：舊南斯拉夫解體以後，南斯拉夫於 1990 年 12 月選舉米洛舍維奇爲總統，1991 年克羅埃西亞與斯洛溫尼亞宣布獨立，米洛舍維奇乃發動聯邦軍隊企圖阻止，致發生波士尼亞內戰，波士尼亞‧赫塞哥維納雖於 92 年 5 月發布獨立宣言，但塞爾維亞並不予承認，對於內戰所造成之飢荒，聯合國於 92 年以決議第 757 號認定爲對和平之威脅。

C 索馬利亞之內戰：所帶來之飢餓（1993 年決議 873）。

D 海地之獨裁：海地因軍事獨裁政權，而大規模之侵犯人權，且不回復民主政府之體制（1993 年決議 873），並決議如繼續這種情勢，將會威脅國際和平與安全（決議 841）。

E 安哥拉之內亂：安哥拉之反政府軍事行動的結果，將會威脅和平與安全（決議 864）。

F 盧安達屠殺事件：1994 年盧安達發生大屠殺事件，即胡圖族的政府軍與圖西族的盧安達愛國陣線之間所發生之武裝衝突，據說在此次衝突大屠殺達一百萬人。聯合國乃認定爲對和平之威脅（1994 年決議 918）。

(2)對和平之破壞（breach of the peace）：

①和平之意義：所謂和平（peace），狹義是指沒有戰爭之狀態，但因沒有戰爭不一定帶來人類的幸福，因此和平可以有多重意義。

A 消極意義：與戰爭相對稱，則國家間民族間沒有武力衝突之狀態而言。

B 積極意義：則除了沒有戰爭之狀態之外，衣食住行等生存權，或各個人具有其尊嚴的生活，能確保個人之自我實現的社會權之狀態。挪威之和平研究學者 John Galtung 認爲在社會裏沒有存在「結構性暴力」之和平社會之謂。又文明論者之 Ivan Illich 或經濟人類學者之 Karl Polanyi 認爲和平之狀態是指在沒有貧困、飢餓及壓迫政治之狀態下生活之人

類，並具備最低限度之生活（subsistence）的狀態之謂。所以和平可以說已具有多重的意義。

②和平破壞的實例：

A 朝鮮戰爭：1950 年 6 月 25 日北韓越過 38 度線入侵南韓，而爆發韓戰。聯合國安理會認為北韓為武力侵犯之破壞和平（1950 年決議 82）。

B 福克蘭島之爭端：英國與阿根廷雙方對南大西洋上福克蘭島領域之擁有的爭端，而造成武力衝突。首先是阿根廷於 1982 年 4 月 2 日派軍隊攻佔福克蘭島，4 月 3 日聯合國安理會隨即認定為「破壞和平」（1982 年決議 502），並要求阿根廷應立即撤退。

C 伊朗與伊拉克戰爭：自 1980 年 9 月 22 日起 8 年間持續發生之兩國間軍事衝突。伊拉克遂即進軍伊朗並使用化學武器而發生悲劇。聯合國安理會於 1987 年 7 月以 598 號決議令即時停戰及軍事撤退。

D 波斯灣戰爭：1990 年 8 月 2 日伊拉克對科威特之進攻，侵佔領土後樹立傀儡政權，並宣布合併科威特。對此聯合國於 8 月 2 日以第 660 號決議命令伊拉克撤軍，8 月 6 日又以第 661 號決議發動經濟制裁，8 月 25 日以第 665 號決議通過海上封鎖。11 月 29 日以第 678 號決議，如伊拉克不於 91 年 1 月 15 日前撤退，聯合國將採必要手段。期限屆止後，則以美國為主力，並聯合埃及等反伊拉克各國組織大規模多國籍軍，投入作戰驅逐伊拉克軍，4 月 3 日安理會又以第 687 號作永久停戰決議，伊拉克接受後於 4 月 11 日正式停戰。

(3)侵略行為（act of aggression）：對於侵略行為自國際聯盟之時代就有各種提案之討論。安全理事會對侵略之認定一向較為慎重。除了朝鮮戰爭之際，聯合國大會對中國之介入加以譴責為侵略以外（1951 年決議 498），安理會尚未認定侵略之案例。1970

年中期以後，譬如南非或羅德西亞之對周邊各國之武力攻擊，究爲侵略或武力入侵並不清楚。

　　1974 年 12 月 14 日聯合國大會以 3314 號決議案（XXIX），對侵略下達定義。使安理會在今後對侵略有認定標準。聯合國認爲對於具體行爲是否爲侵略行爲，應委由安全理事會判斷，作爲判斷的依據過去乃採取「武力攻擊」之定義，此武力攻擊爲：

①對他國領域之攻擊、侵入、軍事占領；對領土之全部或一部之併呑。

②他國領域之砲擊或兵器之使用。

③港口或海岸之封鎖。

④對他國之陸、海、空軍、商船、民航機隊之攻擊。

⑤違反與他國之協定，將在他國領域內之軍隊加以使用，或超越協定期限延長軍隊之駐留。

⑥爲第三國之侵略，允許他國利用本國之領域而行動。

⑦與前述行爲相同，而派遣武力集團，非正規軍或傭兵時，不論有無宣戰，均認爲是侵略行爲。

(4)間接侵略（英：indirect aggression（or invasion））：此爲第二次大戰後新生之詞句。主要是在非社會主義國家內，從外部接受不法之援助，以革命的方式進行反叛以推翻政權之謂。從外部非法支援非社會主義國家內部的革命反叛運動。此爲外國直接以武力攻擊之直接侵略的對照語。煽動、陰謀造成內亂，從事其他破壞活動，即從一國之內部破壞其秩序、生產與民心之安定，以癱瘓其政權之謂。1974 年聯合國大會通過之「友好關係原則宣言」亦規定「每一國皆有義務避免在他國發動、煽動、協助或參加內爭或恐怖活動，或默許在其本國境內從事旨在犯此等行爲爲目的之有組織活動」。1974 年聯合國大會關於侵略定義之決議第 3 條第 1 項(七)即「一個國家或以其名義派遣武力集團非正規軍或傭兵，對另一國家進行武力行爲，其嚴重性相當於上述所列各項行爲；或該國實際捲入了這些行爲」，此在實質

　　上包含間接侵略在內。

2.安全理事會的處置：

⑴臨時處置：安理會應斷定任何和平之威脅、和平之破壞或侵略
　行為之是否存在，並應作成建議或決定依強制處置（聯憲41、42）
　以前，為防止情事之惡化，安理會得依第39條規定，採臨時處
　置（provisional measures）。此項臨時處置並不妨礙關係當事國之
　權利、要求或立場。安理會對於不遵行此項臨時處置之情形，
　應予以適當注意（聯憲40）。此種臨時處置，通常是要求停戰、
　兵力之撤退或締結停戰協定。

　　譬如1948年巴勒斯坦之爭端，安理會認為係對和平構成威脅
　（決議54），而決議令其停戰之情形。又1960年6月剛果獨立
　後發生內戰，舊宗主國之比利時以回復秩序與保護僑民為名，
　出兵介入，剛果乃向聯合國提訴，安理會於1960年7月14日
　以第143號決議，要求比利時軍撤退。1965年印度與巴基斯坦
　爭端時以決議第209號要求停戰等均是。

　　對於安理會之臨時處置有無拘束力乃成疑問。從文義上認為
　聯合國安理會只有建議性質並無拘束力。但如不遵從安理會之
　決議，將會有何結果，如第40條後段規定「安理會對於不遵行
　此項臨時處置之情形，應予以適當之注意」，故非全無拘束力。

⑵非軍事處置：非軍事處置包括經濟關係、鐵路、海運、航空、
　郵電、無線電及其他交通工具之局部或全部停止，以及外交關
　係之斷絕（聯憲41）。通常都以人權或侵害自決權認為是威脅到
　國際和平與安全為多。

　　譬如在南羅德西亞問題上，1966年安理會認為白人史密斯政
　權之單方面宣布獨立乃是對和平之威脅，而採經濟制裁措施。
　又南非之種族隔離政策，安理會認為種族歧視與該國之增強武
　力係對國際和平與安全造成威脅，於1963年以決議181號要求
　會員國停止對南非之武器彈藥、軍用庫等之輸出。

　　冷戰結束後，1990年伊拉克對科威特之入侵事件，首先採非

軍事之制裁，防止伊拉克與科威特之進出口與資金之供應等
（1990.8.6決議661），並為確保其有效性，應科威特及沙烏地阿拉
伯政府之請求，乃派遣以美國為首之多國籍軍實施有限度的軍
事行動（1990.8.25決議665）。又因利比亞不應引渡恐怖份子之嫌
疑犯的要求，乃依憲章第七章之規定，禁止其航空機之起降及
武器之進出口。其他如對舊南斯拉夫之大規模違反國際人道
法，安理會乃決議設立國際刑事法庭（1993決議827）。為起訴盧
安達內戰時，對種族之集體屠殺，1994年11月8日安理會又以955號決議，設立「盧安達刑事法庭」。這些都是依據憲章第七章或第41條之規定而來。

盧安達與周邊圖

烏干達
扎伊爾
維多利亞湖
戈馬
盧安達
吉加利
浦隆地
布松布拉
坦尚尼亞
坦噶尼喀湖

參引：橋本光平著：國際情勢早わかり'96，頁192。

(3)軍事措施：安理會如認第41條所規定之辦法為不足
或已經證明不足時，得採取必要之空海陸軍行動，以維持或恢
復國際和平及安全。此項行動得包括聯合國會員國之空海陸軍
示威、封鎖及其他軍事舉動（聯憲42）。而憲章所規定之軍事措
施則為聯合國軍，須依特別協定，由會員國提供兵力（聯憲43），
並在軍事參謀團之指揮下運作（聯憲47）。在冷戰時期因東西方
之對立，並未締結特別協定，因此很難建立有規模之聯合國軍，
而美國一向主張應大規模設置聯合國軍，但舊蘇聯及英、法、
中等國乃主張以小規模為主，因此並未形成共識。

①冷戰前：聯合國在實際上也有成功的發動會員國成立聯合國
軍隊的實例。如1950年北韓入侵南韓時，安理會乃認定北韓

以武力攻擊南韓乃為和平之破壞，除命其即時停戰及撤退軍隊以外，並要求各會員國協助聯合國對北韓之不援助（6.25 決議 82）。其後對武力之攻擊展開反擊，以恢復國際和平與安全（6.27 決議 83）。除建議各會員國提供武力，由美國負責統一指揮外，並同意使用聯合國旗幟（7.7 決議 84）。因係在美國之統一指揮之下，因此與憲章第七章之聯合國軍仍有區分，而是屬集體的自衛權或者是聯合國的建議而採取之措施。

又在南羅德西亞之問題上，安全理事會為制裁史密斯政權，除要求會員國採非軍事措施外，並認為供給石油足以構成和平之威脅，乃賦予英國實施船舶入港之禁止，及拿捕與扣留之權限（1966 年決議 221）。為確保非軍事措施之有效性，乃容認會員國得採軍事手段。

②冷戰後，聯合國採軍事措施之案例有增加之勢。如 1990 年 8 月伊拉克對科威特之入侵，聯合國安理會以 665 號決議採海上封鎖措施，至 1991 年 1 月 15 日為止，如伊拉克未遵照安理會決議停戰並撤軍，會員國為回復國際和平與安全得採取必要之手段（1990.11.29 決議 678，贊成 12，反對 2，棄權 1，中國是棄權）。於是美國為中心之多國籍軍乃於 91 年 1 月 17 日開始空襲，2 月 24 日起進行陸上戰爭。

科威特解放後，安全理事會乃決議停戰，劃定國界，處理伊拉克之武器及決定賠償等，並派遣非武裝地帶觀察團（United Nations Iraq-Kuwait Observation Mission－UNIKOM）以維持和平活動（4.9 決議 689）。這些多國籍軍亦與憲章原來規定之「聯合國軍」有所不同。在形式上亦與「朝鮮聯合國軍」的情形有異，既無指揮權之統一，亦未使用聯合國旗幟。

其後隨著「對和平之威脅」的擴大認定，以支援人道援助為目的，聯合國對會員國乃決議「得採必要之手段」，如對盧安達在內戰時之種族屠殺，安理會即以 1994 年決議第 929 號支援人道為目的，而允許會員國採軍事措施。

又如在科索沃（Kosovo）地區對阿爾巴尼亞族群的迫害與大量屠殺，北大西洋公約組織（NATO）軍對南斯拉夫的空襲，並未取得安理會之同意。對該空襲南斯拉夫則引用違反種族屠殺條約而向國際法院提訴。

㈢**聯合國大會之權限**：聯合國大會得討論憲章上之任何問題或事項，並得向會員國或安全理事會提出對各該問題或事項之決議（聯憲 10）。此外大會又有維持和平與安全之權限（聯憲 11），及和平協調之措置（聯憲 14）等。但大會對於安理會正在執行本憲章所授予該會之職務時，非經安理會之請求，對於該項爭端或情勢，不得提出任何建議（聯憲 12）。

為設置和平維持軍之維持和平活動，也可以由大會實施。蘇夷士動亂之時，聯合國大會乃派遣聯合國緊急軍，又如 1950 年之第五屆大會通過「為和平之統一決議」（Uniting for peace Resolution）（決議 377，贊成 52，反對 5，棄權 2。舊蘇聯係反對）。這是為對付朝鮮戰爭無法在安理會常任理事國取得一致之同意，由大會採集體性措施，依其決議，如對和平造成威脅，有破壞和平或侵略行為時，因安理會得行使否決權，以致不能達成國際和平及安全之責任時，大會得採必要之集體性處置，並向會員國建議。大會應每年舉行常會，並於必要時，舉行特別會議。特別會議由秘書長經安理會或聯合國會員國過半數之請求召集之（聯憲 20）。大會對於重要問題之決議應以到會及投票之會員國三分之二多數決定之（聯憲 18）。大會通過使用武力之建議時，此之軍隊則屬憲章第 22 條之大會之輔助機關。

習題：聯合國憲章有關「集體安全制度」的規定為何？請說明之。（98 公升）

三、區域性集體安全保障（英：regional collective security；法：sécurité collective régionale）

此為普遍性、世界性集體安全保障之對照概念。在國際聯盟之下，依盟約第 21 條規定：「國際協議如仲裁條約或區域協商類似門羅主義者，皆屬維持和平，不得視為與本盟約內任何規定有所牴觸」。在聯合國之下，區域機關及其行動，須與聯合國之宗旨及原則符合者為

門　羅

限（聯憲 52 I）。因此有些國家因認為在聯合國安全理事會之嚴格管制下，欠缺行動之自由，乃以聯合國憲章第 51 條之自衛權為依據，自行組織區域性集體安全保障，尤其在東西冷戰之下進行者為多，如北大西洋公約組織與華沙公約組織等是。但締結此項區域辦法或設立此項機關之聯合國會員國，將地方爭端提交安理會以前，應依該項區域辦法，或由該項區域機關，力求和平解決（聯憲 52 II）。

　　㈠**美洲國家組織**（英：Organization of American States－OAS）：在美洲大陸之一般性、區域性國際組織，又稱**美洲機構**。美洲國家組織之前身是 1890 年成立的美洲共和國國際聯盟，於 1948 年美國及中南美洲各國共 21 國在哥倫比亞首都波哥大（Bogota）召開第九屆汎美會議，並於 4 月 30 日通過「美洲國家組織憲章」（又稱波哥大憲章），於 1951 年 12 月 13 日生效，於 1967 年、85 年修正。1948 年簽署之「和平解決之美洲條約」及「美洲相互援助條約」，係規定由本組織和平解決爭端及集體安全保障。本組織係屬於聯合國憲章第 52 條規定之區域機關。其目的在共同制止外國非武裝侵略的顛覆行為，強化美洲地區之和平與安全，解決各國間的爭端，促進相互瞭解以加強盟國間政治、法律、經濟、與經濟問題之解決，並共同合作以促進經濟、社會及文化的發展。目前有 35 個會員國和 59 個常任觀察員。

　　1962 年該組織取消古巴在該組織之活動權，但並未取消會籍。2003 年 6 月 8 日至 10 日，第 33 屆大會在智利首都聖地牙哥舉行，大會通過「聖地牙哥聲明」，強調美洲國家捍衛民主，在新世紀實施民主執政的立場。

　　美洲國家組織常設理事會在 2004 年 5 月開會時，由阿根廷、玻利維亞、巴西、智利、哥倫比亞、墨西哥、秘魯、烏拉圭、委內瑞拉等九國提案，中共申請為觀察員，最後於 5 月 6 日通過決議案，同意中共成為美洲國家組織常任觀察員。

　　㈡**冷戰之下的歐洲區域組織：**

　　1.西歐聯盟（英：Western European Union－WEU；法：Union de l'Europe occidentale－UEO）：1947 年英、法締結「敦克爾克條約」，1948 年擴大納入荷蘭、比利時、盧森堡，並於 3 月 17 日簽訂「布魯塞爾條約」（8.25

生效），其目的在保障民主、個人自由、政治自由等原則，並爲集體自衛爲目的，故又稱西歐聯合。因鑒於「歐洲防衛共同體」（European Defence Community－EDC）構想之失敗，重編西歐五國，除了原加盟之五國以外，並邀西德與義大利之加入，其後再加上西班牙、葡萄牙及希臘以壯大組織。組織之主要機關爲大會及理事會。總部設在布魯塞爾。1980 年雖一直藏在北大西洋公約組織（NATO）之組織下，1987 年以來，則以擔任 NATO 之重要角色而活動，尤其在中東及波斯灣戰爭爆發時，參加海上封鎖之海軍行動及 1992 年對舊南斯拉夫之海上封鎖等，均與歐洲聯盟及西北大西洋公約保持密切之聯繫，故其重要性已逐漸顯現。2000 年 11 月 13 日西歐聯盟十國防部長與外交部長在法國馬賽舉行最後一次會議，正式決定停止西歐聯盟之一切活動，同時批准了重新安置該機構工作人員的善後計劃。

2.歐洲安全暨合作組織（英：Organization for Security and Cooperation in Europe－OSCE）：即爲保障歐洲之安全而設立之區域性的國際組織。其前身爲歐洲安全暨合作會議。50 年代時蘇俄提議召開歐洲安全會議，1972 年美、蘇就召開歐洲安全會議達成協議，同年 11 月 22 日至 1973 年 6 月 8 日，與會 35 國在芬蘭首都赫爾辛基召開大使級會議，草擬「赫爾辛基最後議定書」，並分三次會議，最後於 1975 年簽署「赫爾辛基協定」，以後又改名爲歐安組織。

歐安組織是根據聯合國憲章第八章區域辦法之宗旨而成立，其主要功能在提供早期預警，防止衝突，處理危機，以及危機發生後的重建工作。隨著東歐各國揚棄社會主義，1990 年 11 月在巴黎召開之首長會議，爲強化歐安組織之功能，乃計畫設置外長理事會與常設事務局。其後因蘇聯組織的解決，加上民族爭端或舊南斯拉夫之內戰，爲處理東西冷戰後新的局勢，歐安組織爲預防爭端及強化和平之維持，乃設常設理事會。

1992 年 7 月 9 日，日本以「特別來賓」身分列席歐安組織，會議決定日本可參加組織內各級會議，但無表決權。目前有歐洲各國、美國、加拿大、蘇俄及舊蘇聯各國，會員國共 55 個國家。

3.歐洲安全暨合作會議最後議定書（英：Conference on Security and

Cooperation in Europe Final Act）：1975 年 8 月 1 日除了阿爾巴尼亞以外，全歐洲各國、美國、加拿大等 35 國代表，在赫爾辛基召開「歐洲安全暨合作會議」所通過之國際文書，又稱爲「赫爾辛基宣言」。其內容爲：㈠國境不可侵犯、領土保全，信賴促成措施等歐洲安全保障；㈡經濟、科學技術、環境等領域之合作；㈢人道及其他人權方面之合作等。

　　4.北大西洋公約組織（英：North Atlantic Treaty Organization－NATO）：1949 年 4 月 4 日在華盛頓簽署之「北大西洋公約組織條約」於 1949 年 8 月 24 日生效，以此爲依據而設立，以集體防衛及維持和平爲目的之區域性國際組織。會員國爲美國、加拿大、英國、法國、荷蘭、比利時、盧森堡、挪威、丹麥、冰島、葡萄牙、義大利等 12 國，1952 年又有希臘與土耳其加入，1955 年西德加入，1982 年西班牙加入，法國於 1966 年退出北約軍事體系，但仍參加會議。1999 年 3 月 12 日波蘭、匈牙利和捷克加入北約，成爲最先加入北約之前華沙公約成員，會員國有 19 國。

　　第二次大戰後在東西冷戰中，爲對抗蘇聯之擴張，美國乃放棄門羅主義而加入西歐結成同盟關係，冷戰結束後，爲強化與東歐各國之合作，維持和平穩定，乃有轉型之趨勢。1991 年 12 月由北大西洋公約組織會員國及舊華沙公約國 6 國及波羅的海 3 個組成北大西洋合作理事會（North Atlantic Cooperation Council－NACC）。1994 年 1 月北大西洋公約組織乃與上述各國合作成爲「和平之合夥人」（Partnership for Peace）而共同舉行軍事演習。

　　　　⑴北約組織之目的：「北約大西洋公約」由前文及 14 條條文所構成。其主要目的規定在第 5 條：「各締約國同意對於歐洲或北美之一國或數國締約國之武裝攻擊，應視爲對締約國全體之攻擊。因此，締約國同意如此種武裝攻擊發生，每一締約國按照聯合國憲章第五十一條所承認之單獨或集體自衛權利之行使，應單獨並會同其他締約國採取視爲必要之行動，包括武力之使用，協助被攻擊之一國或數國以恢復並維持北大西洋區域之安全……。」

　　　　⑵北約組織之機構：共有六個機構：

①北約理事會：爲最高決策單位，決定安全有關事務，總部設於布魯塞爾。由會員國的部長所組成，每年至少開會一次。

②國防計劃委員會：處理防務問題（法國不參加此委員會）。

③核子計劃機構：處理有關核子問題（法國不參加，冰島爲觀察員）。

④軍事委員會：由會員國的參謀長所組成（法國和冰島不參加）。

⑤區域指揮部：共分爲歐洲、大西洋和海峽等盟軍統帥部。

⑥北大西洋合作會議：使北約組織和蘇俄集團內之國家間的關係制度化。促使歐洲地區早日達成歐洲統合之目的。

5. 華沙條約組織（英：Warsaw Treaty Organization－WTO）：1955 年 5 月 14 日在波蘭首都華沙簽署，爲阿爾巴尼亞人民共和國、保加利亞人民共和國、匈牙利人民共和國、德國民主主義共和國、波蘭人民共和國、羅馬尼亞人民共和國、蘇聯社會主義共和國及捷克斯拉夫共和國間之友好、合作及相互援助條約，簡稱「**華沙條約**」。於 6 月 6 日生效，有效期並延至 1985 年 5 月 31 日。這是包括蘇俄在內的東歐八國間爲共同防衛所設立之區域性國際組織。針對 1955 年西德之再度武裝與加入西歐同盟及北大西洋公約組織（NATO）而設立，但於 1968 年阿爾巴尼亞，1990 年東德先後退出。冷戰終結後，於 1991 年 7 月該組織解散，當時剩下六個會員國。這是爲對抗北大西洋公約組織之東歐的集體共同防衛組織。

第九節　聯合國和平維持活動

一、聯合國和平維持活動（英：United Nations Peace-Keeping Operations －PKO）

聯合國和平維持活動之意義，此並非聯合國憲章上之用語，而是聯合國透過實踐活動而形成者。即對威脅和平之局部武力爭端或爲防止事態之擴大，由聯合國派遣小規模之軍隊，以監督交戰者間停戰之維持或兵力引退之監督，以執行停戰線或非武裝地帶之觀察，俾便維持事態之平穩的聯合國活動。在冷戰下，爲維持國際和平及安全（聯憲 1 I），而設

立發展者。當初是基於當事國之請求與同意為前提而派遣，冷戰後亦有未經同意而派遣者。

二、傳統之和平維持活動

迄 1987 年為止之維持和平活動是保持聯合國在 40 年來所確立之原則：

㈠**同意之原則**：即停止爭端當事人之行使武力為大前提，故為履行停戰之合意，乃設置 PKO 以為監視之用，當事人當應對 PKO 之設置表示同意才能進行為原則。

㈡**中立之原則**：PKO 對於任何一方都不偏袒，以中立之立場而活動為原則。PKO 之目的不在解決爭端之原因，而是停止武力行使之狀態予以繼續維持為任務。

㈢**自衛之武力使用之原則**：武器是為自衛之最後手段，在必要之最小限度內才可使用。在此以外之目的則禁止使用武力。

基於上述原則而設立之 PKO 稱為傳統之 PKO，大致在此 40 年間所實施之 PKO 活動都是屬於此類。

1.聯合國緊急部隊，剛果聯合國軍，聯合國塞蒲路斯維持和平軍，聯合國兵力撤離監視軍，聯合國黎巴嫩暫定軍以確保停戰及武力撤離等為目的之維持和平軍。

2.聯合國停戰監視機構，聯合國印度·巴基斯坦軍事觀察團，聯合國黎巴嫩觀察團，聯合國葉門觀察團，聯合國伊朗·伊拉克軍事觀察團，聯合國安哥拉觀察團，聯合國中美觀察團之軍事觀察之情形。1956 年蘇伊士運河騷亂之際所派遣之聯合國緊急部隊等均是。

三、冷戰後之形態

1980 年代末冷戰終結，東西間之對立與核子戰爭雖有緩和，但在世界各地零星的發生區域及民族爭端。冷戰時期因安理會在過去美蘇之對立與否決權之亂用，迄冷戰結束美國才積極介入區域之爭端。其形態為：

㈠聯合國納米比亞獨立支援或聯合西撒哈拉公民投票監視團等則以選舉或公民投票之監視為主要任務。

㈡聯合國柬埔寨暫定機構是確保及監視停戰，並監督公民投票之實施與支援內政，可謂是相當廣泛而複雜之任務。

㈢聯合國伊拉克與科威特之觀察團是依聯合國憲章第七章之強制處置，以停戰為條件而派遣。至於聯合國保護軍亦依憲章第七章派遣在舊南斯拉夫執行任務。又第二次聯合國索馬利亞活動，也是基於人道上之必要性，並未徵得被派遣國政府或當事人之同意，而直接派遣。

摘自 2004 年聯合國資料

名　　　　　稱	派遣處所	開始時間
1.聯合國停戰監視機構（UNTSO）	埃及、黎巴嫩、約旦、以色列等	1948.6
2.聯合國印度與巴基斯坦軍事監視團（UNMOGIP）	查謨和克什米爾印巴邊境	1949.1
3.聯合國塞浦路斯維持和平軍（UNFICYP）	塞浦路斯	1964.3
4.聯合國軍隊撤離觀察軍（UNDOF）	敘利亞之戈蘭高地	1974.6
5.聯合國黎巴嫩暫時軍（UNIFIL）	黎巴嫩南部	1978.3
6.聯合國西撒哈拉公民投票監察團（MINURSO）	西撒哈拉	1991.9
7.聯合國喬治亞監視團（UNOMIG）	喬治亞	1993.8
8.聯合國柯索伏行政支援團（UNMIK）	塞爾維亞、蒙特內哥羅之柯索伏	1999.6
9.聯合國獅子山派遣團（UNAMSIL）	獅子山	1999.10
10.聯合國剛果民主共和國派遣團（MONUC）	剛果民主共和國	1999.11
11.聯合國衣索比亞、厄利垂亞派遣團（UNMEE）	衣索比亞與厄利垂亞國境	2000.9
12.聯合國東帝汶支援團（UNMISET）	東帝汶	2002.5
13.聯合國賴比瑞亞支援團（UNMIL）	賴比瑞亞	2003.9
13.聯合國象牙海岸活動（UNOCI）	象牙海岸	2004.4
15.聯合國海地安定化任務（MINUSTAH）	海地	2004.6
16.聯合國蒲隆地活動（ONUB）	蒲隆地	2004.6

參照知惠藏，2005 年，第 192 頁。

四、聯合國蒲隆地活動（英：UN Operation in Burundi－ONUB）

　　蒲隆地於 1962 年 7 月 1 日脫離比利時獨立後因部族間之對立，為使非洲中央恢復和平與種族之和解，聯合國安全理事會於 2004 年 5 月之決議設置維持和平活動。同年 6 月開始活動。蒲隆地與鄰國盧安達相同，有少數朱機族 13.6%與弗珠族 82.9%之武裝對立，政府與反政府勢力於 2003 年 10 月所締結之停戰協定亦未遵守，致國家內部並不安定，安全理事會為確保大家遵守停戰協定，幫助敵對勢力之和解，實施武裝勢力之解除武裝，監視鄰近各國輸入武器，而決定採此活動。由共和軍人 5,650 人（包括軍事監視要員 200 人），文人警察 120 人，國際文人要員 430 餘人，聯合國志願人員 170 人，現地文人要員 440 餘人所組成。

五、聯合國和平維持軍（英：United Nations Peace-Keeping Forces）

　　聯合國集體安全保障之核心就是聯合國維持和平軍。此依聯合國憲章第 42 條規定安全理事會為維持或恢復國際和平及安全，得採取必要之空海陸軍行動，此即聯合國維持和平軍。但聯合國成立後，因東西冷戰之激化，因此建立維持和平軍之前提，應先依第 43 條規定簽定特別協定，但迄今仍未締結特別協定，以致第 42 條條文成為空洞化。為此聯合國乃以維持和平活動之方式，在爭端當事國之同意下，派遣軍隊到當地解決紛爭，稱為聯合國維持和平軍。通常都攜帶輕型武器，係以派遣國之軍隊為單位而構成，故與軍事監察團不同。被派遣國之人員享有一定之特權與豁免權。維持和平軍之適例如：蘇伊士運河動亂時，聯合國派遣之緊急軍、剛果聯合國軍（ONUC）、聯合國塞浦路斯維持和平軍（UNFICYP）等是。

第十節　中立制度

一、中立制度之歷史

　　在無差別的戰爭觀支配的時代，國家是否要發動戰爭，係由當事國自由權衡判斷，通常都由一國的元首做決定，遇有兩國交戰，對於第三國而言，如不涉及自國之利益，自是與本國無關緊要，只要處於雙方之

間公平的對待爭端之當事國即可；以免爭端之繼續擴大，這就有中立制度之精神。不過有時第三國不能自外於戰爭，只有被迫協助其中之一方或一同參與作戰。到了十六世紀格老秀斯在其《戰爭與和平法》一書中，提供中立之二項原則：第一，第三國不應協助不義之戰的國家，或不應阻礙從事義戰的國家；第二，第三國對於戰爭是否合於正義有疑義時，應對交戰國雙方同等待遇。

　　事實上，這種中立構想在中世紀後半，於地中海貿易之商人間，所適用之海事習慣法就已發展而成海事商法（西：consolat del mar），即在戰爭中，因中立者在習慣上仍能確保通商的利益，這一習慣遂為近代重商主義國家間所繼受，1780 年在美國獨立戰爭時期，因英國與美、法、西相對立，蘇俄乃主張中立商業之自由，而發布首次「武裝中立宣言」，歐洲主要中立國乃紛紛參加，但在 1800 年拿破崙戰爭時，蘇俄亦第二次發布「武裝中立宣言」，因英國之激烈抵抗而未能持續奏效。美國獨立初期雖也追求中立政策，但因反對聲浪高漲，未能成功。迄 1815 年瑞士在英、法、蘇等七國之同意，並保障其領域的完整與不可侵之情形下，獲得永久中立國之地位。1831 年比利時也永久中立。

　　中立制度為各國所確立而成為國際習慣，乃是 1856 年「巴黎宣言」，該宣言訂明在中立船上載有敵貨也不得拿捕（自由船自由貨主義），和船亦不得捕獲。迄 1907 年第二次海牙和平會議通過「陸戰時中立國權利義務公約」（第五公約）與「海戰時中立國權利義務公約」（第十三公約），到了 1909 年通過「海戰法規之倫敦宣言」。雖然這一宣言未被各國批准成立，但該宣言曾在第一次大戰中被各國適用，認為係現行國際法中簡便的法典。對於空戰方面於 1923 年在海牙簽署「空戰有關之規則」，其中並規定中立國之義務（但未生效）。但經兩次大戰證實歐洲小國並無法維持中立，因此二次大戰後，乃有聯合國之創立，而聯合國原則上是禁止戰爭，以致以戰爭為前提之中立制度也不得不產生變化。

二、中立與中立化國家（英：neutralized state）

㈠中立（英：neutrality；德：Neutralität；法：neutralité）；即不參加戰爭之

國家，對交戰國所保持之國際法上地位。亦即不參加戰爭之國家對於交戰國雙方應公平並不予援助之原則。瓦特爾（Vattel）認為「在戰爭中，中立國不參加任何一方，對雙方均保持友好，也不妨礙一方軍隊，以利於另一方之軍隊①。」中立是國家地位，並非個人或國際團體之地位。中立因係以戰爭之發生為前提，故為戰時之關係，而應列屬戰時國際法，又不參與戰爭，因此也是屬於平時國際法。中立地位之發生是發生戰爭因不參加戰爭而開始，戰爭之終結而消滅。站在中立地位之國家稱為**中立國**。因參加戰爭與否是自由，因此是否處於中立之地位也是自由。但如受中立條約（永久中立）或參與同盟條約、安全保障條約時，則須遵守條約之規定。在國際上因不分戰爭之正或不正故二十世紀以來確立之中立制度，在二次大戰後聯合國憲章已規定戰爭為違法，因此中立制度之區分戰時或平時，已失去其意義。不過現實上國際性之武力爭端並不能完全消滅於無形，因此不參加武力爭端之國家，當然有「中立」之存在。

　　㈡**中立主義**（英：neutralism）：即戰時不加入任何交戰國之一方，在平時也不在軍事上或政治上偏袒任何對立之國家，或與其結盟，或敵對為原則之外交政策的主義。這一語詞盛行於美、蘇之冷戰時期，採中立主義之立場，對任何一方均表示不偏袒之意。這一想法是因新興獨立國，為國家建設對外不願捲入任何爭端，另一方面也受到美國十九世紀門羅主義之影響。所以當時的中立主義似嫌消極。不過積極的中立起於 1961年 9 月在南斯拉夫首都貝爾格萊德（Beograd）舉行的第一屆非同盟國會議（Conference of Non-Aligned Nations），就是透過不同盟運動，以使軍事集團解體，藉此以消除冷戰為目的，則在追求和平之下，以民族自決為基礎，以反對外國強權的控制，反對帝國主義與殖民主義。冷戰結束以後，1992 年在印尼雅加達召開第十屆首腦會議，轉而確認消除貧困、爭端之和平解決，非核世界之建設與聯合國活動之積極化等，2009 年 7 月第十五屆首腦會議在埃及紅海海濱城市沙姆沙伊赫舉行。會議的主題是「世界團結、和平發展」。與會共有 100 多國領導人參加討論，重點包括聯合

---

① 見杜蘅之著：國際法大綱（下冊），民國 80 年修訂三版，第 619 頁。

國改革、中東和平、國際金融危機、能源問題、氣候變化、食品安全和核問題和地區熱點問題。在聯合國之集體安全保障下，與中立主義在原則上雖不無矛盾，但在冷戰時期，從國際合作觀點言，可以說也與其精神相符。

　　㈢**中立化國家**：所謂中立化國家，係由條約保證一國之獨立與領土完整，且該國必須不參加軍事同盟，除了自衛外，不能從事敵對行為，並維持與各交戰國間之友誼關係之謂。中立化之目的在保護介於大國之間的地域或小國，以維持大國間之均勢，並在大國之間保留一個緩衝地區①。中立化之國家，必須由週邊之大國集體之意思而形成，即由有關大國以明示或默示同意才能成立。目前中立化國家有瑞典、瑞士、奧地利及土庫曼斯坦。

　　1.瑞典王國（Kingdom of Sweden）：瑞典之中立起因於北方戰爭（Northern War），即瑞典國王查理十二世（Charles XII, 1697-1718）與蘇俄彼得一世（Pyotr I, 1682-1725）為中心之戰爭。十七世紀末瑞典掌握北歐的霸權，擁有波羅的海（Baltic sea）東岸與德國北部之部分領土，獨占波羅的海的貿易。蘇俄的彼得大帝，為了謀求波羅的海的出口，而與波蘭、丹麥同盟，並向北歐霸主的瑞典挑戰，遂引發北方戰爭。查理十二世與丹麥、薩克森（Saxony）、波蘭、俄國作戰，剛開始瑞典佔了上風，但瑞典軍隊深入俄國的中央地區，西元 1709 年 6 月，終於在波塔瓦（Poltava）之役中，嚐到敗績。查理十二世逃亡到土耳其，雖在數年後回到瑞典，但於西元 1718 年，遠征挪威時戰死沙場，1721 年蘇俄在 Nystad 簽溝和條約。確立了蘇俄在波羅的海的強國地位。到 1818 年瑞典宣布採中立和平政策，其後在兩次世界大戰均保持中立。

　　2.瑞士（Swiss Confederation）：是因厭倦長期被捲入歐洲混亂之戰爭

---

① 參照謝瑞智總編纂：法律百科全書，第九冊，國際法，第 15 頁以下。

中，於 1815 年在維也納會議時為英、俄、
法、奧、葡、瑞典及普魯士等國所承認，
並給予集體保證而中立化。因此不僅未
參加兩次大戰，聯合國成立後，瑞士亦
未加入，只是加入聯合國的專門機構，
迨 2002 年始經公民投票加入聯合國為會
員國，但瑞士長期以出口傭兵而聞名，
今日梵蒂岡的警備人員亦雇請瑞士之傭兵擔任。

　　3.奧地利（Republic of Austria）：原是
一個獨立的國家，1938 年被納粹德國合
併，至 1943 年德國戰敗，為英、美、蘇、
法四國佔領；1955 年奧地利與蘇聯簽訂
一項備忘錄，承諾將採瑞士之永久中立政
策，四國隨即與奧地利簽署重建獨立和民
主奧地利之國家條約。1955 年 10 月奧國

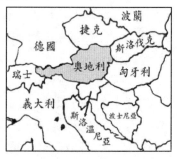

制定聯邦憲法，其第 1 條則規定永久中立①（immerwährende Neutralität）。
並有英、美、蘇、法等 57 國承認奧國的中立。

　　4.列支敦斯登侯國（英：Principality of Liechtenstein）：歐洲中部的內
陸小國，在萊茵河上游東
岸，瑞士與奧地利兩國間。
列支敦斯登在 1815 年舉行
的維也納會議後恢復獨
立，不久加入日耳曼邦聯，

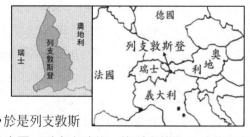

到 1866 年日耳曼邦聯解體，於是列支敦斯
登宣布獨立，並轉為**永久中立國**。這中立地位，使列支敦斯登避過了兩
次世界大戰的戰火蹂躪，一直持續到現在。
因列支敦斯登所採的低稅率環境，永久中立地位與完全的居中歐地理位

---

① Hans Spanner, Handbuch des Österreichischen Verfassungsrechts 1957, S. 72。

置，吸引不少國際企業成為避稅天堂，而得支撐起該國的經濟收入。

　　5.芬蘭（英：Republic of Finland）：芬蘭於 1917 年趁蘇俄的「十月革命」，於 12 月 6 日宣布獨立。到 1939 年 11 月 30 日蘇聯出動大軍入侵芬蘭意圖取得芬蘭之軍事基地，經芬蘭軍的抵抗，蘇聯遂即與芬蘭簽定「莫斯科條約」（1940 年 3 月），蘇聯取得部分領土及漢科（Hango）角的軍事基地。但因芬蘭政府的不安，乃允許佔領挪威的德軍通過芬蘭境內，於 1941 年與蘇俄的開戰。

開戰後芬蘭奪回了割讓給蘇俄的地區，而佔領東加勒利亞。但因德軍的戰況愈行失利，於是芬蘭內部和平論興起導致親德的總統留狄引退，繼任的曼海姆元帥於 1944 年 9 月與蘇俄締結休戰契約。經割讓領土與賠款後，並以 1947 年 2 月 10 日之「巴黎和約」返回國際社會，此外芬蘭又要求蘇俄的安全保障，達成**中立政策的願望**，而於 1948 年 4 月成立「友好互助條約」。芬蘭以中立為該國的主要國策，沒有參加任何軍事同盟，但仍參加聯合國的維和目的之活動。

　　6.土庫曼斯坦（Turkmenistan）：原為蘇聯一個中亞地區加盟共和國，1991 年蘇聯解體後，於 10 月 27 日宣布獨立，改稱土庫曼斯坦共和國，由原土庫曼共產黨中央第一書記的薩帕爾穆拉特・阿塔耶奇・尼亞佐夫於 12 月任總統。尼亞佐夫

上台後搞個人崇拜，並在憲法上規定總統兼任首相，1999 年 12 月與 2002 年 8 月兩議院分別通過尼亞佐夫無限期執行總統職權，但尼亞佐夫自己表明下屆總統選舉定在 2010 年舉行。土庫曼斯坦是裏海沿岸地區，天然氣蘊藏量佔世界第四位，故為各國所矚目，因此於 1995 年 12 月 12 日獲聯合國承認為一個永久中立國。

　　上述中立化國家，除武裝中立外，仍積極參加聯合國之和平維護活

動，也從事武器生產與輸出，而聯合國也有很多機構設在這些國家之中，尤其國家之預算可大量用在國家建設及社會福利上，因此國家安定、人民富足，堪稱爲人間天堂。

習題：
一、解釋名詞：中立（neutrality）。（98 公升）
二、何謂中立、中立主義與永久中立國。

三、中立國之權利與義務

(一)**中立國之權利**：中立之地位是自戰爭開始而發生，中立之宣言並非必要之要件。中立國之權利爲：

1. 維持中立之權利	中立國得要求交戰國根據自己之不偏不倚的態度，以維持中立。
2. 領土之不可侵	中立國的領土應不受交戰國任何一方之侵犯。因此中立國必須爲維護領土展開自衛抵抗外國的攻擊。
3. 領域庇護權之行使	中立國的領域不在戰區內，因此可以提供庇護，亦即可以成爲一種安全的避難地方，但中立國行使庇護與否，由其自由裁量，惟須注意此庇護須對交戰雙方作同樣庇護，並應防止交戰國憑此庇護，作爲軍事行動之根據地。 (1)交戰國的陸海空軍。 (2)交戰國的軍用器材。 (3)交戰國的平民及其財產。

(二)**中立國之義務**：中立國應遵守不偏不倚的義務，但與交戰國之間的合法通商應有維持之權利（中立商業）。同時與交戰國有三種義務：

1. 防止義務	（obligation of prevention）：中立國應防止自之領域爲交戰國利用作爲戰爭之用。即中立國爲防止不捲入戰爭，確保領土不受侵犯，爲維持公平之目的，故又可稱爲公平義務。譬如自國領域不受交戰國一方所佔領，也不得讓其軍隊通過，故中立國應以實力阻止之。
2. 迴避義務	（duty of abstention）：中立國對交戰國在戰爭之際，不得直接或任其人民間接援助任何一交戰國。譬如提供軍用品、提供情報、妨礙作戰等是。
3. 默認義務	（obligation of acquiescence（or toleration））：中立國對於自國國民因交戰國之戰爭行動，有受不利益之情形時，在一定範圍內應有

> 默認之義務。不利益之內容雖有多種不同，但中立國，不得爲尋求救濟而行使外交保護權。譬如在海上運送戰時禁制品被沒收時，當只有默認。

這三原則是因阿拉巴馬號賠償仲裁案而產生。違反這些義務時，則不得援用中立之地位。交戰國當有可能對中立國之船舶加以實力之壓迫。蓋爲使中立義務明確化，交戰國應將戰爭狀況從速知照各中立國。也有從中立國發布中立宣言之情形。這時中立國家當可主張中立之權利。

四、中立水域

十七世紀是領海論爭最興盛之時代，如普芬道夫（S. Pufendorf）在《自然法與萬民法論》（1672 年）中，討論領海問題，賓克紹（Cornelius van Bynkershoek, 1673-1743），在《海洋主權論》（1702 年）主張國家所支配管理之範圍可認定爲領海。海洋領域論爭進入十八世紀認爲有「狹域領海」與「廣域公海」之二元構造。這時期因中央集權國家紛紛成立，從國家經濟與國防之理由，國家對於海岸海域之支配控制乃漸感需要，當時瓦特爾（Emmerich de Vattel, 1714-1767）在《國際法》（1758 年）一書中，認爲「國家間，海岸領海對於國家主權，一般爲了安全在必要限度內，應承認其行使」，所以他認爲「從沿岸起在大砲射程範圍內，爲領海。」到十八世紀中葉廣泛認爲，從沿岸到大砲射擊之彈著地列爲「**中立水域**①」。自進入十九世紀，則認爲 3 浬爲領海之國家乃逐漸增多，但仍有主張 4 浬、6 浬、12 浬等，因此尚未有統一之規定，不過中立水域之觀念並未改變。

五、中立地域（英：neutral zone；德：neutrale Zone；法：zone neutre, neutralisée）

中立地域指在戰爭之際，不能實施敵對行爲之區域。廣義上是指中立國之領域，但通常是指以條約規定之中立地域。此即非武裝地域，是爲確保國際和平或國際交通之安全而設置爲多。國際和平如國境附近，國際交通如國際運河、國際河川、國際海峽等之中立化。1931 年國際聯盟大會所通過之「戰爭防止方法助長一般條約」及聯合國之暫定措施，

---

① 參照杉原高嶺著：海洋法之歷史，見「現代國際法」，第3版，有斐閣，第 121 頁。

均有類似規定。又 1949 年 8 月 12 日通過之「戰時保護平民的日內瓦公約」，爲使傷病者及一般人民避免戰爭之危險，在戰鬥地區設置「中立地帶」（一般人民保護條約 15）。對其地理位置、管理、糧食補給與監視等，由爭端當事國派遣代表協議並簽署同意文件，並規定中立化開始時期與存續之時間。對於傷病者、一般人民等保護所設之地域，可定爲傷病地帶、一般人民保護地帶、醫院地帶、安全地帶等（戰地軍隊傷病者條約 23、一般人民保護條約 14）或無防守地域、非武裝地帶等之規定。

　　關於中立地域方面，蘇伊士運河於 1869 年開鑿完成。經 1877 年俄土戰爭，1882 年埃及發生叛亂，英國佔有領運河並禁止船艦的通過，於是列強有共同保護運河之議，1888 年英、法等九國在君士坦丁堡簽訂條約，並規定無論戰時或平時，對各國商船或軍艦開放自由通行。但埃及於 1956 年宣布運河之國有化，不過於翌年又宣布承認 1888 年之運河條約。因運河對各國船舶一律開放通行，交戰行爲乃從運河地區隔離，而形成中立化。

　　巴拿馬運河與蘇伊士運河相同，依條約簽訂而國際化。先是英、美兩國於 1901 年簽訂「海·龐斯福特條約」（Hay-Pauncefote Treaty），1903 年美國又與新成立的巴拿馬政府簽訂「海·瓦里拉條約」（Hay-Varilla Treaty），巴拿馬同意將運河讓與美國使用、佔領及管制。1977 年美、巴兩國簽訂運河條約，1999 年美國將巴拿馬運河返還巴國，2000 年以後同意由巴國管理運河，並締結運河之永久中立與營運有關條約，並規定無論是戰時或平時，對所有船艦均平等開放之永久中立制度。

　　關於國際海峽依聯合國海洋法公約（第 35 條），如土耳其海峽、丹麥海峽、麥哲倫海峽等是。至於有關臺灣海峽方面，臺灣海峽平均寬度爲 200 公里（約 108 哩），扣除兩岸各屬之領海寬度，中間部分係供國際航行的海峽（Strait Used for International Navigation）。一向都是國際航運相當重要之黃金路線。當 1950 年 6 月 25 日韓戰爆發時，**美國總統杜魯門宣布臺灣之中立化**，並派遣第七艦隊防止任何對臺灣的武力攻擊，並呼籲臺灣政府停止向中國本土的所有海空作戰行動。當時也沒有任何國家表示反對，其後歷任總統也都沿用這一主張，並成爲往後美國對臺政策的基礎。

六、中立制度之發展

　　第二次大戰後對戰爭之違法化與聯合國集體安全保障之確立，使傳統之中立制度產生動搖。對於違法之戰爭，不能再維持中立與不干涉之態度，此為聯合國之構想。因此在聯合國憲章公布後，中立制度更加面臨存亡之危機，戰爭與武力行使被認定為違法後，加入聯合國為會員國者，不能再選擇為中立地位。因此在聯合國之制度下，中立概念等於是消滅的見解乃逐漸發酵。不過在現實國際社會下，發生武力爭端時，聯合國也不致立即宣布其為違法，而採取強制措施。事實上在冷戰時代實際發生戰爭之適例也不少。

　　不過如聯合國對特定國家之武力行使，認定為違法行為而採強制措施時，聯合國之會員國因受安理會決議之拘束，當不能置身事外而宣布中立。如伊拉克對科威特之侵略（1990 年）的安理會決議即為適例。當時安理會不僅譴責伊拉克之入侵行為，並要求其即時無條件撤退（決議 660），依憲章第七章之規定決定對伊拉克採經濟制裁（決議 661），且對伊拉克之拒絕撤退，決議採取包括武力行使之「所有必要的手段」（決議 678）。

　　惟如聯合國沒有作特別之決議時，就無法採取一致之行動，對國與國間武力之爭端，第三國當有自由決定之餘地。這當然有使武力爭端有擴大之虞，同時也與戰爭之違法化的規定相違背。一旦發生武力爭端，在聯合國尚未決定集體防衛之前，第三國不干預該武力爭端，以防爭端之擴大，才是符合聯合國憲章之精神，如伊朗與伊拉克之戰爭，阿拉伯國家及其他國家不採介入之立場，即為適例。

第十九章　二次大戰後之區域戰爭

　　第二次世界大戰交戰，各國因目睹二次大戰之慘劇，於是在戰爭快要結束之 1942 年由美國總統羅斯福發起組織聯合國，戰後 1945 年在舊金山由 50 國代表集會舉行聯合國會議，並簽署「聯合國憲章」，即在憲章內明定，國際爭端之和平解決，反對以戰爭作爲爭端之手段，雖然如此，其後仍不斷的發生區域性局部戰爭，舉其要者如下：

第一節　亞洲局部戰爭

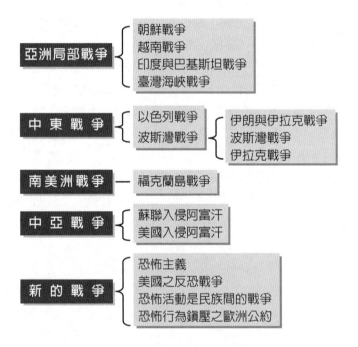

一、**朝鮮戰爭**（英：Korean War）

㈠**朝鮮戰爭之源起**：第二次大戰後，美、蘇兩國軍隊分別佔領南北朝

鮮，並將朝鮮半島以 38 度線分爲南北韓。南韓在聯合國
監督下，舉行普選，**李承晚**當選首任總統，稱爲大韓民
國。北韓則在蘇俄扶植下，成立朝鮮人民共和國，由**金
日成**出任總理。北韓軍隊在俄國支持下於 1950 年 6 月 25
日越過 38 度線入侵南韓，韓戰因而爆發。

李承晚

　聯合國安全理事會認定北韓爲武力侵犯之破壞和平
（聯憲 39），並要求雙方停戰，北韓置之不理，於是安理會
乃設置以美軍爲中心之「朝鮮聯合軍隊」，與南韓軍隊共
同抵抗北韓之入侵。1953 年 7 月 27 日停戰協定簽署，結
束韓戰。8 月 5 日在板門店交換戰俘，爲聯軍所拘留之中
共參戰之志願軍一萬三千餘人，志願前往中華民國，遂由
美艦送至臺灣。

金日成

　㈡**朝鮮聯合國軍隊**（英：United Nations Forces in Korea）：在朝鮮戰爭所創
設之聯合國軍。1950 年 6 月 25 日北韓越過 38 度線入侵南韓而產生武力
衝突。聯合國安全理事會認定北韓對南韓之武力攻擊爲「和平之破壞」（聯
憲 39），以決議 82 命令即時停戰，並下令北韓撤退其軍隊至 38 度線以北，
於 6 月 27 日以決議 83 要求各會員國援助南韓。迨 7 月 7 日將各會員國
所提供之軍隊統一由美國指揮，並以決議 84 通過此統一軍得使用聯合國
旗幟，以創設朝鮮聯合國軍隊。爲避免蘇俄在安理會使用否決權，11 月
3 日聯合國乃決議通過「集體維持和平決議」，朝鮮聯合國軍有 16 國參
加，以北韓及 11 月參加之中共抗美援朝軍爲對象進行戰鬥，但南韓這邊
的軍隊卻是由美國統一指揮。這一聯合國軍與依聯合憲章第七條所規定
之聯合國軍不同，亦與其後之聯合國創設之維和部隊有所不同。

　㈢**朝鮮統一問題**：二次大戰後，美、蘇以北緯 38 度線爲境界，分別佔
領南北朝鮮，以致朝鮮分裂爲兩個區域。南朝鮮於 1948 年 8 月 15 日成
立「大韓民國」，北朝鮮於同年 9 月 9 日成立「朝鮮民主主義人民共和國」。

　北朝鮮之「朝鮮民主主義人民共和國」由金日成擔任元首，並主張
「民主基地論」，而南朝鮮由李承晚爲元首，並主張「北進統一論」，朝
鮮戰爭就是基於「民主基地論」，採奇襲方式於 1950 年 6 月 25 日向南韓

攻擊，當時聯合國安理會因蘇聯爲了中國代表權問題，而不出席安理會會議，因此，聯合國無法適用憲章第 42 條，動用空海陸軍行動，爲此，安理會只能在 6 月 27 日通過第 83 號決議，建議「聯合國會員國給以大韓民國（南韓）必要協助，以便擊退武裝攻擊以恢復該區域之國際和平與安全。」共有 16 國願意提供軍隊援韓，因此在 7 月 7 日安理會又通過第 84 號決議，建議提供軍隊的國家將其軍隊置於美國統一指揮下，並授權使用聯合國旗幟在韓境從事軍事行動①。這等於集團性的實踐李承晚之「北進統一論」。

朝鮮戰爭持續 3 年期間，迄 1953 年終於停戰，54 年召開日內瓦會議，北朝鮮以和平統一爲前提，提出南北和平協定，並簽署有關國家保障之多國間協議，但南韓卻提出要和平統一爲前提，不如實質上的統一，其「唯一合法性」應以聯合國爲背景，在聯合國之監視下舉行南北總選舉，此項主張直到李承晚下台仍爲南韓所一直堅持。其後金日成在 60 年 8 月倡導應建立「高麗聯邦共和國」。迨 72 年南北雙方共同發表「自主、和平、民族大團結」之統一三原則。但另一方面日、美、中、蘇四國交叉承認南北韓，到 80 年代南北韓同時加入聯合國。80 年 10 月 10 日金日成在朝鮮勞動黨第六次代表大會上，作總結報告時提出朝鮮半島統一後的國名爲「高麗民主聯邦共和國」。

在國際運動會上，兩韓曾聯合組隊參加開幕禮，此有 2000 年雪梨奧運、2004 年雅典奧運，及 2006 年都靈冬運，惟比賽時仍分隊參與。但在 2008 年北京奧運，兩韓卻各自參加開幕禮及參與比賽。1991 年在日本千葉舉行的世界桌球錦標及葡萄牙舉行的世界青年足球錦標賽，兩韓都以聯合代表隊的名義參加。

二、越南戰爭（英：Vietnam War）

1950 年末至 1975 年 4 月 30 日以越南爲中心展開約 15 年餘之內戰，因美國之介入而成爲國際性戰爭。第二次大戰後對世界之政治、經濟，尤其是美國的世界戰略有重大之影響。起源於**胡志明**（1890-1969）在北越成

---

① 丘宏達著：現代國際法，第 912 頁。

立解放區，建立越南民主共和國，自任總統。並呼籲同胞共同抵抗外國勢力的入侵。1954 年 5 月 8 日在日內瓦召開九國會議，至 7 月 21 日同意由越南民主共和國軍（越南人民軍）司令官與法國聯合軍司令長官之間簽署「敵對行爲終止協定」（以北緯 17 度爲軍事境界線），並決定法國退出中南半島，並承認中南半島各國的獨立，交戰雙方（法國與越南民主共和國）各撤至南北兩端，在國際委員會的監督下，於 1956 年 7 月舉行統一之總選舉。

胡志明

　　但預定之統一總選舉並未實施，而美國惟恐中南半島遭受共產黨赤化，對日內瓦越南停戰協定拒不簽字，美國爲實現其政策，於西貢樹立親美政權**吳廷琰**，1955 年 1 月 26 日吳廷琰乃在南部建立越南共和國，並出任國家元首，從法國人手中奪回南越的統治權。北越政府走社會主義集團的一貫路線，其經濟開發完全以蘇聯的經濟計畫爲藍本，並推行農業改革，其次進行各種資源之開採，振興冶鐵發電等重工業。越南停戰協定簽署後三、四年間兩越之間尚稱安定。但南越部分農村受到傾向北越游擊隊控制，吳廷琰爲抓緊廣大農村的統治權，乃採武力的獨裁統治。

　　1950 年底北越趁吳廷琰政府產生動搖之際，成立南越解放民族戰線（Vietcong），在南越各地不斷掀起激烈的武裝鬥爭，其目標在推翻親美的吳廷琰政權，並要求美國在經濟軍事及外交方面終止任何援助與干涉。1961 年 2 月 14 日北越設立解放民族陣線人民武裝勢力（解放軍）。美國爲對抗解放鬥爭之組織化，61 年 7 月展開特殊戰爭，並於 62 年 2 月在西貢設立軍事援助司令部，於 64 年 8 月 20 日乘東京灣事件積極介入，翌（65）年 2 月開始轟炸北越，並派遣地面軍隊 20 萬人直接介入，到 69 年 6 月共派遣 54 萬人。戰事之逆轉實際是從 1968 年北越之攻擊日益強烈，其後並在巴黎展開外交交涉，73 年 1 月越南和平協定終於成立，美國開始從越南撤軍。

阮文紹

　　1975 年 4 月 21 日北越軍佔領越南散洛克，當時的**阮文紹**總統自忖政權難以維持而自動下台逃到臺灣，

由陳文香繼任總統之職，4 月 30 日西貢淪陷，美國亦承認戰爭終結，越南之獨立與南北統一終於實現。

三、印度與巴基斯坦戰爭

　　印度與巴基斯坦兩國，於 1947 年、65 年、71 年共三次發生爭端而開戰。其源於 1947 年英國承認印度與巴基斯坦之獨立建國，其中克什米爾地區的歸屬問題雙方一直沒有商定，而發生爭端。

　　㈠**第一次印巴戰爭**：克什米爾地區因歸屬未定，其住民有 77.11% 是回教徒，印度教徒佔 20.12%，其他爲錫克教徒和佛教徒。克什米爾地處亞洲心臟，邊界分別與俄羅斯、中國、阿富汗、印度和巴基斯坦接壤，地位重要而複雜。因其藩王是印度教徒，決定加入印度，於是兩教徒發生爭端，而發展成印度與巴基斯坦兩國之武力衝突。1948 年 4 月聯合國安全理事會決議，建議舉行公民投票以決定領土之歸屬，但印度認爲克什

克什米爾地方

米爾問題已於 1947 年 10 月 26 日印度已與藩王簽署協議決定歸屬印度，故反對公民投票。克什米爾游擊隊乃與印度軍開戰。

　　㈡**第二次印巴戰爭**：又稱爲第二次克什米爾戰爭，1965 年 8 月初其開戰之經緯與勝敗之情形均不明確，雙方在此次戰鬥中動用了空軍配合地面部隊展開激戰，隨後印巴戰爭陷入僵局。9 月 20 日聯合國安理會要求印巴停火，9 月 23 日兩國正式停火。1966 年 1 月印巴雙方簽署《塔什幹宣言》。

　　㈢**第三次印巴戰爭**：因東巴基斯坦要求自治運動，而巴基斯坦以武力鎮壓，致給予印度有介入之機會，印度遂於 1971 年 8 月與蘇聯簽訂《和平友好合作條約》，並從蘇聯獲得坦克、地空導彈等軍事武器，從 12 月的開戰起在兩週的時間重創巴軍。終於在美國的壓力下，雙方同意停戰，

結果孟加拉乃從巴基斯坦獨立。1972 年 7 月 20 日印巴簽署《西姆拉協定》，雙方同意在查謨和克什米爾尊重 1971 年雙方停火後實際控制線（Line of Control－LOC）。

四、臺灣海峽戰爭

即中國對臺灣所採之軍事行動，可歸納為三次：

㈠第一次一江山島戰役和大陳島撤退：1954 年 9 月 3 日，中共軍隊對金門發動榴彈炮突擊。1955 年 1 月 18 日，中共軍隊在軍區參謀長張愛萍之指揮下攻佔一江山島，經過一天戰鬥，結果臺灣軍隊全軍覆沒，指揮官王生明將軍引手榴彈自盡。2 月 8 日至 2 月 11 日，美國海軍與臺灣海軍將大陳島軍民撤退至臺灣。

㈡第二次八二三砲戰：1958年 8 月 23 日下午 6 時 30 分，中共駐紮福建沿海砲兵部隊，突然向我金門砲擊。中共當時宣稱：「無須五天，至多十天，即可攻下金門」，9 月22 日美國乃將八吋大口徑巨炮交給金門駐軍使用，於是在雙方互擊下，共軍已有意逐漸

八二三砲戰中共以密集砲火向金門島群瘋狂射擊，我國軍官兵實施反砲擊。

停止射擊，而於 10 月 5 日由中共國防部長彭德懷具名，宣布「停火一週」。

在這場 44 日的砲戰中，中共發射 47 萬 4,910 發砲彈，而金門面積只有 148 平方公里，平均每平方公尺落彈 4發，造成民眾死亡 80 人、重傷 85 人、輕傷 136 人，房屋全毀 2,649 間、半毀 2,397 間。此即史上所稱之「金門八二三

八二三砲戰，我軍艦運送補給搶灘登陸情形

砲戰」，也是聞名之「台海戰役」。惟至 10 月 25 日中共又宣布「單打雙停」，即單日打雙日停火。**筆者於 1961 年在大膽島服役時仍經歷「單打雙停」**以及中共海上蛙人深夜的小型突襲與騷擾，因駐軍自我緊張，自己誤殺自己人之情形常有發生，筆者亦險些喪命，其後台海危機便在打打停停的情況下，逐漸冷卻。

㈢**第三次臺灣海峽飛彈危機：**1996 年中共意圖以對臺灣飛彈試射以及軍事演習嚇阻我第一次全民總統直選，於是美國乃派遣航空母艦戰鬥群，到臺海表示關切，結果反導致**李登輝**先生票數衝到 54%而當選。其後危機逐漸消退。

中共在台灣周邊實施的軍事演習
引自日本產經新聞 1996 年 3 月 16 日

<h2 style="text-align:center">第二節　中東戰爭</h2>

一、以色列戰爭

第二次大戰後，對於猶太人慘遭納粹屠殺之不幸，聯合國創立時之會員國對猶太人大為同情，加上美國之推動，1947 年聯合國乃將原英國統治之巴勒斯坦地區，對猶太人有利之分割方式，由原居住該地猶太人與阿拉伯人分別成立獨立國家 (大會決議 181-11) (1947.11.29)，猶太人接受該決議，但遭阿拉伯一致的反對而於英軍開始撤退時，在巴勒斯坦地區，就爆發了猶太人與阿拉伯之衝突。翌年英軍撤退完成之後，1948 年 5 月 14 日猶太人宣布以色列建國，周圍的阿拉伯各國乃向以色列進攻，阿拉伯各國雖挾其人口與軍事力之優勢，但因內部的對立，與親英之約旦抱妥協之態度，結果不但沒有將以色列打倒，反倒讓以色列獲得更大之土地。其詳情為：

㈠**第一次中東戰爭：**1948 年以色列宣布建國，而發生巴勒斯坦戰爭，以色列戰勝。

㈡**第二次中東戰爭**：1956 年 7 月 26 日埃及宣布蘇伊士運河國有化，10 月底英、法兩國乃支援以色列對埃及作戰，以色列軍隊於是進攻西奈半島，而發生蘇伊士運河騷亂事件。美國及蘇聯遂出面要求三國軍隊撤退。

㈢**第三次中東戰爭**：1967 年以色列對阿拉伯國展開奇襲攻擊，並佔領西奈半島、約旦河西岸及葛蘭高地，此稱爲**六日戰爭**。

㈣**第四次中東戰爭**：1973 年埃及與敘利亞對以色列之突擊，因以色列之反擊而停戰。

㈤**簽訂和約**：1979 年 3 月 26 日以色列與埃及在美國華盛頓簽訂和約，結束 30 年來的敵對狀態。1991 年 10 月以色列參加馬德里舉行之中東和談，並於 1993 年 9 月 13 日在華府與巴勒斯坦解放組織簽署「巴勒斯坦自治原則宣言」，1994 年 5 月 4 日復與巴解簽訂「巴勒斯坦人局部自治協定」。

1994 年 7 月 25 日與約旦發表「華盛頓宣言」，10 月 26 日在以約邊界簽署和平條約。

1995 年 9 月 28 日以色列與巴解在華府簽署「巴勒斯坦人民自治協定」。

1998 年 10 月 23 日以色列總理尼坦雅胡與巴勒斯坦自治政府領袖阿拉法特在華府簽署「以巴臨時和平協議懷伊阿協議」，以色列同意放棄約旦河以西另外 13％土地。2000 年 5 月 24 日以色列軍隊從黎巴嫩南部全部撤回國內。

習題：請扼要說明以色列與阿拉伯國家在 1948、1967、1973 年爆發戰爭的原因、結果以及聯合國在這三次戰爭中扮演的角色。（94 特三）

二、波斯灣戰爭

在中東地區伊拉克爲擴張領土，在哈珊總統之領導下，面臨了三次戰爭；第一次是爲領土爭端而與伊朗展開戰爭；第二次是發動對伊拉克的侵犯；第三次與美國之對決而敗北，致領土爲美國所佔領。

㈠**伊朗與伊拉克戰爭**（英：Iran-Irag War）：

1.戰爭之起源：伊朗之**巴勒維王朝**（Pahlevi）於 1925 年建立後，迄

1979 年爲霍梅尼所推翻，而鄰近阿拉伯國家還擔心伊朗 1979 年 2 月革命的武裝政權向周邊地區擴散，乃暗中支持伊拉克，由此而加強伊拉克入侵伊朗的信心。又波斯灣上的阿布穆薩島、大通布島和山通布島原是歸英國所有，60 年代之後英國將控制權交給沙迦，1971 年 11 月英國撤走後，伊朗便佔領這些島嶼，因這些島嶼靠近荷姆茲海峽，於是伊朗遂擴大了海峽的控制能力，引發了伊拉克擔心。伊拉克認爲伊朗應將這些島嶼歸還阿聯。

2.戰爭之經過：於是 1980 年 9 月 22 日伊拉克向伊朗的機場十個地點展開空襲開始，迄 1988 年 7 月聯合國安全理事會以決議第 598 號令即時停戰及軍事撤退，在聯合國秘書長**裴瑞茲**斡旋下，兩伊在 8 月 20 日停戰爲止共延續 8 年的戰爭。

戰爭開始伊拉克就宣稱廢棄阿爾及爾協議，伊拉克並向伊朗南部進攻，佔領阿巴丹油田（伊朗西南部城市、全國最大港口、煉油中心，位於波斯灣北部）。1982 年以後伊朗的反攻成功，於 5 月末，伊朗收復了霍拉姆沙赫爾城，地上戰成爲膠著狀態，6 月 10 日伊拉克雖提出停戰建議，但爲伊朗所拒，6 月 20 日伊拉克自行從伊朗撤軍，6 月 29 日伊拉克宣稱已撤軍完畢。兩國邊界大致恢復戰前狀態。

82 年 7 月伊朗向伊拉克南部進攻，86 年 2 月伊朗奪取伊拉克石油產區法奧（Fao）半島，伊拉克遂大規模使用化學武器，向伊朗軍隊空投芥子氣和神經毒氣彈，於 88 年 4 月伊拉克又將其奪回。1987 年 6 月以後，美國海軍以科威特油輪護航爲由，介入兩伊戰爭，蘇聯也派遣海軍艦隊。

3.停戰與和談：在這種情勢下，伊朗接受聯合國的停戰決議，8 月伊拉克亦同意，聯合國乃派遣停戰監視團監視停戰。最後伊拉克於 90 年 8 月接受了伊朗的和平條件，承認伊朗對阿拉伯河的一半主權，伊拉克並從伊朗領土撤出軍隊，兩伊交換俘虜，兩國於同年 9 月 9 日回復外交關係。

此次戰爭伊拉克承認傷亡人數爲 35 萬人，另 6 萬人被俘；伊朗宣稱死亡 30 萬人，但是外界估計傷亡可能接近 100 萬人。數以萬計的戰鬥人員和平民失蹤。

㈡**波斯灣戰爭**（英：Gulf War）：1990 年 8 月 2 日伊拉克對科威特之進攻，侵佔土地後樹立傀儡政權，並宣布合併科威特，此簡稱為**波灣戰爭**。對此聯合國安全理事會於 8 月 2 日以第 660 號決議，認定伊拉克之行為係「破壞和平」，並命令伊拉克應即時無條件撤退，8 月 6 日又以 661 號決議發動經濟制裁，8 月 25 日以第 665 號決議通過海上封鎖與空運之禁止措施。11 月 29 日以第 678 號決議，如伊拉克至 91 年 1 月 15 日不撤退軍隊，聯合國為回復國際和平與安全，將採取所有必要手段。期限屆至後，則以美國為主力並聯合埃及等反伊拉克各國組織大規模之多國籍軍，自 91 年 1 月 17 日開始空襲伊拉克，而爆發波灣全面戰爭。多國籍軍於 2 月 24 日投入地面戰爭，2 月 26 日解放科威特市，28 日全面驅逐伊拉克軍而停止戰鬥。迨 4 月 3 日聯合國安理會以第 687 號作永久停戰決議，伊拉克接受後於 4 月 11 日正式停戰。這是聯合國集體安全保障發揮功能之適切案例。日本、德國及阿拉伯產油國雖未派兵，但仍負擔軍費為此次戰爭之特色。

㈢**伊拉克戰爭**（英：war in Iraq）：**美國總統布希**在 2002 年 1 月認為伊拉克、伊朗與北韓為「邪惡軸心國」（an axis of evil）而加以譴責，並認為要擴大對付恐怖戰爭，其後 9 月在聯合國之演說中，對 1990 年波斯灣戰爭加以譴責。對伊拉克之擁有生物化學武器一直表示不滿，伊拉

布　希

克雖應聯合國專家之查察，但至 2003 年 2 月美國認為伊拉克採遲延戰術，乃與英國合作，準備在安理會通過使用武力之授權，因法國、德國、蘇俄等國反對，遂放棄安理會之授權，3 月 20 日與英國、日本協商開始對伊拉克進行武力攻擊。美國出動軍隊共 25 萬人，英國出動 4 萬 5,000 人，美國以高科技之武器對伊拉克猛攻，只費三週期間就佔領首都巴格達，5 月 1 日布希總統宣稱「戰爭已經結束」。這次戰爭因未獲安理會之同意，等於美英單獨對伊之戰爭，又未查獲任何生物化學武器，且與國際法抵觸，在國際上有反戰聲浪。當美國占領伊國後因經濟與治安惡化，且游擊戰盛行，恐怖攻擊相當活潑，一般譏美國有陷入泥沼之虞。在此次戰爭戰鬥期間美軍戰死者有 148 人，自 5 月宣布終戰後至 9 月止共戰

死 226 人，死傷人數有增加之勢。伊拉克之民間犧牲人數約 6,000 人。

第三節　南美洲戰爭

福克蘭島戰爭（英：Falkland War；西：Guerra de las Malvinas）南大西洋上阿根廷東邊，西距麥哲倫海峽 483 公里，分成東福克蘭及西福克蘭二部，氣候寒冷而潮溼，雨量稀少，福克蘭島原住民為印第安人。1952 年**英國航海家戴維斯**（John Vavis, 1550-1605）到此，其後 1764

至 65 年間法國、英國分別佔領東西島，前者因西班牙之抗議，於 66 年將東島以有償讓給西班牙，西班牙也要求英國撤退，並於 70 年出兵攻打佔領，但兩國於翌年同意該島回復原狀，74 年英國留下領有權的看板後將守備軍撤回，76 年西班牙將其劃屬布宜諾斯艾利斯之管轄，並撤去英國樹立的看板，1811 年西班牙將守備隊撤退之後，就未再主張該島之領有權。另外阿根廷於 1816 年獨立時就於 20 年宣布領有該島，23 年並任命該島的首長，但英國於 29 年提出抗議，33 年派遣軍艦前往修復西島的基地，在東島則強制西班牙的守備隊撤離，並不顧阿根廷的抗議而繼續佔領該島，第二次大戰後，英國向聯合國登記該島為非自治區域，而阿根廷於 1964 年將該島問題提往「殖民地賦予獨立履行委員會」，該會遂建議兩國應和平交涉，惟阿根廷宣稱阿人於 1520 年即已發現這些島嶼。由於靠近麥哲倫海峽東部入口，有重要之戰

略價值，阿根廷認為 1816 年阿根廷獨立時應該從西班牙人繼承該地區。且 1820 年以後的行為是先占，英國於 1833 年派軍侵入該島是違法性且無效性。於是阿根廷乃於 1982 年 4 月 2 日派軍隊攻佔福克蘭島，4 月 3 日聯合國安理會隨即認定為「破壞和平」（聯憲 39，決議 502），並要求阿軍應即時撤退。英國乃派遣陸海空三軍

柴契爾夫人

展開戰鬥，歐洲共同體亦配合英國實施經濟制裁。同年 6 月 14 日阿軍無法維持，終於投降。因阿軍的投降招致國民之不滿；而英國因戰勝而提升**柴契爾夫人**之政績，在翌年之總選舉獲得大勝，而奠定柴氏之長期執政的基礎。

第四節　中亞戰爭

一、蘇聯入侵阿富汗

在東西冷戰下，阿富汗之北方受蘇聯之影響，南方透過巴基斯坦受到美國自由主義之影響，早就在追求中立主義。在 1960 年代時期，接受蘇聯之援助，到 1973 年 7 月國王 Muhammad Dāūd 自行將國王制改為共和制，但因蘇聯之影響力日益增強，78 年 4 月親蘇之人民民主黨之將校發

動政變殺死了總統 Dāūd 全家，這就是 4 月 27 日之「四月革命」，Taraki 人民民主政黨成立，12 月 5 日與蘇聯締結「蘇聯與阿富汗友好合作條約」。但是 Taraki 政權所推動之社會主義政策，因受到舊王制派與伊斯蘭教徒、地主與民眾強烈的反對，於是反政府之游擊戰乃全面展開，另一方面國內族群間之抗爭亦逐漸激化，1979 年首相阿敏又以政變殺害 Taraki 革命評議會議長，蘇聯雖於 8 月間派遣軍事顧問團，但游擊戰並未減緩。同年 12 月 25 日蘇聯以兩國友好合作條約為依據，以為軍事入侵之正當化根據，而派遣大批蘇聯空降部隊和地面部隊進駐喀布爾。27 日蘇聯軍隊佔領達魯拉曼宮，總統阿敏全家，即阿敏及四個妻子，24 個子女，全數被殺，蘇聯軍事指揮官乃宣布阿富汗已經從阿敏的統治中被「解放」。並任命前總理巴布拉克卡瑪爾（Barak Karmal）出任中央委員會總書記，總統兼總理。

1980 年 1 月 14 日聯合國總會通過譴責決議（總會決議 ES-6/2），西方國家乃施行經濟制裁，並杯葛 1980 年莫斯科之奧林匹克運動會。自 1979

年 12 月至 1980 年蘇聯與阿富汗游擊隊之爭戰，愈陷愈深，經聯合國之
仲裁於 1988 年 4 月 14 日在日內瓦簽定和平協定，蘇聯軍於翌（89）年
2 月 15 日撤退完畢，但阿富汗內亂激烈，「回教陣線」反抗軍於 1992 年
4 月 28 日推翻吉布拉總統，至 6 月 28 日又將政權交新任總統拉巴尼，
惟反抗軍各派系爭戰頻仍，內亂並未休止。

二、美國入侵阿富汗

㈠911 恐怖攻擊開啓戰端：美國爲報復 2001 年 9 月 11 日阿富汗蓋達
組織和塔利班對紐約的世界貿易中心雙子星大樓及華盛頓五角大廈（美
國國防部）的恐怖攻擊，美國於是要求塔利班交出賓拉登，因未獲回應，
2001 年 10 月 7 日，英、美乃組成聯軍進入阿富汗，先與當地的北方聯
盟達成協議，共同合作推翻塔利班政權。於是美國動用 50 支導彈、15
架戰機和 25 枚炸彈，向塔利班空襲。賓拉登也公開錄音帶指責美國的襲
擊，並宣稱美國將會在阿富汗之戰失利，也將如蘇聯一樣崩解。賓拉登
乃號召伊斯蘭世界發起反抗非伊斯蘭世界之戰。

㈡馬紮裏沙裏夫的地面攻擊：馬紮裏沙裏夫位於阿富汗北方的大城
市，塔利班在該地有強烈支持的群衆，美國於 2001 年 11 月 9 日採地毯
式轟炸塔利班部隊的陣地。下午 2 時北方聯盟部隊攻下了該市的西南
部，4 小時後，塔利班殘餘部隊向東南部撤退，北方聯盟佔領了北方地
區五個省分。

㈢攻佔喀布爾：11 月 12 日晚塔利班開始逃離喀布爾市，翌（13）日北
方聯盟部隊佔領喀布爾市，在 24 小時，所有阿富汗沿伊朗邊境各省包括
赫拉特，均被北方聯盟攻下。而塔利班的主力被迫撤回至阿富汗東南部
坎大哈地區。

㈣森蚺行動（Operation Anaconda）：森蚺產於巴西、圭亞那等熱帶叢林
中一種無毒大蟒蛇。因美軍在衛星照片中發現蓋達組織在 Gardez 山區出
沒，美國遂派特戰部隊（SOF），展開森蚺行動，先採包圍戰術，再陸空
合擊山谷北端予掃蕩，該行動從 2002 年 3 月 3 日至 19 日結束。

據聯合國報告，在這些軍事行動中，平民傷亡從 2006 年 929 人至

2008 年有 2,000 人，2008 年死於阿富汗暴力襲擊者超過 6,000 人。

第五節　新的戰爭

一、恐怖主義（英：terrorism）

　　恐怖主義並非有國際法上之定義。一般認為是基於特定主義與主張，強使國家接受其主張，或在社會上施以人體之殺傷的恐怖手段，以便達到既定目的。對機場或都市之中樞區域投放炸彈，對不特定人施以殺傷，或對特定人物的暗殺，或者以劫機或擄人以便要求釋放其同黨等方式，均屬恐怖主義之行為。因此自 1960 年代起因國際恐怖活動之增加，國際上乃締結不少條約，如「關於航空器內犯罪和其他行為公約」（1963）、「制止非法劫持航空器公約」（1970）、「制止危害航空安全之非法行為公約」（1971）、「防止侵害外交代表罪行公約」（1973）、「恐怖行為鎮壓之歐洲公約」（1977）、「人質禁止公約」（1979）、「爆彈恐怖防止公約」（1997）、「恐怖主義資金供給防止條約」（1999）等。恐怖攻擊活動，以 1995 年對奧克拉荷馬市中心之聯邦建築物的爆炸事件，以及 2002 年 9 月 11 日恐怖份子劫持兩架民航機，先後以自殺方式撞擊紐約的世界貿易中心雙子星大樓，另外劫持一架俯衝華盛頓五角大廈（美國國防部），第 4 架則因乘客抵抗在中途墜毀，此次恐怖活動共造成 4,000 餘人的傷亡。2004 年車臣恐怖份子挾持了俄羅斯南部一所學校近千名的人質，而且在特種部隊與恐怖份子槍戰中，造成三百餘人死亡，五百餘人受傷的慘劇①。

二、美國之反恐戰爭

　　美國總統布希（George W. Bush）認為 911 之恐怖攻擊乃是「戰爭行為」，對付國際恐怖活動之鬥爭就是「新之戰爭」。蓋「恐怖活動」是「看不見的敵人」，因此其戰鬥倍加困難，對於恐怖活動不從「犯罪行為」加

---

① 見 2004 年 9 月 5 日各報報導。

以處理，而從軍事力之對決以爲解決。

　　將恐怖攻擊視爲戰爭之軍事思想並非布希之發明，在冷戰時期，美軍稱恐怖活動爲「低強度爭端」（Low Intensity Conflict－LIC），這與國家間之軍事爭端不同，而是國家與非國家主體間不對稱之軍事爭端，具體如恐怖組織、游擊戰、非國家主體或非正規軍之武裝力量的戰鬥、破壞行爲、暴動等活動而言。LIC 之概念是 1971 年由英國陸軍將領吉德松（Frank Kitson）自身在從事 PKO 活動中體會出，對於非國家主體之破壞行爲或暴動，認爲應使用與過去軍事作戰不同方式之「低強度軍事作戰」（Low intensity operation）之必要。不過在 911 以前對付恐怖活動曾動用軍事力之鬥爭，如 1986 年 4 月對西柏林迪斯可舞廳之爆炸事件，則對利比亞之報復轟炸，1998 年 8 月對內羅畢，達累斯薩拉姆（坦桑尼亞首都）之美國大使館爆炸事件，則對阿富汗、蘇丹以飛彈報復則爲適例①。

三、恐怖活動是民族間的戰爭

　　即冷戰終結以後，所衍生之不分國界的民族紛爭，已超越傳統之國家間的戰爭。社會秩序的破壞、地球化所帶來的不安，民族、宗教、文化之認同現象，已朝政治目的而動員，此爲造成紛爭之結構性原因。

四、恐怖行爲鎮壓之歐洲公約（英：European Convention on the Suppression of Terrorism）

　　1977 年 1 月 27 日在歐洲理事會構成國之中有 17 國在斯特拉斯堡簽署，於 1978 年 8 月 4 日生效。當事國有 22 國。由前文及 10 條條文所構成。對於劫機、對國際上所保護之外交官的攻擊、人質扣留、使用爆炸物或對他人之生命、身體或自由有重大之暴力行爲等恐怖行爲不能視爲政治犯罪，而有可能加以引渡，如未依相對國之要求加以引渡時，可在犯罪人所在地國設定裁判權予處罰，爲本公約之重點。

---

① 加藤朗：反恐怖戰爭：見國際政治事典，平成 17 年，弘文堂，第 816 頁。

第二十章 裁軍與軍備管理

第一節 裁 軍

一、裁軍之意義

所謂裁軍（英：disarmament）是軍備縮小之簡稱。即裁減軍事人員及裝備之謂。蓋在國際聯盟時代是指軍備之裁減（reduction），即裁減國家之兵員數、兵器類、軍事費等於一定的數目，或指軍備之限制，也就是軍備應限制在一定之數目，不得超過之意。到了二次大戰以後，在聯合國憲章內就將裁軍與軍備管制（regulation）並列做規定（聯憲 11、26、47）。又裁軍也與廢止核子武器之生產與所有或軍備消除的含意在內。不過這種國際上之裁軍規範，在第一次大戰以後，就一直為軍事強國所主張，但日本與德國，雖表面在陸海軍上維持一定之數目，實際上卻隱藏很多先進的武器，等到發動大戰以後，才陸續的展示出來。二次大戰以後冷戰時期，為維持敵對國家軍事能力之均衡，避免國際軍事環境之惡化，而有軍備管理之規定，但這並不一定會帶來全面性之裁軍，在今日之時代似尚難達成。

二、軍備管理（英：arms control）

為維持敵對國家武器之均衡，防止國際軍事環境之惡化，抑制武力之增強，透過武器之管制以為管理之謂。又稱為**武器管制**。與軍事武器之裁減為目的之裁軍不同。此為 1950 年代美國使用之用語。但舊蘇聯卻對此用語持反對態度。通常是指國際上同意對武器之開發、製造、實驗、移動、配備、使用及危機迴避措施之規範與管理。如「部分的核子實驗禁止條約」、「核子武器不擴散條約」，設置美、蘇之熱線等，在 1980 年代以前之大部分協定都是屬於此軍備管理範疇。冷戰以後乃以防止大量破壞武器之擴散，及擴散後之處理為重心。

三、聯合國憲章與裁軍會議

(一)**聯合國憲章之規定**：依憲章第 11 條第 1 項：「大會得考慮關於維持國際和平及安全之合作之普通原則，包括裁軍及軍備管制之原則；並得向會員國或安全理事會或兼向兩者提出對於該項原則之建議。」而第 26 條：「爲促進國際和平及安全之建立及維持，以盡量減少世界人力及經濟資源之消耗於軍備起見，安全理事會藉第四十七條所指之軍事參謀團之協助，應負責擬具方案，提交聯合國會員國，以建立軍備管制制度。」又在「友好關係原則宣言」I 原則－第 11 項規定：「所有國家皆應一秉誠意從事談判，俾早日締結在有效國際管制上普遍及徹底裁軍之世界條約，並努力採取緩合國際緊張局勢及加強國際信心之適當措施。」

(二)**裁軍會議**（英：Conference on Disarmament－CD）：即管轄國際裁軍交涉之國際機關。又稱爲日內瓦裁軍會議。針對 1950 年代在聯合國管轄內之裁軍交涉之失敗，1961 年美、蘇交涉之結果，乃成立 18 國裁軍委員會（Eighteen Nation Disarmament Committee－ENDC），1969 年擴大爲 26 國，改稱爲裁軍委員會會議（Conference of the Committee on Disarmament－CCD），到 1975 年有 31 國參加。到 1979 年擴大至 40 國，改組爲裁軍委員會（Committee on Disarmament－CD），1984 年改爲現在名稱。現在會員國有 39 國。組織上雖在聯合國之外，但裁軍會議之事務總長是由聯合國秘書長任命，並須向聯合國大會提出報告，故與聯合國有相當密切之關係。該會已促成簽署「部分的核子實驗禁止條約」、「核子武器不擴散條約」、「海底非核化條約」、「生物毒素武器禁止公約」、「環境改變技術敵對的使用禁止條約」及「禁止化學武器公約」等。其他作爲聯合國輔助機關，設有「聯合國裁軍委員會」（UNDC），該委員會並非裁軍有關之交涉機關，而是實施審議之機關，聯合國以大會之特別會期於 1978 年、82、88 年舉行聯合國裁軍特別大會，以集中討論裁軍問題。

第二節　核子武器之裁軍與軍備管理

一、核子武器（英：nuclear weapon；法：arme nucléaire）之使用

即利用核子分裂與核子融合反應的放射能量而製造之「大量破壞武器」。1945 年 7 月二次大戰期間美國首先發現原子彈爆炸之原理，於是在 8 月 6 日廣島、9 日在長崎投下原子彈。1949 年蘇聯，其後英、法及中國均擁有原子武器。其後因核子開發之進展，陸續有戰略核子武器，戰域核子武器（中距離核子戰力）、中性子爆彈之戰術核子武器（短距離核子戰力－SNF）等，因使用目的及射程之不同而有各種核子武器出現。除了核子彈頭以外，核子武器之運輸、發射方式是直接發射或由轟炸機攜帶發射等，以及其管理，情報機能等為對象之核子武器的裁減，遂成近年來最重要之課題。關於核子武器之使用方面，依戰爭之國際人道法，也與現已頒布之禁止無差別轟炸之原則，不得使用給予不必要痛苦之武器，如毒瓦斯或類似武器之使用（陸戰法規及慣例條約 23 I）等相牴觸。1994 年聯合國大會對於「核子武器之威嚇或及使用在國際

原子彈爆炸情形

法上是否允許」展開研討，並向國際司法院諮詢意見，法院於 1996 年 7 月 8 日認為：㈠以核子武器威脅或武力之行使，如違反聯合國憲章（聯憲 2 IV、51），則為違法行為，武力爭端而適用時必須符合國際法之要件，尤其應符合國際人道法之要件。㈡核子武器之威嚇或使用，將違反國際人道法之原則，但如國家存亡已陷於極限之自衛狀態時，在現行法之下，很難判斷究竟是合法或違法（ICJ 1996.7.8 意見）。最後則 7 比 7 之同數，而由審判長所投之票起決定性之作用。此外 1993 年由世界衛生組織提出諮詢之「從健康與環境之影響的觀點論核子武器使用之合法性」之問題，法院認定本案並無管轄權而未予受理（ICJ 1996.7. 8）。

二、核子武器試驗（英：neclear weapon test）

1952 與 53 年美、蘇接續的舉行核子武器的試驗，到翌（54）年 3 月 1 日日本第五福龍丸漁船在馬紹爾群島附近遭核子試驗受害，其中一人死

亡，以致發生核子武器試驗之禁止問題。經美、英、蘇之交涉，於 1963 年在莫斯科簽署「部分的核子實驗禁止條約」(Partial Nuclear Test-Ban Treaty－PTBT)，即大氣圈內、宇宙空間及水中禁止核子武器試驗，此乃邁向核子武器裁減之第一步。對於地下之試驗，於 1974、1976 年美、蘇同意締結之「地下核子武器試驗限制條約」、「和平目的之地下核子試爆條約」，依此條約，禁止 150 千噸以上之核子試驗。其次國際司法法院於 1973 年禁止法國在南太平洋做核子試驗。1996 年並簽署「包括性的核子試驗禁止條約」(Comprehensive Test-Ban Treaty－CTBT)，即以禁止所有核子試驗爲目的，但未生效。因其間法國與中國實施地下核子試爆，受到非核國家爲中心之世界各國的嚴厲批判，尤其法國陸續在法國屬地南太平洋之波里尼西亞的礁石地舉行核子試爆，因有破壞南太平洋之海洋環境生態，因此受到當地住民及世界各國嚴厲之抗議。

三、核子物質防護公約 (英：Convention on the Physical Protection of Nuclear Material)

1974 年美國在聯合國大會提議，1979 年 10 月 26 日由國際原子能總署召開之政府間會議通過，翌（80）年 3 月 3 日開放簽署，1987 年 2 月 8 日生效。簡稱爲 PP 公約。會員國有 50 國。即爲防止核子物質之被盜、不法之移轉、個人或集團對原子設施加以破壞等情形。因近年來核子物質已被擴大利用，國際恐怖行爲之盛行，爲強化核子物質之輸出國至輸入國的防護義務，而簽定本公約。原子能和平利用之發展乃爲本公約之背景。由前文及 23 條條文及二附屬書所構成。主要在規定輸送中之防護核子物質之會員國的義務，未防護核子物質之輸出入的不許可義務，違法核子物質之受領的處罰等。

四、核子武器裁減 (英：nuclear disarmament)

以核子武器爲對象之軍備裁減之謂。第二次大戰後，爲裁減軍事武力之最大之課題。一般國際法上對核子武器之減縮義務尚未確立，但在「核子武器不擴散條約」(NPT) 中，已課以會員國對於核子武器裁減條約之交涉義務。美國與蘇聯之間已有戰略武器限制交涉及戰略武器裁減

之交涉，而有相當成果呈現。

　　「部分的核子實驗禁止條約」與「核子武器不擴散條約」之簽署與1995年「核子武器不擴散條約」之無限期延長決定，及「包括性的核子試驗禁止條約」的簽訂，非核地帶的設置，「南極條約」、「宇宙條約」、「海底非核化條約」、「月球協定」等之國家領域以外地區，禁止核子武器之活動，均有相當之成果。

五、核子武器不擴散條約（英：Treaty on the Non-Proliferation of Nuclear Weapons）

　　又稱爲「核子擴散防止條約」，或「核子不擴散條約」（Nuclear Non-Proliferation Treaty－NPT），於1968年7月1日由美、英、蘇聯之各國首都簽署，1970年3月5日生效。會員國有163國。主要在防止美、英、蘇、法、中國以外國家開發、製造及保有核子武器爲目的。亦即擁核子武器之國家，對於自國之核子武器的開發與增強是完全自由，而非核子武器國對有關之核子武器則完全禁止，而且非核武器國須與國際原子能總署IAEA 締結保障措施協定，並承諾本國的原子能活動均須使用在和平用途，因只對非核武器國家課以實質義務，而只有上述五個核子武器國家才能擁有核子武器，故被評爲有差別處理。不過核子武器之國家，依第6條應有義務作核子武器之裁減的交涉。條約原規定爲25年期限，但至95年決定將條約作無限期延長。不過未加入條約，而擁有核子武器之印度、以色列、巴基斯坦事實上也是擁有核子武器之國家。

習題：解釋名詞：Nuclear Non-Proliferation Treaty。（95 外三）

六、核子武器嚇阻（英：nuclear deterrence）

　　對潛在之敵國，應讓對方了解，如被其攻擊時，則有用核子武器反擊之意圖與能力，使該潛在敵國不敢輕易發動攻擊之想法。擴大嚇阻是指將此效果擴大至所有同盟國家，如美國對北大西洋公約組織（NATO）、日本、韓國等給予擴大嚇阻之信息。此又稱「核子保護傘」。如被核子武器攻擊，也宣稱將以核子武器反擊，雖對核子國家有嚇阻作用，但無論

NATO 或蘇聯，對外來之攻擊，從未排除使用核子武器，此點不能不注意。

七、非核地帶（英：nuclear-weapon-free zone－NWFZ）

　　為避免成為核子武器之戰場或實驗場，而國家安全也不依賴核子武器，並將該地區盡量予以擴大之構想。非核地帶條約就是在世界某地區之多數國家締結條約，約定在該地區之內不生產核子武器，也不得擁有，並禁止他國亦不得配置核子武器，因此該地區之內當不得使用核子武器之國際性條約。冷戰時期為 1967 年締結之「拉丁美洲及加勒比海地區核子武器禁止條約」與 85 年之「南太平洋非核地帶條約」。冷戰後 95 年之「東南亞非核武器地帶條約」（曼谷條約），96 年「非洲非核武器地帶條約」。「南極條約」因規定軍事化，因此南半球之大部分也屬非核武器地帶。南亞與中東自七〇年代以來雖有討論非核地帶之設置，但因印度、巴基斯坦與以色列之關係，而毫無進展。

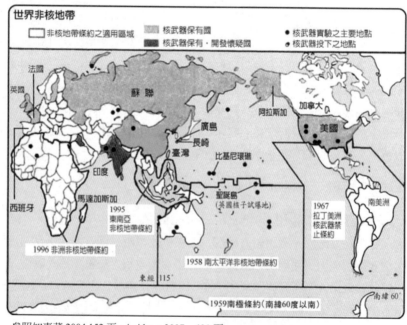

參照知惠藏 2004,152 頁，imidas，2007，430 頁。

八、戰略武器之限制

(一)**戰略核子武器**（英：Strategic Nuclear Weapons）：洲際彈道飛彈（ICBM）、潛水艇發射彈道飛彈（SLBM）、戰略轟炸機三種稱為戰略核子武器之三個支柱。其中洲際彈道飛彈，即「戰略武器限制條約」（SALT II）所指超過 5,500 公里射程之飛彈之謂。這是以美、蘇領土之最短距離為基準而制定，以直接可以攻擊對方國家之本土稱為戰略武器。因此蘇聯或西歐各國在歐洲配置之中程核子武器（INF）也具有戰略核子武器之性質。美、蘇間戰略核子武器之裁減從 1972 年之 SALT I 至 2002 年之 SORT 共有五個條約，今後將有其他三國，為英國、法國及中國之參與裁減交涉，才能全面控制戰略核子武器之使用。

(二)**戰略武器裁減交涉**（英：Strategic Arms Reduction Talks（START））：美、蘇間以裁減武器為目的之交涉及其簽定之條約。武器裁減交涉自 1982 年開始，但冷戰時期**雷根總統**於 1983 年提出戰略防衛構想（SDI），以致未能達成協議。91 年 7 月簽署之「戰略武器裁減條約 I」，雙方同意戰略核子彈頭裁減一半到六千發，但在生效前因蘇聯之崩潰，蘇聯以外烏克蘭、哈薩克、白俄羅斯也配備有戰略核子武器，因此至 92 年在里斯本簽署上述四國也應適用「戰略武器裁減條約」，而 START I 乃於 94 年 12 月生效。美、蘇兩國乃於 2001 年 12 月基於「戰略武器裁減條約 I」而宣布已完成條約義務。93 年 1 月兩國又簽署「戰略武器裁減條約 II」，將戰略核子彈

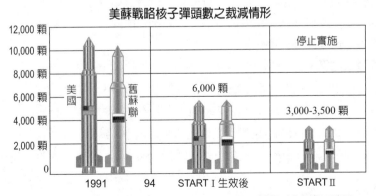

美蘇戰略核子彈頭數之裁減情形

參照 imidas2004，P.346。

頭減為三千至三千五百發。至 97 年雖簽署條約延長之議定書，但因有反彈道飛彈（ABM）之問題，美國未批准該議定書，因此該「戰略武器裁減條約」未能生效。如果生效則核子彈頭將減至二千至二千五百發。

　　㈢**戰略攻擊力裁減條約**（英：Strategic Offensive Reduction Treaty（SORT）－Moscow Treaty）：又稱「莫斯科條約」。美國與蘇聯於 2002 年 5 月 24 日簽署，2003 年 6 月 1 日生效之條約。兩國約定至 12 年 12 月 31 日將實戰配置之戰略核子彈頭裁減至 1700-2200。全文共 5 條，為一相當簡潔之條約，又稱為「戰略武器裁減條約」。該條約是依據美方之主張為基礎，對核子戰力之構成並無規範，對撤除之核子彈頭運輸方法亦無破壞規定，對於裁減之程序亦無檢查規定，任何一方都隨時可以退出，因此本條約之彈性相當大。

　　㈣**飛彈技術管制協定**（英：Missile Technology Control Regime－MTCR）：又稱為「飛彈輸出管理協定」。Regime 是指飛彈相關貨品或技術之輸出之管理的制度，於 1987 年由西方先進國家為中心而設置，現在共有 30 數國參加。主要目的在防止大規模毀滅性武器之飛彈，無人飛行載具等相關貨品或技術轉移給開發中國家。原是指導核子武器搬運體系之移轉管理，因波斯灣戰爭之經驗，迄 92 年也將生物化學武器之大規模破壞武器之飛彈相關貨品或技術也列為規範之對象，其範圍乃大為擴大。原則管制輸出之類別的第一類貨品，以 500 公斤以上之搭載能力與 300 公斤以上射程能力之火箭系統。第二類貨品是火箭發動機或迴轉儀等用品。這管制協定並非有法律拘束力之規則，只要參加國同意這指導標準，則由參加國透過國內立法實施。

　　㈤**飛彈防衛**（英：Missile Defense－MD）：對於彈道飛彈之威脅，為迎擊在飛行中之飛彈的防衛系統的研究開發，自 1950 年代起就已進行，因認為有害戰略安定之理由，於 72 年依「反彈道飛彈條約」（anti-ballistic missile－ABM）而限制其配置。但因七〇年代後半，蘇聯已增強複數彈頭之洲際彈道飛彈（ICBM），雷根總統因對自國之第二擊能力感到不安，乃於 83 年 3 月提倡「戰略防衛構想」，其後柯林頓政府為防衛美國本土而發展彈道飛彈防衛計畫（NMD）。嗣布希總統則於 2001 年 5 月 1 日發

表新的彈道防衛計畫，即「彈道攻擊防衛」（global protection against limited strikes−GPALS）構想。2002 年 6 月認爲「反彈道飛彈條約」（ABM）對於彈道攻防衛構想造成妨害，於是宣布該條約之失效，同時在阿拉斯加建立迎擊彈道飛彈設施。

美國政府認爲㈠大量破壞武器之擴散係對美國之主要威脅，㈡基於核子限制之戰略並不能制止恐怖分子或流氓國家之攻擊，㈢冷戰後美、蘇關係不能再以抑止核子武器爲重心。具體的計畫：⑴在宇宙空間建構偵察敵人發射之飛彈並予追蹤，⑵建設地上迎擊飛彈之系統，⑶發展海上迎擊戰術飛彈防衛（Theater Missile Defence−TMD）系統，以便在大氣層外破壞目的物。⑷開發衛星搭載之雷射武器（laser），以便破壞攻擊之飛彈等。不過對此之批判與反彈亦相當強烈，認爲①過度強調武器擴散之威脅，②誘發中國與中小國家之軍事對抗手段，③破壞武器管制之範圍，④忽視核子武器不擴散條約之檢討會議，⑤招來宇宙軍的擴展，⑥只防衛美國，⑦必須投下巨額費用，⑧技術的信賴度不高等之批評。

習題：解釋名詞：Missile Technology Control Regime。（94 特三）

九、生物化學武器之裁軍

㈠**生物化學武器**（英：bacteriological （biological） and chemical weapons）：即利用化學藥劑或細菌（生物）劑之武器。又稱爲 BC 武器。爲害敵手段所禁止（陸章 23）。生物化學武器於 1899 年海牙和平會議之「禁止毒氣使用宣言」，1922 年之「潛水艇及毒氣有關之五國條約」，1925 年之「禁止毒氣及細菌等使用議定書」及 1972 年之「生物毒素武器禁止公約」所禁止，在國際習慣上亦被認定。此外「生物毒素武器禁止公約」亦禁止對該武器之取得或儲存，而 1993 年亦制定「化學武器禁止公約」（英：Convention on the Prohibition of the Development, Production, Stockpiling and Use of Chemical Weapons and on their Destruction），1993 年 1 月 13 日在巴黎簽署，於 1997 年 4 月 29 日生效。正式名稱是「化學武器之開發、生產、儲藏及使用之禁止及廢棄有關之公約」，又稱 CW 公約。當事國有 70 國。冷戰之終結，及中東地區之使用化學武器（伊朗及伊拉克戰爭）爲背景，

在日內瓦之裁軍會議獲得通過。有前文及 24 條條文及 3 個附屬書所構成，此附屬書爲「化學物質有關之附屬書」、「實施及檢驗有關之附屬書」、「保護秘密情報有關之附屬書」三種。爲補充 1925 年之「禁止毒氣及細菌等使用議定書」，對化學武器之詳細定義加以說明，不論任何情形均禁止化學武器之開發、生產、取得、儲藏、保有、移讓及使用等，此外並對於化學武器及其生產設施附以廢棄之義務。即條約生效後 2 年以內（化學武器生產設施則於一年以內）開始，10 年以內應於廢棄完畢。又爲確保條約之實施，並將在海牙設立「化學武器禁止機關」。美國與英國於 2003 年 4 月 7 日以伊拉克藏有生物化學武器爲名，組成聯軍攻入伊拉克首都巴格達，4 月 9 日哈珊政權崩潰，但因遍查伊拉克國內並未發現任何生物化學武器，故爲世界輿論所批評。

㈡**生物化學武器恐怖主義**（英：biological／chemical terrorism）：與核子武器不同，生物化學武器是比較小規模之設備而材料也較容易取得，故又稱爲貧窮人之核子武器（poorman's nuclear weapon）。因小型而重量輕較適合於恐怖份子之攜帶使用，日本之**奧姆真理教教主麻原彰晃**於 95 年在地下鐵施放沙林毒氣而證實其效力。依聯合國之調查，在一平方公里範圍內發生大量殺傷之經費通常武器須費 2,000 美元，而核子武器爲 800 美元，化學神經性武器約 600 美元，但生物武器只要花費 1 美元即可。也有認爲因舊蘇聯之解體，東歐各國也有可能流出生物化學武器之相關技術，尤其對生物武器有遺傳因子之組合等，具有未知特性之細菌、病毒、毒素之開發可能已相當先進。據查伊朗等國從舊蘇聯各國已獲有製造生物武器設施，而美國疾病管制中心（Centers for Disease Control－CDC）已提出警告認爲，美國對付恐怖份子之生物化學武器已相當落後，應準備緊急治療及儲備疫苗。2001 年 9 月 11 日鑑於恐怖活動之頻頻發生，世界衛生組織（WHO）並已緊急增產天然痘疫苗以爲準備。

㈢**生物毒素武器禁止公約**（英：Convention on the Prohibition of the Development, Production and Stockpiling of Bacteriological（Biological）and Toxin Weapons and on Their Destruction；法：Convention sur l'interdiction de la mise au point, de la fabrication et du stockage des armes bactériologiques（biologiques）ou à toxins et sur leur destruction）：正式名稱是「禁止細菌（生物）及毒素武器的發展生產及儲存以及銷毀這類武器公約」。簡稱爲 BW 公約。當事國有 128 國。由前文及 15 條條文所構成。即各締約國承諾在任何情況下決不發展生產、儲存或以其他方法取得或保有：㈠凡類型和數量不屬於預防、保護或其他和平用途所正當需要的微生物劑或其他生物劑或毒素，不論其來源或生產方法如何；㈡爲了將這類物劑或毒素使用於敵對目的或武裝衝突而設計之武器、設備或工具（第 1 條）。

其後於 1993 年 1 月 13 日在巴黎草擬完成 1997 年 4 月 29 日生效之「化學武器禁止公約」，亦稱爲 CW 公約，並禁止化學武器之開發、生產、儲存及使用並予廢棄。

十、非軍事化區域

依 1959 年簽定之「南極條約」第 1 條：「南極應只用於和平目的。一切具有軍事性質的措施，例如建立軍事基地、建築要塞、進行軍事演習以及任何類型武器的實驗等等，均予禁止。」又爲促使「南極條約」的宗旨，並保證這些規定得到遵守，其代表有權參加締約國的締約各方，應有權指派觀察員前往觀察（南極 7、9）。1967 年之「宇宙條約」也禁止軍事上之利用，對月球及其他天體，均仿照「南極條約」之規定，也規定非軍事化，至於選派觀察前往觀察，則採相互主義方式規範。又 1971 年在華盛頓簽署之「海底非核化條約」，規定爲促進海底之和平利用，防止在海底做各種軍備競賽，在 12 浬以外之海底禁止設置有關核子武器及其他種類之大量破壞性武器或這些武器之貯藏、實驗，或爲使用這些武器而建造建築物及其他設施。

十一、條約履行之確保

依聯合國憲章所規定之裁軍與軍備管理，各國共同簽訂了多種條約，各國對這些條約是否有履行之誠意？國際聯盟之時代，事實上也有裁軍之規定，甚至對海陸軍均有一定數目之限制，但究竟沒有一國遵守規定，此尤以日本及德國最爲明顯。因此有兩點提出來討論；

㈠履行條約義務之確證：可委託聯合國國際原子能總署（IAEA）對各

該地區進行核子武器之觀察查訪，以確實了解是否依法遵守。

　㈡**互相查察之確證**：即基於相互主義之下，由關係國間相互作事實調查與現地查察，當事國當可透過偵查、監視，或經衛星探知而進行查證等措施。

索引一：人名

二　畫

丁韙良.....................24

三　畫

山本良.....................62
山下泰子...................240
小林進............92,93,173
小森光夫...................61

四　畫

丹第 Alighieri Dante.........251
王可富.....................94
王生明.....................527
王郁琦.....................92
文策爾 Wenzel...............9
卞納森 Peter Benenson.......255
巴爾都 Arvid Pardo......343,345
巴勒維.....................529
巴布拉克卡瑪爾 Barak
　Karmal...................533

五　畫

布丹 Jean Bodin.............18
布希 George W. Bush.....431,**531**,
　535,536,544
布來利 James L. Brierly ... 13,85
布勞恩 Braun, Wern.her von . 195
布賴特 John Bright..........433
布賴恩特 William Jennings
　Bryan....................448
尼克.......................91
尼坦雅胡...................529
尼古拉二世 25,68
卡特....................94,236
卡爾服 Carlos Calvo.........222
史汀生 Henry Lewis Stimson .. 85
史達林.....................261
丘宏達 38,41,60,65,81,101
　225,254,264,300,402,457,
　524
瓦特爾 Emmerich de Vattel **22**,
　133,134,291,514,519
瓦斯蓋茲 Mario Vózqutz Raña . 92
甘迺迪.....................466
加藤朗.....................536
永山英樹...................321

六　畫

托巴 Tobar................86,87
托雷多.....................400
托馬秀士 Christian Thomasius ...21
艾登 Robert Anthony Eden.....93
艾希曼 Karl Adolf Eichmann 389
艾森豪.....................281
艾士屈拉達..................86
江平.......................90
江澤民.....................91
列寧.......................93
吉布拉.....................534
吉德松 Frank Kitson.........536
西塞羅 Marcus Cicero 15
安士樂提 Anzilotti...........84
安其洛蒂 Dionisio Anzilotti ... 8
臼井久和...................256
池田勇人................93,173
竹本正幸...................478
伊尼里斯 Irnerius 16
伊西多爾 Isidore of Seville 15
伊莉莎白一世.....290,333,453
米洛舍維奇 Milošević Slobodan
　30,146,147,249,**383**,450,
　492,499

七　畫

杜南 Jean Henri Dunant....... 475,
　481,548
杜布瓦 Pierre Dubois.........17
杜勒斯.....................173
杜魯門 Harry Shippe Truman
　92,291,327,328,520
杜蘅之.......61,63,139,481,514
佐恩 A. Zorn................9
佐瀨昌三...................400
利伯 Francis Lieber....... 481,548
沙迦.......................530
阮文紹.....................525
李布士 Emery Reves 251
李承晚..................523,524
李登輝..................108,528
李嘉圖 David Ricardo 433

八　畫

周公.......................13
林肯.......................481
林司宣.........293,300,301,326
林棋山.....................323
昆茲 J. Kunz................9
拉索 Jose Ayala Lasso........245
拉巴尼.....................534
阿敏.......................533
阿亞拉 Balthazar de Ayala......20
阿奎納斯...................19
阿拉法特 Yasser Arafat ... 100,
　101,529
阿雅‧德拉多勒 Victor Raúl
　Haya de la Torre 228,229
波羅 J. Boroughs..................290
門羅....................505,514
金日成..................523,524
金特里斯 Gentili（s）.........20
邱吉爾 92,173,261
岸信介.....................382
祈特曼 Zitelmann, Ernst 250
松田竹男 146
花岡一郎 483
花岡二郎 483
東條英機..................30,382
彼得一世 Pyotr I 515
亞里斯多德.................329
亞歷山大六世...............333

九　畫

威卜 Sir William Flood Webb .382
威爾遜 Wilson......**26**,87,93,179

李鴻禧.....................94
李便托洛布 Joachim von
　Ribbentrop................381
吳廷琰.....................525
希特勒 155,389
何梅尼.....................132
佛希由 Paul Fauchille.........187,
　189
克魯塞 Emeric Crucé 18
克勞斯金克爾 Klaus Kinkel 383
亨利四世...................17
杉原高嶺..........45,63,291,519
里奧三世 Leo III.............15

南生 Fridtjof Nansen 231
胡伯 Max Huber 7,166
胡志明 524
哈珊 Saddam Hussein 30,155,
　226,**385**,529,546
哈馬紹 Daghammars Kjold ... 107
哈馬舍爾德 Dag Hialmar
　Agne Carl Hammar・skjold 282
科布登 Richard Cobden 433
柯林頓 147,544
范威克 Fenwick 480,548
耶利納克 9
拜因克福 Bynkershoek,
　Cornelius van 22
保坂修司 286
查理十二世 Charles XII 515
查理曼大帝 15
約翰・休貝爾 Johann Schober
　.. 377

十　畫

哥林 Hermann Wilhelm Göring
　381
孫科 172
孫中山 88
留狄 517
馬力尼 Antoine Marini 17
馬英九 92
馬歇爾 437
馬漢寶 213
馬丁路德 Martin Luther 17,21
馬基維利 Niccolò Machiavelli
　.. 18
高橋定 324
島田征夫 293,300,301,326
格老秀斯 Hugo Grotius **19**-23,
　137,149,164,166,201,290,
　333,469,488,513
栗林忠男 62,64,65,69,497
柴契爾夫人 533

十一畫

康德 Kant, Immanuel 251
陳文香 526
陳治世 84
陳婉真 167
陳毓祥 323
陳志忠 323
許世楷 265
梅特涅 Metternich 23

張愛萍 527
曼德拉 Mandela, Nelson
　Rolihlahla 393
曼海姆 517
都立伯爾 Heinrich Triepel 8
麥克阿瑟 Douglas MacArthur
　381
莫那魯道 483
麻原彰晃 546

十二畫

敦巴 Dumba 229
萊特 Q. W. Wright 1,182
黑斯 Rudolf Hess 381
惠頓 Wheaton, Henry 24
斐洛斯 A. Verdross 9
渥爾夫 Wolff, Christian 22
凱爾遜 H. Kelsen 9,10,84
彭德懷 527
普芬道夫 Pufendorf, Samuel
　Freiherr von **21**,133,134,
　291,519
傅崑成 325,331
傅里德曼 Wolfgang Friedmann
　61
菲力普五世 23
腓特烈三世 Frederick III 16

十三畫

雷根 543,544
雷崧生 476
楊毅 90
奧本海 L. F. Oppenheim 84
奧斯汀 John Austin 5
奧古斯丁 Augustinus, Aurelius
　15,469
詹其雄 323,324,463
溫家寶 323,463
經塚作太郎 184

十四畫

蓋里 Boutros Ghali 100,107
赫夫特 Heffter, August
　Wilhelm 24
赫魯雪夫 466
賓克紹 Cornelius van
　Bynkershoek 291,519
賓拉登 396,534
蒙哥菲 Montgolfier 187
裴瑞茲 Javier Perez de Cuellar

100,399,530
維多利亞 Vitoria **19**,20

十五畫

鄭和 290
德孟 Demons 372
德剛 Baron Descamps 60
德維雷 De Visscher 65
魯特 Elihu Root 60
摩塞 Moser, Johann Jacob 22
鄧小平 93
蔣介石 93,173
蔣宋美齡 173
潘尼西亞 Valentia Paniagua ... 399
墨索里尼 470

十六畫

霍爾 Hall, William Edward 25
霍布斯 Hobbes, Thomas 5,21
霍梅尼 530
謝魯 G. Scelle 85
諾特朋 Nottebohm 222

十七畫

謝森中 426
謝樂連 John, Selden 291
戴維斯 John Vavis 532
戴克拉克 393

十八畫

藤森 400
薩帕爾穆拉特・阿塔耶奇・
　尼亞佐夫 517

十九畫

羅斯福 26,173,260,261,522

二十畫

蘇利 Maximilian de Béthune
　Sully 17
蘇契 Zouche, Richard 21
蘇永欽 92
蘇亞勒茲 Suárez, Francisco 20

二十一畫

顧維鈞 173
櫻井利江 81

索引二：名詞

一　畫

一元論 9
一中各表 90
一般歸化 206
　－法律原則 33,60,61
　－法律原則之具體適例 .. 60
　－平民之保護 477
　－效力關係與適用原則 .. 66
一江山島戰役 527

二　畫

二元論 8
二次大戰後之區域戰爭 522
二〇〇四年車臣恐怖攻
　擊 395
九二共識 90
九一一恐怖攻擊 394,534
人工島嶼 315
人造衛星 196
人質問題 396
人權法院 249
　－保障之國際化原則 29
人道之介入 249
　－的干涉 145
人類之共敵 375
　－共同遺產 198
八二三砲戰 93,527
十字軍東征 16

三　畫

干涉 467
大使 110
大陸礁層 293,325
　－公約 328
　－之劃界問題 330
　－的法律地位 327
　－的歷史演進 326
　－在海岸相向或鄰
　　接兩國間之劃定 329
大陳島撤退 527
大韓航空機擊落事件 193
口頭之合意 34
女性歧視廢止公約 240

　－政治權利公約 240
已婚婦女國際公約 240

四　畫

內水 292,297
內海 298
內政不干涉 143
內國民待遇 220
內陸國之權利 294
　　－及地理上不利國 294
中立 513
　－水域 291,519
　－主義 514
　－地域 519
　－制度 512
　－制度之發展 521
　－化國家 515
　－國之義務 518
　－國之權利 518
　－與中立化國家 513
中亞戰爭 533
中東戰爭 528
中國分裂 88
　－的統一論 91
　－代表權問題 88
　－之承認問題 88
中美洲共同市場 435
中華民國之外交 106
　－民國領海及鄰接區
　　法 169,308
公使 110
公約 36
公海 293,332
　－公約 291,294,307,
　　333,336,340,372,373,375
　－漁業 347
　－漁業規範公約 350
　－之管轄權 334
　－之法律性質 333
　－上空之飛行 190,343
　－上捕魚的權利 348
　－上船旗國的義務 337
　－上船旗國的救助義務 . 338

　－上之緊追權與登臨權 .340
　－成立之歷史 333
　－自由之原則 334
　－生物資源的養護 349
　－生物資源的養護和
　　管理 348
公允與善良 33,65,454,459
六日戰爭 529
不宣而戰 487
不義之戰 19
不定期飛行 192
不行使武力之原則 28
不受歡迎人員之表示 120
不放棄使用武力統一台灣 .. 93
天然資源 412
　　－恒久主義 412
天賦人權思想 234
月球協定 198
巴拿馬運河 176
巴塞隆納法典 16
　　－牽引力、電燈及
　　　電力案 222
巴勒斯坦解放組織 100
巴黎國際航空條約 171
引渡犯人之限制 399
　　－之通則 398
日內瓦紅十字條約 68
　　－公約之追加議定書 .478
日本對釣魚台之主張 322
　　－與印度經濟合作協議 .288
　　－與我國對釣魚台之爭
　　　議 320
日、中、韓對專屬經濟區
　　之爭議 320
友好關係原則宣言 28,29,64,
　65,**136**,137,144,162,244,464,
　470,483,501,538
分久必合，合久必分 94
文藝復興與宗教改革 17
水下文化遺產保護公約 413
水鳥棲息地之國際重要
　　濕地公約 414

五 畫

外交 105
－使節 108
－使節之職務 111
－使節團 109
－使節團之派遣與接受 . 110
－使節團之特權與豁免 . 112
－保護 149,221
－政策 105
－部長 130
－職員 110
－關係 462
－關係之斷絕 488
－關係的斷絕 462
－特權之理由 112
－特權與豁免權之種類 . 113
－實施之特殊方式 107
外事法 14
外國人 214
－之入出境 215
－之行爲能力 215
－之權利能力 214
－待遇之標準 220
外國判決 377
－法人 218
－軍隊 130
－領空之飛行 192
－船舶上的法律管轄權 306
外太空法 195
外層空間委員會 195
主權 136
－平等 137
－豁免 139
－權利 138
－之性質 137
－之相互尊重 138
－之限制與轉讓 142
代辦 110
代表性之非政府組織 255
奴隸 387
市民法 14
世界法 250
－法之理論 250
－國家 251
－難民日 231
－環境日 407

－人權宣言 29,36,64,65,
201,205,216,227,235,236,
237,238,240,387,483
－旅遊組織（UNWTO）
 280
－氣象組織（WMO）... 279
－海關組織（WCO）... 281
－貿易組織（WTO）31,427
－貿易組織之爭端解決.441
－銀行集團 275
－衛生組織（WHO）.... 81,
253,**274**
－知識財産權組織
（WIPO）................... 279
－文化遺産及自然遺
産之保護 413
正戰論 469
正常基線 296
北極地區 182
北海大陸礁層案 330
北大西洋公約組織 508
北美自由貿易協定 31,435
立法條約 33
平時封鎖 466
申根協定 284
民族自決 92
－自決權 242
－自決權之意義 242
－自決原則 28
－解放團體 80
－解放戰爭 100
－解放鬥爭 98
－解放鬥爭列爲國際
武力爭端 479
史普尼克 171,195
史汀生主義 85
以色列戰爭 528
永久中立國 77
－和平論 251
－和平計畫 17
卡爾服條款 222
卡利艾斯和約 14
犯罪人引渡 223,398
古代的國際法 13
尼加拉瓜事件 64
生物化學武器 545

－化學武器之軍縮 545
－化學武器恐怖主義 546
－多樣性公約 415
－資源的養護 317
－毒素武器禁止公約 546
加羅玲號事件 **494**,495
加勒比海共同體 435
加重個人國際責任之原則...29
石油輸出國組織（OPEC）
 289
布雷頓森林協定 422

六 畫

先占 163
先發性自衛權之發動 494
合併 165
宇宙法 195
－法原則宣言 63
－條約 171,195,196
－通訊衛星 199
－環境之保護 200
－物體登記條約 197
－救助返還協定 196
－損害責任公約 196,197
－一九五四號損害賠償案.197
宇航員 195
寺院法 16
仲裁協定 37
任意規範 50
冰封區域 360
托巴主義 86
自由海論 19,290
－貿易 433
－貿易協定 433
－貿易組織 433
自然法學派 21
－與萬民法 21,291
行政協定 37
－首長 129
－機關與外國簽定協
定之程序 41
西敏寺法 76
地球暖化 408
－公共財 407
地雷禁止條約 485
西歐聯盟 506

西羅馬帝國 15
西撒哈拉爭端 64
　　－之自決 99
　　－公民投票監察團 .. 99
西非國家經濟共同體
　　（ECOWAS） 439
交戰團體 78
伊拉克戰爭 531
　　－哈珊之審判 385
伊朗與伊拉克戰爭 529
成立聯合國 26
安全通行證 229
　　－理事會之爭端處理 ... 450
安地斯共同市場 436
光華寮事件 102
刑求禁止公約 397
有名譽之監禁 400
有社會就有法律 250
有害廢棄物越境移動及
　　巴塞爾條約 410
艾士屈拉達主義 86
各國對中國之承認 90
多邊投資擔保機構
　　（MIGA） 276,425
印度與巴基斯坦戰爭 526
　　－領土上通行權事件 67

七畫

邦聯 75
身合國 75
庇護權 226
庇護權之起源 227
折衷學派 22
低潮高地 299
判決之效力 461
　　－解釋 461
形式的法源 32
攻佔喀布爾 534
防空識別區 191
防止及懲罰滅種罪公約 29,
　　43,51,54,236,239,382,**388**
　　,492
　　－侵害外交代表罪行
　　公約 70,131,376,**392**,
　　394,535
君士坦丁堡條約 176

即成的習慣法論 58
伯羅奔尼撒戰役 14
投資爭端解決公約 440
車諾比原子能事故 410
利比亞與馬爾他大陸礁
　　層劃界案 331

八畫

河口 298
協定 36,38
協議 36,38
征服 165
抵制 152
和解 449
和平條約 490
　　－之解剖 251
定居種 320
空中自由 193
　　－轟炸 473
空戰法規 473,474
　　－規則 474
空域之國際法 186
固有國籍 205
芳沙加灣 62,301
宗教戰爭 18
兒童士兵 241
　　－買賣 242
　　－權利 241
　　－權利公約 242
使節之法 14
　　－團之派遣 109
　　－團之構成員 110
直線基線 296
直接播放衛星 199
非核地帶（NWFZ） 542
非洲聯盟（AU） 287
　　－人權憲章 239,244,**248**
非自治區域 181
非政府組織 254
　　－之分類 254
非國際爭端 445
非審判程序 447
非軍事化區域 547
非關稅障礙之撤除 432
非戰公約對戰爭之違法化 .470
法律主體 71

　　－爭端 445
　　－之衝突 2
法源的種類 32
法官之創造法律 60
法院之強制管轄事項 11
兩立性原則 43
兩國相爭不斬來使 13
兩岸經濟合作架構協議 31
金門古寧頭 93
取得的國籍 206
亞馬非法典 16
亞洲局部戰爭 522
　　－開發銀行（ADB） ...281
京都議定書 31
波斯灣戰爭 529,531
東南亞國家協（ASEAN）..287
　　－協會自由貿易區 31
　　－國家協會自由貿
　　易區（AFTA） 438
東歐經濟互助委員會
　　（CMEA） 437
阿波羅 10 號 198
阿拉巴馬號事件 149
阿拉伯國家聯盟（LAS） 285
阿布扎比仲裁裁判事件 327
阿基萊‧勞倫號的劫船事
　　件 396
委任統治區域 179
武力行使之規範 471
武裝兵力之構成員 476
近代國家之成立 18
　　－國際法之特色 23
　　－國際社會之成立 18
帕爾馬斯島事件 149,166
帕里維亞寺廟事件 61,159
拉丁美洲自由貿易協會 436
泛美航空機爆炸墜落事件 ...67
沿海國法律和規章的執行 .316
　　－對大陸礁層的權利 .328
制止非法劫持航空器公約 ..52,
　　376,**390**,393,535
　　－危害航空安全之非法
　　行為公約 51,376,
　　391,393,535

九畫

宣言 36
　－之種類 482
　－之法律效果 482
宣戰 487
封鎖 465
封建制度的建立 16
軍艦 130,307
　－之通航 310
　－之通航權 306
　－之無害通航權 307
　－與政府船舶之地位 338
軍備管理 537
軍用航空機 131
軍事法庭之設置 381
政合國 75
政治犯罪 400
　－犯罪之目標 401
　－犯不引渡之原則 ..224,402
　－庇護 227,402
　－爭端 444
　－流亡者 402
政府之承認 85
　－之繼承 102
　－承認之效果 87
　－承認的原則 86
帝政論 251
帝國會議 Imperial Conference
　.............................. 76
流亡政府 80
南生護照 231
南極地區 183
　－土地之爭執 183
　－條約之成立 183
　－條約之締結 184
　－條約協議會 185
　－環境保護條約 185
　－海狗類動物保護公約 .. 186
　－海岸生物資源保育
　　公約 185
　－礦產資源活動規則
　　公約 186
南海群島問題 174
南羅德西亞問題 498,502
南美南部共同市場 436
南斯拉夫國際刑事法庭 .. 382
侵犯領空 193

侵略行為 500
契約條約 33
契約或約定 36
活動領土 171
保護主義 374
叛亂團體 80
　　－之行為 152
威士比法典 16
威斯特伐利亞條約 18
　　　－會議 81,109
俘虜之待遇 477
毒氣與細菌 481
毒瓦斯禁止宣言 483
相當之注意 220
美麗島事件 400
美中上海公報 91
　－建交公報 91
　－八一七公報 91
美洲人權公約 .. 29,202,239,
　247,248
　－人權法院 248
　－人權委員會 248
　－國家組織 506
　－自由貿易協定 434
　－自由貿易區域 435
美國牛肉進口 42
　－入侵阿富汗 534
　－之反恐戰爭 536
　－大使館人員在德黑
　　蘭之人質事件 131
後法優於前法 67
　－廢止前法 67
降河產卵魚種 319
紅十字軍號事件 448
背信棄義之禁止 479
英國海洋主權論 290
重要之人權保障 240
革命成立的政府 86
限制領土變更的方式 175
科學技術與國際法發展 30
科索沃爭端事件與聯合
　國之干涉 147
洛克比航空機墜機事件 67,395
突尼西亞與利比亞大陸
　礁層案 330

十畫

個人 201
　－之國際法主體 201
個別自衛權 493
　－的安全保障 493
時效 166
島嶼 304
海峽 309
　－沿岸的義務 313
　－沿岸國得制定法律
　　和規章 312
海戰 472
　－法規 472,473
　－有關中立國權利義
　　務公約 68
海灣 299
　－的種類 300
　－合作委員會（GCC）
　　..........................286
海洋法 290
　－公約案 169
　－之法典化 291
海洋污染 350
　　－條約 354
　　－形成原因 353
　　－防止公約 354
　　－、防止、減少和
　　　控制措施 355
　　－的監測和環境
　　　評價 355
海洋主權論 291
　－科學研究 361
　－科學研究者之責任 ..365
　－科學研究者之義務 ..364
　－科學研究的國際合作 .362
　－科學和技術中心 368
　－哺乳動物 319
　－環境保護 350
　－環境保護和保全規定 .351
　－爭端之解決 369
　－之法律上區分 292
　－技術的發展和轉讓 ..365
　－技術轉讓的國際合作 .367
海上犯罪 339
　－警察權 339
　－不法行為之取締 339

海底電纜 342
　－管線 342
海盜行為 385
海上武裝強盜 375
海盜船舶或飛機 387
海牙和平會議 25
　－國際法法典化會議 291
海事法的編纂 16
海坡思福特條約 177
狹口海灣 300
航行安全 339
航空犯罪 389
　－法之制定 187
　－法之起源 187
　－器之分類 190
　－器之國籍 189
　－器內犯罪和其他行
　　　為公約 **390**
恐怖主義 393,535
　－攻擊活動 394
　－行為鎮壓之歐洲公
　　　約 400,536
　－活動是民族間的戰爭 536
扇形原則 58,183
　－理論 182
效果理論（effect theory）.. 373
特殊歸化 206
特別提款權 424
　－法優於普通法 67
　－使人痛苦之子彈 481
　－條約之海峽制度 313
特定產品輸入之緊急措施 430
　－一般武器禁止限制
　　　使用公約 485
衰敗國家 96
託管制度 179
　－區域 180
逃避條款 430
飛彈防衛 544
　－技術管制協定 544
飛航情報區 190
核子保護傘 541
　－武器裁減 540
　－武器試驗 539
　－武器嚇阻 541
　－武器之使用 538

　－武器不擴散條約 541
　－物質防護公約 540
原子能事故 410
　－事故通報公約 411
　－事故援助公約 411
　－損害賠償 411
　－損害賠償責任 411
　－損害之民事責任有
　　　關之維也納公約 412
原產地規則 430
原住民族權利宣言 65
財產之處理 488
浮動的領土 373
破壞和平罪 380
紐倫堡原則 379
高夫海峽事件 310,450,455
高度迴游魚種 318
納米比亞事件 64
　－之民族自決 98
臭氧層之保護 408
　－保護之維也納公約 . 408
馬爾他修道會 81
馬棻裏沙黑夫的地面攻擊 . 534
恩德培機場事件 158
索馬利亞海盜 375
涉外民事法律適用法 3
格陵蘭與揚馬延島事件 332
氣候變動之政府間研討會 . 409
哥倫比亞對秘魯之庇護權
　　　案 228

十一畫

國家 73
　－之分裂 95
　－之作為 155
　－之要素 73
　－之消滅 97
　－之義務 135
　－之權利 135
　－之不作為 155
　－之不承認主義 85
　－之外交關係 105
　－之安全保障 492
　－之國際犯罪 154
　－之國際法上行為 153
　－之國際法律行為 153

　－之國際侵權行為 154
　－之國際違法行為 154
　－之基本權利義務 133
　－之違法性阻卻事由 156
　－元首 128
　－名稱 73
　－形態 75
　－承認 82
　－承認之方式 83
　－承認的適時問題 84
　－承認的法律性質或
　　　法律效果 84
　－承認與政府承認之
　　　區別 88
　－責任 148,150
　－責任之發生 150
　－責任之解除 159
　－責任法之歷史 149
　－領土 161
　－機關 104
　－聯合 75
　－繼承 101
　－繼續之原則 102
　－的領域 161
　－對難民之庇護 230
　－對外關係之外交工
　　　作者 108
　－管轄權之行使 372
　－管轄之立法主義 373
　－違反國際法行為 150
　－權力均衡的原則 19
　－義務之性質而分類 155
　－經濟之權利義務憲章 .420
　－平等與主權尊重之
　　　原則 28
國協 76
國內河川 177
　－法優位論 9
　－法與國際法之區別 7
　－法與國際法之關係 8
　－管轄事項與國際法 12
國會外交 108
國際犯罪 225,371
　－合作 106
　－私法 2
　－私法之內容 3

－私法之公序 3
－河川 177
－河川之特性 177
－河川委員會 178
國際法院 453
　　－之裁判 458
　　－之審理 460
　　－之裁判基準 459
　　－之訴訟程序 459
　　－之管轄權 455
　　－之開庭與分庭 457
　　－的訴訟當事國 457
　　－規約及規則 454
國際法之父 19
　　－之目的 6
　　－之客體 72
　　－之對象 6
　　－之強制力 4
　　－之法律性質 4
　　－之效力關係 66
　　－之拘束力與執行力 5
　　－主體 71
　　－判例 33
　　－協會 68
　　－學會 68
　　－學說 33
　　－學之確立 19
　　－學之方法論 20
　　－的淵源 32
　　－的發展 27
　　－的意義 1
　　－的歷史 13
　　－優位論 9
　　－與國內法 7
　　－與國家管轄權 371
　　－與國內管轄事項 11
　　－委員會之成果 69
　　－法典化之作業 69
　　－發展之基本原則 ... 27
　　－在國內法上之地位 ... 8
　　－對環境損害之基準　417
　　－、國際禮讓及國際
　　　道德之區分 59
國際爭端 444
　　－之種類 444
　　－之和平解決 446

－之和平處理條約 ... 68
國際海峽 309
　　－之通航制度 310
　　－內之海道和分
　　　道通航制 312
國際海事組織（IMO）..... 278
　　－衛星組織 199
國際海底區域 344
　　－管理局 344
國際商會 256
國際商務仲裁 440
　　－調解 440
國際組織 250
　　－之分類 253
　　－之要件 252
　　－之設立 257
　　－之解散 258
　　－之構成員 259
　　－之法律性質 252
　　－之爭端處理 450
　　－之內政不干涉
　　　原則 146
　　－設立條約 258
　　－與內政干涉 146
國際習慣 57
　　－法 33,58
國際會議 257
　　－的決議及宣言 63
　　－決議與宣言之
　　　效力 64
國際運河 176
　　－調解 449
　　－機關 104
　　－禮讓 59
　　－公務員 272
　　－化區域 176
　　－貿易法 421
　　－貿易組織 426
　　－經濟法 419
　　－經濟之爭端 439
　　－環境法 404
　　－之形成 405
　　－之原則 406
　　－之歷史 405
國際人權公約 237
　　－人權保障之發展 234

－司法裁判 453
－民航條約 171
－仲裁裁判 452
－刑警組織 225,371,377
－刑事法庭之追訴 384
－刑事法庭之設置 382
－金融公司（IFC）276,425
－特赦組織 255
－移民組織 233
－清算銀行 426
－貨幣制度 423
－貨幣基金 423
－貨幣基金組織
　（IMF）................. 277
－貨幣基金之宗旨 423
－勞工組織（ILO）...... 273
－原子能總署（IAEA）
　.............................. 281
－開發協會（IDA）.276,425
－聯盟組織 26
－聯盟與國內管轄事項 ...11
－難民組織 233
－電信聯盟（ITU）...... 278
－民用航空公約 188
－民用航空組織
　（ICAO）............... 278
－航空運輸協定 188
－航空業務過境協定 188
－國會議員聯盟 256
－復興開發銀行
　（IBRD）............275,424
－農業發展基金
　（IFAD）............... 274
－電訊衛星組織 199
－適航水路公約 178
－公法與國際私法 2
－公法與國際私法之
　區分 4
－社會之普世理念 30
－社會存在之認識 1
－機構的決議宣言 33
－投資爭端解決中心
　（ICSID）................ 277
國際碰撞民事管轄規定
　公約 372
國籍之回復 207

－之取得 205
－之牴觸 208
－之喪失 207
－之意義 204
－與華僑 209
－選擇權 204
－自由之原則 205
－喪失之回復 208
－規定之立法例 204
－主義或屬人主義 374
條約 34,36
－關係 102,488
－之加入 51
－之保留 42
－之效力 46
－之無效 48
－之登記 40
－之解釋 52
－之締結程序 39
－之和平的變更 56
－之終止、暫停或條約
　之退出 53
－的分類 37
－的名稱 35
－的修正 56
－的修改 57
－的構成要素 34
－履行之確保 547
－必須遵守（pacta sunt
　servanda） 46
－對第三國之效力 47
－法公約之保留制度 43
－法公約規定的程序 40
條款 37
規約 36
添附 164
基線 296
深海底 293,343
　－開發 345
　－開發制度 346
　－之平行開發 347
　－規律原則宣言 344
組織法 36
強行法規 2
　－規範 68
強制規範問題 50

－執行之豁免 141
軟性法律 64
　－之具體內容 64
排除條款 3
閉鎖海論 291
務實外交 107
陸戰法規 471
　－及慣例條約 68,472
　－及其慣例規則 472
船舶之地位 335
　－之國籍 336
　－污染防止之國際公約.355
　－污染的規範 356
　－和飛機在過境時義務.311
釣魚台位置 321
　－列嶼漁業談判 323
　－日本巡邏艦撞船
　　事件 323
　－中國漁船與日本
　　巡邏艦相撞事件.....323
通商航海條約 422
專屬經濟海域 293,314
　－海域上空之飛行.317
　－海域及大陸礁層
　　法大陸礁層 170
　－區內之生物資源.317
　－區內和大陸礁層
　　上的海洋科學研
　　究 363
常駐外交使節 109
區域性人權保障 246
　－國際組織 282
　－集體安全保障 505
區域機關之利用 451
彩虹戰士號事件 160,**451**
梵蒂岡城邦國家 77
現代國際法之發展 25
被害的屬人或國籍主義.374
魚種個別資源之國際合作.....318

十二畫

換文 37
報仇 464
　－與報復之不同 464
報復 463
裁軍 537

－會議 538
裁判不能 458
　－拒絕 458
湖泊 297
割讓 164
彭佳嶼 321
無國籍 213
　－減少公約 213,214
無害通航權 304
登臨權 341
單一國家 75
越南戰爭 524
普遍主義 374
　－管轄原則 374
朝鮮戰爭 522
　－統一問題 523
　－聯合國軍隊 523
森蚺行動 534
開羅宣言 92
開戰之效果 488
　－有關公約 68
間接侵略 501
第三代人權 243
第三國仲裁 449
第一次世界大戰 26
第二次世界大戰 26
第2758號決議案 88
第二次大戰後海洋法發展.291
普尼克戰爭 14
最後議定書 36
最惠國待遇 220
發展之權利 244
等距離中線 330
超國家組織 254
集體自衛權 495
　－的安全保障 496
港口與泊船處 299
斯哥西亞船案 58
華沙條約組織 509
黑海經濟合作組織 438
殖民地賦予獨立宣言 63

十三畫

傭兵 477
媾和 489
　－條約 490

盟約 36
傾銷 429
義戰 19
義戰論 15
義勇軍團 79
萬民法 290
萬國公法 24
　—郵政聯盟（UPU）.... 279
群島國 301
　—水域 292,302
　—基線 302
群民總動員 79
禁止反言 60
　—宣言 482
　—使用之武器 481
　—毒氣及細菌等使用
　　議定書 485
傳統武器 480
　—之海洋觀念 290
　—之和平維持活動 510
新的戰爭 535
新大陸的發現 17
新發展之人權 243
新政府承認之方式 87
預防外交 107
奧朗法典 16
經濟制裁 465
　—斷絕 465
　—關係斷絕 465
違反人道罪 381,382,385
　—和平罪 381,382
　—戰爭法規 382
極地之歸屬 182
準國家主體 78
傷病者之保護 475
溯河產卵種群 319
聖彼得堡宣言 483
達姆彈禁止宣言 483

十四畫

領土 161
　—保全 161
　—權源 163
　—權源取得之方式 163
　—之規定 167
　—之範圍 167

　—之變更 172
　—的自然延長 330
　—不擴大之原則 172
領空 171,186
　—主權 186
　—主權之確立 188
領事 108,118
　—之沿革 118
　—之種類 120
　—之職務 121
　—之構成員 120
　—之派遣與接受 119
　—之特權與豁免 122
　—裁判權 119
　—館之設立 119
　—職務之執行 122
領海 168,292,295
　—內的海洋科學研究 363
領陸 167
領域主權 162
　—外庇護 228
　—庇護宣言 227
斡旋 448
滿州國 84
緊追權 340
榴霰彈 486
寬口海灣 300
對日和約 88
蓋世太保 389
綠色和平 255
蓮花號案 372,373
旗國主義 172,336
漁業海域 348
漁灘事件 447
實證道德 5
　—法學派 21
　—法學之興起 24
實質的法源 33
漢撒聯盟 17
維爾頓條約 16
臺灣獨立論 92
　—關係法 94,95
　—中立化論 93
　—海峽戰爭 527
　—海峽之中線 313
　—海峽飛彈危機 528

　—地位未定論 92
　—赴歐免簽案 285
　—領土之歸屬 174
　—之國際法地位 91
　—的歸屬是未定 173
　—進入聯合國問題 264
　—與澎湖之領土變更
　　問題 172
　—地區與大陸地區人
　　民關係條例 92
種族隔離制度 241,392
　—隔離罪之鎮壓及處
　　罰之國際條約 241,393
　—歧視等問題 392
　—歧視及隔離條約 241
　—歧視廢止國際條約
　　241,393
赫爾曹工廠案 61
遙控探查衛星 199
劃界採中間線原則 295
蒙特維多國家權利義務
　公約 74,133

十五畫

談判 447
調查 447
調停 448
摩奴法典 480,548
摩加迪休機場事件 158
審判程序 452
歐洲聯盟 31,282
　—人權法院 247
　—人權委員會 246
　—人權保護公約 29,72,
　　202,203,**246**
　—自由貿易協會
　　（EFTA）................. 437
　—安全暨合作組織 507
　—安全暨合作會議最
　　後議定書 507
　—地區之武器限制 481
敵國人之處理 488
德拉哥・波特公約 68
廣島長崎投下原子彈 539
敷設自動觸發水雷公約 484
撒哈拉阿拉伯民主共和國 ...81

賦予殖民地國家和人民
　　獨立宣言 28,93,145,
　161,181,203,**243**
廢棄物及其他物丟棄海
　　洋污染防止公約 354

十六畫

憲章 36
戰爭 468
　－犯罪 379,491
　－犯罪無時效限制 492
　－法規 471
　－之終止 489
　－之過程 486
　－犧牲者之保護公約
　　　－日內瓦公約 474
戰鬥員 478
戰時封鎖 467
　－海軍轟擊公約 473
戰俘之資格 476
戰略核子武器 543
　－武器之限制 543
　－武器裁減交涉 543
　－攻擊力裁減條約 544
鄰接區 308
　－水域 292
　－原則 149,166
衡平原則 331
諾特朋案 63,222
歷史性海灣 300
辦法或補充協定 36
盧安達國際刑事法庭 383

十七畫

礁石 299
臨時保全 460
環境破壞 415
　－難民 415
　－之意義 404
總議定書 37
聯邦國家 75
聯合國大會 266
　－大會之權限 505
　－大會之爭端處理 451
　－憲章 260,538

－憲章之制定 260
－憲章之禁止行使
　武力 470
－憲章與裁軍會議 538
－憲章與國際和平 261
－之宗旨 262
－之財政 272
－之人權保障 235
－之行動原則 262
－之要員及關係要
　員之安全公約 397
－秘書長 272
－秘書處 271
－備用軍 282
－備用武力 282
－會員國 263
－會員的除名 265
－會員的停權 265
－觀察員 265
－緊急軍（UNEF）..282
－人權保障 245
－人權委員會 245
－人權教育十年 245
－人權高級專員公署 245
－成立經過 260
－環境計畫 406
－環境之保護 406
－環境開發會議 407
－安全理事會 269
－和平維持軍 512
－和平維持活動
　（PKO）................. 509
－託管理事會 271
－蒲隆地活動
　（ONUB）............. 512
－工業發展組織
　（UNIDO）............. 280
－為會員國的要件.....263
－與國內管轄事項......11
－糧食及農業組織
　（FAO）................. 273
－氣候變化綱要公約.409
－經濟暨社會理事會.270
－最高司令官總司
　令部 92

－教育、科學及文化組
　織（UNESCO）.....274
－麻藥及精神藥物不
　法交易之防止公約.397

十八畫

羅地法 16
羅馬法 16
羅得島法 14
雙重國籍 212
　－國籍問題 209
　－否決權 270
　－國籍人之地位 212
舊金山和約 **92**,173,174,322
　－會議 260

十九畫

難民 230
　－公約 231
　－地位有關公約 231
　－地位有關的議定書......232
　－之驅逐送還禁止之
　　原則 232
藏獨 94
疆獨 94
關稅 431
　－同盟 431
　－估價 432
　－暨貿易總協定 427
霧社事件 483
藤森引渡要求 399

二十畫

議定書 36
蘇伊士運河 176
蘇聯入侵阿富汗 533

二十一畫

蘭嶼 321
屬地主義 373
驅逐出境 217

二十三畫

變質理論 9

索引三：國際條約、公約、協定

一　畫

1973 年船舶污染防止之國際公約 354

二　畫

人類環境宣言 30,65
人質禁止公約 394,535
人質禁止之國際公約 396
人種差別撤廢條約 29
人權有關之世界宣言 237
人的權利及義務之美洲宣言 247
人民的權利及義務有關的美洲宣言 247,248

三　畫

凡爾賽條約 **176**,178,202,234,273,313,483
大陸礁層公約（Convention on the continental
　shelf）.............................291,327,**328**,330,332
大陸礁層宣言 291
女性歧視廢止公約（Convention on the
　Elimination of All Forms of
　Discrimination against Women）..236,239,**240**
女性政治權利公約（Convention on the
　Political Rights of Women）.......................240
女性政治權利賦予公約（Convention on
　the Granting of Political Rights to
　Women）...240
已婚婦女國際公約（Convention on the
　Nationality of Married Woman）................**241**

四　畫

中日和約 320
中美洲經濟統合條約 435
中美共同防衛條約 36
中美和平修好條約 77
中美通商航海條約 422
中國代表權議案 88
中華民國與多明尼加引渡條約 225,403
友好條約（Treaty of Friendship）...................15
友好互助條約 517
友好關係原則宣言 28,29,64,65,**136**,137,
　144,162,244,464,470,483,501,538
友好同盟相互援助條約 92,173
公海公約（Convention on the High Seas）..291,
　294,307,**333**,336,340,372,373,375,
公海漁業規範公約（Agreement for the

Implementation of the Provisions of the
United Nations Convention on the Law
of the Sea of 10 December 1982 relationg
to the Conservation and Management of
Straddling Fish Stocks and Highly
Migratory Fish Stocks）.............................**350**
公海生物資源保護條約 348
公民權利及政治權利國際公約....29,93,216,236,
　237,238,**239**,243,248,387,413,449
公民權利及政治權利國際公約第二任意
　議定書 201
公民權利及政治權利國際公約第一選擇
　議定書 237
公民權利及政治權利國際公約第二選擇
　議定書 238
丹麥條約 313
月球協定（Moon Agreement）..............**198**,541
月球及其他天體之國家活動規律協定
　（Agreement Governing the Activities of
　States on the Moon and Other Celestial
　Bodies）...198
巴黎和約 517
巴黎宣言（Declaration of Paris）36,473,482,**513**
巴黎條約 149,166,178,187,280
巴黎會議 257
巴塞爾條約 410
巴塞隆納法典（Consolato del Mare）...........16
巴塞隆納會議 178
巴黎廢戰禁約（Pact of Paris）.....................36
巴黎國際航空公約（Convention relating to
　the Regulation of Aerial Navigation）171,186,
　187,188,189
巴勒斯坦人民自治協定 529
巴勒斯坦人局部自治協定 529
巴勒斯坦自治原則宣言 529
巴拿馬運河永久中立與營運條約 177
引渡專約 36
日內瓦公約 80,383,441,471,472,473,**474**,
　477,492
日內瓦公約之追加議定書（Protocol
　Additional to the Geneva Conventions of
　12 August 1949）（Protocol Additional to
　the Geneva Conventions of 12 August
　1949）.....................................80,415,473,**478**

日內瓦公約追加之國際性武力爭端之犧
　牲者的保護有關之議定書 479
日內瓦公約追加之非國際性武力爭端之
　犧牲者的保護有關之議定書 479
日內瓦協定 96
日內瓦法規 471
日內瓦四公約 474
日內瓦議定書 485
日內瓦紅十字條約之原則應用在海戰之
　條約 68
日滿議定書 84
日華和平條約 88,174
日本與印度經濟合作協議（Japan, India
　sign deal to boost trade, investment）.........289
文民保護條約 472
五種自由協定 188
化學武器禁止公約（Convention on the
　Prohibition of the Development, Production,
　Stockpiling and Use of Chemical Weapons
　and on their Destruction）............472,474,480,
　483,485,538,545,547
化學物質有關之附屬書 546
化學武器之開發、生產、儲藏及使用之禁
　止及廢棄有關之公約 545
反對兒童商業性搾取之世界會議 242
水下文化遺產保護公約（Convention on
　the Protection of Underwater Cultural）.....413
水鳥棲息地之國際重要濕地公約
　（Convention on Wetlands of International
　Importance Especially as Waterfowl
　Habitat）..414
不分人種、國籍、信仰與性別的個人基本
　權利宣言 247

五　畫

世界人權宣言（Universal Declaration of
　Human Rights）..............29,36,64,65,201,205,
　216,227,235,236,237,238,240,387,483
世界氣象組織條約 279
世界文化遺產及自然遺產之保護
　（Convention for the Protection of the
　World Cultural and Natural Heritage）.......413
世界智慧財產權組織設立條約 280
世界貿易組織之馬爾喀什協定 427
世界貿易組織協定（WTO）........................419
世界銀行集團（World Bank Group）...........275
世界衛生組織（WHO）..................................81,
253,274,539,546
世界衛生組織憲章 274
申根協定（Schengen Agreement）..............284
外交關係條約 453
外交官保護公約 131,392
外國仲裁判斷之承認與執行有關之條約.....441
卡利艾斯和約 14
生態保護條約 405
生物多樣性公約（Convention on
　Biological Diversity）............................407,415
生物毒素武器禁止公約（Convention on the
　Prohibition of the Development, Production
　and Stockpiling of Bacteriological
　（Biological）and Toxin Weapons and on
　Their Destruction）..472,480,485,538,545,546
布魯塞爾條約 140,506
布雷頓森林協定（Bretton Woods
　Agreement）..422,423
北大西洋公約組織條約 508
北美自由貿易協定（North American Free
　Trade Agreement－NAFTA）..31,421,433,435
北京禁止販奴會議總議定書..........................37
包括性的核子試驗禁止條約（Comprehensive
　Test-Ban Treaty－CTBT）....................540,541
以巴臨時和平協議懷伊阿協議....................529

六　畫

自由貿易 433
自由貿易協定（Free Trade Agreement－
　FTA）...433
宇宙條約（Outer Space Treaty）......56,171,176,
　196,197,480,541,547
宇宙法原則宣言 64
宇宙物體登記條約（Convention on
　Registration of Objects Launched into Outer
　Space；法：Convention sur l'immatriculation
　des objets lancés dans l'espace
　extra-atmosphérique）................................ 197
宇宙救助返還協定（Agreement on the Rescue
　of Astronauts, the Return of Astronants and
　Return of Objects Launched into Outer
　Space）...196,197
宇宙損害責任公約（Convention on
　International Liability for Damage Caused
　by Space Objects）...................................... 196
宇宙損害賠償責任公約 197
宇宙物體引起之損害關於國際責任之條約. 196

宇宙太空人之救助及返還，與送上宇宙空
  間之物體的返還有關協定 196
交戰法規 379,468
同盟條約（Treaty of Alliance）......................15
西姆拉協定 527
西南非理事會 99
死刑廢止條約 238
死刑廢止之議定書 247
地雷禁止條約（Mine Ban Treaty）.............485
地球暖化防止條約 409
汎美商業航空條約 187
伊比利亞美洲航空條約 187
仲裁規則有關之議定書 440
地下核子武器試驗限制條約 540
地中海陸上起因之污染防止議定書 353
多國籍企業之行為指針或行動綱領 65
有害廢棄物越境移動及巴塞爾條約（Basel
  Convention on the Control of
  Transboundary Movements of Hazardous
  Wasts and Their Disposal）.........................410
各國內政不容干涉及保護獨立與主權宣
  言 144

七畫

伯恩條約 280
君士坦丁堡條約 176
投資爭端解決公約（Convention on the
  Settlement of Investment Disputes
  between States and Nationals of Other
  States）..**440**,441
防止核武繁衍條約 480
防止及懲辦滅種罪公約（Convention on
  the Prevention and Punishment of the
  Crime of Genocide）..............................29,43,
  51,54,236,239,382,**388**,492
防止及懲治殘害人群公約 492
防止侵害外交代表罪行公約（Convention on
  the Prevention and Punishment of Crimes
  against Internationally Protected Persons,
  including Diplomatic Agents）.............70,131,
  376,**392**,394,535
防止危害航空安全之侵權行為條約 67,395
改善戰地武裝部隊傷者境遇的日內瓦公約
  （Geneva Convention for the Amelioration
  of the Condition of the Wounded and Sick in
  Armed Forces in the Field of August 12,
  1949）...474

改善海上武裝部隊傷者病者及遇船難者境
  遇的日內瓦公約（Geneva Convention for
  the Amelioration of the Condition of the
  Wounded, Sick and Shipwrecked Members
  of Armed Forces at sea of August 12, 1949）
 474
利用不可能檢出破片之武器有關之議定
  書 485

八畫

和平條約 490
和平促進條約（Treaty for the Advencement
  of Peace）..448
和平友好一般條約 86
和平解決之美洲條約 506
和平解決國際爭端總議定書..................66,**459**
和平目的之地下核子試爆條約....................540
東京公約 390
東南亞非核武器地帶條約 542
非戰公約（Treat for the Renunciation）.. 28,45,
  51,464,**470**
非洲人權憲章（African Charter on Human
  and People's Rights）....................239,244,**248**
非洲團結組織憲章 287
非洲非核武器地帶條約 542
非政府機構、民間團體或私人國際組織
  （private international organization）.......254
孟都條約 436
亞琛會議 257
亞馬非法典（Tabula Amultitana）.................16
亞洲開發銀行設立之協定 281
空戰法規 471
空戰有關之規則 474,513
芝加哥條約 172
芝加哥國際民用航空條約 189
京都議定書（Kyoto Protocol）.........31,**409**,410
奈洛比宣言（Nairobi Declaration）..............406
波哥大憲章 506
波茨坦宣言（Potsdam Proclamation）... 90,172,
  320,381
法典化條約（codification convention）.........69
法朗克福條約 205
拉特朗條約（Lateran Treaty）.......................77
拉丁美洲及加勒比海地區核子武器禁止
  條約 542
兒童權利公約（Convention of the Rights of
  the Child）....................................236,239,**242**

兒童權利宣言 242
武裝中立宣言 513
阿拉伯聯盟規約 285
兩岸經濟合作架構協議（Economic
　Cooperation Framework Agreement－
　ECFA） 31
兩國友好通商航海條約 468
制止非法劫持航空器公約（Hague
　Convention for the Suppression of
　Unlawful Seizure of Aircraft） 52,376,**390**,
　393,535
制止危害航空安全之非法行為公約
　（Convention for the Suppression of
　Unlawful Acts against the Safety of Civil
　Aviation） 51,376,**392**,394,535
制止危及海上航行安全非法行為公約 340
放射性之損害符合損害賠償公約 197
油污染損害之民事責任國際條約 353
油污染損害補償之國際基金設立之國際
　條約 353
油之污染附隨事故之公海上處置有關國
　際條約 353

九畫

柏林會議 178
南極條約 176,**184**,480,541,542,547
南極條約協議會（Antarctic Treaty
　Consultative Meetings） 185
南極條約環境保護議定書 186,407
南極環境保護條約（Protocol on
　Environmental Protection to the Antarctic
　Treaty） 185
南極海狗類動物保護公約（Convention for
　the Conservation of Antarctic Seals） 186
南極海洋生物資源保育公約（Convention
　on the Conservation of Antarctic Marine
　Living Resources） 185
南極礦產資源活動規則公約（Convention
　on the Regulation of Antarctic Mineral
　Resource Activities） 185,**186**
南太平洋非核地帶條約 542
俘虜條約 472,479
俘虜待遇條約 476
哈瓦那憲章 426
哈瓦那庇護公約（Havana Convention on
　Asylum） 228
威士比法典（Leges Wisbuenses） 16

威斯特伐利亞條約（Treaty of Westpharia）
　...18
威斯特法利亞會議（Westphalia
　Conference） 81,109,**257**
美因茨條約 177
美中上海公報 91
美中建交公報 91
美中八一七公報 91
美洲人權公約（American Convention on
　Human Rights） 29,202,239,**247**,248,249
美洲人權法院（Inter-American Court of
　Human Rights） **248**
美洲人權宣言 248
美洲人權委員會（Inter-American
　Commission on Human Rights） **248**
美洲自由貿易協定 **434**
美洲相互援助條約 506
美洲國家組織憲章 452,**506**
美國獨立宣言 82
美國與巴西引渡條約 225,402
紅十字會公約 474
保護關係條約 165
保護人權及基本自由公約（Convention for
　the Protection of Human Rights and
　Fundamental Freedoms） **246**
保護秘密情報有關之附屬書........................ 546
拷問禁止條約 203,236,239
毒瓦斯禁止宣言（noxious gas） **483**
毒瓦斯投射物之禁止使用宣言...................... 68
政府間的國際組織（governmental
　organizations） 252
政府間海事協議組織條約 278
政治庇護與避難公約（Treaty on Political
　Asylum and Refuge） 228
英法仲裁裁判條約 445
英美友好通商航海條約 452
限制武力索債公約 68
飛彈技術管制協定（Missile Technology
　Control Regime－MTCR） 544
飛彈輸出管理協定 544
建立國際經濟秩序宣言 29
為建立新國際經濟秩序有關之宣言.............. 420
為義務解決紛爭有關之選擇議定書.............. 412

十畫

海牙公約 226
海牙和平條約 80

海牙和平會議 68
海牙空戰規則 473
海牙陸戰法規 472,481
海牙陸戰公約 472
海牙陸戰規則 472
海牙航空郵函條款 37
海牙國際和平會議 187
海牙國際法法典化會議 291
海牙開戰時敵國商船地位公約 489
海戰法規（law of maritime（or naval）war）
471,473
海戰法規之倫敦宣言 513
海戰時中立國權利義務公約 513
海戰有關中立國權利義務公約 68
海洋法公約 27,169,298,348,351
海洋法四公約 70
海洋丟棄規範公約 354
海洋污染防止公約（International Convention
 for the Prevention of Pollution from Ships,
 1973）..353,354
海・瓦里拉條約（Hay-Varilla Treaty）..........520
海・龐斯福特條約（Hay-Pauncefote Treaty）
177,520
海底非核化條約 480,538,541,547
海上航行安全不法行為防止條約 397
海港之國際制度有關之公約及規程 299
班竹憲章 244,248
航空協定 188
航空郵包條款 37
航空器內犯罪和其他行為公約（Convention
 on Offences and Certain Other Acts
 Committed on Board Aircraft）....................390
倫敦宣言 473,482
倫敦條約 77
酒精條約 308
神聖同盟 37
馬關條約 205,321
馬斯垂克條約 284
馬德里秘密協定 81,99
柴克拉瑪條約 435
核子不擴散條約（Nuclear Non-Proliferation
 Treaty－NPT）..541
核子物質防護公約（Convention on the
 Physical Protection of Nuclear Material）..540
核子擴散防止條約 541
核子武器不擴散條約（Treaty on the
 Non-Proliferation of Nuclear Weapons）.....83,

537,538,540,541
特別使節團公約 70
特定一般武器禁止限制使用公約
 （Convention on Prohibitions of
 Restrictions on the Use of Certain
 Conventional Weapons which May be
 Deemed to Be Excessively Injurious or to
 Have Indiscriminate Effects）....................485
原住民族權利宣言 65
原子能事故通報公約（Convention on Early
 Notification of a Nuclear Accident）36,38,411
原子能事故援助公約（Convention on
 Assistance in the Case of a Nuclear
 Accident or Radiological Emergency）......411
原子能事故關聯兩公約 411
原子能事故早期通報有關公約....................411
原子能事故或放射性緊急情形時援助有
 關公約 411
原子能損害補充的有關補償條約................412
原子能損害之民事責任有關之維也納公
 約（Vienna Convention on Civil Liability
 for Nuclear Damage）................................412
氣候變化綱要公約 30
氣候變動有關之聯合國條約........................407
恐怖行為鎮壓之歐洲公約（European
 Convention on the Suppression of
 Terrorism）....................................394,535,536
恐怖主義資金供給防止條約..................394,535
臭氧層保護之維也納公約（Vienna
 Convention for the Protection of the
 Ozone Layer）................................404,408
哥倫比亞對秘魯之庇護案（The Asylum
 Case）..228
破壞臭氧層之物質的蒙特婁議定書............409
紛爭之義務解決有關之選擇議定書............453
射上宇宙空間之物體的登記有關之條約.....197

十一畫

統一條約 142
曼谷條約 542
曼海姆條約 178
國家條約 142
國家責任條文草案 150,156
國家責任公約之草案 70
國家權利義務宣言 134
國家代表等保護公約 131,392
國家基本權利義務宣言 133

國家經濟之權利義務憲章（Charter of
Economic Rights and Duties of States）65,420
國家機關關係之國家代表條約 70
國家管轄界限外之海床海底及底土之原
則宣言 346
國家與其他國家國民之間投資爭端解決
有關之條約 440
國際商務仲裁（international commercial
arbitration）..**440**
國際商務調解（international commercial
conciliation）..**440**
國際組織（international organization）........**250**
國際聯盟 84,85,259
國際聯盟盟約 11,28,36,40,42,56,85,146,
235,294,446,469,470
國際人權公約（International Covenants of
Human Rights）.27,29,56,72,201,**238**,413,449
國際奴隸條約 387
國際法委員會（International Law
Commission）...69
國際法院規則 **454**,456,460
國際法院規約 11,36,58,60,62,63,66,296,330,
332,445,**454**,455,456,457,459
國際民用航空公約（Convention on
International Civil Aviation）......171,186,187,
188,189,190,192,343
國際民用航空會議 188
國際民用航空暫行協定 36
國際防止海上油污公約 354
國際爭端之和平處理公約 25,68,**447**,452,453
國際爭端和平處理一般議定書 453,455
國際爭端和平解決公約 448
國際貨幣基金協定 36,423
國際勞工組織法 36
國際勞工組織憲章 259
國際勞動憲章 203
國際貿易組織憲章（Havana Charter for an
International Trade Organization）.............426
國際電信聯盟憲章 279
國際電報聯盟 278
國際電氣通訊條約 278
國際電氣通信聯盟條約 279
國際衛生會議 274
國際保護人員公約 129
國際航空運輸協定（International Air
Transport Agreement）.............................**188**
國際航空有關之決議 189

國際航空法外交會議 187
國際航空業務過境協定（International Air
Services Transit Agreement）....................**188**
國際復興開發銀行協定 423
國際適航水路公約（Convention and
Statute on the Regime of Navigable
Waterways of International Concern）.........**178**
國際碰撞民事管轄規定公約（International
Convention on Certain Rules concerning
Civil Jurisdiction in Matters of Collision）...372
國際農業發展基金設立協定........................... 274
國際會議所通過之最終議定書....................... 65
國際河川非航行利用之法有關公約
（Convention on the Law of
Nonnavigational Uses of International
Watercourses）.. 70,179
國際河川、湖沼及海洋污染防止條約......... 405
國際物品買賣契約有關之聯合國條約......... 422
國籍法公約 212,213
陸戰法規（Law of war on land）...........**471**,479
陸戰法規及其慣例規則（Règlement
concernant les lois et coutumes de la
guerre sur terre）...**472**
陸戰法規及慣例公約（Convention
Respecting the Laws and Customs of War
on Land）...................25,59,68,79,471,**472**,476
陸戰法規及慣例章程 79,**471**,483
陸戰之法典 472
陸戰時中立國權利義務公約....................... 513
莫斯科宣言 261
莫斯科條約 544,517
條約繼承公約 70
麻藥單一公約 397
通商航海條約（treaty of commerce and
navigation）..220,**422**
第一次海牙會議 257
第一次海牙和平解決國際爭端公約............. 447
第二次海牙會議 257
區域性的人權條約 203
婦女差別撤廢條約 29
常設國際法院規約 36,60
船舶登記條件公約（United Nations
Convention for Registration of ships）...... 336
船舶污染防止之國際公約（International
Convention for the Prevention of
Pollution from Ships）................................. **355**
深海底規律原則宣言（Declaration of

Principles Governing the Sea-bed and the
Ocean Floor, and the Subsoil therof, Beyond
the Limits of National Jurisdiction）...**344**,347
部分的核子實驗禁止條約（Partial Nuclear
Test-Ban Treaty－PTBT）83,537,538,**540**,541
商船變更爲軍艦有關之條約 307
強制解決爭端的任意議定書 291
從輕氣球投擲爆裂物之禁止宣言 474
從宇宙空間搖控探查地球有關原則
（Principles Relating to Remote Sensing
of the Earth from Outer Space）.................199
規範宇宙空間之探查及利用有關國家活
動之法律原則宣言 195
規範包括月球及其他天體之宇宙空間探
索及利用有關國家活動之條約（Treaty
on Principles governing the Activities of
States in the Exploration and Use of
Outer Space, including the Moon and
Other Celestial Bodies）.............................196
產生過度傷害或造成沒有差別的效果之傳
統武器的禁止使用或限制有關的公約......485

十二畫

華沙條約 509
華盛頓宣言 529
華盛頓條約 149
華盛頓公約 **414**
開戰宣言 487
開戰條約 486
開戰有關公約 68
開羅宣言（Cairo Declaration）.......**172**,320,491
雅爾達密約 172
敦克爾克條約 506
無國籍議定書 36
無國籍減少公約（Convention on the
Reduction of Statelessness）..........70,213,**214**
無國籍地位有關條約 213
發展權利宣言 236,**244**
斯德哥爾摩條約 437
勞工權利有關之條約 239
殖民地賦予獨立宣言 64
智利與阿根廷國境條約 313
減少多重國籍情形及多種國籍情況兵役
義務公約 213

十三畫

運河條約 520

媾和條約（treaty of peace）........................**490**
奧朗法典（Rolls of Oléron）.........................16
禁止酷刑公約(Convention Against Torture
and Other Cruel, Inhuman or Degrading
Treatment or Punishment）...........374,376,**397**
禁止差別教育條約 239
禁止毒氣使用宣言 483,545
禁止毒氣及細菌等使用議定書（Protocol for
the Prohibition of the Use in War of
Asphyxiating, Poisonous or Other Gases,
and of Bacteriological Methods of Warfare）
....................................483,**485**,545,546
禁止限制特定一般武器使用公約................480
禁止限制特定通常武器使用公約................472
禁止環境改變技術敵對使用條約..........415,472
禁止燒夷武器之使用或限制有關之議定書. 485
禁止自氣球或航空器上投擲炸彈與爆炸
物宣言 473
禁止地雷、餌雷及其他類似裝置之使用與
限制議定書 485
禁止刑求及其他殘酷、非人道或羞辱待遇
處置或刑罰公約（Convention Against
Torture and Other Cruel, Inhuman or
Degrading Treatment or Punishment）376,**397**
禁止細菌（生物）及毒素武器的發展生產
及儲存以及銷毀這類武器公約................. 547
禁止窒息性瓦斯、毒性瓦斯或其類似瓦斯
及以細菌學之手段使用在戰爭上有關之
議定書 485
萬國郵政聯盟條約 279
萬國議員聯盟 256
經濟夥伴協定（EPA）................................ 289
經濟、社會、文化權利國際公約......29,93,236,
237,**238**,243,413
經濟的、社會的及文化的權利之美洲人權
條約的追加議定書 248
聖彼得堡宣言（Declaration of St.
Peterburg）.. **483**
達姆彈禁止宣言（Dum-Dum bullet）.... 68,**483**
跨越專屬經濟海域魚種資源及高度迴游性
魚種資源之保存及管理有關 1982 年 12 月
10 日有關實施聯合國條約規定之協定.... **350**

十四畫

領事專約 36
領土庇護公約（Convention on Territorial
Asylum）... 228

領域內庇護宣言 403
領海及鄰接區公約 291,297,299,308
維也納會議 77
維也納會議最後議定書 36,177
維也納外交關係公約 27,70,104,109,
111,113,229,455
維也納領事關係公約（Vienna Convention
on Consular Relations）.....27,70,104,**108**,113,
119,120,121,455
維也納條約法公約 27,**34**,39,41,46,48,50,51,
52,67,68,70,130,138,154,252,449
維爾頓條約 16
臺灣關係法 91,93,**94**,95
臺灣地區與大陸地區人民關係條例 92
蒙特婁公約 226,392
蒙特婁議定書 408
蒙特維多國家權利義務公約（Montevideo
Convention on Political Asylum）...74,**133**,228
對日和平條約（Treaty of Peace with Japan）...**88**
對國家代表等犯罪防止條約 396
對女性所有形態之差別歧視的廢止公約......240
對人地雷之使用、貯藏、生產及移轉之禁
止及廢棄條約 481
種族分離政策 29
種族滅絕條約 204,381
種族隔離公約 241,393
種族隔離罪之鎮壓及處罰之國際公約
（International Convention on the
Suppression and Punishment of the
Crime of Apartheid）......236,239,241,381,**393**
種族歧視廢止國際公約（International
Convention on the Elimination of All
Forms of Racial Discrimination）.......203,236,
239,241,242,392,**393**
精神藥物公約 397
赫爾辛基協定 507
赫爾辛基宣言 236,508
赫爾辛基最後議定書 507
實施日美安保條約 36,38
實施及檢驗有關之附屬書 546
管制空中航行公約 51
漁業保存水域宣言 291
漁業及養殖公海生物資源公約（Convention
on Fishing and Conservation of the Living
Resources of the High Seas）..............291,**348**
輕氣球之投射物、爆裂物之禁止投擲宣言....68

十五畫

慕尼黑協定 37
歐洲理事會 253
歐洲人權法院（European Court of Human
Rights）.. 247
歐洲人權委員會（European Commission of
Human Rights）.. 246
歐洲人權保護公約（European Convention
for the Protection of Human Rights）.... 29,72,
202,203,**246**,249
歐洲社會憲章 239,246
歐洲聯合條約（Treaty on European Union）
.... **284**
歐洲安全暨合作會議最後議定書
（Conference on Security and Cooperation
in Europe Final Act）................................. **507**
歐洲煤鋼共同體條約 254
歐洲制止恐怖活動公約 403
歐洲常規武裝力量條約（CFE）............... 481
歐洲傳統武器修改協定 481
歐洲保護人權與基本自由公約..........45,203,239
德拉哥·波特公約 68
敵對行為終止協定.................................525
潛水艇及毒氣有關之五國條約...............483,545
賦予殖民地國家和人民獨立宣言
（Declaration on Granting Independence
to Colonial Countries and Peoples）...... 28,93,
145,161,181,203,**243**
履行賦與殖民地宣言特別委員會.................. 98
廢除所有形態之種族歧視之國際公約...242,**393**
廢棄物及其他物丟棄海洋污染防止公約
（Convention on the Prevention of
Marine Pollution by Dumping of Wastes
and ther Matter）.................................353,**354**

十六畫

戰略武器限制條約（SALTⅡ）................... 543
戰略武器裁減條約 544
戰略武器裁減條約Ⅰ.................................543
戰略武器裁減條約Ⅱ.................................543
戰略攻擊力裁減條約（Strategic Offensive
Reduction Treaty（SORT）－Moscow
Treaty）.................................. **544**
戰時海軍轟擊公約（Convention
concernant le bombardement par des
forces navales en temps de guerre）........... **473**

戰時保護平民的日內瓦公約 520
戰時保護一般人民有關的日內瓦公約..........396
戰爭犧牲者保護公約 **474**,476
戰地軍隊之傷病改善條約 475
戰爭防止方法助長一般條約 519
戰爭罪及危害人類罪不適用法定時效公約..492
獨立國原住民及種族有關的條約 239

十七畫

優遇條約（Treaty of Hospitality）..................15
聯合國宣言 260
聯合國憲章（Charter of the United Nations）....
1,5,6,11,28,29,50,51,56,64,67,68,88,93,137,
146,161,179,181,203,237,240,243,254,258,
260,261,262,304,311,369,380,423,444,447,
449,455,456,465,466,470,492,494,495,497,
507,509,512,522,538,539
聯合國觀察員（UN observer）......................265
聯合國人權宣言 65
聯合國人類環境會議宣言 **404**,406
聯合國海洋法公約 138,**292**,294,295,298,305,
307,308,314,317,318,319,320,323,327,328,334,
336,339,340,343,344,346,348,350,369,372,373,
375,386,388,404,520
聯合國安全理事會（Security Council）....81,**269**
聯合國託管理事會（Trusteeship Council）....271
聯合國教科文組織憲章 274
聯合國工業開發機構憲章 280
聯合國國際組織會議 261
聯合國第 2758 號決議案 264
聯合國氣候變化綱要公約（United Nations
　Framwork Convention on Climate
　Change）...409
聯合國糧食農業機構憲章 273
聯合國海洋法條約附屬議定書VII 453
聯合國教育科學及文化組織憲章 252
聯合國之要員及關係要員之安全公約
　（Convention on the Safety of the United
　Nations and Associated Personnel）..........397
聯合國麻藥及精神藥物不法交易之防止
　公約（United Nations Convention
　Against Illicit Traffic in Narcotic Drugs
　and Psychotropic Substances）..................**397**
環境與開發的里約宣言（Rio Declaration on
　Environment and Development）........ 30,36,38,
　406,**407**
環境改變技術敵對的使用禁止條約 472,538

十八畫

舊金山和約 **92**,173,174,322
舊金山會議（San Francisco Conference）... 260
雙重國籍兵役議定書 213

十九畫

羅地法（Rhodian Law）............................. 16
羅馬公約 246
難民公約 227,239
難民地位有關公約（Convention relating to
　the Status of Refugees）..227,228,230,**231**,402
難民地位有關之議定書（Protocol relating
　to the Status of Refugees）............230,231,232
關稅暨貿易總協定（General Agreement on
　Tariffs and Trade－GATT）.........419,422,423,
　427,429,430,431,432,433
關稅暨貿易之一般協定第六條之實施有
　關之協定 429
關於海峽制度之公約 313
關於陸海法規及慣例章程 472
關於戰俘待遇的日內瓦公約（Geneva
　Convention relative to the Treatment of
　Prisoners of war of August 12, 1949）....... **475**
關於戰時保護平民和日內瓦公約（Geneva
　Convention relative to the Protection of
　Civilian Persons in Time of War of
　August 12, 1949）................................. 475
關於敷設自動觸發水雷公約（Convention
　relative à la pose de mines sous-marines
　automatiques de contact）......................... **484**
關於航空器內犯罪和其他行為公約.......393,535
關於國家財產、檔案、債務之國家繼承公
　約 70
關於國家管轄界限外之海床海底及底土
　之原則宣言 344
爆彈恐怖防止公約 394,535
瀕臨絕種野生動植物國際貿易公約
　（Convention on International Trade in
　Endangered Species of Wild Fauna and
　Flora－CITES）..................................... **414**

二十畫

蘇伊士運河之自由航行條約.......................... 176
蘇聯與阿富汗友好合作條約......................... 533

索引四：外文簡稱表

ABM　anti-ballistic missile　反彈道飛彈條約......................................**544**,545

ACM　Andean Common Market　安地斯共同市場...436

ADB　Asian Development Bank　亞洲開發銀行...281

AFTA　ASEAN Free Trade Area　東南亞國家協會自由貿易區......................31,433,**438**

AI　Amnesty International 國際特赦組織.....**255**

ASEAN　Association of South-East Asian Nations　東南亞國家協會........175,253,**287**

AU　African Union　非洲聯盟..............253,**287**

BIS　Bank for International Settlements　國際清算銀行...**426**

BSEC　Organization of the Black Sea Economic Cooperation　黑海經濟合作組織..**438**

BW 公約　Convention on the Prohibition of the Development, Production and Stockpiling of Bacteriological（Biological）and Toxin Weapons and on Their Destruction　禁止細菌（生物）及毒素武器的發展生產及儲存以及銷毀這類武器公約、生物毒素武器禁止公約......................472,480,485,538,545,**546**,547

CACM　Central American Common Market　中美洲共同市場.....................................435

CARICOM　Caribbean Community and Common Market　加勒比海共同體......435

CCC　Customs Cooperation Council　海關合作理事會...281

CCD　Conference of the Committee on Disarmament　裁軍委員會會議.............538

CD　Committee on Disarmament　裁軍委員會...538

CD　Conference on Disarmament　裁軍會議...538

CFE　Conventional Armed Forces in Europe Treaty　歐洲常規武裝力量條約...........481

CITES　Convention on International Trade in Endangered Species of Wild Fauna and Flora　瀕臨絕種野生動植物國際貿易公約...**414**

CMEA　Council for Mutual Economic Assistance　東歐經濟互助委員會、經濟互助會議...437

CTBT　Comprehensive Test-Ban Treaty　包括性的核子試驗禁止條約..........**540**,541

CW 公約　Convention on the Prohibition of the Development, Production, Stockpiling and Use of Chemical Weapons and on their Destruction　化學武器之開發、生產、儲藏及使用之禁止及廢棄有關之公約、化學武器禁止公約.................472,474,480,483,485,538,**545**,547

EC　European Community　歐洲共同體 ...253,254

ECFA　Economic Cooperation Framework Agreement　兩岸經濟合作架構協議......31

ECOSOC　Economic and Social Council　聯合國經濟暨社會理事會....................**270**

ECOWAS　Economic Community of West African States　西非國家經濟共同體...439

EDC　European Defence Community　歐洲防衛共同體...**507**

EFTA　European Free Trade Association　歐洲自由貿易協會 421,**437**

ENDC　Eighteen Nation Disarmament Committee　裁軍委員會........................538

EPA　Economic Partnership Agreement　經濟夥伴協定...289

EU　European Union　歐洲聯盟 31,72,143,253,254,**282**,433

FTA　Free Trade Agreement　自由貿易協定...433

FTAA　Free-Trade Area of The Americas　美洲自由貿易區域...........................31,**435**

GATT　General Agreement on Tariffs and Trade　關稅暨貿易總協定419,422,423,**427**,429,430,431,432,433

GCC　Gulf Cooperation Council　海灣合作委員會...286

GPALS　global protection against limited strikes　彈道攻擊防衛...........................545

GPU　General Postal Union　一般郵政聯盟...279

IAEA　International Atomic Energy Agency
國際原子能總署 253,**281**

IBRD　International Bank for Reconstruction
and Development　國際復興開發銀行
....253,**275**,277,424

ICAO　International Civil Aviation
Organization　國際民用航空組織.........**278**

ICAO　International Civil Aviation
Organization　國際民航組織..........190,194

ICC　International Chamber of Commerce
國際商會 **256**

ICEM　Intergovernmental Committee for
European Migration　歐洲移民政府間
委員會 **233**

ICM　Intergovernmental Committee for
Migration　移民政府間委員會 233

ICPO　International Criminal Police
Organization　國際刑警組織...225,371,**377**

ICSID　International Centre of Settlement of
Investment Disputes　國際投資爭端解
決中心 **277**

IDA　International Development Association
國際開發協會 276,425

IFC　International Finance Corporation
國際金融公司 253,**276**,425

ILO　International Labor Organization
國際勞工組織 29,253

IMCO　Intergovernmental Maritime
Consultative Organization　政府間海事
協議組織 **278**

IMF　International Monetary Fund　國際貨
幣基金 277,419,422,**423**

IMF　International Monetary Fund　國際貨
幣基金組織 **277**

IMO　International Maritime Organization
國際海事組織 **278**

IMSO　International Mobile Satellite
Organization　國際移動體衛星組織.....200

INMALSAT　International Maritime Satellite
Organization　國際海事衛星組織.........**199**

INTELSAT　International
Telecommunication Satellite
Organization　國際電訊衛星組織.........**199**

IOM　International Organization for
Migration　國際移民組織 233

IPU　Inter-Parliamentary Union　國際國
會議員聯盟 **256**

IRO　International Refugee Organization
國際難民組織 **233**

ITO　International Trade Organization
國際貿易組織 **426**

ITU　International Telecommunication Union
國際電信聯盟 **278**

LAFTA　Latin America Free Trade
Association　拉丁美洲自由貿易協會...436

LAIA　Latin American Intergration
Association　拉丁美洲經濟統合協會 ...436

LAS　League of Arab States　阿拉伯國家
聯盟 253,**285**,451

LIC　Low Intensity Conflict　低強度爭端 ...536

LN　League of Nations　國際聯盟組織.........26

MD　Missile Defense　飛彈防衛 544

MERCOSUR　Mercado Común del Sur
南美南部共同市場 436

MIGA　Multinational Investment Guarantee
Agency　多邊投資擔保機構.............276,**425**

MINURSO　United Nations Mission for the
Referendum in Western Sahara　聯合國
西撒哈拉公民投票監察團 82,**99**

MTCR　Missile Technology Control Regime
飛彈技術管制協定 544

NACC　North Atlantic Cooperation Council
北大西洋合作理事會 508

NAFTA　North American Free Trade
Agreement　北美自由貿易協定......31,421,
433,**435**

NATO　North Atlantic Treaty Organization
北大西洋公約組織 51,145,147,253,505,
507,**508**,509,541

NGO　non-governmental organization
非政府國際組織 63,242,252,**254**,257

NPT　Nuclear Non-Proliferation Treaty
核子不擴散條約 541

NWFZ　nuclear-weapon-free zone　非核地
帶 542

OAS　Organization of American States
美洲國家組織 247,253,451,**506**

OAU　Organization of African Unity　非洲
團結組織 99,248,253,**287**,451

OECD　Organization for Economic
Cooperation and Development　經濟合
作暨發展組織 253

ONUB　UN Operation in Burundi　聯合國
蒲隆地活動 512
OPEC　Organization of Petroleum
Exporting Countries　石油輸出國組織 .289
OSCE　Organization for Security and
Cooperation in Europe　歐洲安全暨合
作組織 **507**
PKO　United Nations Peace-Keeping
Operations　聯合國和平維持活動 **509**
PLO　Palestine Liberation Organization
巴勒斯坦解放組織 **100**,259
PTBT　Partial Nuclear Test-Ban Treaty
部分的核子實驗禁止條約 83,537,
538,**540**,541
SORT　Strategic Offensive Reduction Treaty
戰略攻擊力裁減條約 544
START　Strategic Arms Reduction Talks
戰略武器裁減交涉 543
UN　The United Nations　聯合國 **260**
UNCHR　United Nations Commission on
Human Rights　聯合國人權委員會 **245**
UNCOPUOS　United Nations Committee
on the Peaceful Uses of Outer Space
聯合國和平利用外層空間委員會 195
UNEF　United Nations Emergency Force
聯合國緊急軍 **282**
UNESCO　United Nations Educational,
Scientific and Cultural Organization
聯合國教科文組織 81,252,259
UNGA　United Nations General Assembly
聯合國大會 **266**
UNHCHR　United Nations High
Commissioner for Human Rights　聯合
國人權高級專員公署 **245**
UNHCR　United Nations High
Commissioner for Refugees　聯合國難

民事務高級專員公署 233
UNICEF　United Nations International
Children's Emergency Fund　聯合國國
際兒童基金會 242
UNIDO　United Nations Industrial
Development Organization　聯合國工
業發展組織 280
UNIKOM　United Nations Iraq-Kuwait
Observation Mission　非武裝地帶觀察
團 504
UNRRA　United Nations Relief and
Reconstruction Agency　聯合國救濟復
興機構 **232**
UNS　United Nations Secretariat　聯合國
秘書處 271
UNSF　United Nations Standby Forces
聯合國備用軍 **282**
UNWTO　World Tourism Organization
世界旅遊組織 280
UPU　Universal Postal Union　萬國郵政聯
盟 253,**279**
WCO　World Customs Organization　世界
海關組織 281
WEU　Western European Union　西歐聯盟
....506
WHO　World Health Organization　世界衛
生組織 81,253,**274**,539,546
WIPO　World Intellectual Property
Organization　世界知識財產權組織 279
WMO　World Meteorological Organization
世界氣象組織 279
WTO　Warsaw Treaty Organization　華沙
條約組織 509
WTO　World Trade Organization　世界貿
易組織 31,421,423,**427**,430,433,441

謝瑞智

維也納大學法政學博士、早稻田大學法學碩士、明治大學法學士、日本警察大學本科&律師及公務人員甲等考試及格。日本文化獎章，教育部技術名人獎章

經歷：中央警察大學校長、國民大會代表，國家安全會議及監察院諮詢委員，銓敘部政務次長，台灣師範大學公訓系主任、訓導長，台大國家發展研究所兼任講座教授，政治、中興、東吳大學教授，實踐大學講座教授

現任：中華學術文教基金會董事長、日本研究學會副理事長

著作：單行本

一百科全書：法律百科全書（10卷,2008），警察百科全書（12卷,2000）。

二辭典：世界憲法事典（2001），活用憲法大辭典（2000），警察大辭典（1976）。

三一般法學類：法學概論（2010,增修2版），日常生活與法律（2008），法學概要（2009,2版），法學入門（2007,3版），法學緒論（2006,17版），法學大意（2004），公正的審判（1995,2版），公法上之理念與現實（1982），法學論叢（1981），法律之價值考察及其界限（1972）。

四憲法類：中華民國憲法（2009），憲法概要（2010,14版），民主與法治（2010,2版），憲政體制與民主政治（2010,7版），中華民國憲法精義與立國精神（2007,25版），政治變遷與國家發展（2010,2版），理念與現實—憲政與生活（2005），憲法新視界（2001），憲法新論（2000,2版），憲政改革（1998），邁向21世紀的憲法（1996），中華民國憲法（1995），修憲春秋（1994,2版），比較憲法（1995,3版）。

五行政法類：行政法概論（2009）。

六選罷法類：民主政治與選舉罷免法（1989），我國選舉罷免法與外國法制之比較（1987），選舉罷免法論（1981），選戰標竿（1980）。

七民、商法類：民法概論（2010,增修版），商事法概論（2010），民法總則（2001,3版），民法親屬（2001,4版），自力救濟問題之探討（1989）。

八國際法類：國際法概論（2010）。

九刑法類：刑法總論（2006,4版），醫療紛爭與法律（2005），中國歷代刑法志彙（2002），犯罪學與刑事政策（2002），晉書刑法志（1995），漢書刑法志（1993,3版），犯罪徵候（1987,2版），中外刑事政策之比較研究（1987），刑事政策原論（1978,2版）。

十教育法類：教育法學（1996,2版），加強各級學校民主法治教育（任總主持人—五卷,1992），我國憲法上教育之規定與各國法制之比較（1991）。

土社會類：法律與社會（2001），警政改革建議書（1999），社會變遷與法律（1990），社會人（1989），飆車處理問題之研究（1987），現代社會與法（1984,2版），社會學概要（1977）。

士語文類：大學實用日語（2003），德語入門（1995,6版），德國童話精選（1993,2版）。

士心靈重建類：當孔子遇上當代—為論語作見證（2010），道德經・清靜經釋義（2009），藥師經・觀音經釋義（2008），般若心經的澈悟（2010,5版），平凡中的睿智（2000），善惡之間（1997），少年知識手冊（1985），少女知識手冊（1985）。

臺灣商務印書館出版

法學概論 （增修二版） （圖表說明） 謝瑞智 博士著	本書是介紹法學的原理，並參考歷年高普特考試題之重點而編纂，文體力求通俗化，並配合圖表說明，以便一目了然，並附2009、2010年考試院測驗題共一千餘題參考用。全書五百餘頁，25開本，定價320元。	
 **中華民國憲法** （圖表說明） 謝瑞智 博士著	憲法為一切法律之根源。本書按實際憲法條文順序，並分析歷年來高普特考之命題內容，依章節配合圖表論述。書後附列2009年高普特考測驗題四百題，分章列述。全書三百餘頁，25開本，定價280元。	
行政法概論 （圖表說明） 謝瑞智 博士著	本書是依據行政法有關規定，並參照考試院高普特考試題及其趨勢撰寫而成。主要除介紹一般行政法之原理原則外，並兼顧實用性，以簡易之文體配合圖表說明。並附2008年高普特考測驗題共三百餘題參考用。全書四百餘頁，25開本，定價340元。	
民法概論 （增修版） （圖表說明） 謝瑞智 博士著	本書依最新修正之民法總則、債權、物權、親屬、繼承之規定而撰寫。並用簡易之文字配合圖表說明，故有簡單易懂之優點。書後並收集高普特考測驗題四百題，分章列述。全書七百餘頁，25開本，定價480元。	
商事法概論 （圖表說明） 謝瑞智 博士著	本書仍循筆者編纂之一系列法學概論叢書之體例，配合圖表說明，使讀者得輕易進入商事法之法學體系，內容包括公司法、票據法、海商法及保險法。全書六百餘頁，25開本，定價460元。	
道德經 **清靜經** 釋義 初版 謝瑞智 博士注譯	《道德經》是道教的重要經典，為老子所著。本書另一經典為《清靜經》。因《清靜經》與《道德經》互有連貫，乃將兩經合編為一冊，並以簡易之文字解釋析義。全書二百餘頁，定價180元。臺灣商務印書館總經銷。	
般若心經 的 **澈悟** 人生修養系列1	佛教基本教義是什麼？我們的苦惱在那裏？如何脫離苦海，創造幸福的人生？宇宙的原理是什麼？何謂萬物無常？本書是正確人生觀最好的指引。全書二百餘頁。定價180元。臺灣商務印書館總經銷。	
當孔子遇上當代 －為論語作見證 謝瑞智 博士注譯	《論語》係針對人們修身、齊家、交友、擇偶、待人接物、創業與從政，所應秉持的原則與方法。是一部對全民教育的聖典。值得年輕人閱讀，得以啟迪其良知良能，開創光明的人生。全書五百餘頁，定價380元。臺灣商務印書館總經銷。	

法律叢書

國際法概論

著作者◆謝瑞智

發行人◆王學哲

總編輯◆方鵬程

主編◆葉幗英

文字編校◆黃素珠

美術設計◆吳郁婷

出版發行：臺灣商務印書館股份有限公司

臺北市重慶南路一段三十七號

電話：（02）2371-3712

讀者服務專線：0800056196

郵撥：0000165-1

網路書店：www.cptw.com.tw

E-mail：ecptw@cptw.com.tw

局版北市業字第 993 號

初版一刷：2011 年 1 月

定價：新台幣 420 元

 ISBN 978-957-05-2582-3

國際法概論／謝瑞智著. --初版. -- 臺北市：
臺灣商務, 2011. 01
面 ； 公分. --（法律叢書）

ISBN 978-957-05-2582-3（平裝）

1. 國際法

579   99024485